Nationaltheater mit Blick auf den Max-Joseph-Platz, Gemälde von Heinrich Adam, 1839

Nationaltheater

Die Bayerische Staatsoper

Herausgegeben von
Hans Zehetmair und Jürgen Schläder

Vorsatz: Ansicht des Nationaltheaters, Ausschnitt, Mitte 18. Jh.
Nachsatz: Blick in den Zuschauerraum des Nationaltheaters.

Gedruckt auf chlorarm gebleichtem Papier.

Das vorliegende Werk wurde unterstützt
durch die Gesellschaft zur Förderung der
Münchner Opern-Festspiele.

Die Deutsche Bibliothek – CIP-Einheitsaufnahme
Nationaltheater : die Bayerische Staatsoper. – München :
Bruckmann, 1992
ISBN 3-7654-2551-6
ISBN 3-7854-4156-8 (Vorzugsausg. mit Lithogr.)

© 1992 F. Bruckmann KG, München
Alle Rechte vorbehalten
Herstellung : Bruckmann, München
Printed in Germany
ISBN 3-7654-2551-6
ISBN 3-7854-4156-8 (Vorzugsausg. mit Lithogr.)

Inhalt

7 *Vorwort*

Jürgen Schläder
9 *Kontinuität der Geschichte?*
Die Oper in München, ihre Veranstalter und ihr Publikum

Julia Liebscher
21 *»Das ist eine Magnifique Musick«*
Mozart und die Münchner Oper im 18. Jahrhundert

Doris Sennefelder
34 *»Die Kunst gehört der ganzen civilisirten Welt«*
Rossini und andere Italiener erobern das Münchner Opernpublikum

Dieter Borchmeyer
48 *»Barrikadenmann und Zukunftsmusikus«*
Richard Wagner erobert das königliche Hof- und Nationaltheater

Rüdiger Schillig
74 *Die Münchner Mozart-Renaissance*
Reformbestrebungen der Opernregie um die Jahrhundertwende

Herbert Rosendorfer
86 *Die musikalische Dreifaltigkeit*
Über die wechselvolle Geschichte der Münchner Opernfestspiele

Christian Schmidt
101 *»Warum Bastard?«*
Über die Unmöglichkeit der Oper nach 1945

Frank-Rüdiger Berger
119 *»Dieses Ach! des Körpers«*
Ballett zwischen politischer Demonstration und Weltstadt-Kunst

Andreas Backöfer
132 *»Intendant zu sein ist eine Zumutung«*
Über die Regisseure Günther Rennert, Rudolf Hartmann und August Everding

Erhardt D. Stiebner
156 »*Jede Inszenierung ist ein vorherbestimmbares Wagnis*«
Wolfgang Sawallisch als Generalmusikdirektor und Staatsoperndirektor

Jens Malte Fischer
171 *Faszination des Ensemblegeistes*
Ein Panorama der schönen Stimmen in 350 Jahren Münchner Oper

Barbara Zuber
191 »*Meine Herren, wenn's beliebt, fangen wir an*«
Das Bayerische Hof- und Staatsorchester und seine Dirigenten

Ulrike Hessler
207 »*Una elegante robustezza*«
Die dreifache Baugeschichte des Nationaltheaters

Helmut Grosser
223 *Trotz allem: Die Menschen machen das Theater*
Über die vielfältigen Gesichter der Technik in einem der größten Opernhäuser der Welt

Carl Wagenhöfer/Paul Schallweg
237 »*Ein Akt echten Mäzenatentums*«
Münchens Bürger und ihr Engagement für die Oper

Hanspeter Krellmann
242 *Die Oper und ihr Publikum*
Über die notwendige Öffnung und Popularisierung des Theaters

Cornelia Hofmann/Katharina Meinel
256 *Dokumentation der Premieren von 1653 bis 1992*

339 *Anhang*
Gesamtbibliographie 341 • Bibliographie zu einzelnen Beiträgen des Aufsatzteils 346
Namenregister 347 • Titelregister 357 • Bildnachweis 367

Vorwort

Ein neues Buch über die Staatsoper? Ist denn nicht schon alles gesagt über das Nationaltheater, über seinen Vorläufer, das Cuvilliés-Theater, und seine zeitweilige Ausweichspielstätte, das Prinzregenten-Theater? 300 Veröffentlichungen liegen vor, davon mehr als drei Dutzend dicke Bücher – Geschichtsbilder, Chroniken, Gesamtdarstellungen. Was kann man über Oper im Nationaltheater noch schreiben?

Nun, wieder einmal geht eine Ära zu Ende. Wolfgang Sawallisch hat das Nationaltheater zehn Jahre als Staatsoperndirektor geführt, und er war 21 Jahre hindurch Generalmusikdirektor an Münchens erstem Opernhaus – länger als jeder andere Chef des Bayerischen Staatsorchesters im 20. Jahrhundert. Das ist wahrhaftig Grund genug, zum Abschied von Wolfgang Sawallisch ein Resümee zu ziehen.

Dieser Rückblick auf Münchens jüngste Operngeschichte schließt aber auch den Blick auf ein halbes Jahrhundert bayerische Kulturgeschichte nach dem Zweiten Weltkrieg ein, am Beispiel der Staatsoper. Und er bedeutet zugleich Ausblick auf neue Strukturen in der öffentlichen Kulturarbeit und veränderte Organisationsformen im Musiktheater. Der Strukturwandel von der traditionellen Oper mit einer allein künstlerisch orientierten Integrationsfigur an der Spitze zum modernen Kulturmanagement eines gewaltigen Wirtschaftsunternehmens steht auch dem Nationaltheater ins Haus. Gerade zur rechten Zeit erscheint also wieder ein Buch über das Nationaltheater, an der Schnittstelle zwischen 350 Jahren glanzvoller Münchner Operngeschichte und neuen Aufgaben auf dem Weg ins 21. Jahrhundert.

Deshalb spiegelt auch der Inhalt dieses Buches veränderte Zeiten und Ansichten über Münchens Musiktheater wider. Computer stellen heute Informationen bereit, die früher nur mit einem immensen personellen Aufwand möglich gewesen wären, beispielsweise die Dokumentation sämtlicher Bühnenproduktionen im Nationaltheater und in seinen Vorläufern seit 1653 – eine Übersicht in Namen und Zahlen über 340 Jahre musikalischen Theaters, neu und bislang einmalig in ihrer Art. Zum ersten Mal überschauen wir rund 2700 Theaterproduktionen gleichsam auf einen Blick. Viele kleine Irrtümer früherer Generationen konnten berichtigt werden, viele Quellenzeugnisse wurden durch intensive Forschung ergänzt, ganze Bereiche – vor allem vor 1800 – wurden neu erschlossen und erstmals in einer umfassenden Übersicht zur Verfügung gestellt. Auf diese Weise entsteht schon in der Dokumentation ein farbiges und anschauliches Lesebuch, eine Fundgrube für jeden Opernfreund. Niemand kann auf dieses Kompendium verzichten, der sich mit dem Nationaltheater beschäftigt. Ein Stück Pionierarbeit zur Münchner Operngeschichte am Ende des 20. Jahrhunderts wurde geleistet.

Anders als gewohnt ist in diesem Buch auch der Blick auf die Geschichte des Nationaltheaters, in einzelnen Aspekten erarbeitet von einem Team aus gestandenen Fachwissenschaftlern und jungen Autoren, die mit unbefangenem Zugang neue Fragestellungen erschließen. Deshalb fällt auf bekannte Fakten hier oftmals neues Licht. Geschichte wird immer wieder anders interpretiert, und die subjektive Sicht der fachkundigen Autoren war gewünscht. Sie ist das Salz in der Suppe – ganz gleich, ob die Beiträge eher chronikalisch, eher anekdotisch gewürzt oder kritisch kommentierend sind. Darin liegt der besondere Reiz dieses Buches.

Neue Kapitel der Münchner Operngeschichte werden aber auch durch die umfassende Dokumentation erschlossen – etwa die bunte Vielfalt an Theater-Spielstätten im 18. Jahrhundert oder die überwältigende Rossini-Euphorie, die München zu Beginn des 19. Jahrhunderts der Opernmetropole Wien voraus hatte; oder das theatralische Psychogramm König Ludwigs II., der nicht nur Wagner-Opern, sondern auch sein Herrscherleben in unmittelbarer Nähe zur Oper inszenierte. Lesenswert ist auch der spannende Abschnitt über das musikalische Theater nach 1945, das sich in München geradezu beispielhaft für die gesamte Bundesrepublik entwickelte. In diesen und anderen Kapiteln läßt sich trefflich schmökern. Und schließlich vermitteln mehr als 300 Bilder, z.T. aus entlegenen Quellen und Archiven zusammengetragen und erstmals veröffentlicht, eine lebendige Anschauung von 340 Jahren Münchner Operngeschichte. Insgesamt ist also keine hochspezialisierte Studie ausschließlich für Fachleute entstanden, sondern ein mit wissenschaftlicher Akribie geschriebenes Lesebuch für alle Opernliebhaber, für alle Freunde und Gäste der Stadt München, vor allem aber für die Anhänger unseres ruhmvollen Nationaltheaters.

Hans Zehetmair

Jürgen Schläder

Kontinuität der Geschichte?
Die Oper in München, ihre Veranstalter und ihr Publikum

Es hat sich nichts verändert in 350 Jahren. Oper in München war von Anbeginn Staatstheater. Sie stand immer auf einem beneidenswert hohen künstlerischen Niveau und war stets zu kostspielig, als daß sie die Hofschatulle oder den Staatssäckel nicht über Gebühr belastet hätte. Aber die wirtschaftlichen Träger zahlten ohne Murren, weil ihnen als Gegenwert für ihre Finanzkraft aus dem Opernhaus die gewünschte gesellschaftliche Reputation erwuchs und der kulturelle Glanz sie überstrahlte. Oper stellte für München die Kulturform dar, in der sich der Staat und die staatstragende Gesellschaft spiegelten. Diese Form des Theaters war und ist elitär, freilich seit dem 19. Jahrhundert mit der unverkennbaren Tendenz zum Populären, und sie ist längst in den Rang jenes kulturellen Erbes hineingewachsen, dessen ebenso selbstverständliche wie engagierte Pflege allein schon in der 350jährigen Geschichte ihre hinreichende Begründung findet. Diese bewundernswerte Kontinuität der Geschichte, der künstlerischen wie der gesellschaftspolitischen, verleiht der Oper in München jene faszinierende kulturelle Integrationskraft, die ihr das Weiterleben auch in der nächsten Generation – ja man möchte wünschen: ad infinitum – garantiert. Wo Theaterform und gesellschaftliche Institution ununterscheidbar ineinanderfließen, scheint der kritische Diskurs über den Nutzen der Oper aufgehoben. Und die Tradition der Historie, gar große und bedeutende Geschichte, läßt sich nicht einfach beenden – schon gar nicht mit dem vergleichsweise profanen Hinweis auf weiter steigende Kosten. Auch diese Erkenntnis ist ein eherner Bestandteil der 350jährigen Operngeschichte in München. Es hat sich nichts geändert seit 1653, und das scheint gut so.

Freilich gab es in der langen Folge von einem Dutzend Generationen, einem halben Dutzend Kurfürsten und beinahe ebenso vielen Königen sowie drei modernen Staatsformen zwischenzeitlich Irritationen – echte und gemachte. Je älter sie wurde, die Münchner Oper, um so mehr rangen ihre Verantwortlichen um deren programmatische Begründung. Am heftigsten und zugleich verführerischsten die beiden Herrscher am Beginn der Neuzeit in der Münchner Operngeschichte: der scheinbar aufklärerische Kurfürst Carl Theodor, der den Münchnern angeblich so gern die Idee von der nationalen Schaubühne als moralische Anstalt auch musikalisch beschert hätte, und der selbsternannte Romantiker Maximilian IV. Joseph, der als König Max I. dem Volk endlich die Institution erbaute, mit der es sich umstandslos identifizieren durfte – das Nationaltheater. Alles – so hält sich hartnäckig der liebgewordene und sorgsam gepflegte Irrtum – sei anders geworden in der Münchner Operngeschichte mit der Erbauung des Nationaltheaters. 1818, erst recht 1823 wäre die Oper in München gleich zweifach nobilitiert worden: als liberale, gleichsam bürgerlich getragene Theaterform und als unvergänglicher Hort deutscher Opernkunst. Die Endstation der staatspolitischen Sehnsüchte also. Leider ein Irrtum, denn das Nationaltheater hatte und hat noch heute mit den aufklärerischen Ideen des 18. Jahrhunderts wenig mehr als den bloßen Namen gemeinsam. Es blieb ein Staatstheater – wie vordem und wie nachher. Aber zugleich ein produktiver Irrtum, denn das Selbstverständnis des ersten bayerischen Königs ebnete den Weg der Musikbühne zu ihrer singulären Bedeutung in Deutschland. Aus dem krausen und romantisch verklärten Gemisch von höfischem Dirigismus, imperialer Kulturgeste und neuerwachtem politischen Selbstwertgefühl erwuchsen jene künstlerischen Kräfte, die München als Opernstadt in aller Munde brachten und dem Nationaltheater internationalen Rang bescherten. Insofern schrieb König Max I. wirklich das bedeutendste Kapitel in der Münchner Operngeschichte. Aber er schrieb keine neue Geschichte, sondern er

10 *Kontinuität der Geschichte?*

setzte fort, was seine Kurfürsten-Vorgänger initiiert hatten: die langlebige Tradition einer erstrangigen Pflegestätte für elitäre Kultur. Und die Menschen in München staunten, jubelten, feierten ihren König und sonnten sich im Abglanz dieses grandiosen höfischen Musentempels.

Schon der Anfang der Münchner Operngeschichte offenbart die politische Absicht und die herausfordernde imperiale Geste des Herrschenden, die sich mit der Oper verbindet. Kurfürst Ferdinand Maria wußte, was er seinen Eltern schuldig war: dem Vater als dem eigentlichen Bauherrn der üppigen Residenzanlagen und der Mutter als der Lieblingsschwester jenes Römischen Kaisers Ferdinand III., dessen Ruhm als großzügiger Förderer der Kunst und wahrhaft moderner Intendant verschwenderisch schöner Galavorstellungen von Oper und Ballett durch ganz Europa gedrungen war. Nur zwei Jahre nach Ende des ersten gesamteuropäischen Krieges zelebrierte Ferdinand III. in Brüssel die von ihm kreierte Spielart des Gesamtkunstwerks, die sinnfällige Verknüpfung zwischen Oper neuesten italienischen Stils und pompösem Ballett. Drei Jahre später, 1653, brachte Ferdinand III. auch den deutschen Landen beim Reichstag in Regensburg die faszinierende neue Mischung aus Oper und Tanzintermedien. Einer der bedeutendsten italienischen Theaterbaumeister errichtete in Regensburg dafür das Haus, um dem musikalisch-szenischen Gepränge auch den angemessenen institutionellen Rahmen zu schaffen.

Was Wunder, daß der bayerische Kurfürst Ferdinand Maria und mehr noch seine Gemahlin Henriette Adelaide dem schier unerreichbaren Vorbild des kaiserlichen Onkels aus Wien nacheiferten. 1653 hatte man dem nach Regensburg durchreisenden Verwandten nur mit einer kleinen, wenngleich im neuesten Rezitativstil komponierten musikalischen Handlung im Herkulessaal der Residenz aufwarten können. Dann aber demonstrierte Ferdinand Maria seinen Untertanen und dem ganzen zivilisierten Europa, was man künftig von Bayern – oder genauer: von München – zu halten und zu erwarten habe. Neben solchen geschichtsüberdauernden Baudenkmälern wie Schloß Nymphenburg und Theatinerkirche klotzte Ferdinand Maria in nur eineinhalb Jahrzehnten auch ein freistehendes Opernhaus in Form des Rangtheaters und mit dem Turnierhaus vor dem Schwabinger Tor Münchens größten Saalbau ins Stadtbild. Elitäre Bühnenkunst für den Hof und ein handverlesenes Publikum im Opernhaus am Salvatorplatz – das erste seiner Art in Deutschland und natürlich erbaut von einem Italiener – und massierte Machtdemonstration vor einer zehntausendköpfigen Öffentlichkeit im Turnierhaus bildeten die Eckpfeiler einer sündhaft kostspieligen staatlichen/höfischen Repräsentation. Nicht auf den ökonomischen Gewinn zielten derlei finanzielle Kraftakte, sondern einzig auf die politische und diplomatische Affirmation. Wie überall im 17. Jahrhundert verherrlichte die Opern- und Ballettkunst auch in München die Freigebigkeit des Souveräns in der prunkvollen Ausstattung, seine festgefügte Macht in den Geschichten von weisen, gütigen Herrschern und friedlichen Tagen, die auf der Opernbühne erzählt wurden, und die unantastbare hierarchische Ordnung der Gesellschaft, die sich nicht zuletzt in der Form des Rangtheaters spiegelte. Und da man sich auf Kosten sozialer Aspekte in der kurfürstlichen Haushaltsführung gleich auch noch die ersten und besten Komponisten, Kapellmeister und Sänger gönnte, genoß Münchens Oper schon nach wenigen Jahren höchsten europäischen Ruhm.

Johann Kaspar Kerll, Giuseppe Bernabei, Agostino Steffani, Pietro Torri und schließlich Giovanni Ferrandini garantierten der Münchner Oper bis Mitte des 18. Jahrhunderts erstklassigen Standard. Ferdinand Maria begründete mit seiner absolutistischen Kulturpolitik eine langlebige Tradition, deren gesellschaftspolitische Strukturen eineinhalb Jahrhunderte später durch König Max I. in einer durchaus vergleichbaren politischen Emanzipationsstunde des bayerischen Staates mit dem Bau des Nationaltheaters und der Verpflichtung hochrangiger Künstler ihre emphatische Erneuerung und Vertiefung erfuhren. Dazwischen lag jenes halbe Jahrhundert der Irritation, in dem die Münchner Oper – mehr noch: das Münchner Theaterwesen – scheinbar Züge von Liberalität und Aufgeklärtheit annahm, die auf einen grundsätzlichen Strukturwandel schließen und sich von König Max I. in der wohlwollenden Rückschau als Verpflichtung der Geschichte im emphatischen Sinne interpretieren ließen. Kein Kapitel der Münchner Operngeschichte schlummert indes in solch tiefem Dunkel wie die Zeit zwischen 1750 und 1805, in der die Grundsteine für die grandiose künstlerische Entwicklung des 19. und 20. Jahrhunderts neu zementiert wurden, und aus denen man zugleich die Kategorien für die heute immer noch bevorzugte Darstellung von der volksverbundenen und bürgerna-

Kurfürst Ferdinand Maria von Bayern und seine Gemahlin Henriette Adelaide von Savoyen. Gemälde von Sebastiano Bombelli, 1666.

Præspectus Decorationum festivæ Saltationis, quæ decimo quarto Ianuary anno millesimo Septuagesimo Sexagesimo quinto in Honorem Serenissimæ Dominæ Iosephæ Antoniæ Caroli Septimi Imperatoris gloriosissimæ memoriæ Dominæ Filiæ junioris Cæsareæ altitudinis, electæ, ac desponsatæ Regis Romanorum Conjugis apparatu Splendidissimo fuerunt productæ.

Von Cuvilliés entworfene und von Ignaz Günther als Vorlage für den Kupferstecher Valerian Funck aufgezeichnete Bühnendekoration.

hen Opernpflege gewann. Erst allmählich lichtet sich das Dunkel.

Einem Kurfürsten, der so augenscheinlich durch Verwaltungsreformen um die Sanierung der Staatskasse rang und dem das Wohl seiner Untertanen offensichtlich besonders am Herzen lag, in Sachen Kultur die Attitüde eines absolutistischen Herrschers zu unterstellen, mag wie ein Sakrileg anmuten. Aber die Fakten sprechen eine andere Sprache. Der „gute Maxel", wie der Volksmund den Kurfürsten Maximilian III. Joseph nannte, griff trotz gähnender Leere kräftig in die kurfürstliche Schatulle, um Musik und Theater als die auffälligsten Repräsentationszweige seiner herrlichen Macht verschwenderisch auszustatten. Während die Staatsschulden gegen 22 Millionen Gulden kletterten, überschüttete der Kurfürst seine Schauspieler und Musiker mit neuen Titeln und Adelsprädikaten, die zu immer höheren Rentenansprüchen berechtigten, und beständig erhöhten Gehältern. Er vergrößerte seine Kapelle im Handstreich um ein Drittel, und er ließ als deutlichstes Zeichen seiner absolutistischen Staatsführung das Cuvilliés-Theater erbauen, einzig um der grandiosen Repräsentation und der fürstlichen Bequemlichkeit willen. Das Theater am Salvatorplatz war in hundertjährigem Opern- und Schauspielbetrieb geschunden und baufällig geworden. Derlei Ambiente taugte nicht für Fürsten, auch wenn die Finanzlage erhöhte Sparsamkeit gebot. Daß die Baukosten für das Cuvilliés-Theater schließlich um ein Mehrfaches der veranschlagten Summe überstiegen wurden, bedrückte wohl nur noch die Hofkammer. Im veränderten Gewand des Rokoko feierte die Kulturpolitik Ferdinand Marias 100 Jahre später fröhliche Urständ.

Die aufklärerischen Zeichen der Zeit hatte Maximilian III. Joseph nicht erkannt. Die Gründung einer wohl vom aufgeklärten Adel und Teilen des Bürgertums initiierten Akademie der Wissenschaften (1759) und der Pachtvertrag mit der Nießerschen Schauspieltruppe (1773–1778), die auch im Theater am Salvatorplatz auftreten durfte, also im angestammten Hoftheater, wirken wie ein demokratisches Entgegenkommen des volksverbundenen Fürsten. Auch die Einrichtung dreier fester Spieltage in der Woche für Opera buffa und deutsches Singspiel im Theater am Salvatorplatz, an denen auch seine Untertanen über den freien Kartenverkauf an Theaterveranstaltungen des Hofes teilnehmen durften, läßt Maximilians Kulturpolitik in aufgeklärtem Licht erstrahlen. Aber im Kern blieb seine Theater- und insbesondere seine Opernpolitik aristokratisch, ja absolutistisch. In 25 Jahren seit Eröffnung des Cuvilliés-Theaters bot Maximilian III. Joseph knapp 130 Opernpremieren, also mit etwa fünf Novitäten pro Jahr rund viermal so viel wie seine drei Vorgänger. Aber 80 Prozent des Repertoires entfielen, wie in den voraufgegangenen 100 Jahren, auf die italienische Oper – mit Originaltext, versteht sich; knapp 19 Prozent machen französische Originale oder ins Deutsche übersetzte Werke französischer Herkunft aus, und nur zwei Premieren (Johann Adam Hillers *Lottchen vom Hofe* und Anton Schweitzers *Pygmalion*, beide im Frühjahr 1775) sind der deutschen Oper zuzurechnen. Bis ins letzte Viertel des 18. Jahrhunderts blieb Oper in München ein ausschließlich aristokratisches Vergnügen. Der äußere Rahmen des Cuvilliés-Theaters und seine programmatische Eröffnung mit der Opera seria *Catone in Utica* von Giovanni Ferrandini unterstreichen die Gesinnung des Fürsten.

Natürlich bot er seinen Standesgenossen das Beste vom Besten. Was in der italienischen Oper nur Rang und Namen hatte und modern war, ging über die Münchner Bühne: Werke von Galuppi, Hasse, Piccinni und Guglielmi waren eine Selbstverständlichkeit, und in einem dreijährigen Intermezzo (1767–1769) konnte sich der Münchner Adel auch mit den neuesten französischen Opernkreationen von Monsigny, Philidor und Grétry vertraut machen. Daß noch etwas mehr als ein Drittel sämtlicher Produktionen eigens für das Münchner Opernhaus geschrieben wurde, dem Haus und seinem Hausherrn also durch die Uraufführung Glanz und Ansehen verlieh, lag im Selbstverständnis eines absolutistischen Fürsten. Daß sich aber die beiden anderen Drittel des Repertoires aus importierten Novitäten zusammensetzten, belegt die grundlegende Wandlung in der Struktur des kulturellen Angebots. Mit steigendem Bedürfnis nach Opernunterhaltung wuchs auch das Verlangen, einen Blick über den Münchner Zaun zu werfen und „live", nicht nur per Bericht und Hörensagen, am europäischen Kulturbetrieb teilzunehmen. Ganz abgesehen davon, daß fünf Novitäten pro Jahr nicht mehr exklusiv, auf Bestellung frisch komponiert zu haben waren. Und noch in die letzten beiden Jahre von Maximilians Amtszeit fallen die ersten Neuinszenierungen bereits gespielter Werke – auch dies eine Spielplan-Strukturierung, die in den 100 voraufgegangenen Jahren nur selten und eher zufällig zustande kam. Insofern installierte Maximilian III. Joseph tatsächlich in München einen Opern-Repertoirebetrieb modernen Zuschnitts.

Allein: Es war ein staatlich gelenkter Opernbetrieb. Weder Adelskreise noch Gruppierungen der Bürgerschaft gaben dem Münchner Opernrepertoire sein Profil, sondern ausschließlich der Kurfürst, resp. sein verlängerter Arm, Intendant Graf Seeau, der mit Eröffnung des Cuvilliés-Theaters die administrativen Aufgaben der Kulturpflege in Sachen Musiktheater übernahm und nach 45 Jahren schier unumschränkter Verwaltungsbefugnis am Ende des 18. Jahrhunderts einen finanziellen und künstlerischen Scherbenhaufen hinterließ. Aber nicht einmal in dieser prekären Situation gelang die Abnabelung der Kultur von der staatlichen Gängelei. Demokratische, bürgerschaftliche Bestrebungen um eine Reformierung und programmatische Veränderung des Spielplans wurden im Keim erstickt. Franz Marius von Babo, der für die ersten zehn Jahre des 19. Jahrhunderts gern als bürgerliches Aushängeschild der jungen Regierung Maximilians IV. Joseph angeführt wird, konnte sich gegen seinen Kurfürsten nicht durchsetzen, erst recht nicht nach dessen Erhebung in den Königsstand von Napoleons Gnaden Anfang 1806. Nicht die Interessen der 50 000 Münchner Bürger, die Babo vielleicht hätte vertreten können, prägten den Opernspielplan, sondern das Diktat des Königs. Vordergründig wurde der ideologische Disput, wie schon eine Generation zuvor bei Kurfürst Carl Theodor und seinem Intendanten Graf Seeau, als Rangelei um die italienische Oper in München ausgetragen. In Wahrheit entschieden die Repräsentationsbedürfnisse des Regenten und die Selbstverständlichkeiten einer durch eineinhalb

Jahrhunderte gewachsenen spezifisch Münchnerischen Kulturpflege über die Spielplan-Richtlinien im musikalischen Theater.

Zwar hatte schon Carl Theodor bei seinem Regierungsantritt in München die Errichtung einer Nationalen Schaubühne (6. 10. 1778) verfügt und damit das scheinbar liberale Kulturexperiment aufgegriffen, das er wenige Jahre zuvor in Mannheim schon mit gehörigem Sinn für moderne Propaganda betrieben hatte. Aber die in ihrem Kern aufklärerische Idee eines fernab von staatlicher Bevormundung betriebenen kritischen, wirklich liberalen Nationaltheaters vereinnahmte er politisch kurzerhand durch die Übernahme der Institution in die Obhut des Hofes und die werbewirksame, aber kulturpolitisch laue Entscheidung, das Nationale vornehmlich sprachlich zu betonen. Wie sein großes Wiener Vorbild Kaiser Joseph II. installierte auch Carl Theodor in München nur scheinbar eine eigenständige deutsche Oper. Und anders als Joseph II., der schon nach wenigen Jahren sein Nationalsingspiel als gescheiterten Versuch wieder einstellen mußte, verlängerte Carl Theodor seinem nationalen Experiment äußerlich das kärglich gefristete Leben bis zur Jahrhundertwende. Natürlich stützte der schlaue Kurfürst seine auch weiterhin aristokratische Kulturpolitik in Sachen Oper durch attraktive Zugeständnisse ab. Er eröffnete die Nationale Schaubühne im Theater am Salvatorplatz mit einem drittklassigen deutschen Schauspiel und einem publikumswirksamen Ballett. Er ließ im Frühjahr 1779 anstelle der traditionellen italienischen Karnevalsoper im Cuvilliés-Theater Anton Schweitzers deutsche Oper *Alceste* aufführen (freilich mit nur sehr geringer Gegenliebe beim bürgerlichen Münchner Publikum, das nun erstmals auch im prunkvollen Hoftheater Oper sehen durfte). Noch einmal demonstrierte er patriotischen Geist im November 1787 bei der Auflösung der italienischen Operntruppe in München und der Einstellung italienischer Opernaufführungen und schließlich bei der baulich bedingten Übernahme der Nationalschaubühne ins Cuvilliés-Theater mit einer Aufführung von Peter von Winters deutscher Oper *Das unterbrochene Opferfest* (19. 8. 1797). Dies alles tat damals (und vor allen Dingen heute in der historischen Bewertung) seine gehörige Wirkung, und man mag diesen demonstrativen kulturellen Verfügungen auch die aufgeklärt nationalen Beweggründe nicht in Bausch und Bogen absprechen. Aber die Verwaltungsstruktur der Nationalen Schaubühne, das Opernrepertoire im Cuvilliés-Theater und der Münchner Opernspielplan zwischen 1778 und 1799 offenbaren den wahren Charakter von Carl Theodors Kulturpolitik.

Die Nationale Schaubühne im Theater am Salvatorplatz wurde dem Hofintendanten Graf Seeau zwar als wirtschaftlich selbständige Unternehmung überlassen, jedoch vom Hof mit einem Fünftel des gesamten Theateretats subventioniert. Diese unzureichende finanzielle Ausstattung der Nationalschaubühne und die zugleich ständig steigenden Kosten der italienischen Oper ließen das gesamte Theaterunternehmen nach zehn Jahren kollabieren, obgleich Seeau die Etats fleißig gegeneinander verrechnete. In der Nationalen Schaubühne war ambitioniertes Theater aufgrund dieser finanziellen Notlage ohnehin nicht möglich. Aber dennoch verzichtete Carl Theodor fortan keineswegs auf seine geliebte italienische Oper. Die neuesten Kreationen von Paisiello, Salieri oder Martin y Soler sah man auch weiterhin in München – nur nicht in der Originalsprache, sondern in deutscher Übersetzung. Und der Kurfürst setzte nur fort, was er schon im Januar 1779 – gleichsam parallel zur scheinbar programmatischen Aufführung von Schweitzers *Alceste* – begonnen hatte: die exklusive Darbietung ausländischer, d. h. italienischer und französischer Opern sich selber und seinem Stand zum Ergötzen. 14 Wochen nach Errichtung der Nationalen Schaubühne ging im Cuvilliés-Theater die Oper *Julie* des Franzosen Nicolas Dezède in Szene, und es folgten *Telemaco* von Grua (1780), Mozarts *Idomeneo* (1781), *Semiramide* von Salieri (1782) und Holzbauers *Tancredi* (1783) – sämtlich italienische Karnevalsopern wie zu Zeiten der seligen Kurfürsten-Vorgänger. Schließlich offenbart auch der Gesamtspielplan die Halbherzigkeit von Carl Theodors heute so gern gerühmtem Reformwerk in München. Mit gut 150 neuen Produktionen in 22 Jahren steigerte er die jährliche Novitätenrate noch einmal, doch kam die originär deutsche Oper gerade auf 50 Prozent Anteile, wobei freilich mehr als ein Viertel dieser 50 Prozent durch volksbelustigende Singspiele niveaulosester Art für den Redoutensaal in der Prannergasse gedeckt wurde. Wahrlich kein Ruhmesblatt für die nationale Kulturpflege in München und das bedrückendste Ergebnis von Seeaus Mißwirtschaft. Die anderen 50 Prozent des Opernspielplans umfaßten beinahe zu gleichen Teilen italienische und französische Werke, nun allerdings weit überwiegend in deut-

Kurfürst Maximilian III. Joseph und sein Intendant Graf Seeau. Gemälde von Georges Desmarées, 1755.

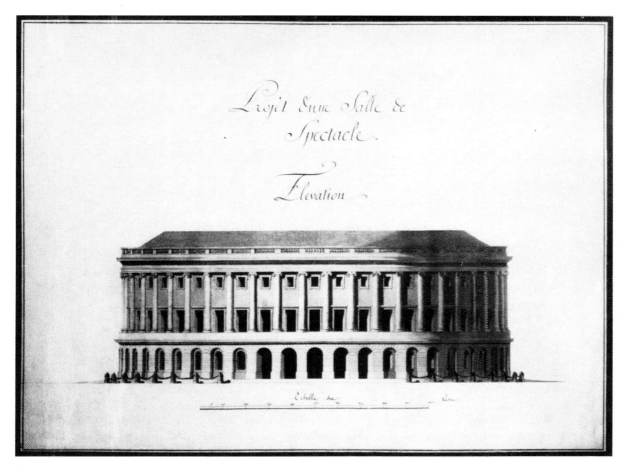

Entwurf für das Pariser Odéon, das als Vorbild für das Münchner Nationaltheater diente.

schen Übersetzungen, da man ja aus Kostengründen auf die versierten ausländischen Sänger verzichten mußte. So sahen die Münchner neben der *Zauberflöte* auch Mozarts große italienische Opern *Figaro*, *Don Giovanni* und *Così fan tutte* in deutschsprachigen Einrichtungen – aber im Unterschied zu den anderen europäischen Novitäten in hübsch langjährigen Abständen von der Uraufführung, weil Carl Theodor oder seine Zensurbeamten wohl den gesellschaftspolitischen Sprengstoff dieser Bühnenwerke erkannt hatten. Man mußte das Münchner Publikum in Revolutionszeiten ja nicht über Gebühr antifeudalistisch erhitzen.

Mit derlei aktueller politischer Brisanz im Spielplan hatte König Max I. nicht zu kämpfen, aber um die kulturelle Reputation seines jungen Königreichs mußte er sich schon sorgen. Deshalb polierte er das vornehmlich französische Repertoire, das naturgemäß der politischen Couleur in München entsprach, aber auch so manche seichtere Pièce des unterhaltenden Theaters einschloß, durch die an-befohlene jährliche Aufführung zweier großer italienischer Opern auf. Seit 1805 sah man im Cuvilliés-Theater wieder Opera seria, teils in deutscher Übersetzung, teils in Originalsprache. Auf die führenden Werke des europäischen Opernrepertoires mochte Max I. nicht verzichten, und noch ehe er sein Nationaltheater gebaut hatte, eröffnete sich mit einer ganzen Serie von Rossini-Inszenierungen (zwischen 1816 und 1824) die willkommene Gelegenheit, die führende Rolle der Münchner Oper im Europa diesseits der Alpen nachdrücklich zu dokumentieren. Die meisten Erstaufführungen von Rossinis sensationellen Bühnenwerken im deutschen Sprachraum hatte München der Wiener Konkurrenz voraus. Darauf konnte man sich etwas einbilden.

Von ungleich gewaltigerer Bedeutung für den Nachweis kultureller Blüte in München aber war der Bau des Nationaltheaters selber – ersonnen just in jenem Augenblick, in dem Napoleon durch die Scheidung von Josephine und die Wiederverheira-

Feierliche Enthüllung des Denkmals für König Max I. Joseph am 13. Oktober 1835. Kolorierte Lithographie von Gustav Kraus.

tung mit Marie Louise, der Tochter des österreichischen Kaisers Franz I., das politische Umfeld Bayerns entschieden verschlechterte und den Großmachtträumen des bayerischen Königs vermutlich ein jähes Ende setzte. Außenpolitische Rückschläge aber mußte man durch innenpolitischen Glanz überdecken, und die Kulturpolitik bot das geeignete Betätigungsfeld für diese innenpolitische Selbstverwirklichung. Nur drei Tage nach dem durchaus enttäuschenden Abkommen mit Frankreich dekretierte Max I. im Februar 1810 den Bau des Nationaltheaters, per Depesche noch aus Paris. In dem klassizistischen Monumentalwerk als Heimstatt für Oper und Schauspiel überbot er die neueste Theaterkreation der Franzosen, das Pariser Odéon, um mehrere 100 Sitzplätze und eine deutlich verbesserte Ausstattung. Daß die Münchner Bevölkerung mit ihren 50 000 Einwohnern nicht ausreichte, das Riesentheater auch nur bei einer einzigen Repertoirevorstellung mehr als zur Hälfte zu füllen, war völlig nebensächlich. Das Grandioso des Repräsentationsbaus selber warf so viel kulturelles Licht auf das kleine Königtum Bayern, daß es den machtpolitischen Schatten leicht überstrahlte. Und der romantische Traum vom nationalen Prestige im Konzert der europäischen Mächte nur wenige Jahre nach Beendigung des Wiener Kongresses nahm auch sprachlich Gestalt an: im Begriff des Nationaltheaters. Freilich konnte auch Max I. diesen traditionsreichen und ambitiösen Begriff nicht mit den angemessenen Inhalten füllen – in decouvrierender Parallele zu seinen beiden Amtsvorgän-

Krzysztof Penderecki, »Ubu Rex«, Festspielpremiere am 6. Juli 1991.

gern Maximilian III. Joseph und Carl Theodor. Den Bau des Nationaltheaters machten Münchner Bürger, den unrealistischen Träumen ihres Monarchen zum Trotz, gerade nicht zu ihrer eigenen Sache, weil sie die Aktienemission weitgehend verschmähten. Nicht anders als in den 160 verstrichenen Jahren Münchner Operngeschichte blieb auch dieses Institut von Anbeginn eine staatliche Domäne, erst recht nach dem Wiederaufbau 1823, der durch den sogenannten Bierpfennig – im Klartext: durch saftige Steuererhöhungen – finanziert wurde. Und der erste bayerische König stellte für die nächsten 100 Jahre – vielleicht ungewollt – auch sprachlich die kulturellen Weichen, indem er den neuen Hort glanzvoller Kulturpflege Hof- und Nationaltheater nannte. Dieser Name hat bis heute nachgewirkt. Noch 1886, nach dem Tode Ludwigs II., und 1905, nach der Berufung Felix Mottls zum Generalmusikdirektor, mahnten kritische Münchner Journalisten in ihrer Analyse des kulturellen Standorts die Repräsentationspflicht einer Hofbühne an und nicht etwa die kritische und zeitgemäße Auseinandersetzung mit moderner Bühnendarstellung in einem Nationaltheater. Die Qualität der Interpretation galt als Meßlatte und nicht die thematische Brisanz der Stücke. 250 Jahre nach den Anfängen der Münchner Oper hatte sich das kulturelle Erbe der absolutistischen Herrscher, zeitgemäß verwandelt, zum öffentlichen Bewußtsein einer verpflichtenden künstlerischen Tradition verdichtet. Die Spielpläne des noch jungen Hof- und Nationaltheaters zwischen 1823 und 1848 geben diese Entwicklung in der Rückschau mit aller Deutlichkeit zu erkennen. München partizipierte mit herausragenden Inszenierungen an der modernen europäischen Operngeschichte. Oftmals nur wenige Monate nach der Uraufführung, meist im Abstand von nur wenigen Jahren sah man in München alle wichtigen Novitäten aus den übrigen europäischen Opernzentren, in zumeist vorbildlicher Inszenierung und auf einem beneidenswerten musikalisch-künstlerischen Niveau. Und in diesen Reigen der Neuheiten wurden seit Beginn der dreißiger Jahre kontinuierlich ein bis zwei Neuinszenierungen älterer Werke eingestreut, so daß in den Jahrzehnten wie selbstverständlich ein gewaltiges Repertoire heranwuchs, das im Bewußtsein der Zuschauer gleichzusetzen war mit der vorbildlichen Pflege eines traditionsreichen Kulturgutes. Dieses Bewußtsein hat in der zweiten Hälfte des 19. Jahrhunderts, ja im Grunde bis heute keine durchgreifende Irritation, wohl aber – mit Schwankungen – eine qualitative Intensivierung erfahren. Die bewundernswerte Kontinuität der Geschichte prägt das musikalische Staatstheater in München. Daran hat sich 350 Jahre hindurch nichts geändert.

Dieses Bewußtsein von Veranstalter und Publikum speist sich aus zwei Quellen. Zum einen hat München niemals den Versuch erlebt, repräsentatives oder kritisch-widerständiges Musiktheater ohne staatliche Unterstützung, allein aus bürgerlichen oder anderen privaten Kräften, ins Werk zu setzen. Schon der Anfang ist charakteristisch: In einem Jahrhundert, in dem neben staatliche Interessen an der Opernverantwortung auch dezidiert aristokratisch-private (wie etwa in Venedig) oder gar bürgerschaftliche (wie etwa in der Hamburger Gänsemarkt-Oper) treten, erhält München sein Hoftheater. Dies war im 17. Jahrhundert gewiß nichts Außergewöhnliches, aber es lenkte die kulturellen Aktivitäten und Interessen in bezeichnende Bahnen. Eine Gesellschaft, die kulturelle Eigenverantwortlichkeit nicht erfahren und den Umgang mit diesem Instrumentarium nicht gelernt hat, tut sich bei der Lösung von staatlichem Dirigismus naturgemäß schwer. In der zweiten Hälfte des 18. und erst recht zu Beginn des 19. Jahrhunderts standen die Chancen für eine solche Emanzipation gewiß nicht schlecht, aber sie wurden in München nicht ergriffen. Ob wegen der Stärke des Hofes oder aus mangelndem Interesse in der Bevölkerung, bleibt sich letztlich gleich. In der Geschichte zählt nur die Fortsetzung des von oben verordneten Kulturgenusses, und der hatte Mitte des 19. Jahrhunderts in München bereits eine überwältigende Tradition. Und als man 1865 mit dem Aktientheater am Gärtnerplatz zaghaft den Ausbruch aus dieser Tradition probte, fallierte das Unternehmen nach wenigen Jahren kläglich. Der König nahm auch hier das Theater in seine Verantwortung – wie stets in München. Mehr noch: Dieser König, Ludwig II., identifizierte sich mit der Kulturform Oper. Er inszenierte sein Leben wie eine musiktheatralische Aufführung. Seine realpolitische Ohnmacht ertränkte er in der pathetischen Selbstfeier auf der Opernbühne. Ludwigs Separatvorstellungen bilden den exzentrischen Höhepunkt in der Geschichte staatlich verfügter Oper in München, aber zugleich lehrte diese Extravaganz einer kulturellen Verantwortung die staunenden Untertanen auch den bis ins Äußerste verfeinerten Genuß von traditionsreicher Kultur. Was für breite bürgerliche Schichten wie purer Konsum erscheinen mußte und auch so gemeint war, erhielt durch Ludwigs überspannten Kunstkult die Aura sublimierter Kultur. Der Hof machte nicht nur Kunst, sondern war zugleich auch oberste Instanz ihrer exzessiven Pflege, und weder die Erfahrungen des Ersten Weltkriegs noch die Erschütterungen des Dritten Reichs konnten dieses eigentümliche Verhältnis zwischen Kulturverantwortung und Kulturkonsum in München durchgreifend verändern. Diese konservativen Strukturen ließen sich freilich auch von den unterschiedlichsten politischen Systemen für die jeweilige Ideologie ohne gewaltsame Eingriffe aktivieren – für freistaatliche Interessen ebenso wie für totalitäre. Oper im Freistaat kannte nicht den kleinsten sozial- und gesellschaftskritischen Stachel der Zeitoper in der Weimarer Republik, und die Nazis verwässerten das hehre und niveauvolle Kulturprogramm anstandslos mit der harmlosesten aller Theater-Unterhaltungen, mit der Wiener und Berliner Operette. Das politische System griff in beiden Fällen auf bestehende kulturelle Strukturen zurück, aber das Rezeptionsverhalten des Publikums ließ sich nicht manipulieren. Es blieb, was es war: konservativ genießend. Auch dafür legen die Spielpläne des Nationaltheaters nach 1918 und nach 1933 beredtes Zeugnis ab.

Zum andern eröffnet eine Jahrhunderte hindurch tradierte Ordnung die notwendigen Freiräume für erstklassige künstlerische Qualität. Oper in München garantierte – mit wenigen Ausnahmen – in der musikalischen Interpretation höchsten europäischen Standard. Die Kehrseite der Medaille, der staatliche Dirigismus in der zurückhaltenden, eher konservativen Repertoiregestaltung, besitzt natürlich eine strahlend helle Vorderseite, von der die solide und beglückende Glanz musterhafter, ja festlicher Interpretationen ausgeht. Das umstandslose Bekenntnis der Münchner zu ihren Opernfestspielen, vor wie nach dem Zweiten Weltkrieg, bestätigt dieses über Jahrhunderte tradierte Bewußtsein von hochrangiger Kultur, in deren Pflege sich das kulturelle Engagement durchaus erschöpfen kann.

Deshalb spiegelt die Entscheidung für den Wiederaufbau des Nationaltheaters nach dem Zweiten Weltkrieg und die Übernahme der Oper in staatliche Verantwortung bis in Einzelheiten die Tradition und das Bewußtsein von kultureller Pflege in München. Selbstverständlich haben sich die staatlichen Strukturen gewandelt. Eine Demokratie verhält sich anders zu ihrem Kulturauftrag als eine höfische Gesellschaft oder ein totalitärer Staat. Aber Gebäude wie Institution des Nationaltheaters offenbaren als programmatische Idee die Rettung eines überwältigenden Kulturerbes, an dessen Entstehung und folglich auch an dessen Bewahrung München gehörigen Anteil hat. Oper im Nationaltheater hat sich in ihrer gesellschaftlichen Bedeutung seit Jahrhunderten nicht gewandelt. Sie war nie das kritische Theater, das zur hitzigen Auseinandersetzung mit den Problemen der Zeit aufrief, sondern stets die Kulturform, über deren Pflege sich die Gesellschaft selbst definierte. Aber die bewunderte Kontinuität der Geschichte könnte noch vor Ablauf der 350jährigen Jubiläumsfrist – mit einigem Glück – auch einen produktiven Konservativismus gebären. Die Perspektiven wären fürstlich, übernähme man die kulturellen Traditionen nur nicht ungeprüft, sondern befragte man sie gerade heute auf ihre Aktualität und Gültigkeit. Eine Generation nach dem Wiederaufbau des Nationaltheaters steht die Oper als Theaterform erneut auf dem Prüfstand – wie 1963. Die Welt hat längst sich umgedreht, ein weiteres Mal, und gründliche Veränderung erfahren – nicht so grausam und gewalttätig wie vor 50 Jahren, aber mit ähnlichen Erschütterungen in den liebgewonnenen Strukturen. Chance und Verpflichtung zugleich also für eine Neubesinnung auf Theater.

Wenn Oper mehr ist als die beständig wiederholte Aufforderung zum Genuß längst bekannter ästhetischer Qualitäten, wenn auch sie die Ängste und Wünsche der Menschen formuliert, Visionen aufsteigen und Utopien gedeihen läßt, dann muß sie es jetzt beweisen – gerade im Münchner Nationaltheater. Nirgends verbinden sich kulturelle Traditionen und künstlerische Standards zu solch tragfähigem Fundament für kritische Opernarbeit wie in diesem Musentempel aus romantischer Vergangenheit. Freilich wird man auch diesen Wandel „von oben" in Gang setzen müssen. Von selber geht nichts, und der Konsument rebelliert nicht. Auch das lehrt die Geschichte der Oper in München.

Dabei liegt der Aufbruch in die Gegenwart greifbar nahe, weil sich das Selbstverständnis an der Spitze wandelt. Bislang repräsentierten die Intendanten und Operndirektoren in frappierender Weise mit ihrer kulturellen Arbeit auch den Geist des Hauses – im 19. Jahrhundert nicht anders als im 20., und die wenigen „Ausreißer" hielten sich nur kurze Zeit. Von Clemens Krauss bis Wolfgang Sawallisch leistete sich das Haus jene Führungspersönlichkeiten, die der Tradition grandioser Kulturpflege in Deutschland entstammten und diese unverwechselbare künstlerische Prägung dem Haus und seiner Kultur vielfach zurückerstatteten. Darin lag ihre Stärke. Wolfgang Sawallisch hat sie in den vergangenen 20 Jahren eindrucksvoll ausgespielt.

Mit Peter Jonas an der Spitze nun ein Ausländer, dem Konservativismus weiß Gott nicht fremd und deutsches Kulturerbe bestens vertraut ist, der aber kulturelle Pflege liberaler, ja experimenteller versteht als seine Vorgänger. Ihm ist Theater, auch das musikalische Theater, der Ort für die intellektuelle Auseinandersetzung mit den Problemen der Gegenwart – auch mit einer übermächtigen Tradition. Darin mag das Produktive liegen, das gerade nach der enzyklopädischen Darstellung von Wagner- und Strauss-Opern den notwendigen Blick über den Zaun ins Internationale wieder öffnet. Behutsam, versteht sich, ohne dauerhaften Schock, aber mit der beständigen (Heraus-)Forderung ans Publikum, wieder Ohren und Augen zu öffnen im Nationaltheater: Bürde und Chance zugleich für den ersten Intendanten aus einer anderen kulturellen Tradition. Bürde und zugleich Chance zur Veränderung, nicht in den Strukturen, nicht an der staatlichen Verantwortung und nicht am kulturellen Standard. Trotz steigender Finanzkrise sind veränderte Wirtschaftsformen (noch) nicht am Platz. In dieser Hinsicht ist auch Peter Jonas ein geübter Konservativer. Veränderung wohl aber im Bewußtsein für die Kunstform des musikalischen Theaters. Und diese Veränderung würde die Tradition der Münchner Oper keineswegs zerstören. Im Gegenteil: Die Kontinuität ihrer Geschichte bietet die Basis für eine produktive Bewahrung des kulturellen Erbes.

Julia Liebscher

»Das ist eine Magnifique Musick«
Mozart und die Münchner Oper im 18. Jahrhundert

Wolfgang Amadeus Mozart betrat im Januar 1762, als Sechsjähriger, erstmals Münchner Boden und konzertierte bereits ein Jahr später, im Juni 1763, zunächst beim Kurfürsten Max III. Joseph in Schloß Nymphenburg, dann zusammen mit seiner Schwester Nannerl beim Herzog Clemens, dem Vetter des Kurfürsten, in der Maxburg. Damals blickte die Residenzstadt München bereits auf eine glanzvolle Musik- und Theatertradition zurück.

Herzog Albrecht III., dessen erste Gemahlin Agnes Bernauer in Musik und Dichtung einging, hatte schon Mitte des 15. Jahrhunderts durch die Förderung des humanistischen Schuldramas den Grundstein für die Entwicklung einer Bühnenkunst gelegt, die durch die seit 1559 ansässigen Jesuiten noch lange vor Einführung der barocken Hofoper zu einem ersten Höhepunkt geführt wurde. Die mit hoher Regie- und Ausstattungskunst in dem zwischen Dom und Michaelskirche gelegenen Jesuiten-Kolleg, zunächst in der Aula des Gymnasiums, dann in einem eigens eingerichteten Theater, in Szene gesetzten lateinischen Ludi verknüpften antike Sujets, biblische Stoffe und Heiligenlegenden mit der Musik ihrer Zeit. In Form der alljährlichen oratorischen Meditationen, die während der Fastenzeit bei Anwesenheit des Hofes aufgeführt wurden, erfreute sich diese Tradition bis zur Aufhebung des Jesuitenordens gegen Ende des 18. Jahrhunderts großer Beliebtheit.

Eine zweite kulturelle Blütezeit erlebte München nach der Erhebung Bayerns zum Kurfürstentum (1623), als Kurfürst Ferdinand Maria (1651 bis 1679) die italienische Barockoper einführte. Dessen künstlerisch hochbegabte Gemahlin Henriette Adelaide von Savoyen verpflichtete erstmals italienische Opernkünstler und ließ anläßlich eines Besuches des Kaisers Ferdinand III. 1653 die beim italienischen Hofkaplan und Harfenvirtuosen Giovanni Battista Maccioni in Auftrag gegebene dramatische Kantate *L'Arpa Festante* szenisch aufführen, und zwar im Herkulessaal der Residenz, der damit eingeweiht wurde. Mit diesem Datum beginnt die Münchner Operngeschichte.

Um den neuen italienischen Opernstil zur vollen Entfaltung zu bringen, ließ Ferdinand Maria einen unweit des Salvator-Friedhofs gelegenen Kornstadel, den „Haberkasten", zu einem prunkvollen Opernhaus umbauen und 1654 mit dem allegorischen Schäferspiel *La ninfa ritrosa* des Hofkomponisten Pietro Zambonini feierlich eröffnen. Damit besaß München ein eigenes Opernhaus, in dem ein volles Jahrhundert hindurch, bis zur Eröffnung des von François Cuvilliés erbauten Theaters in der

Titelblatt der Partitur zu »L'Arpa Festante«.

Residenz (1753), die meisten der abendfüllenden Opern aufgeführt wurden. Noch 1775 wurde Mozarts erstes Münchner Auftragswerk, *La finta giardiniera*, dort gespielt. Erst 1799 wurde das Gebäude wegen Baufälligkeit geschlossen und 1802 schließlich abgetragen.

Höhepunkte im Spielplan dieses Hauses bildeten im ersten halben Jahrhundert die prachtvollen Opern des Hofkapellmeisters Johann Kaspar Kerll (1627–1693), die auf Texte der Hofdichter Domenico Gisberti, Giorgio Giuseppe Alcaini und Francesco Sbarra komponiert waren. Italiener beherrschten das Münchner Opernleben auf der ganzen Linie.

Gespielt wurde seit dem ausgehenden 17. Jahrhundert aber auch in verschiedenen Sälen der Residenz, vor allem in dem von Kurfürst Max Emanuel für eine von ihm besonders geschätzte Antwerpener Komödiantentruppe als Theater eingerichteten Georgssaal. Das Wirken dieser Truppe fällt vor allem in die Jahre 1701–1704, in denen die nahezu ausschließlich italienischen Opernaufführungen zugunsten der Pflege des französischen Schauspiels stark zurückgedrängt wurden. Aufführungen gab es darüber hinaus in dem auch als Ballsaal benützten Herkulessaal, gelegentlich auch im Schwarzen Saal, der vor allem als Probenbühne diente, oder im Festzelt des Brunnen- oder Apothekerhofs. Für eine Vielzahl unterschiedlicher Festivitäten hatte Ferdinand Maria schon 1661 zusätzlich das Turnierhaus am Hofgarten errichten lassen. Hier bot man italienische Serenaden, Geburtstags-, Namenstags- und Hochzeitskantaten, die das höfische Musiktheater nicht unwesentlich bereicherten. Auch die beliebten Ball-Introduzioni, die meist mit einer Ballettdarbietung verbunden waren, fanden im Turnierhaus statt. Immensen Zulaufs erfreuten sich die zu den Turnieren komponierten Kantaten, die mit großem instrumentalen Aufwand vor und nach den Festzügen aufgeführt wurden. Wegen erhöhter Brandgefahr spielte man aber nicht selten auch an der Isar außerhalb der Stadtmauer, wozu reichgeschmückte Schaugerüste und eine das Wasser teilweise einbeziehende Holzbühne errichtet wurden. Als Naturbühnen nutzte man auch die Heckentheater in den Lustschlössern Nymphenburg und Schleißheim; gespielt wurde hier in den Sommermonaten Mai bis Oktober, also außerhalb der auf Karneval und Herbst fallenden Hauptspielzeiten.

Seit dem 18. Jahrhundert fand das Redoutenhaus

Festzelt im Brunnenhof (?) der Residenz für die Aufführung »Mercurio e Marte discordi«, Turnier zu Fuß, am 15. Februar 1654.

Herkulessaal der Residenz.

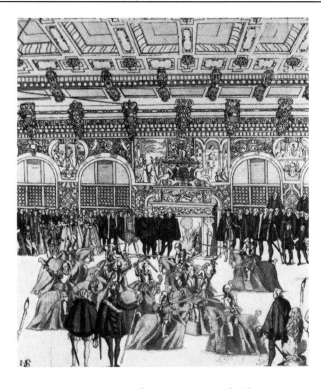

Turnier im St.-Georg-Saal.

Schwarzer Saal der Münchner Residenz.

in der Prannergasse für Opern- und Theatervorstellungen Verwendung; ein eigenes kleines Theater, das sogenannte „Comoedi-Haus", unterhielt zur Mozart-Zeit der musik- und kunstliebende Herzog Clemens in der Maxburg, eine zweite, in den Quellen als »niedliches Theater« bezeichnete Spielstätte, befand sich in seinem Sommerschlößchen. Diese auch als Clemensschlößchen bekannt gewordene Residenz des Herzogs befand sich an der Nordseite des heutigen neuen Justizpalastes unweit des Alten Botanischen Gartens. Während im Redoutensaal öffentlich gespielt wurde, besaßen diese kleinen Theater Privatcharakter und waren nur einem auserlesenen Publikum zugänglich. Im Nachlaß des Herzogs Clemens sind an die 70 Opern überliefert, die das ohnehin vielfältige Repertoire dieser Zeit nicht unwesentlich bereichert haben dürften.

Ihren prunkvollen Höhepunkt erlebte die italienische Barockoper in der Regierungszeit des kunstsinnigen Kurfürsten Max II. Emanuel (1680 bis 1726). Jährlich gelangten bis zu vier Opern und Ballette (meist in der Choreographie von Melchior d'Ardespin) zur Aufführung. Gewöhnlich wurde eine Inszenierung jeweils fünf- bis zehnmal wiederholt. Zahlreiche italienische Komponisten, von denen uns heute bestenfalls noch Agostino Steffani ein Begriff ist, kultivierten auch in München jenen Typus der Opera seria, wie er damals in allen europäischen Kulturzentren dominierte. Berühmte Sängerdarsteller wie die Primadonna Faustina Bordoni (die spätere Gemahlin Johann Adolf Hasses) und die weltbekannten Kastraten Farinelli (eigentlich: Carlo Broschi) und Antonio Bernacchi, ferner die Theatermaler Giuseppe Galli-Bibiena und Paolo Gaspari sowie die Bühnenarchitekten Lorenzo und Joseph Quaglio garantierten einen an italienischen Vorbildern orientierten Interpretations- und Aufführungsstil, der in München das ganze 18. Jahrhundert über vorbildlich blieb.

Mit dem Tode Max Emanuels, während dessen Regierungszeit sich also erstmals auch französische Einflüsse, vor allem auf dem Sektor des Schauspiels, vereinzelt aber auch im Opernspielplan geltend machten (dem Vorbild der fünfaktigen französischen Tragédie war z. B. Pietro Torris Oper *L'Innocenza difesa da numi* von 1715 verpflichtet), ging eines der ruhmreichsten Kapitel der Münchner Operngeschichte abrupt zu Ende. Obwohl es auch Kurfürst Karl Albert (1726–1742, der spätere Kaiser Karl VII.) an Kunstverstand und Prunk nicht fehlen ließ, konnte man wohl vornehmlich aufgrund der ungünstigen politischen Entwicklungen (Besetzung Bayerns infolge des Spanischen Erbfolgekriegs) das reiche Kulturleben nicht aufrechterhalten. Erst Max III. Joseph schuf der Oper durch das von François Cuvilliés erbaute Theater in der Residenz, das 1753 mit Giovanni Ferrandinis

Ausschnitt aus dem Modell des Hofkistlermeisters Jakob Sandtner der Stadt München von 1571. Es zeigt in Parallelstellung zur St.-Salvator-Kirche den Baukörper des Kornspeichers mit dem großen steilen Satteldach.

Opera seria *Catone in Utica* auf ein Libretto Pietro Metastasios eröffnet wurde, eine neue Pflegestätte. Nach wie vor waren es vor allem italienische Komponisten, die den Ton angaben, einheimische Komponisten wie Joseph Anton Camerloher, Joseph Willibald Michl und Carl von Cröner hatten mit ihren Seria-Versuchen dagegen nur wenig Erfolg. Hochgeschätzt und teuer gehandelt wurden wie auch anderswo vor allem italienische Kastraten. Philippo Ballatri und Venanzio Rauzzini erhielten für ihre einzigartigen Darbietungen Spitzengagen, die meist über dem Zehnfachen eines durchschnittlichen Musikergehalts lagen. Kaum Beachtung fand hingegen die durch eine fahrende Truppe im Karneval 1773 aufgeführte Reformoper *Orfeo ed Euridice* von Christoph Willibald Gluck, die mit dem berühmten Kastraten Gaetano Guadagni zwar glänzend besetzt war, aber in einer stark bearbeiteten Fassung über die Bühne ging. Wie die französischen Einflüsse, die sich erstmals nach Max Emanuels Exil in München bemerkbar machten, die Vorherrschaft der italienischen Oper nicht brechen konnten, so fand auch Glucks Reformstil beim Publikum wenig Anklang: Viel zu sehr war man an den stereotypen Ablauf der Opera seria gewöhnt, als daß man sich leichter Hand auf den neuen Stil einstellen konnte. So darf es kaum verwundern, daß auch Mozarts für München komponierter und in vielerlei Hinsicht die Grenzen der Gattung sprengender *Idomeneo* einem konservativen Zeitgeschmack zum Opfer fiel.

*

Neben der italienischen Hofoper existierte in München auch eine bis ins Mittelalter zurückreichende ungebrochene Tradition des bürgerlichen Musiktheaters, das in Possen, Mysterien- und Liederspielen sowie im Stegreiftheater Ausdruck fand. Das seit 1746 bespielte Faberbräu-Theater in der Sendlingerstraße wurde zum Hort der bürgerlichen Musik- und Theaterpflege; hier spielten auch

»*Das ist eine Magnifique Musick*« 25

**Mittelloge im Opernhaus am
Salvatorplatz von Domenico Mauro.**

auswärtige Theatergruppen, die zuvor in Wirtschaften, auf der Dult, im Rathaussaal, in den Brauhäusern sowie, zum Ärgernis des angrenzenden Frauenklosters, im Salzstadel am Anger aufgetreten waren. Eines der herausragenden Ereignisse dieses Hauses bildete Franz Gleißners Melodram *Agnes Bernauer*, das 1790 mit dem größten Erfolg über zwanzigmal von einer auswärtigen Theatergruppe gegeben wurde. Durch Josef Anton Graf von Seeau, der in der Nachfolge des Grafen Joseph Ferdinand Maria von Salern seit 1756 nach und nach die Intendanz aller Spielstätten (Cuvilliés-Theater, Opernhaus am Salvatorplatz, Redoutensaal in der Prannerstraße, Turnierhaus am Hofgarten, Faberbräu-Saal) übernahm, erhielt dieses Genre neuen Auftrieb. Vor allem im Salvatortheater, aber auch im Redoutensaal ließ Seeau in eigener Regie seit etwa 1770 komische Opern und Intermezzi spielen. Bei diesen meist als Singspiel bezeichneten Stücken handelte es sich um deutsche Übersetzungen italienischer Buffo-Opern oder französischer Opéras comiques, zu deren Aufführung jedermann gegen Bezahlung Zutritt hatte. Auch als „Original-Singspiele" angekündigte Singspiele einheimischer Komponisten hielten Ende der siebziger Jahre verstärkt Einzug am Salvatorplatz, nachdem bereits fast ein dreiviertel Jahrhundert zuvor deutsche Opern von Veit Weinberger (*Lisimen und Caliste*, 1681) und Philipp Jacop Seerieder (*Genovefa*, 1694) zur Aufführung gelangt waren, ohne jedoch eine eigene Tradition begründen zu können.

Während das Salvatortheater unter Seeau mehr und mehr zur bürgerlichen Spielstätte und trotz der Ausdehnung des Repertoires durch Intrigen und Mißwirtschaft zur lokalen Einrichtung herabsank, wurde das Cuvilliés-Theater von nun an für die Seria und das höfische Ballett reserviert. Die Buffa, die nunmehr ausnahmslos im Salvatortheater gegeben wurde, hatte München schon im Oktober 1722 erreicht (Ansätze hierzu gab es auch schon früher), und zwar mit Tommaso Albinonis *Vespetta e Pimpinone*, einem derbkomischen Zwei-Personen-Intermezzo, das man nach italienischer Manier zwischen die Akte einer festlichen Seria (*I veri amici*, ebenfalls von Albinoni) einschob. Durchschlagenden Erfolg verzeichneten Buffa und deutsches Singspiel aber eben erst seit den siebziger Jahren des 18. Jahrhunderts, als man auch andernorts längst gegen die Vorherrschaft der italienischen Seria zu Felde gezogen war. Beispielgebend sollte auch für München die von Christoph Martin Wieland gedichtete und von Anton Schweitzer in Musik gesetzte deutsche Oper *Alceste* werden, die 1773 in Weimar mit so großem Erfolg in Szene gegangen war, daß der damalige pfälzische Kurfürst Carl Theodor, tief beeindruckt von dieser Aufführung, 1775 in Mannheim eine „Deutsche Singspielschule" und eine „Kurfürstliche deutsche Schaubühne" gründete, Einrichtungen, die er nach seinem Regierungsantritt in München (1778) zur vermeintlichen Pflege der nationalen Theaterkunst auch in der bayerischen Residenz unter anderem Namen ins Leben rief.

✻

Als Mozart nach mehreren Besuchen in München im Jahre 1774 aus der kurfürstlichen Residenz seinen ersten Kompositionsauftrag für *La finta giardiniera* erhielt, hatte die bayerische Kulturmetropole also ein überaus vielfältiges Angebot auf den Bühnen der Musiktheater vorzuweisen. Die Opera seria besaß noch die uneingeschränkte Gunst des höfischen Publikums, Buffa und Comique hatten sich seit Beginn der siebziger Jahre in deutschen Bearbeitungen mit großem Erfolg durchgesetzt, der Einzug des deutschen Singspiels stand auch in München unmittelbar bevor. Mozarts Opernœuvre – neben der Opera buffa *La finta semplice* und dem Singspiel *Bastien und Bastienne* waren schon die Seria-Opern *Mitridate* und *Lucio Silla* entstanden – war dagegen gänzlich unbekannt. Dennoch war an den jungen, erst 18jährigen Salzburger Komponisten eine Scrittura ergangen, allerdings nicht von Kurfürst Max III. Joseph, sondern mit großer Wahrscheinlichkeit vom Hofmusikintendanten Josef Graf von Seeau, der, wie bereits erwähnt, auch als selbständiger Impresario agierte und in eigener Regie die Aufführung von Buffo-Opern und Singspielen betrieb. Möglicherweise ging der Vorschlag, Mozart einen Kompositionsauftrag zu erteilen, auf den Bischof von Chiemsee, Ferdinand Christoph Graf Waldburg-Zeil, zurück, der Mozart von Salzburg her kannte und Zeit seines Lebens sein Gönner blieb.

Die Scrittura erreichte Mozart 1774 noch in Salzburg, wo auch Teile der Oper, vor allem die Rezitative, entstanden sind, bevor er mit seinem Vater am 6. Dezember 1774 nach München reiste, um die Aufführung vorzubereiten und die Proben zu beaufsichtigen. Wie auch später anläßlich des

Zuschauerraum des Cuvilliés-Theaters.

Idomeneo, hat Mozart bei der Einstudierung des Werks, das erst an Ort und Stelle fertig komponiert wurde, maßgeblich mitgewirkt, jedoch nicht selbst dirigiert. Als Kapellmeister der Uraufführung werden der Hofkapellmeister Antonio Tozzi oder der kurfürstliche Vizekonzertmeister Johann Nepomuk von Cröner vermutet, für die Besetzung ist lediglich die Sopranistin Rosa Manservisi in der Rolle der Sandrina sicher verbürgt. Im Anschluß an die mehrfach verschobene Uraufführung am 13. Januar 1775 im Salvatortheater gab man, den Aufführungsgepflogenheiten der Zeit folgend, ein Ballett: *La ninfa spergiura, protetà per amore* in der Choreographie des Hofballettmeisters Antoine Trancart (Musik vermutlich von Niccolò Piccinni). Über die Premiere seiner *Finta* berichtete Mozart am 14. Januar 1775 seiner Mutter: »Gottlob: Meine opera ist gestern als den 13ten in scena gegangen; und so gut ausgefallen, daß ich der Mama den lärmen ohnmöglich beschreiben kan. Erstens war das ganze theater so gestrozt voll, daß vielle leüte wieder zurück haben müssen. Nach einer jeden Aria war alzeit ein erschröckliches getös mit glatschen, und viva Maestro schreyen [...] wie die opera aus war, so ist unter der zeit wo man still ist, bis der ballet anfängt, nichts als geglatscht und bravo geschryen worden; bald aufgehört, wieder angefangen, und so fort.« Ein ähnlich positives Urteil ist durch den Dichter und Musiker Christian Friedrich Daniel Schubart überliefert (in: *Teutsche Chronik*, 34. Stück, 27. April 1775), der der Uraufführung oder einer der folgenden Aufführungen beiwohnte: »Auch eine Opera buffa habe ich gehört von dem wunderbaren Genie Mozart. Sie heißt: La finta Giardiniera. Genieflammen zucken da und dort, aber es ist noch nicht das stille, ruhige Altarfeuer, das in Weihrauchwolken gen Himmel steigt. Wenn Mozart nicht eine im Gewächshaus getriebene Pflanze ist, so muß er einer der größten Komponisten werden, die jemals gelebt haben.« Ebenfalls enthusiastisch äußerte sich Leopold Mozart sowohl über die Proben als auch über die Aufführung. So berichtete er seiner Frau am 28. Dezember 1774: »[...] die Composition der Musik gefällt erstaunlich [...]«, und in einem Brief vom 30. Dezember heißt es: »[...] das ganze orchester und alle die die Probe gehört sagen daß sie noch keine schönere Musik gehört, wo alle Arien schön sind [...]« Daß der Erfolg möglicherweise nicht so einhellig war und sich die Proben und Aufführungen in Wahrheit schwierig gestalteten, ist durch Mozart selbst belegt, der es für notwendig hielt, auch bei der zweiten Aufführung zugegen zu sein, um sein Werk gegen verfälschende Eingriffe zu schützen: »weil [...] ich sehr nothwendig bei der Production bin --- sonst würde Man sie nicht mehr kennen --- dan es ist gar curios hier«, heißt es im selben Brief vom 14. Januar an die Mutter in Salzburg. Daß sich Mozart später gar gegen Seeaus abschätziges Urteil zur Wehr setzen mußte – in einem Brief aus Mannheim an den Vater vom 12. November 1778 ist die Rede vom »verfluchten kerl Seeau«, der verbreitet haben soll, daß die *Finta giardiniera* in München ausgepfiffen worden sei –, mag das zwiespältige Interesse an Mozarts Oper ebenso beleuchten wie die kurze Erfolgsdauer, die dem Werk tatsächlich beschieden war: Die zweite Aufführung ging, wie Vater Leopold in einem nicht genau datierbaren Brief seiner Frau berichtete, arg gekürzt und durch sängerische Mängel verstümmelt mehr schlecht als recht am 2. Februar im Redoutenhaus in der Prannergasse über die Bühne. Am 2. März folgte die letzte Aufführung, bevor Mozart mit seinem Vater die Stadt wenige Tage später (am 6. März) wieder verließ. So war der Premierenerfolg schon nach zwei Wiederholungen verblaßt, so daß es kaum verwundert, daß die Oper zu Mozarts Lebzeiten – zumindest in der italienischen Originalfassung – kein einziges Mal mehr gespielt wurde.

Auch die deutsche Singspielfassung trug keineswegs zur Verbreitung des Werks bei. Zwar bemühten sich andere Städte ab und an um Aufführungen in deutscher Sprache, in München, wo das Mozart-Repertoire im 19. Jahrhundert wie auch an anderen Bühnen auf die Hauptwerke (*Die Zauberflöte, Le nozze di Figaro, Don Giovanni, Così fan tutte, Die Entführung aus dem Serail*) beschränkt blieb (vereinzelte Aufführungen gab es auch von *Idomeneo, Der Schauspieldirektor* und *La clemenza di Tito*), erlebte man die Oper aber erst wieder 1935 in einer Neuinszenierung (als Bearbeitung des italienischen Originals von Siegfried Anheißer). Eine erfolgreiche Renaissance des Werks leitete Ferruccio Soleris Neuinszenierung der Bayerischen Staatsoper für Schwetzingen 1979 ein.

Nicht viel anders ging es Mozarts zweitem Münchner Auftragswerk. Nachdem er mit der *Finta giardiniera* keinen durchschlagenden Erfolg erzielen konnte, wartete er vergeblich auf einen weiteren Kompositionsauftrag. Erst 1780 erreichte ihn aus München eine neue Scrittura, diesmal für

Das alte Residenztheater, nach seinem Erbauer Cuvilliés-Theater genannt, wurde 1753 eingeweiht.

eine Opera seria, die im Karneval 1781 im Cuvilliés-Theater gegeben werden sollte. Kurfürst Carl Theodor hatte die seit dem 17. Jahrhundert gebräuchliche Tradition der italienischen Karnevalsoper 1779 zugunsten einer deutschen Oper – Anton Schweitzers vielbeachtete *Alceste* – unterbrochen; ein Jahr später folgte aber bereits mit *Telemacco* des Hofkapellmeisters Franz de Paula Grua wieder eine Opera seria in italienischer Sprache. Der Spielplan der achtziger Jahre läßt sich anhand der Karnevalsopern gut rekonstruieren: Dem *Telemacco* folgte 1781 Mozarts *Idomeneo*, 1782 *Semiramide* von Antonio Salieri, 1783 *Tancredi* von Ignaz Holzbauer, 1785 *Armida abbandonata* von Alessio Prati und 1787 als letztes Werk in der u.a. aus Kostengründen abgebrochenen Reihe der Karnevalsopern *Castor e Polluce* des Abbé Georg Vogler. Die meisten dieser Opern gingen auf ältere französische Dramen zurück, so auch Mozarts *Idomeneo*, der auf der gleichnamigen Tragédie lyrique von Antoine Danchet (mit der Musik von André Campra; Uraufführung Paris 1712) basiert. Wie Mozarts *Idomeneo*, waren auch die übrigen Werke dem zu diesem Zeitpunkt an allen europäischen Bühnen gepflegten italienisch-französischen Mischstil verbunden, der wie Glucks Reformopern in München aber offenbar wenig Resonanz fand. Befremden riefen meist die aus der französischen Tragédie stammenden Tableaus mit ausgedehnten Chor- und Ballettszenen hervor. Einen Eindruck

Joseph Quaglio nach Lorenzo Quaglio, angeblicher Bühnenbildentwurf zur Münchner Uraufführung 1781 von Mozarts »Idomeneo« (Neptuntempel?).

vom breitgefächerten Angebot dieses Zeitraums vermittelt der Spielplan des Karnevals 1781, in dem Mozarts *Idomeneo* uraufgeführt wurde. Auf dem von Robert Münster anläßlich der Münchner *Idomeneo*-Ausstellung 1981 rekonstruierten Programm (für den Zeitraum zwischen dem 30. Januar und dem 6. März) stand eine Vielzahl von Komödien, Lustspielen und Schauspielen von größtenteils längst vergessenen Autoren wie Johann Gottfried Dyk, Friedrich Wilhelm Schröder, Maximilian Scholz, Joseph Laudes, Wilhelm Heinrich Brömel, Franz von Heufeld sowie von Johann Gottlieb Stephanie d.J., mit dem Mozart schon ein Jahr später (1782) *Die Entführung aus dem Serail* und 1786 den *Schauspieldirektor* auf die Bühne stellte.

Die Ballette mit der Musik von Peter von Winter und Peter Glonner, wie die Schauspiele französischer Provenienz, wurden von dem aus Frankreich stammenden Ballettmeister Pierre Constant choreographiert. Wahrscheinlich hat Mozart mit seinem Vater neben den maskierten Akademien im Redoutensaal und Bällen auch einige dieser Theater- und Opernaufführungen besucht. Seinem *Idomeneo* fiel freilich in diesem breiten Angebot nur insofern eine Sonderstellung zu, als es sich bei diesem Werk um die offiziell in Auftrag gegebene Karnevalsoper und folglich um ein mit besonderer Spannung erwartetes Spektakel handelte.

Mozart hatte den sehnlichst erhofften Kompositionsauftrag zum *Idomeneo* auf Fürsprache des

Mannheimer Orchesterdirektors Christian Cannabich und des Tenors Anton Raaff (der Idomeneo der Uraufführung) erhalten; mit beiden Musikern war er seit seinem Mannheimer Aufenthalt 1777/78 befreundet. Von Graf Seeau erhielt er einen detaillierten Plan für die Bearbeitung des Librettos überstellt, das der Salzburger Kaplan Giambattista Varesco nach Danchets Vorlage gestaltete. Er und Mozart fügten mehrere zusätzliche Szenen im Stile von Glucks *Alceste* ein, vor allem in den radikal von der Vorlage abweichenden 3. Akt. Der tragische Ausgang der Tragédie wurde dabei, der Seria-Konvention entsprechend, in ein lieto fine, also in ein glückliches Ende umgewandelt: Statt der Opferung Idamantes durch den Vater, Idomeneo, tritt nun ein Orakelspruch in Kraft, demzufolge Idamante zum König ernannt wird und die geliebte Ilia zur Frau nimmt.

Dem ausgedehnten, den Opernbetrieb des ausgehenden 18. Jahrhunderts vorzüglich beleuchtenden Briefwechsel zwischen Mozart und seinem Vater sind Einzelheiten, weniger über die äußeren Umstände der Aufführung, als vielmehr über die Hintergründe der Entstehung des Werks, zu entnehmen. Wie im Falle der *Finta* beaufsichtigte Mozart auch die Probenarbeiten zu *Idomeneo*, der zum Teil schon in Salzburg komponiert, in München, wo Mozart vom 6. November 1780 bis 12. März 1781 weilte, aber erst vollends fertiggestellt wurde, so daß der Komponist auf die besonderen Bedürfnisse und Fähigkeiten der Sänger Rücksicht nehmen konnte. Zusammen mit Seeau, dem Theatermaler und Bühnenbildner Lorenzo Quaglio und dem Ballettmeister Legrand wurde am 13. November die szenische Gestaltung besprochen, Legrand übernahm als Choreograph, wie dies üblich war, die (vergleichsweise bescheidenen) Aufgaben des Regisseurs. Wieder wurde der Uraufführungstermin auf Veranlassung Seeaus verschoben, die Premiere fand schließlich am 29. Januar mit Anton Raaff in der Titelpartie und dem Kastraten Vincenzo dal Prato als Idamante in dem für die Karnevalsoper reservierten Cuvilliés-Theater statt. Geprobt hatte man im Hause Seeaus und im Schwarzen Saal der Residenz, Cannabich dürfte als Konzertmeister vom ersten Pult der Violinen das Orchester dirigiert, Mozart am Cembalo die Leitung der Rezitative übernommen haben. Schon vorab hatte Mozart beklagt, daß der alternde Raaff und dal Prato »schlechte acteurs« seien, so daß man Kürzungen für deren Partien vornahm.

Der erste erhaltene Theaterzettel einer Opernaufführung Mozarts in München. Erstaufführung der »Entführung aus dem Serail« am 1. April 1785.

Weitere Aufführungen sind für den 5., 12. und 26. Februar verbürgt, dann verschwand die Oper für Jahrzehnte von den Bühnen. Für Mozart war das Werk allerdings mit der Premieren-Fassung noch nicht abgeschlossen. Die Wiener Revision für eine konzertante Aufführung 1786 im Palais des Fürsten Auersperg brachte die Umarbeitung der Kastraten- in eine Tenor-Partie mit sich und somit die weitere Annäherung an Glucks Reformstil.

Erneut hatte Mozart mit seiner Oper keinen durchschlagenden Erfolg erzielt. Trotz der begeisterten Äußerungen Carl Theodors (»noch hat mir keine Musick den Effect gemacht; – das ist eine Magnifique Musick«, heißt es in einem Brief vom 30. Dezember 1780) und Mitwirkender anläßlich der Proben war dem Werk am Uraufführungsort kein guter Start beschieden. Erst 1845 kam *Idomeneo* auf Befehl König Ludwigs I. in München wieder auf die Bühne, allerdings in einer deutschen Übersetzung, wie das Werk im 19. Jahrhundert überhaupt stets auf deutsch und stark bearbeitet wiedergegeben wurde. Zu einer ersten Aufführung der Original-Fassung (konzertant) kam es erst 1931 in Basel. Im selben Jahr bearbeiteten Richard Strauss und Lothar Wallerstein die Oper für Wien; Ermanno Wolf-Ferrari erstellte eine Neufassung für München. Die Neuartigkeit der Konzeption, die üppige, auf das hohe künstlerische Niveau des Mannheimer Orchesters zugeschnittene Instrumentierung sowie die Dichte des musikalischen Satzes schienen für die Opernbühne zu erdrückend, so daß sich das Publikum fraglos überfordert fühlte. So fand die Münchner Uraufführung offenbar nur bei einem sehr begrenzten Kreis von Musikkennern, unter ihnen Kurfürst Carl Theodor selbst, ein positives Urteil.

Daß Mozart in München zu Lebzeiten trotz der Uraufführung zweier Opern keinen Mozart-Stil, keine Mozart-Tradition begründen konnte, ist nicht verwunderlich, bedenkt man, daß seine Opern auch anderswo über aktuelle lokale Erfolge nicht hinausgekommen sind. Auch das breitgefächerte Repertoire des ausgehenden 18. Jahrhunderts mit dem erstmals gleichberechtigten Nebeneinander der verschiedenen Operngattungen hat in München eine intensive Pflege der Werke Mozarts, zumindest bis zum Auftreten Richard Wagners, verhindert. Selbst der Prager Erfolg des *Don Giovanni* erscheint relativ bescheiden, vergleicht man dieses Ereignis mit den Erfolgsquoten, die beinahe jede neue Oper Anfossis, Paisiellos und Cimarosas in ganz Europa erzielt haben. Mozart dagegen wurde vom Opernpublikum als Außenseiter, als „Unzeitgemäßer" empfunden, der im Grunde konkurrenzlos bleiben mußte, solange er die gewohnten Normen und Gattungstraditionen der italienischen Oper zu sprengen drohte. Da machte auch das Münchner Publikum keine Ausnahme. Daß schließlich Kurfürst Max III. Joseph 1777 Mozarts Wunsch, in München in Stellung zu gehen, mit dem Hinweis auf eine fehlende „vacatur" ablehnte, ist vor dem Hintergrund des schnell verblaßten Erfolgs der Münchner *Finta* und der kaum beachteten Aufführungen der bis dahin entstandenen weiteren Opern nicht verwunderlich.

So fallen die beiden Münchner Uraufführungen von Mozarts Opern in einen Zeitraum, in dem sich nach über hundertjähriger Vorherrschaft der italienischen Seria in der bayerischen Residenz neben französischen Einflüssen endgültig auch das deutsche Singspiel durchgesetzt und für eine enorme Spielplanausweitung gesorgt hat. Auf dem ersten Platz der Beliebtheitsskala rangierte 1783 Johann

Caroline Greis als Myrtha in »Das unterbrochene Opferfest« von Peter von Winter. Lithographie von Billotte nach L. Schwarz.

Adam Hillers Singspiel *Die Liebe auf dem Lande*, dessen Ariette *Ein Mädchen, das auf Ehre hielt* die Münchner Bürger entzückte. Im selben Jahr erzielte auch Johann Lukas Schubaur mit seinem Singspiel *Die Dorfdeputierten* (UA) im Salvator-Theater großen Zulauf. Das Werk beherrschte lange Zeit den Spielplan. Auch seine weiteren Singspiele *Das Lustlager* (UA 1784) und *Die treuen Köhler* (UA 1786) rangierten ganz oben auf der Beliebtheitsskala. Besonderen Aufschwung erhielt das deutsche Singspiel durch die Mannheimer Komponisten Abbé Georg Vogler, Peter von Winter und Franz Danzi, Repräsentanten eines frühklassischen Stils, der mit Carl Theodors Regierungsantritt nun auch in München Einzug hielt. Peter von Winters Singspiele, vor allem *Das Hirtenmädchen* (UA 1784), gehörten an der Wende zum 19. Jahrhundert zu den erfolgreichsten Stücken der Nationalen Schaubühne, die Carl Theodor im Salvator-Theater etablierte. Großes Aufsehen erregte auch Winters „heroisch-komische deutsche Originaloper" *Das unterbrochene Opferfest* aus dem Jahre 1797 (ME). Franz Danzi, Franz Gleißner, Franz Anton Dimler und Franz von Destouches waren weitere Komponisten, die sich um das Singspiel in München Verdienste erworben haben. Mit Carl Theodor war auch der in Paris ausgebildete Theobald Marchand als Prinzipal einer über 30 Mitglieder zählenden Schauspieltruppe nach München gekommen. Durch Marchand erhielt die Opéra comique mit Werken von Grétry, Monsigny, Philidor, Dalayrac, Dezèdes und Gossec immensen Auftrieb. Trotz des französischen Einflusses konnte die italienische Oper, die Carl Theodor 1787 nicht nur aus Kostengründen, sondern auch mit reformerischem Blick auf die Schaffung einer deutschen Nationaloper verboten hatte, nicht vollends aus dem Spielplan verdrängt werden: Opern von Paisiello, Cimarosa, Sacchini und Salieri hielten sich hartnäckig im Repertoire, bis Max IV. Joseph, Carl Theodors Nachfolger, ohnehin den Bann auf die Seria 1805 wieder aufhob.

Mit dem Tod Carl Theodors 1799 und dem Rücktritt Seeaus, der nach 45jähriger Amtszeit eine einzigartige, durch das Verschwinden der Akten bis heute verschleierte Mißwirtschaft hinterlassen hatte, kam das Theaterwesen nur schwer wieder in Gang. Als Max IV. Joseph die Regierung übernahm und die Leitung der Theater 1799 erstmals einem bürgerlichen Intendanten, Franz Marius Babo, übertrug, begann eine neue Ära. Die „Hof-National-Schaubühne" wanderte als „Churfürstliches Hoftheater" aus dem alten, im Jahre 1802 abgetragenen Salvator-Theater in die Residenz, und obwohl der Kurfürst 1805 die Wiederzulassung der seit 1787 unterbundenen italienischen Oper verfügte, hatte die deutsche Nationaloper, wenn auch zögerlich, auch in München ihren Einzug gehalten.

Späte Ehre wurde Mozart, als Opernkomponist zu Lebzeiten nicht nur in München verkannt, erst unter der Intendanz Karl von Perfalls zuteil, der in seiner Amtszeit (1867–1893) allein über 700 Aufführungen von Werken Mozarts und Wagners herausgebracht und erstmals 1875 einen Münchner Festsommer mit Opern und Musikdramen dieser beiden Meister veranstaltet hat. Als Dirigent setzte dann Hermann Levi seit den siebziger Jahren den Grundstein für eine spezielle Mozart-Pflege in München, wobei er erstmals auf eine weitgehend notengetreue Wiedergabe drang und die inzwischen verfestigte Gepflogenheit abschaffte, die Secco-Rezitative durch gesprochene Dialoge zu ersetzen. Durch Levi wurden vor allem auch Richard Strauss und Wilhelm Kienzl in ihren Jahren als Münchner Hofoperndirigenten mit dieser Mozart-Auffassung vertraut. Ernst von Possart, der 1894 Perfalls Nachfolge im Amt des Generalintendanten antrat, führte die durch seinen Vorgänger und Levi begründete Mozart-Tradition fort. Eine wahre Mozart-Renaissance bescherten München die kurz nach der Jahrhundertwende begonnenen Opernfestspiele, die zunächst Wagner gewidmet waren, seit 1904 aber auch Mozarts Bühnenschaffen einbezogen und mit beispielhaften Interpretationen vor allem von *Le nozze di Figaro*, *Così fan tutte* und *Die Zauberflöte* Weltruhm erlangten.

Doris Sennefelder

»Die Kunst gehört der ganzen civilisirten Welt«
Rossini und andere Italiener erobern das Münchner Opernpublikum

München als Opernstadt: das läßt ganz selbstverständlich an Richard Wagner und Richard Strauss denken, gewiß auch an Wolfgang Amadeus Mozart. Nicht umsonst erinnern heute im Foyer des Nationaltheaters drei bronzene Büsten an eben dieses Triumvirat. Mit Gioacchino Rossini hingegen wird kaum einer die bayerische Metropole auf Anhieb in Verbindung bringen; eine derartige Assoziation erscheint auf den ersten Blick mehr als abwegig, zumal im Unterschied zu den Werken von Wagner, Strauss und Mozart von einer ähnlich kontinuierlichen und bewußten Pflege eines Rossini-Repertoires nie die Rede sein konnte.

Doch es gab Zeiten, da in München tatsächlich eine Büste des Italieners an offizieller Stelle ihren Platz fand – wenn auch nicht im Hof- und Nationaltheater, sondern 1828 im neu eröffneten „Odeon", dem damals größten Konzertsaal der Stadt. Dies geschah wohlgemerkt, noch ehe viele Jahre später Beethovens Konterfei dort Einzug hielt! Für die bevorzugte Ehrung des „Schwans von Pesaro" hatte man freilich gute Gründe: Immerhin war München 1816 nicht nur Schauplatz der ersten Vorstellung einer Rossini-Oper auf deutschem Boden gewesen, vielmehr hatte jene *Italiana in Algeri* den Beginn einer wahren Rossini-Welle bedeutet, die ebenso unerwartet wie unaufhaltsam von Italien nach Bayern geschwappt war.

Blättert man in Chroniken über die Geschichte der Münchner Oper, so wird man trotzdem oft genug feststellen müssen, daß gerade dieses unter theatergeschichtlichem Aspekt durchaus bemerkenswerte Kapitel reichlich knapp ausgefallen ist. Nicht alle Autoren äußerten sich so unerbittlich wie Otto Ursprung, der in seiner 1927 erschienenen Abhandlung über *Münchens musikalische Vergangenheit* den »allgemeinen Taumel des Rossinismus« als »schlimmen Rückfall« abtat; doch auch Chronist Max Zenger, ein Zeitgenosse Richard Wagners, hatte zuvor schon sein letztendlich doch mildes Urteil über Rossini und andere, im München des frühen 19. Jahrhunderts beliebte italienische Komponisten mit einigem Zähneknirschen formuliert: Zwar mangele es ihren Werken an jenem »tieferen geistigen [Gehalt], welchen wir Deutsche in Musikwerken suchen«, aber – dies immerhin muß er eingestehen – man dürfe deswegen nicht glauben, »daß heute ein Zuhörer, selbst ein strengerer, in Bezug auf echte originale Erfindung ganz leer ausgehen würde; vielmehr würde man erstaunt sein, mitten auf der breiten Fläche des Singens und Klingens hier und dort auf feine Charakteristik, auf überraschend geistreiche Einfälle und auf einzelne besonders hervorragende Musiknummern zu stoßen, deren Erfindungs- und Gestaltungswert auch heute noch nicht bestritten werden könnte.« Die italienischen Opern, so resümiert Zenger, hätten sich daher einem Publikum empfehlen können, »welches seinen Grundtypus, eine immerhin gesunde Oberflächlichkeit, noch nicht so vorsichtig wie das heutige, zu verbergen suchte«.

Zengers Schwierigkeiten im Umgang mit der Rossini-Euphorie bzw. einer allgemeinen Italiener-Vorliebe des Münchner Publikums, wie sie in der ersten Hälfte des 19. Jahrhunderts fraglos zu beobachten war, mögen einerseits als Symptom eines gerade für seine Zeit typischen Chauvinismus erscheinen, verweisen andererseits aber doch weiter zurück.

Oper in München hatte seit ihrem Beginn mit Giovanni Battista Maccionis *L'arpa festante* (1653) für über ein Jahrhundert den mehr oder weniger problemlosen Konsum eines italienischen Exportschlagers bedeutet; das Gedankengut der Aufklärung und, damit verbunden, ein erwachendes Bewußtsein für die Notwendigkeit eigenständiger deutscher bzw. deutschsprachiger Kunst mußten jedoch zu einem Umschwung führen. So kam es 1787 unter der Regierung von Kurfürst Carl Theodor nicht nur aus Rücksicht auf die finanziellen Engpässe im Staatshaushalt, sondern im Sinne einer Stärkung national geprägter Theaterkunst zu einer radikalen Maßnahme: Der Betrieb der italienischen Karnevalsoper, einem nach außen hin bis zu diesem Moment äußerst wichtigen Mittel höfischer Repräsentation, wurde eingestellt. Die Nationaltheater-Idee wurde auch in München vordergründig forciert. Wie also sollten Rossinis Werke noch nicht einmal dreißig Jahre später trotzdem triumphalen Einzug in München halten?

*

Franz Marius von Babo, der erste bürgerliche Intendant des Hoftheaters, erkannte klar die Zeichen der Zeit, wenn er zu Beginn des 19. Jahrhunderts in einer Denkschrift formulierte: »Das ständige Theaterpublikum will nicht oft dasselbe sehen, es will mit Abwechslung unterhalten sein, es fordert italienische Prunkopern, wie sie auf den anderen Hoftheatern zu Berlin und Wien gegeben werden.« Münchens Ruf, im europäischen Operngeschehen auf halbwegs aktuellem Stand zu sein, schien beinahe schon verloren; da verfügte Kurfürst Max IV. Joseph im Mai 1805 per Dekret die Aufführung von zwei großen italienischen Opere serie pro Jahr. Damit war er einerseits dem Geschmack der Zuschauer entgegengekommen, hatte andererseits aber bereits ein Jahr vor der Erhebung Bayerns zum Königreich wieder ein repräsentatives Aushängeschild des Hofes geschaffen – gemessen an Carl Theodors nationalistischem Reformgeist eine Maßnahme mit deutlich restaurativem Charakter. So weit allerdings, daß dem bürgerlichen, d. h. zahlenden Publikum der seit 1795 gewährte Zutritt ins Cuvilliés-Theater wieder verwehrt worden wäre, hätte sich das Rad der Geschichte wohl nicht mehr zurückdrehen lassen.

Hofopernsänger Antonio Giovanni Maria Brizzi (1770–1854), der an der Mailänder Scala ebenso Erfolge gefeiert hatte wie in Venedig, wurde 1805 zum künstlerischen Leiter der italienischen Oper und zum Regisseur auf Lebenszeit ernannt. Während seiner Amtszeit war von den ursprünglich geplanten zwei italienischsprachigen Werken pro Jahr bald nicht mehr die Rede. Brizzi brachte schon in der ersten Saison Mozarts *La Clemenza di Tito*, Ferdinando Paers 1801 in Wien uraufgeführtes Melodramma eroico *Achille* sowie Giovanni Simone Mayrs 1801 in Triest uraufgeführte große Oper *Ginevra di Scozia* heraus; im September 1806 folgte

Porträt Franz Marius Babo, Kupferstich.

Antonio Brizzi (1774–1854) als Achilles in der gleichnamigen Oper von de Gammera (Libretto) und Ferdinando Paër (Musik). Kolorierter Kupferstich.

Domenico Cimarosas Dramma eroico *Gli Orazi ed i Curiazi* (UA 1796, Venedig). Mit Ausnahme von Mozarts später Opera seria kamen damit Werke auf die Bühne, die man heute kaum dem Namen nach kennt, die sich damals aber nicht nur in München großer Popularität erfreuten. In Ergänzung dazu standen einige weitere ursprünglich italienischsprachige Werke auf dem Spielplan, die jedoch in deutscher Übersetzung gegeben wurden: Mozarts *Hochzeit des Figaro* und *Don Giovanni* sowie Antonio Salieris *Axur, König von Ormus* (UA 1788, Wien), später auch Valentino Fioravantis über die Grenzen Italiens hinaus äußerst erfolgreiche komische Oper *Die Sängerinnen auf dem Lande* (UA 1799, Neapel) sowie Giovanni Paisiellos rührstückhaft-sentimentale Opera buffa *Die Müllerin oder Die Laune der Liebe* (UA 1788, Neapel).

An Beliebtheit nicht zu übertreffen waren jedoch offensichtlich die teils in deutscher, teils in italienischer Sprache präsentierten Werke des aus Parma stammenden Ferdinando Paër (1771–1839): Knapp 50 Aufführungen sind von 1805, also ab Wiedereinführung der italienischen Oper, bis Sommer 1816, d. h. bis zur ersten Aufführung einer Rossini-Oper, anhand der erhaltenen Theaterzettel nachzuweisen. Neben Paërs bereits erwähntem *Achille* führte Brizzis Truppe auch dessen Dramma eroico-pastorale *Numa Pompilio* auf; in deutscher Sprache waren *Camilla oder das Burgverließ* und *Sargines oder der Triumph der Liebe* gleichermaßen gefragt. *Sophonisbe* und *Leonore oder Spaniens Gefängnis bei Sevilla*, also jener Stoff, mit dem auch Beethoven ringen sollte, ergänzten die Palette. Daß für Paërs schier unglaubliche Vormachtstellung im Münchner Opernleben des frühen 19. Jahrhunderts (neben den bereits genannten und weiteren, heute gänzlich unbekannten Komponisten wie Felice Blangini) nicht nur der Publikumsgeschmack verantwortlich zu machen ist, läßt sich eher ahnen denn beweisen: Immerhin versäumte man es im Oktober 1809 nicht, Paër – ehemals Kapellmeister am Dresdner Hof – auf dem gedruckten Theaterzettel zu *Sargines* als kaiserlichen Kapellmeister auszuweisen. Seit 1808 nämlich stand er im Dienste eben jenes Mannes, dem Bayern die Erhebung zum Königreich zu verdanken hatte: Napoleon Bonaparte.

Ein Vierteljahrhundert nach dem Verbot der fremdsprachigen Karnevalsoper war das Münchner

Der Regisseur und Sänger Antonio Brizzi.

Helene Harlaß (um 1786–1818) als Rosa in der Oper »Die Sängerinnen auf dem Lande« von Valentino Fioravanti.

Publikum den Italienern also wieder verfallen, als ob es Karl Theodors restriktiv-erzieherische Maßnahmen zu deutscher Kunst nie gegeben hätte. Paër und einige andere waren gleichsam die Vorhut für den „Schwan von Pesaro" gewesen, und noch bevor man ab 1816 in den Opernkritiken der Theaterjournale den Vermerk »... die Musik ist von Rossini« lesen konnte, erklangen immer häufiger Ausschnitte aus seinen Opern in Konzertprogrammen. So ergötzten sich beispielsweise im März 1815 die Besucher einer Abonnement-Veranstaltung im Königlichen Redouten-Saal nicht nur unter anderem an einer Ouvertüre des späteren Hofmusik-Intendanten Johann Nepomuk von Poißl, an einem Flötenkonzert von Franz Danzi und an *Variationen auf Russische Themen für Violoncello* von Bernhard Heinrich (?) Romberg; vielmehr fanden in der heute geradezu abenteuerlich anmutenden Mischung aus Instrumentalmusik und Gesangsstücken auch je eine Arie von Giovanni Simone Mayr und Cimarosa-Schüler Giuseppe Nicolini sowie ein Terzett von Rossini ihren Platz. Die Interpreten: deutsche Sänger der Hofoper.

Theaterzettel zu »Numa Pompilio«, 1811.

Der Komponist Ferdinando Paër.

Später verließen sich freilich auch Gaststars auf die unfehlbare Wirkung Rossinischer Kompositionen; die berühmte italienische Koloratursopranistin Angelica Catalani beispielsweise ließ sich im November 1826 nicht zuletzt mit einer Arie aus der heute fast vergessenen Walter-Scott-Vertonung *La donna del lago* hören. Ein anderes Konzertprogramm aus dem Jahre 1829 offenbart in aller Deutlichkeit, welche spezifische Eigenschaft Rossinis Musik so unwiderstehlich machte für ein Publikum, das Unterhaltung und eine Prise Sensation gleichermaßen suchte. Ebenso wie nämlich die »Variationen auf ein Thema von Haydn, komponirt und vorgetragen auf der G-Saite von Herrn Ritter Paganini« gerade aufgrund der spieltechnischen Schwierigkeiten faszinieren mußten, garantierten wohl auch die an diesem Abend gegebenen

Kompositionen Rossinis, sozusagen vorgetragen auf den sechs Stimmbändern der Herren Wepper, Vecchi und Pellegrini, aufgrund der geforderten gesangstechnischen Virtuosität einen durchaus sinnlichen Reiz.

Doch dies waren bereits die Ausläufer der Münchner Rossini-Welle, die im Grunde am 18. Juni 1816 mit anfangs erwähnter Vorstellung der *Italiana in Algeri* im Cuvilliés-Theater ihren Ausgang genommen hatte. Zuvor war im Frühjahr desselben Jahres ein detaillierter Vertrag zwischen Karl August Delamotte (Hoftheaterintendant in der Nachfolge Franz Marius von Babos ab 1811) und dem Bologneser Impresario Antonio Cera zustande gekommen, der insbesondere folgendes vorsah:

1. Von Mitte Juni bis Ende Juli 1816 finden zwölf Vorstellungen mit Opern von Stefano Pavesi, Pietro Generali, Pietro Carlo Guglielmi, Giovanni Simone Mayr und Gioacchino Rossini statt. (In Wahrheit wich man allerdings von dieser Zusammenstellung ein wenig ab und nahm beispielsweise noch Ferdinando Orlandis *La dama soldato* ins Programm auf; zusätzlich zu den ursprünglich vorgesehenen Werken *L'Italiana in Algeri* und *Tancredi* gelangten mit der einaktigen Farce *L'Inganno felice* binnen kürzester Zeit insgesamt drei Werke von Rossini zur Aufführung. Innerhalb des ohnehin recht aktuellen Gastspielrepertoires besaßen sie den größten Neuigkeitswert.)

2. »Der Herr Cera besorgt die Garderobe und die Kopiatur-Ausgaben, dagegen trägt die Hoftheater-Intendanz die Beleuchtung, die Dekoration und fernere Tagesausgaben und stellt auf ihre Rechnung den Chor und die Statisten nebst ihren Kleidungen.«

3. »Das Orchester wird von seiten der kgl. Intendanz besorgt und verbleibet, ohne fremde Einsprache, unter seiner bisherigen Direktion.«

4. »Die königliche Hoftheater-Intendanz hat das Recht, von sechs Opern Text und Partitur zu ihrem Gebrauch abzuschreiben [...]«

5. »Die königliche Hoftheater-Intendanz empfängt alle Einnahmen und bezahlt dagegen dreißig Louisdor für jede Vorstellung an Cera.«

6. »Herr Cera schickt die hinreichenden Orchester- und Chorstimmen der zu gebenden ersten Oper hierher, so daß diese drei Wochen vor der ersten Vorstellung eintreffen.«

Welch kluger Schachzug, für die erste Vorstellung der Cera-Truppe gerade die Opera buffa *L'Italiana in Algeri* zu wählen! Eben dieses Werk nämlich hatte Rossini drei Jahre zuvor in Italien zusammen mit seinem Melodramma eroico *Tancredi* zum Durchbruch verholfen. Dem Berichterstatter des *Münchner Theater-Journals* zufolge ließ der scheinbar programmierte große Erfolg in der bayerischen Metropole jedoch zunächst auf sich warten. Die Contraaltistin Signora Borgondio in der Titelrolle hatte zwar sonore Stimmkraft zu bieten, schien jedoch etwas unerfahren, d. h. »mit dem Theater noch nicht bekannt genug zu sein.« Überdies mußte der Darsteller des Lindoro am Premierenabend gegen einen heftigen Katarrh ansingen. So kommt der Rezensent zu dem Schluß, »diese etwas lange Oper« habe im Grunde die gewünschte Wirkung verfehlt. Doch sie »gefiel dem ungeachtet der Mehrheit sehr, welches aber Andere, wir wissen nicht warum, übel nahmen, und sich nicht enthalten konnten, es deutlich zu äußern.«

Die eine Woche später aufgeführte Farce *L'Inganno felice* hingegen fand einhellige Zustimmung, was der Berichterstatter des *Theater-Journals*, gleichsam zur Beruhigung seines deutsch-nationalen Gewissens, damit zu erklären suchte, daß Ros-

Der Tenor Giovanni Battista Rubini.

sini ganz offensichtlich neben Cherubinis Musik auch die Werke »unseres Mozarts« studiert habe. Die Vorstellungen des *Tancredi* (im Juli 1816 immerhin drei, jeweils mit der in München nun schon bekannten Signora Borgondio in der Titelrolle) lösten dann schließlich einen wahren Taumel der Begeisterung aus, obwohl man auf jegliches Schaugepränge, wie es sonst in den Inszenierungen der italienischen Operntruppen offenbar geradezu unabdingbar schien, verzichtet hatte. Bezeichnenderweise ließ sich sogar die Redaktion der *Baierischen National-Zeitung*, die doch sonst nur mit äußerster Zurückhaltung über das Theaterleben berichtete, zum Abdruck eines 13strophigen, herrlich schwülstigen Lobgedichts aus der Feder eines gewissen J. v. Plötz herbei. Der Verfasser macht keinen Hehl daraus, welchem Komponisten aus dem Dreigestirn Pietro Generali, Giovanni Simone Mayr und Gioacchino Rossini er die Krone erteilt:

> »Horch! welche süssen Zauberklänge – milder
> Vernahm mein Ohr noch keine Melodie'n –
> Und wie so rasch die bunten Lebensbilder,
> So farbig uns, so treu vorüberzieh'n.
> Seht, welch ein Treiben, Drängen, welch ein Wagen!
> Wie jetzt hier alles wogt und wirkt und lebt,
> Wo Schlaffheit oft ihr Faulbett aufgeschlagen –
> Wie jeder muthig nach der Palme strebt!
> [...]
> Dich Lieblicher, in jugendlicher Schöne
> Dich mein Rossini! nenne ich zuerst,
> Der Du ein Dolce in dem Reich der Töne
> Der süssen Lust am Meisten uns gewährst –
> Wie rosiglicht, wie ätherrein und helle,
> Wie zart gefühlt und wieder doch so tief –
> Wie liebeathmend – auch nicht eine Stelle
> Die nicht in's Innerste der Seele griff. –«

*

Die offensichtlich bestens organisierte italienische Truppe stahl der ortsansässigen deutschen Oper, die mit lauen Werken Peter Joseph von Lindpaintners und Peter von Winters, mit Nicolas Isouards *Joconde*, Glucks *Iphigenie in Aulis* oder Spontinis *Fernand Cortez* um Anerkennung kämpfte, mühelos die Show. Antonio Cera nämlich konnte dem novitätensüchtigen Publikum bieten, wonach es verlangte, führte er doch angeblich ungefähr 40 Partituren der besten italienischen Opern, vor allem einaktiger Farcen, mit sich, die auch auf den Bühnen seiner Heimat aktuell waren. Zudem eilte ihm – wie das *Münchner Theater-Journal* mitteilt – der Ruf voraus, seine Gesellschaft habe »Dichter, einen Kapellmeister, andere Musikmeister, so, daß es ihm an keinem Mittel, eine Sache schnell und nach Bedürfniß der Individuen zu fördern, fehlt.« Daß schließlich 1816 noch drei Vertragsverlängerungen erfolgten und Ceras Truppe somit nicht, wie ursprünglich vorgesehen, bis Ende Juli, sondern bis in den Spätherbst hinein in München blieb, lag freilich nicht nur am Beifall des zahlenden Publikums und am Zuspruch der (überwiegend) wohlgesonnenen Presse; vielmehr konnte sich auch Königin Karoline nicht der Anziehungskraft der italienischen Oper entziehen, weshalb König Max I. Joseph (vormals Kurfürst Max IV. Joseph) neben weiteren regulären Vorstellungen auch eine Benefizveranstaltung zugunsten des Impresarios genehmigte. Zudem verfügte er aus Anlaß der Verlobung von Prinzessin Charlotte Auguste im Oktober 1816 nicht nur die Aufführung von Gaspare Spontinis *Ferdinand Cortez, oder die Eroberung von Mexico* durch die deutsche Oper, sondern auch die Münchner Erstauführung von Rossinis 1812 für die Fastenzeit komponiertem, um bekannte Bibelmotive kreisenden *Ciro in Babilonia* durch die italienische Oper.

Ceras Truppe garantierte mit gewohnter Gesangskunst und prächtigen Kostümen für eine angemessene Festvorstellung, wobei – wie das *Theater-Journal* berichtet – die in München gespielte Fassung gleichsam in deutsch-italienischer Kooperation zustande gekommen war: »Was die Musik des *Ciro* betrifft, so muß übrigens noch erinnert werden, daß die Ouverture und eine der Hauptscenen der Oper, (jene des Baldassare im zweiten Akte) nicht von Rossini, sondern jene von Steibelt und diese vom Freiherrn von Poißl [Münchens späterem Hofmusik-Intendanten] sind.« Aus heutiger Sicht – immerhin gilt der Begriff „Werktreue" mittlerweile als eines der wichtigsten Schlagworte in der Opernkritik – mutet ein derartiges Verfahren mehr als kurios an; für den zeitgenössischen Beobachter jedoch rechtfertigte es sich problemlos dadurch, daß »*Ciro* und *Inganno felice* nur einerlei Ouverture haben, folglich zu *Ciro* eine andere gewählt werden mußte, weil *Inganno felice* schon früher gegeben war, die große Scene des Baldassare aber von Rossini so sehr vernachläßigt ward, daß überhaupt in Italien kein Tenor von Bedeutung sie singen will, folglich auch Herr Devechi eine bessere zu singen wünschte, sich an Herrn von Poißl deßwegen wandte, und dieser sich schon der erhabnen Veranlassung willen gerne bereit finden ließ, sie zu komponiren, so sehr er auch sonst überzeugt seyn mag, daß es die undankbarste aller Arbeiten ist, einzelne Stücke in ein bereits fertiges Ganze zu liefern.«

*

Vor allem Wien und Paris gelten in der Operngeschichte des 19. Jahrhunderts als die Rossini-Bastionen schlechthin jenseits der Alpen. Tatsächlich heizte sich 1822 in der Donau-Metropole die zu diesem Zeitpunkt ohnehin schon euphorische Stimmung noch zusätzlich auf, als der Komponist selbst im dortigen Kärntnertortheater einige Vorstellungen seiner Werke einstudierte und dirigierte. An der Seine, wo Rossini schließlich auch seinen Lebensabend verbringen sollte, trug man ihm 1824 sogar die Leitung des Théâtre Italien an, die er dann bis 1826 innehatte. In München dagegen konnte man diesen Trumpf, den Maestro selbst zu präsentieren, nie ausspielen. Das mag den Blick dafür versperrt haben, daß die bayerische Hauptstadt im Rahmen der Rossini-Rezeption außerhalb Italiens eine gewichtige Rolle spielte. Im Unterhaltungsblatt *Flora* jedenfalls wird 1823 rückblickend die Situation folgendermaßen skizziert: »Die Opern-Repertorien, nicht nur von München, sondern beinahe von ganz Deutschland, waren, weil man dort nicht, wie in Italien, regelmässig für die Jahreszeit Musikdichter für neue Singspiele beruft und ansehnlich belohnt, meistens sehr mager [...] Die Oper schien bei den Tonsetzern wie eine mathematische Aufgabe behandelt werden zu wollen, und die Zuhörer hätten sich hinsetzen dürfen, um zu studieren, statt sich an angenehmen gefühlvollen Melodien zu ergötzen, da erschien die italienische Oper in München, und gab der Tendenz der Oper in Deutschland eine neue Richtung. Cera mit der in seiner Art vortrefflichen Opern-Gesellschaft, die durch Hülfe des geübten und gewandten Münchner Orchesters sich noch mehr zu einem vollendeten Ganzen musterhaft bildete, machte zuerst Rossinische Gesangweisen auf dem deutschen Boden heimisch.«

Festzuhalten bleibt, daß eben jene Truppe Antonio Ceras 1816 zuerst dem Münchner Publikum – wie bereits dargestellt – insgesamt vier Rossini-Opern präsentierte, um dann nach drei Vertragsverlängerungen endlich Mitte November nach Wien (!) zu reisen. Dort freilich beschränkte man sich während des viermonatigen Gastspiels auf

Luigi Zamboni, einer der ersten Buffosänger Italiens, während seines Engagements in München, 1819.

Programmzettel zur Rossini-Oper »La Cenerentola«.

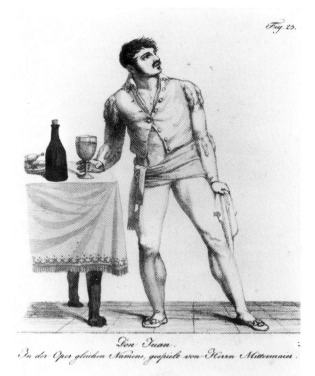

Georg Mittermayr als Don Giovanni in Mozarts gleichnamiger Oper. Kolorierte Lithographie von J. N. Muxel, 1815.

L'inganno felice, *Tancredi* und *L'Italiana in Algeri*. (Zur Wiener Erstaufführung von *Ciro in Babilonia* sollte es hingegen erst im Sommer 1817 kommen.) Im Münchner Cuvilliés-Theater gingen indessen, d. h. nach Abreise der „Italiener", die Besucherzahlen merklich zurück, und so vertraute man immer mehr auf die Zugkraft zirzensischer Attraktionen, engagierte Feuerwerker, Seiltänzer und Bauchredner. Daneben hatten, wie zu diesem Zeitpunkt wohl überall in Deutschland, auch hier die Lustspiele August von Kotzebues Hochkonjunktur. Die sogenannte deutsche Oper (also das in München für die – in aller Regel – deutschsprachigen Aufführungen fest verpflichtete Ensemble, das gleichfalls im Cuvilliés-Theater auftrat) führte in zunehmendem Maße ein Mauerblümchendasein. Aufgrund mehrerer Pensionierungen nämlich war eine „tenorlose" Zeit angebrochen, die sich nur notdürftig dadurch überbrücken ließ, daß – wie es in Franz Grandaurs Chronik heißt – der Bassist Mittermayr »vermöge eines Falsetts von seltener Ausbildung schon seit Jahren Tenorpartien sang.« Kein Wunder also, daß es unter diesen Umständen 1817 nach Rückkehr der Cera-Truppe aus Wien »an ein Italienisch-Singen ging«, »wie es die Räume des Residenztheaters zu Zeiten des Kurfürsten Max Joseph III. nicht erlebt hatten« (Max Zenger), zumal der – nicht zuletzt auch auf administrativer Ebene – tadellos geführten sogenannten italienischen Oper weiterhin die besondere Gunst des Königshauses galt.

Neben Werken unter anderem von Pietro Generali, Ferdinando Paër, Giovanni Simone Mayr und Pietro Carlo Guglielmi standen nun auch Domenico Cimarosas Erfolgsstück *Il matrimonio segreto* sowie selbstverständlich wiederum Opern von Rossini auf dem Programm. Zunächst wiederholte man drei seiner vier in München bereits bekannten Werke, nämlich *L'Inganno felice*, *L'Italiana in Algeri* und *Tancredi*, bevor im Juli 1817 mit der komischen Oper *La pietra del paragone* bzw. im Oktober desselben Jahres mit *La gazza ladra*, der anrührenden Geschichte vom Dienstmädchen Ninetta, dem man die Raubzüge der „diebischen Elster" zu Lasten legt, zwei weitere deutsche Erstaufführungen Rossinischer Werke im Münchner Hoftheater stattfanden. Ceras Truppe konnte dabei gerade mit *La gazza ladra* eine wirkliche Novität bieten, denn die Uraufführung der Oper an der Mailänder Scala lag erst wenige Monate zurück. (Auch hier mußten sich die Wiener im übrigen etwas länger gedulden: Erst 1819 flatterte die diebische Elster über die Bühne des Theaters auf der Wieden.)

*

In den folgenden Jahren behauptete sich Rossini an der italienischen Oper in München als meistgespielter Komponist. Von den Werken, die Ceras Truppe 1816/17 nach Bayern mitgebracht hatte, war vor allem der *Italiana in Algeri* ein dauerhafter Erfolg beschieden. Das Repertoire wurde jedoch beständig erweitert, so daß nach und nach ein facettenreiches Bild des Rossinischen Œuvres entstehen konnte. Dies erscheint gerade aus heutiger Sicht bemerkenswert, gilt der Italiener doch trotz aller „Ausgrabungen" während der letzten Jahre im Grunde immer noch als Meister hauptsächlich des komischen Genres.

Von 1818 bis 1824 jedenfalls kamen in München insgesamt 15 weitere Rossini-Opern heraus. Auf *Elisabetta, regina d'Inghilterra* (Mai 1818) folgten die deutschen Erstaufführungen von *La Cenerentola* (August 1818) und *Otello* (September 1818). Das Jahr 1819 war sodann den Premieren von gleich zwei komischen Opern gewidmet: Der Inszenierung des *Turco in Italia* ging als deutsche Erstaufführung *Il Barbiere di Siviglia* voraus, wobei letzterer – heute wohl unangefochten Rossinis erfolgreichstes Werk – auch damals schon zu den am häufigsten gespielten Stücken des Meisters zählte. 1820 erklangen mit Rossinis frühem Dramma serio *Demetrio e Polibio* und dem Dramma semiserio *Torvaldo e Dorliska* (DE) wieder eher sentimentale bis ernste Töne. 1821 schließlich führte das Institut der Italienischen Oper Rossinis Dramma *Eduardo e Cristina* (DE) sowie dessen Walter-Scott-Vertonung *La donna del lago* auf; 1822 folgte *Mosé in Egitto* (DE; neben *Ciro in Babilonia* Rossinis zweite Oper nach Bibelmotiven), 1824 die mit üppigen Koloraturen gespickte *Semiramide* (DE).

Unterdessen hatte sich die Konkurrenzsituation zwischen italienischer und deutscher Oper zusehends verschärft. Die Eröffnung des Hof- und Nationaltheaters im Herbst 1818 hatte zwar eine örtliche Trennung der beiden Institute mit sich gebracht, da die Aufführungen der „Italiener" nun in der Regel im Cuvilliés-Theater, die Aufführungen der deutschen Oper aber an der weit größeren neuen Spielstätte stattfanden; doch immer wieder gab es Streitigkeiten darüber, inwieweit z. B. Dekorationen, Kostüme und Personal der deutschen Oper auch dem italienischen Institut zur Verfügung zu stehen hätten. Letzteres konnte immerhin stets auf das besondere Wohlwollen des Hofes zählen – und das nicht erst, seit im Oktober 1819 per königlichem Dekret Ludwig Freiherr von Priuli zum Intendanten der somit administrativ unabhängigen italienischen Oper ernannt worden war.

Vor diesem Hintergrund betrachtet, gewinnt die erste Aufführung eines Werkes von Rossini in deutscher Übersetzung, die im August 1821 im Hof- und Nationaltheater Premiere hatte, den Stellenwert eines wohlkalkulierten Schachzuges, denn mit *Richard und Zoraide* hatte man nun ein Werk eben jenes Komponisten im Repertoire, der im Cuvilliés-Theater längst zum zuverlässigen Publikumsmagneten avanciert war. In der Presse entspann sich freilich eine heftige Diskussion über den Sinn solcher Übertragungen; so bekannte beispielsweise der Rezensent des Unterhaltungsblattes *Flora*: »Schon öfters gingen aus unserer Mitte freie Aeusserungen gegen die Aufführung von solchen übersetzten Opern hervor, und der Wunsch, auf dieser Bühne vorzugsweise Originalwerke deutscher Meister aufführen zu sehen, war gewiß stets sehr lebhaft und gerecht, und muß sich jetzt mehr als früher erheben, da, wie man sagt, man eine ziemliche Reihe von solchen italienischen Opern zu geben gesonnen ist.« Die Redaktion des Heftes sah sich angesichts dieser von unüberhörbar deutsch-nationalem Geiste geprägten Ermahnung zu folgender Anmerkung gezwungen: »Man wird nicht allgemein der Meinung dieses Theater-Referenten seyn, welcher die Werke des Auslandes ausschließen zu wollen scheint. Die Kunst gehört der ganzen civilisirten Welt, und wir würden viel entbehren, wenn wir die großen Arbeiten berühmter Tonsetzer des Auslandes von unserer Bühne ausschlössen.«

Schon einen Monat später, als am Hof- und Nationaltheater *Tancredi*, also jenes Stück, das 1816 in der Originalversion zur Rossini-Euphorie der Münchner so entscheidend beigetragen hatte, ebenfalls in deutscher Übersetzung zur Aufführung kam, entfachte das die Diskussion aufs neue. Der Berichterstatter des Magazins *Flora* beispielsweise vertrat die Ansicht, wenn man sich schon nicht auf deutsche und ins Deutsche übersetzte französische Werke beschränken wolle und »die jetzige italienische Opern-Gattung auch noch den größern Theil des deutschen Repertoirs einnehmen muß, so wäre wenigstens zu wünschen, daß Werke gewählt würden, die noch einigen Reiz der Neuheit für sich haben, und nicht unzähligemal in der Ursprache gegeben worden sind; wodurch dann wenigstens unangenehmen Vergleichen und unvermeidlicher Monotonie ausgewichen würde.« Auch hier kommmt unmittelbar daran anschließend die Gegenposition und somit wie unter einem Brennglas der Stand einer damals unter Kennern und Musikliebhabern wohl allgemein ausgetragenen Kontroverse zum Ausdruck. Die Aufführungen Rossinischer Werke, so heißt es nämlich im folgenden Artikel, dürften nicht an »kleinlicher Vaterlandsliebe« scheitern – und zwar schon allein aus ganz pragmatischen Gründen: »Warum soll die Direktion ihren Kasse-Vortheil und den allgemeinen Wunsch unbeachtet lassen?« Schließlich weist der Autor als offensichtlich profunder Rossini-Kenner darauf hin, daß das Œuvre des Komponisten noch manches umfasse, »was wir in München nicht kennen, sein *Moises*, seine *Armida* u. m. a. Stücke, die mit dem ihnen gebührenden äußern Pompe nur im k. neuen großen Schauspielhause gegeben werden können, welche alle wir mit Vergnügen sehen werden.«

Gioacchino Rossini.

Der Wunsch, *Moses oder Die Israeliten in Ägypten* in einer Produktion der deutschen Oper zu sehen, wurde in der Tat erfüllt – allerdings erst im Mai 1826, nachdem man zunächst 1821 *Othello, der Afrikaner in Venedig* sowie (mit eher mäßigem Erfolg) 1822 zur Vermählungsfeier von Prinzessin Amalie die Oper *Zelmira* mit übersetztem Text aufgeführt hatte, und nachdem überdies 1822 das italienische Institut bereits für die Münchner Erstaufführung von *Mosè in Egitto* gesorgt hatte.

Mehr noch als der Streit um Übersetzung oder Originalversion bezeugen nach und nach sich einschleichende Bemerkungen zu Szene und Regie (wie sie heute oft und scheinbar selbstverständlich den Löwenanteil in Opernbesprechungen ausmachen) ein zunehmend kritisches Bewußtsein seitens der Berichterstatter. Zwar geht es in den meisten Zeitungsartikeln weiterhin vornehmlich um die von Sängerpersönlichkeiten präsentierten Musiknummern, doch Abweichungen von der Urfassung des jeweils gespielten Bühnenwerks werden nicht mehr anstandslos hingenommen. So bemängelt beispielsweise ein Rezensent der Zeitschrift *Die Grazien, Blätter aus Bayern zum Nutzen und Vergnügen* im Oktober 1824 die Besetzung der Titelpartie von *La Cenerentola* mit einer hohen Sopranstimme anstelle des im Original vorgesehenen Mezzosoprans. Etliche Tage später heißt es im selben Blatt zu einer Aufführung von *Othello* vorwurfsvoll, das Ballett, »welches von Rossini nicht in der Oper vorgeschrieben wurde, stört durch seine höchst mittelmäßigen Musikstücke, so wie durch seine Länge den Gang des herrlichen Finales im ersten Akte […] Wer würde es wagen, in eine Mozartsche Oper solche Quodlibet's von fremden Compositionen einzumengen, und heißt dies nicht den Freunden Rossinischer Schöpfungen den Genuß verbittern, wenn man sie mit solchen Alltags-Musikstücklein vermischt vor uns bringt?« Auch die Praxis der Gesangseinlagen wird kurz darauf – am Beispiel des *Tancredi* – im Grunde verurteilt: »Derselbe [Rubini, Darsteller des Argirio] würde in der eingelegten Arie von Generali im Anfange des zweyten Aktes besser thun, selbe, wenn sie denn doch gesungen seyn muß, so vorzutragen, wie sie steht, und nicht durch zu gewagte Verzierungen, welche selten gelingen, und noch seltener, besonders im Tragischen, gefallen, zu entstellen […]«

Von der Diskussion um die Berechtigung der italienischen Oper in München unter dem Vorzeichen einer erstarkenden Nationalismus-Bewegung war bereits die Rede. Protektion von höchster Stelle hatte dem Institut im Cuvilliés-Theater spätestens seit den ersten Rossini-Aufführungen 1816 für die folgenden neun Jahre zu voller Blüte verholfen. Damit jedoch war es 1825 vorbei: König Max I. Joseph starb in der Nacht vom 12. auf den 13. Oktober. Sein Nachfolger, König Ludwig I., zog bald nach der Thronbesteigung kulturpolitisch andere Saiten auf und verfügte per allerhöchstem Reskript nicht nur die Schließung einer beliebten Unterhaltungsstätte, des Isartortheaters, zu dessen Repertoire Singspiele ebenso gehört hatten wie Räuber- und Schauerliteratur, sondern auch die Abschaffung der italienischen Oper.

Ganz allein auf deutschsprachige Originalwerke mochte sich die Leitung des Hof- und Nationaltheaters freilich auch jetzt nicht verlassen. In einem Repertoire, das neben populären Lustspielen von Iffland und Kotzebue, neben Singspielen französischer Herkunft, neben Werken von Mozart, Beethoven und Carl Maria von Weber als besondere Attraktionen auch Gaspare Spontinis große Oper *Die Vestalin* sowie Giacomo Meyerbeers *Der Kreuzritter in Egypten* umfaßte, waren an italienischen Komponisten, deren Werke nun sämtlich in deutscher Sprache aufgeführt wurden, unter anderem Paër und Paisiello vertreten. Die Vormachtstellung aber hatte weiterhin Rossini inne; so folgte der oben bereits erwähnten Premiere von *Moses oder Die Israeliten in Ägypten* im Jahre 1826, also der ersten Produktion einer seiner Opern im Hof- und Nationaltheater nach Abschaffung des Konkurrenzunternehmens, eine ganze Reihe weiterer Werke aus Rossinis Feder. Zumeist handelte es sich dabei um die Neuinszenierung von Stücken, die früher bereits am Cuvilliés-Theater in der Originalsprache aufgeführt worden waren. Dazu gehörten *Die diebische Elster* (1826), *Der Barbier von Sevilla* (1827), *Aschenbrödel* (*La Cenerentola*, 1830) und *Semiramide* (1832). Wenn sich das Personal hierfür im Grunde genommen auch aus deutschen Sängern rekrutierte, so gab es doch Ausnahmen; auf Giulio Pellegrini beispielsweise, der sich in der italienischen Oper bestens bewährt hatte, mochte man als Mosè- und Figaro-Darsteller nicht verzichten, obwohl er zunächst hörbar mit den Tücken der deutschen Texte zu kämpfen hatte.

∗

Unter den vereinzelten Münchner Erstaufführungen, mit denen man die vom italienischen Institut ehemals breit angelegte Rossini-Palette nun noch ergänzen konnte, verdient neben den Inszenierungen der beiden Opern *Die Belagerung von Corinth* (1828) und *Graf Ory* (erfolglose, einmalige Aufführung 1841!) vor allem die von Rossinis letzter, 1829 in Paris uraufgeführter Grand Opéra *Wilhelm Tell* Erwähnung. Der Stoff um den Schweizer Nationalhelden war dem Münchner Publikum zum Zeitpunkt der Premiere im Mai 1833 alles andere als unbekannt, schließlich hatte sich Friedrich Schillers gleichnamiges Schauspiel seit der ersten Aufführung 1806 im Cuvilliés-Theater über mehr als zwei Jahrzehnte hinweg nie völlig aus dem Spielplan verdrängen lassen, und 1817 war unter demselben Titel ein »großes pantomimisches Ballett« zu sehen gewesen. Daß man die Geschichte Tells in München weniger als Parabel mit erheblichem politischen Zündstoff denn als pittoreske Bilderfolge begriff, läßt eine Besprechung der Ballett-Version in der *Baierischen National-Zeitung* erahnen: »Insbesondere gefiel der erste Akt, wo die Einwohner des Kantons Uri zu einem Feste und Vogelschießen versammelt sind, bei welchem, Tell's Geschicklichkeit im Schießen andeutend, die er nachher bei dem Schuß nach dem Apfel bewährt, er den Vogel von der Stange schießt. Bei den ländlichen Tänzen dieses Festes erhalten Herr Titus und Demoiselle Milliere Gelegenheit, ihr Talent sehen zu lassen.«

Die Inszenierung von Rossinis *Wilhelm Tell* 1833 jedenfalls geriet zur wirkungsvollen Einstandspremiere des neuen Intendanten Karl Theodor von Küstner. Als ehemaliger Schauspieler förderte er aus der Erkenntnis heraus, daß das Nationaltheater für gesprochene Aufführungen eigentlich zu groß sei, bezeichnenderweise vor allem die Oper; zu seinen ersten Taten als neuer Hausherr gehörte – in Hinblick auf die *Tell*-Produktion – die Neuanstellung von 21 Sängern und 14 Sängerinnen zur Verjüngung und Erweiterung des Chores auf insgesamt 48 Mitglieder. Später schrieb er in seinen Erinnerungen: »Das erste Zeichen von der Thätigkeit der neuen Leitung, worin, wie sich die Blätter ausdrückten, man einen Erguß von Jugend und Frische in die Pulse der Anstalt erkennen wollte, war die kurz nach Uebernahme derselben in 19 Tagen einstudirte große Oper ›Tell‹ von Rossini, eins der vorzüglichsten Werke dieses Meisters, welches München, obwohl es schon längere Zeit erschienen, noch nicht kannte. [...] Ein neu von mir aus frischen Kräften errichteter Chor, die treffliche Besetzung der Hauptrollen durch Pellegrini, Bayer und die Spitzeder, die von mir angeordnete *mise en scène*, eine Decoration von Schnitzler, mit der Verwandlung des Mondlichts in das Morgenroth und einer dem entsprechenden wechselnden Beleuchtung der Gletscher, durch alles dies hatte die Oper einen solchen Erfolg, daß man sie als eine neue Erscheinung, als ein Evènement, wie die Franzosen sagen, betrachtete.«

Freilich war dem Gang der Handlung gehörig Gewalt angetan worden, denn man hatte – wie der Theaterzettel mitteilt – die Oper »nach des Komponisten neuester Einrichtung für die Pariser Bühne« von ursprünglich vier auf drei Akte zusammengepreßt. Sarkastisch beschreibt Chronist Max Zenger die auf packende Aktionsmomente reduzierte (noch bis 1862 so aufgeführte!) Rumpffassung bzw. deren am Ende atemlos sich überstürzende Ereignisse: »Tell reißt sich unmittelbar nach seiner Verhaftung (nach der Apfelschußszene) von seinen Häschern los und erschießt, von der allgemeinen Volkserhebung begünstigt, den Geßler, indem dieser über eine im Hintergrunde angebrachte Brücke reitet, mit dem ›zweiten Pfeil‹ (dessen aber aus Rezitativscheue keine Erwähnung geschieht). Im selben Augenblick rötet sich aber auch der Himmel schon von den Flammen der zerstörten Zwingburgen und die musikalisch so herrliche Apotheose der Freiheit macht szenisch einen ›unglaublichen‹ Eindruck, weil man annehmen muß, daß die Schweizer, welche soeben noch – vor der Hutaffäre – ihren Landvogt mit einem viertelstündigen Ballett gefeiert hatten, dies alles im Handumdrehen fertiggebracht haben – wahre Teufelskerle!« Trotz aller Einwände, die sich gegen eine solch drastische Bearbeitung vorbringen lassen, markiert Küstners Inszenierung des *Wilhelm Tell* doch immerhin einen letzten bedeutsamen Höhepunkt am Ende der Münchner „Rossini-Hausse"; zusammen mit *Othello* (Neuinszenierung 1834), *Moses oder Die Israeliten in Ägypten* (Neueinstudierungen 1836 und 1840) sowie dem *Barbier von Sevilla* (NE 1842) gehörte *Tell* nämlich während der Intendanz Küstners und der seines Nachfolgers Eduard Graf von Yrsch (1842–1844) zu den beständig gespielten Opern. Das Rossini-Repertoire „normalisierte" sich nun in gewisser Weise, d. h. verengte sich auf wenige Werke, nachdem den Münchner Theaterbesuchern im Laufe von nicht einmal drei Jahrzehn-

Das blaue Wunder mit der italienischen Oper

Fingierter Briefwechsel, erschienen 1816 im »Münchner Theater-Journal«, Heft VIII bis X

Harmonikus Derbohr, Kompositeur, an Ulrich Lebeschlicht, Grundeigenthümer

Ein Wort im Vertrauen: die deutsche Kunst geht zu Grunde. Drei Monate bin ich jetzt in München, und habe mir mein blaues Wunder gesehen. Es ist aus mit dem guten Geschmack, rein aus! Stellen Sie sich vor, eine Gesellschaft italienischer Sänger ist hier! Der Beifall, den diese Ausländer ärndten, ist enthousiastisch! Die deutsche Oper ist verdunkelt; ja sogar tödtlich beleidigt. Man spricht von ihr mit Achselzucken. Alles ist entzückt über die Fremden. Auf den Straßen hört man Arien aus ihren Opern nachträllern. Ehrliche Leute, die nie gesungen haben, lernen mühsam das beliebte: *Di tanti palpiti*, aus dem *Tancredi*, am Klavier auswendig, wie man einen Staarmatz an der Drehorgel abrichtet. Ist das nicht eine Schande? [...]
Aus dem, was ich Ihnen gesagt habe, sehen Sie ein, daß es die höchste Zeit ist, dem Enthousiasmus des irregeleiteten Publikums entgegen zu arbeiten. Ich arbeite auch wirklich mit Anstrengung daran, die italienische Parthei zu schwächen. Hören Sie, wie ich es mache. Obschon ich weiß, daß es eigentlich keine italienische Parthei giebt, sondern daß das ganze Publikum sich zum Lobe der Italiener ausspricht, so schreie ich doch unaufhörlich über Parthei, und Parthei, nehme die liebe Deutschheit zu Hülfe, klage in allen Gesellschaften über den Verfall des Geschmackes, und drohe mit dem Umsturz des deutschen Theaters, wofern man fortfährt zu glauben, der italienische Gesang sey der wahre Operngesang. Im Theater nehme ich eine von meinen allerstrengsten Kennermienen an, lächle geringschätzig, wenn alles klatscht, sehe mich zuweilen mitleidig um, gähne recht stattlich, und wenn irgend ein Nachbar voll Entzücken mir zuflüstert: „ist das nicht herrlich, unvergleichlich?" so wiege ich den Kopf ganz vornehm nachlässig, und sage: Hm! ja, recht artig! Freilich nur für's Ohr! kein Geist! keine Kraft! aber doch recht artig. Man muß eben nicht zu viel verlangen, u.s.w. Sehen Sie, mein Herr, so untergrabe ich allmählich die italienische Oper [...]

Ulrich Lebeschlicht an Harmonikus Derbohr

Ein Wort im Vertrauen: die deutsche Oper geht leider noch nicht zu Grunde. Seit drey Monaten bin ich oft nach München gekommen, aber ein blaues Wunder habe ich nicht gesehen. Mit dem guten Geschmack ist's noch lange nicht aus. Eine Gesellschaft italienischer Sänger ist allerdings in München, und der Beifall, den sie für den Augenblick ärndten, ist enthousiastisch, aber deswegen ist die teutsche Oper noch lange nicht verdunkelt [...] Auf den Straßen habe ich keine italienischen Arien nachträllern gehört, außer von ein paar Pflastertretern, die aber so schlecht sangen, daß ich mir gleich die Ohren zuhielt. Ob viele Leute das: *Di tanti palpiti*, lernen, weiß ich nicht; denn ich kenne in München nur wenig Leute; aber wenn sie es lernen, thun sie gut daran, denn irgend etwas muß ja der Mensch doch haben, was er singen kann. Vor zwanzig Jahren sang man: Blühe liebes Veilchen; vor zehn Jahren: Guter Mond, du gehst so stille, und jetzt singt man die Melodie: *Di tanti palpiti*. [...]

Harmonikus Derbohr an Ulrich Lebeschlicht

Ist nicht das schmelzende: *di tanti palpiti*, die Schmach einer Oper? Tankred landet in Sizilien, um Heldenthaten zu vollbringen, er ist ein gar tapferer Kämpe, ein wahrer Eisenfresser, und nun singt er ein zärtliches Lied auf seine Geliebte! Welcher Mißgriff! Wie kann ein Held zärtlich sein? Wie kann er sich nach seiner Geliebten sehnen? Wie kann er schmachtend singen? Er muß ja unaufhörlich toben, drohen, donnern und blitzen, denn das ist das ‚vorherrschende Gefühl' bei einem Helden, und das muß in der Musik ebenfalls vorherrschen. Das verstehn wir Deutsche besser. Sie, mein Freund, oder ich, wir würden hier ein Meisterstück von einer Force-Arie mit Trompeten und Pauken und Feuerlärm geliefert haben; aber was versteht ein Rossini von Charakteristik! [...]

ten sämtliche Opern des „Schwans von Pesaro" vorgeführt worden waren – ausgenommen nur einige frühe einaktige Farcen, zwei größere Werke, denen generell wenig Erfolg beschieden war (*Bianca e Falliero*, *Matilde di Shabran*) sowie *Aureliano in Palmira* und *Il viaggio a Reims*.

Daß Rossinis Stern allmählich im Sinken begriffen war, bezeugt nicht zuletzt 1836 das Gastspielprogramm einer der berühmtesten deutschen Sängerinnen überhaupt: Wilhelmine Schröder-Devrient. Sie, die ihre Karriere als Schauspielerin begonnen hatte und schließlich Richard Wagner zur Konzeption eines neuen Gesangs- und Darstellungsideals inspirierte, riß das Publikum im Hof- und Nationaltheater als *Fidelio*-Leonore, vor allem aber als Norma in Vincenzo Bellinis gleichnamiger Oper sowie als Romeo in *Die Capulets und die Montagues* (*I Capuleti e i Montecchi*) zu wahren Begeisterungsstürmen hin. Auch in der Rolle der Desdemona in Rossinis *Othello* bewies sie sodann ihren ausgeprägten Sinn für hochdramatische, ergreifende Szenen. Die Besucherzahlen an diesem Abend jedoch ließen zu wünschen übrig – wohl nicht nur wegen angeblich überhöhter Eintrittspreise, sondern vermutlich auch, weil die Wachablösung unter den Komponisten beinahe schon erfolgt war: Bald, d. h. in den späten 1830er Jahren, und dann bis zur Jahrhundertmitte dominierten Bellinis Werke (v. a. *Norma*, *Die Capulets und die Montagues*, *Die Puritaner* und *Die Nachtwandlerin*) auf dem nach wie vor natürlich auch Schauspiel umfassenden Spielplan in ähnlicher Weise wie zuvor diejenigen Rossinis; nur Gaetano Donizetti konnte vor allem mit seinen Opern *Der Liebestrank* und *Die Regimentstochter* die neuerliche Alleinherrschaft eines italienischen Komponisten verhindern. Wenn sogar in dieser Zeit immer wieder der Barbier von Sevilla, Othello oder Wilhelm Tell auf der Bühne des Münchner Hof- und Nationaltheaters zu neuem Leben erwachen durften, so hatte sich bewahrheitet, was 1824 ein engagierter Verteidiger ihres Schöpfers im Unterhaltungsjournal *Die Grazien* allen übertrieben deutsch-national gesinnten Opernliebhabern entgegengeschleudert hatte: »Ihr triumphirt zu früh, wenn ihr meint, Rossini habe sich überlebt […]«

Dieter Borchmeyer

»Barrikadenmann und Zukunftsmusikus«
Richard Wagner erobert das königliche Hof- und Nationaltheater

> Vielverschlagner Richard Wagner
> Aus dem Schiffbruch von Paris
> Nach der Isarstadt getragner
> Sangeskundiger Ulyß!
>
> Ungestümer Wegebahner,
> Deutscher Tonkunst Pionier,
> Unter welche Insulaner,
> Teurer Freund, gerietst du hier!
>
> Georg Herwegh

»Hand weg von meiner Partitur! Das rat ich Ihnen, Herr – sonst soll Sie der Teufel holen!« Diesen liebenswürdigen Appell richtet Richard Wagner im September 1869 an Kapellmeister Franz Wüllner, den der Münchner Hoftheaterintendant Karl von Perfall beauftragt hat, *Das Rheingold* zur Uraufführung zu bringen. Die Operngeschichte ist reich an Episoden verzweifelter und tragisch erfolgloser Bemühungen von Komponisten, ihre Werke auf die Bühne zu bringen. Der Fall indessen, daß ein Komponist verzweifelt bemüht ist, die erste Aufführung seiner eigenen Oper zu hintertreiben, hat Seltenheitswert.

Fünf Opern Wagners sind am Königlichen Hof- und National-Theater uraufgeführt worden – drei davon gegen seinen Willen. Wagner scheint Aufführungen seiner Werke in München fast häufiger mißbilligt als befürwortet zu haben – bis hin zu seinem erfolglosen Versuch, Separatvorstellungen des *Parsifal* für Ludwig II. in der bayerischen Hauptstadt zu verhindern. Noch in seinem allerletzten Brief vom 10. Januar 1883 sucht er den königlichen Freund davon abzubringen, »dieses mein Weltabschieds-Werk« von Bayreuth nach München zu verpflanzen. Nicht einmal Wagners Tod, der diesen Brief gewissermaßen zu seinem Letzten Willen machte, konnte den König zum Verzicht auf seinen Plan bewegen. Und so kam es denn am 3. Mai 1884 zur inoffiziellen Münchner Erstaufführung des *Parsifal* im Rahmen des Spielplans der königlichen Separatvorstellungen.

München ist neben Bayreuth die Wagner-Stadt schlechthin. Kein anderer als Ludwig II. hat sie dazu gemacht. Als er den Thron bestieg, stand das Münchner Opernpublikum Wagner noch keineswegs enthusiastisch gegenüber. 1845 hatte der Komponist der Münchner Intendanz die Partitur des *Rienzi* geschickt – und sie unausgepackt zurückerhalten. Zum erstenmal war am 1. November 1852 ein Werk von ihm in München erklungen: die *Tannhäuser*-Ouvertüre, von Franz Lachner im Allerheiligen-Konzert der Musikalischen Akademie dirigiert. Das Publikum reagierte damals teils ratlos, teils empört zischend. Ein Mißerfolg auf der ganzen Linie, der sich auch in den Pressestimmen spiegelte. Gleichwohl plante Franz Dingelstedt, seit einem Jahr Münchner Hoftheater-Intendant, eine Aufführung des *Tannhäuser*, und er nahm sogar schon Verhandlungen mit Wagner in seinem Züricher Exil auf. Doch Regierung und Presse protestierten: »Der Orpheus. welcher im Dresdener Mai-Aufstande [1849] durch sein Saitenspiel Barrikaden gebaut, ins Zuchthaus zu Waldheim [wo auch Wagners revolutionärer Freund August Röckel einsitzt] gehört er, nicht in das Münchner Opernhaus.« Vor allem dem bayerischen Außenminister Ludwig von der Pfordten, der in den Revolutionsjahren Minister des Königs von Sachsen gewesen war und nun eine Wagner-Aufführung wegen der engen Beziehungen des bayerischen zum sächsischen Hof nicht verantworten wollte, war der „Barrikadenmann" ein Dorn im Auge. Nach der Münchner *Lohengrin*-Erstaufführung von 1858 bekennt er dem Schauspieler Philipp Schröder-Devrient seinen »persönlichen Widerwillen gegen Wagner«: »Diese Überhebung der Persönlichkeit, wie sie in Richard Wagner auftrete, sei das zerstörende Moment unsres heutigen Lebens und Staatswesens, und wenn die Fürsten nur ein

König Ludwig II. als Hubertusritter, Gemälde von Ferdinand von Piloty (Ausschnitt).

wenig zusammenhielten, wie die Demokraten es tun, so dürfte Wagnersche Musik nirgends aufgeführt werden.«

Dingelstedt mußte zunächst zurückstecken, doch zwei Jahre später konnte er bei König Max, der Wagner – unterstützt von dem wagnerbegeisterten Herzog Max in Bayern (durch den einige Jahre später Kronprinz Ludwig Wagners Schriften *Das Kunstwerk der Zukunft* und *Zukunftsmusik* kennenlernen sollte) – aufgeschlossen gegenüberstand, die Genehmigung zur Aufführung des *Tannhäuser* durchsetzen. »Wir wollen nicht sächsischer sein als der König von Sachsen«, soll der König im Hinblick auf die Tatsache gesagt haben, daß auch das Dresdner Opernhaus wieder Wagnersche Werke in seinen Spielplan aufgenommen hatte. Am 12. August 1855 ging *Tannhäuser* unter der musikalischen Leitung von Franz Lachner zum ersten Mal mit triumphalem Erfolg über die Bühne des Hoftheaters. Die Bühnenbilder stammten von Heinrich Döll, Simon Quaglio und seinem Sohn Angelo, der zur Unterscheidung von seinem gleichnamigen Onkel (1778–1815) Angelo II genannt wird. (Die Quaglios waren eine aus Laino bei Como stammende, seit dem späten 18. Jahrhundert in der bayerischen Hauptstadt wirkende Maler- und Bühnenbildnerfamilie, deren Nachkommen bis heute in München leben.) Die Kostüme der *Tannhäuser*-Erstaufführung stammten von Franz Seitz. Es ist das gleiche Team, das auch den ersten Münchner *Lohengrin* am 28. Februar 1858 aus der Taufe heben wird. Angelo II Quaglio, Heinrich Döll und Franz Seitz werden noch für die Ausstattung der von Wagner dirigierten Erstaufführung des *Fliegenden Holländers* (1864), der Uraufführungen von *Tristan und Isolde* (1865) und *Die Meistersinger von Nürnberg* (1868), ja überhaupt für alle Wagner-Inszenierungen der folgenden Ära zuständig sein.

Anders als heute verhielt sich das Münchner Publikum des 19. Jahrhunderts dem Neuen gegenüber aufgeschlossener als die überwiegend konservative Kritik, die denn auch die Zuschauer wegen ihrer Begeisterung über den *Tannhäuser* als novitätenlüstern tadelte. Die Erstaufführung des *Lohengrin* zweieinhalb Jahre danach stieß freilich auf weit weniger Enthusiasmus beim Münchner Publikum. Daß das Hof- und Nationaltheater wenige Jahre später zum Mekka des Wagnerianismus werden sollte, war jedenfalls trotz der Begeisterung von König Maximilian II. für Wagners letzte romantische Oper nicht im entferntesten zu ahnen.

Der König und sein Mystagoge

> Weil einmal ein goldner Regen
> In den Schoß des Künstlers fällt –
> Ruiniere meinetwegen
> Alle Könige der Welt.
>
> Hol den Hort der Nibelungen,
> Den versunkenen aus dem Rhein!
> Und was Orpheus einst gesungen,
> Sollt' es dir unmöglich sein?
>
> Georg Herwegh

Am 2. Februar 1861, also drei Jahre nach der Erstaufführung, gestattete König Max seinem fünfzehnjährigen Sohn Ludwig, den *Lohengrin* zu sehen. Dieser erste Besuch einer Wagner-Aufführung wurde für den Kronprinzen ebenso zum Schicksalstag wie die erste Begegnung mit *Tannhäuser* am 22. Dezember 1862. Beide Ereignisse beging der König alljährlich als Feiertag. »Ende Dezember (22.) waren es volle sieben Jahre, daß ich *Tannhäuser*, am 2. Februar acht Jahre, daß ich *Lohengrin* zum ersten Male hörte«, schreibt Ludwig II. am 10. Februar 1869 an Wagner, »diese Tage sind für mich Feiertage, deren Bedeutung für mich und mein Leben nicht einmal durch die höchsten Festtage der Christenheit erreicht wird.« Ein Zeugnis für die Transsubstantiation der ersten Begegnung mit dem jeweiligen Wagnerschen Werk in ein quasi kultisch erinnertes mythisches Urereignis, in ein Privatmysterium, das vom sakralen Verständnis der eigenen Königswürde bestimmt ist. In einem Brief an Richard Wagner vom 3. Januar 1872 bezeichnet Ludwig II. die »ideal-monarchistisch-poetische Höhe und Einsamkeit« als seine Lebenssphäre. Deren Mitte aber ist für ihn das Werk Wagners. Welche Bürde es für diesen war, seine Musikdramen als Königsmysterien vereinnahmt zu sehen, wird sich zeigen.

Kaum hatte Ludwig II. mit achtzehn Jahren den bayerischen Thron bestiegen (10. März 1864), erteilte er dem als Kabinettsvorstand fungierenden Hofrat von Pfistermeister den Auftrag, den Komponisten aufzusuchen und nach München einzuladen. Die Berufung Wagners in die bayerische Hauptstadt ist von ihm selbst wie ein Wunder aufgenommen worden, und doch war sie von frappierender Folgerichtigkeit. Ein Jahr zuvor, in seinem Vorwort zur Herausgabe der *Ring*-Dichtung

(1863), hat Wagner den berühmten Appell an einen deutschen Fürsten veröffentlicht, in seiner Residenz ein Festtheater für die Aufführung der Tetralogie zu ermöglichen. »Wird dieser Fürst sich finden?« fragt Wagner da, und er zitiert Fausts Übersetzung des ersten Verses des Johannes-Evangeliums: »Im Anfang war die Tat.« Der Fürst hat sich gefunden. »Der Satz, welchen Sie in der Vorrede zum Gedichte *Der Ring des Nibelungen* anführen«, schreibt Ludwig II. am 26. November 1864 an Wagner, »soll in das Leben treten; ich rufe es aus: Im Anfang sei die Tat!« Der König hat Wagner wirklich im letzten Moment vom Abgrund zurückgerissen, in den er sich schon stürzen sah. »Ein gutes, wahrhaft hilfreiches Wunder muß mir jetzt begegnen; sonst ist's aus!« schreibt er am 8. April 1864 an Peter Cornelius. Und die Ahnung sagt ihm verblüffend, »daß dieses liebliche Wunder jetzt unterwegs ist.« Sechs Tage später läßt Ludwig II. Wagner die Einladung nach München überbringen, mit einem Porträt des Königs und einem Ring im Portefeuille.

Es ist ein naheliegender Einfall von Annette Kolb gewesen, diese Episode in dem auf familiengeschichtliche Erinnerungen der Verfasserin gestützten Büchlein *König Ludwig II. von Bayern und Richard Wagner* als „Märchen" zu erzählen:

»So und nicht anders nahm der wunderschöne junge König den funkelnden Ring von der Hand und gebot seinem obersten Kämmerer, nach Richard Wagner zu fahnden, bis er ihn fände, um ihm den Ring zu überreichen. ›Und führt ihn mir eilends zu‹, rief er aus, ›denn ich will ihn sehen. Mein halbes Reich ist er mir wert!‹ Der oberste Kämmerer sah die Ungeduld seines Herrn und erkannte, daß er seines goldenen Schlüssels, seiner sämtlichen Chargen und des Adlerordens zweiter Klasse verlustig gehen würde, wenn er ohne den Mann zurückkehrte. So machte er sich unverzüglich auf den Weg und fuhr kreuz und quer im Lande herum, um ihn zu suchen. Doch wo er auf seine Spur geriet, verwischte sie sich alsbald, wie schnell er sie auch verfolgte [...] In einem Stuttgarter Gasthof gelang es ihm endlich. Hochaufatmend meldete er seinen Besuch, bestand darauf empfangen zu werden, ließ sich nicht abweisen, überbrachte die Botschaft des Königs und überreichte den Ring. Da fühlte Richard Wagner, insgeheim stets auf das Wunderbarste gefaßt, ein Rauschen wie von Adlerflügeln [...] Dem Drängen des obersten Kämmerers, sich sofort zur Reise zu bereiten, widersetzte er sich nicht. Von ihm begleitet, fuhr er nach München und folgte dem Ruf des Königs, der ihn, strahlend vor Glück, mit einer Begeisterung ohnegleichen empfing. Alles sollte für sein Werk geschehen. Alle seine Wünsche wollte er erfüllen. Als aber Wagner die edle Natur des wunderschönen jungen Monarchen gewahrte, da stieg auch in ihm ein Jubel auf, und der Hauch einer neuen Jugend umwehte ihn. Seiner Freunde gedenkend, nicht Einen vergessend berief er sie alle.«

Er berief sie alle – doch es fragt sich, ob sie das passende Märchenpersonal waren. Zu ihnen gehörten immerhin auch Wagners revolutionäre Kampfgenossen aus Dresden: der Barrikadenbauer Gottfried Semper und der soeben erst (1862) aus dem Zuchthaus zu Waldheim entlassene Musiker und politische Schriftsteller August Röckel. Und das Märchen, zu dem Annette Kolb Wagners Berufung stilisiert, erhält in Martin Gregor-Dellins Wagner-Biographie (1980) den Titel: »Eine Farce, erstklassig besetzt.« Dazu der Biograph: »Denn die angeblich märchenhafte, glänzende und triumphale Episode, die Königsfreundschaft, als Erfüllung eines Traums und Höhepunkt einer Karriere oft gefeiert, erweist sich im nachhinein als das elendste, beschämendste und intriganteste Intermezzo.«

Es sei hier darauf verzichtet, die unerfreulichen menschlichen Aspekte dieser Beziehung, vor allem was das Verhalten Wagners betrifft, noch einmal zu repetieren. Die künstlerischen Aspekte waren kaum weniger fatal; die Ursache dafür ist – anders als im Falle des menschlichen Scheiterns der „Königsfreundschaft", das eher auf Wagner zurückzuführen ist – vornehmlich in der Veranlagung des Königs zu suchen, dem Zeitgenossen ein spezifisch musikalisches Auffassungsvermögen abstreiten. Zu instrumentaler Musik hatte er keine Beziehung, und auch in der Oper sei ihm die Musik, wie Luise von Kobell bemerkt hat, »mehr Zutat als Selbstzweck« gewesen, denn »der Schwerpunkt einer Oper lag für ihn in der Dichtung und in der Dekoration«. Daß das freilich übertrieben ist, zeigt eine merkwürdige Mitteilung Pfistermeisters in seinem Brief an Cosima vom 4. Juni 1865: »Als ich neulich«, so habe ihm der König erzählt, »nach einem größeren Ritte nachts ein warmes Bad, stehend im großen Baderaume, nahm, klatschte ich zufällig mit beiden Händen, aber abwechselnd und mit verschiedener Kraft auf die Fläche des Wassers. Der

Richard Wagner, Gemälde von Friedrich Pecht, 1864/65.

Außenansicht von Schloß Linderhof.

dadurch verursachte Tonfall erinnerte mich sofort an das Leitmotiv aus *Tristan*, so daß die ganze Szene – Isolde an Tristans Leiche – mit allen Einzelheiten der Musik, wie gezaubert, mir im Ohre lag.«

Wagners Opern boten dem König den Stoff für seine Träume, waren die Droge, welche ihm seine Ekstasen und „Wonnen" ermöglichte. Wie seine Träume beschaffen waren, in welcher Weise er die musikalisierten Mythen Wagners auffaßte, dafür sind seine Schlösser fragwürdig-lebendige Zeugnisse. Goethes Wort von der Architektur als »verstummter Tonkunst« (*Maximen und Reflexionen*) bestätigt sich in den Königsschlössern auf ganz besondere Weise; sie sind verstummte Wagnersche Musik – so wie Ludwig II. sie hörte: als den Klanggrund eines inmitten der modernen prosaischen Lebenswirklichkeit wieder aufsteigenden, mystisch verklärten Mittelalters. Wagner, das ist für Ludwig II. die Gralswelt mit ihrem tönenden Zauber, den klingenden Wundererscheinungen von Schwan und Taube, heiligen Gegenständen, hieratischen Gebärden, gesalbten und salbungsvollen Herrschern, poetisierter Geschichte und Naturzauber, einer vom Tagesgetriebe fortziehenden nächtlichen Klangreligion. Der aus geheimnisvoller Ferne heraufziehende Schwanenritter Lohengrin, der sich allein durch sein Charisma legitimiert, jede Frage nach seinem Namen und seiner Art abweist, war von Kindheit an die Identifikationsfigur des Königs, über deren Horizont er im Grunde nie hinausgekommen ist.

München ist zur Wagner-Stadt geworden, zur Stätte von vier Wagner-Uraufführungen zu Lebzeiten des Königs, weil dieser – ein Unikum in der Operngeschichte – in seinem Theater die Mysterien suchte, welche seine Königsidee bestätigten. Daher die Unbeirrbarkeit, mit der er immer wieder gegen den Willen und die künstlerischen Qualitätsansprüche Wagners die Aufführung seiner Werke durchsetzte. Das war nicht einfach Herrscherwillkür, die den Autonomieanspruch des Künstlers nicht achtete, oder der im Falle des *Rings* berechtigte (weil vertraglich vom Autor zugesicherte) Besitzanspruch des fürstlichen Mäzens, sondern der Wahn, sein Mysterium haben zu müssen wie der Gläubige die Spendung der Sakramente. Hier kollidierten die Interessenssphären des Künstlers, dem es nur um die adäquate Realisierung seines Werks ging, und des königlichen Mysten, der ebensowenig der theatralen Aufführung entbehren konnte wie Priester und Kultgemeinde der Vollziehung eines durch den Festzyklus des Kirchenjahrs zeitlich festgeschriebenen Rituals. Daß dies keine Übertreibung ist, geht aus dem „Königsbriefwechsel", zumal zur Zeit der *Rheingold*- und *Walküre*-Uraufführungen und der geplanten *Parsifal*-Separatvorstellungen, mehr als deutlich hervor.

Ludwig II. hat sich Sage und Geschichte zu einem Privatmythos von autistischem Gepräge zurechtgebildet. Deutlichstes Dokument dafür sind die befremdliche Einrichtung der Separatvorstellung und eben die Königsschlösser, die nicht – als öffentliche Ostentation der Königswürde – in der Residenzstadt, sondern abseits von München in einem entlegenen Gebirgstal (Linderhof), auf einer Bergspitze (Neuschwanstein) oder auf einer Insel (Herrenchiemsee) gebaut wurden – allein für das königliche Auge bestimmt. Der Blick des Volkes sollte sie nicht „besudeln", und nach seinem Tod wollte er sie in die Luft gesprengt wissen. An die Stelle eines geschichtlichen Traditionszusammenhangs, der den legitimierenden Grund der Institution des Königtums bildet und in öffentlicher Repräsentation demonstriert wird, tritt eine von der Gegenwart abgelöste mystifizierte Geschichte, und diese wird eben nicht mehr an dem Ort vergegenwärtigt, wo sie sich ereignet hat oder auf den sie als ihren Fluchtpunkt bezogen ist, sondern verlegt in ein weltentrücktes Traumimperium und zelebriert von einem König, der am Ende – wie er am liebsten für sich allein Theater spielen läßt – nur noch für sich selber König ist. Ihm, dem öffentliche Repräsentation ein Greuel ist, wird seine imaginäre Königsherrschaft mehr und mehr zu einer einzigen Separatvorstellung. Daß dieser autistische Rückzug auf die eigene Traumwelt die Folge ererbter Schizophrenie Ludwigs II. gewesen ist, dürfte heute feststehen, doch ist er auch durch die staatsrechtliche Position des bayerischen Königs motiviert. Dieser war im Grunde der Gefangene eines modernen Verfassungsstaats, dessen eigentliche Macht in den Händen einer elitären Ministerialbürokratie lag.

Der bayerische König, so sehr sich Ludwig I. dagegen aufgelehnt hatte und sein Enkel Ludwig II. sich auflehnen wird, ist weder ein absolutistischer noch ein Volkskönig, sondern ein Ministerkönig gewesen, dem diese Minister zwar seine kostspieligen Träume – soweit er sie sich im Rahmen der Zivilliste, also der jährlichen Zahlungen aus der Staatskasse, leisten konnte –, aber nicht die Realität überließen. Es brauchte einige Zeit, bis Ludwig II., der sein Amt mit ambitiösen politischen Vorstellungen angetreten hatte, das begreifen sollte. Sein Thron war im Grunde nur noch der poetische Überbau eines prosaischen Minister- und Beamtenstaats, wie er in der Montgelas-Zeit nach den rationalistisch-traditionsfeindlichen Prinzipien eines aufgeklärten Bürokratismus konstruiert worden war. Die Ministeroligarchie spielte ungefähr die Rolle, die in Preußen der Aristokratie zukam (die in Bayern kein entscheidender Machtfaktor war). Schon Ludwig I. hatte versucht, diese prosaischen Staatsverhältnisse durch eine Art weiß-blauer Königsromantik zu verbrämen. Sein freilich immer noch herrschaftsbegabtes Kunstkönigtum entweltlichte sich unter Ludwig II. zu dem sprichwörtlichen Märchenkönigtum. Die Differenz zwischen dem ersten und dem zweiten Ludwig offenbart sich am sinnfälligsten in den gegensätzlichen Tendenzen ihrer Bauleidenschaft. Die Bauten Ludwigs I. sollten sichtbar »Ornamentum für Stadt und Land« sein (Hermann Bauer), während Ludwig II. seine Schlösser hermetisch von Stadt und Land abzuriegeln suchte.

Das Desinteresse des Königs an der Realpolitik verwandelte sein Herrscheramt nach einem Wort von Franz Herre mehr und mehr in eine »Ikonostase«, hinter deren Bildern von Macht und Majestät, welche eine Art „Opium fürs Volk" bildeten, die Ministerialbürokratie die Staatshandlungen vollzog. Seine Scheinsouveränität trieb den König in immer weltfernere Scheinwelten.

> »Zum Spielzeug ist das Szepter dir geworden,
> Ein Zauberstab für eitle Phantasien,
> Nur Wundermärchenbilder zu gestalten
> Scheint dir die königliche Macht verliehn.«

So tadelt Franz Pocci den König in einem Gedicht aus dem Jahre 1871. Die Ministerialbürokratie störte das nicht, solange die Phantasiespiele Ludwigs II. sich noch in verantwortbaren finanziellen Grenzen hielten und er sich in ihre Politik nicht einmischte. Sie benötigte das monarchische Prinzip als Schutzideologie, welche die politischen und sozialen Mißstände übertünchte und ihre eigene beherrschende Stellung sicherte.

Der in einen bloß noch ideologischen Raum abgedrängte König schuf sich ein absolutistisches Scheinimperium in seinen Schlössern, zumal in dem Versailles nachgebildeten Herrenchiemsee. Lohengrin und Ludwig XIV., das sind gewissermaßen die Pole, zwischen denen das Selbstverständnis des Königs schwankte: der keiner Legitimation bedürfende Schwanenritter und der über den Gesetzen stehende absolutistische Herrscher, dessen Hof und Schloß zu Versailles auch im Zentrum des Spielplans der Separatvorstellungen Ludwigs II. gestanden haben. Nichts aber war Richard Wagner mehr zuwider als gerade die absolutistische Hofzivilisation des französischen 17. und 18. Jahrhunderts. Als er zwei Wochen vor seinem Tod von der Einrichtung des Schlosses Herrenchiemsee erfährt, »schämt« er sich der Aufzeichnung Cosimas am 31. Januar 1883 zufolge »des ganzen Verhältnisses. Beklagt es, daß nicht Rothschild ihm eine Million geschenkt.« Das ist die zynische Absage an eines der lebensbestimmenden Ideale Wagners, war es doch stets sein Bestreben gewesen, die Kunst zu entkommerzialisieren: zumal durch die Festspielidee und das Mäzenatentum des Patronatsvereins. Nun aber will Wagner-Wotan die Welt dem Walten Alberichs, der Macht und dem Fluch des Goldes überlassen? Gewiß ist das nur eine momentane Affektaufwallung Wagners, aber sie ist bezeichnend.

Zur gleichen Zeit, als Wagner in Bayreuth sein auf das griechische Amphitheater rekurrierendes Festspielhaus mit seinem „demokratischen" Zuschauerraum errichtete, das sich bewußt absetzte vom herkömmlichen Logentheater, in dem sich die gesellschaftliche Rangordnung widerspiegelt, plante Ludwig II. im Park von Linderhof ein Rokokotheater ganz in dem von Wagner bekämpften feudal-höfischen Geiste, das im Grunde nur für einen einzigen Zuschauer bestimmt war: den König in der mit beispiellosem Prunk ausgestatteten Mittelloge. An der Bayreuther Idee hatte Ludwig II. begreiflicherweise kein Interesse. Daß er nach langer Weigerung das Unternehmen schließlich doch finanziell unterstützte – freilich nur auf Kreditbasis –, ist dem Gefühl der Treueverpflichtung gegenüber Wagner zu verdanken, nicht ideeller Überzeugung. Eigentlich wollte er Wagner für sich allein. Die in München vorgezogenen Uraufführungen des *Rheingold* und der *Walküre* sowie das Drängen auf Separataufführungen des *Parsifal* zeigen, wie fremd dem König die Wagnersche Festspielidee im Grunde geblieben ist.

In seiner gleichzeitigen Verehrung für Bourbonenherrschaft und Schwanenrittertum vereinnahmte Ludwig II., wie gesagt, Geschichte wie Sage für seinen Privatmythos. Diesen versuchte er immer wieder, in seiner unmittelbaren Umgebung dingfest zu machen. Wie er Versailles nachzubauen

Ansicht der Venusgrotte von Linderhof in roter Beleuchtung, Heinrich Breling, 1881.

Der König und sein Mystagoge 57

Ansicht der Venusgrotte von Linderhof in blauer Beleuchtung, Heinrich Breling 1881.

Heinrich Döll, Entwurf zum 1. Aufzug »Tannhäuser«, Venusgrotte, 1864, nach der Erstaufführung von 1855.

versuchte, so verwandelte er die fiktiven Schauplätze der Wagnerschen Musikdramen in Räume seiner eigenen Lebenswelt: die wichtigsten Zeugnisse dafür sind die Venusgrotte, die Hundinghütte und die Einsiedelei des Gurnemanz in und bei Linderhof – und vor allem das ganze Schloß Neuschwanstein, das ein „Tempel" Wagners werden sollte, eine Summe seiner Opern, zumal des *Tannhäuser* und *Lohengrin*, die der König stets als Einheit sah. Der Kunsthistoriker Hermann Bauer hat von Ludwigs Manie einer »Verifizierung« seiner Traumwelten gesprochen. In deren Umkreis gehört auch sein durch nichts zu hemmender Drang, *Parsifal* von Bayreuth nach München, in seine unmittelbare Umgebung zu ziehen und ihn gewissermaßen in die Karwochenliturgie zu integrieren. Das stand in diametralem Gegensatz zur Kunsttendenz Wagners, dem seinem Traktat *Religion und Kunst* (1880) zufolge daran lag, die »mythischen Symbole« der Religion, welche diese »im eigentlichen Sinne als wahr geglaubt wissen will«, ihrem »sinnbildlichen Werte nach« zu erfassen, »um durch ideale Darstellung derselben die in ihnen verborgene tiefe Wahrheit erkennen zu lassen«. Ludwig II. hingegen will nun einmal alle mythischen Symbole »im eigentlichen Sinne als wahr geglaubt wissen« und bleibt unbeirrbar dabei, »daß zu einer Aufführung des *Parsifal* die Poesie des Frühlings, der Zauber einer wiedererwachenden Natur, kurz die zeitliche Nähe des heiligen Karfreitags gehöre«, wie der Hofsekretär von Bürkel Cosima Wagner am 20. Januar 1883 mitteilen läßt. Bayreuth scheint für den König ein Irrtum zu sein!

Die ästhetische Versinnbildlichung der religiösen Zeichen, die Wagner im *Parsifal* erstrebt, wird von Ludwig II. also rückgängig gemacht, seine Symbolwelt wieder sakralisiert, ja sakramentalisiert. Das zeigt sich auch in Ludwigs Brief an Wagner vom 30. August 1877, in dem er die „Einsiedlerhütte" bei Linderhof beschreibt: »Alles mahnt mich dort

Tannhäuser im Venusberg, Wandgemälde von Josef Aigner im Arbeitszimmer von Neuschwanstein, 1881.

an jenen Karfreitagsmorgen Ihres wonnevollen *Parsifal* [...] Dort auf geweihter Stätte höre ich ahnungsvoll schon die Silberposaunen aus der Gralsburg erschallen; dort höre ich im Geiste die heiligen Gesänge aus Montsalvat vom unnahbaren Berge herniedertönen; dort ist mir so wohl zumute, bei jener Quelle, wo Parsifal des wahren, echten Königtums Weihe empfing, das durch Demut und Vernichtung des Bösen im Inneren erworben wird, worin die wahre Gewalt liegt!« (Es folgt der Hinweis auf Kundrys Taufe und Erlösung.) Unverkennbar bezieht der königliche Briefschreiber *Parsifal* auf sich selbst, auf die Weihe seines eigenen Königtums, auf die sakramentale Entsühnung, die er stets ersehnte (gerade im Hinblick auf seine onanistischen und homosexuellen Neigungen). Das Erlebnis des *Parsifal* wird für ihn zu einem Heilsversprechen, und so ist verständlich, daß es ihn drängt, das „heilige" Werk in seine Nähe zu ziehen und separat für sich aufführen zu lassen.

Der überspannte Ton des „Königsbriefwechsels", in den Wagner aufgrund seiner materiellen Abhängigkeit von diesem merkwürdigsten aller Mäzene mit tiefem Unbehagen (wie wir aus den Cosima-Tagebüchern wissen) einstimmte, ist nur von dem Erlösungsbegehren des Königs her zu verstehen, der in Wagner seinen Mystagogen, ja einen Heiland sah.

Darum das tiefe Befremden über die menschlichen Unzulänglichkeiten seines Heilsspenders – von dessen Werk er doch Entsühnung und Erlösung erhoffte –, das Entsetzen zumal über den jahrelangen Betrug Wagners und Cosimas an ihm, der sich für den rein platonischen Charakter ihrer Beziehung öffentlich verbürgt hatte.

So sehr es Hochachtung verdient, daß Ludwig II. trotz aller menschlichen Enttäuschungen Wagner nicht hat fallenlassen, so ist doch nicht zu verkennen, daß ohne ihn sein Leben das Gravitationszentrum verloren hätte. So verwandelte er seine

Beziehung zu ihm in ein Ideal, dessen Kollision mit der Wirklichkeit dadurch vermieden wurde, daß er Wagner aus dem Wege ging. (Nach 1868 kam es nur noch zu zwei Begegnungen zwischen König und Künstler.)

Die Beziehung funktionierte nach den Worten von Oswald Georg Bauer im *Tristan*-Programmheft der Bayreuther Festspiele 1986 zuletzt nur noch literarisch: Die Freundschaft wurde zum Briefroman, dessen eigentlicher Autor der König gewesen ist. Der „Königsbriefwechsel" ist in seiner verquasten Kunstreligiosität fast frei von Kritik und Auseinandersetzung. Kam es zu einer anhaltenden Mißstimmung, hüllte der König sich in Schweigen, der Briefwechsel ruhte – bis er von ihm im alten Ton wieder aufgenommen wurde, als wäre nichts gewesen. Er, dem sein Leben längst zur Fiktion geworden war, der sich in poetische Illusionen einhüllte, ja einmauerte, wähnte, durch die stets erneute Einstimmung auf den überschwenglichen Ton der ersten Stunde das Ideal der Einheit von Sänger und König »auf der Menschheit Höhen« immer wieder herbeizwingen zu können. Wagner hat in einem Gespräch mit Cosima am 1. November 1870 Ludwig II. hellsichtig mit dem Prinzen Oronaro in Goethes dramatischer Satire *Der Triumph der Empfindsamkeit* verglichen, der sich in einer künstlichen Scheinwelt verschanzt, die vollständig an die Stelle der Realität tritt, ja der eine Kunstfigur, eine Puppe der wirklichen Geliebten vorzieht.

In ganz ähnlicher Weise hat Ludwig II. schließlich ein Phantom Richard Wagners an die Stelle seiner realen Persönlichkeit gesetzt, die ihn so oft desillusionierte.

Daß gerade der aus dem Staatsleben seiner Zeit als inkommensurabler Anachronismus heraustretende Monarch dem in seiner radikalen Opposition gegen den Kulturbetrieb des 19. Jahrhunderts unzeitgemäßesten Künstler die entscheidende Lebensstütze geboten hat, ist schon von Cosima Wagner als schicksalhaft bezeichnend empfunden worden: »einer Anomalie, wie du bist«, soll sie ihrer eigenen Tagebuchaufzeichnung vom 19. August 1879 zufolge Richard vor Augen geführt haben, »konnte auch nur eine Anomalie helfen, für dich auch ein Leiden«.

Ein Leiden, da beide Anomalien sich nicht auf den gleichen Nenner bringen ließen, da die eine von der anderen forderte, was sie nicht leisten konnte, nicht leisten wollte.

Im Spannungsfeld von Kunst und Politik

> Tiger, Affen, Schweinehunde,
> Meyerbären macht er zahm;
> Leider hab ich keine Kunde,
> Wie sich Sanchos Tier benahm.
>
> Aber laß des Esels Knirschen
> Dich nicht stören im Genuß!
> Iß, mit wem du willst, die Kirschen,
> Lieber Zukunftsmusikus!
>
> Georg Herwegh

Noch im Jahr der Berufung Wagners nach München kommt es am 4. Dezember 1864 zur Erstaufführung des *Fliegenden Holländers* unter Wagners eigener Leitung. (Franz Lachner hatte das Werk musikalisch einstudiert.) Obwohl auf dem Theaterzettel Eduard Sigl als Regisseur erscheint, ist die Inszenierung im wesentlichen das Werk Wagners gewesen. Von seinen realistischen Bildvorstellungen, die sich durchaus mit der naturalistisch-historistischen Bühnenmalerei der Döll und Quaglio vermitteln ließen, können wir uns aufgrund seiner zwölf Jahre zuvor verfaßten *Bemerkungen zur Aufführung der Oper „Der fliegende Holländer"* ein gutes Bild machen. Wie sternenweit Wagner noch von den Symbolisierungstendenzen im Gefolge der Bühnenreform eines Adolphe Appia entfernt ist, zeigen etwa seine Ausführungen über die Behandlung der Schiffe, welche »nicht naturgetreu genug sein« könne: »kleine Züge, wie das Rütteln des Schiffes durch eine anschlagende starke Welle (zwischen den beiden Versen des Steuermannsliedes) müssen sehr drastisch ausgeführt werden«. Die Präsentation der Schiffe geriet freilich in München angesichts der seinerzeitigen Dimensionen der Bühne des Hof- und Nationaltheaters eher unfreiwillig komisch: »Es machte lachen zu sehen«, so spotten etwa die *Münchner Neuesten Nachrichten* in ihrem „Unterhaltungsblatt" vom 8. Dezember 1864, »wie der Steuermann das Sprachrohr anlegte, um Leute anzurufen, die er fast mit der Hand erreichen konnte, oder zu hören, wie die Matrosen sangen ›Steuermann, her zu mir!‹, während sie sich doch an ihm reiben konnten.«

Neben den Schiffen müsse die »Aufmerksamkeit des Regisseurs« namentlich der See und den »Nuancen des Wetters« gelten, schreibt Wagner in seinen *Bemerkungen*. Überhaupt gelte es, eine »genaue Übereinstimmung der szenischen Vorgänge mit dem Orchester, dem Dirigenten und Regisseure« zu erzielen. Daß Wagner, der die beiden letzten Funktionen bei der Münchner Erstaufführung in sich vereinte, hier genau zu realisieren suchte, was er gut zehn Jahre zuvor dramaturgisch entwickelt hatte, dafür gibt es gute Belege, zumal einen im Besitz der Bibliothek der Bayerischen Staatsoper befindlichen Klavierauszug mit eigenhändigen Regieanweisungen Wagners. Sie beziehen sich vor allem auf die partiturgerechte Visualisierung der Naturvorgänge. Für sie hatte Wagner in seinen *Bemerkungen* den »mannigfachen Wechsel« der Beleuchtung und »die geschickte Benutzung von gemalten Schleierprospekten« gefordert, »die bis in die Mitte der Bühne zu verwenden« sein sollten. Genau darauf richtete sich den Eintragungen im erwähnten Klavierauszug zufolge Wagners Augenmerk bei seiner Münchner Inszenierung in erster Linie. Offensichtlich wurde vor dem Rückprospekt eine Reihe von bemalten Schleierprospekten eingesetzt, die auf den Bühnenmodellen nicht zu sehen sind. (Schon das zeigt, daß man sich von der bloßen Betrachtung von Modellen her nur ein unvollkommenes Bild von der tatsächlichen Gestalt der Bühne während der Aufführung machen kann.) Minutiös schreibt Wagner in dem Klavierauszug die durch das Gaslicht ermöglichten Beleuchtungswechsel vor und hinter den sich hebenden und fallenden Schleiern vor. Den Pressestimmen zufolge scheint jedoch die Abstimmung von Beleuchtung und Schleiervorhängen nicht recht geklappt, der Einklang der Wetter- und Welleninszenierung mit der Motorik der Musik sich nicht wirklich hergestellt zu haben. Wagners neuartige dynamische Regievorstellungen im Hinblick auf Beleuchtung und Bewegung dürften teilweise noch an dem herkömmlichen Bühnenapparat gescheitert sein.

Von seiner Bewegungsregie können wir uns aufgrund des überlieferten Quellenmaterials kein ähnlich konkretes Bild machen wie von Bühnenbild, Kostüm und Beleuchtung. Die zeitgenössischen Szenenillustrationen, etwa diejenigen Michael Echters, sind nur cum grano salis als Momentaufnahmen des szenischen Ablaufs zu verstehen, bleiben sie doch (wie später selbst die frühe Bühnenphotographie) nach durchaus eigenen bildkünstlerischen Gesetzen komponiert. Das Transitorische des Bühnenmoments ist hier weithin im Sinne von Lessings *Laokoon* zum »prägnanten Moment« verdichtet, aus dem das Vorhergehende und Folgende mitzuerschließen ist, der aber eben kaum das Augenblickliche des Augenblicks wiedergibt. Einen sehr viel konkreteren Eindruck von den Bewegungsabläufen auf der Bühne erhalten wir durch Wagners faszinierende *Bemerkungen* zur Aufführung des *Fliegenden Holländers*. Ihm geht es um »sorgfältigste Übereinstimmung der Aktion mit der Musik«. Was er darunter versteht, demonstriert er an einigen charakteristischen Szenen, zumal am Auftrittsmonolog des Holländers. Detailliert schreibt er hier Schrittfolge und Gestik des Darstellers anhand von Taktangaben vor – so exakt, daß jener Monolog nach Wagners Angaben ohne weiteres inszenierbar wäre.

Die Erstaufführung des *Fliegenden Holländers* kam noch in einer Atmosphäre des Wohlwollens gegenüber der Person Wagners zustande. Doch bald sollte die Ruhe in heftigen Sturm übergehen. Man warf Wagner schwelgerisches Luxusbedürfnis und überzogene Geldforderungen gegenüber dem König vor, er versuche, diesen politisch zu indoktrinieren, und gefalle sich in der Rolle des Marquis Posa. Ästhetische werden zu politischen Fronten, da man in Wagner immer noch den einstigen Revolutionär sieht. »Das geringste Übel, das dieser Fremdling über unser Land bringt«, schreibt 1865 der erzkonservative *Neue Bayerische Kurier*, »läßt sich [...] nur mit monatelang die Sonne verfinsternden und alle unsere Fluren verzehrenden Heuschreckenschwärmen vergleichen. Dieses schreckliche Bild einer Landplage, dieser Barrikadenmann, der einst an der Spitze einer Mordbrennerbande den Königspalast in Dresden in die Luft sprengen wollte, beabsichtigt den König zu isolieren und für die landesverräterischen Ideen einer Umsturzpartei auszubeuten.« Verfolgt man das heftige Pro und Contra um Wagner, das 1865 fast täglich die Spalten der Münchner, ja der bayerischen Presse füllt, zeigt sich, daß es hier keineswegs vorrangig um Musik geht, sondern Wagner ist ein Politikum! Seine Hauptgegner sind natürlich die ultramontanen und konservativen Blätter, während ihm die liberalen Blätter wie die *Münchner Neuesten Nachrichten* die Stange halten. Durch seinen Dresdner Kampfgenossen August Röckel hält er stets die Verbindung zur Fortschrittspartei aufrecht, die sich für den Achtundvierziger unermüdlich einsetzt. Es ist nicht ganz abwegig, wenn Oskar von Redwitz am 19. Februar 1865 in der *Augsburger Allgemeinen Zeitung* – seit langem schon das Anti-Wagner-Blatt schlechthin – von den Parteigängern Wagners sagt, daß sie in ihm »wohl mehr den vormaligen Barrikadenmann als den jetzigen Komponisten verehren«. Meist freilich wird zwischen beiden kein Unterschied gemacht.

Als Wagner nach seinem anonymen Artikel in den *Münchner Neuesten Nachrichten* vom 29. November 1865, der eine Kabinettsumbildung im liberalen Sinne fordert, vom König unter dem Druck des Kabinetts, des Adels, der königlichen Familie und der Kirche zum Verlassen Münchens aufgefordert wird, protestieren die Bayerische Fortschrittspartei und die ihr nahestehenden liberalen Presseorgane heftig dagegen, daß »die hohen Verwandten, die Glieder des hohen Adels, die Staats- und Kirchenbeamten, welche vor dem König über die herrschende Stimmung Zeugnis abgelegt haben, die Stimmung des Volkes vertreten« (so die *Augsburger Abendzeitung* am 11. Dezember 1865). Der aus München vertriebene Wagner aber beschwört seinen politischen Verbindungsmann August Röckel, die Hoffnung auf eine liberale Politik Ludwigs II. nicht aufzugeben: »Mir kommt alles darauf an, den Glauben an ihn bei den Liberalen nicht zu schwächen« (12. Dezember 1865). Das Bündnis des Dresdner Mairevolutionärs Wagner mit Ludwig II. ist von den Zeitgenossen – den konservativen wie den liberalen – also durchaus nicht als die Entscheidung eines Renegaten empfunden worden. Auch der Revolutionär Wagner ist ja keineswegs ein Antimonarchist gewesen, wie zumal seine Dresdner Rede *Wie verhalten sich republikanische Bestrebungen dem Königtume gegenüber?* (1848) zeigt. Sein revolutionäres Ideal war das einer »monarchischen Republik«, eines vom Adel getrennten, unmittelbar dem Volk verbundenen Königtums. Und von dieser Vorstellung eines Volkskönigtums hat er nie abgelassen, wie noch seine Artikelserie *Deutsche Kunst und deutsche Politik* in der von ihm mit Unterstützung des Königs als »großes politisches Journal« ins Leben gerufenen *Süddeutschen Presse* aus dem Jahre 1867 zeigen wird. Diese Artikel greifen unverblümt wesentliche Positionen der Revolution von 1848/49 noch einmal auf, so die Absage an die »deutsche Restauration« und »Reaktion«, die Verurteilung der Karlsbader Beschlüsse oder die Idee der »Volksbewaffnung«. Ja Wagner feiert die Ermordung August Kotzebues durch Karl Ludwig Sand als Triumph des Fortschritts über die politische und ästhetische Reaktion. Das war zu viel für ein vom König subventioniertes Blatt. Nach der 13. Folge wurde die Serie von Ludwig II. verboten.

Der radikale Demokrat Georg Herwegh, der ge-

Josef Resch, Karikatur von 1865 zur 4. Aufführung des »Tristan« im Nationaltheater.

meinsame Duzfreund von Karl Marx und Richard Wagner, schrieb nach Wagners Entlassung ein wütendes Spottgedicht auf die Münchner, deren »undurchdringlich dickes Fell« durch keine Schönheit gerührt werde. »Ihres Hofbräuhorizontes / Grenzen überschrittst du keck, / Und du bist wie Lola Montez / Dieser Biedermänner Schreck.« (*An Richard Wagner*, Januar 1866) Der Vergleich von „Lolus" Wagner mit der spanischen Tänzerin, durch die seinerzeit Ludwig I. zu Fall gekommen ist, war in der Tat ein Lieblingsmotiv der Zeitungssatire. Selbst der betroffene Ludwig I., der ja erst 1868 starb, machte sich die Parallele zu eigen und sah auf seinen Enkel eine verwandte Katastrophe wie zwanzig Jahre zuvor auf sich selber zukommen.

Inmitten dieses turbulenten Jahres 1865, das mit der Entlassung des »Barrikadenmanns« und »Zukunftsmusikus« aus München endete, fand – am 10. Juni 1865 – die Uraufführung von *Tristan und Isolde* statt, für den Komponisten und Regisseur Wagner die glücklichste Erfahrung mit einem eigenen Werk auf der Opernbühne. Mit dieser Uraufführung endete die sechsjährige Odyssee des als unaufführbar verdächtigten *Tristan*, dessen Inszenierung in Wien drei Jahre zuvor geplatzt war. In Hans von Bülow fand Wagner ebenso den vollkommenen Dirigenten wie im Künstlerpaar

Szenenskizzen zu »Tristan und Isolde«.

Im Spannungsfeld von Kunst und Politik **63**

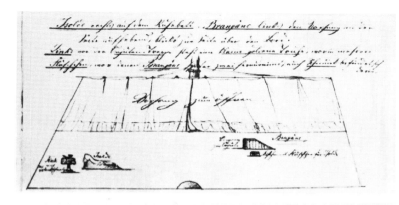

1. Aufzug

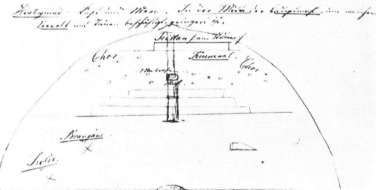

1. Aufzug

2. Aufzug

3. Aufzug

Schnorr von Carolsfeld die idealen Darsteller. Ludwig Schnorr von Carolsfeld, der wenige Wochen nach der Uraufführung starb – an der Überforderung durch die Partie des *Tristan*, wie böse Zungen bis heute grundlos behaupten, obwohl er nach der Münchner Aufführungsserie im Vollbesitz seiner stimmlichen Kräfte noch andere Partien gesungen hat, u. a. auch am 9. Juli den Erik im Hof- und National-Theater –, war für Wagner zeitlebens die eingelöste Utopie des Gesangsdarstellers im „Kunstwerk der Zukunft", sein »erfülltes Ideal«, wie er in seinen *Erinnerungen* an den einzigartigen Künstler (1868) schreibt, den schon der Kronprinz Ludwig am 16. Juni 1861 als Lohengrin erlebt hatte.

Augenzeugen berichten, in welch restlos glücklicher Verfassung Wagner an den *Tristan*-Proben teilnahm, in seinem mitreißenden Temperament einem »feuerspeienden Vulkan« gleichend (Friedrich Pecht, *Aus meiner Zeit*, München 1894). In seiner bekannten exzentrisch-akrobatischen Art sprang er während der Klavierproben bei besonders geglückten Stellen auf, um die Sänger zu umarmen oder zu küssen, »stellte sich vor Freude am Sofa auf den Kopf, verkroch sich unter den Flügel, sprang auf den Flügel hinauf, rannte in den Garten und kletterte jubelnd auf einen Baum« – eine Lieblingsgewohnheit von ihm bis in seine letzten Lebensjahre.

Zu den Kuriositäten der Probenzeit gehört das Faktum, daß Wagner trotz der nur allzu berechtigten Skepsis des Königs allen Ernstes an eine Uraufführung des *Tristan* im »traulichen Residenztheater«, also im Cuvilliés-Theater, gedacht hat, deren Besuch ausschließlich den »aus Nah und Fern« eingeladenen »Freunden meiner Kunst« vorbehalten sein sollte (offener Brief an Friedrich Uhl vom 18. April 1865). Die Klavierproben im Cuvilliés-Theater scheinen Wagner recht zu geben: »Die Sänger sind entzückt von dem Klange ihrer Stimme, alles wird ihnen leichter, auch das Schwerste gelingt«, teilt Wagner am 20. April 1865 dem König mit; »besonders ist die Aussprache vorzüglich deutlich zu verstehen, worauf mir – gerade diesmal – so unendlich viel ankommt«. Man könne auf die »unnützen Choristen« verzichten und sich auf die »Darstellung des Rein-Menschlichen« konzentrieren. »Die Vorgänge sind durchaus inniger, zarter Art; hier muß ein Zucken der Miene, ein Blinken des Auges wirken« – *Tristan* als psychologisch-realistisches Kammerspiel! Doch als die Orchester-

Christian Jank, Entwurf zur »Götterdämmerung«, 1. und 3. Aufzug, Halle der Gibichungen am Rhein, nach der Münchner Erstaufführung von 1878.

proben beginnen, vergeht den Beteiligten in dem kleinen Theater Hören und Sehen; »der materielle, sinnlich geräuschvolle Schall des Orchesters, welchen ich durch keine Vorrichtung dämpfen kann«, gesteht Wagner dem König in seinem Brief vom 1. Mai 1865, »treibt mich mit meinen lieben Sängern aus diesem kleinen lärmenden Saale in das große Theater zurück. Hier – im großen Theater – bin ich zwei Nachteilen unterworfen, denen ich so gerne ausgewichen wäre: der zu großen Entfernung der Darsteller vom Zuschauer (für die mimische Aktion) und der störenden Masse des Publikums.« Und Wagner schließt seine Ausführungen mit dem Sehnsuchtsseufzer: »Oh, mein unsichtbares, tiefer gelegenes, verklärtes Orchester im Theater der Zukunft! –«

Vor dem Hintergrund des ursprünglichen Plans eines Kammerspiels für Wagnerianer ist jene grobianische Äußerung Bülows zu begreifen, welche in der Münchner Öffentlichkeit einen Aufruhr verursachte. Als wegen der von Bülow geforderten Erweiterung des Orchesterraums dreißig Sperrsitze fortzufallen drohten, soll der Dirigent laut einer Notiz der *Münchner Neuesten Nachrichten* geäußert haben: »Nun ja, was liegt daran, ob dreißig Schweinehunde mehr oder weniger hereingehen!« Ein Sturm der Entrüstung brach los, als die für den 15. Mai angesetzte Uraufführung wegen der plötzlichen Erkrankung von Malwina Schnorr von Carolsfeld zur abgrundtiefen Enttäuschung des aus ganz Europa angereisten Kennerpublikums kurzfristig abgesetzt wurde. Fast einen Monat dauerte es, bis die Sängerin sich erholt hatte und die mehrfach verschobene Uraufführung endlich stattfinden konnte. Die wagnerfeindlichen Journalisten zerrissen sich die Mäuler, das Schweigertheater in den drei Linden setzte am 29. Mai »zum allerersten und schon oft verschobenen Male« die leider verschollene Parodie *Triftanderl und Süßholde* aufs Programm, und am Tag zuvor erschien im *Münchner Punsch* folgende Unpäßlichkeitsarie Isoldes, die alsbald in der Stadt die Runde machte:

»O vergeh,
Geschwollner Backen,
Reißen im Nacken,
Zahnendes Weh.
[...]
Weißt, was das heißt,
Wenn's ein' so reißt?
Horch – wer schreit so starke?
Beschütze mich, Tristan,
Es ist König Marke,
Man meint schon, er frißt an'.
Acher, schon wieder,
Das zieht auf und nieder.
Ja, 's beginnt
Und ich rette
Ungeminnt
Mich in' Bette.«

Obwohl die Volksseele den Presseberichten zufolge seit der Lola-Montez-Affäre nicht mehr so heftig gekocht hatte, wurden die *Tristan*-Uraufführung am 10. Juni und die drei weiteren Vorstellungen bis zum 1. Juli zu einem einzigen Triumph für Wagner und sein Ensemble – freilich eher beim Publikum und bei den Musikern, weniger bei der überwiegend mäkelig-konservativen Presse, die sich nicht zuletzt an der vermeintlichen Unsittlichkeit des Werks stieß. Eine Stimme für viele: »Musik ein Tollsinn, Text ein Unsinn, das Ganze ein Irrsinn, nirgends ein Sinn, aber desto mehr Sinnlichkeit«, schreibt der *Volksbote*.

Anders als im Falle des *Fliegenden Holländers* wurden auch von der wagnerfeindlichen Presse die Inszenierung Wagners und die Ausstattung (Angelo II Quaglio, Heinrich Döll) einhellig gerühmt. Hier bahnte sich etwas an, was in der Folgezeit für die Wagner-Kritik typisch sein sollte. Man bezweifelte seinen musikalischen Rang, aber man rühmte sein Regietalent. Den »ersten Regisseur der Welt« wird Eduard Hanslick Wagner nach der Uraufführung des *Parsifal* nennen und nahezu überschwenglich seine »unerschöpfliche Bühnenphantasie« rühmen.

Nach der vierten und letzten Aufführung des *Tristan* am 1. Juli 1865 verschwand das Werk für vier Jahre vom Spielplan der Münchner Hofbühne. Erst am 20. Juni 1869 hatte eine vom König befohlene Neueinstudierung Premiere, wiederum unter der Leitung Bülows und mit dem Ehepaar Heinrich und Therese Vogl in den Titelrollen. Wagner hatte eine Mitwirkung abgelehnt und die Aufführung – wie die gleichzeitig von Hans Richter vorbereitete Uraufführung des *Rheingold* – mit allen Mitteln (zu denen auch der massive Druck auf Bülow gehörte) zu verhindern gesucht. Gleichwohl wurde die Neueinstudierung ein bedeutender Erfolg. Als der inzwischen auf eigenen Wunsch (wegen seiner gescheiterten Ehe mit Cosima) entlassene Bülow 1872 Gast in München war, wurde *Tristan* am 23. und 28. Juni erneut aufs Programm gesetzt – wieder vor einem aus vielen Ländern Europas versammelten Publikum. Unter den Zuschauern befand sich auch Friedrich Nietzsche, der Bülow in einem Brief vom 20. Juli 1873 für die beiden Aufführungen mit dem Bekenntnis dankte: »Sie haben mir den Zugang zu dem erhabensten Kunsteindruck meines Lebens erschlossen; und wenn ich außerstande war, Ihnen sofort nach den beiden Aufführungen zu danken, so rechnen Sie dies auf den Zustand gänzlicher Erschütterung, in dem der Mensch nicht spricht, nicht dankt, sondern sich verkriecht.« Zum letzten Mal dirigierte Bülow den *Tristan* am 30. Oktober 1873. Vom nächsten Jahr an übernahm Hermann Levi für lange Zeit die musikalische Leitung des *Tristan*, an den sich bis 1873 keine andere Bühne heranwagte. (Die erste Aufführung außerhalb Münchens fand in diesem Jahr in Weimar statt.)

Nach Wagners „Verbannung" aus München (Ende 1865) spielte das Hoftheater im folgenden Jahr kein einziges Werk Wagners. Der bald verlorene Krieg mit Preußen verdunkelte den politischen Horizont. Gleichwohl blieb Ludwig II. mit Wagner ständig in Kontakt, ja dieser versuchte weiterhin, seinen politischen Einfluß geltend zu machen, und redete dem König seine Rücktrittspläne aus. (Einen König Ohneland und Ohnegeld konnte er freilich nicht brauchen.) Fast zu einer Staatskrise kam es, als Ludwig II. aus Anlaß von Wagners Geburtstag am 22. Mai ohne Wissen seiner Umgebung nach Tribschen reiste und zwei Tage im Hause des maßlos überraschten Komponisten verweilte. Minister drohten mit Rücktritt, Ludwig I. las seinem Enkel die Leviten, die Presse erging sich in wütenden Attacken auf Wagner, sogar die ihm sonst gewogenen *Münchner Neuesten Nachrichten* distanzierten sich. Georg Herwegh aber dichtete seine *Ballade vom verlorenen König*:

> »Im Bayerland, im Bayerland,
> Da war der König durchgebrannt;
> Verschollen und verschwunden
> Seit einundzwanzig Stunden;
> Die Bayern sind sehr übel dran –
> Was fängt man ohne König an?
> [...]
> Und Land und Ministerium
> Schimpft auf das Schwanenrittertum,
> Auf Wagner, Bülow, Venus,
> Aufs ein und andre Genus;
> Der König in der Republik
> Vertreibt die Zeit sich mit Musik.«

Gleichwohl endete das unheilvolle Jahr mit einem Triumph Wagners: von der Pfordten und Pfistermeister, die vor allem auf seine Entfernung aus München gedrängt hatten – „Pfi und Pfo", wie Ludwig und Wagner die Verhaßten nannten –, wurden entlassen, und der von Wagner wiederholt empfohlene, ihm sehr gewogene Fürst Hohenlohe wurde zum Vorsitzenden des Ministerrats ernannt. Wagner hat freilich seinen Einfluß überschätzt. Nicht er war es, der „Pfi und Pfo" zur Strecke gebracht hatte, sondern das Ministerium von der Pfordten hatte sich durch seine verhängnisvolle Politik, die zu dem unglücklichen Krieg gegen Preußen führte, selber ruiniert und mußte abgelöst werden. Das Ergebnis war freilich willkommen und die Hofbühne wieder frei für Wagner.

Die Jahre 1867 und 1868 brachten denkwürdige Aufführungen seiner Opern unter Bülows Leitung: die Neuinszenierungen des *Lohengrin* am 16. Juni 1867 und des *Tannhäuser* am 1. August 1867 (beide Werke wurden auf Wunsch des Königs, der sie als Einheit sah, in engster zeitlicher Nachbarschaft neuinszeniert), schließlich als Gipfel die triumphale Uraufführung der *Meistersinger* am 21. Juni 1868. Auch die mühevolle Einstudierung von Glucks *Iphigenie in Aulis* in Wagners Bearbeitung Ende 1868 ist zu erwähnen.

Gleich beim *Lohengrin* kam es jedoch zum Mißklang zwischen Wagner und dem König. Dieser hatte das erneute Erscheinen des Freundes lange herbeigesehnt, und für Wagner war es die erste *Lohengrin*-Inszenierung, deren Proben er selbst leiten sollte. Die Dekorationen und Kostüme freilich, für die mit Ausnahme von Simon Quaglio, der nicht mehr dabei war, dieselben Künstler zuständig waren wie 1858, wurden im wesentlichen schon vor der Ankunft Wagners in München fertiggestellt, unter der strengen Anleitung des Königs selber. Wagner hatte seinen alten Dresdner Kampfgefährten Joseph Tichatschek, den Titelhelden der triumphalen *Rienzi*-Uraufführung, für die Vorstellungen in München durchgesetzt, in der Überzeugung, »daß außer ihm keinem lebenden Tenorsänger dieser männliche Silberklang der Stimme, diese energische Sprache zu Gebote stehe« (an Ludwig II., 25. Juni 1867). Begeistert umarmte er den bereits sechzig Jahre alten Sänger bei der Generalprobe am 11. Juni auf offener Bühne, doch der durch das Alter und die darstellerischen Mängel Tichatscheks in seiner Illusion gestörte, noch in der Erinnerung an das »hehre durchgeistigte Spiel« Schnorrs von Carolsfeld sechs Jahre zuvor schwelgende König (an Cosima, 17. Juni 1867) ließ dem »Ritter von der traurigen Gestalt« durch den Hofrat Düfflipp mitteilen, er könne in der nächsten Karwoche zur Fußwaschung kommen, aber auf der Bühne wolle er ihn nicht mehr sehen. Ebenso brüsk entließ er die Darstellerin der Ortrud (Bertram-Meyer), die wie eine Furie über die Bühne gerast sei. Der durch diesen Eingriff in seine Kompetenzen zu Recht entrüstete Wagner reiste sofort in die Schweiz ab und war nicht mehr zur Rückkehr zu bewegen. In der Premiere errangen Heinrich Vogl, den der König statt des davongejagten Tichatschek eingesetzt hatte, und seine spätere Frau Therese als Ortrud ihren ersten großen Erfolg. Einhellig wurden von der Kritik die Bühnenbilder und Kostüme gerühmt, die abweichend von der Zeit der Handlung, die im 10. Jahrhundert spielt, am Hochmittelalter, also an der Entstehungszeit des Lohengrin-Epos (13. Jahrhundert) orientiert waren. Wagner hat diesen Anachronismus durchaus gebilligt. Erst 1894 wurde bei den *Lohengrin*-Inszenierungen in Bayreuth und München das Kostüm des 10. Jahrhunderts gewählt.

Nach dem Wunsch des Königs sollte der neue *Tannhäuser*, wie gesagt, unmittelbar auf die Neuinszenierung des *Lohengrin* folgen, nunmehr natürlich in der – für Ludwig II. bearbeiteten – Pariser Fassung. Aufgrund seiner Verstimmung wegen der *Lohengrin*-Besetzung lehnte Wagner aber eine persönliche Mitwirkung rigoros ab. Zumindest die Dekorationen und Kostüme, die wie beim *Lohengrin* vom bewährten Team Heinrich Döll, Angelo II Quaglio und Franz Seitz stammen (letzterer war der Kostümbildner aller Münchner Wagner-Inszenierungen zwischen 1855 und 1878) dürften sich von seinen Vorstellungen jedoch nicht allzu weit entfernt haben. Heinrich Dölls Landschaftsbilder lösten weithin die Aufgaben, die Wagner seit der Reformschrift *Das Kunstwerk der Zukunft* (1849) der Landschaftsmalerei im Musiktheater gestellt hatte. Die „Musterinszenierung" des *Tannhäuser* kam indessen nicht in München, sondern unter Wagners eigener Leitung erst 1875 in Wien zustande.

Die letzte Münchner Inszenierung, an der Wagner aktiv Anteil nahm, wurde zugleich sein größter Triumph am Hof- und National-Theater, obwohl er selber sie nicht als so geglückt empfand wie *Tristan* drei Jahre zuvor: die Uraufführung der *Meistersinger von Nürnberg* am 21. Juni 1868. Sie bildete – in Übereinstimmung mit den historistischen Bühnenbildern – den Kulminationspunkt des realistischen Regiestils von Wagner. Wir sind durch die Berichte der Zeitgenossen genau orientiert über seine Probenarbeit: »Mit beständiger, nervös machender Aufregung begleitet er jeden Ton, der gesungen wird, durch eine entsprechende Bewegung, die von den Sängern soviel als möglich genau nachgeahmt wird; nur wer den Komponisten so arbeiten und gestikulieren sieht, versteht, wie sich derselbe eine Menge von Nuancen gedacht hat. Fast jeder Schritt, jede Handbewegung, jedes Türöffnen ist musikalisch illustriert, und gerade in den *Meistersingern* wird zu dem stummen Spiel der Sänger eine solche Masse Musik gemacht, daß wir es als ein Wunder betrachten würden, wenn dort, wo die Oper nicht unter des Komponisten Leitung einstudiert wurde, zu dieser Musik das beabsichtigte Spiel entwickelt würde.« (*Wiener Neue Freie Presse*)

Die *Meistersinger*-Uraufführung, bei der zu den bewährten Mitarbeitern auf Wagners Wunsch Reinhard Hallwachs als Regisseur (statt wie bisher Eduard Sigl) und als Bühnenbildner neben Döll und Quaglio auch Christian Jank (der spätere Entwurfszeichner für Neuschwanstein und Linderhof) verpflichtet wurden, ist der rauschendste künstlerische Erfolg Wagners zu seinen Lebzeiten gewesen. Ludwig II. gestattete ihm gar – ein sensationeller Verstoß gegen die Hofetikette –, sich von der Königsloge aus vor dem schier entfesselten Publikum zu verbeugen.

Gegen Wagners Willen

> Ach vergebens baute jener
> Ludovik die Propyläen,
> Denn die Sprache der Athener
> Wird man niemals hier verstehn.
> Georg Herwegh

Nach den triumphalen *Meistersingern* hat Wagner sich allen folgenden Aufführungen seiner Werke in München gegenüber gleichgültig oder ablehnend verhalten. Bei der Münchner Erstaufführung des *Rienzi* am 27. Juni 1871 hing das mit dem – ihm inzwischen längst entfremdeten – Werk selber zusammen (das er bekanntlich ein Vierteljahrhundert zuvor der Hoftheaterintendanz erfolglos angeboten hatte), die Uraufführungen des *Rheingold* am 22. September 1869 und der *Walküre* am 26. Juni 1870 hingegen fanden gegen den Willen Wagners statt, obwohl er noch in einem Brief an Hofrat

Düfflipp vom 5. Februar 1868 selber vorgeschlagen hatte, »die einzelnen Teile jenes Zyklus, etwa von Jahr zu Jahr aufeinanderfolgend, zur vorläufigen Aufführung zu bringen: so könnte z.B. im nächsten Jahre mit dem *Rheingold* begonnen, im darauf folgenden mit der *Walküre* fortgefahren und das Ganze in dieser Weise sukzessive zur Darstellung gebracht werden«.

Die Bemerkung, daß es sich um „vorläufige" Aufführungen handeln sollte, zeigt freilich, daß Wagner das Ideal einer Gesamtinszenierung des ganzen *Rings* nicht aus dem Auge verloren hat. Diese war ja eigentlich auch für München vorgesehen. Hier sollte das ersehnte Festspielhaus entstehen, das von Anfang an integrierender Bestandteil des *Ring*-Projekts gewesen ist, denn die Aufführung der Tetralogie ließ sich nach Wagner nur im Rahmen von Festspielen nach dem Modell der attischen Dionysien adäquat verwirklichen, welche den profanen Betrieb des Repertoiretheaters mit all seinen kommerziellen Bedingungen und Begleiterscheinungen sprengten. Überdies sollte eine Musikschule gegründet werden, aus der sich das Personal der *Ring*-Aufführungen rekrutieren könnte. Hätten sich die Beziehungen zwischen Wagner, Ludwig II. und der bayerischen Hauptstadt aus vielerlei menschlich-allzumenschlichen Gründen nicht so unerfreulich und skandalträchtig entwikkelt, hätte es wohl nie Bayreuther Festspiele gegeben. Kein Zweifel aber, daß diese mit ihrem provinzialen Ambiente der ursprünglichen Idee Wagners mehr entsprachen als Münchner Festspiele in einem gigantischen, das Stadtbild beherrschenden Theater, wie Ludwig II. es plante.

Der Walkürenritt zu Beginn des 3. Aufzugs »Walküre«, Szenenillustration von Th. Pixis nach der Uraufführung, Leipziger Illustrierte, 1871.

In seinem Vorwort zur öffentlichen Ausgabe der *Ring*-Dichtung (1863), dessen Schlußappell Ludwig II. mit solcher Begeisterung aufgegriffen hat, betonte Wagner, daß er bei seinem »Bühnenfestspiel« an ein »provisorisches Theater« denke, »so einfach wie möglich, vielleicht bloß aus Holz.« Es solle frei sein »von den Einwirkungen des Repertoireganges unserer stehenden Theater« und von den Gepflogenheiten des großstädtischen Amüsierpublikums. »Demnach hatte ich eine der minder großen Städte Deutschlands, günstig gelegen, und zur Aufnahme außerordentlicher Gäste geeignet, anzunehmen, namentlich eine solche, in welcher mit einem größeren stehenden Theater nicht zu kollidieren, somit auch einem großstädtischen eigentlichen Theaterpublikum und seinen Gewohnheiten nicht gegenüberzutreten wäre.« Wagners Beschreibung des erträumten Festspielortes ist eine Vision Bayreuths – lange bevor er daran gedacht hat, die kleine fränkische Residenzstadt als Festspielort zu wählen. Was ihm vorgeschwebt hat, ist so etwas wie das Weimar Goethes und Schillers, das »Weimarische Wunder«, wie er in seinem Traktat *Deutsche Kunst und deutsche Politik* einmal sagt: Weltkultur in provinzialem Rahmen, in einer kleinen, von den korrumpierenden Einflüssen der Großstadt entfernten Residenz.

Nun aber kam – in der tiefsten materiellen und existentiellen Krise Wagners – das Angebot des bayerischen Königs, ihm in München ein Festspielhaus für die Aufführung des *Rings* zu bauen. Es wäre in seiner Situation Wahnwitz gewesen, dieses Angebot auszuschlagen. Gleichwohl konnte ihm nicht verborgen bleiben, daß seine Festspielidee mit den Theatervorstellungen des jungen Königs schwerlich kongruierte. Statt des »provisorischen« plante Ludwig II. ein steinernes Monumentaltheater in so gewaltigen Dimensionen, daß alle anderen geschlossenen Theaterbauten der Geschichte dadurch in den Schatten gestellt werden sollten. Wer könnte es Wagner, dem soeben aus finsterer Misere Aufgestiegenen, dem durch den neuen Glanz die Augen noch geblendet waren, verübeln, daß er sich eine Zeitlang auf diesen Plan einließ und für seine Realisierung Gottfried Semper vorschlug. Das von Semper entworfene Festspielhaus sollte das ganze Stadtbild beherrschen, den Abschluß eines gewaltigen Straßenzuges von der Brienner Straße bis zur Isar bilden. Wie wenig Wagner an einem solchen Monumentalbau im Grunde gelegen war, zeigt die Notiz im *Braunen Buch* vom 9. September 1865:

»Wie hasse ich dieses projektierte Theater, ja – wie kindisch kommt mir der König vor, daß er so leidenschaftlich auf diesem Projekte besteht: nun habe ich Semper, soll mit ihm verkehren, über das unsinnige Projekt sprechen! Ich kenne gar keine größere Pein, als diese mir bevorstehende.« Und gut ein Jahr später, am 29. Januar 1867, schreibt er an August Röckel: »Mir liegt jetzt alles andere mehr im Kopfe als Wagner-Theater und gar Wagner-Straßen.« Von Anfang an hat er dem König eine Alternative vorgeschlagen: ein provisorisches Theater im Glaspalast. Semper hat lange an beiden Plänen zugleich gearbeitet, obwohl der König – und auch der Architekt selber – an dem provisorischen Projekt, so sehr es Wagners genuinem Festspielgedanken entsprach, kaum Interesse hatten. Semper hat sehr wohl durchschaut, daß Wagner selbst das Theater an der Isar, in dessen Verwirklichung der Architekt die Krönung seines Lebenswerkes sah, verhindern wollte. Wagner habe ja doch nichts anderes im Auge als »bloß die Bretterbude«, schreibt am 17. März 1865 der Maler Friedrich Pecht an Semper. Wirklich ist Wagner nach dem endgültigen Scheitern des Münchner Projekts, das nicht zuletzt auf sein zunehmendes Desinteresse zurückzuführen ist, zu seiner alten Idee des provisorischen Theaters ohne Abstriche zurückgekehrt.

Obwohl Wagner mehr und mehr klarwurde, daß München nicht die Stadt seiner Theaterutopie war, hat er den Einzelaufführungen des *Rheingold* und der *Walküre* anfänglich positiv gegenübergestanden, wenn er sich auch mehr und mehr sträubte, selber aktiv daran mitzuwirken. Seinem Vorschlag gemäß wurde die Bühne des Hof- und National-Theaters umgebaut, Maschinerie und Beleuchtung wurden gänzlich erneuert, das alte Kulissen- durch das Panoramasystem ergänzt. Sein Wunschregisseur Hallwachs und sein Wunschdirigent Hans Richter, seit September 1868 Hofmusikdirektor, werden mit der Einstudierung des *Rheingold* beauftragt. Dirigent, Regisseur, Sänger, Bühnenbildner und Maschinisten reisen im Frühjahr und Sommer 1869 nach Tribschen, um sich von Wagner anweisen zu lassen. Dessen Beziehung zu Intendant von Perfall entwickelt sich indessen immer kritischer, da er seine Wünsche und Forderungen nicht konsequent genug erfüllt sieht. Am 27. August findet die Hauptprobe statt, zu der wieder Prominenz aus vielen europäischen Ländern angereist ist. Die gravierenden szenischen Mängel sind nicht zu übersehen. Richter hält die öffentliche Aufführung am 29. August nicht für vertretbar, Wagner bittet den König telegraphisch um eine Verschiebung. Wegen der Weigerung Richters, die Vorstellung zu dirigieren, platzt schließlich die Uraufführung – zur Enttäuschung der Besucher aus aller Welt, zur Entrüstung der Öffentlichkeit und zur höchsten Empörung des Königs, der gar mit dem Gedanken spielt, Wagner das Gehalt zu entziehen. Richter wird suspendiert, verzweifelt sucht die Intendanz nach einem neuen Dirigenten, doch alle Angesprochenen – unter ihnen Levi, Bülow und sogar Camille Saint-Saëns – lehnen ab, da sie Wagners Bannfluch fürchten. Das mit auswärtigen Gästen durchsetzte Sängerensemble zerfällt. Erstmals steht nun die einheimische Presse wie ein Mann auf der Seite des Königs gegen Wagner, und die *Frankfurter Zeitung* kommentiert hämisch die neueste »Haupt- und Staatsaktion auf dem wichtigsten Gebiete des politischen Lebens in München, auf dem des Theaters«. Schließlich findet sich Franz Wüllner, der Leiter der königlichen Vokalkapelle, der noch nie am Münchner Opernpult gestanden hat, bereit, in zwei Wochen das *Rheingold* zur Aufführung zu bringen. Die auswärtigen Sänger werden durch einheimische ersetzt, und das Wunder ereignet sich: Am 22. September hebt sich der Vorhang zur Uraufführung des *Rheingold*, die trotz derart ungünstiger Umstände ein beachtlicher Erfolg wird. Auch die enormen bühnentechnischen Probleme, für deren Lösung der ingeniöse Maschinist Carl Brandt aus Darmstadt und sein Bruder Friedrich engagiert waren, scheinen gegenüber der Hauptprobe glücklich bewältigt worden zu sein. Gleichwohl schleudert Wagner aus Tribschen den Fluch des Nibelungenrings gegen die Verantwortlichen der Münchner Aufführung:

>»Der Fluch, er will, daß nie das Werk gelinge,
>als dem, der furchtlos wahrt des Rheines Gold,
>doch euer ängstlich Spiel mit Leim und Pappe
>bedeckt gar bald des Niblungs Nebelkappe.«

Entschlossen ordnet der König auch die Uraufführung der *Walküre* im nächsten Jahr an, obwohl Wagner ihm anbietet, bei einer Verschiebung der Aufführung bis 1871 (bis zur Verehelichung mit Cosima, vor der an seine Anwesenheit in München nicht zu denken ist) selbst die Regie zu übernehmen, falls ihm wie beim *Tristan* sämtliche künstlerischen Vollmachten am Hoftheater für die Dauer der Proben eingeräumt werden. Das eigentümliche Nichtwartenkönnen des Königs, das sich nur durch die quasi sakramentale Angewiesenheit auf das Werk Wagners erklären läßt, verhinderte jedoch die Beteiligung Wagners an der Uraufführung, die nun ganz mit dem einheimischen Ensemble (darunter dem Ehepaar Vogl) und wiederum unter Franz Wüllners Leitung, da die Suche nach einem Wagner-Dirigenten wie beim *Rheingold* erfolglos geblieben war, am 26. Juni 1870 stattfand – erneut vor einem erlesenen internationalen Publikum, das Wagner trotz beschwörender Versuche nicht hatte fernhalten können. Ungeachtet der vielfach als zu schnell empfundenen Tempi des wagnerfremden Dirigenten wurde die Aufführung – sowohl das Sängerensemble als als auch die Ausstattung, für die das gleiche Team wie beim *Rheingold* zuständig war – stürmisch gefeiert, während Wagner durch die »Hinrichtung« seines Werks »in die übelste Laune« versetzt wurde (an Schott, Herbst 1870). Kein Zweifel jedoch, daß die sängerische und szenische Realisierung seinen Vorstellungen sehr nahe kam. Die Bühnenbildner orientierten sich zumal an den in enger Zusammenarbeit mit Wagner entstandenen *Ring*-Fresken von Michael Echter, die der Komponist selbst als »wichtige Vorarbeit für die einstige Aufführung des Nibelungenwerks« bezeichnet hat (an Ludwig II., 13. September 1865). Der eingespielte Apparat des Hoftheaters bewahrte die Inszenierung jedenfalls vor mancher Panne, welche den Eindruck des Bayreuther *Rings* 1876 empfindlich stören sollte.

Rheingold und *Walküre* verschwanden seit 1872 beziehungsweise 1874 bis zur ersten Münchner Gesamtaufführung des *Rings* im Jahre 1878 vom Spielplan. Dieser Gesamtaufführung unter der musikalischen Leitung von Hermann Levi und in der Regie von Karl Brulliot gingen die Münchner Erstaufführungen des *Siegfried* am 10. Juni 1878 und der *Götterdämmerung* am 15. September 1878 (mit den Bühnenbildern von Döll und Jank) voran. Vom 17. bis 23. November hatte dann der erste komplette *Ring*-Zyklus Premiere, dessen größere technische und handwerkliche Perfektion im Vergleich mit dem Bayreuther *Ring* von der Kritik hervorgehoben wurde, wenn man letzterem auch höhere poetische Qualitäten zubilligte – ganz abgesehen von der Faszination des unsichtbaren Orchesters und den mystischen Wirkungen des verdunkelten Zuschauerraums.

Michael Echter, Szenenillustration zu »Lohengrin« von 1867/68, 3. Aufzug, 2. Szene.

Fünf Jahre nach Wagners und zwei Jahre nach König Ludwigs Tod kam es noch einmal zu einer denkwürdigen Uraufführung am Hof- und National-Theater: Am 29. Juni 1888 hob sich der Vorhang zum ersten Male über Wagners erster Oper *Die Feen* (1833), deren Partitur er dem König 1865 geschenkt hatte, ohne daß er und der Beschenkte je an eine Aufführung dachten. Cosima Wagner konnte die von den Wagnerianern der strengen Observanz beargwöhnte Uraufführung nicht verhindern, da sie keine Aufführungsrechte an Wagners Jugendopern besaß. Sie berief sich jedoch auf den erklärten Willen Wagners, daß sein Erstlingswerk nicht zur öffentlichen Aufführung gebracht werden solle. Die unerhört aufwendige Inszenierung von Karl Brulliot – mit »dekorativem Arrangement, Maschinerie und Beleuchtung« des Königlichen Obermaschinenmeisters Karl Lautenschläger – wurde gleichwohl ein spektakulärer Erfolg und blieb bis 1899 auf dem Spielplan. In der Uraufführungskritik von Theodor Helm heißt es, »daß uns die Schlußapotheose der *Feen* in München als das Schönste, Bezauberndste erschien, was wir in diesem Genre jemals gesehen hatten, und daß namentlich die berückende Wirkung der in schwindelnder Höhe aufsteigenden plastischen Gruppen, der sich allerwärts öffnenden phantastischen Blumenkelche, Meermuscheln, Edelsteinkristalle sowie des massenhaft verwendeten elektrischen Glühlichts gar nicht zu beschreiben wäre«. Musikalisch war das Werk von dem jungen Kapellmeister Richard Strauss einstudiert worden. Zu seiner schweren Kränkung wurde das Dirigat dann jedoch dem ihm übergeordneten Kapellmeister Franz Fischer übertragen. In der Uraufführungsinszenierung hat Strauss' Frau Pauline de Ahna 1895 noch die Rolle der Ada verkörpert.

Mit Ausnahme des *Liebesverbots* hatte das Hoftheater 1888 also sämtliche Musikdramen Wagners in seinem Repertoire. In welchem Maße Wagner den Opernspielplan des Hoftheaters revolutioniert hat, zeigt eine vergleichende Statistik der Jahre 1842–1857, in welche noch die Intendanz Franz Dingelstedts fällt, und der Jahre 1867–1892, des

August von Heckel, Lohengrins Ankunft, Wandgemälde im Wohnzimmer von Neuschwanstein, 1881.

Zeitraums der Intendanz von Karl von Perfall. In der Ära vor und unter Dingelstedt dominierte noch mit 164 Aufführungen das Werk von Wagners Antipoden Meyerbeer, auf den nächsten Plätzen folgten Mozart (152) und Auber (147), dann mit deutlichem Abstand Bellini (104), Donizetti (98), Flotow (90), Halévy (82), Weber (75), Lortzing (72) und Rossini (60). Ein tiefgreifend verändertes Bild zeigt die Statistik der Intendanz von Perfalls. Sie wird überwältigend angeführt von Richard Wagner, dessen Werke mit 742 Aufführungen mehr als dreimal so oft auf dem Spielplan stehen wie die der nächstfolgenden Komponisten Mozart (240) und Weber (223). Meyerbeer ist mit 136 Aufführungen hinter Lortzing (213), Verdi (170) und Auber (164) auf den siebten Platz abgerutscht. Das musikalische Drama hat die Große Oper verdrängt!

Seit Ludwig II. war es Tradition, daß die Hofkapellmeister und Generalmusikdirektoren der Münchner Oper auch zu den bedeutendsten Wagner-Dirigenten ihrer Zeit gehörten. Von Hans von Bülow, Hermann Levi und Felix Mottl, den mit Wagner noch persönlich verbundenen Dirigenten, über Bruno Walter und Hans Knappertsbusch bis zu Joseph Keilberth und Wolfgang Sawallisch reicht diese ruhmreiche Tradition der großen Wagner-Dirigenten an der Spitze des Münchner Hauses.

Um die Monopolstellung Bayreuths zu brechen, ging von Generalintendant Ernst von Possart am Ende des Jahrhunderts gar die Idee aus, ein eigenes Festspielhaus in München bauen zu lassen, einen bescheidenen Abkömmling des gigantischen Semperschen Projekts: das von Max Littmann erbaute Prinzregenten-Theater, das mit seinem auf den Theaterzetteln stolz angekündigten »amphitheatralischen Zuschauerraum« und (später abgeschafften) »unsichtbaren Orchester« am 21. August 1901 mit den *Meistersingern* eröffnet wurde – auch dies gegen den erklärten Willen der Herrin von Bayreuth, wie es zweifellos auch gegen den Willen Wagners gewesen wäre. So gesehen ist das Prinzregenten-Theater ein getreues Symbol für die Geschichte der spannungsreichen Beziehungen zwischen der bayerischen Hauptstadt und Wagner, den sie wie keinen anderen Künstler hofiert und bekämpft, idolisiert und desavouiert hat. Wie das Prinzregenten-Theater selber, so sind auch die Wagner-Festspiele, für die es ursprünglich gedacht war, schwerlich im Sinne des Komponisten gewesen, der sich solche Festspiele nur abseits vom kommerziell gesteuerten Kulturbetrieb der Großstadt vorstellen konnte. Der Freiraum einer den Gesetzen der Marktgesellschaft utopisch entrückten Kunst, wie Wagner ihn wollte, sind die Münchner Festspiele von Anfang an nicht gewesen. Vielmehr sollten sie erklärtermaßen den Ruf Münchens als Fremdenverkehrsstadt festigen und die Anwesenheit der zahlreichen Sommerurlauber als bequeme Einnahmequelle nutzen. Doch jede Utopie gleicht sich allmählich den Gesetzen der Realität an. Das gilt auch für die Geschichte der Bayreuther Festspiele, die mehr und mehr ihren kulturutopischen Charakter abgelegt und sich dem angeglichen haben, was die Münchner Festspiele von Anfang an gewesen sind: bedeutende Präsentationen des Wagnerschen Werks für das zahlende Publikum. Die Münchner und die Bayreuther Festspiele haben jedenfalls in fruchtbarer Konkurrenzspannung das Wagner-Bild dieses Jahrhunderts entscheidend geprägt.

»Rienzi«, Szenenphotographie des 5. Akts, Platz vor dem Kapitol, Münchner Aufführung gegen 1900.

Rüdiger Schillig

Die Münchner Mozart-Renaissance
Reformbestrebungen der Opernregie um die Jahrhundertwende

Am 8. Juni 1864 stellte sich ein junger Mann auf der Bühne des Kgl. Hof- und Nationaltheaters vor, dessen Bedeutung für die Geschichte der Münchner Oper sich erst einige Jahrzehnte später herausstellen sollte: Ernst Possart gab an diesem Abend sein Debüt als Franz Moor in einer Aufführung von Schillers *Räubern*. Der in Berlin geborene Schauspieler, nach kurzen, jeweils einjährigen Anfängerengagements in Breslau, Bern und Hamburg nach München gekommen, erhielt hier von Anfang an den begeisterten Applaus des Publikums, das gleichermaßen von seiner stattlichen Erscheinung wie auch seiner wohlklingenden Stimme angetan war.

Nach seinen Erfolgen als Schauspieler begann Possart ab 1872, auch Regie zu führen. 1874 beförderte ihn der damalige Generalintendant Karl von Perfall zum Oberregisseur. Weitere vier Jahre später wurde Possart Schauspieldirektor. Einen Höhepunkt seiner Karriere markiert dann das Datum des 10. Januar 1893: Possart wurde als Nachfolger Perfalls zum Intendanten des Kgl. Hoftheaters ernannt.

Trotz seiner Anfänge als Darsteller und Regisseur im Schauspiel widmete sich Possart in der Zeit seiner Intendanz bis zu seiner Pensionierung im Jahre 1905 überwiegend der Oper. So sind ihm mit seinen legendären Mozart-Inszenierungen im Cuvilliés-Theater, mit der Eröffnung des Prinzregenten-Theaters und der Gründung der Richard-Wagner-Festspiele denn auch epochale Leistungen zu verdanken, die – im Hinblick auf die Spielplangestaltung – die künstlerische Linie der Münchner Oper bis heute mitbestimmen.

Dennoch setzte Possarts Wirken in vieler Hinsicht auch das Programm seines Vorgängers Perfall fort. Dieser hatte bereits seit vielen Jahren zyklische Aufführungen der Werke Wagners veranstaltet. Auch die besondere Pflege des Mozart-Repertoires war wesentlicher Bestandteil seiner Spielpläne. Darüber hinaus fallen in die Ära Perfalls auch verschiedene bedeutsame bühnentechnische Neuerungen, auf denen Possarts Regiearbeit aufbauen konnte. Maßgeblichen Anteil daran hatte Maschineriedirektor Karl Lautenschläger. Nach seiner Rückkehr von der Pariser Weltausstellung 1881 stellte er im darauffolgenden Jahr anläßlich der Münchner Elektrizitätsausstellung zunächst sein Modell für eine elektrische Bühnenbeleuchtung vor. Daraufhin erhielten 1883 das Cuvilliés-Theater und 1885 das Nationaltheater elektrische Beleuchtungseinrichtungen, die zu den ersten in Deutschland zählten. Außerdem entwickelte Lautenschläger in Zusammenarbeit mit dem Oberregisseur Jocza Savits eine neue Bühnenform. Wegen ihrer Anlehnung an die Bühne der Shakespeare-Zeit und wegen ihrer vorrangigen Bestimmung für Aufführungen von Werken des englischen Dramatikers bezeichnete man sie als „Münchner Shakespeare-Bühne". Erstmals erprobt wurde sie am 1. Juni 1889 bei einer Neuinszenierung des *König Lear*. Im folgenden wurde diese Bühnenform, die den Vorteil schneller Verwandlungen mit sich brachte, allerdings nicht nur für Shakespeare-Inszenierungen, sondern auch bei Aufführungen der deutschen Klassiker verwendet, also bei anderen Werken mit großem szenischen Aufwand.

Unter Possarts Intendanz wurde die Shakespeare-Bühne von Savits zwar weiterhin benutzt, für seine eigenen Inszenierungen lehnte er sie jedoch ab. Seinem Wunsch nach möglichst detailliert-realistischer Ausgestaltung der Szene konnte diese Bühnenform, deren Besonderheit gerade in der Reduzierung des dekorativen Aufwandes lag, nicht gerecht werden. Für Operninszenierungen eignete sie sich überdies schon deshalb weniger, weil die nach vorn gezogene Bühne eine zumindest partielle Überdeckung des Orchestergrabens erforderte.

So war Lautenschlägers Phantasie erneut gefordert, um die Möglichkeit schneller und häufiger Verwandlungen mit einer Szenengestaltung nach den Vorstellungen Possarts zu verbinden. Dies gelang ihm schließlich mit einer revolutionären bühnentechnischen Erfindung: 1896 wurde Deutschlands erste Drehbühne im Münchner Cuvilliés-Theater eingebaut. Zum Einsatz kam sie erstmals bei der Neuinszenierung des *Don Giovanni* am 29. Mai 1896.

Possart gab sein Debüt als Opernregisseur bereits kurze Zeit nach der Ernennung zum Intendanten: Am 17. März 1893 hatte seine Inszenierung von Leoncavallos *Bajazzo* Premiere, die an jenem Abend zusammen mit einem Ballett aufgeführt wurde. Bereits dieses Werk kam einem besonderen, oft gerühmten Talent Possarts entgegen, nämlich der Kunst, große Menschenmassen auf der Bühne zu bewegen. Hermann Koch beschreibt in seiner 1953 verfaßten Dissertation *Ernst Possart als Opern-Regisseur* die Gestaltung von Massenszenen als eines der Momente, in denen sich Possarts Hang zu opulenten Bildern besonders deutlich erkennen läßt: »Von der Partitur vorgeschriebene Aufzüge wurden von Possart stets in aller Breite und mit grösstem Streben nach dekorativer Wirkung in Szene gesetzt; oft traf er derartige Arrangements auch selbständig zur Verdeutlichung der Handlung, Belebung der Szene, Überbrückung und Verbindung lose zusammenhängender musikalischer Nummern oder zu besonderer Festigung von Akt- oder Szenenschlüssen.« Possarts Interesse an einer möglichst sorgfältigen Bewegungsregie der Massen zeigt sich auch darin, daß er in seinen eigenen Inszenierungen mitunter selbst in der Statisterie mitwirkte.

Seine erste Inszenierung einer Wagner-Oper stellte Possart am 22. Mai 1894 mit der Premiere des *Lohengrin* vor. Schon diese Aufführung war, wie seine gesamte spätere Auseinandersetzung mit den Werken Wagners, am Vorbild Bayreuth orientiert. Der Versuch, sich in allen Fragen der szenischen und musikalischen Gestaltung daran anzulehnen, stieß durchaus nicht auf Gegenliebe seitens des Hauses Wahnfried, zumal durch die Perfektion dieser Nachahmung in den sommerlichen Wagner-Zyklen eine ernsthafte Konkurrenz zu den Bayreuther Festspielen entstand. So kam es bereits anläßlich des *Lohengrin* zu Auseinandersetzungen mit Cosima Wagner, da für den gleichen Sommer auch eine Inszenierung in Bayreuth angesetzt war. Während man sich dort an die Regieanweisungen Wagners halten und die Szene im Stil der ersten Hälfte des 10. Jahrhunderts gestalten wollte, wurde Possart von Cosima nahegelegt, sich in München doch an den früheren dortigen Aufführungen unter Richard Wagners eigener Mitwirkung zu orientieren, in denen die Szenerie ins 13. Jahrhundert verlegt worden war, also in die Zeit der Entstehung von Wolfram von Eschenbachs *Lohengrin*-Dichtung. Possart ließ sich jedoch nicht umstimmen. Trotz dieser Unstimmigkeiten hielt er auch weiterhin an der Orientierung am Bayreuther Vorbild als dem vollkommenen Modell fest und informierte

Ernst von Possart, Generalintendant von 1893 bis 1905.

sich über die dortigen Inszenierungstechniken, indem er selbst die Bayreuther Festspiele besuchte. Zudem versuchte er, eine möglichst große Authentizität in diesem Sinne auch dadurch zu erreichen, daß er mit der Einstudierung von Aufführungen unter seiner Oberleitung Regisseure beauftragte, die selbst über eigene Bayreuth-Erfahrung verfügten.

Unter diesem Vorzeichen ist das von Possart in späteren Jahren, nach der Eröffnung des Prinzregenten-Theaters, oftmals praktizierte Verfahren einer Aufteilung der Regieverantwortung zu verstehen. So wurden sämtliche Festaufführungen der Werke Wagners im Prinzregenten-Theater zwar unter Possarts künstlerischer Oberleitung, aber unter Beteiligung eines jeweils mitverantwortlichen Regisseurs herausgebracht. Dieses Verfahren diente einerseits zur Entlastung Possarts, indem der jeweilige Mitarbeiter vermutlich den größten Teil der eigentlichen Probenarbeit übernahm, während sich Possart, nach den Worten Hermann Kochs, »auf eine mehr oder weniger überwachende und ausfeilende Oberregie beschränkte.« Darüber hinaus wurde eine deutliche Anlehnung an den Bayreuther Regiestil eben dadurch garantiert, daß diese Regisseure selbst auch in Bayreuth inszenierten oder zumindest durch ihre langjährige Arbeit bei den Festspielen mit den dortigen Inszenierungen vertraut waren.

Anton Fuchs, in München seit 1873 als Sänger und Regisseur engagiert, wirkte seit 1882 auch in Bayreuth mit. Unter seiner Regie standen bei den Münchner Richard-Wagner-Festspielen die gleichen Werke, die er zuvor auch dort schon in Szene gesetzt hatte: *Tannhäuser*, *Meistersinger* sowie der gesamte *Ring des Nibelungen*. Willi Wirk, der die Regie des *Fliegenden Holländer* übernahm, hatte ebenfalls zuvor in Bayreuth an einer dortigen *Holländer*-Inszenierung mitgearbeitet. Lediglich Robert Müller, den Possart mit der Regie für *Tristan und Isolde* beauftragte, war nie dort tätig gewesen. Auf den Besetzungszetteln der betreffenden Aufführungen standen sowohl der Name des jeweiligen Regisseurs, der als „Leiter der Aufführung" bezeichnet wurde, als auch der Name Possarts, der für die „Oberleitung der Regie" verantwortlich zeichnete. Übrigens ist ersichtlich, daß es sich bei dieser Praxis nicht bloß um die Namensnennung des Intendanten handelt, unter dessen Verantwortung – ansonsten aber eigenständig – der jeweilige Regisseur die Aufführung erarbeitet hätte. Diese Terminologie wurde nämlich nur in bestimmten Fällen verwendet, in denen die beschriebene Art der Arbeitsteilung offenbar auch praktiziert wurde. Indessen wurde dieses Verfahren nicht ausschließlich bei den Wagner-Festspielen, sondern auch bei Aufführungen des sonstigen Repertoires im Laufe der Spielzeit angewandt, nämlich bei der Erstaufführung von Hugo Wolfs *Corregidor* (4. November 1903) und der Uraufführung von Ermanno Wolf-Ferraris *Neugierigen Frauen* (27. November 1903).

Karl Lautenschläger, Erfinder der Drehbühne.

Die angestrebte Nähe der Wagner-Aufführungen zum selbstgewählten Bayreuther Vorbild ergab sich ohne besonderes Zutun Possarts auch für die musikalische Seite: Franz Fischer, Herman Zumpe und Felix Mottl, die Dirigenten der Münchner Wagner-Aufführungen um die Jahrhundertwende, hatten bereits als junge Anfänger in Wagners Bayreuther „Nibelungen-Kanzlei" gearbeitet, wo die Noten für die Aufführungen des *Ring* abgeschrieben werden mußten. Felix Mottl war inzwischen ein bayreutherfahrener Kapellmeister und so auch mit den Besonderheiten des verdeckten Orchestergrabens vertraut, der ebenfalls nach Bayreuther Vorbild, allerdings nicht mit dem gleichen glücklichen Erfolg für die Akustik des Hauses, im Prinzregenten-Theater nachgebaut worden war.

Ungleich größere Bedeutung als mit seinen Wagner-Aufführungen erlangte Possart als Regisseur allerdings mit seinen Mozart-Inszenierungen. Zwischen 1895 und 1898 brachte er im Cuvilliés-Theater *Figaros Hochzeit* (so der Titel in Hermann Levis hier erstmals gespielter deutscher Übersetzung), *Don Giovanni*, *Die Entführung aus dem Serail* und *Così fan tutte* sowie im Nationaltheater *Die Zauberflöte* zur Aufführung. 1902 folgte im Cuvilliés-Theater noch die Inszenierung des *Schauspieldirektor*. Aus der zyklischen Präsentation von Mozarts Hauptwerken entstand dabei auch die Idee der späteren Mozart-Festspiele im Cuvilliés-Theater.

Schon die Wahl des von Cuvilliés erbauten Theaters als Hauptspielstätte dieser Aufführungen war von programmatischer Bedeutung. Possart äußerte sich in einem anläßlich seiner Neuinszenierung des *Don Giovanni* gehaltenen Vortrag über die vorzügliche Eignung dieses Theaterraumes: »Der Don Giovanni ist für ein kleines intimes Schauspielhaus gedacht und geschrieben. Mozart und seine Zeit kannten keine anderen räumlichen Bedingungen […] Da verfügen nun wir Münchener […] vor allem über ein Theater, wie es gerade für die Darstellung Mozart'scher Opern nicht glücklicher gedacht werden könnte. Unser Residenztheater, dieses königliche Schmuckkästchen unter allen europäischen Schaubühnen, in welchem Mozart selbst einst seinen Idomeneo geleitet hat, ist in Gestalt und Gewandung wie geschaffen, die Prager Erstaufführung des Don Giovanni vor unseren Augen wieder aufleben zu lassen.« In der Tat bildete das Cuvilliés-Theater den stilvollen Rahmen für Possarts Mozart-Aufführungen, die allerdings auch ihrerseits einen einmaligen Glanzpunkt in der wechselvollen Geschichte der Nutzung dieses Theaterbaus darstellen.

Den Reigen der Mozart-Premieren eröffnete am 15. Februar 1895 die Neuinszenierung von *Figaros Hochzeit*, die als einzige noch unter der musikalischen Leitung von Hermann Levi stand. Levi hatte für diese Aufführung die ursprünglichen Secco-Rezitative wieder eingeführt, die zuvor durch gesprochene Dialoge ersetzt worden waren. Außerdem hatte er eine neue deutsche Übersetzung erarbeitet, die erstmals zur Aufführung kam. Damit bildete *Figaros Hochzeit* den Anfang der Bemühungen um die Rekonstruktion der Originalgestalt von Mozarts Opern, die in den folgenden Jahren bei *Don Giovanni* und *Così fan tutte* sowie in gewissem Maße auch bei der *Zauberflöte* fortgesetzt wurden. Durch die zunehmende Verschlechterung seines Gesundheitszustandes konnte Hermann Levi die weiteren Mozart-Premieren nicht mehr selbst dirigieren. Dennoch hatte er auch an den Aufführungen der beiden anderen Da-Ponte-Opern maßgeblichen Anteil. Er legte wiederum musikalische Fassungen vor, in denen er mit philologischer Genauigkeit eine Wiederherstellung der originalen Partituren anstrebte und in denen ebenfalls die ursprünglichen Secco-Rezitative wiederhergestellt wurden. Außerdem kamen auch *Don Giovanni* und *Così fan tutte* in Levis neuen deutschen Übersetzungen zur Aufführung. Die musikalische Einstudierung und Leitung von *Don Giovanni*, *Entführung*, *Così* und *Zauberflöte* übernahm der junge Richard Strauss.

Über die Neuinszenierung des *Don Giovanni* sind wir am genauesten informiert, da der bereits erwähnte Vortrag Possarts, *Ueber die Neueinstudierung und Neuszenierung [!] des Mozart'schen Don Giovanni (Don Juan) auf dem kgl. Residenztheater zu München*, auch im Druck erschien. Possart erläuterte hierin das Ziel, das er bei seiner Inszenierung zu erreichen suchte, nämlich »wieder zu einer Darstellung des Werkes zu gelangen, wie sie dem Geiste der Mozartschen Schöpfung entspricht.« Vor allem strebte er nach der möglichst authentischen Anlehnung an das „Original" der Prager Uraufführung: »Der Zweck meines Vortrages ist, klar zu legen, wie wichtig und wertvoll es erscheint, bei einer Neueinstudierung der Oper auf Originaltext und Originalpartitur zurückzugreifen; ferner möchte ich Sie zu überzeugen suchen,

Die Drehbühne Karl Lautenschlägers. Sie wurde am 29. Mai 1896 bei der Neuinszenierung von Mozarts »Don Giovanni« erstmalig eingesetzt.

daß in bezug auf die Größenverhältnisse des Zuschauerraumes, die Stärke des Orchesters und den gesamten musikalischen, wie dichterischen Teil die ersten Aufführungen in Prag, welche im Oktober 1787 unter des Meisters eigener Leitung stattfanden, maßgebend sein müssen, und daß nur in bezug auf die äußere Ausstattung, d. i. auf Dekorationen und Kostüme, die fortgeschrittene moderne Theatertechnik zu Hilfe gerufen werden darf.«

Auch hier ist die Anlehnung an ein als modellhaft erkanntes Vorbild signifikant. Ebenso wie sich Possart für seine Wagner-Aufführungen am Bayreuther Inszenierungsstil zu orientieren suchte, stellte er sich auch mit der Prager Uraufführung ein Idealbild vor Augen, nur daß dieses natürlich wesentlich ungenauer zu erfassen war. Allerdings wollte er seine auf die Rekonstruktion einer historischen Aufführung gerichteten Bestrebungen mit

Generalmusikdirektor Hermann Levi, Gemälde von Franz von Stuck, 1897.

der Nutzung der modernen Bühnentechnik verbinden: »Einen erheblichen Fortschritt [...] sichert uns Lautenschlägers neueste Errungenschaft auf dem theatertechnischen Gebiete: ›Die drehbare Bühne‹ [...] Die Lautenschläger'sche Drehbühne erweist sich [...] der bisher ungelösten Aufgabe gewachsen, die vier Verwandlungen in jedem Akte des Don Giovanni vor den Augen des Publikums zu ermöglichen.« Das Prinzip der Drehbühne stellte eine wesentliche Voraussetzung für Possarts Inszenierungen von *Don Giovanni* und *Così fan tutte* dar, indem es durch die nahtlosen Übergänge zwischen den einzelnen Bildern einen pausenlosen Ablauf garantierte. Obgleich Lautenschläger auch für die Einrichtung der Bühnenbilder in diesen Aufführungen verantwortlich war, zielte seine Leistung jedoch eher auf die Entwicklung einer modernen Bühnentechnik im allgemeinen als auf die

Werbeplakat der Königlichen Theater für Opernaufführungen zwischen dem 22. Mai und dem 30. September 1900.

Ausstattungen der betreffenden Werke im besonderen; diese sind jedenfalls nicht als besonders spektakulär oder modellhaft in die Aufführungsgeschichte eingegangen. Nach heutigen Maßstäben wäre Lautenschlägers Tätigkeit wohl vornehmlich als die eines technischen Leiters zu bezeichnen, der eher für einen reibungslosen Gesamtablauf die Sorge trägt als für den dekorativen Entwurf des einzelnen Bühnenbildes. (In dieser Hinsicht unterscheidet sich seine Leistung etwa von der Alfred Rollers, der wenige Jahre später, 1905 in Wien, die Ausstattung zur *Don Giovanni*-Inszenierung Gustav Mahlers entwarf. Die theatergeschichtliche Bedeutung dieser Wiener Aufführung liegt eben nicht in einer allgemeinen bühnentechnischen Erfindung, sondern darin, daß sie eine Ideallösung für dieses Werk darstellte, so daß sie in der weiteren Inszenierungsgeschichte des *Don Giovanni* immer wieder als Modell herangezogen wurde.)

Den überwältigenden Effekt der revolutionären Erfindung Lautenschlägers, den man bei der Premiere des *Don Giovanni* zum ersten Mal erleben konnte, beschreibt Possart folgendermaßen: »Wie eine plastische Wandeldekoration ziehen diese Bühnenbilder an uns vorüber, denn auch die Uebergänge von einer Dekoration zur anderen sind landschaftlich und architektonisch vermittelt.« Welch radikalen Bruch mit den bisherigen Sehgewohnheiten die neue Bühnentechnik darstellte, wird erst bewußt, wenn man ihr die alte Praxis gegenüberstellt, mit der die Vielzahl an Verwandlungen in Werken wie *Don Giovanni* oder *Così fan tutte* kaum zufriedenstellend zu lösen war: »Man griff dann zu dem kleineren Uebel der offenen Verwandlungen, doch schön war es auch nicht, anzusehen, wenn die Zimmerwände sich teilten und die Bäume entwurzelt in die Höhe flogen, als sei ein Erdbeben über Sevilla hereingebrochen.«

Neben dem reinen Schaueffekt kam die neue Bühnentechnik aber auch der originalgetreuen Aufführung der betreffenden Mozart-Opern zugute. Der Wegfall der häufigen Umbaupausen brachte eine beträchtliche Zeitersparnis mit sich, so daß man auf die bisher üblichen Striche verzichten und die Werke ungekürzt spielen konnte.

Dies zeigte sich auch bei der Neuinszenierung

von *Così fan tutte* am 25. Juni 1897, deren bühnentechnische Einrichtung ebenfalls auf der Benutzung der Drehbühne basierte. Richard Strauss wurde es dadurch möglich, eine ganze Reihe von Nummern in die Aufführung aufzunehmen, die bisher nicht zuletzt aus Zeitgründen gestrichen waren. Anläßlich einer Neueinstudierung der gleichen Inszenierung im Jahre 1910 blickte er auf die damals geleistete Pionierarbeit zurück: »Von der im Grunde sehr naheliegenden Erkenntnis geleitet, daß der geniale Mozart doch wohl besser wußte, was er mit dem Werk gewollt hat […] und daß es vielleicht bis jetzt doch mehr am Vortrage und an der szenischen Darstellung gelegen, wenn ›Così fan tutte‹ nicht die von ihren Autoren beabsichtigte Wirkung hatte, haben die Leiter der damaligen Münchner Neueinstudierung bei Zugrundelegung des genauen Mozartschen Originals, durch eine peinlich korrekte, geradezu musterhafte Textübersetzung von Hermann Levi unterstützt, eine Aufführung zu erzielen angestrebt, die den […] humoristisch-pathetischen, parodistisch-sentimentalen Stil möglichst vollkommen zur Darstellung brachte […]«

Während für die Neuinszenierung der *Entführung* keine vergleichbaren Bemühungen bekannt sind, war die Aufführung der *Zauberflöte* am 30. April 1898 durch die Wiederherstellung des Originaltextes nochmals ähnlich bedeutungsvoll wie die bereits angesprochenen Mozart-Inszenierungen. Possart nahm sich in diesem Falle die Revision der gesprochenen Dialoge vor, die im 19. Jahrhundert durch verschiedene Bearbeitungen, u. a. in der Absicht, die vermeintliche Unlogik der Handlung zu begradigen, verändert worden waren. In ihrer originalen Gestalt setzten sie sich erst in den folgenden Jahren durch.

Die Aufführung des *Schauspieldirektor* am 5. Februar 1902 im Cuvilliés-Theater, ebenfalls unter Possarts Regie, vervollständigte noch den Zyklus der Mozart-Aufführungen. Ihr kommt aber schon deswegen keine vergleichbare Bedeutung zu, weil Possart hier von vornherein auf die Rekonstruktion eines wie auch immer gearteten Originals verzichtete und sich für die Textbearbeitung von Louis Schneider entschied. Daß er diese Produktion schließlich nicht in den Spielplan der Mozart-Festspiele der Jahre 1904 und 1905 aufnahm, war wohl auch in der Kürze des Stücks begründet. Als Einakter wurde diese Komödie mit Musik durch die Kombination mit einem weiteren, sehr eigentümlichen Werk zur abendfüllenden Aufführung ergänzt, nämlich mit dem Schäferspiel *Die Maienkönigin*, einer Bearbeitung verschiedener Vorlagen mit Musik von Christoph Willibald Gluck, zusammengestellt in der Art eines Pasticcios.

Die fünf Hauptwerke Mozarts aber blieben noch lange in Possarts Inszenierungen – auch über das Ende seiner Intendanz hinaus – im Spielplan. Wegen der Gründlichkeit, mit der in diesen Aufführungen mit den Bearbeitungstraditionen des 19. Jahrhunderts aufgeräumt wurde, und wegen der Bedeutung, die sie als Vorbilder auch auf andere Bühnen ausübten, gingen diese Inszenierungen als „Münchner Mozart-Renaissance" gleichermaßen in die Theater- wie in die Musikgeschichte ein.

Während sich Possart bei seinen Mozart- und Wagner-Inszenierungen immer wieder an früheren, zum Teil historischen Aufführungen orientierte, die er als idealtypische Bühnenrealisationen dieser Werke ansah, so versuchte er doch gleichzeitig, mit seiner eigenen Leistung eine ähnliche Vollkommenheit zu erreichen. Sein Ideal einer Operninszenierung lag in einer Art Modellaufführung, die sich vielleicht immer noch weiter verbessern ließe, aber nie durch eine grundsätzlich andere Sichtweise auf das betreffende Werk abzulösen wäre. Er strebte nach einer »Musteraufführung«, wie er es selbst nannte, die ihm erst dann als vollendet und festspielwürdig erschien, wenn sie zugleich als mustergültig-modellhaft gelten konnte. Der Gedanke einer individuellen Interpretation hingegen lag ihm noch gänzlich fern. So wären die folgenden Worte Hermann Kochs, mit denen dieser das Wesen der Opernregie im allgemeinen beschrieben hat, wohl zutreffender speziell auf die Einstellung Possarts zu beziehen: »Fest steht, dass der Aufführungsstil der Oper im Vergleich mit dem des Wortdramas […] von vorn herein viel eindeutiger festlegt und wir die Inszenierung eigentlich als bereits in der Partitur mehr oder weniger fixiert zu betrachten haben.«

In der Schrift zum *Don Giovanni* konnte Possart bezüglich seiner *Figaro*-Inszenierung bereits erfreut feststellen, wie schnell auch seine eigene Arbeit den Charakter eines Vorbildes annahm: »Durch den Druck des illustrierten Figarobuches« mit der neuen Textübertragung von Levi sei es möglich geworden, »daß die Münchener Aufführung auch auf anderen Bühnen Nachahmung fand.« Dieser »Nachahmung« kam auch die Tatsa-

Bühnenbild von Alfred Roller zu »Die Frau ohne Schatten«.

che entgegen, daß Levis Fassungen sehr bald in Klavierauszügen publiziert wurden und dadurch leicht greifbar waren. Wenn sich der gedruckte Text auch nicht in allen Einzelheiten mit den vorangegangenen Aufführungen deckt, so darf er doch weitestgehend als Dokument der zur Aufführung gelangten Textversionen angesehen werden. (Levis Klavierauszug trägt zum Beispiel noch den früher gebräuchlichen Titel *Don Juan*, während für die Aufführung erstaunlicherweise der Regisseur Possart – anders als der Musiker Levi – auf der Beibehaltung des originalen italienischen Namens *Don Giovanni* aus musikalisch-rhythmischen Gründen bestanden hatte.)

Die Vorstellung, daß sich die ideale Bühnengestalt für ein bestimmtes Werk in einer Modellaufführung niederschlagen sollte, setzte sich in den folgenden Jahrzehnten verschiedentlich durch. Das vielleicht prominenteste Beispiel stellt die Zusammenarbeit von Richard Strauss und Hugo von Hofmannsthal mit dem Bühnenbildner Alfred Roller dar. Roller schuf für die Uraufführungen des *Rosenkavalier* und der *Frau ohne Schatten* in Wien Bühnenbild- und Kostümentwürfe, die auch für die nachfolgenden Aufführungen in anderen Städten verbindlich waren. Die Ausstattungsentwürfe wurden so quasi zum Bestandteil des Aufführungsmaterials. Auch in den Münchner Erstaufführungen des *Rosenkavalier* (am 1. Februar 1911 in der Inszenierung von Anton Fuchs) und der *Frau ohne Schatten* (am 9. November 1919 unter der Regie von Willi Wirk) waren auf diese Weise die gleichen Bilder wie in den Uraufführungsinszenierungen zu sehen.

Possarts Bestreben, „Originales" zu präsentieren, zeigt sich ein letztes Mal in seiner Abschiedsinszenierung am 27. September 1905, die Webers *Freischütz* galt. In dieser Aufführung ließ er zu Beginn der Handlung jene Eremiten-Szene spielen, die Weber selbst ausgeschlossen und auch nicht komponiert hat. Possarts Entscheidung, die Szene aufzunehmen, war in diesem Fall wohl auch in der Absicht erfolgt, dem Zuschauer die Handlungszusammenhänge so weit wie möglich zu verdeutlichen.

Seine Bedeutung als Regisseur hat Possart sicher nicht als Erfinder einer neuen Bühnenästhetik erlangt. Vielmehr entsprach seine Vorliebe für opu-

Leo Pasetti, Bühnenbild zu »Cardillac«, Oper von Paul Hindemith, 15. Juni 1927.

lente Bilder, für plastische Dekorationen und für detailliert-realistische Ausstattungen, die sich historisch getreu an die dargestellte Zeit halten, genau jener Linie, die am Meininger Hoftheater im 19. Jahrhundert zur vollen Blüte gelangt war. Possart hat auf die Ideen der Meininger zurückgegriffen, nachdem sie von früheren Reformbestrebungen bereits verworfen worden waren. Unter Einbeziehung einer inzwischen grundlegend erneuerten Bühnentechnik konnte er das alte Ideal für kurze Zeit in neuer Vollkommenheit wieder aufleben lassen.

Possarts Nachfolger als Intendanten, zunächst Albert von Speidel (1905 bis 1912), dann Clemens von Franckenstein (1912 bis 1918) und schließlich Karl Zeiss (ab 1919), traten allesamt nicht selbst als Regisseure in Erscheinung. So teilten sich bis in die zwanziger Jahre hinein fast ausschließlich die beiden schon unter Possart verpflichteten Regisseure Anton Fuchs und Willi Wirk die Leitung der Neuproduktionen. Demgegenüber bleiben es nur Einzelfälle, wenn etwa Hans Pfitzner die Uraufführung seines *Palestrina* am 12. Juni 1917 selbst inszeniert oder Ballettmeister Heinrich Kröller die Inszenierung von Walter Braunfels' Oper *Die Vögel* übernimmt, deren Uraufführung am 30. November 1920 stattfand. Zunehmend mitgestaltenden Einfluß auf die Inszenierungen dieser Jahre gewinnt indessen die Arbeit des Bühnenbildners. In den Entwürfen des seit 1920 in München tätigen Leo Pasetti zeigt sich der Stilwille des Malers, der auf die Abstraktion des Bühnenraumes und die Abkehr vom bisherigen Detailrealismus zielt. Zudem sind die Bilder Pasettis auf eine nuancierte

Leo Pasetti, Bühnenbildentwurf zu »Salome«, 1922.

Beleuchtungsregie ausgerichtet, der – im Zuge der Reformbestrebungen Adolphe Appias – allmählich eine größere Bedeutung zukommt. Nicht selten sind in Pasettis Entwürfen auch die handelnden Personen in den jeweiligen Bühnenraum hineingestellt, bei der Kalkulation der Bildwirkung also bewußt mitberücksichtigt. Durch ihre zuweilen expressionistische Gestik ziehen sie die Blicke des Betrachters sogar besonders auf sich. Nachdem zu Possarts Zeiten, kurz vor der Jahrhundertwende, bühnentechnische Sensationen eine Zeitlang im Mittelpunkt gestanden hatten und nachdem die damaligen Möglichkeiten perfekten Illusionstheaters ausgereizt waren, bot sich durch die Reduzierung des Ausstattungsaufwandes erneut die Chance zur Konzentration auf die handelnden Personen, auf den Menschen, der im Zentrum jeder Bühnenhandlung steht.

Richard Strauss, Gemälde ▷ von Max Liebermann, 1918.

Herbert Rosendorfer

Die musikalische Dreifaltigkeit
Über die wechselvolle Geschichte der Münchner Opernfestspiele

Die Geschichte der Oper ist auch die Geschichte ihrer Krisen. Die Entstehung der Oper war ein Mißverständnis, das sich mit rätselhafter Zählebigkeit über die Jahrhunderte hin gehalten hat. Dieses Mißverständnis hat eine musikalische Kunstgattung hervorgebracht, die so beliebt ist wie keine andere. Eine wirkliche Verschmelzung der oft widerstrebenden Bestandteile dieser Kunstgattung (Musik – Literatur – Bühne) ist nur in Ausnahmefällen gelungen. Da es immer zwischen den genannten Bestandteilen knirschte, war die Krisenanfälligkeit vorbestimmt. Aber die Opernkrisen hingen (und hängen) nicht nur mit den sozusagen olympischen Dimensionen dieser Kunstgattung zusammen, sondern auch, und vielleicht vor allem, mit den irdischen: der Kommerzialisierung der ursprünglich als Fest gedachten Oper, die die Ausbildung des Repertoires und die Probleme der Aufführungspraxis mit sich gebracht hat. Berlioz' *Soirées d'orchestre*, Mozarts und Verdis Briefe, Wagners *Mein Leben* und viele andere Dokumente der Musikgeschichte schildern den Repertoire-Schlendrian durchschnittlicher Opernhäuser und Aufführungen, Ruhmsucht und Egoismus großer und auch nur eingebildeter Primadonnen und Primi uomini, Geiz und Mißwirtschaft von Direktoren und Impresari. Das alles hat immer wieder in fast regelmäßigen Abständen Institution und Kunstform Oper in Mißkredit gebracht, wobei oft genug das Kind (Kunstform) mit dem Bade (Institution) ausgeschüttet wurde. Die Idee, solche Mißstände, wenn nicht schon generell abzuschaffen, so ihnen doch durch Musteraufführungen entgegenzuwirken, lag nahe.

Richard Wagner war nicht der erste, der diese Idee hatte, aber der erste, der sie konsequent durchdacht, praktisch konzipiert und zuletzt in die Tat umgesetzt hat. 1850, in Zürich, tauchte die Festspielidee zum ersten Mal beiläufig auf, schon im Jahr darauf formulierte er sie in seiner *Mitteilung an meine Freunde* so genau, wie er sie ein Vierteljahrhundert später verwirklichen würde: »An einem eigens dazu bestimmten Feste gedenke ich dereinst im Laufe dreier Tage mit einem Vorabende jene drei Dramen nebst dem Vorspiele aufzuführen.« Bayreuth als Ort dieses Opernfestes kam Wagner erst 1870 in den Sinn.

Musikalische Festspiele waren zu der Zeit schon keine neue Erfindung. In England existierten solche Feste seit dem 17. Jahrhundert. Eine andere – Wagner selbstverständlich bekannte – Tradition der musikalischen Festspiele betraf die seit Beginn des 19. Jahrhunderts beliebten deutschen Musikfeste, von denen das Niederrheinische Musikfest (seit 1817 abwechselnd in Düsseldorf, Aachen und Köln abgehalten) das berühmteste war, mit den Namen Mendelssohn, Schumann und Ferdinand Hiller verknüpft. Neu hinzu kam nun die Wagnersche Idee des Opernfestspiels und die Idee eines Festspiels für das Werk eines einzigen Komponisten. Das war mit Sicherheit nicht der schlechteste musikalische Einfall in Wagners Leben, und es darf bezweifelt werden, daß Wagners Bedeutung im musikalischen Bewußtsein der Nachwelt ohne die Festspiele in Bayreuth so hoch angesetzt würde. So gesehen besteht das Wagnersche Gesamtkunstwerk nicht aus drei, sondern aus vier Komponenten: Text, Musik, Bühne und Propaganda.

Richard Wagners Konzept für seine Festspiele in Bayreuth war denkbar einfach er dachte an die fast private Musteraufführung seines *Rings* (der, als diese Idee geboren wurde, noch gar nicht geschrieben war) für einige Freunde und Liebhaber, die der Offenbarung dieser neuen Klangwelt würdig wären. Daß fast gleichzeitig Wagner von Massenaufführungen und totaler musikalischer Volksbeglückung träumte, erschien ihm offenbar nicht als Widerspruch. In allen Wesenszügen Wagners und in seinen Werken ist diese Kontradiktion zu entdecken: Elitarismus einerseits, Demagogie ander-

Angelo II Quaglio, Modell zur 2. und 4. Szene des »Rheingold« – freie Gegend auf Bergeshöhen, wohl 1878.

seits. Vielleicht ist diese Antagonie überhaupt ein Schlüssel zu seiner Musik. Die Festspiele jedenfalls glitten sofort, als Wagner nach zwanzig Jahren den Plan auszuführen begann, ins Massenspektakel, wenngleich nur für die Massen der Zahlungskräftigen. Von 1882 an gedachte er, jeweils den *Ring* und *Parsifal* in Bayreuth zu spielen und sonst keines seiner Werke. Das gebündelte Opernfest-Fest wurde noch um eine Stufe erhöht. Die Bezeichnung findet sich im Untertitel zum *Parsifal*: ein Bühnenweihfestspiel.

In München war man irdischer, wenngleich nicht weniger ehrgeizig. Die ersten Opernfestspiele fanden 1875 hier statt, mit Wagners Opern, wenngleich ohne Wagners Mitwirkung. Diese Festspiele gingen auf die sozusagen halbe Uraufführung des *Ring des Nibelungen* 1869 und 1870 zurück. Es hält sich hartnäckig die Legende von der feindseligen Haltung der Münchner (wer immer damit gemeint sein soll) gegen Wagner, eine Legende, die sogar in Ernst von Wolzogens *Feuersnot* zum Opernlibretto geronnen ist: »– Sein Wagen kam allzu gewagt euch vor, / da triebt ihr den Wagner aus dem Thor –« Mit „ihr" sind die Münchner Bürger gemeint. Aber in Wirklichkeit ist Wagner außerordentlich freiwillig gegangen unter Mitnahme, sozusagen, der Ehefrau des Hofkapellmeisters. Das zunächst von Wagner gewünschte und vom jungen König mit großem Aufwand geförderte Festspielprojekt in München, für das sogar ein gigantisches Opernhaus nach Plänen Sempers dort, wo jetzt der Friedensengel steht, errichtet werden sollte, versickerte im Lauf des Jahres nach Wagners Wegzug von München. Wagner interessierte sich für dieses Projekt nicht nur nicht mehr, er hintertrieb es sogar. Die Münchner, und allen voran der König, hätten „den Wagner" nur allzugern in München gehabt. Wagner war es, der nicht wollte.

Der König gab sich mit dem Gang der Dinge nicht zufrieden. Er befahl die Aufführung des *Ring*, soweit dieser vollendet war, das heißt: *Rheingold* und *Walküre*. Der König leitete sein Recht daraus ab, daß Wagner ihm die ganze Tetralogie nicht nur gewidmet, sondern auch für (nach heutiger Kaufkraft etwa) 500 000 DM verkauft hatte. Ein Recht also, das nicht gut zu bestreiten war. Aber Wagner ärgerte sich. Er flehte den König an, er intrigierte hinter der Szene. Es half nichts, der König blieb hart. 1869 kam es zur Uraufführung des *Rheingolds*, 1870 der *Walküre*, zwar nicht im eigenen Festspielschloß, sondern nur im Hoftheater (dem heutigen Nationaltheater). Wagner blieb demonstrativ fern. Das von ihm erhoffte Desaster blieb aus. Die szenische Realisierung war, wenn man zeitgenössischen Berichten glauben darf, dürftig, die musikalische Qualität der von Franz Wüllner geleiteten Aufführungen aber achtbar. Insgesamt drei halbe Zyklen gingen 1870 über die Bühne.

Nach der durch den deutsch-französischen Krieg bedingten Unterbrechung griff man die Festspielidee, die noch keiner so bezeichnete, wieder auf. Inzwischen (1872) war Carl von Perfall Hoftheater-Intendant geworden, der noch im gleichen Jahr Hermann Levi als Generalmusikdirektor nach München holte. 1875, ein Jahr vor Bayreuth, fand in München ein – bereits so genannter – *Festlicher Sommer* statt mit Werken von Mozart und Wagner. Ab 1878 gab es in München den ersten vollständigen *Ring*, wenngleich noch nicht immer als Zyklus. Eine Konkurrenz zu Bayreuth war das nicht, weil dort damals, was nicht so ganz im Bewußtsein der musikalischen Welt verankert ist, gar keine Festspiele stattfanden. Nach der Uraufführung des gesamten *Ring* 1876 – die Wagner als unbefriedigend betrachtete – öffnete erst 1882 das Festspielhaus wieder seine Pforten: zur Uraufführung des *Parsifal*. Die Aufführung war insofern fast ein Ableger der Münchner Wagner-Pflege, als sich das Festspiel-Orchester ausschließlich aus Mitgliedern des Münchner Hofopern-Orchesters rekrutierte. Wagner bestand darauf, weil er – wohl zu Recht – meinte, daß kein anderes Orchester in der Lage sei, der Aufgabe gerecht zu werden. Er nahm dafür sogar in Kauf – worauf das Orchester wiederum bestand –, daß der Jude Hermann Levi die Uraufführung von Wagners antisemitischem Testament leitete.

Während in München unter Levi und Perfall, später dann auch unter Possart, Franz Wüllner und Franz Fischer Wagners Werk exemplarisch gepflegt wurde (742 Aufführungen allein unter Perfalls Intendanz bis 1892), gab es in Bayreuth nur 1883 und 1884 Festspiele, aber lediglich mit dem *Parsifal*. In den 40 Jahren danach bis 1924 gab es nur in 19 Jahren Bayreuther Festspiele, und auch von 1924 an fielen sie mehrfach aus. Erst von 1951 an finden die Bayreuther Festspiele regelmäßig statt.

1893 trat Ernst (seit 1897 „von") Possart Perfalls Nachfolge als Hoftheater-Intendant an. Possart war Wagnerianer, reiste selber – noch als Intendant – mit Rezitationen Wagnerscher Texte unter Klavierbegleitung. (Es muß, um ein Wort Cosimas zu gebrauchen, »rasend erhaben« gewesen sein.) Possart, dessen als Festspiele konzipierte Wagner-Musteraufführungen 1893 und 1894 zwar nicht die ungeteilte Billigung Cosimas fanden, wohl aber internationale Beachtung, wußte das Bedürfnis für ein eigenes Münchner Festspielhaus zu wecken, das dann, nach dem Vorbild Bayreuths, nur schöner, 1900/01 von Max Littmann gebaut wurde: das Prinzregenten-Theater. Mit den Festaufführungen von 1901 beginnt die eigentliche Geschichte der Münchner Festspiele. Regelmäßig standen dabei mindestens zwei *Ring*-Zyklen auf dem Programm.

✳

Eröffnet wurden das Prinzregenten-Theater und damit die ersten Festspiele am 21. August 1901, einem Mittwoch, mit der Neuinszenierung der *Meistersinger*. Auf dem Theaterzettel war eigens angekündigt: »Amphitheatralischer Zuschauerraum. – Unsichtbares Orchester.« Dirigent war

2. Aufzug »Walküre«, Brünnhilde: »Nur Todgeweihten taugt mein Anblick, wer mich erschaut, der scheidet vom Lebens-Licht.«

Herman Zumpe, ein Sachse, der 1872 bis 1875 dem Assistentenstab („Nibelungen-Kanzlei") Wagners in Bayreuth als Kopist angehörte, danach eine beachtliche, auch internationale Karriere als Dirigent gemacht hatte und seit dem 1. Mai 1901 – also wenige Monate vor der Eröffnung des Prinzregenten-Theaters – als kgl. Hofkapellmeister nach München engagiert worden war. Auch als Komponist war Zumpe hervorgetreten, freilich ohne nachhaltigen Ruhm.

Herman Zumpe (dessen Vorname in der musikwissenschaftlichen Literatur hartnäckig falsch, nämlich mit zwei „n" geschrieben wird) war geprüfter Wagnerianer (»feuriger Dirigent von exquisiter musikalischer Begabung«, schrieb Wagner in einem Empfehlungsschreiben), wenngleich im Hause Wagner etwas über Zumpes Bierliebe und über seine – angebliche – Unsicherheit, was Tempi anbelangt, die Nase gerümpft wurde. Die Kapellmeister-(seit 1902 Generalmusikdirektoren-)stelle war Zumpes letzte Position; er starb schon 1903 mit 53 Jahren.

Die Regie besorgte 1901 Ernst von Possart, den Sachs sang der bewährte Wagner-Sänger Fritz Feinhals, dem Cosima Wagner eine schöne Stimme, aber – was wenig besagt – schlechtes Spiel attestierte, den Stolzing Heinrich Knote, zwei Sänger, die damals zur unbestrittenen Spitzenklasse der Wagnerinterpreten zählten. Die Eintrittskarten kosteten einheitlich 20 Mark, damals ein horrender Preis (ca. 400 bis 500 DM heutigen Kaufwerts). Die eigentliche Eröffnung fand aber am Vorabend statt, also am 20. August. Ebenfalls unter Leitung Zumpes wurde nur der dritte Akt der *Meistersinger* ge-

Ansicht des geplanten Wagner-Festspielhauses an der Isar, 1865/66.

geben. Voraus ging ein Prolog aus der Feder des Juristen und Schriftstellers Hans Ritter von Hopfen (1835–1904), der zum Dichterkreis um König Maximilian II. gehört und unter anderem die Dramen *Der Stellvertreter* (1891) und *Die Engelmacherin* (1898) geschrieben hatte. Vorgetragen wurde Hopfens Prolog von „Frl. Svoboda", der die Nachwelt im übrigen offenbar sonst keine Kränze geflochten hat. In dieser Vor-Eröffnung sang den Sachs der alte, bewährte Wagner-Recke Eugen Gura, der bei dieser feierlichen Gelegenheit seinen Abschied von der Bühne nahm. Der Namenspatron des Theaters, Prinzregent Luitpold, war zur Eröffnung nicht anwesend, weil große Hoftrauer angeordnet war. Am 5. August war die Mutter des Deutschen Kaisers, die verwitwete „Kaiserin Friedrich" gestorben.

Wenn die festlichen und mustergültigen Aufführungen der Werke Wagners in München für Bayreuth keine Konkurrenz waren, seitens des Hauses Wahnfried offenbar auch nicht so verstanden wurden, rief die Errichtung des Prinzregenten-Theaters und die Einrichtung der Festspiele Cosima Wagners Mißtrauen hervor. Sie intrigierte dagegen und behauptete, daß Wagner nicht nur den *Parsifal*,

Eugen Gura (1883–1895).

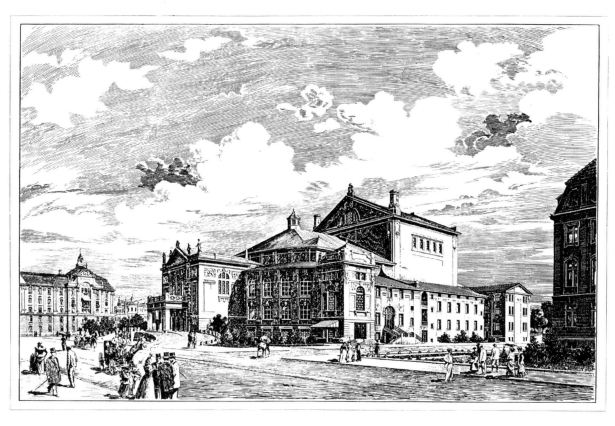

Prinzregenten-Theater, Ansicht von Westen.

sondern überhaupt die Festspielidee für Bayreuth reserviert habe. Welche Angst man vor der Hohen Witwe von Bayreuth hatte, zeigt, daß niemand Geringerer als der Staatsminister des Inneren für Kirchen- und Schulangelegenheiten (1895–1902) Robert von Landmann selber nach Wahnfried fuhr, um ihr auseinanderzusetzen, daß mit den geplanten Münchner Festspielen den Bayreuthern keine Konkurrenz erwachsen solle.

Cosima schäumte. Sie spielte damals mit dem utopischen Gedanken, ein noch größeres Wagner-Festspielhaus »am Zusammenfluß von Main und Rhein« zu errichten, für das die deutschen Bundesfürsten aufkommen sollten. Sie behauptete, daß sie und ihr Sohn Fidi (d. i. Siegfried Wagner) mit Abscheu die künstlerische Leitung des neuen Prinzregenten-Theaters abgelehnt haben; sie war weder ihr noch Fidi jemals angetragen worden. Erst als der Prinzregent in einem Allerhöchsten Schreiben vom 26. Juni 1901 verfügte, daß auf Bayreuth Rücksicht zu nehmen sei (was immer das bedeuten mochte), beruhigte sich Cosima zumindest nach außen hin; es blieb ihr wohl auch nicht viel anderes übrig.

Das Schreiben des Prinzregenten (an die Hoftheater-Intendanz gerichtet) lautete:

> »Es ist Mein Wille, daß die Kgl. Hoftheater-Intendanz mit der Übertragung Richard Wagnerscher Werke in das für den erweiterten Betrieb der Königlichen Hofbühne neu erbaute, Meinen Namen führende Theater am Prinzregentenplatz darauf Bedacht nehme, sowohl bei der Wahl der aufzuführenden Musikdramen wie bei Heranziehung gastierender Künstler diejenige Rücksicht auf die jeweiligen Dispositionen der Bayreuther Festspielleitung walten zu lassen, die zu einem, beiden Teilen nützlichen Einvernehmen führen kann. Deshalb gebe ich der Kgl. Hoftheater-Intendanz anheim, in den hier in Abschrift mitfolgenden, seitens der Bayreuther Festspielleitung aufgestellten und dem Kgl. Hofsekretariate im Februar lfd. Jahres zur Würdigung übergebenen Anhaltspunkten für eine gegenseitige Verständigung den Weg zu finden, der Bayreuth die Beruhigung gewähren kann, daß eine planmäßige Konkurrenz ausgeschlossen bleibt.
> Abschrift dieser Meiner Entschließung habe ich an Frau Cosima Wagner ergehen lassen.
> München, den 26. Juni 1900
>
> *gez. Luitpold*
> *Prinz von Bayern«*

Zur Eröffnung nach München fuhr Cosima nicht. Mit hämischer Freude nahm sie den Bericht ihrer nach München gesandten Confidentin, der Gräfin Wolkenstein, entgegen, der von angeblich schlechter Akustik sprach. Es gab auch späterhin noch gewisse Schwierigkeiten zwischen Bayreuth und München, die meist Sängerengagements betrafen. Cosima sah es ungern, wenn ihre „Spielleute" auch anderswo auftraten.

Immerhin aber nahm man, noch in den dreißiger Jahren, in München auf Bayreuths Spielplan Rücksicht, d.h. in München wurden in der Regel nicht jene Wagner-Opern gegeben, die in Bayreuth auf dem Programm standen. Die Regel wurde freilich öfter durchbrochen, z.B. wurden 1911 sowohl in München als auch in Bayreuth die *Meistersinger*, 1927 *Tristan und Isolde* gegeben.

*

Perfall hatte 1875 seine Opernfestspiele einen *Festlichen Sommer* genannt, nach 1901 wurden sie schlicht als *Festaufführungen* bezeichnet. 1905 sprach man von *Sommerfestspielen* und von 1910 bis 1914 hießen sie offiziell (auf Plakaten und Theaterzetteln) *Richard Wagner- und Mozart-Festspiele*. Die – m.W. nie sozusagen institutionell ausgesprochene – Idee, festliche und mustergültige Produktionen zu bieten, und zwar insofern in zyklischer Form, als die Festspiele auf Werke der beiden Meister Wagner und Mozart (in dieser Reihenfolge!) beschränkt waren, stand somit sichtlich von vornherein fest. Dabei gab es nur ganz selten Premieren im Rahmen der Festspiele. Uraufführungen fanden nicht statt, waren ja auch nach dem zwar nicht dekretierten, aber durch den Namen proklamierten Sinn der Festspiele nicht möglich: alle Mozart- und Wagner-Opern waren ja längst uraufgeführt. (Die Eröffnung am 21. August 1901 mit der *Meistersinger*-Neuinszenierung war so eine Ausnahme, 1904 *Der fliegende Holländer*, 1914 der *Parsifal*.) Alles andere wurde aus dem laufenden Repertoire übernommen. Auch die wenigen Festspiel-Inszenierungen wanderten danach ins Repertoire. Keine einzige Mozart-Oper wurde für die Festspiele neu produziert. Das heißt: die Idee der Festspiele bestand darin, die für mustergültig gehaltenen, im Repertoire vorhandenen Mozart- und Wagner-Opern zur Festspielzeit, wenn der andere Theaterbetrieb ruhte, zu Zyklen gebündelt darzubieten. Der interessierte Opernbesucher konnte sich innerhalb weniger Tage den Eindruck von Hauptwerken der beiden Meister verschaffen.

Daß daneben kommerzielle Interessen des Tourismus eine Rolle spielten, sei nicht vergessen. Die Wagner-Aufführungen fanden alle im Prinzregenten-Theater, die Mozart-Aufführungen im Hof- und Nationaltheater und im Cuvilliés-Theater statt. Das Prinzregenten-Theater wurde im übrigen nicht nur zur Festspielzeit bespielt. So wurde hier 1908 *Der Moloch* von Max (damals noch nicht „von") Schillings, 1917 Pfitzners *Palestrina* uraufgeführt. Auch Sprechstücke wurden hier gegeben.

Die Bezeichnung „Wagner- und Mozart-Festspiele" traf erst ab 1907 zu. Zuvor spielte man nur im Jahr 1904 Mozart-Opern, ansonsten Wagner, wobei der *Ring* selbstverständlich das Rückgrat der Festspiele bildete. Es wurden aber auch fast jedes Jahr die *Meistersinger* gegeben und *Tristan* und *Tannhäuser*, seltener *Lohengrin* und der *Holländer*. Programmatische Absichten dürften bei dieser Planung nicht mitgewirkt haben. Einmal – 1910 – spielte man die *Feen*, 1914, zum Kummer des Hau-

Plakat für das Richard-Wagner-Festival 1903.

National-Theater München, ca. 1908.

ses Wahnfried, *Parsifal*, diesen sogar, wie erwähnt, eigens neu einstudiert.

1904 wurden die fünf sogenannten großen Mozart-Opern ins Festspielprogramm aufgenommen (*Zauberflöte*, *Don Giovanni*, *Figaro*, *Così* und *Entführung*). Warum man diese Ausweitung zunächst nicht fortsetzte, ist nicht ersichtlich. Vielleicht war der kommerzielle Erlös der Aufführungen im Nationaltheater nicht befriedigend, vielleicht setzten sich diese Opern-Produktionen vom normalen Repertoire nicht genug ab. Erst ab 1907 traten Mozart-Opern wieder aufs Festspielprogramm, von da ab ohne Unterbrechung bis heute, solange Festspiele stattfanden. Meist beschränkte sich das Mozart-Programm auf einige der oben genannten Opern. 1909 bis 1911 wurde der damals selten gegebene *Titus* gespielt, 1910 und 1912 *Bastien und Bastienne*.

1913 wurde das erste Mal ein Werk in das Festspielprogramm aufgenommen, das nicht von Mozart oder Wagner stammte und nicht zu einem Zyklus gehörte: *Ariadne* von Richard Strauss. Damit aber ergab sich erstmals die musikalische Dreifaltigkeit, auf die sich die Münchner Festspieltradition bis heute stützt: Mozart, Wagner, Strauss.

In den Kriegsjahren bis 1918 fanden keine Festspiele statt, obwohl der übrige Opernbetrieb offenbar unbeschadet durch die weltpolitischen Ereignisse fortgesetzt wurde. Noch am 12. Oktober 1918 hatte man Muße, das harmlose Singspiel *Die Schweizerfamilie* von Joseph Weigl auf die Bühne des Hoftheaters zu bringen, und schon am 7. Dezember, keinen Monat nach dem Ende des Krieges, des alten Regimes und der Etablierung des neuen „Freistaates Bayern" dirigierte der nunmehr freistaatlich-bayrische Generalmusikdirektor Bruno Walter eine Neuinszenierung von Pfitzners *Christelflein*.

Festspiele gab es erst wieder 1919. Zwar waren die musikalischen Direktoren der Oper – Bruno

Clemens Freiherr von Franckenstein, Generalintendant 1912 bis 1918 und 1924 bis 1934.

Walter und Otto Heß – von den politischen Einschnitten unberührt geblieben, aber Generalintendant Clemens von Franckenstein war 1918, nach dem Sturz der Monarchie, von seinem Posten zurückgetreten. Franckenstein, ein nobler und äußerst kultivierter Herr, dem Hofmannsthal-Kreis verbunden, selber erfolgreicher Dirigent und seinerzeit geschätzter und oft aufgeführter Komponist, war seit 1912 Intendant, seit 1914 Generalintendant, zog sich für Jahre vom Theater zurück und widmete sich seinem kompositorischen Schaffen.

Wie alles in Bayern verlief die November-Revolution am Ende des Ersten Weltkrieges in München eher beiläufig. Eine nicht sehr beeindruckende Demonstration auf der Theresienwiese entglitt den Rednern und wurde unversehens zur Revolution, die, was eigentlich gar keiner ernstlich wollte, zur Absetzung des Königs und zur Ausrufung der bis heute ungeliebten Republik führte. Über die Vorgänge im Nationaltheater in den Tagen um den 9. November 1918 gibt es widersprüchliche Nachrichten. In manchen Presseberichten wird von einer »Palastrevolution« gegen den Intendanten gesprochen, Bruno Walter in seinen Memoiren schreibt nur, daß Franckenstein mit dem Ende der Monarchie auch das Ende seines Hofamtes gekommen sah. Auch über die Art und Weise der Bestellung des neuen Intendanten herrscht Unklarheit. Aus den unveröffentlichten Dokumenten des

Karl Zeiß, Generalintendant ab 1920.

vier, fünf, im Höchstfall elf Opern (1910) auf dem Festspielprogramm standen, umfaßten die nunmehr republikanischen Festspiele 18 Opern, darunter nicht nur die Werke Mozarts und Wagners, sondern auch je drei Opern von Richard Strauss und Hans Pfitzner, dazu *Fidelio*, *Freischütz*, Marschners *Hans Heiling* sowie *Die Gezeichneten* von Franz Schreker und *Ilsebill* von Friedrich Klose. Nicht genug damit: auch Sprechtheater wurde ins Festspielprogramm einbezogen, und zwar gleich fünf Stücke: Grabbes *Hannibal*, die *Räuber*, *Käthchen von Heilbronn*, ein Drama von Wedekind: *Herakles* und Hofmannsthals *Jedermann*, der in Salzburg erst vom nächsten Jahr an sein immerwährendes Sterben beginnen sollte.

Das aufgeblähte und buntscheckige Programm dieser ersten republikanischen Festspiele läßt keinerlei Konzept erkennen, mit Ausnahme vielleicht der bemerkenswerten Tatsache, daß ausschließlich deutsche Werke gespielt wurden. Auf die ohnedies müßige Nationalitätenfrage bei Mozart soll hier nicht eingegangen werden. 1919, zu einer Zeit, als auch und vor allem österreichische Nationalisten schon deutlich „heim ins Reich" drängten, zählte man „im Reich" Mozart zu den Deutschen, Beethoven ohnehin. Auffallend ist auch, daß von den drei Mozart-Opern, die auf dem Festspielprogramm standen, zwei zu seinen auf deutsche Libretti geschriebenen gehörten (*Zauberflöte* und *Entführung*), die dritte, *Figaro*, wurde aber noch bis weit in die fünfziger Jahre hinein in deutscher Sprache gesungen. Die Vermutung liegt nahe, daß mit diesem Programm ein nationaler Akzent gesetzt werden sollte. Über den ersten freistaatlichen Intendanten Karl Zeiß weiß man jedoch zu wenig, um sichere Schlüsse ziehen zu können.

Es sei daran erinnert, daß nach der deutschen militärischen Niederlage von 1918 (anders als 1945) eine politische Trotzreaktion bei guten wie schlechten Patrioten grassierte. Sie gerann bald zur berüchtigten „Dolchstoßlegende", zu Gerüchten nämlich, daß die Armee, Kaiser Wilhelms „schimmernde Wehr" „im Felde unbesiegt", nur durch die heimtückische Revolution zu Hause, durch einen „Dolchstoß in den Rücken" zu Fall gebracht worden sei. Sehr bald schon versuchten Chauvinisten mit derlei verbalen Kraftmeiereien die Niederlage wegzulügen. In diese Atmosphäre würde ein betont deutsch-nationales Festspielprogramm nicht schlecht passen. Ob es wirklich Karl Zeiß' Ambition war, läßt sich weder beweisen noch widerlegen.

Hauptstaatsarchivs geht hervor, daß am 9. November 1918 der Komiker Viktor Schwanneke zunächst als interimistischer Intendant, später durch ordentlichen, bis 1920 befristeten Vertrag bestätigt wurde. 1920 wurde Karl Zeiß Generalintendant. Karl Zeiß (1871–1924), promovierter Germanist, Regisseur und bis 1920 Generalintendant in Frankfurt am Main, starb unerwartet am 13. Februar 1924, weshalb der im „einstweiligen Ruhestand mit Wartegeld" befindliche Baron Franckenstein als Intendant zurückgeholt wurde.

Schwanneke, dem einige zeitgenössische Presseberichte honorige und soziale Gesinnung attestieren, scheint für die Münchner Festspiele hochfliegende Pläne gehabt zu haben. Während vor 1915

Daß Richard Strauss in den Programmen der Münchner Festspiele zunehmend eine größere Rolle spielte, paßt ins Bild. Überhaupt war ja München, woran man sich nicht gern erinnert, ein Hort „reichs"-deutschen Nationalismus. Selbst eine nahezu lederhosische Symbol- und Galionsfigur der Bavarität wie Ludwig Thoma war ein schwarz-weiß-roter Chauvinist, was die Hetzartikel Thomas gegen die Weimarer Republik im *Miesbacher Anzeiger* beweisen.

Aber der Nationalismus reichte auch und gerade in die Musik, obwohl man meinen möchte, daß diese Kunstgattung, wortlos und nicht in der Lage, Informationen zu transportieren, wirklich international wäre.

Nein: die selbstverständlich von niemand anderem als Wagner ausgehende „Münchner Schule" um Alexander Ritter, Rudolf Louis, Max von Schillings, Ludwig Thuille und Richard Strauss bezeichnete sich ausdrücklich als „neudeutsch" und versuchte, die Weltsprache Musik in ein nationalistisches Korsett zu zwängen. Die Briefe Strauss' und Schillings', die Schriften Louis', ganz zu schweigen von den Äußerungen Cosima Wagners, lassen das klar erkennen. Da, wie immer, die Werke hoher Qualität trotz der zweifelhaften Ideologie goutiert werden, wird der gesellschaftspolitische Hintergrund gern verdrängt. Der rassistische Schwulst, der hinter *Also sprach Zarathustra* steckt, ist zum Glück ebenso verschüttet wie die antisemitischen Wurzeln des *Parsifal*.

*

Von 1920 an, unter der neuen Ära Karl Zeiß', wurden die Festspielprogramme wieder zunehmend schlanker. Das Experiment mit dem Sprechtheater gab man auf. Bis zu den letzten Festspielen vor dem Krieg (1939) bildeten wieder Mozart und Wagner die Schwerpunkte. Es gab immer wieder Jahre (1925, 1926 bis 1929, 1933 und 1934, 1937), in denen sich das Programm ausschließlich auf Werke dieser beiden Meister beschränkte, wobei jeweils die großen, gängigen Werke gespielt wurden; *Die Gärtnerin aus Liebe* (1935) oder *Rienzi* (1936) bildeten Ausnahmen. Nie gab es ein Festspieljahr ohne Mozart und Wagner. In den übrigen Jahren kamen namentlich Werke von Richard Strauss und – in geringerem Umfang – von Hans Pfitzner zur Aufführung. Der *Corregidor* von Hugo Wolf taucht in den Programmen der ersten Jahre nach 1918 auf und gelegentlich andere Spezialitäten wie *Die Vögel* von Walter Braunfels (1921 und 1922), Franz Schrekers *Das Spielwerk* (1921), Glucks *Iphigenie in Aulis* und Händels *Acis und Galathea*, beide 1922, das letztere an einem Abend mit der einzigen Oper eines nicht-deutschen Komponisten, nämlich *La serva padrona* von Pergolesi. Sonst weist auch das Programm bis 1938 ausschließlich deutsche Komponisten auf, oder solche, die dafür gehalten wurden.

1924 war, wie erwähnt, Clemens von Franckenstein auf den Intendantenposten der Oper zurückgekehrt. Er überstand auch den Beginn der Nazi-Herrschaft 1933 zunächst unbeschadet. Erst 1934 überwarf er sich – so scheinen die spärlichen Urkunden in seinem Personalakt anzudeuten – mit dem Nazi-Kultusminister Schemm und trat im Juni 1934 zurück. Für ganz kurze Zeit wurde Hans Knappertsbusch, seit 1922 Bruno Walters Nachfolger als Generalmusikdirektor, interimistischer Leiter, bis am 1. September 1934 Oskar Walleck zum neuen, tadellos braunen Generalintendanten ernannt wurde. Dieser Walleck, SS-Standartenführer, zuvor Intendant in Braunschweig, wo er 1933 die wohl erste „Führer-Oper", nämlich *Engelbrecht* des skandinavo-nazistischen Tierarztes Natanael Berg (1879–1957) aufgeführt hatte, „schaltete" die Oper in München „gleich", das heißt, Musiker und anderes Personal wurden nicht mehr nach fachlicher Qualität, sondern nach Gesinnung ausgewählt (entsprechend dem Goebbels-Erlaß vom 20. 7. 1934). Walleck wurde per 1. September 1934 Generalintendant und sah sich buchstäblich als erstes mit dem Problem konfrontiert, den allseits ungeliebten Gastdirigenten Pfitzner loszuwerden. Pfitzner war die Zielscheibe speziell des bäurischen Spottes von Hans Knappertsbusch. »Dieser unmögliche Dirigentendilettant hat in keinem der Jahre seine 6 Garantien [die sechs Pfitzner vertraglich zugesicherten, also garantierten Dirigate in der Staatsoper] eingehalten – aber ausbezahlt bekommen.« (Brief Knappertsbuschs an Walleck vom 10. September 1934) Es war aber Hitlers ausdrücklicher Wunsch, daß Pfitzner nichts zuleide getan werde, auch finanziell nicht. Walleck schlug, um Pfitzner loszuwerden, einen Ehrensold vor, der dann auch genehmigt, aber nie ausbezahlt wurde.

Walleck, offenbar eine fachliche „Flasche", konnte sich trotz seiner tadellosen nationalsozialistischen Gesinnung nicht lange halten. Zwar scheint mit GMD Knappertsbusch ein einvernehmlicher Zustand geherrscht zu haben (»Höfl. Grüße Ihnen und der Gattin mit Heil Hitler/Ihr/ Hans Knappertsbusch« – Schlußfloskel des oben erwähnten Briefes), aber nachdem 1937 Clemens Krauss Knappertsbusch als GMD abgelöst hatte, flog Walleck. Daß sich Richard Strauss Walleck verbunden oder verpflichtet fühlte, geht daraus hervor, daß Strauss Walleck zuliebe 1936 ein Konzert in Salzburg ohne Honorar – was bei Strauss viel besagt – dirigierte. In der Ägide Walleck wurde an der Programmstruktur der Festspiele nicht viel geändert, lediglich 1936 kamen die *Alkestis* von Gluck und *Xerxes* von Händel zu den Mozart- und Wagner-Opern hinzu.

1938 wurde das Generalintendanten-Amt an der Münchner Oper abgeschafft, der neue Generalmusikdirektor Clemens Krauss wurde alleiniger (und nahezu allmächtiger) Leiter der Staatsoper. Die ersten von ihm mitgeplanten Festspiele (1938) brachten nicht nur die Uraufführung des *Friedenstags* von Richard Strauss, sondern auch die erste (und für viele Jahre letzte) Produktion nicht-deutscher Opern, wenn man von jener *Serva padrona* von 1922 absieht: Rossinis *Der Barbier von Sevilla*, Verdis *Don Carlos* und *Aida* und Puccinis *Tosca*, letztere sogar in der Originalsprache. Ich halte es nicht für ausgeschlossen, daß in jenem Jahr der panfaschistischen Achseneuphorie eine Korrektur dessen, was man als „undeutsch" und „artfremd" anzusehen hatte, opportun erschien. Seit dem spanischen Bürgerkrieg 1936 und dem Antikominternpakt Ende 1937 (der später zum recht papierenen „Stahlpakt" wurde), spielten Hitler und Mussolini „ein Herz und eine Seele". Der Pakt des deutschen Faschismus mit dem russischen Kommunismus zeitigte allerdings dann keine Folgen mehr in den Programmen der Münchner Festspiele. 1939 folgten noch einmal Festspiele im üblichen Rahmen: Mozart – Wagner – Strauss – Pfitzner, dann verlagerte sich das Geschehen auf die am schlechtesten inszenierte Welthistorien-Operette, der auch der Contratenor-Buffo Schicklgruber keinen Unterhaltungswert verleihen konnte.

*

Das Nationaltheater wurde in der Nacht vom 2. auf 3. Oktober 1943 nach einer *Tiefland*-Aufführung bei einem Bombenangriff zerstört. Noch im Krieg bis zur Einstellung allen Theaterbetriebes und dann vom November 1945 an diente nun das Prinzregenten-Theater als großes Haus der Staatsoper. Dort fanden auch 1950 die ersten Festspiele nach dem Kriege statt, bis 1963 das neu erbaute Nationaltheater eröffnet wurde. Das Programm der neuen Festspiele schloß an die Konzeption der Zeit vor dem Krieg an. Die Trias Mozart – Wagner – Strauss bildete von Anfang an wieder den Kern der Festspiele, wobei die Statistik zeigt, daß sich das Gewicht zuungunsten Wagners und zugunsten von Strauss verschob. Zwar gab es nie ein Jahr ohne Wagner, es überwogen aber – mit Ausnahme des Wagner-Jahres 1983 – immer die Strauss-Opern, zum Teil beträchtlich. Zwanzig Jahre lang (von 1956 bis 1975) gab es keinen vollständigen *Ring*, in den letzten Jahren (seit 1985) allenfalls einen einzigen *Ring*-Zyklus oder eine Wagner-Oper neben der Tradition gewordenen *Meistersinger*-Aufführung als Abschluß der Festspiele, was heute beinahe schon nur noch wie eine ferne Erinnerung an die ursprüngliche Festspiel-Idee wirkt. Dem gegenüber steht eine nahezu exzessive Strauss-Pflege. In manchen Festspieljahren wurden sieben (1955 und öfter), acht (1956) oder neun (1964, 1977) Strauss-Opern auf das Programm gesetzt. Die Strauss-Pflege gipfelte 1988 – ohne jeden Jubel-Termin – in Wolfgang Sawallischs spektakulärem Strauss-Zyklus mit Aufführung aller seiner Bühnenwerke einschließlich des *Guntram*, diesen allerdings nur konzertant.

Abgesehen davon, daß man zugunsten einer Internationalisierung des Programmes von der zyklischen Pflege deutscher oder für solche gehaltenen Opern abrückte, begann man schon 1950 – unter der Intendanz Georg Hartmanns – herausragende Neuinszenierungen an den Anfang oder in den Verlauf der Festspiele zu stellen, so 1950 *Daphne*, 1953 *Die Liebe der Danae* und *Salome*, 1954 *Die Frau ohne Schatten*. Vor dem Krieg war das nur ausnahmsweise der Fall gewesen. Es gab also, wie in Salzburg die Regel, nunmehr auch in München die Festspielinszenierung, die nachher ins Repertoire überging, anstelle des umgekehrten Weges. Daß damit diese Inszenierungen einen prominenten Rang auf dem Spielplan erhielten, versteht sich.

Ein Ereignis muß in diesem Zusammenhang hervorgehoben werden, weil es eine der wenigen Uraufführungen der Nachkriegszeit betraf, denen man wohl mit Recht Weltrang zuzubilligen hat, wenn das auch damals in den Rezensionen nicht

Innenansicht des Prinzregenten-Theaters.

erkannt wurde: 1957 gelang es dem damaligen Intendanten Rudolf Hartmann – Georg Hartmanns Nachfolger seit 1952 –, die Uraufführung der Oper *Die Harmonie der Welt* von Paul Hindemith nach München zu holen.

Leider bringen Rudolf Hartmanns uninformative Lebenserinnerungen *Das geliebte Haus* (München 1975) keine Nachrichten darüber, wie man diese Uraufführung nach München holen konnte. Auch über die Festspielidee – wenn es so eine in institutionellem Sinne gab – berichtet Rudolf Hartmann wenig. Er jammert eigentlich nur darüber, daß das Festspielprogramm, das er auf die frühere Höhe zurückführen wollte, ständig schlechte Presse hatte (»Ich wollte ihnen den einstigen Ruhm (1912, 1913!) [...] zurückgewinnen«, S. 410). Rudolf Hartmann tat in seinem Buch so, als hätten die ersten Festspiele nach dem Krieg 1953, nach seinem Amtsantritt, stattgefunden, während in Wirklichkeit, wie oben erwähnt, sein Vorgänger Georg Hartmann schon 1950 den neuen Anfang setzte. Aber Rudolf Hartmann scheint das Verdienst gehabt zu haben, Hindemith dazu zu bewegen, sein (in mehrerer Hinsicht) problematisches Spätwerk der Bayerischen Staatsoper zur Uraufführung anzuvertrauen.

Seit der gleichnamigen Symphonie, die lang vor der Oper entstand, wartete die Musikwelt auf das Erscheinen dieser Oper, und da Hindemith sehr skrupulös an Musik und Text arbeitete, glaubte schon niemand mehr an ihre Vollendung. Als sie am 11. August 1957 (unter Hindemiths eigener Leitung) im Prinzregenten-Theater uraufgeführt wurde, machte sich eher Betroffenheit als Begeisterung breit. Aber das Ereignis war der Anfang einer stetigen, wenn auch unregelmäßigen Reihe von Uraufführungen im Rahmen der Münchner Festspiele, die zum Teil auf Kompositionsaufträge zurückgehen, so die beiden Opern *Lear* (1978) und *Troades* (1986) von Aribert Reimann, *Le Roi Bérenger* (1985) von Heinrich Sutermeister und zuletzt *Ubu Roi* (1991) von Krzysztof Penderecki sowie als Co-Produktion mit Schwetzingen die Pirandello-Oper *Enrico* von Manfred Trojahn.

Ein ausdrückliches, formuliertes Programm, eine einheitliche Idee haben die nun bald hundert Jahre alten Münchner Opern-Festspiele nie gehabt, jedenfalls keine durchgehende. Es läßt sich allenfalls eine Tendenz aufzeigen. Die anfängliche Mozart- und Wagner-Pflege wurde bald durch die Aufführungen Richard Strauss'scher Werke ergänzt. Zeitweilig uferte das Programm nach verschiedenen Seiten aus, wie aufgezeigt, betonte hauptsächlich deutsche Opern oder was man dafür hielt. Nach dem Krieg – bis heute – sind die Festspiele eine Art zusätzliche, deutlich abgesetzte Spielzeit mit gehobenem gesellschaftlichen Charakter und ebensolchen Preisen, angereichert durch etwas „Moderne", die mühsam durch die bewährten Publikums- (und vor allem Touristen-)favoriten über Wasser gehalten wird. Der Mittelpunkt aber blieb immer unübersehbar neben Mozart und Wagner das Schaffen Richard Strauss'. Die Pflege seines Werkes erreichte in der oben erwähnten zyklischen Aufführung (fast) aller Bühnenwerke Strauss' im Jahre 1988 ihren Höhepunkt. Dieses Strauss-Festival, so glänzend es im einzelnen war, hinterließ letzten Endes doch einen unbefriedigenden Eindruck. Die Opern wurden entgegen der ursprünglichen Absicht nicht chronologisch gegeben, was an den „Sachzwängen" der Sängertermine scheiterte; es fehlten auch einige Bühnenwerke, so die Ballette mit Ausnahme der *Josephslegende* und die erste, für Strauss' Werdegang als Musikdramatiker nicht gerade unwichtige *Ariadne*-Fassung. Vor allem aber wurden die Gewichte sehr ungleich verteilt: einer mehrfach wiederholten, glanzvollen *Danae*-Produktion stand nur eine einzige *Salome* gegenüber, *Guntram* und *Friedenstag* gab es nur konzertant.

Dennoch war das Unternehmen – Wolfgang Sawallischs Verdienst – eine großartige Huldigung an den bedeutenden Sohn der Stadt. Es dürfte wenige Komponisten geben, zumal solche, die nicht irgendwelchen musikexotischen Vaterländern angehören, die eine solche Ehrung erfahren. Richard Strauss, zeit seines Lebens vom Glück begünstigt, hatte auch das Glück, in München geboren zu sein. Die wenigste Zeit seines Lebens hat Strauss in München zugebracht; nur ganz wenige Werke wurden hier uraufgeführt; seinen Dirigentenruhm begründete er in Weimar, Berlin und Wien; gestorben ist er in Garmisch. Hätte die Staatsoper den Zyklus auch dann ausgerichtet, wenn Richard Strauss (wie sein Vater) in Parkstein in der Oberpfalz geboren wäre? Ob nationale oder gar lokale Momente eine Rolle in der Musik spielen sollen, deren menschheitsumarmende Sprache so oft gerühmt wird, ist wohl anzuzweifeln. Als Anlaß für einen guten Zweck genommen, mag aber ein so zufälliges und unwichtiges Faktum wie der Geburtsort eines Komponisten hingehen. Anzuzweifeln ist allerdings auch, ob der große Strauss-Zyklus irgendwelche stilbildenden Weiterungen haben wird, etwa: die zyklische Aufführung aller Humperdinck-Opern in Siegburg – immerhin zehn einschließlich des Spätwerkes *Gaudeamus. Szenen aus dem deutschen Studentenleben*. Wohl eher nicht: der Zyklus war mehr ein Monument als ein Wegweiser.

Richard Strauss' »Capriccio«, Uraufführung am 28. Oktober 1942 unter der Regie von Rudolf Hartmann.

Christian Schmidt

»Warum Bastard?«
Über die Unmöglichkeit der Oper nach 1945

1942–1956. Strauss-Tomasi.

14 Jahre. Kein Genre verödet in 14 Jahren. Doch kein beliebiges Genre und keine gewöhnlichen 14 Jahre; plaziert um jenen noch immer bedeutsam umschwiegenen Zeitpunkt, der so unerklärt Grund für so viele Entwicklungen gewesen sein soll, die man doch längst schon ahnen konnte, und wohl, wenn überhaupt, doch nur Zäsur der Tradition war. Aber eine Welt war zerbrochen am Ende des Krieges. Und sogenannt Neues wurde geflickt aus den Brocken. Damit aber verbindet sich das Problem. Wieso? Weil die Oper zu Recht zerbrochen war.

Es mag zunächst als Provokation gelten: Die Oper war die Kunstform des (man belausche das Wort präzise) Totalitarismus, sein Scheitern war das ihre. Unsinn? Vielleicht nicht: Hatte der alte Strauss sich mit *Capriccio* 1942 nicht schon allzu tief selbst in die Tasche gelogen und so, unentschuldbar zeitfremd, schuldbewußt in Schönheit Siechendes geschrieben, so daß noch heute selbst die Wohlmeinendsten angesichts von *Capriccio* über ihre uneingestehbare Betroffenheit nur mit dem sterilen, begriffslosen Wort „gescheit", einmal gesprochen, endlos sinnlos wiederholt, hinweggleiten können.

Der ästhetische Darwinismus im Musiktheater hatte das Wort-Ton-Primat auch unter Straussens eigener Mitwirkung stets seiner Zeit gemäß treffend entschieden; wozu also zum Abschluß dieses qualitätspralle müde Geplänkel, diese friedvolle Totenwache am eigenen Sarg, gekrönt vom Verlöschen des Diskurses im Triumph des schimmligschönen Monologs einer einsamen Frau? Es hakte, es ging nicht mehr, nach 1942 komponierte Richard Strauss keine Oper mehr (und fand doch, absolut musikalisch, in den *Metamorphosen* zum Diskurs zurück).

Nach dem Krieg gab es andere Sorgen als die Oper. Tatsächlich? Schon im November 1945, kaum war das Prinzregenten-Theater wieder halbwegs hergerichtet, rettete Leonore Florestan, stürzten auf der Bühne die Tyrannen nach 140 Jahre altem Muster.

Kein Grund für 14 Jahre Stillstand. Und ist Henri Tomasis *Don Juan de Mañara* etwa der Aufbruch? Aufbruch wohin? Nein, 1956 ist die Oper erstickt, viel früher schon, Strawinsky hatte es schon fünf Jahre zuvor bemerkt, in *The Rakes Progress*, und Schönberg hatte nie daran gedacht, den *Moses* zu beenden. Der Grund? Der Pluralismus, die auch in der Musik neuentdeckte Vielfaltsmöglichkeit, das einzig Menschenangemessene, politisch die einstweilige Rettung – für die Oper aber die Katastrophe.

Denn: Nicht nur Strauss hatte sich den Tatsachen beugen müssen. Diskursiv war die Oper nie gewesen, ihr Naturgesetz war die Überredung. Der Hörer mußte den einen, linear entwickelten Gedanken, das Gesangsmelos durch die Autorität des Musikalischen akzeptieren. Substanz des vorwiegend harmonisch transportierenden Theaters ist die melodische Konstruktion, nicht die harmonische. Aber die Antwort auf diese Herausforderung der Tradition blieb in unserem Jahrhundert nicht aus: Harmonische Konstruktivität in der Neuen Musik förderte zwar die absolute, eliminierte aber die dramatische Musik. Der Höreindruck des Verächters neuer Oper ist also keineswegs (oder zumindest nicht ausschließlich) ein naiv inkompetenter, sondern gründet sich oft schlicht auf das Vermissen des essentiellen Bestandsmaterials musikalischen Theaters, des affektgesättigten Melos.

Die wesentlichen, schon von Beginn an der Oper induzierten und von ihr den anderen Kunstgattungen geradezu aufgedrängten Themenkomplexe waren die Liebe und der Tod, ominös verkocht schließlich in der so kränklichen Todesliebe der Spätzeit des 19. Jahrhunderts, dem Erfahrungsbedürfnis der Nachkriegszeit in jedem Fall unangemessen. Zudem hatten einige der Komponisten, die im Prinzregenten-Theater oder später im Nationaltheater ihre Werke uraufgeführt erleben durften, ein noch weitergehendes Interesse: Ihre Sicht jener nur indirekt ansprechbaren Zeit vor und während des Krieges in metaphorische Geschichten zu hüllen und sich selbst als Zeugen und Teilnehmer jener Geschehnisse verstehbar zu machen.

Denn es wäre falsch zu glauben, daß ein Werner Egk oder Paul Hindemith in ihrer Nachkriegsproduktion Verdrängung geleistet hätten, nein, beide mußten auf ihre Art Stellung nehmen und nutzten die Gelegenheit, die historischen Tatsachen mit der Möglichkeit der selbstgeschaffenen Utopie zu konfrontieren, die, je nach eigener Vergangenheit zu schamloser Verlogenheit oder aber kummervoller Resignation Anlaß gab (wie später noch zu klären sein wird).

Was also einer renommierten Bühne wie der Münchner Staatsoper verblieb, war die Pflege der Tradition, die (kein Grund, dies vorderhand als Vorwurf zu sehen, ist es doch Entwicklungskonsequenz) ins niveauvoll Museale mündete. Systematisches Symbol dieser Tendenz war der schon seit Anbeginn der Intendanz Georg Hartmanns projektierte und schließlich 1963 vollendete „Wiederaufbau" des Nationaltheaters; aber keine Rekonstruktion der instabilen Reste stand zur Debatte; ein vollständiger Neubau mit einschneidenden Architekturmodifikationen, aus Stahlbeton zurechtgefälscht und überzuckert mit der Kruste vergangener Herrlichkeit und doch geprägt vom Restaurationsbedürfnis der fünfziger Jahre entstand Schritt für Schritt auf den Ruinen am Max-Joseph-Platz. Und doch gab man nicht auf, bis man es „wieder hatte", um gleich darauf das zwischenzeitlich so nützliche, nun aber nicht mehr gebrauchte Prinzregenten-Theater dem Verfall zu überlassen.

Die schlichte Begründung liegt bei der Hand: Trotz seiner relativen Prosperität hätte der bayerische Staat wohl zwei Operntheater dieser Größenordnung zumindest damals nicht unterhalten können. Doch steckt hierin nur ein Teil der Wahrheit. Man brauchte das Nationaltheater, denn nur in ihm versprach sich der Rückbezug auf die große Tradition der Münchner Oper zu verwirklichen, hier hatten die Uraufführungen stattgefunden, mit denen Werke dauerhafter Gültigkeit kreiert worden waren, das Prinzregenten-Theater aber war nahezu geschichts- und also gesichtslos, Zweitaufführungsstätte, Sitz noch nur mäßig bedeutsamer Festspiele, pragmatisch, unnütz. Authentizität spielte dabei keine Rolle, der Mythos des Ortes war entscheidend.

Doch zurück zur Frage, warum ausgerechnet die Kluft von 14 ereignislosen Jahren zwischen 1942 und 1956 mit der Uraufführung der eher bescheidenen, nur mühsam noch zugänglichen Partitur von Tomasis *Don Juan de Mañara* überbrückt werden sollte. Waren nicht andere Namen zu jener Zeit viel aufregender, versprachen zumindest akute Faszination? Britten suchte ein Theater für seine *Lucretia*, Orffs *Oedipus* war griffbereit, zu schweigen von Boulez, Stockhausen oder Nono, die erklärtermaßen nach szenischen Auftragsarbeiten Ausschau hielten.

Nein, Tomasi mußte es sein. Zwar war er im Lauf der Jahre mit diversen Kompositionspreisen ausgezeichnet worden, aber dennoch war er den wenigsten Münchnern wohl ein Begriff, als am 29. 3. 1956 sein *Don Juan de Mañara* nach dem 1944 erschienenen Roman von Josef Toman in Szene ging.

Der Grund lag zweifelsohne in der „Brisanz" des aufgegriffenen Themas, das, wie schon erwähnt, einerseits der utopischen Kaschierung des noch unmittelbar Zurückliegenden, andererseits der reaktionären Deanarchisierung eines der großen problematischen Operncharaktere dienen sollte, der Domestikation des so unerklärlichen Don Giovanni; eine Aufführungsserie der Mozart-Oper wurde sicher nicht zufällig parallelgesetzt. Toman (und Tomasi mit ihm) läßt Don Juan sein libertinales Tun als sündhaft und gesellschaftszersetzend erkennen, ja gibt ihm die eingestandene moralische Schuld am religiös-moralischen Gesellschaftszwist, sprich: dem Krieg, und beugt ihn der Allgewalt Gottes.

Der im Lustrausch Unzufriedene, vom Rächergott der einzig je Geliebten strafend beraubt, resigniert, bereut, entsagt dem Weltlichen im Kloster und purgiert sich zur wahren Freiheit der bürgerlichen Angepaßtheit. Sicher ein demokratiestabilisierendes Sujet, das Mozarts von keiner Macht wirklich brechbaren „Übermenschen" Don Giovanni zum kraftlosen Normalitätsadoranten verzwergen soll. Ein programmatischer Revisionismusversuch, der als „neue" Perspektive den zu Recht im stillen noch immer bewunderten Radikalliberalen des 18. Jahrhunderts als unter seiner eigenen Persönlichkeit, nicht unter vorgehaltenem Normenkodex leidend denunzieren sollte.

Neue Oper als moralisierender Schlüssel zur traditionellen, das also mochte wohlmöglich das die Auswahl des Neuen bestimmende Kriterium sein? Wäre es so, dann freilich brauchte man sich über den langen Zwischenzeitraum bis zu dieser ersten Uraufführung nach dem Krieg nicht mehr zu wundern, hatte man doch vorher genug damit zu tun, aber auch genug damit erreicht, die Tradition durch interpretierende Inszenierung der Gegenwart anzupassen.

Bis hin zum Neubayreuther Stil war der Nachkriegsregisseur schließlich gezwungen gewesen, mit den ästhetischen Mitteln der unmittelbaren, nun aber nicht mehr duldbaren Vorzeit „entnazifiziertes" Musiktheater zu betreiben, ein Unding, das jenen positivistischen Bühnenrealismus zementierte, der dem vor 40 Jahren damit aufgewachsenen Publikum heute als vor Zeiten einmal erlebtes Urbild szenischer Werktreue gelten mag.

Man muß nur das bislang Gesagte sortieren: Das notwendig traditionsverhaftete Publikum der jungen, sich mühsam übenden Demokratie bedurfte der allgemeinakzeptablen künstlerischen Autorität, die ideologisch reinstens im szenischen Gegenständlichkeitsfanatismus zunächst Erfüllung fand, nach einer Abwehrphase aber im Neubayreuther Mythenmonumentalismus noch funktionaler, weil mannigfaltiger, Individualität duldend zur Gestaltung kam. Erst nachdem dieser Durchbruch gelungen und die weitere Modifikation der Inszenierbarkeit des traditionellen Werkkorpus gesichert war, konnte eine dieser puristischen Entwicklungslinie verpflichtete Bühne wie München der Kreation des Neuen nachkommen, das vorerst auch nur soweit neu sein durfte, als es der Reanimation des Vertrauten dienen konnte. Also war der Griff nach Tomasis Rücknahme des Don-Giovanni-Mythos kein zufälliger nach dem, was der Markt nun gerade zu bieten hatte, sondern erster Baustein in einem später noch fortgesetzten Konzept.

So hatte auch Tomasis Komposition mit all ihren Längen und Schlichtheiten nur zu belegen, daß das bereits Geschaffene zumindest mit herkömmlichen, leicht verfremdenden Mitteln nicht mehr zu übertreffen war. Eine allzu kühne Behauptung? Man wird sehen. Nur ein Jahr später schon kam es zur nächsten Uraufführung, Hindemiths *Die Harmonie der Welt*, und die Parallelität der vorgelegten Sujets frappiert: Hier wie dort der Krieg, in beiden Fällen aber fast bis zur Bezuglosigkeit entfernt und entfremdet, beiderseits die Konfliktüberwindung durch Weltflucht und projektive Utopie. Allerdings ist Hindemiths Keppler beileibe kein Normabweichler, seine Qualität ist die Bürgerlichkeit, die ihm erst die Stärke, die Konzentration erlaubt, von der Unrast der ihn nicht betreffenden politischen Geschehnisse Abstand zu nehmen, seine mathematischen und astronomischen Betrachtungen zu vollenden, die ihm selbst über den persönlichen Verlust hinaus höheren Trost spenden.

Kepplers Harmonie entspringt einer quasi göttlichen Ordnung, die von der Perversion durch Krieg an und für sich völlig unberührt bleibt. Welch ein Trost dem Bürger, welche kopfschüttelnde Selbstaufgabe der Ideale des einstigen Expressionisten Hindemith, der harsche und bizarre Außenseiter wie Cardillac und Mathis einer Umwelt konfrontierte, deren mumifizierte Normalität sie ekelte. Aber da der konkrete Außenseiter vor noch so wenig Jahren so viele in seine destruktive Bizarrerie hineingezogen hatte, hörte auch Hindemith auf, im Ernst ein Opernkomponist sein zu wollen, mit Tomasi, ihm freilich dank der Mittel glänzend, aber nicht tiefgreifend überlegen, verdrehte er die Oper zum Manifest des Normalen, ein zerstörerischer Widerspruch zu dem, was aus 300 Jahren Entwicklungsgeschichte der Oper an Substanz überliefert war: die Ekstatik des Individuums. Und radikaler, da vielleicht kenntnisreicher als Tomasi, nutzte Hindemith das ihm zur Verfügung stehende kompositorische Reservoire dieser Jahrhunderte, das Opernwesentliche, das Melische zum Stillstand zu bringen durch das Einbringen der absolutmusikalischen Formen aus Barock und Klassik.

Vorsicht allerdings: Sowohl Hindemith wie auch andere Komponisten nutzten diese Technik der Konstruktionsstabilisation schon Jahrzehnte früher, immer aber hilfreich der Verfolgbarkeit des melodisch-thematischen Verlaufs. Schon Berg nahm die Oper in die Zwinge, als er in *Lulu* periodisch die musikalische Form die Szene bestimmen ließ, doch tat er es bedacht behutsam. Jetzt aber war, in für Hindemith bezeichnender Weise, in Umkehr zum *Mathis*-Projekt die Symphonie *Harmonie der Welt* der Oper vorausgegangen, hatte das Statisch-Formale das Primat vor der musikalischen Erzählung erhalten.

Es gehört beachtliches Raffinement von Seiten des verantwortlichen Intendanten dazu, eine scheinbar willkürliche Uraufführungsabfolge so feinsinnig, unauffällig konsequent zu planen. Rudolf Hartmann, der 1952 diese Position übernommen hatte, scheint es besessen zu haben. War er der richtige Mann am richtigen Platz, die Oper bei Zeiten ad absurdum zu führen? Noch während des Dritten Reiches machte er eine erstaunliche Karriere als Opernregisseur, die ihn sogar dazu brachte, in einer für das Regime kritischen Zeit die politisch hochbrisante Oper *Der Mond* von Carl Orff just am Nationaltheater urzuinszenieren, nur um sich kurz darauf mit *Capriccio* selbst einer scheinbaren Tendenz zum Progressiven zu entziehen.

Gewiß kein Umstürzler, war er also doch so weit mit der „Moderne" in Berührung gekommen, daß er um ihre skeptische Bedrohung der Tradition wissen mußte, von der er wohl spürte, daß gerade sie, wenn überhaupt etwas, an der Oper erhalten werden mußte. Er also war es auch, der die ersten Uraufführungen seiner Intendanz ausschließlich selbst inszenierte, neben einer Reihe weiterer Repertoirewerke, was ihm die Möglichkeit eröffnete, noch über das rein Werkthematische seinem Programm übergeordneten Zusammenhalt zu verschaffen. Ein Spielplan „aus einem Guß", in jeder Hinsicht, war sein Ziel, und richtig wählte er vom Neuen das, was sich systematisieren und integrieren ließ.

Es war oben bereits angedeutet: Demokratietypisch war die weitestgehende Disparation der Stile; die Schullosigkeit und Autoritätsverweigerung war Methode. Der scheinbar fanalartig in den Wirren der Nachkriegszeit grundlos erschossene Anton Webern war einer jungen Generation zum Symbol und Anreger einer vollständigen Freiheitlichkeit des musikalischen Ausdrucks geworden. Doch akkordisches Denken, wie es Webern propagierte, verweigerte sich dem Drama, vorerst noch; daß sehr bald das psychoakustische Phänomen der eskalationistischen Reizsteuerung durch freitonale Clustergebilde als dramatisch effektvoll und verwertbar durchschaut wurde, sollte zu einem neuen, noch problematischeren Kapitel der postmusikdramatischen Oper führen.

Von der nun folgenden Produktion allerdings war, dank Hartmanns gewissenhafter Koordination, noch längst keine Grenzüberschreitung zu erwarten; ganz im Gegenteil: 1958, zur 800-Jahr-Feier der Stadt München, konnte als kostbares Surrogat der vom Nationaltheater in Kürze erhofften neuen Pracht das Cuvilliés-Theater seinem sicher verpackten Dornröschenschlaf entrissen werden und seinen auf das Demonstrationelle beschränkten Spielbetrieb wieder aufnehmen. In dieser vollendeten Selbstausstellungskulisse durfte selbstverständlich nichts Störendes vorgezeigt werden, weshalb klassische Ballettabende, Orchesterkonzerte und vorsichtig zurechtgestutzte Klassiker-, zumal Mozartaufführungen den Auftakt bildeten.

Um die zeitgemäße Vollwertigkeit des Spielorts zu beweisen, mußte aber eine Uraufführung herhalten, und man fand das Passende in Sutermeisters *Seraphine*, einer so schrankenlos „reaktionären" Opera buffa, daß sie selbst die leiseste Verfremdung scheuend gut hundert Jahre zuvor bereits als konservativ hätte gelten können. Und trotzdem berührte sie den Puls des Augenblicks und lieferte ein getreues Abbild der gesellschaftlichen Realität, war es doch schon nicht mehr Angelegenheit der Oper, Modelle und Interpretationen von philosophischen Hoffnungen zu produzieren, wie es die klassische Buffa noch gekonnt hatte. Ihr Wesenszug war es auch gewesen, die Frau zum Symbol der politischen Hoffnung nach Emanzipation von Pseudoautoritäten zu erheben und damit erste vollbürtige weibliche Charaktere zu der Oper zu schaffen.

Sutermeister aber hob nicht nur das musikalische Buffakonzept durch scheinbar spielerisches Zitat in sich selber auf, nein, mit ihr auch die tragende Ideologie des Vorbildes, gleich Tomasi der sich neu nennenden Gesellschaft die problematischen Spitzen der traditionellen komischen Oper abzubrechen, der konservativen Republik ihr restauriertes, zwanghaft erhaltenes inferiores Frauenbild auch für den Buffabereich zurückzugeben. Statt vorbildlicher Demütigung maskuliner Selbstgerechtigkeit, gelindert nur in der Zwangsversöhnung der Liebesheirat, läßt Sutermeister seine Seraphine als intrigantes Dummchen von einer heiter gedämpften Katastrophe in die nächste wanken, um sich schließlich männlich-weiser Führung und ehelicher Domestikation minderwertigkeitseinsichtig anzuvertrauen. Ein heiter-kurzweiliger Spaß, schnell vergeßbar und doch gesellschaftserhaltend ernst gemeint. Auch Sutermeister sollte sehr viel später noch einmal die Münchner Staatsbühne als Plattform zur Relativierung des hier so Zeitgemäßen zur Verfügung gestellt bekommen, wie bald darauf ein anderer, von dem noch zu reden sein wird.

Zunächst aber Henze. Wie, nun doch ein dezidierter „Neutöner"? Nun, sicher hatte sich Henze zu Beginn der sechziger Jahre weiter als Hindemith von tradierter Formverfallenheit gelöst, aber war

Isang Yuns »Sim Tjong«, Uraufführung am 1. August 1972 in der Inszenierung von Günther Rennert, musikalische Leitung Wolfgang Sawallisch.

am Leitton und der Orientierungsharmonie verblieben. Sein Ziel war hochgesteckt: Die literarisch relevante, bei aller Parallelitätsablehnung doch letztlich Wagnerische Musikdramatik noch einmal ein Stückchen fortzuentwickeln. Mit W. H. Auden, der schon Strawinsky das librettistische Konzept für seine letzte Oper erarbeitet hatte, stand ihm dabei ein kundiger Sekundant zur Seite. Strawinsky aber hatte den absichtlichen Schlußstein setzen wollen, weit jenseits Wagners; sollte man in seiner Richtung über den daran ermüdeten Richard Strauss hinausgehen wollen, bestand die Gefahr, dem eben erst der Nachkriegsverfemung mit enthusiastisch begeisterter Neuaufnahme entkommenen Wagner auch ideologisch nachzuspüren.

Und in der Tat, in vielfacher Hinsicht verflicht sich die Struktur der am 20. Mai 1961 gastspielweise in Schwetzingen uraufgeführten *Elegie für junge Liebende* mit der Weltverneinungsorgie *Tristan und Isolde*, sich endlos melodisch erhebend bis hin zum transzendierenden Erfrierungsliebestod des naiv weisungshungrigen Paares.

Aber Henze meidet den Fallstrick der nur persuasiven Opernmelodie, die einen noch bei *Tristan* all das Unausgesprochene, weil gesagt Unglaubwürdige akzeptieren ließ; er stellt den Ideologen selbst auf die Bühne, demaskiert als egomanen Lebensvernichter aus ästhetischer Selbstbefriedigung heraus; sein librettistischer wie musikalischer Kontrapart verleiht der Henzeoper eine ausnehmliche

Eigenständigkeit im Einerlei dieser Spätzeit der Opernproduktion. Aber er gab seinem Mittenhofer keine Eindeutigkeit der Charakterzeichnung mit auf den Weg, vielleicht sogar eine zusätzliche Qualität, die aber die Gefahr in sich barg, ihn in krasser szenischer Mißdeutung gar für einen Garanten der überkommenen und doch noch gepflogenen Autoritätsstabilisierung passieren zu lassen.

Henze hatte sich zu Entstehungszeiten seiner Oper vielleicht selbst noch nicht einmal für eine der beiden Perspektiven entschieden (mutierte den Dichter jedoch in wiederholten Eigeninszenierungen später immer konkreter in Richtung des archetypischen Protofaschisten); die am Traditionserhalt orientierte Intendanz Hartmann aber brauchte diesen Typus gerade um seiner lebensverwaltenden Eigenschaften wegen, boten sie doch die Möglichkeit, traditionell morbide Opernideologie als human, ja altväterlicher Weisheit entsprechend akzeptabel zu demokratisieren.

Derart werterhaltend war die Oper sogar angemessenes Sujet, nach der ausgelagerten Uraufführung ins Cuvilliés-Theater einzuziehen; Henze aber, auch in diesem Fall bereits sein eigener Regisseur, zog sich mit neuer Sicht auf die so betriebene Geschichtssynthese von dieser Produktion alsbald zurück. Als Komponist blieb er vorsichtig wägender Experimentator, nie sich einer Schule verpflichtend, weil er wußte, daß die Stilundefiniertheit ein Wesenszeichen aller Opern nach der Oper bleiben mußte. Das Cuvilliés-Theater war ein Vorgeschmack, dem zur Festspielzeit des Jahres 1963 das Bankett folgen sollte.

Das nur grob ans Vorbild gemahnende, altneue Nationaltheater war vollendet, ein Anlaß, wie geschaffen für eine programmatische Uraufführung, die vieles zu leisten und zu transportieren hatte: Die Versöhnung des Hergebrachten mit dem Hinzutretenden, die Verherrlichung und Essentialisierung des Monumentalen und den ästhetischen Beleg dafür, daß nichts noch wenige Jahrzehnte früher tatsächlich so war, wie es die Erfahrungen und Folgen zu belegen schienen. Bewältigung im rigorosesten Sinne war gefragt, und was lag näher, als sie dem zu übertragen, der mit ihr die eigene Vergangenheit verklärend erschließen konnte.

Hier ist nicht der Ort moralischer Werturteile, viele lernen lebenslang zu denken, aber niemand vermag im Ansatz die Bedeutung der *Verlobung in San Domingo* zu erahnen, der Werner Egk nicht auch als den vitalistischen Übermenschlichkeitsverklärer seiner Frühzeit als Musikdramatiker zu sehen vermag. Aus dem lebensängstlichen Selbsterdichter Peer Gynt hatte er den splitterfesten, erlösungsfähigen Gesetzzertreter konstruiert und schuld-, weil anpassungsbewußt nach dem Krieg den Geschwindschritt in die Gegenrichtung angetreten. Sein *Revisor* (augenfällig verwandt dem Orffschen *Goggolori*-Gagler) wird schon als von den Betrogenen erzwungener Betrüger durchschaut, aber erst die Liebenden der Kleistvorlage *Die Verlobung in San Domingo* schienen ihm den Hebel zu bieten, exemplarisch Rassen- und Völkerfrieden an der Folie des tragischen Ausgangs zu preisen.

Alles ehedem als entartet Verteufelte und noch jetzt Traditionsfeindliche fand Platz auf diesem Spielfeld der Entsühnung, bezähmter, weil formalisierter Jazz, Serialismus, Konstruktivismus, Expressionismus, alles versöhnt, aber unter der Klammer der begütigenden Tonalität, zu der die Schuldausrufer und -erklärer, die Herren Schwarz und Weiß, in der Schlußapotheose friedvoll heimfinden.

Viel gehaßt, getötet und gestorben wird in diesen momentan-epochalen gut zwei Stunden, alles aber überdauert die ideelle Liebe, nicht die individuell-zwischenmenschliche, sondern jene ideologisch verhängte, die in aller Gegensätzlichkeit zum vorzeitig fatalen Denken keine lebenswerte Alternative aufzeigen konnte. Bei aller Mühe: Egk war und blieb musikdramatischer Ideologe, damit seinen bedeutenden Vorläufern durchaus verwandt, leider aber geschichtlich an die Schnittstelle gesetzt, die aufpoliert Althergebrachtes dank besserer alter Exponate nicht mehr brauchen konnte. Er ist noch heute aufgrund seiner Integration ins allgemein Erwartete indifferent, positionslos und also jedem, der sich seinem Werk ernsthaft widmen möchte, unbegreifbar. Er war darin dem Überschatten Orff durchaus vergleichbar.

Wo war der all die Jahre, der weltbedeutende Vertreter Münchner Musikkultur, der scheinbar so verstehbare Avantgardist? Eigenartig, doch bis auf das bittere Satyrspiel *Astutuli*, das überdies den städtischen Kammerspielen überlassen wurde, kam nicht ein einziges seiner Nachkriegswerke in seiner Heimatstadt zur Uraufführung (wohingegen Zweitaufführungen nie lange auf sich warten ließen). Ohne diese Tatsache überbewerten zu wollen, scheint unübersehbar, daß sein antimusikdra-

»Warum Bastard?« 107

Uraufführung von »Die Versuchung«, Musik von Josef Tal, in der Inszenierung von Götz Friedrich.

Probenfoto des »Neurosen-Kavalier«, März 1980, Walter Haupt und Martha Mödl.

matisches Klangtheaterkonzept sich nicht vereinen lassen wollte mit dem Hartmannschen Restaurationsprojekt, daß die imposanten Fremdkörper zwar auch in München durchaus bestaunbar sein, aber das feinsinnige Programm der Uraufführungsreihenfolge nicht stören sollten. Orff, der verzweifelte Schuld- und Leidenssucher, paßte nicht zur ausgelobten Selbsterhaltungsstrategie, die nun endlich, in den distanzierteren und deswegen bald radikaleren sechziger Jahren auch keine Chance mehr haben sollte.

Bis zum Ende der turbulenzfreien Hartmann-Zeit gab es keine weiteren Uraufführungen mehr, die Spätblüte des Neoklassizimus war endgültig vorbei, Revolutionäres, sofern so etwas im Bereich der Oper noch denkbar war, blieb unintegrierbar. Bespiegelt im Augenblicksglanz der kreierten Opern hatte sich anscheinend erwiesen, daß das Vergangene, das Repertoire am lebensfähigsten war, mit dessen opulenter Pflege man sich also die verbleibenden Jahre hinreichend begnügte. Spätestens mit der *Verlobung* aber hatte sich der kommende Mann bereits empfohlen, Günther Rennert, schon während der fünfziger Jahre stilbildender Hausregisseur der Staatsoper.

Zumindest ästhetisch, bedingt auch dramaturgisch suchte er die allmählich größer werdende Distanz zu Hartmanns Bewahrungsstil in der eigen-

Aribert Reimanns »Lear«, Uraufführung am 9. Juli 1978, Inszenierung und Bühnenbild Jean-Pierre Ponnelle.

ständigen Fortspinnung der Wieland Wagnerischen Symbolkonzentration. Man darf ihn wohl bedingt einen Experimentellen nennen, zumindest insoweit, als er mit Beginn seiner Intendanz in der Spielzeit 66/67 die Konfrontation des Bewährten mit dem Unbequemen wenn auch nicht suchte, so doch duldete. In seine Amtszeit fällt die Einrichtung des Ensembles „Neue Musik der bayerischen Staatsoper" unter Walter Haupt, er noch gab den Kompositionsauftrag für die Erfolgssensation der späten siebziger Jahre, Aribert Reimanns *Lear*.

Doch zunächst ein bescheidener, wenn auch deutlicher Absetzungsschritt: Kaum fünf Monate nach seinem Amtsantritt brachte das Residenztheater in Koproduktion mit der Oper Mischa Spolanskis „musikalisches Gesellschaftsspiel" *Wie lernt man Liebe...* zur Uraufführung, ein leidlich banales, der Nummernrevue der Zwanziger verpflichtetes Werkchen zwar, aber, und das war wesentlich, anders. Als unreif, unwürdig für das hehre Haus nebenan betrachtet, brach es im „Ordinären" mit der persuasiven Opernmelodik, war harsch, anspringend, akklamatorisch, ja erträglich bösartig. Der Bann war gebrochen, die Oper gerechter und heilsamerweise ans Schlichte denunziert; so konnte es graduell weitergehen, die Provokation der noch unerprobten Beständigkeit der Tradition war ausgeflüstert. Nun, sicher konnte man sich auch der politischen Realität nicht verschließen, die um und um die Welt in Aufruhr brachte und den Mythos '68 gebar, nicht nur das Jahr der Projektierung der „Experimentierbühne".

Walter Haupt, Mitglied des Bayerischen Staatsorchesters, holte sich bei Rennert die Bewilligung eines schier revolutionären Vorhabens, die Einrichtung einer anarchischen Keimzelle im Innern der Traditionsburg, die Möglichkeit liberaler musikästhetischer Versuche auf der Probebühne des Nationaltheaters. Er selbst war Initiator, Anreger und Hauptbeiträger des Unternehmens, dessen erstes Ergebnis *Sümtome* 1970 über die Bretter ging, ein teils pantomimisches, teils absolutmusikalisches, teils rezitatives Gesamtereignis, dem aber die eine Qualität nicht zugesprochen werden darf: eine Oper zu sein. Definiert als „Musiktheater" wollte es auch nicht als eine solche gelten, aber doch, Kennzeichen einer bedrohlichen Ambiguität, ihre potentielle Fortsetzbarkeit belegen.

Mit dem liberalen Musiktheater war also das über Jahrhunderte vermiedene Gegenstück zur Oper endlich doch noch realisiert worden, mit der eklektischen Übernahme seiner Erfahrungsprodukte in das „große" Musiktheater der Schlußakkord gesetzt. Denn zwangsweise fand in der Liberalisierung die Rückkehr der intervallisch bestimmten Musik ins Klangliche statt, die Augenblicksakzentuierung verblieb als dominantes szenisches Mittel. Schon *Die Puppe, eine szenische Aktion für Schauspieler, aufblasbare Sexpuppe und Klavierquartett* belegte diese aus Freiheitlichkeit entstandene Verengung: Die Fülle der penibel bis freizügig notierten Ereignisse der Partitur diente im Endeffekt nurmehr einem Ziel: die begutachtbare psychologische Situation des Darstellers zu illustrieren.

Man erkannte und reagierte, synthetisierte neue Faktoren wie Licht und Raumgestaltung hinzu, griff immer weiter aus im Zwang zu notwendiger Archetypisierung des neuen Sujets und kam doch nicht über zwar erlebbare, aber nicht archivierbare, durchaus überschaubare und also nicht wirklich erfahrungserweiternde „Situationen" hinaus, weshalb schließlich auch Haupt resignierte und zur Oper zurückfand. Sein 1980 uraufgeführter *Neurosen-Kavalier*, eine „Opera dipsa", ist beredtes Zeugnis für diesen Weg außen herum, der schließlich aber doch wieder zum Ausgangspunkt zurückführen mußte.

Und doch war seine und seiner Mitarbeiter Leistung erheblich, da durch all diese Anstrengungen das verstaubende Genre Oper noch einmal schäumend aufgekocht wurde, um seine grundsätzlichen Eigenheiten und Unvermeidlichkeit bloßzulegen. Mit *Laser* oder gar *Sensus*, der Sensation machenden Verschmelzung aller Sinnlichkeit im Kugelraum, war man immerhin bis an die Grenzen des vorerst Machbaren herangegangen, und traurigironisch muß zu Protokoll gegeben werden, daß solches Machbare schon heute reichlich antiquiert verblaßt. Rennert, der den Anfang gewagt hatte, wußte er wohlmöglich von Beginn an um die systematische Unmöglichkeit des Vorhabens? Konnte also er, der experimentierbereite Konservative, das Wagnis getrost übernehmen? Schwer zu sagen, doch aus anderer Blickrichtung vielleicht erhellbar. Denn mit der revolutionären Zeitenwende von 1968 zog auch bislang dort Unerhörtes in das Nationaltheater ein, wie etwa schon 1969, erneut als Festspielbeitrag, Jan Cikkers *Spiel von Liebe und Tod*.

Unbekannt der Komponist wie auch sein Werk. Der Grund dafür ist schlicht: Cikker war künstle-

geln, er ließ lediglich davon singend erzählen. Sicher war die Partitur, mit brausenden Massenszenen fanfarisch aufgebläht, effektsicher avantgardistisch frisiert, hinter jedem ausgespielten Monolog aber lauerte unüberhörbar der Urtyp jeder slawisch orientierten Volksoper, der sattsam bekannte, also wichtigere *Boris Godunow*.

Man sollte nicht zuviel erwarten, Rennert hatte mutig nach dem aktuell Gemutenden gegriffen, wahrscheinlich aber noch ohne rechten Mut, quasi offiziell vor den Kopf zu stoßen; im kleineren Rahmen des Cuvilliés-Theaters sah es allerdings ein wenig anders aus: Nur wenige Monate nach dem Repräsentationsprojekt im großen Haus fand dort, am 12. Dezember die Uraufführung von Bialas' *Geschichte von Aucassin und Nicolette* statt, einem dezenten Wagstück zumindest. Nun war schon beinahe fünf Jahre zuvor mit Zimmermanns *Soldaten* (die gastweise auch München erreichten) der Öffentlichkeit ein Koloß an Novität und Kühnheit vorgelegt worden, an dem alles provokativ sein Wollende sich messen lassen mußte, doch irritierte das kleine bizarre Spiel von Bialas nicht wenig.

Nochmals bedurfte es einiger Jahre Wartezeit, um sich endlich doch auch im großen Stil aufs Glatteis zu wagen. 1972, Wolfgang Sawallisch war bereits Generalmusikdirektor geworden, kreierte Rennert mit ihm zusammen Isang Yuns *Sim Tjong*, die musikalische Dramatisierung einer koreanischen Legende, extrem statisch, geschehensarm, demzufolge zur Umsetzung durch situative Klangveränderungen näherungsweise geeignet. Und klanglich Außergewöhnliches, durch Intensität sogar Erinnerbares bietet die Partitur in Fülle.

Yun, der langjährige politische Häftling und koreanische Dissident, wollte im Kulturationsmythos die Unmöglichkeit der unbeeinflußten, rein schöpferischen Existenz beschreiben. Die Grenze des Aussprechbaren führte ihn dabei zu seiner spezifischen Art der nur allmählich sich verschiebenden Klangkonstruktion, die in *Sim Tjong* deshalb weitestgehend vermittelbar blieb, weil sie, dem eigenen Empfinden analog entwickelt, direkt an die Emotion des Hörers appellieren und verstanden werden konnte; tatsächlich aber war das Publikum in erster Linie als Hörerschaft gefordert, diese Komposition bedurfte des Szenischen nicht mehr, sie war absolut geworden.

Hier zeigt sich die alternative Entwicklungsmöglichkeit der sich vom Traditionellen lösenden dramatischen Musik: In die eine Richtung zum es-

Lorenzo Ferreros »Night«, Uraufführung am 8. November 1985 in der Inszenierung von Peter Werhahn, mit Gianna Nannini.

rischer Exponent des Prager Frühlings, durch ihn fand er sein Thema, die Revolution; mit ihm verstummte er, nicht aber ohne seine Danton-Oper dem willig zugreifenden bayerischen Staatshaus anzubieten. Rennert inszenierte selbst, der Erfolg war situationsbedingt beachtlich, aber nicht dauerhaft; man ahnt die Gründe. Cikker brach keine Re-

Giuseppe Sinopolis »Lou Salomé«, Uraufführung am 10. Mai 1981 in der Inszenierung von Götz Friedrich.

kapistisch Beliebigen, das immerfort grenzüberschreitender Innovationen und Originalität bedarf, auf der anderen Seite zur allemal noch fortschreibbaren, sich selbst genügenden Musik. Keine weitere Alternative?

Josef Tal konnte sie mit seiner nach wieder vierjähriger Pause in Szene gesetzten *Versuchung* sicher nicht bieten. Sein apokalyptisches emotionales Autistendrama bediente sich mittlerweile schon inflationär des Phänomens der klanglichen Eskalation, fand an keinem Ort zur übergreifenden Formgeschlossenheit und wollte schlicht erschreckend schockieren. Man könnte mutmaßen, daß diese Formverweigerung tieferer Absichtlichkeit entsprungen sei, es würde sie allerdings in keiner Weise plausibilisieren; denn das Musikalische kennt seine Grenze im Geräusch, das aber ebensolche unmittelbar emotionale Wirkungen ausüben kann.

Nun wird sich jeder Komponist, seiner Selbstbezeichnung folgend, verwahren, seine Konstruktion der Beliebigkeit des Geräuschs vergleichen zu lassen (eine terminologische Spitzfindigkeit vielleicht), aber als Konsequenz bleibt dem Hörer das über rein Geschmackliches hinausgehende Qualitätsurteil: Sich nicht akustisch dechiffrieren lassende klangliche Information mündet ins schlicht Pa-

»Arabella«, WA am 25. Dezember 1983.

radoxe, und Paradoxie mag auch das vorläufig letzte Stadium der musikdramatischen Entwicklung genannt werden. Wohlgemerkt: Hierbei ist lediglich vom akustisch nachvollziehbaren Geschehen die Rede, nicht etwa von der möglichen kompositorischen Strukturierungsabsicht; musikalische Ordnungskriterien der Partitur zu entnehmen, kann allenfalls Genuß für Eingeweihte, nicht aber Qualitätsmerkmal einer Oper sein.

Strenggenommen liegt hierin wohl auch der Grund für die relative Kurzzeitigkeit des Sensationserfolgs der Oper *Lear* von Aribert Reimann (beginnend mit der Uraufführung im Jahr 1978 und nach etwa vier Jahren schon verebbend), deren harsche Expressivität beim ersten Hören, da stets handlungsorientiert eingesetzt, staunende Bewunderung erregen konnte, die mit jedem weiteren Aufführungsbesuch aber ein Stück weit sich zum durchhört Reizlosen verflachen mußte.

Die Partitur ist ohne Zweifel ein konstruktives Meisterwerk, Takt für Takt geschrieben auf präzisen Formerhalt bedacht; dem Ohr aber bleibt ausschließlich das Registrieren einer fließenden oder sprunghaft wechselnden Abfolge von Geräuschen, die Stimmungen illustrieren, nicht aber deuten können. Um jeden Anklang an die konventionelle Tonalität dezidiert vermeiden zu können, bediente auch Reimann sich des schon beinahe wieder traditionellen Clusterschemas, von ihm zur durativen Fermate ausgedehnt, zur klanglichen Grundierung ganzer Szenenabschnitte gemacht, aus dem heraus punktuelle solistische Schlaglichter die Aufmerksamkeit des Hörers lenken sollen. Edmunds Klage »Warum Bastard?« scheint so nicht nur die eigene Problematik der Bühnenfigur, sondern auch das ästhetische Dilemma dieser wie all der schicksalsverwandten Opern nach der Oper zu reflektieren.

Reimanns Variationsinstrumentarium mußte sich auf die Farbgebung des Clusters wie auf die mannigfache Instrumentationsmöglichkeit des Riesenorchesters beschränken, die besonders dann als ermüdend erkennbar wurde, wenn Reimann doch um der sentimentalen Wirkung willen melodisch-thematisch komponierte, wie etwa beim Tod des alten Königs, dessen Herz zu pathetisch abfallenden Streicherskalen zerbricht. Gesangliches Stigma aller auf der Bühne handelnden Personen ist ihre dauernde Exaltation, die der punktuelle Situationismus fordert.

Eine bemerkenswerte Frage ergibt sich dabei: War diese Art zu komponieren Reimanns Rüstzeug, das ein dementsprechend wirkungsvoll vertonbares Sujet erforderte oder aber ist Reimann als Komponist so weitgehend flexibel, sich den Stoffen anzupassen? Erstes wohl, vergleicht man *Lear* mit dem Vorläufer *Melusine* und dem Folgewerk *Gespenstersonate*. Aber freilich steht er auch damit nicht allein, die statisch erlahmende Musiksprache forderte anscheinend von jedem seiner Zeitgenossen den Rückgriff auf tragische, gewalttätige Mythologie.

Lear verdankte sich seiner literarischen Substanz viel mehr als seiner kompositorischen Qualitäten, die Tragödie hatte analoge Klangumsetzungen erzwungen, die sie, subjektiv variabel, für jeden Rezipienten bereits in sich barg. Diese für einen Großteil der dramatischen Literatur zutreffende Spezifikation war der eigentliche Grund für die Entstehung und gerade nach dem Krieg allbeherrschend gewordene Gattung der Literaturoper: Obwohl sie sich durch die Loslösung von konventioneller Tonalität freier fühlte als die vorhergehende, tendierte die Generation der Nachkriegsopernkomponisten unweigerlich aufs verspöttelte Gleis der literarisch inspirierten Programmusik, knüpfte demnach auch darin an traditionelle Wege an, die bereits Strauss bewandert und für sich ausgeschritten hatte.

Jedenfalls war *Lear* der letzte Ausläufer der Rennertschen Konfrontationseröffnung; er selbst war bereits mit Ende der Spielzeit 1975/76 aus dem Amt geschieden. Sawallisch sprang für nur eine Spielzeit in die Bresche, zu kurz natürlich, um schon eigene Akzente in der Haltung zum Neuen aufzuzeigen. 1977/78 aber zog mit August Everding der von thematischer Krisenangst weniger belastete Pragmatismus ein. Die mittlerweile längst im Marstall fest untergebrachte Experimentaltruppe Haupts durfte ungehindert weiter das Machbare ausloten, und auch der von Rennert anvisierte grobe Vierjahresrhythmus der Festspieluraufführungen wurde beibehalten, doch trat das Repräsentative wieder stärker in den Vordergrund.

Ausschlaggebend waren klangvolle Namen, die das zu erwartende Ereignis schon im Vorfeld spannend würzen sollten: Sinopoli, der bewährte Sutermeister und auch bald schon wieder der vermeintliche Erfolgsgarant Reimann, aber der Drang zur selbstkritischen Provokation war verflogen, die auch zu Beginn der achtziger Jahre kaum noch ernsthaft angestrebt werden konnte. Giuseppe Sinopoli, damals noch am Beginn seiner Karriere als Medienstar, lieferte den Bedürfnissen nach Opulenz und Bühnenfülle die eigentlich eher der Philosophie Nietzsches verpflichtete Partitur der *Lou Salomé*, die alle Erwartungen an das „Neue" konform decken konnte: Psychoanalytische Intellektualität paarte sich mit feinnerviger, aber das Gewohnte schon nicht mehr überschreitender „Atonalität" und bot einer großen Sängerin gute Möglichkeit, sich virtuos-monologisch in Szene zu setzen. Der Zeitgeist war scharf fotografiert, die emanzipierte, nun nicht mehr domestizierbare Frau wurde zum Symbol der Ablehnung aller bigotten Spießbürgerlichkeit, die doch jeder anwesende Bürger für sich recht gerne reklamieren mochte. Auch Sinopoli betreibt mit Sicherheit auf dem Papier gediegene Handwerkskunst, und einiges bemüht sich auch hörbar, vom bloß Affektiven sich zu entfernen, aber leider ist auch im Fall der *Lou Salomé* nur eine Mischform aus gelungen Absolutem und konsequent gescheitert Situativem zu erkennen. Aber eines ist unübersehbar geworden: Ein Komponist wie Sinopoli weiß um die Krisenhaftigkeit des eigenen Produkts und verknüpft das musikalische Protokoll einer Suche nach dem Schlupfloch aus der ästhetischen Sackgasse mit dem szenischen der Lebensperspektivsuche einer innerlich vereinsamten Bühnenheldin.

Deren Suche nach der eigenen Biographie gerät

Volker David Kirchners »Belshazar«, Uraufführung am 25. Januar 1986 unter der Regie von Kurt Horres.

Aribert Reimanns »Troades«, Uraufführung am 7. Juli 1986, in der Inszenierung von Jean-Pierre Ponnelle.

zum Stationendrama, nicht in konventionell temporalem Ablauf, sondern in der gleichzeitigen, ensembletechnisch verdankten Gegenüberstellung von Musikunfähigkeit (Nietzsche), Exaltation und thematischer Formfindung (Lou), allzu akademisch sicher, um dem Grundgesetz der Oper, der Sinnlichkeit, noch gerecht zu werden. Es wurde oben bereits angesprochen, daß der hohe Anspruch der Experimentierbühne sich spätestens mit der Uraufführung des *Neurosen-Kavaliers* verflüchtigt hatte.

Auch hier ist nicht von einem Werturteil die Rede, der *Neurosen-Kavalier* entspricht durchaus der kritischen Höhe seiner Zeit, aber man war eben doch zurückgefallen und schien den Rückfall zementieren zu wollen mit der Auswahl von Reinhard Febels *Euridice*, die 1983 im Zitieren und mühsamen Verfremden an den Ursprung des musikalischen Dramas vordrang, zu Peris *Euridice*. Gelegentliche, zunehmende Aufbrüche des Originals bis hin zu dessen unversöhnlicher Zersplitterung ist das Konzept, die zwangsbefriedende Sinngebung des frühbarocken Versuchsstadiums der Oper sollte als das überlebt Restaurative noch einmal plakativ aufgehoben werden in der modernen Anerkenntnis ideologischer Lebenslimitierung.

Fortschritt aber konnte selbstredend auch davon nicht ausgehen, Febel war ehrlich, er suchte ihn nicht mehr, schließlich war die Postmoderne angebrochen, die es als Einsicht postulierte, statt Sinn Design ertragen zu müssen. Design, der fast religiöse Überbegriff der reproduzierbaren, kaufbaren Eigenständigkeit, wurde in rasendem Tempo zum Leitwort der reproduktiven Gesellschaft, wurde zum Ersatz für die in demokratischer Frühzeit noch so mühsam eingeforderte Schaffung der individuellen Autorität. Auch die Oper verlotterte zum Designprodukt, allmählich über den zum Trivialsymbolischen erfrierenden Inszenierungsstil bis hin zur Produktion des Neuen, das auch schon nur noch seine Entstehensberechtigung daraus schöpfte, durch die Musikindustrie vermarktbar zu sein. *Lear*, *Lou Salomé* und noch rascher dann *Troades* wurden ohne Überprüfung ihrer Dauerhaftigkeit zu bald in den Regalen verstaubenden Tonkonserven gemünzt, deren kommerzieller Mißerfolg die Verantwortlichen nur wenig schmerzen mußte, blieb der Reproduktionsnachschub doch nicht aus. Design bedarf um der Selbsterhaltung willen der Benutzer, und sie zu motivieren nützt nur eine Vorgehensweise: die Anpassung an die Erwartung.

Also war der Auftakt der Designvergötzung der letzte Nagel am Sarg der Opernfortentwicklung.

Und Sutermeister, immer der Richtige zur rechten Zeit, gab mit seinem *Roi Bérenger* ein ansehnliches Exempel ab. Man möchte beim Hören dieser zeitgemäßen Endzeitgroteske kaum glauben, daß es derselbe war, der mit quecker Fröhlichkeit einst *Seraphine* zum devoten Verstummen brachte. Auch war nunmehr, 1985, die kompositorische Kulisse eine andere, zwar noch gediegen hörbar, aber doch mit frechen Spitzen als genüßlich „neu" zu diskutieren. Wolfgang Sawallisch leitete hier auch erstmals selbst seit dem 13 Jahre zurückliegenden *Sim Tjong* wieder eine Uraufführung, doch half es nichts, *Bérenger* überlebte die Festspielzeit nicht, denn Design unterliegt der Tagesstimmung.

Die letzte noch von Walter Haupt zu verantwortende Produktion der Experimentierbühne ließ in diesem Zusammenhang auch nur noch wissend resignieren, hatte man doch den radikalen Liberalismus der frühen Jahre verwechselt ins Alltägliche des musikindustriellen Showmarktes. Sicher war die Absicht Lorenzo Ferreros, unterhaltsam breitenwirksames Happeningtheater zu kreieren, lauter, aber signifikant für die definitionsverschleifende Beliebigkeit des musikdramatischen Freiheitsbegriffes dieser späten Jahre. Ohne Zweifel begeisterte der Stargast Gianna Nannini, doch war sie und längst nicht mehr „das Werk" Substanz von *The Night*. Ja, man hat sich lange vom Werkbegriff verabschiedet, aber nicht der produktiven Rückständigkeit wegen, sondern weil es aus hier oft genannten Gründen keine Werke mehr geben konnte.

Soll man von Kirchners *Belshazar* noch erzählen? Zumindest der spektakuläre Aufwand lohnt es, sah man doch nie die nuklear bedrohte Endzeitgesellschaft auf der Bühne von ihren eigenen Kulturationstrümmern eindrucksvoller erschlagen werden. Dazu organisierte Kirchner ein symbolisch interessantes Gemenge aus szenischen und musikalischen Anklangsfetzen, das unserer Zeit Sinnentleerung zeigen, aber eben auch nur zeigen konnte.

Immerhin könnte man schlicht kalendarisch das Jahr 1986 zum für München wichtigsten Jahr der neuen Oper deklarieren, sah es doch nicht nur Kirchners, sondern auch Reimanns gigantisches Untergangsgemälde, die *Troades*, die zum lähmenden Entsetzen gedachten Monologe versehrter Überreste des so wahrscheinlichen Weltfeuers. Als Komponisten hatte man ihn oder er sich selbst zu seiner eigenen Matrize verpflichtet, schrieb *Lear*-Klänge nach Troja, austauschbar und ununterscheidbar.

Und wer bis 1991 auf den Säulenheiligen Penderecki hoffte, daß der noch einmal an die aggressiven Zeiten der *Teufel von Loudun* erinnern würde, wurde auch mit *Ubu Rex*, dem verzweifelten Klammern an den Rettungsring der Tradition, kichernd verärgert, enttäuscht. Der aber ist nun auch schon nahezu vergessen, wie alles, was hier kleinteilig zusammengetragen wurde, um einzig und allein zu zeigen, daß das rigorose Kunstwerk Oper wohl glücklicherweise nicht mehr fortzuspinnen ist; denn Oper war eine Erfindung des Feudalismus, erblühte im Absolutismus und trug reiche Frucht im Jahrhundert des nationalen Chauvinismus, in den gelungenen Fällen zwar kritisch, Alternativen suchend, aber doch stets sich der Mittel bedienend, die die Zeiten ihr boten, die sie duldsam ins eigene System integrierten.

Vielleicht ist es ein gutes Zeichen, daß heute, da wir mehr und mehr den archekritischen Kern der zentralen Standardwerke freilegen und in ihnen die Quellen unserer eigenen geistigen Entwicklung aufspüren, da wir aber gezwungen sind, unseren geschichtlichen Status um neuer Perspektiven willen zu flexibilisieren, ein historisch bedingtes und historisch gescheitertes, einmalig faszinierendes Genre wie die Oper als abgeschlossen vor uns steht.

Frank-Rüdiger Berger

»Dieses Ach! des Körpers«
Ballett zwischen politischer Demonstration und Weltstadt-Kunst

Die Münchner kennen die Frage aus den letzten Jahren zur Genüge: Ist oder wird München eine Ballettstadt? Neue Nahrung erhielt die Diskussion durch die Gründung des Bayerischen Staatsballetts zu Beginn der Spielzeit 1990/91. Das Bayerische Staatsballett soll durch möglichst große Eigenständigkeit in finanzieller und organisatorischer Hinsicht den kulturellen Attraktionen der Stadt (der berühmten Oper, den großen Orchestern, den Museen) auch ein Ballett mit entsprechendem Renommee hinzufügen. Welch ein Schritt: die institutionalisierte Anerkennung des Balletts als eigenständige Kunstform!

Davon konnte man im vergangenen Jahrhundert in München nur träumen. »Gleichwohl scheint das Münchener Ballet immer das Aschenbrödelchen geblieben zu sein«, stellte Ernst Kreowski 1892 fest, als er dem „Ballet des königlichen Hoftheaters" in München ein „Erinnerungsblatt zur Feier seines 100jährigen Bestehens" widmete. Man darf Kreowskis Einschätzung wohl für das gesamte vorige Jahrhundert verallgemeinern, denn immer wieder tauchen in Besprechungen Hinweise auf das „Aschenbrödel-Dasein" des Balletts auf, z. B. am 29. März 1821 in der Zeitschrift *Flora*: »Auch das Ballet kommt selten oder gar nicht zum Vorschein, und ist ganz unthätig [...] Sodann stehen das Ballet und die Pantomime nie auf dem Repertoir, sondern werden nur als Lückenbüsser gebraucht. Es würde aber zur Erleichterung des Schauspiel-Personals und zur Vervollkommnung seiner Vorstellungen dienen, wenn wenigstens alle 14 Tage oder 3 Wochen ein Ballet wäre, und wäre es auch nur, um das Ballet-Corps in Thätigkeit und Übung zu halten.« Oder auch mehrfach im *Münchener Theater-Journal* in der zweiten Hälfte des 19. Jahrhunderts, z. B. am 27. März 1880: »Wir wünschen daher, daß auch ohne besonders störende Veranlassung, das Ballet, so wie überhaupt der Kultus des wahrhaft Schönen und Erhabenen bei unserer Bühne eine bleibende Stätte finden möge.« Die vielleicht krasseste Aussage zum Ballet stammt aus dem *Münchener Unterhaltungsblatt*, Nr. 61, aus dem September 1840: »Vom Ballet schweigen wir. Die guten Leute reden ja auch nichts, warum sollen wir denn ihrethalber viel Worte machen.«

✻

Bevor man von getanzten Theatervorstellungen im heutigen Sinn sprechen kann, wurden Opern, Ballette und Mischformen bei Hoffesten aufgeführt. Anlässe gab es im 17. und 18. Jahrhundert genug: Geburtstage, Namenstage, Verlobungen, Hochzeiten im Haus der Münchner Kurfürsten.

Der Chronist Franz Michael Rudhart führte schon im vorigen Jahrhundert eine Liste der Ballettmeister in München von 1660 bis nach 1778 auf, die über die Bedeutung des Balletts einiges aussagt. Allein die Überschrift »Balletmeister und Comparseriedirektoren« weist daraufhin, daß nicht nur Tänzer, sondern auch Laiendarsteller in der Zuständigkeit der Ballettmeister arbeiteten. Der Beruf des professionellen Tänzers hat sich erst allmählich entwickelt. Über lange Zeit hinweg wurden die Aufführungen von den Mitgliedern des Hofes selbst getanzt (prominentester adliger Tänzer ist wohl Ludwig XIV., der „Sonnenkönig"). Der erste auf dieser Liste angeführte Münchner Ballettmeister, Castiglioni Vinzenzo, war „Thurniermeister", das heißt er war auch bei den oben angesprochenen Festlichkeiten für die Turniere zuständig, die erst auf dem heutigen Marienplatz, später innerhalb der Residenz abgehalten wurden. Später werden mehrere „Fechtlehrer" aufgeführt, die meist von der Universität Ingolstadt kamen (Fechtszenen auf der Bühne sind ja auch heute noch spannende und spektakuläre Darbietungen, z.B. in Serge Prokofieffs *Romeo und Julia*). Erst ab 1752 wurde der Titel „Balletmeister" durchgehend geführt, einmal gab es für die komischen und die „serieusen Ballet's" sogar je einen eigenen Ballettmeister.

Die Aufführungen standen von Anbeginn im Dienste politischer Präsentation. Im Mai 1665 beispielsweise wurde anläßlich der Taufe des Prinzen Ludwig Amadeus von Bayern ein größeres Fest gegeben. Die Oper *L'amor della patria* und das Ballett *I trionfi di Baviera* standen im Mittelpunkt der Veranstaltung. Schon die beiden Titel verweisen auf den Sinn der Darbietungen: Den anwesenden Gästen, vor allem den Fremden, wollte man nicht nur Unterhaltung bieten, sondern auch Bayerns politisches Gewicht demonstrieren. Politik verpackt in Kunst. In dem Ballett traten die Personifikationen der vier bayerischen Provinz-Hauptstädte (München, Landshut, Burghausen und Straubing) mit dem weiß-blau gekleideten Bayern auf und lobten die fürstliche Familie. Vertreterinnen der vier Weltteile Europa, Afrika, Asien und Amerika führten Tänze auf, um die neue alpenländische Sonne, wie der Prinz bezeichnet worden war, zu feiern. Den gemeinsamen Tanz aller Weltteile führte die Kurfürstin Henriette Adelaide als Solotänzerin an. (Sie hatte, aus dem tanzfreudigen Frankreich bzw. Savoyen stammend, ihrem bayerischen Gatten erst einmal beibringen müssen, daß es für eine Prinzessin doch schicklich sei zu tanzen.) Frankreich und Savoyen zeichneten den jungen Prinzen noch besonders aus.

Mit diesem Huldigungsballett wurde der Prinz nicht als Mensch, sondern als Personifikation der Tugend gefeiert, und der Glanz fiel natürlich zugleich auf den ganzen Hof und auf Bayern: getanztes Theater als Mittel politischer Selbstverherrlichung.

*

Ganz andere Aufgaben erfüllte das Ballett im späten 18. Jahrhundert. Mit den Reformideen von Pietro Metastasio, dem führenden Librettisten der italienischen Opera seria, wurden auch getanzte Einlagen aus der Opernvorstellung verbannt. Doch durch die Hintertür kam das Ballett wieder zur Aufführung: Man spielte Ballette zwar nicht in der Oper selbst, aber als Intermezzo zwischen den Akten oder als Divertissement am Schluß. Und so hatten die Zuschauer nach wie vor ihre optische Unterhaltung und wurden nach dem Ende der tragischen Oper durch ein heiteres oder ländliches Ballett wohlgestimmt in den Abend entlassen. Man muß diese Ballette und Divertissements wirklich als Tagesproduktion verstehen. Der Chronist und Regisseur Franz Grandaur zählte z.B. 113 Ballette, die in rund drei Jahrzehnten von den Ballettmeistern Claudius Legrand und Peter Crux, sowie dem Pantomimenmeister Constant geschaffen worden seien (Crux war engagiert von 1778 bis 1821, Legrand von 1778 bis 1799 und Constant von 1778 bis zu seinem Tod 1806). Außerdem berichtet er, der Hofmusiker Anton Dimler habe die Musik zu 185 Balletten geschrieben, die zumeist im Cuvilliés-Theater aufgeführt wurden.

Dort, im Münchner Hoftheater in der Residenz, fand auch eine der beiden Uraufführungen von Mozart-Opern statt. Kurfürst Karl Theodor, der 1778 bei seinem Regierungsantritt in München auch seine Mannheimer Ballett-Compagnie mitgebracht hatte, erteilte Mozart den Auftrag für eine neue Oper. In den *Annalen der baierischen Litteratur vom Jahr 1781* wird der *Idomeneo* als Neuigkeit in der »sogenannten grossen Opera« angekündigt: »Die Musik der heurigen ist von Herrn Mozzard dem jüngern aus Salzburg. Die Dekorationen werden von Herrn Hofkammerrath, und Theaterarchiteckte Quaglio besorgt.« Bei heutigen Aufführungen oder Schallplatteneinspielungen des *Idomeneo* wird meist das 15minütige Divertissement am Schluß der Oper gestrichen. Die Musik zu diesem Ballett wurde Mozart selbst in Auftrag gegeben, da der Oper kein eigenständiges Ballett nachfolgen sollte. Mozart berichtet seinem Vater am 30. Dezember 1780: »[...] ich bin noch nicht ganz fertig mit dem dritten Ackt – und habe alsdann – weil kein extra Ballet, sondern nur ein zur Opera gehöriges Divertißement ist, auch die Ehre die Musik dazu zu machen. – mir ist es aber sehr lieb, denn so ist doch die Musick von einem Meister.« Gerade der letzte Satz zeigt, was Mozart in musikalischer Hinsicht von den üblicherweise gespielten Balletten und Divertissements der Hofkapellmeister der Zeit hielt. Die Choreographie zu diesem „Divertißement" stammte von Ballettmeister Legrand, der in den schon zitierten *Annalen* folgendermaßen beschrieben wird: »Herr Le Grand Balletmeister, und erster Tänzer tritt im heroischen Ballete in raschen Helden, und feurigen Kriegern auf. Sein schöner ansehnlicher Wuchs unterstützt seine Kunst, und es wäre zu wünschen, daß er in wüthenden Rollen weniger übertreiben, sich mehr mässigen, und seinen Vorstellungen Schatten und Licht geben möchte.« Mozart fügte dieser offiziellen Charakterisierung Legrands seine private Meinung über Münchens damaligen ersten Tänzer hinzu: »[...] war eben Le grand der Ballettmeister ein grausamer schwätzer und Seccatore bey mir, und machte mich durch sein geplauder den Postwagen versäumen.« (Brief an den Vater vom 22. November 1780)

*

Ein wichtiges Datum für das Münchner Ballett war das Jahr 1792, in dem, offenbar zum ersten Mal, eine Ballettschule gegründet und dem Ballettmeister Crux unterstellt wurde. Diese Nachwuchsförderung war schon bald vonnöten. Der Intendant Franz Marius von Babo schreibt in einem Bericht vom 30. September 1807 über die ersten Kräfte des Balletts: »Petri, steif durch Alter und langjährige Dienste; Renner faul, zum Dienste unwillig und mit öfteren Beinschmerzen behaftet; Madame Danner alt und steif; Madame Leoni seit länger als drei Jahren wegen Krankheit ganz unbrauchbar.« Babo war also, wie der Chronist Grandaur berichtet, auf Gäste und talentvolle Eleven angewiesen, um Ballettvorstellungen zu arrangieren.

Mit Gründung der Ballettschule beginnt für Ernst Kreowski die eigentliche Geschichte des Balletts in München. Erst in der Verbindung mit einer Schule erkannte Kreowski die Grundlagen einer funktionierenden Ballett-Compagnie. Die auch heute vom Bayerischen Staatsballett und der Heinz-Bosl-Stiftung oft beschworene und praktizierte Zusammenarbeit von Compagnie und Schule hat also in München Tradition und jährt sich heuer zum zweihundertsten Male.

In die ersten Jahre der neuartigen Nachwuchsförderung fällt ein einschneidender Intendanten-Wechsel. Franz Marius von Babo leitete das Münchner Hoftheater ab 1799 als Nachfolger des Grafen Seeau zuerst als Theaterkommissar, ab 1805 als Intendant. Zu seinen ersten Taten zählte die personelle und funktionelle Rückstufung des Balletts, wohl aus finanziellen Gründen. Am 1. Juli 1799 wurde durch eine Ordonnanz beschlossen, daß »künftighin nur *ein* Balletmeister in der Person des Crux beibehalten werden soll, daß keine heroischen Ballets, sondern nur Tanzspiele oder Pantomimen ländlichen oder komischen Inhalts gegeben werden sollen.« Dies war eine deutliche Festschreibung der rein unterhaltenden Funktion des Balletts, Darstellungen tragischer Stoffe nach den modernen Ideen der Ballettreformer Gasparo Angiolini und Jean-Georges Noverre wurden in München schlichtweg untersagt.

Fanny Elßler und Franz Offermann im Ballett »Malers Traumbild«, 2. November 1844, Lithographie.

Szenenillustration zum Ballett »Danina oder Joko, der brasilianische Affe«.

Neuen Aufschwung nahm das Ballett erst unter neuer Theaterleitung und neuer Ballettleitung. Friedrich Horschelt aus Wien ersetzte 1821 den in Pension gehenden Crux und brachte die so dringend benötigten neuen, jungen Kräfte mit. Aus Frankreich, wo man schon immer dem Tanz in der Oper einen großen Stellenwert eingeräumt hatte, kam zur gleichen Zeit eine neue Opernwelle nach Deutschland, die Grand Opéra. Diese ungemein wirksamen Opern (allen voran die Werke Giacomo Meyerbeers, *Robert der Teufel*, *Die Hugenotten*, *Der Prophet*, aber auch Daniel François Esprit Aubers *Die Stumme von Portici*) bedurften des Balletts für ihre prachtvollen und äußerst wirkungsvollen Vorstellungen.

Und somit rückte das Ballett immer mehr in den Dienst der Operndarstellung. Ab 1830 sollte das Ballett primär zur Ausschmückung von Opern eingesetzt und nur in zweiter Linie als eigenständiger Kunstzweig betrachtet werden. In diesem Zusammenhang schickte man sogar Ballettmeister Horschelt in Pension. Eine Zeitungsnotiz aus dem *Museum für Kunst, Literatur, Musik, Theater und Mode* verkündete die Neuordnung des Balletts unter der Intendanz Karl Theodor von Küstners 1837: »Der zukünftige Wirkungskreis des Ballets und die demselben gestellte Aufgabe mit Berücksichtigung der dafür vorhandenen etatsmäßigen Mittel der K. Hoftheater-Intendanz ist zur genauen Nachachtung bestimmt worden. Theils ist das

»Danina oder Joko, der brasilianische Affe«.

Ballet als mitwirkender Theil in der Oper und dem Schauspiele, theils als selbstständige Branche zu betrachten, in welcher letzten Hinsicht es jedoch nur komische Ballets und Divertissements, jedoch keine großen ernsten Ballets, jedenfalls keine neuen, zu geben hat. Das Letztbesagte sonach (Ballo serio) ist ausgeschlossen, da es zu einer, der hiesigen großen Bühne entsprechenden, glänzenden und grandiosen Gestaltung, für das nöthige Personal, so wie für Kostüm und Dekorationen einen Aufwand erfordern würde, der die der Intendanz angewiesenen Mittel übersteigt […]« In seinen Erinnerungen rechnet von Küstner es sich als Verdienst an, daß der »rühmlichst bekannte Balletmeister Horschelt unter mir in München eine Wiederanstellung zum Gewinne dieser Branche erhielt.«

In den Opernaufführungen wurde das Ballett nun kräftig eingesetzt. Schon die Untertitel der Produktionen wiesen oft auf die Beteiligung des Balletts hin: Spontinis *Ferdinand Cortez, oder die Eroberung von Mexico. Eine große heroische Oper mit Ballet in drei Aufzügen*; Aubers *Der Gott und die Bayadere. Oper mit Ballet und Pantomime in zwey Aufzügen*; und Lachners *Catharina Cornaro. Oper mit Ballet in vier Aufzügen* seien hier als heute weniger bekannte Werke genannt. Aber auch Renner des Repertoires wurden entsprechend ausgestattet: zum Beispiel *Die lustigen Weiber von Windsor. Komische Oper mit Ballet in drei Aufzügen von Nicolai; *Oberon. Romantische Feen-Oper mit Ballet in drei Aufzügen* von Weber; und *Margarethe (Faust). Oper mit Ballet in vier Aufzügen* von Gounod.

Schlechte Karten also für das Ballett als eigenständige Kunstform in dieser Zeit. Verschiedene zeitgenössische Statistiken belegen diese Entwicklung: 1851 zählte man 30 Ballette bei 241 Vorstellungen insgesamt. Diese Zahl ging bis 1858 auf 6 Ballette bei insgesamt 295 Vorstellungen zurück und pendelte sich dann während der 1860er Jahre auf rund 25 ein. Der Intendant Karl von Perfall führte über die Jahre 1869 bis 1892 Statistiken. Demnach wurde bis 1889 die Grenze von zehn Ballettaufführungen im Jahr nur fünfmal überschritten, 1882 gab es gar nur ein einziges Ballett (*Coppelia* von Léo Delibes). Erst *Die Puppenfee* von Josef Bayer änderte 1889 mit 58 Vorstellungen (!) das traurige Bild. Perfall gab übrigens dem Publikum die Schuld an der Ballett-Misere: »Die im Verhältniß geringe Pflege des Ballets – in fünfundzwanzig Jahren nur 283 Aufführungen – war ursprünglich durchaus nicht in meiner Absicht gelegen. Hiezu zwang mich die Apathie des Publikums, welche sich unzählig oft recht empfindlich geltend zu machen wußte.«

Auch bei diesen Zahlen sei daran erinnert, daß Ballette bis zu Beginn unseres Jahrhunderts immer an gemischten Abenden, also nie allein aufgeführt wurden. Es gab damals so abenteuerlich anmutende Kombinationen wie Shakespeares *Die Komödie der Irrungen* mit dem Divertissement *Zephyr und die Nymphen*; *Giselle* von Adolphe Adam mit Schuberts Oper *Der häusliche Krieg*; Boieldieus *Die weiße Dame* mit dem Ballett-Divertissement *Ein Traum im Orient*; *Der eingebildete Kranke* von Molière oder auch Shakespeares *Wie es euch gefällt* mit dem Ballett *Der Blumen Rache*. Noch zu Beginn dieses Jahrhunderts spielte man *Der Barbier von Sevilla*, *Hänsel und Gretel* und *Der Waffenschmied* im Verein mit *Der Kinder Weihnachtstraum*, *Ein Kostümball* und ähnlich pittoresken, aber nichtssagenden Werken, und das Ballett *Coppelia* konnten sich die Zuschauer z.B. mit Richard Strauss' *Feuersnot* oder mit Mascagnis *Cavalleria rusticana* ansehen. (Heute werden Opern und Ballette kaum noch am selben Abend gegeben – neben gewandelten ästhetischen Gründen auch Folge des von den Gewerkschaften erzielten „chorfreien Tags", an dem man praktischerweise ein Ballett spielt.) Gegen Ende des vorigen Jahrhunderts setzte aber auch allmählich die heute gängige Praxis ein, Handlungsballette wie *Giselle* oder *Sylvia* allein an einem Theaterabend zu geben.

Hie und da regte sich in den Aufführungskritiken des vorigen Jahrhunderts Widerstand gegen die stiefmütterliche Behandlung des Balletts. So wies ein nicht genannter Verfasser im *Museum für Kunst, Literatur, Musik, Theater und Mode* 1837 in seiner „Apologie des Ballets und der Pantomime" auf den Stellenwert von Bewegungen sowohl auf der Bühne als auch im täglichen Leben hin: »Daß so das Ballet, diese Lyrik des Körpers, bis in die Tiefen des Lebens reichende Bezüge habe, kann

Marie Taglioni als Donaumädchen, Lithographie.

wohl nicht mehr bezweifelt werden; und nachdem wir ihm sein hohes Recht gewonnen haben, möchten wir nur noch den frommen Wunsch laut werden lassen, daß, um dem Leben und dem Umgang Schwung und neuen Reiz zu geben, nicht blos auf der B ü h n e , sondern auch im L e b e n neben dem Worte auch der stummen Sprache des Körpers zu Zeiten Einfluß gestattet werde. Immer Worte! Worte! [...] Dieses Ach! des Körpers ist melodischer als ein Ton, durchdringender als der höchste Schrei.«

*

Das Ballett des 19. Jahrhunderts lebte von seinen überragenden Ballerinen wie Marie Taglioni, Fanny Elßler, Lucile Grahn und Carlotta Grisi. Sie alle haben in München getanzt, Lucile Grahn kam sogar von 1869 bis 1875 als Ballett-Direktorin in die Stadt (sie war mit dem Münchner Sänger Friedrich Young verheiratet). Europas Primaballerinen gaben sich im Nationaltheater ein Stelldichein, nur eine Tänzerin hätte der damalige Intendant Franz von Dingelstedt nach eigener Erinnerung trotz ihres Erfolges wohl besser nicht engagiert, Mitte der 1850er Jahre: »Señora Pepita de Oliva. Wie ich ihn niederschreibe, den damals so oft genannten, so laut gejauchzten, jetzt längst verschollenen Namen, steht sie leibhaftig vor mir, die wunderbar schöne Spanierin, höre ich, – aber wie deutlich! – das trok-

Lucile Grahn in »La Sylphide«, Lithographie.

Carlotta Grisi (rechts).

Lola Montez nach einem englischen Originalgemälde von Linton.

kene, scharfe Rasseln der Castagnetten, womit, noch in der Coulisse, die Klapperschlange ihr Erscheinen ankündigte. Nun schießt sie heraus, stellt sich eine volle Minute regungslos hin, aus den üppigen Hüften hoch aufgebäumt, weit rückwärts gebogen, daß die dichten schwarzen Haare fast den Boden fegen, und stürzt dann vor, ihre Vampiraugen jedem einzelnen Zuschauer in's Hirn bohrend, mit den kleinen, spitzen, weißen Zähnen des halb geöffneten Mundes sich fest einbeißend in alle Männerherzen, die ihr in höchster sinnlicher Wallung entgegenklopfen. Was sie tanzte, ihre Madrileña, ihr Ole, ihre Linda Gitana, das war ja alles Nebensache; die Person allein wirkte, galt, zog. Diese Straßentänze, als Soli aufgeführt, hatten eigentlich, von dem künstlerischen Werthe ganz abgesehen, gar keinen Sinn, wiefern jeder Nationaltanz wenigstens ein Paar, wenn nicht eine Gruppe, erheischt. Aber Pepita tanzte allein; ihr Partner war das Publicum. Darin lag der Reiz, darin der Erfolg.

Ich hatte sie auf einer Streife nach geldbringenden Gastspielen in Braunschweig gefunden und auf dem Flecke engagirt; freilich nicht ohne Gewissensbisse. Als ich den Vertrag unterzeichnete, glaubte ich die blauen Augen und das blonde Haupt meiner Freundin Lucile Grahn vor mir zu sehen, wie sie mich kopfschüttelnd und vorwurfsvoll anblickte. Sie hatte recht: Pepita gehörte nicht auf ein künstlerisch geleitetes Hoftheater. Aber verfolgte mich denn nicht das Gespenst des lumpigen Deficits? Suchte ich nicht, gieriger als je ein wälscher Impresario gewesen, leidenschaftlich wie ein Alchymist, nach Gold, nur Gold, immer Gold, um meine verfallene Seele loszukaufen? Nun, Pepita brachte mir Gold; aber um hohen Preis. In einem Augsburger Blatte blitzte zuerst, noch ehe sie kam, der meuchlerische Schuß auf: daß nur ein ‚Fremder' dem Bayernlande das Herzeleid anthun könne, durch eine spanische Tänzerin zu erinnern an – Lola Montez. Die Kugel saß.«

Die Erinnerung an 1848, als König Ludwig I. wegen der Affäre mit Lola Montez abdanken mußte, war, wie es scheint, noch sehr lebendig.

＊

Nach dem Ersten Weltkrieg begann auch in München die moderne Ballettentwicklung. Die schon Ende des vorigen Jahrhunderts einsetzende Bewegung des Ausdruckstanzes erreichte das Münchner Ballett erst nach dem Ersten Weltkrieg unter seinem Ballettmeister Heinrich Kröller. Die Vorkriegssituation im Münchner Ballett schildert Thomas Mann in seinem Roman *Doktor Faustus*. Dort beschreibt er die ästhetischen Ansichten des Münchner Generalintendanten, den er „Baron Riedesel" nennt: »So schätzte und protegierte Riedesel das Ballett, und zwar, weil es ‚graziös' sei. Das Wort ‚graziös' bedeutete ihm ein konservativ-polemisches Schibboleth gegen das Modern-Aufrührerische. Von der künstlerischen Traditionswelt des russisch-französischen Balletts, deren Repräsentanten etwa Tschaikowski, Ravel und Strawinski sind, hatte er gar keine Ahnung und war weit entfernt von Ideen, wie der zuletzt genannte russische Musiker sie später über das klassische Ballett äußerte: es sei, als Triumph maßvoller Planung über das schweifende Gefühl, der Ordnung über den Zufall, als Muster apollinisch bewußten Handelns, das Paradigma der Kunst. Was ihm vielmehr dabei vorschwebte, waren einfach Gazeröckchen,

Spitzengetrippel und ‚graziös' über den Kopf gebogene Arme – unter den Augen einer das ‚Ideale' behauptenden, das Häßlich-Problematische verpönenden Hofgesellschaft in den Logen und eines gezügelten Bürgertums im Parterre.«

Die »Modern-Aufrührerischen« waren Isadora Duncan, Mary Wigman, Grete Wiesenthal – um nur drei der Erneuerer des Tanzes zu nennen. »Weg mit den Spitzenschuhen, weg mit den Tutus, weg mit dem Korsett des klassischen Tanzes« – mit diesen Losungsworten verwarfen immer mehr Tänzer und Tänzerinnen das klassische Ballett und entwickelten neue, aus der freien Bewegung geborene Tanzformen.

Pepita de Oliva in »L'Aragoneza«. Lithographie von G. Bartsch, 1853.

Heinrich Kröller, von 1918 bis 1930 Staatsballettmeister in München und zum Teil gleichzeitig auch in Wien und Berlin tätig, gebührt das Verdienst, die traditionelle klassische Technik mit dem modernen Tanz verbunden zu haben. 1928 weist er in einem Artikel über das Münchner Staatstheater-Ballett auf den Niedergang des klassischen Tanzes im 19. Jahrhundert hin: »Auch in München verflachte während dieser Zeit das Ballett und büßte an seiner Bedeutung als wirkliche Kunstgattung ein, trotzdem die tüchtigsten Meister wie Horschelt, Fenzl Vater und insbesondere Fenzl Sohn, Flore Jungmann, vorzügliche Ballettaufführungen arrangierten […] Am Ausgang des 19. Jahrhunderts versiegte das Interesse des Publikums für das Ballett fast völlig und die aus Italien überallhin, auch nach München, importierten akrobatischen Primaballerinas konnten keine Teilnahme erwecken […] Es war höchste Zeit für eine Reform.« Die Verbindung von klassischem und modernem Tanz sollte also auch das Interesse des Publikums wieder wecken. Für eine funktionierende Verschmelzung der Tanztechniken »erscheint es als das Erstrebenswerteste, schon im Kindesalter beide Tanzarten verbunden zu lernen. Diesen Vorzug hat als erste Bühne das jetzige Münchner Staatstheater-Ballett genossen. Fast alle hier zurzeit engagierten Mitglieder sind in Ballett und moderner Tanzrichtung zugleich erzogen«, berichtet Kröller weiter. Wieder spielt das Zusammenwirken von Ballettschule und Compagnie eine wichtige Rolle, und auch heute muß jede Ballettschule ihren Schülern neben einer fundierten klassischen Ausbildung auch moderne Tanztechniken vermitteln. Kröller erhofft sich sogar Auswirkungen auf Oper und Schauspiel: »Die gute Pflege des Tanzes auf der Bühne ist nicht nur wegen des zunehmenden Interesses von seiten des Publikums für das Ballett wichtig, sondern auch wegen der Einwirkung des Tanzes und der Körper-Rhythmik auf Gestaltung von Oper und Schauspiel. Es ist zu erwarten, daß auch die Regie der Oper und des Schauspiels sich mit Körper-Rhythmik mehr als bisher vertraut machen und von den ausführenden Kräften bis zu einem gewissen Maße tänzerische Beherrschung des Körpers fordern wird.«

Kröller führte auch die „Ballettabende" ein, an denen mehrere kürzere Ballette in einer Aufführung zusammengefaßt wurden. Und er führte zeitgenössische Werke auf: Richard Strauss' *Josephslegende*, Béla Bartóks *Der holzgeschnitzte Prinz*,

◁ **Szene aus Richard Strauss' »Josephslegende«.**

◁ **Szene aus Ernst Kreneks »Mammon«.**

Szene aus John Alden Carpenters »Wolkenkratzer«.

die beiden Strawinsky-Ballette *Petrouschka* und *Pulcinella*, Ernst Kreneks *Mammon*, John Alden Carpenters *Wolkenkratzer* und die Symphonie chorégraphique *Skating Rink* von Arthur Honegger.

Aber die Konvention des 19. Jahrhunderts kündigte sich schon bald wieder an: seit Tschaikowskijs Zeiten »ist bis zum Teufel im Dorf kein brauchbarer Versuch gemacht worden, ein abendfüllendes Ballett in drei Akten, mit allen Merkmalen eines Theaterstückes zu schreiben.« Diese Worte stammen aus der Feder Pia Mlakars, die zusammen mit ihrem Mann Pino das Münchner Ballett in der zweiten Hälfte der 1930er und Anfang der vierziger Jahre leitete. »Dasselbe Prinzip wie für das Drama gilt auch für das Tanzwerk: Wir können menschliches Schicksal auf der Bühne verfolgen und vor den Augen der Zuschauer öffnet sich die menschliche Seele.« Wenn sie auch durchaus auf der Linie Kröllers lagen, wollten die Mlakars doch mit *Der Teufel im Dorf* und dem Ballett für zwei Tänzer *Der Bogen* den vielen Kurzballetten der zwanziger Jahre wieder abendfüllende Werke entgegensetzen.

✳

Ein wichtiges Ereignis nach dem Zweiten Weltkrieg war die Uraufführung von Werner Egks Faust-Ballett *Abraxas* (1948). Nicht der Skandal, daß das Werk nach einigen Aufführungen vom bayerischen Kultusminister aus moralischen Gründen abgesetzt wurde, ist in diesem Zusammenhang interessant, sondern die Rückkehr des reinen klassischen Tanzes auf die Bühne. Otto Friedrich Regner beschreibt dies in seiner Kritik der Uraufüh-

rung in der *Süddeutschen Zeitung* vom 8. Juni 1948: »Werner Egk hat schon mit dem *Joan von Zarissa* (1940) einen wesentlichen Schritt zur Erneuerung des klassischen Balletts getan; mit dem neuen Werk, dem Faust-Ballett *Abraxas* realisiert er erneut die Forderung nach dem Ballett als selbständige, der Oper oder dem Drama ebenbürtige Theaterform, nachdem der ‚Deutsche Tanz' die dramatische Form des Balletts im weiten Maße aufgegeben hat [...] Die Zahl der Solisten, die den von Egk geforderten klassischen Stil beherrschen, ist nicht allzugroß und wohl kaum eine Bühne in Deutschland verfügt zur Zeit über ein Ensemble zur Besetzung aller Solopartien. So hat auch die Münchner Oper für die Uraufführung Gäste rufen müssen, und wenn schon, dann wohl das Klangvollste und Auserlesenste, was das internationale Ballett zur Zeit zu bieten hat [...] Luipart [der Choreograph] zeigt am *Abraxas*, daß die ‚Gebundenheit' im klassischen Tanz nichts anderes ist als die vollendete Beherrschung einer ‚Sprache', deren zählbare Grundelemente sich im unzählbaren Reichtum der Wortverbindungen entfalten [...] Alles in allem: die Uraufführung des *Abraxas* wurde zum Ereignis für die Bayerische Staatsoper, für das deutsche Theater im allgemeinen, für das deutsche Ballett im besonderen.«

Mit der Rückkehr des klassischen Tanzes auf die Bühne beginnt die Ausformung des heutigen Repertoires: In den folgenden Jahren und Jahrzehnten wurden die großen klassischen Werke (*Schwanensee*, *Der Nußknacker*, *Dornröschen*, *La Sylphide* usw.) ebenso wie wichtige Choreographien des modernen Tanzes als Säulen des Repertoires einstudiert. An dieser Zweigleisigkeit kommt heute keine große Compagnie mehr vorbei. Gerade darin liegt jedoch die Eigenständigkeit des Balletts als Kunstform: Pflege des Repertoires, der traditionellen Werke, der eigenen Vergangenheit und die Weiterentwicklung seiner Ausdrucksmöglichkeiten.

»Gleichwohl scheint das Münchener Ballett immer das Aschenbrödelchen geblieben zu sein«, schrieb Kreowski vor 100 Jahren – nun, ein „Aschenbrödelchen" ist das Ballett sicherlich nicht mehr. Um München aber zu einer Ballettstadt zu machen, bedarf es wohl der Kooperation und der gemeinsamen Anstrengung aller Tanz-Institutionen. Bayerisches Staatsballett, das Ballett des Staatstheaters am Gärtnerplatz, die freie Szene mit ihren so unterschiedlichen Gruppen, die Tanz-Festivals und die Ballettschulen – nur sie zusammen können München zu einer Ballettstadt machen.

Pia und Pino Mlakars »Der Teufel im Dorf«.

»Dieses Ach! des Körpers« 131

**Werner Egks Faust-Ballett
»Abraxas« bei der Uraufführung
1948 im Prinzregenten-Theater.**

Andreas Backöfer

»Intendant zu sein ist eine Zumutung«
Über die Regisseure Günther Rennert, Rudolf Hartmann und August Everding

Eine traditionsreiche Musikstadt wie München und ein Theaterbau mit der Architektur des Nationaltheaters bedeuteten für einen Künstler und Organisator wie Günther Rennert, der Mitte der sechziger Jahre im Zenit seiner künstlerischen Laufbahn stand, Ansporn und Herausforderung zugleich. Als das Bayerische Kultusministerium bei dem international renommierten Regisseur anfragte, ob er ab der Spielzeit 1967/68 die Leitung der Staatsoper übernehmen wolle, ließ sich Rennert nach seiner Intendanz in Hamburg (1946–1956) auf das zweite große Abenteuer seiner Laufbahn ein. Und dies, obwohl er bis dahin immer wieder seine Existenz als freier und unabhängiger Regisseur mit Nachdruck verteidigt hatte. Doch das war nur die eine Seite der Medaille; die andere Seite läßt sich aus seiner umfangreichen Arbeitskorrespondenz herauslesen.

Dort häufen sich die Klagen des Perfektionisten über die unzureichenden Arbeitsbedingungen in Form von organisatorischen und personellen Schwachstellen an den Opernhäusern, an denen er als Gastregisseur keinen oder nur wenig Einfluß ausüben konnte. Rennert wußte ganz genau, daß er annähernd ideale Rahmenbedingungen für seine künstlerische Arbeit nur als sein eigener Intendant schaffen konnte. Nur so war es ihm möglich, personell wie konzeptionell seine Ideen von musikalischem Theater über einen längeren Zeitraum hinweg zu realisieren. Diese Einsicht veranlaßte ihn letztlich, die mit einem fast unmenschlichen Arbeitspensum einhergehende Doppelaufgabe des regieführenden Intendanten wiederum zu übernehmen und es in München – wie er sich bescheiden ausdrückte – »noch einmal zu versuchen.«

»Wer Günther Rennert, den weltberühmten Opernmann, sieht, muß mit Enttäuschung rechnen. Der große Regisseur ist weder ein sanguinischer Despot im Silberhaar, noch ein violetter Exzentriker. Rennert wirkt eher nüchtern.« Dieses Urteil des Musikkritikers Joachim Kaiser kennzeichnet gleichermaßen Persönlichkeit und Arbeitsstil Rennerts. Bezeichnenderweise betitelte er sein 1974 erschienenes Buch – in Anlehnung an Bertolt Brechts *Theaterarbeit* – *Opernarbeit*. In diesem Werkstattbericht gibt ein uneitler Regisseur Auskunft über Probleme der Interpretation sowie persönliche Erfahrungswerte, gesammelt in der Auseinandersetzung mit den Hauptwerken der Opernliteratur. Obwohl Rennert die Musik und

Günther Rennert.

die innere Struktur der Opern als Ausgangspunkt seiner Analysen begriff, war ihm stets die Zeitgebundenheit seiner Interpretationen bewußt. Die fertiggestellte Inszenierung betrachtete er als ein Arbeitsergebnis, das in dieser Form nur in der jeweiligen Gegenwart eine absolute Gültigkeit beanspruchen kann. Er zählte nicht zu der Menge der Opern-Konservatoren, die dem Phantom der Idealinszenierung hinterherjagten. Rennert erkannte in seiner Regietätigkeit sowohl den kreativ-subjektiven Teil, als auch die darin immanente Historizität seiner Bühnenkunst. Eines seiner Hauptanliegen war es, zu jedem Werk eine neue Haltung zu finden, und vielleicht kann man sagen: im Gegensatz zu Wieland Wagner die Inszenierung aus dem innersten Kern einer Oper zu entwickeln. So steht auch der „Rennert-Stil" nicht für ein beschreibbares Interpretationsschema, sondern ist lediglich als Synonym für ein neugieriges und vernünftiges Musiktheater zu verstehen.

Zu »traditionsgebundener Aktualität« bekannte sich Rennert selbst, aber er versagte sich der radikalen (Regie-)Moderne ebenso wie der Menge der Opern-Konservatoren. Rennerts hartnäckige Befragung der Opernwerke hin auf ihre Gültigkeit bis heute bedeutete aber auch, das Musiktheater als einen Ort der Aufklärung zu definieren. Er konnte bisweilen so weit gehen, innerhalb seiner Arbeit einer gewissen skeptischen Haltung gegenüber der Kunstform Oper Ausdruck zu verleihen. Es machte ihm großen Spaß, den der Opera buffa innewohnenden Mechanismus freizulegen und die Übertreibungen bis zu dem Punkt zu bringen, an dem sogar die Drähte sichtbar wurden, an denen alles aufgehängt war. Rennert nahm als Opernregisseur die wichtige Vermittlerposition zwischen Tradition und Avantgarde ein, und durch die Bündelung dieser widerstreitenden Kräfte gab er viele Anstöße für spätere Entwicklungen auf dem Feld der Opernregie. Seine Vorbildfunktion für viele heutige Regisseure ist unübersehbar. So berufen sich renommierte Vertreter des zeitgenössischen Musik-

Günther Rennert bei einer Faschingsmatinee im Nationaltheater.

Giacomo Puccinis »Der Mantel«, unter der Regie von Günther Rennert, 1973. Ausstattung: Ita Maximowna.

Giacomo Puccinis »Gianni Schicchi«, unter der Regie von Günther Rennert, 1973.

Übernahme der Intendanz durch Günther Rennert. V.l.n.r.: Kultusminister Huber, Günther Rennert, Rudolf Hartmann.

theaters wie Götz Friedrich oder August Everding auf Rennerts wegweisende Konzepte; aber auch Harry Kupfers psychologisierende und vitale Personenregie scheint dem Rennertschen Musiktheater-Ideal sehr nahe zu stehen. Insofern bedeutete Rennerts Münchner Zeit die schöpferische Vollendung eines Lebens, das mit größter Disziplin ausschließlich dem Musiktheater gewidmet war.

»Um das Haus wirklich in den Griff zu bekommen«, reduzierte Rennert besonders am Beginn der Münchner Intendanz seine Gastinszenierungen an anderen Opernhäusern auf ein Minimum. Das ernsthafte Bemühen, das Profil eines solchen Kulturinstituts wie der Bayerischen Staatsoper durch kontinuierliche Aufbauarbeit längerfristig zu prägen, beweist sich in der Ablehnung, mit der Rennert 1970 das verlockende Angebot des Berliner Senats, die Deutsche Oper Berlin zu übernehmen, nach nur kurzer Bedenkfrist beschied.

Nach seinem Amtsantritt in München nahm Rennert einige Veränderungen im personellen Bereich vor. Die wichtigste Maßnahme stellte zweifelsohne die Verpflichtung des erfahrenen Horst Goerges als Chefdramaturgen dar. Dieser stand ihm bereits während der Hamburger Intendanz in derselben Funktion zur Seite. Der im Hintergrund effektiv arbeitende Goerges war mit Rennerts Theaterarbeit eng vertraut und fungierte als verläßlicher Partner im Dramaturgiebereich. Die Position eines Oberspielleiters, die zu Rudolf Hartmanns Zeiten noch existierte, wurde unter Rennerts Intendanz abgeschafft. Auch die hausinternen Strukturen unterlagen einigen Veränderungen. So veranlaßte Günther Rennert, der sich immer vehement, aber auch durchaus kritisch für die moderne Oper einsetzte, die Gründung der Experimentierbühne der Bayerischen Staatsoper durch den Komponisten und Musiker Walter Haupt im Jahre 1969. Um selbst größeren Einfluß auf die Sängerausbildung nehmen und talentierten Nachwuchs frühzeitig an sein Haus binden zu können, gründete Rennert bereits 1967 das Opernstudio der Bayerischen Staatsoper, das die bis dahin bestehende Junge Oper ablöste, die Rennerts Vorgänger

Rudolf Hartmann ins Leben gerufen hatte. Hier erhielten junge Sängerinnen und Sänger nach Abschluß ihrer Gesangsausbildung die Möglichkeit, sich auf die Bühnenlaufbahn vorzubereiten.

Vor allem Rennerts persönlicher Führungsstil, von einigen Mitarbeitern zwar eher als kühl empfunden, von allen jedoch als äußerst kompetent, fair und in der Sache engagiert charakterisiert, ließ die Intendanz Rennert zur Ära Rennert werden. Insgesamt fanden unter Rennerts neunjähriger Intendanz in München 100 Premieren statt, ein Durchschnitt von gut elf Premieren pro Spielzeit also. Wobei die drei Repertoiresäulen des Nationaltheaters, Mozart, Wagner und Richard Strauss, angemessen berücksichtigt wurden. So stand Mozart siebenmal auf dem Programm; im Vergleich: unter Hartmanns 15jähriger Intendanz gab es 13 Mozart-Premieren. Die Opern des 19. Jahrhunderts, Wagner ausgenommen, waren mit 22 Inszenierungen (etwa ein Fünftel des Gesamtrepertoires) eher unterrepräsentiert. Bei Hartmann dagegen nahm das 19. Jahrhundert mit 42 Inszenierungen rund ein Drittel der Neuproduktionen ein. Mit allein elf Produktionen war Giuseppe Verdi einer der am häufigsten aufgeführten Komponisten, wie auch zu Zeiten Hartmanns (mit 17 Inszenierungen von Verdi-Opern). Mit ebenfalls elf Premieren waren die Werke Richard Wagners vertreten (Hartmann brachte es in einer wesentlich längeren Amtszeit auf die identische Anzahl), darunter zweimal der komplette *Ring des Nibelungen* (1969 bzw. 1974–1976), außerdem *Tannhäuser* (1970), *Lohengrin* (1971) und *Parsifal* (1973).

Eine relativ starke Gruppe bilden in Rennerts Spielplänen die Komponisten der Jahrhundertwende mit insgesamt acht Opern, fünfmal allein von Puccini. Aber auch der von Rennert sehr geschätzte Janáček wurde zweimal inszeniert (*Jenufa* 1970 und *Aus einem Totenhaus* 1976) sowie einmal Debussys *Pelléas und Mélisande* (1973). Die Opern von Richard Strauss wurden achtmal neu inszeniert, was angemessen erscheint, jedoch im Hinblick auf die übermächtige Präsenz im Spielplan Rudolf Hartmanns (fast das gesamte Œuvre mit 22 Inszenierungen) damals als starke Reduktion empfunden werden mußte. In Rennerts Spielplan-Konzept nahm dagegen die Moderne mit 38 Premieren breiten Raum ein. Bei zehn Uraufführungen bot er fast doppelt so viele Novitäten wie sein Vorgänger Rudolf Hartmann. Das Repertoire reichte von Berg über Britten bis zu Kagel. Von Carl Orff wurden vier Opern inszeniert (*Prometheus* 1968, *Carmina Burana* 1970, *Astutuli* 1972 und *Antigonae* 1975), von Werner Egk dagegen nur noch ein Werk (*Der Revisor* 1976); Hartmann hatte noch sieben Egk-Inszenierungen herausgebracht. Mit welchem Engagement Rennert die Suche nach neuen musikalischen Ausdrucksformen sowie szenischen Lösungen unterstützte, belegen die neun Premieren von experimentellem Musiktheater.

Knapp ein Drittel aller Neuinszenierungen übernahm Rennert selber und war damit der mit Abstand fleißigste Regisseur an seinem eigenen Haus. Er kümmerte sich persönlich sehr intensiv um die Mozart-Pflege, indem er vier von sieben Inszenierungen selbst leitete. Einen ersten Höhepunkt bildete eine, in der Zeichnung der Charaktere, äußerst glaubwürdige Inszenierung von der *Hochzeit des Figaro* 1968. Rennert entschied sich im szenischen Bereich für eine klassische und formstrenge Interpretation, die nichts mehr mit dem sogenannten Rokoko gemein hat, sondern eher auf die Epochenschwelle zum „vernünftigen" und bürgerlichen Zeitalter, einschließlich seiner revolutionären Tendenzen, verweist und somit »der verhaltenen Aggressivität dieser Musikkomödie« entspricht. Nach der *Entführung aus dem Serail* (1970) folgte im selben Jahr noch *Die Zauberflöte*. Bereits 1967 hatte Rennert dieses »inkommensurable« Werk in New York an der Metropolitan Opera inszeniert. Dort war es zu einer höchst spannenden Zusammenarbeit mit dem Maler Marc Chagall gekommen, der für die Ausstattung gewonnen werden konnte. Farbenprächtige Bühnen-Bilder von größter Suggestivkraft waren das Ergebnis dieser einmaligen Zusammenarbeit. Als Beweis für seine Neugierde und Abneigung gegen endgültige Lösungen ging Rennert nun in München einen vollkommen anderen Weg. Zusammen mit dem Bühnenbildner Josef Svoboda fand er eine szenisch-optische Lösung, die sowohl auf ägyptologisches Dekor wie klassizistische Architektur verzichtete. Das Ergebnis war eine Licht-Raum-Welt, in deren Mittelpunkt der Individuationsprozeß zweier Menschen die Bedeutung eines mythologischen Gleichnisses erlangte. In der zentralen Feuer- und Wasserprobe wurden durch die Verwendung von Laserstrahlen – Rennert experimentierte bereits sehr früh mit Bühnen-Laserlicht – dreidimensionale Lichträume geschaffen. Der interpretatorische Kniff dieses Konzepts lag in der bewußten Vorführung eines fiktionalen und immateriellen Dekors,

Szene aus »Die Zauberflöte« von Wolfgang Amadeus Mozart, Inszenierung von 1966.

das die Wahrnehmung der zwischenmenschlichen Aktionen in den Vordergrund treten ließ.

1973 inszenierte Rennert das Dramma giocoso *Don Giovanni*, selbstverständlich in der Original-Sprache. Das Resultat war eine Produktion, die sich bis zum heutigen Tag im Repertoire der Bayerischen Staatsoper gehalten hat. Unter Rennerts sensibler Personenregie reihte sich Ruggero Raimondi auf der Münchner Bühne in die Gruppe der großen Don-Giovanni-Interpreten ein. Julia Varady blieb über Jahre hinweg eine beispielgebende Elvira. Neben Kurt Moll als grandios stimmstarkem Komtur ist besonders noch die hochkomödiantische Verkörperung des Leporello durch Stafford Dean hervorzuheben. Jürgen Roses bis in die Tiefe der Bühne reichendes Raumgefüge ermöglichte einen schnellen Wechsel von Weite und Intimität ohne störende Umbaupausen. Dadurch gelang es Rennert, den Untergang Don Giovannis, trotz häufiger Schauplatzwechsel, in seiner ganzen Dynamik abrollen zu lassen.

Im Bereich der Oper des 19. Jahrhunderts hielt sich Rennert offensichtlich stark zurück. Nur für fünf Inszenierungen von insgesamt 22 übernahm er selbst die Verantwortung. Von den elf Verdi-Inszenierungen leitete er nur eine einzige selbst, nämlich eine seiner Lieblingsopern, *Falstaff* (1974), die für ihn neben Rossinis *Barbier* und Puccinis *Gianni*

Schicchi zu den drei größten musikalischen Komödien zählte. Der *Falstaff* war zwar nicht seine letzte Inszenierung am Nationaltheater, wurde jedoch auf seinen Wunsch zu seiner Abschiedsvorstellung im Jahre 1976. Und das *Tutto nel mondo è burla*, mit dem Verdi sein Stück beschließt, wählte er zum Motto seiner Abschiedsfeier auf der Bühne des Hauses.

Rennert gestand, daß er zum Pathos der romantischen Oper nur schwer Zugang finde, und begründete seine Zurückhaltung diesen Werken gegenüber mit der Gegenfrage, warum er etwas unwillig tun solle, was andere gern und gut täten. Seine Zurückhaltung im Falle Verdi hing insbesondere mit der Aufführungspraxis zur damaligen Zeit in Deutschland zusammen. Rennert war damals schon der Meinung, daß man Verdi und andere Italiener – mit Ausnahme der Komödien, wo die Textverständlichkeit eine wichtige Voraussetzung zum Verständnis darstellt – nur in der Originalsprache aufführen könne (was er in Neapel oder Buenos Aires auch tat). Bei der Verwendung einer Übersetzung fehle eine entscheidende Dimension dieser Werke, die Italianità. Dagegen entwickelte sich in Deutschland im Verlauf der sechziger Jahre erst langsam die Diskussion um originalsprachliche Aufführungen.

Ganz anders Rennerts Zugang zum Werke Richard Wagners. Es stellt einen ungewöhnlichen Sonderfall in Rennerts Münchner Jahren dar. Von elf Inszenierungen hat er acht selbst übernommen, also zweimal den kompletten *Ring des Nibelungen* auf die Bühne gebracht. Dies verleitet zu der scheinbar widersprüchlichen Schlußfolgerung, daß der dem 19. Jahrhundert und seinem Pathos eher abgeneigte Inszenator sich in München ausgerechnet als Wagner-Regisseur profilierte. Doch bei näherer Betrachtung der Umstände klärt sich der scheinbare Widerspruch schnell auf. Der erste Inszenierungszyklus der Tetralogie im Jahre 1969 wurde von dem Verlangen getragen, dem Münchner Opernpublikum möglichst rasch das Werk endlich wieder in einer zeitgemäßen Version auf der Bühne zugänglich zu machen, denn während Rudolf Hartmanns Intendantenzeit wagte man sich nicht an den Gesamtzyklus heran. So griff Rennert auf ein, für die Münchner Verhältnisse modifiziertes, Inszenierungskonzept zurück, das er zusammen mit dem Bühnenbildner Helmut Jürgens bereits in der Spielzeit 1956/57 an der Hamburgischen Staatsoper realisiert hatte.

Seine zweite Münchner Auseinandersetzung mit dem *Ring* in den Jahren 1974 bis 1976 entsprang dagegen der bewußten Entscheidung, sich am Ende der Intendanz noch einmal der für einen Opernregisseur wahrscheinlich größten Herausforderung zu stellen. Außerdem plante Rennert damit eine alternative Interpretation zur ebenfalls 1976 stattfindenden Jubiläumsinszenierung des *Ring* bei den Bayreuther Festspielen. Das im kreativen Dialog mit dem musikalischen Leiter Wolfgang Sawallisch entwickelte Konzept stellte die Vermenschlichung der Charaktere und die psychologische Verdeutlichung der Konflikte in Wagners Werk in den Mittelpunkt. In einer auf die werkimmanenten Kräfte vertrauenden Deutung schloß Rennert jede aktuelle Konkretisierung, kritische Verfremdung oder auf Trivialisierung beruhende Denunzierung aus der Inszenierung aus. Damit nahm er bewußt eine Gegenposition zu vielen zeitgenössischen Regisseuren ein, die in den siebziger Jahren Wagners Opern zum Teil extremen und aktualisierten, manchmal auch nur modischen Konzepten unterwarfen. Die mit der von Rennert gewählten Interpretationsmöglichkeit einhergehende Gefahr einer scheinbar konventionellen Inszene wurde durch die hohe theatralische Qualität der Personenregie ausgeschlossen. Allein mit der Zusammenarbeit mit dem Bühnenbildner Jan Brazda konnte Rennert wohl nicht zufrieden sein. Dessen groß angekündigte und aufwendige Beleuchtungseffekte auf fast kahler Bühne erzielten keineswegs die erhoffte eindrucksvolle szenische Wirkung.

Von den Komponisten der Jahrhundertwende beschäftigte sich Rennert mit Janáček und Puccini, vor allem mit dessen Einaktern *Der Mantel* und *Gianni Schicchi* (1973). Vom realistisch-harten Eifersuchtsdrama bis zur Opera buffa zeigte sich an diesen Theaterstücken die viel bewunderte Breite in Rennerts Inszenierungskunst. Seine Bühnenbildnerin Ita Maximowna, mit der Rennert langjährig und auf internationaler Basis höchst erfolgreich zusammenarbeitete, schuf beim *Mantel* die nötige veristische Atmosphäre des Schauplatzes. Nach alten Stichen und Fotos wurde eine hohe Quaimauer rampenparallel auf die Bühne gesetzt. Von dort führte eine schmale Steintreppe zu dem tief unten liegenden und mit allen realistischen Details ausgestatteten Kahn, auf dem sich zwischen Julia Varady (Georgette) und Dietrich Fischer-Dieskau (Marcel) ein packendes Beziehungsdrama mit tödlichem Ende entwickelte.

Probenfoto zur Uraufführung von »Sim Tjong« 1972. Günther Rennert und Lilian Sukis.

Auch als Richard-Strauss-Regisseur trat Rennert in München in Erscheinung. Genau die Hälfte, vier von acht Premieren, erarbeitete er selbst. Neben *Ariadne auf Naxos* (1969) sind hier besonders die beiden frühen Opern *Salome* (1968) und *Elektra* (1972) hervorzuheben. Nicht zu vergessen die sich über 20 Jahre im Spielplan haltende *Schweigsame Frau* von 1971, in der Rennerts herausragende Qualitäten als genialer Buffa-Regisseur vielleicht am deutlichsten zu sehen waren. Dieses klassische Komödienthema vom Alten, dem eine junge Frau das Leben schwermacht, schien Rennert besonders zu liegen. Präzision und Spiellaune waren die Hauptcharakteristika dieser Musterinszenierung, deren Leichtigkeit sich vor allem in der scheinbaren Spontaneität der Ensemble-Szenen manifestierte.

Etwas überraschend und für Günther Rennert untypisch ist in München seine Zurückhaltung den Werken der Moderne gegenüber. Hier sind nur fünf Inszenierungen zu verzeichnen. Neben Rodney Bennetts *Napoleon kommt* (1968), Bergs *Wozzeck* (1970) und Orffs *Antigonae* (1975) die Uraufführungen von Jan Cikkers *Das Spiel von Liebe und Tod* (1969) und Isang Yuns *Sim Tjong* im Olympiajahr 1972. Diese koreanische Oper stellte auf der Bühne des Nationaltheaters ein Novum dar, da sie sowohl inhaltlich wie auch formal aus östlichem Geist konzipiert ist und damit eigene Gesetzmäßigkeiten in sich trägt. Mit sensiblem Einfühlungsvermögen schafften es Rennert und sein Ausstatter Jürgen Rose vordergründige asiatische Klischees zu vermeiden. Anhand der schauspielerisch und sängerisch glänzenden Lilian Sukis, die die weibliche Hauptrolle verkörperte, zeigte sich wiederum, daß Rennerts Musiktheater-Dramaturgie vor allem durch den Interpreten, der Sänger und Darsteller in sich vereint, bestimmt wurde.

Die für Rennert relativ geringe Anzahl von Inszenierungen der Moderne darf man jedoch nicht überbewerten, da die Werkauswahl des Regisseurs Rennert nicht immer nach dessen Vorlieben geschah, sondern mitunter vom Intendanten Rennert diktiert wurde. Und wenn dieser glaubte, für eine bestimmte Produktion keinen geeigneten Gastregisseur finden zu können, verpflichtete er sich selbst zur Inszenierung einer Oper, die ihm nicht unbedingt am Regisseur-Herzen liegen mußte.

Sein Verantwortungsbewußtsein und Interesse als Intendant kennzeichnen zwei so verschiedene Produktionen wie *Der Rosenkavalier* (1972) in der Regie von Otto Schenk und Bernd Alois Zimmermanns *Soldaten* (1969) mit Vaclav Kaslik als Regisseur. Auf der einen Seite die, auf der Bühne des Nationaltheaters zum Klassiker gewordene, kulinarisch-festlich inszenierte Richard-Strauss-Oper, in der luxuriösen und kostbaren Ausstattung Jürgen Roses; auf der anderen Seite das sperrige, moderne Musiktheater, dessen Brüche, Kanten und Vielschichtigkeit durch eine drastische Interpretation sowie das multimediale Bühnenbild Josef Svobodas deutlich ausgestellt wurden. Unter der Intendanz Rennert gastierten 30 Regisseure an der Bayerischen Staatsoper (unter Hartmann gastierten in 15 Jahren nur 22 Regisseure). Nach dem Hausherren war Otto Schenk mit sieben Inszenierungen am häufigsten tätig. Schenk war hauptsächlich für das opulente Operntheater zuständig, das er meistens in Zusammenarbeit mit den Ausstattern Rudolf Heinrich oder Jürgen Rose realisierte. Er inszenierte neben dem *Rosenkavalier* viermal Verdi (*Macbeth* 1967, *Simon Boccanegra* 1971, *La Traviata* 1975 und *Don Carlos* 1975), Puccinis *La Bohème* und J. Strauß' *Fledermaus* 1974. Rennerts Amtsvorgänger Rudolf Hartmann verantwortete insgesamt sechs Inszenierungen an seiner ehemaligen Wirkungsstätte (vor allem R. Strauss und Wagner). Hartmanns ehemaliger Oberspielleiter Hans Hartleb sowie Dietrich Haugk waren mit je fünf Inszenierungen vertreten. Als ästhetischen

Richard Strauss' »Der Rosenkavalier«, 1972, unter der Regie von Otto Schenk, Ausstattung: Jürgen Rose.

Gioacchino Rossinis »Der Barbier von Sevilla«, 1974, unter der Regie von Ruth Berghaus, Ausstattung: Andreas Reinhardt.

Gegenpol zu diesen Regisseuren engagierte Rennert mit Bohumil Herlischka (vier Inszenierungen) und Vaclav Kaslik (drei Inszenierungen) zwei Künstler, die aus der Prager Surrealisten-Tradition kamen und bereits in den sechziger Jahren mit phantastisch zerstückelten, rätselhaft schockierenden Bildwerken manch liebgewonnene Sehgewohnheit aufbrachen und in München vor allem Werke inszenierten, die außerhalb des gängigen Repertoires liegen. Auch die ehemalige Ost-Berliner Regisseurin Ruth Berghaus holte Rennert erstmalig nach München; sie stellte 1974 in der Ausstattung von Andreas Reinhardt Rossinis *Barbier von Sevilla* in einer aufsehenerregenden und zu heftigen Kontroversen führenden Interpretation vor. In seinen Planungen und Arbeiten bezog Rennert in stärkerem Maße, als das vor ihm der Fall war, auch weltbekannte Gäste ein, Regisseure wie Jean-Pierre Ponnelle (drei Inszenierungen), Gustav Rudolf Sellner (zwei Inszenierungen), Boleslav Barlog, August Everding, Leopold Lindtberg, Oscar Fritz Schuh und Ernst Poettgen.

Den wichtigsten Mitarbeiter im szenographischen Bereich fand Rennert in dem Bühnenbildner Rudolf Heinrich. Er war in den Jahren 1954 bis 1961 Ausstattungsleiter an Walter Felsensteins Komischer Oper in Ost-Berlin, bevor er dann nach München wechselte. Unter Rennert entwarf Heinrich 13 Bühnenbilder für das Nationaltheater, und er war der Ausstatter, mit dem Rennert am häufigsten zusammengearbeitet hat (*Hochzeit des Figaro* 1968, *Salome* 1968, *Ariadne auf Naxos* 1969, *Wozzeck* 1970, *Die schweigsame Frau* 1971, *Elektra* 1972, *Antigonae* 1975). Neben Rudolf Heinrich war es Ita Maximowna, die in ihren Bildphantasien Rennerts Vorstellungen kongenial realisieren konnte. Ihren Bühnenbildern haftete immer eine gewisse Leichtigkeit und Transparenz an. Sie betreute insgesamt neun Produktionen, dreimal in Zusammenarbeit mit Rennert. Auch Leni Bauer-Ecsy gehörte zu den führenden Ausstatterinnen ihrer Generation, die regelmäßig am Nationaltheater gastierten (fünf Inszenierungen). An der Bayerischen Staatsoper gestaltete sie ausschließlich Rennert-Produktionen: *Napoleon kommt* 1968, *Carmen* 1969, *Die verkaufte Braut* 1971, *Falstaff* 1974 und *Aus einem Totenhaus* 1976. Neben dem international renommierten Günther Schneider-Siemssen gehörten auch Josef Svoboda und Jürgen Rose, den Günther Rennert erstmalig ans Haus holte, zu den regelmäßig wiederkehrenden Gästen (alle jeweils fünf Inszenierungen). Auch Ekkehard Grübler (drei Inszenierungen), Jörg Zimmermann (drei Inszenierungen), Teo Otto, Alfred Siercke und Wilhelm Reinking stellten ihre Arbeiten in München vor.

Besondere Verdienste erwarb sich Rennert um die Münchner Opernfestspiele, denen er in der Konkurrenz zu den klassischen Festspielorten Bayreuth und Salzburg ein eigenständiges Profil verleihen konnte. Durch das Engagement ausgesuchter Spitzensänger und im Vertrauen auf die Repertoire-Säulen Mozart, Wagner und Strauss, aber auch durch Integration moderner Werke in das Festspielrepertoire gelang ihm die Verwirklichung des Festspielgedankens auf einem sehr hohen Niveau.

Rennert, dem alles Kulinarische verdächtig war, bekannte rückblickend, daß unter dem architektonischen Einfluß des Nationaltheaters »die Verführung zum kulinarischen Spektakel« groß gewesen sei; »genauso groß war aber der Wunsch, Werke zu bringen, die der Feudalität des Hauses entgegenstanden.« Als Intendant und Regisseur in Personalunion gelang es ihm, die Pflichten der Repräsentation und den Drang nach künstlerischer Innovation miteinander zu verbinden, auch wenn ihm gelegentlich der Stoßseufzer entfuhr: »Intendant zu sein ist eine Zumutung.« Er machte keinen Hehl daraus, daß er sich nach neunjähriger Amtszeit auf die nun beginnende Phase als freier Regisseur sehr freue. Leider war ihm dieses Glück nur noch zwei Jahre lang vergönnt. Im Sommer 1978 starb Günther Rennert in Salzburg.

Bewahrung und Wiederaufbau

Rennerts Vorgänger auf dem Intendantenstuhl der Bayerischen Staatsoper war Rudolf Hartmann, der 1937 zu Clemens Krauss an das Münchner Nationaltheater kam. Bis 1944 prägte er dort maßgeblich als Oberspielleiter die szenische Ästhetik der Staatsoper. Schon in dieser ersten Münchner Phase widmete sich Hartmann intensiv dem Werk von Richard Strauss, dessen Pflege zu seiner Lebensaufgabe werden sollte. Zu diesem Zeitpunkt war er bereits durch die Uraufführungen der Opern *Friedenstag* (1938) und *Capriccio* (1942) als Strauss-Experte in Erscheinung getreten.

Freilich rückt Hartmanns angepaßtes Verhalten im Dritten Reich seine künstlerische Leistung ins Zwielicht. Auch dieser hochbegabte Opernregisseur gehörte zu einer Anzahl von hochrangigen Künstlern, die sich vom Nazi-Regime kulturpolitisch instrumentalisieren ließen, diese Vereinnahmung aber zeit ihres Lebens konsequent verdrängten. In seiner Autobiographie *Das geliebte Haus* konstatierte Hartmann scheinbar gelassen, daß sich die Verhältnisse an den Bühnen nach der Machtübernahme der Nationalsozialisten 1933 bald wieder »normalisiert« hätten. Er stilisierte sich zum apolitischen Künstler, der zwar auch unter den neuen Machthabern zu leiden hatte, sich aber ausschließlich zum Wohle der Kunst zu arrangieren wußte. Die Realität stellte sich freilich ganz anders dar, als sie in Hartmanns verklärendem und von Auslassungen gekennzeichnetem Buch geschildert wird. Er war kein weltfremder Künstler, sondern sicherte seine Karriere durch mannigfaltige politische Aktivitäten geschickt ab. Seit 1933 war er Mitglied der NSDAP, einer SA-Theatergruppe, der Reichskulturkammer und des Reichskolonialbundes. Mit einem Jahreseinkommen von über 36000 Reichsmark und engen Kontakten zu Nazi-Größen war er ein Spitzenverdiener und zugleich Privilegierter des damaligen Systems und keineswegs ein Opfer unglücklicher Umstände.

Der von den Entnazifizierungsbehörden lediglich zum Mitläufer gestempelte Hartmann verbrachte die ersten Jahre der Nachkriegszeit in der

Schweiz; dort sowie in Italien setzte er seine Regietätigkeit fort, bevor er 1952 die Nachfolge seines Namensvetters Georg Hartmann als Intendant der Bayerischen Staatsoper antrat. Die kontinuierliche Karriere Rudolf Hartmanns, die sich über die angebliche Stunde Null hinweg fast bruchlos bis in die sechziger Jahre fortsetzte, widerlegt als Einzelfall die in der Theatergeschichtsschreibung häufig vertretene These vom personellen und inhaltlichen Neuanfang des deutschen Theaters nach 1945.

Die Ära Hartmann läßt sich am treffendsten mit den Schlagworten „Bewahren" und „Wiederaufbau" charakterisieren. Vielen erschien er als Kontaktmann zu den Größen der Vergangenheit, zu Richard Strauss, der ihm freundschaftlich verbunden war, und zu Clemens Krauss als Garant für Tradition. An der Staatsoper konnte Hartmann auf einer einigermaßen wiederhergestellten Organisationsstruktur aufbauen. Der absolute Zusammenbruch der Münchner (Theater-)Landschaft lag bereits sieben Jahre zurück, und sein Vorgänger hatte in München solide Aufbauarbeit geleistet. Eines der ganz großen Verdienste von Rudolf Hartmann stellt die intensive Pflege der Festspieltradition seit 1953 dar. Die zu Beginn des Jahrhunderts von Possart begründeten Münchner Opernfestspiele mit den Komponisten Mozart und Wagner als programmatischem Mittelpunkt wurden von Hartmann um das Werk von Richard Strauss erweitert. Es gelang ihm nicht nur die Wiederbelebung des Festspielgedankens, sondern sogar die Etablierung eines internationalen Standards.

Wiederaufbau ist bei Hartmann aber auch ganz im wörtlichen Sinne zu verstehen. Hauptsächlich ihm hat das Münchner Opernpublikum die Wiederherstellung des im Krieg zerstörten Nationaltheaters sowie des Cuvilliés-Theaters zu verdanken. Seit dem Kriegsende bildete das Prinzregenten-Theater die einzige feste Spielstätte der Bayerischen Staatsoper. Die ersten drei Spielzeiten seiner Intendanz war Hartmann auch noch für den Spielplan des (eher der leichten Muse gewidmeten) Gärtnerplatz-Theaters zuständig. Im Juni 1958 wurde das wiederhergestellte Cuvilliés-Theater mit Hartmanns Neuinszenierung von Mozarts *Hochzeit des Figaro* eröffnet und als zweiter Spielort etabliert. Das kleine Rokokotheater an seinem neuen Standort zwischen Apotheken- und Brunnenhof der Residenz wurde pünktlich zur 800-Jahr-Feier Münchens eingeweiht.

Aber Hartmanns eigentliches Lebenswerk stellt der Wiederaufbau des Nationaltheaters an der Maximilianstraße dar. »Wahrscheinlich bin ich für diese Aufgabe geboren worden«, sagte Hartmann über sein beharrliches Engagement für dieses umfangreiche Unternehmen. Am 21. November 1963 fand die Festaufführung der *Frau ohne Schatten* vor der Staatsregierung und geladenen Gästen statt. Zwei Tage später begann mit Wagners *Meistersingern* als erster öffentlich verkaufter Vorstellung der reguläre Spielbetrieb über 20 Jahre nach der Zerstörung. Das Nationaltheater war nach jahrelangen Vorbereitungsarbeiten mit Hilfe der Freunde des Nationaltheaters nach den Plänen von Gerhard Graubner und Karl Fischer im alten klassizisti-

Probenfoto zu »Intermezzo« im Cuvilliés-Theater 1960. V.l.n.r.: Rudolf Hartmann, Regieassistent Gerhard Weitzel und Hermann Prey.

Richard Wagners »Die Meistersinger von Nürnberg«, I. Akt, unter der Regie von Rudolf Hartmann, 1963.

schen Glanz wie ein Phönix der Asche entstiegen. Als organisatorische Meisterleistung stellt sich hierbei Hartmanns Tätigkeit dar, der jeden Abend mit Prinzregenten- und Gärtnerplatz-Theater zwei Opernhäuser mit einem anspruchsvollen Programm zu bespielen hatte und nebenbei auch noch den Wiederaufbau von National- und Cuvilliés-Theater planerisch vorbereiten mußte.

Zur Bewältigung dieser vielfältigen Organisationsaufgaben stellte er sich zu Beginn seiner Amtszeit einen engeren Mitarbeiterstab zusammen, der ihn bei der Koordination unterstützen sollte. Dazu zählte sein ehemaliger Schüler und Regieassistent Herbert List, der damals beim Rundfunk tätig war.

Er kehrte als Regisseur, Leiter des künstlerischen Betriebsbüros und rechte Hand des Intendanten wieder an die Staatsoper zurück. Zu dieser Gruppe sind auch Helma Forger, eine ehemalige Schülerin der Regiekurse in München und Salzburg, als persönliche Sekretärin und der frühere Regieschüler Oskar Arnold-Paur, später Assistent und dann Hausregisseur der Oper, zu zählen. Im künstlerischen Bereich fand Hartmann in dem Oberspielleiter Heinz Arnold einen verläßlichen Regisseur, der diese Position von 1950 bis 1960 bekleidete. Seit 1959 legte Heinz Arnold den Schwerpunkt seiner Arbeit auf die Ausbildung des Nachwuchses, und er übernahm eine Professur für Operndarstellung an der Musikhochschule München. Sein Nachfolger an der Staatsoper wurde ab 1961 der von der Frankfurter Oper kommende Hans Hartleb.

Ebenfalls auf Hartmanns Initiative zurückzuführen ist die Bildung einer jungen Nachwuchstruppe von Sängern, benannt „Die junge Staatsoper". Damit wurden sechs bis acht junge Talente in ihren Ausbildungsjahren an das Haus gebunden, und man bot ihnen die Möglichkeit, in das Ensemble hineinzuwachsen. Dies alles wurde aus privaten Mitteln der Gesellschaft der Förderer finanziert. Einige Nachwuchssänger begannen nach zwei, drei Jahren ihre Karriere an anderen Opernhäusern, manche verließen die Staatsoper überhaupt nicht mehr, wie die Mezzo-Sopranistin Brigitte Fassbaender, die für lange Jahre einen ersten Platz im Hause einnahm.

Während Hartmanns 15jähriger Amtszeit fanden 163 Premieren statt, also knapp elf Neuinszenierungen pro Jahr. Der bis auf wenige Ausnahmen die üblichen Repertoire-Schwerpunkte aufweisende Spielplan verzeichnet 13 Mozart-Produktionen. Mit 42 Inszenierungen (Wagner ausgenommen) sind die Opern des 19. Jahrhunderts traditionsgemäß stark vertreten, wobei Verdi mit 17 Neuproduktionen absolut im Zentrum steht. Einige seiner Opern hatten bis zu drei Premieren, so *La Traviata* 1953, 1958 und 1965 und *Falstaff* 1954, 1960 und 1966. Dagegen widmete man den Werken Richard Wagners nur elf Neuinszenierungen, allerdings keine Gesamtproduktion des *Ring des Nibelungen*; aus der Tetralogie wurde nur die *Walküre* 1966 inszeniert.

Bei den Komponisten der Jahrhundertwende stand Puccini mit acht Operninszenierungen im Mittelpunkt des Interesses. Einen bewußt gesetzten Repertoire-Schwerpunkt Hartmanns bildeten die Opern von Richard Strauss. Mit insgesamt 22 Inszenierungen hatte der Intendant alle Werke außer *Capriccio* und dem Frühwerk *Guntram* als (zum Teil mehrfache) Neuproduktionen auf die Bühne der Staatsoper gebracht. Diese Intensität der Strauss-Pflege legitimiert sich aus der Verantwortung, die die Münchner Oper gegenüber dem Werk eines der größten musikalischen Söhne der Stadt besitzt, erscheint andererseits jedoch leicht übertrieben, wenn man bedenkt, daß es beinahe ebensoviele Strauss-Inszenierungen gab wie Mozart- und Wagner-Produktionen zusammengerechnet. Auch die bis heute nicht unumstrittene Bewertung von Strauss' Spätwerk kann hier als Argument in einer kritisch geführten Diskussion angeführt werden. Mit 47 Inszenierungen war die Moderne, entgegen der Behauptung einiger Kritiker, ausführlich berücksichtigt. Im Mittelpunkt des modernen Repertoires, das sich eher aus Vertretern der etablierten Musikszene denn der musikalischen Avantgarde zusammensetzte, standen die Namen Orff (neun Inszenierungen), Egk (7) und Hindemith (3), wobei die Zahl der Uraufführungen mit sechs in einem Zeitraum von 15 Jahren vergleichsweise gering erscheint.

Mit 52 von 163 Inszenierungen übernahm Hartmann für etwa ein Drittel aller Neuinszenierungen selbst die Verantwortung und führte bei drei bis vier Opern pro Spielzeit Regie. Dabei stellte er auch seinen Ruf als Mozart-Regisseur unter Beweis, indem er von 13 Produktionen siebenmal das Regiekonzept entwarf, darunter eine *Zauberflöte* von 1966. Bei dieser Festspielproduktion mit Christoph von Dohnanyi als Dirigent und Herbert Kern als Bühnenbildner wurden die originellen Kostüme von der Tochter des damaligen Staatskapellmeisters, von der Bühnen- und Kostümbildnerin Monika von Zallinger entworfen. Die Besetzung mit Franz Crass (Sarastro), Fritz Wunderlich (Tamino), Anneliese Rothenberger (Pamina), Hermann Prey (Papageno) sowie Brigitte Fassbaender (in der Rolle der Dritten Dame) bedeutete für Hartmann die Erfüllung eines lebenslang gehegten Wunsches. In der Intimität des Cuvilliés-Theaters gelang Hartmann eine fein differenzierte Spielleitung, die ein unpathetisches und kaum autoritäres Sarastro-Reich neben die liebenswürdig-harmlose Welt von Papageno und Papagena stellte.

Bei Verdi zeigte sich der Regisseur Hartmann im Vergleich zu Mozart sehr bedeckt: von insgesamt 17 Inszenierungen gingen nur vier auf sein Konto. Eine Inszenierung mehr widmete er den Opern Wagners. Hervorzuheben ist hier vor allem die *Meistersinger*-Produktion von 1963, mit der das Nationaltheater seine erste öffentliche Vorstellung nach dem Wiederaufbau erlebte. In der Zusammenarbeit mit Joseph Keilberth und dem Bühnenbildner Helmut Jürgens (der unter der Intendanz Hartmann die optische Ästhetik der Staatsoper entscheidend prägte) erarbeitete Hartmann ein Konzept, das vor allem die Beckmesser-Figur aus ihrer zum Teil buffonesken, komischen Darstellungstradition befreite. Der Bariton Heinrich Rehkemper, ebenso wie sein Rollen-Nachfolger Benno Kusche, stellte aufgrund dieser Überlegungen den

Beckmesser als eine scharf profilierte Stadtschreibergestalt ohne vordergründige Komik-Effekte dar.

Signifikant zurückhaltend betätigte sich Hartmann im Bereich der Oper der Jahrhundertwende mit einer einzigen Inszenierung: Puccinis *Turandot*. Mit Abstand die größte Aufmerksamkeit widmete er seinem Lieblingskomponisten Richard Strauss mit insgesamt 15 Interpretationen. Besonders erinnernswert bleibt eine *Intermezzo*-Inszenierung von 1960 im Cuvilliés-Theater. Jean-Pierre Ponnelle konstruierte eine filigrane Drehbühne, die einen raschen Wechsel der 13 Bilder ermöglichte. Diese war mit witzigen Details ausgeschmückt, sogar die Autodroschke im Wiener Prater gab Auspuffwolken von sich. Bewirkt durch eine jugendliche Besetzung, leichte Stimmen und darstellerisch ausgezeichnet agierende Sänger gelang Hartmann die anspruchsvolle Wiedergabe einer Komödie. Unter der musikalischen Leitung von Joseph Keilberth zeigten Hermann Prey und Hanny Steffek eine dezente Parodie der beiden Hauptfiguren: Richard und Pauline Strauss.

Bei den 47 Opern der Moderne führte Hartmann elfmal Regie, inklusive zweier Uraufführungen. Bereits 1953 setzte er Honeggers *Johanna auf dem Scheiterhaufen* in Szene. In dieser ersten Inszenierung eines zeitgenössischen Werkes während seiner Intendanz gelang ihm und Helmut Jürgens eine beeindruckende Raumlösung auf der alten Bühne des Prinzregenten-Theaters. Der Chor flankierte seitlich den Schauplatz, während sich der Scheiterhau-

Arthur Honeggers »Johanna auf dem Scheiterhaufen« 1953 im Cuvilliés-Theater unter der Regie von Rudolf Hartmann, Chorszene.

Paul Hindemiths »Die Harmonie der Welt«. Uraufführung von 1957 im Prinzregenten-Theater unter der Regie von Rudolf Hartmann.

fen mit der gebundenen Jeanne langsam in den Vordergrund schob und das Spiel begann. Die Schauspieler Anna Damann (Jeanne) und Hans Baur (Bruder Dominik) verkörperten eindrucksvoll die Hauptrollen dieser szenischen Kantate.

Zweifelsohne stellte die Uraufführung von Hindemiths Oper *Die Harmonie der Welt* (1957) einen Höhepunkt der Intendanz Hartmann dar. Das außerordentlich hohe Niveau der Aufführung veranlaßte die regionale wie überregionale Kritik zu ausnahmsloser Anerkennung der Leistung von Regisseur Hartmann und Chefbühnenbildner Helmut Jürgens.

Hartmann verstand Opernregie als theatrale Umsetzung des in der Partitur festgelegten Komponistenwillens, wobei die subjektive Interpretationsleistung des Regisseurs jeweils in den Hintergrund zu treten hat. In seinen Konzepten fanden aktuelle Bezüge kaum Einlaß. Er gehörte einer Generation von Regisseuren an, die es verstanden, Oper als barockes Fest auf einer hohen Qualitätsstufe zu realisieren und die Sängerpersönlichkeit in den Mittelpunkt der Aufführung zu rücken. Die Maßstäbe seiner Opernkunst bezog er aus einem konservativen Werktreuebegriff.

Nur 22 Regisseure traten neben Hartmann innerhalb eines Zeitraums von 15 Jahren an der Staatsoper in Erscheinung. Hier sind vor allem die beiden Oberspielleiter Heinz Arnold (45 Inszenierungen) und Hans Hartleb (22 Inszenierungen) zu nennen. Aber auch bereits seine beiden Nachfolger Günther Rennert (4 Inszenierungen) und August Everding (1 Inszenierung) wurden als Gastregisseure verpflichtet. Im Bühnenbildbereich dominierte Helmut Jürgens mit Ausstattungen für 73 Inszenierungen. Neben ihm stellten Ekkehard

Grübler (11 Produktionen), Emil Preetorius, Teo Otto (beide 6), Jean-Pierre Ponnelle (5) und Ita Maximowna (4) ihre Arbeiten in München vor.

Führen und verführen

Nach Günther Rennerts Weggang 1976 und einer einjährigen Interimsphase unter Wolfgang Sawallisch wurde August Everding die Leitung der Bayerischen Staatsoper übertragen. Damit war er bereits wie vorher in Hamburg Rennerts indirekter Nachfolger auf einem Intendantensessel. Everding kam vom Schauspiel zur Oper. 1959 wurde er Oberspielleiter bzw. Schauspieldirektor (1960), 1963 schließlich Intendant der Münchner Kammerspiele. Nach zehnjähriger Amtszeit wechselte er als Nachfolger von Rolf Liebermann an die Hamburgische Staatsoper, von wo er nach nur vier Jahren nach München zurückkehrte, diesmal aber an die Oper.

Der Wechsel vom Sprech- zum Musiktheater, der übrigens niemals ganz vollzogen wurde, geschah natürlich nicht abrupt. Noch während seiner Arbeit an den Kammerspielen bot sich Everding die Möglichkeit, seine erste Operninszenierung an der Staatsoper mit *La Traviata* zu wagen. Rudolf Hartmann schilderte die Situation folgendermaßen: »Der 28. März 1965 hatte aber doch einen besonderen Akzent – er bedeutet sozusagen die Geburt eines neuen Opernregisseurs. Der aus der Literatur stammende Stoff des Werkes erschien mir Anlaß, das viel strapazierte und schwer aus der Routine zu lösende Stück in die Hände eines Schauspielregisseurs zu geben. Ich hatte die Hoffnung, daß sich damit neue Gesichtspunkte für die szenische Interpretation ergeben würden. Auf meine Anfrage bei dem Leiter der Münchner Kammerspiele, August Everding, erhielt ich von ihm nach kurzer Überlegung eine Zusage. Er gewann seine erste *Opernschlacht* in überzeugender Manier, und dieser Münchner Start leitete eine Laufbahn ein, die ihn ganz vom Schauspiel weg in das Reich der Oper führte, an alle exponierten Plätze der Welt.«

Weitere erfolgreiche Opernabstecher des musikalisch ausgebildeten Everding wie *Tristan und*

August Everding bei Probenarbeiten.

Isolde in Wien 1967, eine *Hamlet*-Oper von Humphrey Searle in Hamburg 1968, Orffs *Prometheus* (München 1968), das Bayreuth-Debut mit dem *Fliegenden Holländer* 1969 und im selben Jahr zum erstenmal in den USA (San Francisco) mit *La Traviata* bestärkten seinen Entschluß zu einem Fachwechsel. Neben der starken Faszinationskraft des musikalischen Theaters werden zwei andere Überlegungen diesen Richtungswechsel beeinflußt haben. Den internationalen Wirkungsradius eines Opernregisseurs wird ein Schauspielregisseur in diesem Umfang selten oder nie erreichen, und die politischen Turbulenzen des Jahres 1968 gaben einen letzten Anstoß. Als sich an den Kammerspielen anläßlich der Peter-Stein-Inszenierung von Weiss' *Vietnam-Diskurs* ein Theaterskandal entwickelte, geriet Everding als Verantwortlicher zwischen die politischen Fronten. Diese traumatische Erfahrung mag seine Entscheidung zugunsten des kaum für solche Zwecke instrumentalisierbaren Musiktheaters zumindest unbewußt beeinflußt haben.

Bei seinem Amtsantritt an der Staatsoper verzichtete Everding auf eine vollmundige Spielplanprogrammatik und gab sich maßvoll modern. Alles in allem waren aus seinen Ankündigungen keine auffälligen Tendenzen zu einem Kurswechsel der von seinem Vorgänger Rennert eingeschlagenen Richtung herauszulesen. Er versicherte, in seinem ersten Münchner Jahr überhaupt nicht auswärts zu inszenieren, sich aber auch am Nationaltheater als Regisseur zurückzuhalten, was er dann auch tat, denn in der ersten Spielzeit übernahm er lediglich die Regie von Wagners *Lohengrin*.

Einige wichtige Veränderungen bewirkte der Vollblut-Theatermann Everding vor allem im Bereich der Öffentlichkeitsarbeit und der Präsentation der Bayerischen Staatsoper. Ihm genügte es nicht, als Intendant oder Regisseur Kunst zu ermöglichen oder selbst zu produzieren; sein Anliegen ist es, auch dem Theater eine möglichst breite Wirkungsbasis zu verschaffen, indem er neue Publikumsschichten für diese Kunst begeistert. So begründete er die von den Zuschauern enthusiastisch aufgenommene Vorstellungsreihe „Rund um die Oper", die sich im Untertitel „Eine Matinee für Anfänger und Fortgeschrittene" nannte, worin die Staatsoper in einem kurzweiligen Programm, oft angereichert durch die Mitwirkung von prominenten Gästen, ihre technischen, musikalischen und theatralischen Mittel vorführen konnte. Außerdem wurde die Veranstaltung von regelmäßigen Einführungsmatineen zu den bevorstehenden Neuinszenierungen initiiert. Darin erhielten die Besucher die Gelegenheit, Dirigenten, Regisseure, Bühnenbildner und Solisten in einer informativen Gesprächsrunde „live" zu erleben. Begleitende Opernfilmprogramme im Münchner Filmmuseum oder thematisch ausgerichtete Ausstellungen in den Ionischen Sälen des Nationaltheaters zählten zur Strategie einer offensiven und informativen Öf-

August Everding während einer Probe zur »Zauberflöte«.

Szenenfoto aus »Die Zauberflöte«.

fentlichkeitsarbeit. Dabei ist vor allem der Name des jungen Dramaturgen Klaus Schultz hervorzuheben, den Everding aus Frankfurt an die Staatsoper holte und der sich dort zu einem ausgezeichneten Musiktheaterdramaturgen entwickelte, der nicht nur die verschiedenen Einführungsmatineen als souveräner Gesprächsleiter präsentierte, sondern auch für die hervorragend gestalteten Programmhefte verantwortlich war. Diese Programmbücher überschritten aufgrund ihres Materialreichtums und der differenzierenden Textbeiträge den Rahmen eines üblichen Beiheftes und gerieten zu eigenständigen Kompendien über die inszenierten Opern, denen im besten Fall sogar noch eine kleine Schallplatte mit Musikbeispielen beigelegt wurde.

Während seiner fünfjährigen Amtszeit brachte Everding 41 Neuinszenierungen auf die Bühne des Nationaltheaters. Das entspricht einem Durchschnitt von gut acht Premieren pro Spielzeit, also wesentlich weniger als zu Rennerts Zeiten. Insgesamt gab es vier Mozart-Neuproduktionen: *Così fan tutte*, *Die Zauberflöte* (beide 1978), *Die Gärtnerin aus Liebe* (1979) und *Die Entführung aus dem Serail* (1980). Den Opern des 19. Jahrhunderts (Wagner ausgenommen) widmete Everding zehn Neuinszenierungen, was in etwa einem Viertel des Gesamtrepertoires entspricht. Besonders auffällig ist die große Zurückhaltung Everdings bei dem sonst in München hochgeschätzten Verdi, dessen Werke nur zwei Premieren erlebten. Genau doppelt so viele Produktionen wurden den Opern Wagners gewidmet. Wenig Beachtung fanden die Werke von Richard Strauss bei nur zwei Neuinszenierungen, und dies waren mit *Feuersnot* (1980) und *Die Ägyptische Helena* (1981) nicht gerade die zentralen Werke seines Œuvres. Dagegen verhielt sich Everding bei den Werken der Moderne weit weniger zurückhaltend. Mit 13 Neuproduktionen machten sie ein knappes Drittel der Gesamtpremieren aus, und mit sieben Uraufführungen brachte er genauso viele Novitäten wie sein Vorgänger Rennert in einer fast doppelt so langen Amtszeit.

Der Regisseur Everding erlaubte sich unter seiner eigenen Intendanz nur sechs Inszenierungen. Neben Peter von Winters Zauberflöten-Parodie *Das Labyrinth oder der Kampf mit den Elementen* setzte er ausschließlich die sogenannten „großen Brocken" in Szene: Zwei von vier Mozart-Opern sowie dreimal Wagner. In seiner ersten Spielzeit inszenierte er den *Lohengrin* (1978) und ein Jahr später *Die Meistersinger von Nürnberg*. Diese Eröffnungsvorstellung der Festspiele in den lichten Bühnenbildern von Jürgen Rose mit Dietrich Fischer-Dieskau (Hans Sachs), Kurt Moll (Pogner), Hans Günter Nöcker (Beckmesser), René Kollo (Stolzing) und Julia Varady (Eva) wurde vom Publikum fast ausnahmslos mit heftigen Ovationen begrüßt. Und die *Süddeutsche Zeitung* schrieb sogar: »Es gab Momente während des Premieren-Abends, an denen sich die Frage aufdrängte, wo man bestimmte Szenen und Entwicklungen überhaupt schon brillanter gesungen, spannungsvoller musiziert und sinnvoller gespielt erlebt habe.«

1980 setzte Everding seine Auseinandersetzung mit Wagner fort und inszenierte *Tristan und Isolde*, ein Werk, das er zuvor bereits in Wien, New York und Bayreuth auf die Bühne gebracht hatte. In seinem neuen, für München entwickelten Inszenie-

Richard Wagners »Meistersinger von Nürnberg«, III. Akt, unter der Regie von August Everding, 1979. Ausstattung: Jürgen Rose.

rungskonzept war er bestrebt, die zwei Hauptkomponenten seiner Vorstellung von Opernregie in einem Werk zusammenzufügen: einerseits die Umsetzung eines realistischen Ansatzes mit seiner psychologischen Glaubwürdigkeit und andererseits eine zeichenhafte, operngemäße Übersetzung dieser Vorgänge. So gelang es ihm, in Zusammenarbeit mit dem österreichischen Bühnenbildner und Maler Herbert Kapplmüller die in der Oper enthaltenen quasi thematischen Grenzüberschreitungen zur Irrealität hin szenisch-optisch sinnfällig zu realisieren. Es glückten der Inszenierung großartige Verwandlungsmomente wie zum Beispiel im ersten Akt, wenn Schiff, Takelage und alles Beiwerk genau in dem Augenblick versinken, wenn Tristan und Isolde sich ihrer Liebe ganz bewußt werden und nur noch Augen und Sinn für einander haben.

Als Regisseur glückte Everding natürlich nicht jede Arbeit so wie die beiden Wagner-Inszenierungen, aber er ist stets souverän in der Behandlung der theatralischen Mittel und virtuos in der Beherrschung des Handwerks. Modische Mätzchen hat er nie nötig gehabt, und die handfesten Kriterien, mit denen er die Anforderungen an den Regisseursberuf charakterisiert, erfüllt er selbst wohl am besten: »Ein Regisseur muß das Rüstzeug haben, ein Werk dramaturgisch kritisch zu untersuchen, er muß psychologisch und pädagogisch Sänger und Schauspieler führen und verführen können, er muß optisch, das heißt, sinnlich in einem Raum in Szene setzen können, und er muß organisatorisch den ganzen Kindergarten und die halbe Irrenanstalt zusammenzuhalten vermögen und der Technik zweckdienliche Angaben machen.«

Mit Everding, dem dritten regieführenden Intendanten in Folge an der Bayerischen Staatsoper, kündigte sich aber auch eine Entwicklung an, die in der Folgezeit immer mehr zu einer Trennung von künstlerischen und organisatorischen Aufgaben innerhalb der Intendanz und damit zur Auflösung der Personalunion von Regisseur und Intendant führte. Während Hartmann wie auch Rennert mit Abstand die ersten Regisseure ihres Hauses waren, ist dies bei Everding nicht mehr der Fall. Mit nur sechs Inszenierungen bestritt der Hausherr gerade ebenso viele Produktionen wie etwa sein häufigster Gastregisseur Giancarlo Del Monaco. Selbstverständlich konnte er damit das Nationaltheater künstlerisch nicht so nachhaltig prägen wie noch seine Vorgänger.

Durch seine eigene Zurückhaltung im Regiebereich ermöglichte er vielen international namhaften Regisseuren die Arbeit an der Staatsoper. Außer Giancarlo Del Monaco inszenierte Kurt Horres (zwei Produktionen) zum erstenmal am Nationaltheater. Ebenfalls zweimal zu Gast war Götz Friedrich, wovon besonders seine *Fidelio*-Inszenierung von 1978 in dem Bühnenbild von Erich Wonder mit Karl Böhm am Pult und einer famosen Hildegard Behrens als Leonore im Gedächtnis haften geblieben ist. Jean-Pierre Ponnelle verantwortete auch zwei Neuinszenierungen, darunter wohl einer der frühen Höhepunkte der Intendanz Everding, die Uraufführung von Aribert Reimanns *Lear* zu den Festspielen 1978. Überhaupt war es ein Anliegen Everdings, daß sich bekannte Regisseure in München mit für sie eher ungewohnten Werken auseinandersetzten. So inszenierte Ponnelle eben statt *Così fan tutte* eine Uraufführung, und der Choreograph John Neumeier gab mit Verdis *Otello* sein vielversprechendes Opern-Debüt in München. Außerdem wären noch Herbert Wernicke (zwei Produktionen), Achim Freyer (der eine beeindruckende Bildervision von Glucks *Iphigenie auf Tauris* realisierte) sowie Joachim Herz und Juri Ljubimow zu nennen. Im Ausstattungsbereich waren unter anderem Jürgen Rose (fünf Produktionen), Günther Schneider-Siemssen (4), Jean-Pierre Ponnelle (3) und Andreas Reinhardt (2) tätig.

Einige Kritiker warfen Everding eine gewisse Affinität zu aufwendigen Großproduktionen mit teuren Gaststars unter Vernachlässigung einer soliden Repertoirepflege und des hauseigenen Ensembles vor. Tatsächlich hat sich das Profil der Bayerischen Staatsoper unter Everding leicht verändert. Die Tendenz verschob sich von dem eher kritischen Musiktheaterstil Rennertscher Prägung zu einer Form der konventionelleren Operndarbietung, die wieder mehr die Ausstattung, den Festcharakter und die Sängerpersönlichkeit ins Zentrum des Interesses rückte.

Als das Bayerische Kultusministerium 1982 die Generalintendanz der Bayerischen Staatstheater ins Leben rief, verließ Everding die Staatsoper und wechselte in das neugeschaffene Amt. Auch in dieser neuen Position blieb August Everding – den eine australische Zeitung aufgrund seiner Vielseitigkeit »a man for all opera seasons« nannte – das, was er auch während seiner Intendanz am Nationaltheater war: einer der streitbarsten und intelligentesten Anwälte eines lebendigen Theaters.

Aribert Reimanns »Lear« in der Uraufführung von 1978, Regie und Bühnenbild Jean-Pierre Ponnelle.

◁ Bühnenbildmodell zu »Siegfried«, II. Aufzug, von Jan Brazda, 1974/75, Regie Günther Rennert.

Erhardt D. Stiebner

»Jede Inszenierung ist ein vorherbestimmbares Wagnis«
Wolfgang Sawallisch als Generalmusikdirektor und Staatsoperndirektor

Große Aufgaben und künstlerische wie organisatorische Herausforderungen stellten sich für den vorerst letzten Münchner Staatsoperndirektor Wolfgang Sawallisch am Nationaltheater fast zwangsläufig und mit Folgerichtigkeit ein: 1971 übernahm er als Nachfolger von Joseph Keilberth die musikalische Leitung des Hauses in der Position des Bayerischen Generalmusikdirektors, 1976 übernahm er nach dem Ausscheiden von Günther Rennert für ein Jahr auch die künstlerische Gesamtleitung der Oper, und 1982 wurde er Staatsoperndirektor.

Die Grundzüge seiner Arbeit an der Spitze des Hauses offenbarten sich bereits in den ersten Jahren seiner Tätigkeit. Schon 1976/77 gelang es ihm, in der kurzen Zeitspanne von nur einer Spielzeit, mit Rudolf Noelte, Peter Beauvais und Roman Polanski hervorragende Regisseure an sein Haus zu verpflichten, womit Sawallischs Interesse auch an der niveauvollen Bühnendarstellung deutlich wird. Und in den Jahren als GMD spürte man sehr bald sein Traditionsbewußtsein als Musiker, seine Affinität zu der Musik und den Bühnenwerken von Richard Wagner, Richard Strauss und Wolfgang Amadeus Mozart. Sawallisch selber über seine Einstellung als Orchesterchef und Operndirektor: »Tradition ist ein für mich in Ehren zu haltender Begriff. Sie im besten Sinne weiter zu bewahren, ist eine schwere, gleichzeitig aber die entscheidende Aufgabe.« (in den *Blättern der Bayerischen Staatsoper* 1982/83)

Mit diesem künstlerischen Selbstverständnis diktierte später ab 1982 der Musiker und Dirigent Sawallisch dem Operndirektor das Programm der folgenden zehn Jahre. Sawallisch stürmt nicht unbesonnen in künstlerisches Neuland; er sondiert und wägt vorsichtig ab zwischen Erreichtem und Verlockendem. Nicht nur Kritiker, auch Opernbesucher unternahmen in den vergangenen zehn Jahren immer wieder den für sie sicherlich reizvollen Versuch, in ihrem Urteil zu differenzieren zwischen dem Dirigenten und dem Staatsoperndirektor Wolfgang Sawallisch. So einsichtig die Beweggründe für derlei Urteils-Akrobatik auch sein mögen – Zustimmung oder Kritik im Nationaltheater trafen stets im Menschen Wolfgang Sawallisch den Musiker und zugleich den Manager, den Orchesterchef und den Direktor des renommierten Hauses. Trennen lassen sich die Funktionen in Wahrheit nicht, wenn ein Künstler an der Spitze des Hauses steht. Und schon vor zehn Jahren konnte niemandem verborgen bleiben, daß Sawallisch in erster Linie ein sensibler, um höchste Qualität bemühter Musiker und erst in zweiter Linie auch ein engagierter Verfechter aktueller Bühnenkunst ist. Ihm nach elfjähriger Tätigkeit als Generalmusikdirektor 1982 auch die Leitung des Hauses in der Position des Staatsoperndirektors anzutragen, bedeutete deshalb eine Strukturentscheidung von großer Tragweite und nach mehr als 30 Jahren Regie-Intendanz (mit Rudolf Hartmann, Günther Rennert und August Everding) eine bezeichnende und, wie sich herausstellte, glückliche Akzentverschiebung zugunsten der musikalischen Komponente in diesem komplexen Theaterbetrieb.

Nicht, daß es vergleichbare Akzente zuvor nicht gegeben hätte. Der Blick ins benachbarte, als ewige Konkurrenz empfundene Wien und die jüngere Geschichte des eigenen Hauses offenbaren die Erfolge herausragender Dirigenten in der Verwaltungsspitze einer traditionsreichen Oper. Gustav Mahler brachte um die Jahrhundertwende die Wiener Oper auf ihren Weg an die Weltspitze; fast gleichzeitig Felix Mottl (1904–1911), später Hans Knappertsbusch (1934–1935) und mehr noch Clemens Krauss (von 1938 bis Kriegsende) bewahrten den unschätzbaren Hort traditionsreicher Opernkunst in München auch in schwierigen politischen und gesellschaftlichen Zeiten. Ihrem Vorbild nachzueifern, die Chance, ihre bestaunte Arbeit auf

»Die verkaufte Braut«, Neuinszenierung an der Bayerischen Staatsoper vom 19. Oktober 1971 unter der musikalischen Leitung von Wolfgang Sawallisch. Inszenierung Günther Rennert.

seine Weise verantwortungsbewußt fortsetzen zu können, wird Sawallisch letztlich die Entscheidung für die Übernahme der Operndirektion in München erleichtert haben. Nur die Bedingungen für den Opernbetrieb hatten sich in den achtziger Jahren noch einmal gründlich gewandelt.

Zum Amtsantritt mußte sich Sawallisch mit einem neuerlichen Sparerlaß zu den Opernsubventionen einrichten. Die finanziellen, künstlerischen und organisatorischen Rahmenbedingungen forderten gehöriges Umdenken.

Die Perfektionierung weltweit verfügbarer elektroakustischer Klangkonserven hatte mit der CD-Platte einen Qualitätsstandard erreicht, der in der Live-Aufführung nur mit äußerster Anstrengung und etwas Glück zu erzielen ist. Eine schwere Bürde für jedes Opernorchester und ganz offensichtlich die entscheidende Herausforderung für Sawallisch. Zugleich machte der hypertrophierte Sänger-Jet-Set die Verfügbarkeit der besten Künstler möglich, erschwerte damit aber auch die über Jahrzehnte gepflegte Ensemblearbeit an einem klug geführten großen Opernhaus. Das in München noch bestehende geschlossene Ensemble lag Sawallisch besonders am Herzen. In den siebziger Jahren wurde die Studiobühne unter der Leitung von Staatskapellmeister Heinrich Bender ins Leben gerufen – Potential, das Sawallisch zur Ergänzung seines Sängerensembles nutzte.

Außerdem überrollte das sogenannte Regietheater mit seinen (selten) positiven wie (häufig) negativen Innovationen der Inszenierungsarbeit die Bühnen und oftmals die Orchestergräben auch der renommierten Häuser. In Zeiten, in denen man allüberall die Revolution des Theaters, des Visuellen proklamierte, entschied man sich in der Bayerischen Staatsoper für einen Musiker als künstlerischen Leiter – und setzte damit eigene, durchaus gegenläufige Akzente. Eine plausible Entscheidung: Die gediegenen künstlerischen Maßstäbe des neuen Staatsoperndirektors waren immerhin seit elf Jahren bekannt.

Wolfgang Sawallisch sah sich von Anbeginn seiner Münchner Tätigkeit als Erbe einer überwältigenden Dirigenten-Tradition. Hans Richter und Hermann Levi noch im 19. Jahrhundert, Felix Mottl (mit dem er die Vorliebe für Wagners und Mozarts Opern ebenso teilt wie die Begeisterung für die musikalische Moderne im Konzertsaal) vor dem Ersten Weltkrieg, dann Bruno Walter, Hans Knappertsbusch, Clemens Krauss und sein unmittelbarer Vorgänger Joseph Keilberth setzten die Maßstäbe, an denen er sich messen lassen mußte und wollte. Der gebürtige Münchner verstand das Amt des Generalmusikdirektors an der Oper seiner Heimatstadt als singuläre Herausforderung, als Auszeichnung und Verpflichtung zugleich. In kluger Überlegung hatte er die Voraussetzungen geschaffen: »Ein Münchner GMD muß einschlägige Erfahrungen mit Richard Strauss und Richard Wagner haben.« An namhaften Opernhäusern sammelte Sawallisch die nötigen Erfahrungen und fühlte sich 1971 reif genug, die Nachfolge des unerwartet während einer *Tristan*-Vorstellung verstorbenen Joseph Keilberth anzutreten. Fortan setzte der inzwischen weltbekannte Dirigent die musikalischen Akzente in der Bayerischen Staatsoper.

Äußeres Zeichen seiner künstlerischen Vorstellungen war die Etablierung der Akademiekonzerte im Opernhaus. Sein Bayerisches Staatsorchester sollte das künstlerische Zentrum des Hauses bilden – auch wenn es Konzert spielte. In mehr als 20 Jahren als Chef am Pult dieses Orchesters – länger als jeder andere Münchner GMD in unserem Jahrhundert – schuf sich Sawallisch das optimale Instrument, mit dem er seinen Vorstellungen von musikalischem Theater wohl sehr nahekam. Das »Ringen um Wahrheit in der musikalischen Aussage, der Interpretation eines musikdramatischen Werkes« war für Wolfgang Sawallisch stets das hochgesteckte Ziel.

»Jede Inszenierung ist ein vorherbestimmbares Wagnis« 159

Wolfgang Sawallisch – Staatsoperndirektor und Bayerischer Generalmusikdirektor bis 31. Dezember 1992.

◁ Wolfgang Sawallisch vor dem Nationaltheater.

Das Repertoire der dirigierten Werke gleicht einem Spiegel von Sawallischs Qualitätsbewußtsein und seiner Selbstverpflichtung auf die Tradition. In zwei Jahrzehnten als GMD hat Sawallisch in München die Werke von zwei Dutzend Komponisten musikalisch betreut. Nur das Beste und Schwierigste blieb für den Chef. 18 Wagner- und 16 Strauss-Premieren sowie zahlreiche Wiederaufnahmen in 21 Jahren sprechen für sich. Sie nehmen zusammen mehr als die Hälfte aller Produktionen ein, die Sawallisch an seinem Haus selber dirigierte. Die spezifische Münchner Verantwortung eines Opernkapellmeisters nahm er sehr ernst.

Seine besondere Liebe galt außerdem Mozart mit vier Premieren (*Don Giovanni*, *Idomeneo*, *Così* und *Zauberflöte*) und einer ganzen Reihe von *Figaro*-Aufführungen. Das oft beschworene Münchner Dreigestirn Wagner – Strauss – Mozart bildet also auch den Schwerpunkt im Repertoire des musikalischen Chefs. Wie könnte es anders sein: Die Tradition des Hauses im besten Sinne zu bewahren, hatte Sawallisch als entscheidende Aufgabe selber formuliert.

Aber mehr vielleicht noch als diese selbstverständlichen Konstanten des Chef-Repertoires offenbaren die Einzelproduktionen Sawallischs Bewußtsein von erforderlichem musikalischen Standard. Smetanas *Verkaufte Braut* (1971), Beethovens *Fidelio* (1974) und Nicolais *Lustige Weiber von Windsor* (1983) sowie der *Barbier von Bagdad*

»Die schweigsame Frau«, WA vom 19. März 1988, Regie Günther Rennert, überarbeitet von Ronald Adler.

»Don Giovanni«, II. Akt, Regie Günther Rennert, überarbeitet von Ronald Adler, WA 1986.

(1984) von Peter Cornelius – allesamt Partituren, deren kompositorische Qualität über jeden Zweifel erhaben ist. Die betörende Entfaltung der Klangsprache durch das Bayerische Staatsorchester war bei den Premieren dieser Opern das eigentliche Ereignis – eben jene Wirkung, die der Orchesterchef erwartet hatte. Ebenso die konzertanten Aufführungen, mit denen Sawallisch wenigstens die musikalischen Vorzüge durchaus problematischer und szenisch undankbarer Bühnenwerke für sein Haus und sein Publikum bewahren wollte: bei Schumanns *Genoveva* (1982) und Webers *Euryanthe* (1986) nicht anders als bei Bartóks *Blaubart* (1979). Und Wagners *Feen* (1983) wie der *Friedenstag* (1988) von Richard Strauss verstanden sich – nicht zuletzt im Rahmen der zyklischen Wagner- und Strauss-Aufführungen – unter musikalischem Aspekt von selbst.

Eine Entdeckung für München präsentierte Sawallisch, neben den heiteren Rossini-Opern, mit der Seria *Mosè* (1988). Immerhin nimmt Rossini in der Rangfolge der meistproduzierten Komponisten am Nationaltheater den fünften Platz ein, und *Mosè* wurde zwischen 1822 und 1836 gleich dreimal inszeniert. Sawallisch hatte *Mosè* 1968 in Rom erstmals dirigiert, dann noch einmal 1976 in Perugia, und weitere zwölf Jahre später bot er das Werk auch dem Münchner Publikum. Bezeichnend erneut die hohe musikalische Qualität der Aufführung.

Wolfgang Sawallisch als Dirigent des Bayerischen Staatsorchesters bei einem Konzert in Bonn 1981.

Fortsetzung fand die Rossini-Renaissance nur mit der konzertanten *Semiramide* (1990), allerdings nicht mit Sawallisch am Pult. Er wahrte gegenüber dem italienischen Repertoire während seiner Münchner Zeit Zurückhaltung: zweimal Verdi (sehr früh schon, 1954, *Simon Boccanegra* und dann zusammen mit Rennert 1976 der überragende *Falstaff*) und zwei Einakter von Puccini (*Il Tabarro* und *Gianni Schicchi*), gleich zweimal produziert (1973 mit Rennert, 1982 als Wiederaufnahme mit Tito Gobbi).

Sawallisch lag ebenfalls die Pflege des Orffschen Werks am Herzen: *Trionfi* 1990 und *Antigonae* 1975, zuvor schon 1955 *Die Kluge* und *Carmina burana* im Prinzregenten-Theater. Außerdem schätzte er Paul Hindemith (*Cardillac* 1985 und *Mathis der Maler* 1989). Beides sind Repräsentanten der klassischen Moderne. Der Rang ihrer Musik ist auch heute über jeden Zweifel erhaben.

Erwähnenswert sind auch Pfitzners *Palestrina* (1979) und Prokofieffs *Die Liebe zu den drei Orangen* (1991), mit denen Sawallisch die interessantesten und musikalisch ergiebigsten Partituren dieser Komponisten für sich reservierte.

Sawallischs musikalische Vielseitigkeit erweist sich an weiteren Aufführungen des zeitgenössischen Repertoires: Egks *Peer Gynt* (1982), Sutermeisters *Roi Bérenger* als Uraufführung im Cuvilliés-Theater (1985), von Einems *Dantons Tod* (1990), Henzes *Prinz von Homburg* (1992), einer Aufführung, mit der er in seiner Münchner Amtszeit noch einmal einen engagierten Akzent setzte.

Drei Unternehmungen sind aus Sawallischs Amtszeit besonders hervorzuheben, die auf der Welt ihresgleichen suchen: 1983 das komplette Bühnenwerk von Richard Wagner in einer einzigen Spielzeit, 1987 innerhalb von zehn Tagen ein neuer *Ring* und 1988 das komplette Opernwerk von Richard Strauss bei den Festspielen. Unternehmungen von imponierender Großartigkeit, mit denen Sawallisch nachdrücklich die Leistungsfähigkeit seines Hauses und dessen Sonderstatus im deutschen Opernbetrieb unterstrich. Den künstlerischen Eigensinn des Opernchefs attestierte man ihm bei diesen Monumentalprojekten ebenso gern wie die – alles in allem gesehen – überragende Qualität der musikalischen Darbietung. In diesen drei Projekten kulminierte Sawallischs Idee von der traditionsbewußten Pflege musikalischer Kultur – präsentiert in dem Bewußtsein, die bedeutendsten

Das Bayerische Staatsorchester unter der Leitung von Wolfgang Sawallisch anläßlich eines Konzerts in Bonn im September 1981.

musikalischen Dramen des 19. und 20. Jahrhunderts in bestmöglicher Interpretation aufzuführen. An diesen Werkzyklen von Wagner und Strauss konnte Sawallisch nach eigenem Selbstverständnis sein vermittelndes, sein dienendes Verständnis von Dirigieren unter Beweis stellen. Er begriff das Metier des Dirigierens zeit seines Lebens »nicht als schöpferischen, sondern bewußt als nachschöpferischen Beruf [...] nicht zuletzt, um die Ehrfurcht und den Respekt vor dem Kunstwerk nie aus den Augen zu verlieren«. Das Gesamtwerk von Richard Wagner und Richard Strauss wurde im Münchner Nationaltheater zum klingenden Beweis für diese Kunstauffassung.

Zugleich aber bescherte Sawallisch seinem Orchester mit der Arbeit an diesen nahezu 30 Bühnenwerken – neben der besonderen Hinwendung zum symphonischen Repertoire in den Akademiekonzerten – eine Erfahrung von absoluter Einmaligkeit. Nirgends auf der Welt verfügt ein Opernorchester über diese künstlerische Reife an den komplexesten und schwierigsten Opernpartituren überhaupt. Und eben diese Reife bescheinigten die Kritiker auch dem Dirigenten Wolfgang Sawallisch in den letzten Jahren in zunehmendem Maße. Prädikate wie »der große Wurf« oder »musikalische Weltklasse« für Wagner-Darbietungen stehen neben Elogen wie »ein Wagner-Dirigent und ein Orchester, die sich einig sind in den kühnsten Forderungen an sich selbst«. (Karl Schumann in der *Süddeutschen Zeitung* vom 17. 7. 1987) Für seine Strauss-Interpretationen apostrophierte man Sawallisch als „die große Münchner Strauss-Autorität" (Gerhard R. Koch in der *FAZ* vom 28. 7. 1988), und vorbehaltlos bewunderten die Fachkritiker seine Entwicklung als Mozart-Dirigent, der den 1973 erstmals in München dirigierten *Don Giovanni* 1986 neu einstudierte und bei den Festspielen 1990 wie 1991 in gereifter Interpretation präsentierte.

Dieser Reifeprozeß in der musikalischen Interpretation erweist sich auch ganz vordergründig an den Produktionsziffern. Als Staatsoperndirektor leitete Wolfgang Sawallisch von 1982 bis 1992 ebenso viele Premieren wie als Generalmusikdirektor von 1971 bis 1982. Nur die Zahl der „Remakes", der Wiederholungen, hat sich in der zweiten Dekade mehr als versechsfacht. *Gianni Schicchi* und *Il Tabarro* (1982), *Ariadne auf Naxos* (1984), *Don Giovanni* und *Daphne* (1986), der gesamte

»Götterdämmerung«, I. Akt, Aufführung vom 30. Juni 1976 unter der Regie von Günther Rennert. V.l.n.r.: Leonore Kirschstein, Roland Hermann, Karl Ridderbusch.

Ring, dazu die *Ägyptische Helena* und *Die Frau ohne Schatten* (1987) sowie *Die Schweigsame Frau* (1988) und der *Fliegende Holländer* (1990) standen auch schon in früheren Jahren auf Sawallischs Münchner Repertoire. Die erneute Auseinandersetzung mit diesen Werken führte stets zu einer vertieften musikalischen Deutung, am auffälligsten wohl beim *Ring*, beim *Holländer*, natürlich in *Don Giovanni* und bei zwei Strauss-Opern, die ganz offenbar zu Sawallischs bevorzugten Werken zählen: in der *Frau ohne Schatten* und in der *Schweigsamen Frau*. Nur die Tücken der Technik und die neuerliche Schließzeit des Hauses im Winter 92/93 verhinderten eine erneute Begegnung auch mit der *Frau ohne Schatten*, mit der Sawallisch sein Staatsopern-Engagement beschließen wollte und die er nun in Japan im Rahmen eines Gesamtgastspiels der Bayerischen Staatsoper auf die Bühne bringen mußte.

Muß man noch eigens hervorheben, daß sich Sawallisch bei Mozarts universalem Werk und bei den beiden Strauss-Opern auch szenisch besonders heimisch fühlte? Daß er sich voll und ganz auf die detailgenaue musikalische Interpretation konzentrieren durfte, weil er den visuellen Eindruck genau kannte und als optimal empfand? In der *Frau ohne Schatten* (1972) führte Oscar Fritz Schuh Regie. *Don Giovanni* und *Schweigsame Frau* waren Inszenierungen von Günther Rennert, deren überzeitliche Gültigkeit Sawallisch stets hervorgehoben hatte: »Wir werden, wenn es wirklich gute Inszenierungen waren, diese immer wieder erneuern, immer wieder mit neuen Sängern und Dirigenten erhalten.« (in den *Blättern der Bayerischen Staatsoper* 1982/83) Rennerts Regiearbeiten zählten für Sawallisch zum Kernbestand des Münchner Repertoires. Sie zu pflegen, begriff er als eine seiner vornehmsten Aufgaben: »Rennerts früher Tod wies mir eine Bewahrer-Funktion für diese Werke und für diesen Weg des Musiktheaters zu [...]« Dieses Bekenntnis spiegelt Sawallischs Vorstellung vom Szenischen, von der visuellen Interpretation einer

»Götterdämmerung«, I. Akt, Aufführung vom 29. März 1987 unter der Regie von Nikolaus Lehnhoff.
V.l.n.r.: René Kollo, Matti Salminen, Lisbeth Balslev, Bodo Brinkmann.

Oper. Dem Dirigenten erschloß sich aus dem Partiturstudium und der Probenarbeit eine eigenständige Idee von der szenischen Umsetzung des Komponierten, und wenn der Regisseur diese Idee kongenial traf, dann konnte sich diese Regiearbeit für Sawallisch durchaus zur optimalen Interpretation verdichten. In diesem Glauben an eine überzeitliche Gültigkeit von Inszenierungen ist er tatsächlich – im besten Sinne – ein Konservativer. Diese Treue zum Bewährten haben ihm seine härtesten Kritiker immer wieder vorgeworfen, ohne freilich zu respektieren, daß Sawallisch in seinen szenischen Vorstellungen geprägt ist von Künstlerpersönlichkeiten mit ungewöhnlichem Format. Wieland Wagner in Bayreuth und Köln, Oscar Fritz Schuh in Köln, Mailand und Salzburg und schließlich Günther Rennert in München haben seine Vorstellungswelt von musikalischer Szene geformt. Alle drei waren in ihrer Zeit alles andere als Traditionalisten. Sie haben ebenso experimentiert wie heutige Regisseure, und mit Wieland Wagner (in Köln) und Günther Rennert (in München) mußte der Dirigent Sawallisch gleich zweimal einen heftig kritisierten *Ring* durchstehen. Was ihn jedoch an der Arbeit dieser drei Regisseure überzeugte, waren ihr sicheres künstlerisches Fundament, die genaue Werkkenntnis und die stilistische Präzision, mit der sie ihre Interpretationen aufbauten. Vor allem

»Die Walküre«, 1987, in der Inszenierung von Nikolaus Lehnhoff.

Günther Rennert hat wohl in den frühen siebziger Jahren Idealbilder von Regiearbeit für Sawallisch entworfen: »Ich war begeistert von Rennerts Musiktheater. Rennert galt als oberstes Gesetz immer der Primat der Musik. Immer ging er in erster Linie von der Struktur eines Stückes aus. Er besaß das richtige Gefühl dafür, wie es zu aktualisieren war, ohne seine Grundsubstanz zu zerstören.«

In neun gemeinsamen Produktionen und einem kompletten *Ring* fand Sawallisch diese seine Begeisterung immer wieder neu bestätigt. An Günther Rennerts Idee vom musikalischen Theater hat er sich orientiert, an der Bewahrung dieses Opernstils hat er sich 15 Jahre hindurch in München aufgerichtet.

Sawallisch hat in München beinahe ausnahmslos mit ersten Regisseuren gearbeitet, allen voran mit Jean-Pierre Ponnelle, dann mit Hans Lietzau, Filippo Sanjust, Kurt Horres, Johannes Schaaf, Dieter Haugk und Juri Ljubimow. Der Vergleich ihrer Arbeit mit Günther Rennerts Musiktheater ist müßig, weil ungerecht. Vielleicht nur mit Ponnelle hat Sawallisch noch einmal eine ähnlich intensive Zusammenarbeit erlebt wie zuvor mit Rennert. Fasziniert und beeindruckt zugleich war er dann aber doch von Nikolaus Lehnhoff beim *Ring*-Projekt im März 1987. Mit förderlichem Eigensinn pochte Sawallisch auf die Verwirklichung des verwegenen Projekts, innerhalb von nur zehn Tagen alle vier *Ring*-Opern in Neuinszenierungen auf die Bühne zu stellen, dazu eine Sängerbesetzung, die auf der Welt ihresgleichen suchte. Er wollte die Tetralogie wie aus einem Guß, musikalisch wie szenisch, und überwand für diese Idee alle Widrigkeiten des Theaterbetriebs. Zum andern erkennt Sawallisch in Wagners *Ring* die Notwendigkeit, alle zehn Jahre über neue Konzeptionen und Interpretationsmodelle nachzudenken. Im Unterschied zu den meisten anderen Opern des Repertoires schließt er beim *Ring* die optimale, gleichsam überzeitlich gültige Deutung auf der Bühne und im Orchestergraben aus. Und zum dritten – als folgerichtige Konsequenz – bot er in Lehnhoffs futuristischem Ambiente zeitgenössisches, aktuelles Musiktheater – und das bei einem Kernstück der Münchner Operntradition. Inzwischen ist ihm

»Die Walküre«, I. Akt, Aufführung vom 9. Juni 1974 unter der Regie von Günther Rennert. V.l.n.r.: James King und Siv Weinberg.

auch das Publikum bei dieser *Ring*-Interpretation bereitwillig gefolgt. Die Zahlen sprechen für sich: Heute schon hat diese Inszenierung ihre Produktionskosten mehr als eingespielt.

Das Motto Wolfgang Sawallischs: »Jede Inszenierung ist ein vorherbestimmbares Wagnis«, hat sich in diesem Fall eindeutig als Erfolgsrezept erwiesen. Erfolg zu sichern wird jedoch zunehmend schwieriger, die Verpflichtung von Regisseuren wächst sich heutzutage mehr und mehr zum Glücksspiel aus. Maßstäbe setzen nur wenige, und auch dies nicht in allen ihren Produktionen.

In diesem Zusammenhang ist der „Fall Kresnik" zu erwähnen, über den die Öffentlichkeit seinerzeit nicht ausreichend informiert wurde. Die ursprüngliche Absicht schien gut und löblich: Auch das Publikum im Nationaltheater sollte an den neuesten Tendenzen deutscher Musiktheaterkunst partizipieren dürfen, für die damals Johann Kresniks Arbeiten bei der Avantgarde einstanden. Insofern hätte Kresniks *Trionfi*-Produktion dem Münchner Haus gut zu Gesicht gestanden. Aber soll ein Intendant gegen seine Überzeugung an den Vorgaben einer Theaterproduktion festhalten – nur um des modernen Etiketts, um des handfesten Skandals willen? Kresniks bewußt auf Skandal angelegte Interpretation des Orffschen Werkes legte die Auflösung des Vertrages nahe. Sawallisch ent-

»Die Walküre«, III. Akt, Aufführung vom 21. März 1987 unter der Regie von Nikolaus Lehnhoff.

schied sich mutig für den unpopulären Schritt, denn Theaterruhm ist vergänglich, und er verblaßt um so rascher, je heftiger zuvor die Brandung der kontroversen Diskussion aufschäumte. Diesem trügerischen Glanz der öffentlichen Diskussion ist Sawallisch vor allem in den Jahren als Staatsoperndirektor konzeptionell ausgewichen, mit einer eigenen, bisweilen eigensinnigen Auffassung von der oft und gern beschworenen gesellschaftlichen Relevanz des musikalischen Theaters. Und gerade deshalb setzt er sich nicht in Widerspruch zur Tradition und Geschichte des Hauses.

Der Spielplan des Nationaltheaters braucht einen Vergleich mit gleichrangigen Häusern nicht zu scheuen. In der Ära Sawallisch ging im Schnitt an 320 Abenden einer Spielzeit der Vorhang auf. Bei gut 60 Produktionen in zehn Jahren bot Sawallisch seinem Publikum immerhin ein knappes Dutzend Münchner Erstaufführungen oder Erstinszenierungen des Hauses. Dazu fünf Uraufführungen im Nationaltheater. Mithin: rund ein Viertel der Premieren mit Werken, die man in der 350jährigen Geschichte der Hofoper und des Nationaltheaters nicht sehen konnte.

Liebgewordene Entwicklungen und Einrichtungen der vergangenen Jahrzehnte hat auch Sawallisch gestützt. Weltstars geben sich nach wie vor in München die Klinke in die Hand. Die Festspiele bedeuten auch heute immer wieder eine Konzen-

»*Jede Inszenierung ist ein vorherbestimmbares Wagnis*« 169

»Die Walküre«, III. Akt,
Aufführung vom 9. Juni 1974
unter der Regie von Günther
Rennert.

tration der künstlerischen Kräfte am Ende einer jeden Saison, von der selbstverständlichen internationalen Reputation dieser Musiktheater-Wochen gar nicht zu reden. Im Marstall bietet sich nach wie vor ein Experimentierfeld für neues Musiktheater, um das andere Häuser die Münchner Oper beneiden. Und in der Dramaturgie werden zu jeder neuen Produktion opulente Lesebücher als Programmhefte erarbeitet, die in ihrer wissenschaftlichen Beleuchtung des inszenierten Werkes und in ihrer Vielseitigkeit ihresgleichen selbst an großen Häusern suchen. Nach innen wie nach außen setzte Sawallisch auch sehr persönliche Akzente. Mit seinen Orchestermitgliedern musizierte er regelmäßig Kammermusik und engagierte sich dabei auch für Entlegenes. Mit den jungen Sängern seines ständigen Ensembles erarbeitete er Liederabende und begleitete sie über viele Jahre im Cuvilliés-Theater. Mit dem gesamten Opernensemble reiste er dreimal (1974, 1988 und 1992) zu großen Gastspielen nach Japan und verschaffte dem Haus damit auch international ein ungewöhnliches Renommee. 1984 wurde die Bayerische Staatsoper als erstes westliches Opernhaus nach China eingeladen. 1992 weihte sie in Nagoya (Japan) das erste nach westlichem Vorbild erbaute Opernhaus dieses Landes ein. Die Münchner Oper gastierte mit Werken von Richard Strauss (*Schweigsame Frau*, *Daphne*, *Liebe der Danae*) und Paul Hindemith (*Cardillac*) an der Mailänder Scala, an der Covent Garden Opera in London mit *Ariadne auf Naxos* und der *Schweigsamen Frau*; sie wurde gebeten, zur 750-Jahr-Feier der damals noch geteilten Stadt in Ost- und West-Berlin den Kulturbeitrag der Bundesrepublik Deutschland zu leisten.

In den vergangenen gut 20 Jahren boten sich somit dem Opernpublikum unter der Leitung von Wolfgang Sawallisch herausragende Erlebnisse. Der Status der Bayerischen Staatsoper hat sich eine Generation nach dem Wiederaufbau des Nationaltheaters konsolidiert – er hat musikalisch einen sehr hohen Standard erreicht.

Konzeptionsgespräch »Ubu Rex« im Juni 1991, Wolfgang Sawallisch und August Everding.

Jens Malte Fischer

Faszination des Ensemblegeistes
Ein Panorama der schönen Stimmen in 350 Jahren Münchner Oper

Am Beginn der Münchner Operngeschichte steht eine adelige Mäzenin: Kurfürstin Henriette Adelaide kaufte aus ihrer gut gefüllten Schatulle möglichst die besten Sänger der Zeit für die Münchner Bühnen ein. Agenten der Kurfürstin reisten nach Italien, um dort die Goldkehlen einzufangen. Es ist die Zeit der Kastraten, deren Blüte allerdings erst im 18. Jahrhundert anzusetzen ist, wenn gleichzeitig die weiblichen Primadonnen beginnen, den „Evirati", den entmannten Sangeskollegen, Konkurrenz zu machen.

Wanderzirkus der geläufigen Gurgeln

Aus der Frühzeit der Münchner Oper sind kaum Namen bekannt, um 1700 beherrschen italienische Sänger die Szene, die Vokalkapelle des Hofes umfaßt 17 Vokalisten, mit denen jährlich zwei bis drei Opern neu einstudiert und fünf bis zehn Opern wiederholt werden. 1720 kommt der erste Kastrat nach München, der auch heute noch in der Geschichte des Gesangs einen Namen hat: Antonio Maria Bernacchi, aus Bologna gebürtig und bei Pistocchi ausgebildet. Bis 1727 hat er in München große Erfolge, ohne daß man ihn als festes Ensemble-Mitglied bezeichnen könnte, denn wie heute reisen die Stars durch Europa und ließen sich dort auf Zeit nieder, wo sie am besten bezahlt und am heftigsten applaudiert wurden. Als Bernacchi von Händel nach London geholt wird (als Nachfolger des noch berühmteren Senesino), da ist seine Münchner Zeit vorbei (denn im Unterschied zu heute konnte man nicht an einem Abend in London, am anderen in München singen).

Zur gleichen Zeit ist aber auch schon die berühmteste Primadonna ihrer Zeit in München zu hören: Faustina Bordoni, 1723 als Griselda in Torris gleichnamiger Oper und 1729 noch einmal in des gleichen Komponisten *Edippo*. 1728 kommt am Anfang seiner Karriere der Größte von allen nach München: Farinelli, der eigentlich Carlo Broschi hieß und als Soprankastrat für das ganze 18. Jahrhundert der Inbegriff sängerischer Vollkommenheit war. Nehmen wir noch den Altisten Giovanni Carestini hinzu, der 1731 auftritt, so können wir feststellen, daß das Münchner Publikum im ersten Drittel des 18. Jahrhunderts zumindest punktuell die besten Sänger seiner Zeit hören konnte.

Wie dominant die italienische Oper, die italienischen Sänger waren, kann man an den italienischen Namen ablesen, die sich deutsche Sänger geben mußten, wenn sie Erfolg haben wollten. So trat neben Carestini in Torris *Ippolito* die Signora Rosa Bavarese auf, die eigentlich Rosa Maria Schwarzmann hieß; hinter Giovanni Valesi, der in den siebziger Jahren als Tenor in München wirkte, verbarg sich Johannes Walleshauser, und der einheimische Tenor Valentin Adamberger (der Belmonte der Wiener Uraufführung der *Entführung aus dem Serail*) machte den Beginn seiner Karriere als Valentino Adamonti. Man hat gezählt, daß zwischen der Mitte des 17. und der des 18. Jahrhunderts über 150 italienische Sänger und Sängerinnen in München in Solopartien auftraten.

Nach 1745 jedoch, als Kurfürst Maximilian III. Joseph in der Hofoper strikte Sparmaßnahmen greifen läßt, wird der Wanderzirkus der geläufigen Gurgeln stark eingeschränkt. Gleichzeitig sind auch die ersten Vorboten lokaler und nationaler Einwände gegen die Vorherrschaft der italienischen Oper zu hören, die vierzig Jahre später endgültig zu Ende gehen wird. Natürlich gibt es noch die gastierenden Stars, jetzt aber immer häufiger in reisende Gesamtensembles eingebettet, wie das der Brüder Mingotti, in dem die Sopranistin Regina Mingotti auftrat (seit 1760), die sich dann 1772 ganz in München niederließ (und in Neuburg an der Donau hochbetagt gestorben ist).

Die beschriebenen Entwicklungen sind durch

Faustina Bordoni-Hasse.

fließende Übergänge gekennzeichnet. Keineswegs ist für München das Zeitalter der Kastraten beendet, was man schon daraus entnehmen kann, daß der Alt-Kastrat Gaetano Guadagni 1773 in Glucks *Orfeo* brilliert, eine Glanzrolle, die er auch schon bei der Wiener Uraufführung 1762 gestaltet hatte. Die Bayerische Kurfürstin hatte ihn in Verona gehört und ihn bewegen können, nach München zu kommen, wo er zwischen 1770 und 1774 Triumphe feierte. Gleichzeitig haben aber auch deutsche Sänger wie die genannten Walleshauser und Adamberger Erfolge, und 1778 ist Aloysia Weber als Primadonna verzeichnet, Schwägerin Mozarts und von ihm zunächst mehr verehrt als ihre Schwester Konstanze. Als Mozarts *Idomeneo* 1781 uraufgeführt wird, wirkt in der Titelrolle der Tenor Anton Raaff mit, damals schon ein Mittsechziger mit einer bedeutenden Karriere, der allerdings natürlicherweise nicht mehr alle technischen Fertigkeiten besaß, die für die Rolle nötig gewesen wären (darüber geben die Briefe Mozarts Auskunft); seine stimmliche Beweglichkeit muß allerdings noch groß gewesen sein, denn sonst hätte er die Arie *Fuor del mar* nicht bewältigen können. Neben Raaff wirkten in dieser Premiere noch die Geschwister Dorothea und Elisabeth Wendling als Ilia und Elettra mit. Beide Sängerinnen sind die bedeutendsten Sopranistinnen in München am Ende der ersten Phase.

Elisabeth sang auch in Sartis *Armide* die Titelrolle, starb aber schon früh im Jahre 1786, während Dorothea nach dem Ende ihrer Laufbahn noch erfolgreich als Pädagogin wirkte.

Sänger der deutschen Oper

Am Ende des 18. Jahrhunderts nimmt zunächst das deutsche Singspiel den verwaisten Platz der italienischen Oper ein, kann ihn natürlich nicht lange und nicht allein halten. Hinzu tritt die Opera buffa, in der sich die italienische Oper erneuert – Rossini wird in München zu einem Mode-Komponisten wie überall in Europa und nicht nur mit Buffo-Opern; für den deutschen Raum wird man München geradezu als Rossini-Hochburg bezeichnen können.

In den zwanziger Jahren etabliert sich mit den Erstaufführungen von *Fidelio* und *Freischütz* die deutsche Oper neuen Stils, und in den sechziger Jahren setzt in den Münchner Uraufführungen der Wagner-Opern der Siegeszug des neuen Musikdramas mit neuartigen Ansprüchen vor allem an die Sänger ein. Alle diese Entwicklungen forcieren einen epochemachenden Wandel in Ausbildung und Stil des Gesangspersonals, der auch und gerade an München nicht vorbeigeht. Die Sopranistin Helene Harlaß und der Tenor Karl Adam Bader, die zu Beginn des Jahrhunderts engagiert sind, wird mann als Sänger des Übergangs zwischen diesen

Auguste Elisabeth Wendling, geb. Sarselli, die erste Elektra in Mozarts »Idomeneo«.

Epochen begreifen können. Bader, Sohn des Bamberger Domorganisten, macht dann später in Berlin seine große Karriere als bevorzugter Tenor des dortigen Generalmusikdirektors und Opernmeisters Gaspare Spontini.

Der Theaterzettel der Münchner Erstaufführung des *Freischütz* vom April 1822 zeigt uns die Spitzen des damaligen Ensembles. »Madame Vespermann« sang die Agathe, Klara Mezger-Vespermann also, aus der Au gebürtig und mit dem Bariton und Schauspieler Wilhelm Vespermann verheiratet, Pflegetochter und Schülerin des Komponisten Peter von Winter. Klara Vespermann starb bereits 1827 in blühender Jugend, ihr Mann heiratete wiederum eine Sopranistin, Katharina Sigl, die in der gleichen Aufführung als »Demoiselle Sigl« das Ännchen gewesen war. Sie hatte eine nicht viel längere Karriere, konnte aber immerhin noch Webers *Euryanthe* und die Rezia in seinem *Oberon* für München kreieren. Den Max sang Franz Xaver Löhle, seit 1818 an der Hofoper tätig und bereits ein Jahr zuvor der Florestan in *Fidelio*, später der erste Münchner Masaniello in Aubers *Stumme von Portici*, ein jugendlicher Heldentenor offensichtlich, dessen strahlende Höhenlage von allen Fachleuten gerühmt wurde, während seine Darstellung als ausgesprochen provinziell keine Lorbeeren ernten konnte. Als Kaspar war der Bassist Josef Staudacher zu hören, bis zu seinem ebenfalls recht frühen Tode 1838 der erste Vertreter seines Faches.

Den Umbruch im Gesangsstil belegt auch der Auftritt des letzten großen Kastraten Giovanni Battista Velluti 1819 – es ist das letzte Mal, daß ein bedeutender Kastrat in München singt. Im selben Jahr gastiert Giovanni Battista Rubini in der Erstaufführung des *Barbier von Sevilla* als Almaviva und läutet damit das Münchner Rossini-Fieber so recht ein. Er steht noch am Anfang seiner gigantischen Karriere als berühmtester Tenor der ersten Jahrhunderthälfte (Richard Wagner erinnert sich im Alter mit Entzücken seiner Stimmkunst).

So wie Rubini für die neue Opernkunst der Bellini und Donizetti steht, so steht Wilhelmine Schröder-Devrient für die neue Wahrhaftigkeit des deutschen dramatischen Operngesangs – sie gastiert 1824 als Beethovens Fidelio, und gerade in dieser Rolle hat sie für Wagner das Modell des dramatischen Singens in deutscher Sprache abgegeben, nach dem er den Stil seiner Musikdramen gebildet hat.

In den vierziger Jahren des neunzehnten Jahrhunderts war Karoline Hetznecker die unbestrittene Primadonna der Münchner Oper. Ihr Stimmumfang ließ sie Mezzo- wie Sopranrollen bewältigen. Sie stammte aus Freising und betrat schon mit 16 Jahren als Pamina die Bühne der Landeshauptstadt. Sie entwickelte sich in den folgenden Jahren ins dramatische Fach in einem weitgespannten Repertoire, das 56 Rollen umfaßte, Bellinis Norma, Verdis Lady Macbeth ebenso einschloß wie Agathe und Fidelio.

Der erste Bassist Münchens bis in die fünfziger Jahre hinein war Julius Pellegrini, ein gebürtiger Mailänder, der in italienischen, französischen wie deutschen Opern gleichermaßen brillierte und sich als Bertram in Meyerbeers *Robert der Teufel* 1854 von der Bühne zurückzog.

Soubretten haben es immer besonders leicht, sich in die Herzen des Publikums zu singen, wenn zum stimmlichen Können auch der Zauber der Persönlichkeit tritt. So wurde auch Sophie Diez (eigentlich Hartmann) zum erklärten Liebling in ihrer langen Karriere zwischen 1836 und 1878. Man spricht ihr ein Repertoire von 300 Rollen zu, was zunächst unglaublich klingt, jedoch einsehbarer wird, wenn man weiß, daß sie nicht nur Susanna und Zerlina gesungen hat, sondern auch die Magdalena in der *Meistersinger*-Uraufführung, die Elisabeth im *Tannhäuser* und die Ortrud im *Lohengrin* sowie die Gluckschen Iphigenien. Wie das alles zusammengehen soll, ist nicht so recht vorstellbar, und es gab auch zu ihrer Zeit kritische Stimmen, die nicht alle Experimente mitzumachen bereit waren, aber ihrer Beliebtheit tat das keinen Abbruch.

Die Regierungszeit Ludwigs II. darf auch als ein Höhepunkt des sängerischen Niveaus der Münchner Oper insgesamt gelten. Hier stand ein Ensemble für die Wagnerschen Musikdramen zur Verfügung, aber auch für die Werke Verdis, die damals die Bühnen Europas eroberten, wie es selbst in Bayreuth kaum in gleicher Qualität anzutreffen war, auch wenn personelle Überschneidungen vorkamen. An erster Stelle ist sicherlich Ludwig Schnorr von Carolsfeld zu nennen, der Tristan der Uraufführung in München, an stimmlicher und körperlicher Fülle nicht zu übertreffen. Richard Wagner hat in seinem Leben nur zwei Sänger erlebt, die seinen Anforderungen wirklich gewachsen waren: stimmlich zumindest Joseph Tichatschek, der erste Rienzi und Tannhäuser, dem aber als Interpreten die tieferen Schichten der Wagnerschen

Ludwig und Malvina Schnorr von Carolsfeld als Tristan und Isolde, 1865.

Helden verborgen blieben, und eben Schnorr von Carolsfeld, der „junge Recke", dem Wagner die emphatischsten Erinnerungen gewidmet hat und dessen Darstellung des Tristan nach allen Zeugnissen eine bis heute nicht wiederholte Leistung geblieben ist. Daß Schnorr nur fünf Wochen nach der Uraufführung plötzlich verstarb, wird zum Teil bis heute den Ansprüchen der Partie angelastet, ein zählebiges Gerücht, denn alle Indizien zeigen klar, daß eine schwere rheumatische Erkrankung aufs Herz übergriff und zu Schnorrs Herztod führte. Schnorrs Frau Malvina, die die Isolde in der Uraufführung sang, trat später nicht mehr in München auf.

Die Lücke, die Schnorrs Tod gerissen hatte, konnte nicht sogleich gefüllt werden, bis dann Heinrich Vogl mitsamt seiner Frau Therese auftrat. Heinrich Vogl, ein geborener Münchner aus der Au, war Schulgehilfe in Ebersberg gewesen und durch Franz Lachner an die Oper und das Singen herangeführt worden. Mit Loge und Siegmund bei den Uraufführungen von *Rheingold* und *Walküre* etablierte er sich als erster Wagner-Tenor des Hauses. Bei Wagner selbst allerdings konnte er die Erinnerung an Tichatschek und Schnorr nicht auslöschen, und auch Albert Niemann stand in der Gunst des Komponisten als Tenor höher. Als *Siegfried* und *Götterdämmerung* dann 1878 nach den Bayreuther Uraufführungen in München herauskamen, war jedoch Heinrich Vogl nicht zu umgehen, ebenso nicht wie Therese Vogl als Isolde in den siebziger und achtziger Jahren ihresgleichen hatte, als Brünnhilde in der *Götterdämmerung* zusätzlich noch auf ungesatteltem Pferde mit einem Schlußsprung in den Scheiterhaufen glänzen konnte (das Reiten hatte sie am Starnberger See gelernt, wo sie geboren war).

Der Wotan in *Rheingold* und *Walküre* war August Kindermann gewesen. Kindermann wirkte über vierzig Jahre in München, zuletzt auch als Regisseur. Er sang zwischen Baß und Bariton alles, was seiner Stimme erreichbar war (und ihr war viel erreichbar). Hatte er als Freund und Interpret Lortzings angefangen, so stieg er in München zum dramatischen Bariton auf, nicht nur bei Wagner. Von Kindermann war bekannt, daß er dem Trunke nicht abgeneigt war. Immer wieder mußte man ihn zu Vorstellungen aus dem Hofbräuhaus holen, und wenn er vor dem Theater noch so sehr schwankte, stand er doch auf der Bühne mit der alten, auch vokalen Sicherheit. Bei den Bayreuther Aufführungen des *Ring* wurde ihm allerdings Franz Betz als Wotan vorgezogen, der bei der Münchner Uraufführung der *Meistersinger* den Sachs gesungen hatte.

Theodor Reichmann sang 1878 den ersten Wanderer in *Siegfried*, noch am Anfang seiner Karriere, die ihn dann an die Wiener Hofoper und nach Bayreuth führen sollte. Der Baß-Bariton Eugen Gura hatte bereits 1865 in München debütiert, war aber erst 1883 zu längerem Engagement zurückgekehrt, das ihn bis zum Ende seiner Laufbahn 1896 festhielt. Bei den Bayreuther Festspielen 1876 sang er Donner und Gunther und galt seither vor allem als Wagner-Sänger, sang später auch Marke und Sachs in Bayreuth wie in München. Die vielen Wagner-Rollen waren wahrscheinlich nicht das Richtige für sein »edles, aber nicht sehr robustes Organ«, wie ein Zeitgenosse schrieb, und so endete seine Karriere relativ früh. Dem *Barbier von Bagdad* des Peter Cornelius hat er zum Durchbruch verholfen durch seine humorige Gestaltung der Titelpartie. Mit dem Hoftheater-Intendanten Possart lieferte er sich zweimal regelrechte Wettkämpfe: Beide Künstler trugen wechselseitig Dichtungen Goethes und Schillers in Original und Vertonung vor bei Abenden, die Festspiellänge erreichten und bei denen jeder den anderen an Stimmkraft und Emphase zu übertrumpfen versuchte. All diese Namen zeigen, welch überragende Bariton-Phalanx München in jenen Jahren aufzuweisen hatte.

Die Münchner Oper hat gerade im vergangenen Jahrhundert immer wieder Sänger ihr eigen genannt, die Seßhaftigkeit und Treue zum Hause über Omnipräsenz und Höchstgagen stellten. Das war nicht nur eine Frage der Entwicklung des Opernwesens, denn reisende Sängerstars gab es auch schon vor 100 oder 150 Jahren, sondern mehr der Bodenständigkeit der Sänger und der Verbundenheit mit einem überschaubaren Publikum. Karoline Hetznecker, Klara Vespermann, Sophie Diez, Ludwig Schnorr von Carolsfeld, Heinrich und Therese Vogl – sie alle waren darüber hinaus in München oder in dessen Nähe geboren, und wenn jemand wie August Kindermann fast ein halbes Jahrhundert dem Hause angehörte, dann ersetzte das den Adel der Münchner Geburt. Eine ähnlich lange Wirkungszeit hatte auch der Bassist Kaspar Bausewein, mit Kindermann auch in seiner Vielseitigkeit vergleichbar, die überhaupt ein Charakteristikum der Sänger in der zweiten Hälfte des 19. Jahrhunderts war. Bausewein war bei den genannten Wagner-Uraufführungen der erste Fafner, Pogner und Hunding, als seine eigentliche Domäne wurde aber das Fach des Charakterbasses und Baßbuffos angesehen, wo er als Kaspar, Basilio und Leporello reüssierte. Vielseitig war auch der Tenor Max Schlosser, der allerdings mit nur zwei Partien eine große Karriere als Buffo- und Charaktertenor machte: mit dem David in den *Meistersingern* und dem Mime in *Rheingold* und *Siegfried*. Beide Rollen hatte er in den jeweiligen Uraufführungen in München und Bayreuth kreiert, und Wagner war von seiner scharf charakterisierenden Stimme und seiner Spiellaune so begeistert, daß er bei den Proben zu der ersten zyklischen Aufführung des *Ring* in Bayreuth gerade mit Schlosser unermüdlich ar-

August Kindermann.

Heinrich und Therese Vogl als Siegmund und Sieglinde, 1870.

– was ihm den von seinem zweiten Vornamen Ignaz abgeleiteten Spitznamen „Brillanten-Nazi" eintrug. Nachbaur galt weder als besonders musikalischer noch als ausnehmend intelligenter Sänger, erfüllte also die Klischeevorstellung von einem Tenor, besaß aber eine ausnehmend schön timbrierte Stimme und eine blendende Erscheinung, was schon Wagner selbst als die wesentlichen Ingredienzien eines überragenden Lohengrin ansah.

Die Sopranistin Mathilde Mallinger, die erste Eva, war nur kurz in München und machte dann an der Berliner Hofoper eine nur mittlere Karriere. Ihre Fachkollegin Mathilde Weckerlin blieb länger in München und war dort die erste Aida, aber auch eine überzeugende Donna Anna und Norma – die meisten der genannten Sänger waren keineswegs nur Wagner-Spezialisten, was trotz der gewichtigen Uraufführungen betont werden muß, denn ein reines Wagner-Opernhaus war München in jenen Jahrzehnten durchaus nicht. Auch Sophie Stehle,

beitete und ihn zu immer extremerer Zeichnung dieser Figur anhielt – der Erfolg beim internationalen Publikum und der Presse gab dieser Bemühung recht.

Stand für Wagners schwere Tenorrollen Heinrich Vogl zur Verfügung, so war die Münchner Oper in der glücklichen Lage, für das Repertoire des jugendlichen Heldentenors weit über die Wagnerschen Werke hinaus Franz Nachbaur im Ensemble zu haben, den Stolzing der *Meistersinger*-Uraufführung. Nachbaur hatte sich vom Chor des Basler Stadttheaters zu einem der ersten Tenöre seiner Zeit emporgearbeitet und war als Raoul in Meyerbeers *Hugenotten* und Adolar in Webers *Euryanthe* ebenso erfolgreich wie als Stolzing und vor allem als Lohengrin, der als seine beste Rolle galt. Ludwig II. war von Nachbaurs Gestaltung des Schwanenritters so begeistert, daß er dem Sänger eine silberne Rüstung schenkte und ihn außerdem mit Pretiosen überhäufte, die der nicht uneitle Tenor auch gern in der Öffentlichkeit präsentierte

Franz Nachbaur als Lohengrin.

die von 1860 bis 1874 in München sang, war kein purer Wagner-Sopran, auch wenn sie die erste Brünnhilde in der *Walküre* war. Dieses »Talent von Gottes Gnaden«, wie der Kritiker Eduard Hanslick bei einem Wiener Gastspiel schrieb, sang ein äußerst breit gestreutes Repertoire und verabschiedete sich von ihrem Publikum bezeichnenderweise als Gretchen in Lortzings *Wildschütz* (was heute von einer berühmten Brünnhilde nicht recht vorstellbar ist).

Strukturwandel und Internationalisierung

Die Phase um 1900, gekennzeichnet durch die Intendantennamen Possart und Speidel sowie durch die Dirigenten Zumpe und Mottl, weist eine bemerkenswerte Kontinuität gerade in der Qualität des Sänger-Ensembles auf. Die meisten der eben genannten Künstler beenden ihre Karriere, aber neue junge Kräfte, die ihnen in nichts nachstehen, treten an ihre Stelle. Nun können wir auch bei den prominenten Münchner Sängern mit Hilfe der ersten Schallplatten über die begeisterten Kritiken und verklärenden Erinnerungen hinaus weitgehend objektiv ihre Gesangskunst beurteilen.

Der als Ingenieur ausgebildete Bariton Fritz Feinhals machte durch seine sonore Stimme und seinen immer ausgeglichenen Legato-Gesang seinem Namen alle Ehre. Er war über Stationen in Essen und Mainz 1898 nach München gekommen und sang hier bis 1927. Feinhals war der Hans Sachs bei der Eröffnung des Prinzregenten-Theaters und er war 1914 der erste Münchner Amfortas in *Parsifal*, aber weit mehr als ein Wagner-Sänger. 1917 sang er den Borromeo in der Uraufführung von Hans Pfitzners *Palestrina*.

Feinhals' Baritonkollege im feinsinnig-lyrischen Fach war Friedrich Brodersen, der sich bei seinem ersten Engagement in der Uraufführung von Wolf-Ferraris *Neugierigen Frauen* vorstellte und dem Publikum als Wolfram, Marschners Hans Heiling, als Kurwenal und Escamillo ans Herz wuchs. Daß in dem Urmünchner Heinrich Knote einmal der würdige Nachfolger für Schnorr von Carolsfeld und Heinrich Vogl heranwachsen würde, konnte niemand ahnen, als der Zweiundzwanzigjährige mit einer Tenor-Buffo-Partie in Lortzings *Waffenschmied* debütierte. Knote ist ein überzeugendes Beispiel dafür, daß sich Heldentenöre langsam und kontinuierlich entwickeln müssen. Sein Weg führte über den Lohengrin und Stolzing, die er in München um die Jahrhundertwende sang, hin zu Tristan, Tannhäuser und Siegfried. Mit Knote sind wir nun in jener Generation, von deren Kunst bereits die Schallplatte kündet, und man kann überprüfen, daß er mit zunehmendem Alter immer besser wurde. Es klingt kaum glaubhaft, daß seine Aufnahmen, die er als Sechzigjähriger machte, besser sind als die des Dreißig- und Vierzigjährigen, aber es ist so. Die Romerzählung des Tannhäuser, die er noch 1930 einspielte, ist bis heute an Stimmglanz und dramatischer Expression nicht übertroffen worden (Knote war Jahrgang 1870). Zwischen 1904 und 1908 sang er mit großem Erfolg auch an der Metropolitan Opera und mußte sich etwa als Manrico der Konkurrenz Enrico Carusos keineswegs geschlagen geben. Was Knote im heldischen Fach, war Raoul Walter im lyrischen Bereich. Trotz seines Meyerbeerischen Vornamens blieb er mit wenigen Ausnahmen als lyrischer Tenor in seinem angestammten Fach der erste Vertreter bis zu seinem Tode 1917. Verwandtschaftlich kann man ihn als Bindeglied zwischen den Sängergenerationen

Fritz Feinhals als Hans Sachs in »Die Meistersinger von Nürnberg«, 1908.

großen Formats (sie galt als imposanteste Elektra ihrer Zeit) vermochte sie über diese stimmlichen Probleme hinwegzutäuschen.

Hochdramatische Sopranistinnen werden gelegentlich wie Statuen verehrt, zur quasi familiären Liebe taugen sie nicht im Gegensatz zu den Soubretten, wie es Sophie Diez, aber auch Hermine Bosetti zeigen, die zwischen 1901 und 1924 unangefochtener Liebling der Münchner war. Sie fing mit den für ihr Fach üblichen Zwitscherpartien an, wuchs aber im Lauf der Zeit weit darüber hinaus, wurde eine ausgezeichnete Traviata und war Gilda, als Caruso 1912 in *Rigoletto* gastierte.

Apropos Gastspiele: Die Münchner Oper war nie (und wollte auch nicht sein) nur Ort auf der Route der international gastierenden Gesangsstars. Hier wurden nicht die Honorare gezahlt, wie sie in Wien, Paris, London, New York üblich waren, und auch die beschriebene Bodenständigkeit von Ensemble und Publikum kam dem nicht entgegen.

Zdenka Faßbender als Isolde, 1907.

ansehen, denn er war der Sohn des noch berühmteren Schubert-Sängers Gustav Walter und der Schwiegervater Julius Patzaks, der später in München erfolgreich wirken sollte.

Der führende hochdramatische Sopran dieser Zeit war Zdenka Faßbender, die mit Felix Mottl von Karlsruhe nach München kam. Mit Mottl verband sie eine enge Beziehung, die allerdings erst auf dessen Sterbebett legalisiert wurde, als Mottl 1911 bei einer *Tristan*-Aufführung am Pult zusammenbrach (eine merkwürdige Koinzidenz mit dem Tode Joseph Keilberths 1968). Zdenka Faßbender war Münchens erste Kundry, aber auch als Brünnhilde und Isolde ohne Konkurrenz. Wie so mancher prominente hochdramatische Sopran scheint sie ein verkappter Mezzosopran gewesen zu sein und die Farbigkeit und Fülle von Tiefe und Mittellage mit Schärfen und Mühen in der Höhenlage erkauft zu haben – als heroinenhafte Darstellerin

Enrico Caruso als Don José in »Carmen«.

Dennoch hat es immer wieder Gastspiele internationaler Größen gegeben, auch schon im neunzehnten Jahrhundert. Rubinis Auftreten 1819 ist schon erwähnt worden. Angelica Catalani gab 1826 ein Gastkonzert, Henriette Sontag sang 1852 die Nachtwandlerin Bellinis. Die Nichte Richard Wagners, Johanna Wagner, die sich zu einer bedeutenden dramatischen Sängerin entwickelt hatte, gastierte 1853 als Fidelio, Adelina Patti 1879 als Lucia di Lammermoor. Die Krone in diesem Diadem aber gebührt sicherlich Enrico Caruso, der im Oktober 1910 zweimal auftrat, als José in *Carmen* und als Rudolf in *La Bohème*. Bei der letzteren Vorstellung wurde Caruso von einem vorzeitig heruntergelassenen Prospekt am Kopf getroffen und leicht verletzt, was einen Bühnenportier veranlaßte, zum Intendanten Speidel zu bemerken: »Herr Baron, wann der Caruso jetzt invalid geworden wär, hättn mir ihn glatt noch derschlagen müssen. Dös hätt ma grad noch zahln kenna. Aber a lebenslängliche Pension, dös hätt uns ruiniert!« Im Herbst 1912 kam es dann noch einmal zu drei Abenden mit Caruso (*Carmen*, *Tosca* und *Rigoletto*), die auch beim lokalpatriotischen Münchner Publikum den Eindruck hinterließen, den größten Tenor der Welt gehört zu haben.

Die folgende Phase kann man mit den Namen der Generalmusikdirektoren Bruno Walter und Hans Knappertsbusch umreißen und auf die Jahre 1913 bis 1935 datieren. Bruno Walter hat sein Credo in seinen Lebenserinnerungen *Thema und Variationen* folgendermaßen beschrieben: »Ich strebte danach, mich mit starken Künstlerpersönlichkeiten zu umgeben; die Persönlichkeit ist das Glück des Theaters, es lebt von ihr, wie das Kunstwerk vom Ensemble. So lebte ich für meine Sänger und von ihnen, und bei den heißesten Bemühungen um die Vereinheitlichung meiner Aufführungen und die Stil- und Werktreue jeder Einzelleistung, habe ich nie vergessen, daß die Faszination des Theaters von der bedeutenden Persönlichkeit oben auf den Brettern und ihrem Ichgefühl ausgeht. Oft beeinflußte sogar das Interesse für starke Künstlerpersönlichkeiten die Wahl meiner Neueinstudierungen und Novitäten.«

Nun würde auch Bruno Walter nicht behaupten wollen, daß er die Uraufführung des Pfitznerschen *Palestrina* im Juni 1917 nur auf Grund der ihm zur Verfügung stehenden Sänger angesetzt habe, denn dazu war ihm das Werk selbst allzusehr ans Herz gewachsen, aber der Besetzungszettel verrät, daß das Münchner Ensemble dieser Jahre hier seinen wohl größten Augenblick hatte im herausragenden künstlerischen Ereignis der Ära Walter. Die Besetzungsliste wird vom Bassisten Paul Bender angeführt, der den Papst Pius sang. Bender war 1903 nach München gekommen und blieb rund 30 Jahre lang der erste Bassist der Bühne, gleich erfolgreich in seriösen wie komischen Rollen. Seine überdimensionale Erscheinung und seine ebenso schwarze wie umfangreiche Baßstimme, die ihm auch Ausflüge ins Fach des Heldenbaritons erlaubte, machten Gestalten wie den Hagen und den Großinquisitor zu unvergeßlichen Verkörperungen. Der schon erwähnte Friedrich Brodersen sang den Morone, Fritz Feinhals den Borromeo – man hat seither in dieser Oper wohl nie mehr ein solches Trio tiefer Männerstimmen gehört.

Palestrina selbst war Karl Erb, sicher eine der eigentümlichsten Sängerpersönlichkeiten, die die

Karl Erb als Palestrina, 1917.

Münchner Oper gesehen hat. Vom Hauptkassierer der städtischen Gas- und Wasserwerke Ravensburg zum Lohengrin, Parsifal und Palestrina der Münchner Oper ohne eine eigentliche Gesangsausbildung, das ist schon ein merkwürdiger Weg. Karl Erb ist mit seinem gleichsam entmaterialisierten, gläsernen Timbre immer der Sänger für die Kenner gewesen, ein Tenortypus, wie ihn nach Erb noch Julius Patzak und Peter Pears verkörpert haben, nicht von ungefähr war Erb auch der berühmteste Evangelist in den Bachschen Passionen. Als junger Sänger standen ihm jedoch durchaus beachtliche stimmliche Mittel zur Verfügung, wie seine Aufnahmen beweisen. Der Kritiker Alexander Berrsche hat schon bei einem ersten Gastauftritt Erbs als Lohengrin in München jene Zuhörer gegeißelt, die ihm mangelnde Kraft der Spitzentöne vorwarfen und nicht merkten, daß hier das »wohllautendste Organ und eine unendliche Ausdrucksfähigkeit« zu hören waren, keine unwichtigen Voraussetzungen für die so schwierige Partie des Palestrina.

Die beiden Hosenrollen des *Palestrina* wurden von »Fräulein Ivogün« und »Fräulein Krüger« gesungen. Maria Ivogün, die wenige Jahre später Karl Erb heiratete und erst vor wenigen Jahren weit über neunzigjährig gestorben ist, war von Bruno Walter engagiert worden (der sich in seiner Autobiographie lebhaft daran erinnert, wie er dieses unglaubliche Talent aus einem Vorsingen in Wien herauspickte, wo sie als unbegabt abgelehnt worden war). Sie war als Koloraturprimadonna der Münchner Oper mit einem noch größeren Bezauberungs-Potential als Hermine Bosetti ausgestattet. Maria Ivogün ist einer jener Fälle, für die speziell Neuproduktionen angesetzt wurden, so Donizettis *Don Pasquale* und Pfitzners *Christelflein*. Ein großes Sänger-Lexikon unserer Tage sagt über sie: »Eine der schönsten Koloraturstimmen unseres Jahrhunderts, ebenso vollendet in der Exaktheit und der Brillanz der Koloraturen wie in der Feinheit ihres Stilgefühls.«

Emmy Krüger, der Silla in der *Palestrina*-Uraufführung, verbrachte die erste Phase ihrer Karriere in München. Sie entwickelte sich später vor allem in Wien zur bedeutenden dramatischen Sopranistin, die auch in Bayreuth erfolgreich auftrat.

Zuletzt ist noch Luise Willer zu erwähnen, die die Erscheinung der Lukrezia sang. Sie hatte sich aus dem Chor des Hauses entwickelt und war vor allem von Bruno Walter gefördert worden, in dessen erstem Münchner *Tristan* sie die Brangäne sang, von deren *Habet Acht* noch bis in unsere Zeit alte Habitués beschwören, diese Passage nie wieder so eindrucksvoll gehört zu haben.

Die Sopranistin Felicie Hüni-Mihacsek kam, von Knappertsbusch geholt, 1925 nach München. In Wien hatte sie als Koloratursopran angefangen, entwickelte sich in München aber über das lyrische bis ins dramatische Fach hinein und wurde wegen ihrer musikalischen Versiertheit gern zu Uraufführungen vertrackter neuer Werke herangezogen. Im hochdramatischen Fach waren nacheinander Berta Morena und Elisabeth Ohms tätig. Berta Morena war schon 1898 als Agathe zum ersten Mal in Er-

Maria Ivogün.

Felicie Hüni-Mihacsek als Kurfürstin im »Vogelhändler«.

scheinung getreten und blieb dann bis zum Ende ihrer Karriere 1927 dem Haus verbunden. Auch sie war ein Mezzosopran, der sich in hochdramatische Gefilde hocharbeitete und als Isolde und Brünnhilde reüssierte. Als die Karriere Berta Morenas zu Ende ging, kam rechtzeitig eine Nachfolgerin aus Holland nach München, Elisabeth Ohms, ein echter hochdramatischer Sopran, trotz eines dunklen Timbres ohne Schwierigkeiten in der Höhe. Sie sang auch in Bayreuth und um 1930 an der Met. Ihre wenigen Schallplatten zeigen, daß sie das Zeug zu einer Weltkarriere hatte, aber auch sie war eine häusliche Münchner Sängerin, verheiratet mit dem bedeutenden Bühnenbildner Leo Pasetti, und verzichtete auf eine ausgedehnte Reisetätigkeit.

Die kurze Ära des Generalmusikdirektors Clemens Krauss weist im Bereich des Ensembles keine gravierenden Veränderungen auf und ist durch eine weitere, auch kulturpolitisch geförderte Konzentration auf das Wagner- und Strauss-Repertoire gekennzeichnet; mit Richard Strauss verband Krauss eine enge Künstlerfreundschaft, und er galt wohl zu Recht als dessen bester Interpret. Der aus Wien stammende Bassist Georg Hann, der seit 1927 in München wirkte, war der legitime Nachfolger Paul Benders in seriösen wie vor allem in Buffo-Rollen. Sein Ochs auf Lerchenau, sein Kezal, sein Graf Waldner in *Arabella* und sein Theaterdirektor La Roche in *Capriccio* galten als unübertreffliche Leistungen; vor allem bewies Hann, daß ein Baß-Buffo nicht notwendigerweise stimmliche Schwächen durch outrierte Komik ausgleichen darf, denn vollsaftiger sind alle diese Rollen nie gesungen worden.

Im Fach des Heldenbaritons war die Münchner Oper in jenen Jahren üppig ausgestattet. Seit 1925 sang Hans-Hermann Nissen hier, seit 1937 Hans Hotter. Im Alter durch noch nicht einmal eine Generation getrennt, verkörperten sie doch zwei Phasen des Wagner-Gesangs. Nissen wurde international nicht so bekannt wie später Hotter, und doch kommt er dem Ideal des Wagnerschen Heldenbaritons stimmlich näher. Sein Hans Sachs, den er 1936 auch in Salzburg unter Toscanini sang, ist in der sonoren Fülle und Weichheit ein gesanglich unerreichtes Modell geblieben. Als Interpret hingegen war er Hans Hotter unterlegen, der bezeichnenderweise als Hans Sachs nie reüssierte, als Holländer und Wotan aber Interpretationsgeschichte machte. Gemeinsam ist beiden ihre bewundernswerte Ausdauer auf der Bühne. Noch Ende der siebziger Jahre war Nissen in München in kleineren Rollen zu hören, und ähnliches gilt bis in die unmittelbare Gegenwart für Hans Hotter, dessen Wotan in seiner überdimensionalen Gestaltung wie ein Monument in eine Zeit hinüberragt, deren Wagner-Helden und -Götter in vielerlei Hinsicht kleineres Maß haben. Hotter war auch als Liedinterpret von großer Bedeutung, seine *Winterreise* hat nichts von ihrer Eindruckskraft verloren. Auch der lyrische Bariton Heinrich Rehkemper trat als Liedersänger in Erscheinung und konnte hier die Stilsicherheit und Nuanciertheit seines Singens noch besser zur Geltung bringen als auf der Bühne, wo ihm sein moderiertes Temperament etwas im Wege stand.

1928 hatte der schon erwähnte Julius Patzak sein Engagement angetreten, und er galt schon bald zu Recht als legitimer Nachfolger Karl Erbs, mit dem er stimmliche Eigentümlichkeiten und spezielle Rollen wie Palestrina, Florestan und auch den Bachschen Evangelisten teilte. Patzak war wie Erb das Paradox eines reflektierten Instinktsängers, der die Passionsmusik Bachs mit der gleichen Stilsicherheit sang wie Wiener Fiaker- und Heurigen-Lieder oder Gustav Mahlers *Lied von der Erde*, ein sängerisches Unikat, das für die Münchner Oper eine eminente Bereicherung darstellte. Für jene „Spinto"-Tenorrollen, die eine absolut sichere Höhe erforderten, hatte München einen Spezialisten aufzuweisen: Rudolf Gerlach-Rusnak, der sich in jenen Regionen am wohlsten fühlte, in denen andere Kollegen Atemnot bekamen. Das Fach des Heldentenors vor allem für die Wagner-Rollen war mit Dr. Julius Pölzer besetzt (ein promovierter Zahnmediziner, der seinen Titel auch gern auf den Besetzungszetteln sah). Pölzer überzeugte durch eine markante Erscheinung und ein durchdringendes Stimm-Organ, weniger durch differenziertes Singen, das auch und gerade für Wagner eigentlich selbstverständlich sein sollte (so jedenfalls wollte es der Komponist selbst). Einer Anekdote zufolge betrat Pölzer eines Tages mit geheimnisvollem Ausdruck die Kantine in der Oper und verkündete: »Ich habe jetzt auch ein Piano – die Direktion weiß allerdings noch nichts davon.«

Einen geradezu mythischen Ruhm genießt bei älteren Münchner Opernfreunden immer noch Hildegarde Ranczak, die trotz einiger prominenter Gastspiele eine vor allem lokale Karriere gemacht hat. Vergleicht man die Schallplattenzeugnisse ihrer Stimme mit den Berichten über ihre Bühnenprä-

Strukturwandel und Internationalisierung 183

Kurt Böhme als Osmin in »Die Entführung aus dem Serail«, 1967.

senz, so wird man sie zu jenen Sängerinnen rechnen können, die nicht allein vokal zu beurteilen sind. Das Entscheidende ihrer künstlerischen Leistung ließ sich offensichtlich nicht technisch konservieren. Das »Künstler-Raubtier, das Temperament von ungewöhnlicher Glut«, wie sie genannt wurde, entfaltete sich in einer erstaunlichen tänzerischen Beweglichkeit und suggestiven Bühnenpräsenz in speziellen Rollen wie der Carmen und der Salome. Als Clairon in der *Capriccio*-Uraufführung parodierte sie ihre eigene Wirkung selbstironisch, und sie konnte sogar eine überzeugende Christel von der Post sein.

Mit ihrem Mann Clemens Krauss kam Viorica Ursuleac nach München. Es ergab sich, daß ihre Domäne die Werke von Richard Strauss wurden – erster Dirigent und erster Sopran für Strauss aus einer Familie, das hatte es bisher noch nicht gegeben. Ursuleac trat in gewisser Hinsicht die Nachfolge Lotte Lehmanns an, die in die Emigration gegangen war. Gegenüber Lehmann hatte der üppige großdimensionierte Sopran Ursuleacs den Vorteil, daß er gerade in den höchsten Lagen mühelos aufstrahlte, was Strauss besonders zu schätzen wußte, in der Subtilität des Singens blieb sie als immer etwas pauschale Interpretin hinter Lehmann zurück. Viorica Ursuleac war schon in Dresden die erste Arabella gewesen und sang in München die Maria in *Friedenstag* und die Gräfin in *Capriccio* in den jeweiligen Uraufführungen.

Die Jahrzehnte nach dem Ende des Zweiten Weltkrieges, als deren Höhepunkt man die Neueröffnung des Nationaltheaters 1963 und als deren Abschluß man das Ende der Ära Keilberth 1968 ansehen darf, waren durch eine Entwicklung gekennzeichnet, die den Zeitgenossen in ihrem einschneidenden Charakter zunächst nicht erkennbar war, nämlich die allmähliche Auflösung des Sänger-Ensembles, ein Prozeß, der im übrigen international zu beobachten war und sich in München auf Grund der erwähnten Konstellation längst nicht so radikal und schnell vollzog wie andernorts. Die fünfziger Jahre im Prinzregenten-Theater schienen zunächst noch unbeeinflußt von diesen Entwicklungen. Weiterhin dominierten Werke von Mozart, Wagner und Strauss das Repertoire und prägten so auch die Zusammensetzung der Sängerschar. Aus dem hochrangigen Ensemble der Dresdner Staatsoper kamen die Bassisten Gottlob Frick und Kurt Böhme wie auch der Tenor Hans Hopf nach München. Frick wurde als Hunding und Hagen bald auch die Stütze Bayreuths, Böhme war für lange Jahrzehnte der unübertroffene Ochs auf Lerchenau und setzte die Linie Bender–Hann würdig fort. Hopf hatte als lyrischer Tenor begonnen und entwickelte sich in den fünfziger Jahren zum jugendlichen, später zum schweren Heldentenor, als Max im *Freischütz*, als Tannhäuser und schließlich auch als Siegfried, den er ebenfalls in Bayreuth präsentierte.

Der Bariton Ferdinand Frantz war noch vor Kriegsende nach München berufen worden und entwickelte sich hier zum neben Hotter bedeutendsten Heldenbariton der fünfziger Jahre. Sein früher Tod 1959 vereitelte eine vorhersehbare Weltkarriere. Helena Braun, die Frau von Frantz, war ihm eine gleichwertige Partnerin im hochdramatischen Fach. Nimmt man noch den Heldentenor August Seider aus der älteren Generation und den jungen Bernd Aldenhoff hinzu, der den Siegfried auch in Bayreuth sang, dann war das Wagner-Fach nach wie vor geradezu luxuriös besetzt.

Aber auch darüber hinaus hatten die Münchner Stimmen-Liebhaber allen Grund, ihre Oper mit freudigen Erwartungen zu besuchen. Die Baß-Buffi Max Proebstl und Benno Kusche entwickelten sich in langen Jahrzehnten zu ersten Vertretern ihres Faches, die Grazerin Hertha Töpper konnte sich als Octavian, Brangäne, Fricka und Orpheus mit den berühmteren Interpretinnen ihrer Zeit durchaus messen. Mit Marianne Schech, Maud Cunitz und Annelies Kupper war der lyrische und jugendlich-dramatische Bereich weit mehr als nur hinreichend ausgestattet. Das *Rosenkavalier*-Terzett Schech (Marschallin), Töpper (Octavian) und Erika Köth (Sophie), zu dem sich Kurt Böhme als tiefe Dominante gesellte, galt in Qualität und Kontinuität als nicht zu übertreffen, und wirklich hatten Festspielaufführungen andernorts vielleicht mehr Glanz der Namen, aber sicher nicht mehr Homogenität der Stimmen aufzuweisen.

Residuen des hier sichtbar werdenden und gegen Auflösungserscheinungen sich stemmenden Ensemblegeistes der Münchner Oper sind auch heute noch sichtbar. Sänger wie Kieth Engen, Hans Günther Nöcker, Fritz Uhl und Georg Paskuda stehen heute noch auf der Bühne des Nationaltheaters und beweisen, daß es nicht nur auf den Unterschied zwischen Haupt- und Nebenrolle ankommen kann (sie haben beides gesungen), sondern daß Verläßlichkeit und Solidität auch Werte sind, denen man heute nostalgisch nachblickt. Schon 1957 konnte

Julia Varady und Dietrich Fischer-Dieskau in Puccinis »Der Mantel«, 1973.

man ein damals wie heute nicht leicht zu realisierendes Werk wie Alban Bergs *Wozzeck* mit hauseigenen Kräften besetzen, ohne auf reisende Spezialisten für „schwirige Musik" zurückgreifen zu müssen, und Albrecht Peter und Elisabeth Lindermeier bewiesen mit Aplomb, daß die Münchner Oper auch das konnte.

Die Eröffnungsfestwochen im wiederaufgebauten Nationaltheater zeigten Ende 1963, daß dennoch die Internationalisierung des Ensembles auch in München nicht aufzuhalten war. Den Stolzing in den *Meistersingern* wie den Kaiser in *Frau ohne Schatten* sang Jess Thomas, später dann auch ein Lohengrin, Radames und Bacchus von großer, heute in seinem Fach verlorengegangener Ausdruckskraft. Claire Watson war ein bezauberndes Evchen, die Norwegerin Ingrid Bjoner war eine stimmlich und darstellerisch strahlende Kaiserin, Dietrich Fischer-Dieskau ein bewegender Barak. Auch wenn Fischer-Dieskau nie ein ständiges Ensemble-Mitglied war, was angesichts seiner internationalen Konzerttätigkeit auch gar nicht möglich gewesen wäre, so hat er doch immer wieder zentrale Rollen seines Opernrepertoires in München gesungen, und es waren jedesmal brillante Darbietungen eines überragenden Kunstverstandes: Mandryka in *Arabella*, Verdis Falstaff, später dann Hans Sachs und der Lear in der Uraufführung von Aribert Reimanns Oper.

Der unvergessene George London hatte als Giovanni und Amonasro leider nur wenige Auftritte in München. Als Färberin und in anderen Rollen des „interessanten" Faches faszinierte Inge Borkh. Daß die Müncher Oper in dem lyrischen Tenor Fritz Wunderlich ein Jahrhunderttalent ihr eigen nennen konnte (er war 1960 von Stuttgart herübergekommen), war den Kennern und einem großen Teil des Publikums durchaus bewußt. In jenen Eröffnungsfestwochen sang Wunderlich in einer nicht eben zukunftweisenden Uraufführung einer Egk-Oper die männliche Hauptrolle, aber als Tamino, Almaviva, Ottavio, Alfredo in *Traviata* (zusammen mit Hermann Prey und Teresa Stratas) und Lenski in *Eugen Onegin* setzte er einen tenoralen Standard, der den seiner ausgezeichneten Vorgänger Lorenz Fehenberger und Richard Holm noch übertraf und heute als Fernsehmitschnitt oder „Live-Recording" bei den Melomanen in aller Welt höchstes Entzücken auslöst. Selten ist das Wort vom Frühvollendeten unpassender gewesen als bei Fritz Wunderlich: seine letzten Auftritte als Opern- und

Hermann Prey und Fritz Wunderlich als Onegin und Lenski in »Eugen Onegin«, 1961.

Plácido Domingo als Othello, 1979. ▷

Liedersänger zeigen, daß er eben auf dem Sprung in neue Dimensionen seiner Kunst war, als er starb. In der italienischen wie französischen Oper, vielleicht sogar als Lohengrin und Stolzing wäre Höchstes von ihm zu erwarten gewesen.

Das letzte Vierteljahrhundert ist dann auch in München durch jenes unscharf konturierte Bild gekennzeichnet, wie es international üblich geworden ist. Eine ganze Reihe von Jahren vor und nach 1980 war München teilweise auch eine Station des internationalen Starbetriebs, was es heute nur noch in Maßen ist, zum Kummer der einen, zur Zufriedenheit der anderen. Regelmäßig sang Placido Domingo in jener Zeit hier, so konnten die Münchner seinen Werther, seinen Otello, seinen Radames und Des Grieux hören, Pavarotti und Mirella Freni sangen 1983 in *Bohème*, Piero Capuccilli Jago und Simone Boccanegra, Sherrill Milnes den Giovanni, Kiri Te Kanawa die *Figaro*-Gräfin, Ruggero Raimondi war als Don Giovanni der Rennert-Inszenierung, später als Mephisto und Rossinis Moses schon fast ein Stamm-Sänger, die Entwicklung Edita Gruberovas zur Koloraturkönigin unserer Zeit war in München über Konstanze, Zerbinetta bis zur Lucia gut zu verfolgen, und Agnes Baltsa ist ebenfalls immer wieder bejubelter Gast, zuletzt als Rossinis Italienerin in Algier.

Die allgemein zu bemerkenden Schwierigkeiten, das hochdramatische und heldische Fach zu besetzen, haben auch vor München nicht haltgemacht. Die Zeiten, als Astrid Varnay die Elektra und Birgit Nilsson hier die Färberin und Elektra sangen, als James King und Jess Thomas das jugendlich-heldische Fach vertraten, sind vorbei. München kann sich aber durchaus glücklich schätzen, in Kurt Moll den führenden Bassisten des deutschen Faches zur Verfügung zu haben, in René Kollo einen hoch beachtlichen Siegfried und Stolzing (und einen eindrücklichen Peter Grimes), in Hildegard Behrens die führende Wagner-Sängerin unserer Tage und mit James Morris und Robert Hale Heldenbaritone von beträchtlichem Format für Holländer und Wotan.

Immer noch gibt es – und darin blitzen die alten Tugenden der Münchner Oper auch gegen widrige Umstände auf – Sänger von Rang, die in München groß geworden sind und das bis heute nicht vergessen haben. Brigitte Fassbaender zum Beispiel hat schon vor dreißig Jahren hier ihre ersten Bühnenschritte gemacht und ist in München zu einer der führenden Mezzosopranistinnen des internationa-

Hildegard Behrens als Rusalka, 1981.

René Kollo als Peter Grimes, 1991.

len Parketts herangereift. Wolfgang Brendel ist immerhin auch schon zwanzig Jahre am Haus und ist vom Spielbariton zum Amfortas und Luna geworden, Jan-Hendrik Rootering singt inzwischen auch an der Met, wo runde Baßstimmen von einigem Wohllaut ebenfalls begehrt sind. Lucia Popps Auftritte (als Elsa und Eva zum Beispiel) sind rar geworden, Julia Varady hingegen, eine dramatische Sopranistin von ungewöhnlicher Expressivität, teilt ihre Auftritte nach wie vor getreulich zwischen jenen beiden Städten, in denen sie einen Wohnsitz hat: München und Berlin. Als Abigail in *Nabucco*, als Donna Anna, als Leonora, als Senta hat sie keine Konkurrenz zu fürchten. Francisco Araiza ist in München als Mozart- und Rossini-Tenor groß geworden und greift inzwischen kühn nach heldischem Vokal-Lorbeer. Wenn Margaret Price einen ihrer selten gewordenen Opernauftritte absolviert, dann meist in München, wo man sie als Desdemona, Ariadne und Adriana Lecouvreur hören konnte. Manchmal gelingt es auch in München, junge Talente an der Schwelle zur Weltkarriere für einige Zeit an das Haus zu binden. So war es mit dem amerikanischen Tenor Neil Shicoff, der hier einen unvergessenen Werther und Hoffmann gesungen hat, Rollen, in denen er selbst den großen Domingo zu übertreffen schien. Der kometenhaft aufgestiegene Bariton Thomas Hampson nahm als Rossinis Barbier das Publikum im Sturm und kehrte als Don Giovanni wieder, Cheryl Studer, ein Wunder an Vielseitigkeit und technischer Versiertheit, sang zu Anfang ihrer Karriere hier eine ganze Reihe von Rollen, Catherine Malfitano war bereits eine überragende Lulu in der Oper Alban Bergs, bevor sie als Salome international auf sich aufmerksam machte.

Die verwirrende Vielfalt der Opernszene bildet sich natürlich auch im Bereich der Sänger und Sängerinnen unmittelbar ab. Man wird für München auch heute noch die Feststellung bekräftigen, daß Restbestände des einstigen lokalen Ensemble-Geistes überlebt haben, deutlicher als in anderen Häusern vergleichbaren Kalibers. Auch in den letzten Jahrzehnten ist es immer wieder geglückt, einen gewissen Ausgleich herzustellen zwischen der Präsenz internationaler Stars, der Betreuung junger Sänger, die auf dem Wege zu einem solchen Status sind, und der längerfristigen Bindung von Künstlern, die diesen Weg nicht gehen können oder wollen. Daß dieses Gleichgewicht ein permanent gefährdetes, beziehungsweise nur punktuell glückendes ist, versteht sich für den von selbst, der auch nur einen geringen Einblick in die Mechanismen des Musik- und Opernbetriebes heute, am Ende des 20. Jahrhunderts, hat. Es ist durchaus vorstellbar, daß Zwänge, die von außen kommen, eine erhebliche Veränderung in den Strukturen bringen werden, das heißt auch in der Ensemble-Politik der Bayerischen Staatsoper. Das alles ist ungewiß; sicher ist jedoch, daß das Münchner Opernhaus eine ebenso lange wie eindrucksvolle Gesangshistorie aufzuweisen hat. Verantwortliche und Publikum in München scheinen nie Bruno Walters Maxime vergessen zu haben, »daß die Faszination des Theaters von der bedeutenden Persönlichkeit oben auf den Brettern« auszugehen hat.

Barbara Zuber

»Meine Herren, wenn's beliebt, fangen wir an«
Das Bayerische Hof- und Staatsorchester und seine Dirigenten

Am 18. April 1865 schickt Richard Wagner eine Einladung zur Münchner Uraufführung seines *Tristan* an den Wiener Freund Hermann Uhl und schreibt dazu: »Hier steht uns fast täglich das herrliche königliche Hoforchester, Franz Lachners musterhafte Schöpfung, für zahlreiche Proben zur Verfügung, bei welchen wir, nur auf die Erreichung der höchsten künstlerischen Feinheit und Korrektheit des Vortrages achtend, volle Muße und Zeit haben, dies ohne Anstrengung zu bewerkstelligen.« Einem Lob dieser Art käme kaum Beweiskraft zu, hätte es nicht für die Geschichte des bayerischen Hof- und Staatsorchesters symptomatische Bedeutung. Und in der Tat, es ist unbestreitbar, daß ohne Franz Lachners geduldige, solide Orchesterarbeit, seine kaum zu überschätzende neue Repertoirepolitik, welche die Münchner mit Bachs *Matthäuspassion* und Beethovens *Missa Solemnis*, mit den neuesten Opern von Verdi, Lortzing, Marschner, Flotow und schließlich auch mit Wagners *Tannhäuser* und *Lohengrin* konfrontierte, das Wunder der *Tristan*-Uraufführung vielleicht gar nicht zustande gekommen wäre. Ein Wunder, das Wagners Freunde zwar zu Recht auf das Konto Hans von Bülows verbuchten und dabei vergaßen, daß Klangkörper wie jener des Lachner-Orchesters, das seinerzeit zu den besten in Europa zählte, nicht vom Himmel geschneit kommen, sondern wachsen, sich entwickeln mußten; und zwar in einem steten, teils widersprüchlichen, teils harmonischen Wechselspiel mit der Geschichte der Musik, ihren Werken und Gattungen.

Die Geschichte des bayerischen Hof- und Staatsorchesters, das in der Ahnengalerie seiner Hofkapellmeister einen Ludwig Senfl und Orlando di Lasso vorweisen kann, reicht bis ins frühe 16. Jahrhundert zurück. Doch soll dies keine Geschichte und schon gar nicht die Chronik eines der ältesten Orchester werden. Wenn dennoch der historische Aspekt sich immer wieder in den Vordergrund drängt, dann mit gutem Grund. Denn wiewohl die einstige, von Herzog Wilhelm IV. gegründete Hofkapelle – übrigens die erste gemischte Kantorei unter allen deutschen Höfen jener Zeit – kaum etwas mit unseren heutigen Orchestern gemein hatte, so steht sie als Vorbote am Beginn einer besonderen Musizierform: »Eine Vielheit von ausübenden Menschen spielt eine Vielheit von Instrumenten«, wie Hermann Scherchen einmal erklärte. »Diesen Kunstkomplex der Musik dienstbar zu machen, ist die Aufgabe des Dirigenten.«

Aber die Geschichte dieses Orchesters und seiner Dirigenten ist ja schon längst erzählt. Was uns bleibt, sind persönliche Neugier, Herumstreifen durch die Annalen dieser Institution, auf der Suche nach kleinen oder größeren Divertimenti und Episoden. Hauptschauplatz bleibt immer das Orchester mit seinen Dirigenten, seiner Musik, seinem Publikum und – nicht zu vergessen – seinen Kritikern.

Unausgesetzte Aufmerksamkeit
Ein Orchester formiert sich

Als Opernorchester kann das bayerische Hof- und Staatsorchester auf eine über 300jährige Tradition zurückblicken. Man begann in einem alten Kornspeicher, der Mitte des 17. Jahrhunderts zum Kurfürstlichen Opernhaus am Salvatorplatz umgebaut wurde. Doch noch etwa hundert Jahre vor Wagners Eloge auf Franz Lachners Orchester, mit welchem dieser praktisch erste bayerische Generalmusikdirektor München zu einer Opernhochburg ausbaute, genoß das kurfürstliche Orchester noch nicht einmal die Bezeichnung »Orchester« oder »orchestre«, wie damals noch üblich. So richtig aktenkundig wird dieser Begriff erst im Jahr 1770, nachdem er 1762 – so Hans-Joachim Nösselt in seiner umfangreichen Schrift zum 450jährigen Jubiläum des Bayerischen Hof- und Staatsorchesters –

Franz Lachner, Kapellmeister von 1836 bis 1868.

schon einmal kurz auftauchte. Doch dann, 1778 vom Intendanten Graf Seeau mit entsprechender amtlicher Würde ausgestattet, nimmt die kurfürstliche Musikerriege während der Regierungszeit Carl Theodors zusehends Gestalt an. Ins Haus steht eine wohl einmalige Fusionierung. Das damals in ganz Europa berühmte Mannheimer Orchester übersiedelt nach München, wird Bestandteil eines kurbayerischen Hoforchesters.

Also ein bloßer Glücksfall in der wechselhaften Historie der kurbayerischen und kurpfälzischen Staaten? Immerhin, nicht nur von pfälzischer, auch von bayerischer Seite wird diese Orchesterfusion als schicksalhaft empfunden. Die Mannheimer Musiker klagen über unmäßige finanzielle Belastungen durch den Umzug und schicken Bettelbriefe. Die Münchner Orchestermitglieder maulen, fühlen sich zurückgesetzt. Doch Christian Cannabich, Instrumentalmusikdirektor am „Primo Violino", sorgt energisch, wohl auch ziemlich cholerisch veranlagt, für straffen Zusammenhalt und einigt den etwa 40 Mann starken Streicherkorpus pro Stimme auf gleiche Stricharten und eine einheitliche Artikulation (nach Mannheimer bzw. Wiener Vorbild). Mag es auch für uns heute eine Selbstverständlichkeit sein, daß die Bögen der ersten Geigen etwa nicht in verschiedene Himmelsrichtungen auseinanderfahren, für die Münchner Zeitgenossen des strengen Cannabich geben die Streicher des Hoforchesters einen ungewohnten Anblick ab. Prompt spricht man von General Cannabich und seinen Soldaten…

Nun denn. Das Hoforchester formiert sich, künftiger Tonschlachten harrend, die allerdings erst mit den ersten Beethoven-Symphonien (ab 1812) und der *Missa Solemnis* heraufziehen werden. Ganz zu schweigen von jenen Batallien in ferner Zukunft, die für und mit den Wagnerschen und Strauss'schen Opern und Musikdramen geschlagen werden. Doch eine erste Bewährungsprobe kommt bereits mit Mozarts *Idomeneo* (1781). Klug vorausschauend, wohl wissend, daß die Psyche von Orchestermusikern ein empfindlich Ding ist, schickt Vater Leopold schon mal fürsorgliche Ratschläge gen München. Der Sohn möge bloß nicht das Orchester verärgern, sondern mit freundlichem Lob bei Laune halten: »Ich kenne deine Schreibart, es gehört bey allen Instrumenten die unausgesetzte erstaunlichste Aufmerksamkeit dazu.« Es sei nun mal kein Spaß, mindestens drei Stunden lang unter größter Anspannung zu spielen und sich zu konzentrieren. Damit könnten wir ohne weiteres Leopold Mozart zum ersten Orchesterpsychologen küren.

Durchbruch des Dirigentenprinzips

Aber der gestandene Kapellmeister mit Taktstock und Partitur auf dem Pult ist noch nicht in Sicht, wenngleich sich gegen Jahrhundertende das Einzeldirigieren vor dem Orchester immer mehr durchsetzt. Doch bald sehen wir Münchens Hofkapellmeister Peter von Winter nach Gründung der Musikalischen Akademie (1811) zu Haydns *Jahreszeiten* den Takt schlagen, während sein Nachfolger Hartmann Stuntz (seit 1825) es vorzieht, die Oper lieber vom Pianoforte aus zu leiten: »In der einen Hand das Stäbchen, mit der andern Accorde schlagend auf einem verstimmten Klaviere.« Nun ist es nur noch eine Frage der Zeit. Schon längst hat im fernen Dresden ein Kapellmeister die Taktrolle gehoben und ein für allemal klargestellt: »Das Orchester hat zu folgen, und nicht allein etwas seyn zu wollen!« Kein Wunder, daß seitdem, mit allmählicher Durchsetzung von Carl Maria von

Der Dirigent Hans von Bülow. Karikatur von Joseph Resch, 1865.

Die neue Epoche,
oder:
Nicht nur Text und Musik, sondern auch Text, Musik und Dirigent müssen in einander verschmelzen.

Majestoso

Wer wagt, mich zu höhnen?

crescendo

Herr Tristan trete nah.

pianissimo

Heil'ger Dämm'rung
Hehres Ahnen
Löscht des Wähnens Graus
Welt=erlösend aus

decrescendo

Mund an Mund
Eines Athems
Einiger Bund.

Fermat=Pause.

Mir — dieß —
Dieß — Tristan — mir?
Dir — dieß —
Dieß — Marke — Dir!

Ertrinken —
versinken —
unbewußt —
höchste Lust —

fortissimo

In der Duft=Wellen
tönendem Schall,
in des Welt=Athems
wehendem All —

Webers Order, die Beziehungen der Orchestermusiker zu ihren Dirigenten gelegentlich den Charakter eines Katz-und-Maus-Spieles annahmen.

Zunächst aber kam Franz Lachner, seit 1836 Hofkapellmeister in München: ein Kapellmeister mit der Virtuosität eines Handwerkers, der selbstverständlich verschiedene Instrumente beherrscht, ein musikalischer Sachkenner und – so die Münchner Hoftheater- und Hofmusikintendanz – »das ausgezeichnetste Directions Talent in ganz Deutschland«. Die Zeitgenossen bescheinigen dem einstigen Schubertfreund eine klare Schlagtechnik ohne Showallüren, ein unbestechliches Gehör, einen unwiderstehlichen Schwung und ausgeprägte Willenskraft, schnelles Erfassen einer Partitur, Flexibilität und energisches Durchhaltevermögen während der Proben. Und über allem »sein funkelndes Auge«. Lachner, das war nicht nur der erste Leistungsethiker am Dirigentenpult, nicht nur das Haupt einer exzellent durchtrainierten Orchestergemeinschaft, sondern auch der geduldige Orchestererzieher, in der Oper ebenso wie im Konzert. Doch Lachner war auch der Dirigent der großen Oratorien von Haydn. Und nach nur vier Chorproben, einer Orchesterprobe und zwei Proben in voller Besetzung schafft er es 1842, mit der vereinigten Münchner Hofmusik Bachs *Matthäuspassion* auf die Beine zu stellen.

1852 zum königlichen GMD ernannt, steuert er drei Jahre später Sänger und Orchester durch vierzehn beschwerliche Gesamtproben, um erstmals im Nationaltheater Wagners *Tannhäuser* aufzuführen. Dann 1858 die Münchner Erstaufführung des *Lohengrin*. Und wieder wird unermüdlich geprobt. Die Kritik meldet aus der Oper rauschenden Applaus bereits nach der »trefflichst executierten Einleitung«. Bravi für den Schwan, die Sänger und Lachner. Und daneben der ganz andere Lachner, der sich um die materiellen Nöte der Musiker sorgt und im gleichen Jahr in einer Eingabe an den Hof beklagt, wie schwer, ja unmöglich es doch sei, seine Leute, die »mit den dringendsten Nahrungssorgen zu kämpfen haben«, zu motivieren. Ein Orchester ist eben vieles in einem: nicht nur Musiklieferant, sondern auch Arbeitsplatz, nicht nur kollektiver Klangapparat, sondern auch eine Versammlung empfindender Individuen.

Mit Lachner ist die Position aller künftigen Münchner GMDs gefestigt. Das Dirigentenprinzip hat sich während seiner langen, dreißigjährigen Münchner Kapellmeistertätigkeit überall durchgesetzt. Und was nun folgt, ist im Grunde bereits programmiert. Es gibt Ärger. Wagner und Hans von Bülow kommen. Lachner, erst mit Versprechungen bei Laune gehalten – er soll den *Tristan* uraufführen –, dann rüde beiseite geschoben, zieht sich zurück und geht. Man kann zwar dastehen wie ein Dirigent, aber nur einer kann König sein – um Wagners vielzitierten Ausspruch ein wenig abzuwandeln. Also Bühne frei für das turbulente Münchner Wagnertheater und ein erstes Solo. Denn mit Hans von Bülow tritt der erste autokratische Dirigent deutschen Stils vors Pult.

Solo für drei Dirigenten
Von Hans von Bülow bis Herman Zumpe

Es gehört zu den Besonderheiten in der Geschichte des Bayerischen Hof- und Staatsorchesters, daß vier seiner bedeutendsten Dirigenten mit Richard Wagner, seinem Werk und den Bayreuther Festspielen besonders verbunden waren: Hans von Bülow (1866–1869), der Münchner Uraufführungsdirigent des *Tristan* und der *Meistersinger*; Hermann Levi (1872–1896), der Bayreuther *Parsifal*-Dirigent, den Ludwig II. energisch gegen Wagner hatte durchsetzen müssen; schließlich noch Herman Zumpe (1901–1903) und Felix Mottl (1904–1911), einst Wagners Bayreuther Assistenten und Mitarbeiter der berühmten »Nibelungen-Kanzlei«. Entscheidend für diese Dirigenten wird nun das Postulat der Werktreue, womit die Oper primär zu einer autonomen Kunstanstalt avanciert. Und nach dem Tod von Ludwig II., der noch selbstherrlich in die Belange der Oper hineindirigierte, wird sie künstlerisch unabhängig.

Freilich, »es hat seine Schwierigkeiten damit, ein Leben lang andere für sich effektiv werden zu lassen, sie anweisen zu müssen, was sie als Instrumentalisten oder Sänger tun oder lassen sollen« (Dietrich Fischer-Dieskau in seinen Memoiren). Ob Bülow das geahnt hat, als er den staunenden Herren Orchestermusikern in der grünen Hofuniform zeigt, was eine Harke ist? Dieser Mann, der bis dahin kaum nennenswerte Kapellmeistererfahrungen vorweisen konnte, erscheint doch tatsächlich ohne Partitur zu den *Tristan*-Proben. Er dirigiert sie auswendig! Und dazu ein Werk, das allgemein als unaufführbar gilt und Wagner einige Jahre zuvor bei den erfolglosen Proben in Wien zur schieren Verzweiflung brachte, weil ein Tenor sich absolut unfähig zeigte, die Partie des Tristan im Kopf zu behalten. Bülow läßt nicht locker, auch dann nicht, als ein Teil des Hoforchesters, darunter auch der Hornist Franz Strauss, Front macht. Bissig und leidenschaftlich, geistreich und cholerisch, außerdem hochgradig nervös will er es zwingen. Bülow, fürderhin das Vorbild aller Schauspieler-Dirigenten, der erste exzentrische Musikdarsteller, spielt das erste Dirigenten-Solo. Er tanzt, geht in die Knie, reckt sich stolz in die Höhe. Er beugt sich über sein Pult, rudert mit den Armen: »Bülow deu-

Felix Mottl, Generalmusikdirektor von 1904 bis 1911.

tet mit dem ganzen Körper die wünschenswerthen Nuancen an und arbeitet bei jeder Gelegenheit so fürchterlich, daß es Einem um die nahestehenden Geigen und Lampen angst und bange wird«, schreibt im Juni 1868 ein Kritiker der Wiener *Neuen Freien Presse* nach einer *Meistersinger*-Probe. »Hei wie sich der Ritter da quält …« Doch auch diese Runde geht an den Meistersinger Wagner und seinen Dirigenten Bülow. »Chor und Orchester des Münchner Theaters sind aus der Tonschlacht der ›Meistersinger‹ siegreich hervorgegangen«, meldet Eduard Hanslick aus München. »Man muß es schon hoch anschlagen, wenn diese unerhört schwierigen Ensembles nicht geradezu auseinanderfallen.« Die Premiere wird zu Wagners größtem Erfolg seit dem *Rienzi*.

Münchner Mozart-Renaissance – Wagneraufführungen von Weltruf – Strauss ante portas: München, dessen politische Bedeutung sichtbar nach der deutschen Einigung von 1871 abnimmt, wird gerade jetzt zu einer maßgebenden Opernmetropole. Dennoch, Hermann Levis Stellung ist unvergleichlich mit der von Herman Zumpe und Felix Mottl, diese wiederum mit der seines Nachfolgers Bruno Walter kaum auf einen Nenner zu bringen. Denn mit den Dirigenten ändern sich auch die Qualitäten des Münchner Hoforchesters. Zum Beispiel Zumpe: Weich und schroff zugleich, selbstbewußt, freimütig. Und keine Konzessionen in künstlerischen Fragen. Und dagegen sein Vorgänger Hermann Levi, ebenfalls ein seriöser Wagnerianer, an welchem Intendant Possart vor allem zwei Eigenschaften schätzte: seine Fähigkeit, sich dem Orchester mitzuteilen, ohne »pomphafte Geste«, sondern stets mit einem sprechenden Ausdruck. »Er atmete mit der Partitur, und sein Orchester atmete mit ihm.« Dieser Musiker, unter dessen Leitung das Hoforchester mehrmals nach Bayreuth zu den Festspielen verfrachtet wird, hievt im November 1878 mit unzähligen Proben (allein 23 Orchesterproben für die *Götterdämmerung*) die *Ring*-Tetralogie als Gesamtzyklus auf die Bühne des Nationaltheaters. Dann aber schafft Levi mit den sommerlichen Wagnervorstellungen die wesentlichen Grundlagen für die Münchner Festspiele. Zusammen mit Ernst von Possart und dem Dirigenten Richard Strauss gelingt es ihm, seit 1895 die großen Opern Mozarts in festspielartigen Zyklen im Cuvilliés-Theater aufzuführen. Ganze 75 Mozart-Abende (zwischen 1896 und 1898) leitet Richard Strauss, der auch die Neuinszenierungen von *Don Giovanni*, der *Entführung aus dem Serail*, von *Così fan tutte* und der *Zauberflöte* aus der Taufe hebt. Man sucht, die Partitur von allen späteren Zutaten zu befreien. Getilgt werden später hinzugefügte Chöre und Instrumentationsretuschen, wie etwa die Posaunen in der Komturszene des *Don Giovanni*, der nun in der Fassung der Prager Uraufführung gespielt wird. Zum ersten Mal achtet man auf eine stilistisch angemessene Stärke des Mozartorchesters, dessen Besetzung genau auf die räumlichen und akustischen Verhältnisse im Cuvilliés-Theater abgestimmt wird.

Solcherlei »spectaculöse Herbstmanöver«, wie ein Kritiker meinte, bringen die Münchner schnell „in Mode". Und als dann 1901 das Prinzregenten-Theater eröffnet ist, werden die Festspiele mit Mozart und Wagner sogar weltberühmt. Wir sehen also: Die Apotheose Wagners, die Verherrlichung Mozarts sind beileibe keine Spezialfälle gegenwärtiger Festspieldramaturgie. Sie zeigen recht typisch eine Münchner Tradition, die in spätwilhelmischer Zeit wurzelt.

Und auch der Tonfall der Dirigenten ist nun etwas schroffer: »Tempelreinigung! Jawohl: Weg mit allem, was da faul ist, d. h. Mietlingsinnes ist, träge und unkünstlerisch!«, schreibt der neue GMD Herman Zumpe in den ersten Monaten seiner Münchner Dirigententätigkeit an Ernst von Possart. Dem Orchester verlangt er das Äußerste ab. Noch spendet die Kritik freundlichen Beifall. Sie registriert nach Zumpes *Meistersinger*-Vorstellung anläßlich der Eröffnung des Prinzregenten-Theaters »berückende Klangschönheit und Ausdrucksfülle« des Orchesters. Sein *Tannhäuser*-Dirigat zaubert aus dem Spiel der Musiker einen dramatisch prägnanten, »wundervollen Klang« hervor. Und auch nach Zumpes erster *Lohengrin*-Vorstellung gibt es Lobeshymnen, besonders auf den »poetischen […] Orchestervortrag«. Doch der Umgang mit Zumpe scheint nicht leicht. Münchens Kritiker wittern in seinem Regiment »preußischen Drill«. Schließlich haben die Mitglieder der Musikalischen Akademie genug von Zumpe: 1902 wählen sie ihn nicht mehr zu ihrem Dirigenten. Ebenso prompt reagiert die Hofmusikintendanz. Sie ändert einfach die Statuten, damit Zumpe wieder am Pult erscheinen kann. Nicht lange. 1903 bricht dieser während einer Wagner-Aufführung im Prinzregenten-Theater zusammen. Und die in München erscheinende Zeitschrift *Jugend*, seiner Majestät des deutschen Kaisers getreueste Opposition, parodiert Zumpes Dirigententod mit poetischem Nippes und unverhohlenem Spott auf das säbelrasselnde Wagnerianer- und Heldentum anno 1903. Der Dichter dieser Zeilen ist übrigens Fritz von Ostini, einer der frühen maßgeblichen Redakteure der *Jugend*:

> »So hat ein Sterbender sein treues Heer
> Im Kampf geführt mit ungebeugtem Muthe!
> Er hat gesiegt und hat – das ist noch mehr! -
> Den Sieg bezahlt mit seinem eig'nen Blute!«

Bänkel und Brettl blühen. Auch *Simplicissimus*-Karikaturisten haben jetzt Hochkonjunktur. Die königlich-bayerische Hofoper, ihre Wagnermatadoren am Dirigentenpult samt streitbarer Orchestermacht bleiben natürlich nicht ungeschoren. Doch solche Zusammenstöße mit dem Kult um den durch neue Festspiele gesalbten Bayreuther Riesen im jugendstilgeschmückten Prinzregenten-Theater, in welchem man das Nationaldenkmal Wagner feiert, sind bereits gute Münchner Volkstradition.

Bedeutender Mensch in Sicht
Felix Mottl und Bruno Walter

»Fast jedesmal, wenn München in Gefahr ist, von einem hervorragenden Künstler zum dauernden Wohnsitz erwählt zu werden, ertönt vom Sendlinger Tor das Schreckenssignal: ›Bedeutender Mensch in Sicht!‹ Sofort rückt dann die Zentrums-Artillerie, die sich schon im ‚Fall Wagner' so trefflich bewährte, aus, um die bedrohte Stadt mannhaft zu verteidigen.« (*Jugend* 1907) Nach Wagner und Strauss nun ein neuer, der ›Fall Mottl‹. Was ist geschehen? Es sind wohl nicht nur üble Klatschgeschichten, mit welchen der *Bayerische Kurier* den »Verfall der Hoftheater« anprangern will. Die lokalen, zentrumstreuen Pressefeindseligkeiten gegenüber diesem Dirigenten, den die Zeitgenossen ob seiner musikalischen Freiheit, seiner genialen improvisatorischen Veranlagung und seines schönen, gefühlsbetonten Tons rühmen, wurzeln tiefer.

Als Mottl 1904 nach München kommt, hat er bereits konkrete Repertoirepläne: Endlich »einmal allen Theaterkram über Bord« werfen, das könnte – so hofft er – hier gelingen. Das Orchester scheint ihm in guter Verfassung. Sicher kann es noch mehr leisten, wenn es nur gefordert wird. Zwei Tage, bevor er mit Wagners *Meistersingern* sich in der Hofoper vorstellt, notiert er in sein Tagebuch: »Das Orchester muss sehr in die Zucht genommen

Herman Zumpe, Generalmusikdirektor von 1901 bis 1903.

Bruno Walter, Generalmusikdirektor von 1912 bis 1922.

werden. Sie strengen sich nicht an! Geben nicht genug her. Blech etwas roh. Ich habe sie aber schon in der Hand wie der Bub die Spatzen.« Dann versucht er, einige heute noch typische Orchester-Unsitten abzuschaffen. Wenn bei jeder Orchesterprobe so und so viel Geigen fehlen, dann kann man nicht ordentlich arbeiten, erklärt er dem Hofmusikintendanten Baron von Perfall. Die Musiker murren, aber es scheint doch zu funktionieren. In der ersten *Holländer*-Probe sitzen, wie Mottl befriedigt feststellt, dann tatsächlich »24 Geigen, 10 Violas und 8 Celli!« Und so soll es auch bleiben: »Ich werde die allzu grosse Gemüthlichkeit schon austreiben.«

Als im Herbst 1904 Mottl auch die Konzerte der Musikalischen Akademie übernimmt, wird sein Terminkalender noch voller. Er bringt vier Neuinszenierungen heraus und dirigiert außerdem in dieser Saison dreizehn Wagneraufführungen. Doch mit den Leistungen der Sänger ist er überhaupt nicht zufrieden. Im Oktober notiert er nach einer *Tristan*-Aufführung: »Abends niederträchtiger, empörender, scheusslicher, lächerlicher, provinzialer Ulmer oder Znaimer Tristan! Wüthend!« Der erste Eklat ist da, als er dem Münchner Tenorstar Heinrich Knote offen sagt, was er von seinem miserablen Tristan halte. Knote und Hoftheaterintendant Ernst von Possart, der sich als Regisseur ebenso betroffen fühlt, reichen ihre Rücktrittsgesuche ein. Knote bleibt, aber Possart scheidet ein Jahr später aus. So wird Felix Mottl seit Juni 1906 der erste nominierte Operndirektor Münchens.

Daß Mottl vor allem in Konzerten für die Moderne um 1900 ein neugieriges, freilich auch kritisches Ohr hat, ist insofern bemerkenswert, als dieser Dirigent in seinem Repertoire eher auf Tradition, vor allem auf Wagner und Mozart setzte. Doch der Bearbeiter Bachscher Kantaten entwickelt auch ganz unorthodoxe Vorlieben. Dem Gallier Berlioz gilt seine große Passion, dessen *Trojaner* er den Münchnern an zwei Abenden vollständig präsentiert (1907). Obwohl er sich gegenüber Gustav Mahlers Musik eher distanziert verhält, dirigiert er 1910 dessen *Kintertotenlieder*. Auch gegenüber Pfitzners Opern hegt er zwiespältige Gefühle. Dann gelingt unter seiner Operndirektion die Münchner Erstaufführung von Debussys *Pelléas und Mélisande*, dirigiert von Hugo Röhr (1908). Fast ein Jahr mühen sich Sänger und Orchester mit dem komplizierten Werk ab. Der halbe Opernbetrieb wird durch die vielen Proben lahmgelegt.

Doch die Kritik reagiert eher enttäuscht. Debussys Musik, von Mottl durchaus geschätzt, bleibt den Münchnern vorerst fremd. (Erst 18 Jahre später wagt man in der Ära Knappertsbusch wieder eine Neuinszenierung, diesmal mit dem jungen Karl Böhm am Pult.) Und obwohl Mottl kein Mann des unbedingten musikalischen Fortschritts zu sein scheint, dirigiert er so gewichtige Werke wie Straussens *Salome* und *Elektra* in den Münchner Erstaufführungen (1906 und 1909), 1911 auch den *Rosenkavalier*. Strauss wird natürlich sofort über den Erfolg der *Elektra*-Erstaufführung unterrichtet: »Es war eine ganz wundervolle Aufführung Ihrer Elektra«, schreibt ein Freund. So jedenfalls habe man das Orchester noch nie gehört. Mottl habe zwar einige Tempi etwas breiter als Strauss am Klavier genommen, doch das ganze »höchst eindrucksvoll und großartig gestaltet«. Die Bayreuther Einflüsse bleiben also auch hier unüberhörbar. Mottl ereilt schließlich ein ähnliches Schicksal wie zuvor seinen Kollegen Herman Zumpe und nachmals auch Josef Keilberth. Während einer *Tristan*-Aufführung wird er von einem Herzanfall überrascht. Einige Tage später stirbt er im Krankenhaus rechts der Isar.

Schon vor 1910 schwappen die Wellen der Theaterreform auch nach München, nicht jedoch in die Oper. Erst Bruno Walter, den man 1913 als Nachfolger Mottls aus Wien holt, scheint damit ernst zu machen. In einem Rückblick auf die Münchner Jahre bekennt er ganz offen, daß damals die Regiefrage eines seiner Hauptprobleme gewesen sei. So werden mit diesem GMD auch die ersten Versuche gestartet, sich von den Konventionen bisheriger Operninszenierungen zu befreien. Zuweilen scheint ihm die darstellerische Intelligenz eines Sängers wichtiger zu sein als eine große Stimme. So verordnet er zwecks Aufführung von Glucks *Iphigenie in Aulis* seinen Sängern ein körperliches Training, absolviert unter den wachsamen Augen von Ballettmeister Heinrich Kröller, der die Oper auch inszeniert. Doch die Überraschung kommt erst im Spätherbst 1921 mit der Neuinszenierung von Wagners *Ring des Nibelungen*. Die Regie führt niemand anders als Anna Bahr-Mildenburg, die berühmte Wagnersängerin. Leo Pasettis Ausstattung und Beleuchtung sind ganz im Stil von Adolphe Appia gestaltet, der schon 1895 für eine vereinfachte Bühnengestaltung votierte und für den *Ring* eine ausgefuchste Lichtregie austüftelte.

Doch Walters Reformbestrebungen zielen noch

in eine ganz andere Richtung. Zum ersten Mal seit der Ära Levi ändert sich das Profil des Spielplans. Einst von Mahler nach Wien gerufen, von ihm entscheidend beeinflußt, durchmißt nun der knapp vierzigjährige Dirigent eine Dekade der Münchner Hofoper, die er in seinen Erinnerungen *Thema und Variationen* die fruchtbarste seiner Laufbahn nennt. Die Trias Mozart–Wagner–Strauss gehört zwar weiterhin zum Aufführungskanon der Hofoper, aber Walter bringt nun ein Reihe Wiener Komponisten ins Programm, etwa Julius Bittner und Erich Wolfgang Korngold, auch von Franz Schreker *Der ferne Klang* und *Die Gezeichneten*. Daneben ein wichtiger Termin in der Musikalischen Akademie: 1911 leitet er die Uraufführung von Mahlers *Lied von der Erde*, das er zusammen mit der zweiten Mahler-Symphonie dirigiert. Und noch eine Uraufführung fällt in die Ära Walter: jene von Pfitzners *Palestrina*, einer Oper, die einen so großen Eindruck machte, daß das gesamte Münchner Ensemble inmitten des Ersten Weltkriegs in die Schweiz eingeladen wurde. Und hier in München entwickelt Walter auch seine starke Affinität zu Mozart.

Doch bald meinen lokalpatriotisch gesinnte Presseleute, das sei zuviel der Konkurrenz durch die Wiener Komponisten. Als Schreker der Hofoper die Uraufführung seiner *Gezeichneten* anbietet, sieht sich Intendant Franckenstein zu einem Rückzieher genötigt. Und so kommen die Münchner erst 1919 in den Genuß dieses Werkes. Wiederum gelingt Walter eine glänzende Aufführung. Schrekers Oper kann sich noch jahrelang in München halten, bis weit in die zwanziger Jahre hinein.

Mochten einige Münchner Kritiker auch noch so mißtrauisch das sichtliche Schwinden Strauss'scher Opern aus dem Spielplan verfolgen, so ist Bruno Walter dennoch der erste GMD, der während der Münchner Festspiele ein Werk von Richard Strauss dirigiert; sicherlich auch auf Initiative des neuen Hofmusikintendanten Clemens von Franckenstein, einem Freund Hugo von Hofmannsthals. So taucht 1913 im Festspielreigen der Mozart- und Wagneropern zum ersten Mal ein Fremdling auf: *Ariadne auf Naxos*. Es mag wohl stimmen, daß Walter die Artistik der *Ariadne auf Naxos* nicht lag, als er sie im Cuvilliés-Theater in der Erstfassung dirigierte. Walter verhält sich auch weiterhin ziemlich kühl gegenüber diesem Werk und überläßt 1918 die Erstaufführung der zweiten Fassung

Maud Fay als Ariadne in der Uraufführung von 1913.

Bühnenbild aus der Uraufführung von Walter Braunfels' »Die Vögel« am 30. November 1920 unter der Regie von Heinrich Kröller. Bühnenbild und Kostüme von Leo Pasetti.

Hans Knappertsbusch, Generalmusikdirektor von 1922 bis 1935.

seinem Kollegen Otto Heß. Dafür dirigiert er einen graziösen, charmanten *Rosenkavalier*, so die Kritik.

Und schließlich sorgt Walter in den Münchner Festspielen für eine ganz enorme Programmerweiterung. 1919 werden *Fidelio* und *Freischütz* aufgenommen, außerdem *Hans Heiling*, der *Rosenkavalier* und *Elektra*. Er dirigiert während der Festspielzeit Opern von Pfitzner und *Die Gezeichneten* von Schreker. 1920 erscheinen neben den üblichen Wagner- und Mozartopern unter anderem *Die Frau ohne Schatten* und Hugo Wolfs *Corregidor*. 1921 spielt man während Walters letzter Festspielsaison *Feuersnot* und *Josephslegende* von Strauss, dazu die neue Schreker-Oper *Das Spielwerk und die Prinzessin* und als besondere Attraktion *Die Vögel* von Walter Braunfels.

Im Schatten der Politik
Hans Knappertsbusch und Clemens Krauss

Anfang der zwanziger Jahre liest man in einer Dessauer Zeitung: »Er dirigiert ohne Schwere, mit lockerem Handgelenk, aber trotzdem mit einem großen Einsatz an Nervenkraft und seelischer Energie, die das Orchester restlos unter seinen künstlerischen Willen zwingen.« Vierzig Jahre später lautet es so: »Er ist kein Taktierer: was er zeichnet, sind agogische Linien, Kurven – Hyperbeln, die sich in der Unendlichkeit verlieren. Seine Schlagtechnik ist ungewöhnlich, dennoch wird sie von allen Musikern sogleich verstanden. Nicht einmal bei einem Walzer markiert er metronomhaft den Takt: er modelliert ihn vielmehr vor unseren Augen und Ohren mit Gesten und Blicken, mit dem kaum merklichen Heben der Augenbrauen oder dem hörbaren Schnipsen von Daumen und Zeigefinger.«

Strenggläubige Verehrer seiner Wagner- und Brucknervorführungen werden ihn sofort identifiziert haben. Als er, der Mann aus Elberfeld, 1922 im Nationaltheater Korngolds *Tote Stadt* und den *Parsifal* dirigiert, kennt ihn kaum einer. Aber Hans Knappertsbusch, Deutschlands jüngster Generalmusikdirektor und Schüler Hans Pfitzners, entwickelt sich sogleich zum Senkrechtstarter. »Ein Befehlshaber« ist er und »kein Musikant«, auch kein »Derwisch und erst recht keine konziliante Natur vom Schlage Bruno Walters«, so Karl Schumann viele Jahre später. Zweifellos ist er schlechthin der Dirigent der großen musikalischen, dramatischen, sich steigernden Form. Er hat den langen Atem für Bruckners Klangarchitekturen. Doch ist er, der Bruno Walters Münchner *Ring*-Einstudierung zu Ende führt, keineswegs nur der Musiker eines altväterlichen, auratischen, verbreiternden Wagnerstils. (Seine Tempi, wie etwa im Bayreuther *Parsifal* von 1960, konnten überraschend zügig sein.) Schnell avanciert er mit einem hinreißenden *Freischütz* und einem fesselnden *Fidelio* zum Helden des Hauses an der Maximilianstraße. Knappertsbuschs Popularität steigt in dem Maße, wie er zum Siegelbewahrer des Wagnerstils wird. Doch er dirigiert auch die Münchner Erstaufführung von *Intermezzo*, wohl eine der glücklichsten Strauss-Premieren der Ära Knappertsbusch, dessen Staatsorchester ehrgeizig darauf bedacht schien, das ewige Konkurrenzunternehmen in Sachen Strauss, die Dresdner Staatskapelle, möglichst zu übertreffen. Daneben findet man Knappertsbuschs Namen auf den Theaterzetteln einiger Uraufführungen, zum Beispiel einer musikalischen Komödie von Braunfels (1927) oder des Pfitzner-Musikdramas *Das Herz* (1931).

Noch wird er 1933 von den Nationalsozialisten als blonder, blauäugiger, schlanker und großer Germane gefeiert, doch sein äußeres Bild täuscht. Eigensinnig, offen, ehrlich und geradeheraus macht er keinen Hehl daraus, was er von den Parteigenossen denkt. Schließlich setzt man ihn auf Geheiß von oben vor die Tür. In seiner letzten Vorstellung dirigiert er im November 1935 die *Walküre*, und nach seinem letzten Odeonskonzert schreit das Münchner Publikum demonstrativ im Sprechchor: »Knappertsbusch bleibe!« – eine politische Demonstration. Eine Stunde lang. Auch für das Orchester der Staatsoper beginnen nun schwierige Zeiten. Und wer wußte damals, daß Clemens Krauss bereits 1934 als sein Nachfolger im Gespräch war, und zwar auf allerhöchster Reichsebene?

Als Clemens Krauss 1937 von Berlin nach München berufen wird, um die empfindliche Lücke, die der gefeuerte Knappertsbusch hinterlassen hat, wieder aufzufüllen, ist das nationalsozialistische Regime außen- wie innenpolitisch gesellschaftsfähig geworden. Die Olympiade 1936 hat es vor aller Welt gezeigt. Und was schien die Hoffnungen auf „Normalität" nachdrücklicher zu rechtfertigen als das immerwährende Festspiel der Oper. Für die Nationalsozialisten bedeutet gerade die Münchner Oper ein willkommenes Erbe, eine einmalige Gelegenheit propagandistischer Repräsentation. Das haben jüngere Untersuchungen über die Ära

Clemens Krauss, Generalmusikdirektor und Generalintendant von 1938 bis 1945, mit Richard Strauss.

Krauss eindeutig bewiesen. Und in welchem Maße der hochberühmte, geschmeidige, elegante Straussdirigent, geborene Theatermann und Diplomat Krauss dafür geeignet schien, zeigen bereits die außergewöhnlichen finanziellen und auch administrativen Zugeständnisse, die man ihm zubilligte. So betrachtet, ist Krauss nach der Deutschen Götterdämmerung ein Stein politischen Anstoßes, ein Kollaborateur, ein opportunistischer Aufsteiger.

Doch eigenartigerweise entsprach der Künstler Krauss, in welchem der Sänger Hans Hotter den Typen des altösterreichischen Bonvivant erkannte, nur wenig den offiziellen Vorstellungen eines kanonisierten, konservativ-völkischen Pultheroen. Die „moralische Sanierung", die Hitler und sein Reichsdramaturg Schlösser dem Theater als „Schauplatz der Nation" aufzwangen, stößt in der Oper auf eine resistente Form der Anpassung. Krauss schwimmt zwar nicht gegen den Strom, läßt sich aber auch nicht ganz mitreißen, sondern taucht geschickt darunter weg. Allzu geschickt, wie einige Mitglieder des Orchestervorstandes nach 1945 befanden.

Seine Verdienste als Dirigent, der in München ein glänzendes Opernensemble aufbaute, bleiben im Schatten nationalsozialistischer Kulturpolitik, welche die verführerische Funktion glänzender Illusionen in der Oper bewußt einkalkulierte, bei allem Wenn und Aber unbestritten. Und auch das sollte man nicht vergessen: Noch in Wien erscheint Krauss als ein Förderer von Alban Berg und Egon Wellesz. Nun aber baut er die Münchner Oper zu einer Strauss-Hochburg aus. Immer noch hörenswert ist sein äußerst homogener, wienerisch lässiger *Rosenkavalier*. Es existiert noch eine Schallplattenaufnahme aus dem Kriegsjahr 1944, produziert mit dem Münchner Ensemble. Sein Orchester lernt von ihm Eleganz, Durchsichtigkeit und die klare Linie der Strauss'schen Stimmführungskunst. Nun wird gewissenhaft, unerbittlich geprobt. Ungenaues Schwelgen in üppigen Klängen vermeidet er, darin der Kapellmeisterkunst eines Karl Böhm oder Richard Strauss nicht unähnlich. Und der Garmischer Meister wird es ihm danken. Endlich erklärt er sich dazu bereit, zwei seiner Werke in München uraufführen zu lassen: 1938 den *Friedenstag* und 1942 *Capriccio*. Das Münchner Nationaltheater ist nun die weltbeste Richard-Strauss-Bühne. Doch um welchen Preis. Clemens Krauss wird nach 1945 nicht mehr ans Pult der Staatsoper zurückkehren.

Erzmusikalische Analytiker
Georg Solti und Ferenc Fricsay

1946: München friert. Das Nationaltheater in Schutt und Asche. Das Cuvilliés-Theater zerstört. Das Prinzregenten-Theater ein maroder Bau und nur dürftig hergerichtet. Aber es wird wieder Oper gemacht, mit einem Neuling am Pult. Im März 1946 von den amerikanischen Militärbehörden und

Georg Solti, Generalmusikdirektor von 1946 bis 1952.

der Staatsoper eingeladen, soll Georg Solti den *Fidelio* dirigieren. Und er ist mutig. Bis dahin hat er nur zwei Opern aufgeführt. Der Intendant will zunächst nichts von Solti wissen. Solti versucht sein Glück in Stuttgart und verbucht dort seinen ersten großen Opernerfolg, mit *Fidelio*. Die Münchner besinnen sich und engagieren Solti für die Spielzeit 46/47 als leitenden Dirigenten mit den Befugnissen eines GMD. Nun dirigiert er bei seinem Konzert-Debüt in der Musikalischen Akademie Verdis *Requiem*, ganz nach seinem großen Vorbild Toscanini. Großartig bis zur letzten Sechzehntelnote, lautet das Urteil der Musikkritik. Doch sein eigentliches Münchner Debüt ist die Neujahrspremiere mit *Carmen*. Heinz Pringsheim, der Schwager von Thomas Mann, schreibt dazu in der *Süddeutschen Zeitung*: Dieser Mann sei völlig »vom Geist der Musik beherrscht«. Schuberts Kantabilität scheint ihm damals weniger zu liegen. Doch in einer Aufführung von Straussens *Don Juan* spürt man bereits den vehementen Elan dieses Dirigenten. Dann 1947 die *Walküre*. Wieder diese elementare Vitalität. Und noch eines: Solti zeigt, über welch entschiedene musikalische Intelligenz er verfügt. Auch das kann ein Orchester zu Höchstleistungen motivieren: »Noch nie bisher hat das Orchester so schön gespielt«, so Pringsheim. Der kühne Neuling wagt sich in seiner Münchner Zeit zum ersten Mal an Brahms, läßt Werke von Samuel Barber und Hindemith spielen. Und er ist ein Bewegungskünstler. Seine Zeichengebung hat damals fast etwas Tänzerisches.

Solti bleibt fünf lange Spielzeiten. In dieser Zeit erfolgt auch eine seiner wichtigsten Premieren mit der Erstaufführung von Hindemiths *Mathis der Maler* (1948). Wieder meldet die Kritik Sonderovationen für Solti und das Orchester. Dann lernt der rhythmisch zupackende, temperamentvolle Dirigent den vierundachtzigjährigen Strauss kennen, anläßlich der *Salome*-Premiere im September 1948. Strauss rät ihm, kleiner zu schlagen. Doch seine Gesten bleiben geschmeidig, beredt und immer spontan. Seine immer präzisere Schlagtechnik aber prädestiniert ihn bereits zu einem Anwalt der Moderne. So gelingt es ihm innerhalb von zwei Jahren seiner Münchner Zeit, allein fünf Werke zeitgenössischer Komponisten mit dem Orchester einzustudieren: 1949 von Sutermeister den *Raskolnikoff* (EA), Strawinskys *Orpheus* und *Sacre du Printemps* (EA) und im gleichen Jahr von Joseph Haas die Oper *Tobias Wunderlich*. Mit unfehlba-

Ferenc Fricsay, Generalmusikdirektor von 1956 bis 1958.

rem Instinkt wird Solti jedem Werk gerecht, auch der *Antigonae* von Carl Orff.

Freilich, seine kritischen Ohren, sein unbestechliches genaues Empfinden für musikalische Strukturen machen ihn auch unbequem. Bemerkungen über die Macht der Carl-Orff-Gemeinde und ironische Bemerkungen über Strawinsky-Anklänge in der Musik der *Antigonae* brechen ihm das Genick: »Er wurde abgesägt. Worauf seine Weltkarriere begann«, so Karl Schumann in der *Süddeutschen Zeitung*. Doch solcherlei Vorkommnisse haben in München leider Tradition. So dirigiert Solti 1952 zum letzten Mal als Generalmusikdirektor das Bayerische Staatsorchester. Auf dem Programm: die traditionelle Aufführung der *Matthäuspassion*.

Solti geht nach Frankfurt. Doch er kommt zurück. Anfang August 1959 übernimmt er bei der ersten Premiere der Opernfestspiele den *Tannhäuser*. Dazu Helmut Schmidt-Garré im *Münchner Merkur*: »Solti, schon bei seinem Erscheinen lebhaft begrüßt, entlockt dem Staatsorchester ein Äußerstes an Tonschönheit und Intensität des Ausdrucks; seine Dynamik schattiert vom weichen Pianissimo bis zu kraftvollen Akzenten.«

Auch sein Nachfolger Ferenc Fricsay, der 1956

in der Staatsoper Rudolf Kempe ablöste, ist ein Besessener, ein fortschrittlich Gesinnter und ein Anwalt der freilich damals schon klassischen Moderne, für die in den fünfziger Jahren ein enormer Nachholbedarf besteht. Und auch dieser Dirigent betreibt wie Solti die konsequente Entromantisierung der Klänge mit einer Akkuratesse sondergleichen. Beide prägen sie nach Toscanini das Bild des entschiedenen Präzisionsdirigenten mit dem Credo einer möglichst genauen Werktreue.

So bieten die nur zwei Jahre, die Fricsay als Generalmusikdirektor der Oper in München verbrachte, ein erregendes Stück Musiktheatergeschichte. Doch auch Fricsay legt sein Amt nieder. Der Traum, den er von einem Repertoiretheater hegt, läßt sich an der Münchner Oper nicht verwirklichen. Was bleibt, sind – liest man die Kritiken jener Zeit – ein unvergessener *Figaro* (zur Wiedereröffnung des Cuvilliés-Theaters), eine hinreißende *Lucia di Lammermoor*, ein fulminanter *Othello*, ein vorbildlicher *Oedipus Rex* und vor allem Fricsays aufsehenerregender *Wozzeck*, der später nur noch von Carlos Kleibers Interpretation übertroffen wurde. Gehörte Fricsays *Othello* zu den »großartigsten Verdi-Aufführungen«, die man bis dahin im Prinzregenten-Theater gehört hat, so zeigt das Staatsorchester im *Wozzeck*, zu welcher Brillanz, Härte, aber auch Klangschönheit und Eleganz es fähig sein kann. Doch auch Alban Bergs Klangphantasie, seine lyrische Intensität und expressive Gewalt kann dieser Dirigent dem Orchester vermitteln. Und immer wieder zeigt sich, welch ingeniöser, mitatmender Sängerbegleiter Fricsay sein konnte. »Sein Auge fast immer auf der Bühne, gab es keine noch so geringe Schwankung oder Improvisation des Augenblicks, die nicht vom Pult respondiert wurde«, erinnert sich Dietrich Fischer-Dieskau.

Joseph Keilberth, Generalmusikdirektor von 1959 bis 1968.

Der Anti-Star
Joseph Keilberth

Zuvor hat er einiges Aufsehen an der Dresdner Staatsoper und an der Lindenoper in Ost-Berlin erregt. Dietrich Fischer-Dieskau rühmt seine Ruhe und Überlegenheit. Den Bamberger Symphonikern ist er bis zu seinem Tode verbunden. Immer bleibt Joseph Keilberth, durch Furtwängler gefördert und von 1959 bis 1968 musikalischer Chef des bayerischen Staatsorchesters, bedächtig, den ruhigen, breiten deutschen Zeitmaßen zugeneigt. Große musikalische Steigerungen hält er mit seinem Orchester sicher durch. Zuweilen scheint er ein wenig phlegmatisch und undifferenziert, doch er kann das Orchester beschwingt und mit leichter, lockerer Hand durch eine *Arabella* führen. Und was die Musiker und Sänger in seinen Verdi- und Pucciniabenden vor allem an ihm schätzen, ist seine absolute Sicherheit und Unerschütterlichkeit, mit welcher er im *Falstaff* (1966) oder während einer *Tosca* (1965) die Sänger zu tragen weiß. Geschickt steuert er sein Orchester, um den Sängern genügend Spielraum zu lassen.

Dieser Dirigent verlegt sich nicht auf das reine Taktieren, sondern vertraut seinen Musikern, die – so Keilberth – ihre Einsätze schon selber finden. Er ist kein Blender. Dirigieren heißt für ihn das »Aufspüren der großen Zusammenhänge eines Werkes« und ebenso ein »gefühlsmäßiges Erschließen« jener Schönheiten, die hinter den Noten zu suchen sind. Also ist er im geheimen auch ein Irrationalist, wie ihn Karl Schumann einmal nannte, und ebenso der Nachfahre einer Dirigententradition, die von Arthur Nikisch und Wilhelm Furtwängler entscheidend geprägt wurde. So empfindet er Mozarts *Don Giovanni* ganz im Sinne einer romantischen Aufführungstradition. Doch sein eigentliches Terrain ist das deutsche Repertoire. Eine unverkennbar melancholische Ruhe und dramatischer Atem zeichnen seine Wagner- und Straussaufführungen aus. Daß man ihm in Bayreuth rüde den Stuhl vor die Tür setzte – das kann er lange nicht verwinden. Und daß er sich während einer Bayreuther *Parsifal*-Vorstellung unter der Leitung von Knappertsbusch einfach so ins Orchester setzen kann, um die Trompete zu blasen, das macht ihn einzigartig: Es ist seine Fähigkeit, hinter einem Werk zu verschwinden.

Der unvergessene Gast
Carlos Kleiber

Nach Keilberths Tod dauert es noch etwa drei Jahre bis zum Auftritt eines neuen Generalmusikdirektors, eines GMD par excellence, also jenes Dirigententypus, der ungeachtet aller Weltbürgerlichkeit so sehr mit seinem Haus verbunden ist, daß man nach ihm einen Zeitabschnitt zu benennen pflegt. Doch wir wollen nun nicht über Wolfgang Sawallisch berichten, was an anderer Stelle dieses Buches ausführlicher geschieht, sondern über einen anderen Dirigenten, dessen Name aber mit der Ära Sawallisch immer verbunden bleiben wird.

Freilich, berühmte, hochkarätige Gastdirigenten machten schon immer in der Staatsoper Station. Die Liste jener, die über den Münchner Opernhimmel wie leuchtende Sternschnuppen zogen, neue musikalische Nuancen, Akzente und Farben freisetzten, ist so ellenlang, daß man mit ihren Münchner Auftritten weitere Bände füllen könnte. Aber kaum ein anderer Gastdirigent hat hier an der Staatsoper so sehr den Eindruck eines akribischen, konzentrierten, ja ekstatischen Musikbesessenen hinterlassen wie eben Carlos Kleiber. Sein Reich ist jenes der rückhaltlosen Expressivität. Es befindet sich dort, wo der Künstler Kleiber seinen bedingungslosen Pakt mit einem Werk schließt, stets zum Äußersten entschlossen. Und immer wieder die unauflösliche Verstrickung in der Musik, die totale Verausgabung. Aber auch das findet man in seinen Gastspielen: jene hellwache, seismographische, hochsensible Konzentration und jene unverzichtbare, uneingeschränkte Präzision, die er als Erbe von seinem Vater Erich Kleiber bezog.

Wenn es in den achtziger Jahren hieß: Kleiber ante portas, und *Die Fledermaus* oder *Der Rosenkavalier* auf dem Programm standen, dann war keine Winterkälte zu hart, keine Warteschlange vor der Opernkasse in der Maximilianstraße zu lang, auch für die Autorin nicht. Er ist ein Magier ohne Guru-Allüren, ein Schwieriger ohne die Äußerlichkeiten eines Sensationsdirigenten, ein Introvertierter, der nach langen – viele meinen auch überlangen – Vorbereitungszeiten seine überaus werkgenauen Inspirationen mit einem überwältigenden, furiosen, strahlenden Impetus und zugleich einer bewußten konstruktiven Klarheit schonungslos mitteilt – dem Orchester, den Sängern und dem

Der unvergessene Gast 205

Carlos Kleiber.

Publikum. Wer nach einer seiner *Rosenkavalier*-Vorstellungen frühzeitig das Nationaltheater verlassen mußte, hinterließ dort in der Regel ein Tollhaus jubelnder Menschen. Und selbst die routiniertesten Musikkritiker hatten zuweilen massive Probleme mit ihrem Wortschatz, um nur von ferne all die Nuancen souveräner, beschwingter Melodieführung einer *Fledermaus*, die Raffinessen flexibler, pulsierender Tempogestaltung im *Rosenkavalier*, die facettenreiche, scharfe, plastische Charakterzeichnung im *Wozzeck*, die Tollheiten im *Otello*, die tiefgreifende Melancholie in der *Traviata* sprachlich zu meistern.

Carlos Kleiber hat mit vielen Orchestern gearbeitet. Doch kaum ein anderes (außer jenem der Württembergischen Staatsoper, welcher er in den Jahren 1966–1972 eine Glanzzeit bescherte) ist so sehr mit ihm verbunden wie das Bayerische Staatsorchester, in guten und heiklen Probenstunden, die zuweilen auch mit hochexplosivem Dynamit geladen sein konnten. Über seinen unkonventionellen Probenstil gibt es zahlreiche Anekdoten. So erinnert sich ein Musiker der Bayerischen Staatsoper, daß Kleiber während einer *Otello*-Probe mitten in einem Takt plötzlich abgeklopft habe: Er wolle einen »verrückten Takt«, der viel schneller sein

müsse und außerdem laut und grob. Nach einigen Versuchen, die immer noch viel zu schön klangen, meint schließlich Kleiber: »Um diese Oper richtig zu spielen, müssen Sie ein bißchen verrückt sein.« Und fügt hinzu: »Hassen Sie mich nicht? Warum hassen Sie mich nicht?...« Nun, das Orchester war auch dazu bereit. Allerdings – so der Bericht des Musikers – lenkte man seine Abneigung insgeheim auf ein anderes Objekt bzw. jene Legion schlechterer Dirigenten, die man wirklich zum Teufel wünschte.

Kleiber dirigierte an der Staatsoper seit 1968. Und er könnte es heute noch, wenn er nur wollte. Als er 1970 den *Wozzeck* in der Regie von Günther Rennert herausbrachte, war es allen klar. Nach seinem Vater Erich Kleiber, der 1925 Bergs Oper in der Berliner Lindenoper uraufführte, stand hier (neben Fricsay, Solti und Boulez) ein erstklassiger, prädestinierter *Wozzeck*-Dirigent am Pult, der – so K. H. Ruppel nach der Premiere – mit einer »Schärfe und Plastik« sondergleichen »noch die flüchtigsten instrumentalen Details in dem bald symphonisch-expansiven, bald kammermusikalisch und solistisch aufgespaltenen Orchester« herausarbeitet. Er beherrscht die »Großraumgliederung der drei Akte«, artikuliert ihre strenge Symmetrie und er läßt das alles sogleich wieder vergessen in der unerhört verdichteten Stimmung jeder einzelnen Szene. »Bewunderung dem Orchester, das das Klangspektrum der nach der Strauss'schen *Elektra* genialsten Opernpartitur« mit all den »Farbbrechungen«, den »hochdifferenzierten dynamischen Übergangsstufen« mit »phantastischer Präzision und Sensibilität aufleuchten ließ.«

Übrigens: Ruppels Eloge auf den Dirigenten Carlos Kleiber und das Staatsorchester endet mit dem Satz: »Wie gut [...] ist dieses Orchester, wenn es unter einem Dirigenten ersten Ranges spielt!« Doch das gilt nicht nur für diesen, sondern für alle anderen großen Dirigenten des Bayerischen Staatsorchesters, deren wichtigste Vertreter hier in einer kleinen Revue vorbeidefilierten. Die Ära Sawallisch geht zu Ende.

Und wieder beginnt das lange Warten, bis sich der Vorhang hebt. Die Logentüren sind geschlossen, die Instrumente gestimmt. Der Dirigent hebt den Taktstock, und sein aufmerksamer Blick sagt, was eigentlich alle Dirigenten sagen, wie einst Hans von Bülow: »Meine Herren, wenn's beliebt, fangen wir an.«

Ulrike Hessler

»*Una elegante robustezza*«
Die dreifache Baugeschichte des Nationaltheaters

Schon am Münchner Herzogshof der Renaissance gab es szenische Aufführungen im Freien und in großen Festsälen. Das Stegreifspiel französischer und italienischer Komödiantentruppen wurde bald durch die pompösen Massenszenen des Jesuitentheaters verdrängt und durch repräsentative, das Herrschertum verherrlichende Trionfo-Darstellungen ersetzt, in denen der Musik eine entscheidende Rolle zukam. Durch diese theatralischen Traditionen und durch dynastische Beziehungen Münchens zu italienischen Fürstenhöfen fand auch die neue Kunstform Oper schnell Eingang. Münchens erste reguläre Opernaufführung fand im August 1653 im Herkules-Saal der Residenz statt. Im selben Jahr gab Kurfürst Ferdinand Maria den Auftrag, für seine Gemahlin Henriette Adelaide von Savoyen nach italienischem Vorbild ein Theater zu errichten. Hinter der Salvatorkirche und dem daran anschließenden Frauenfreihof baute der kurfürstliche Baumeister Marx Schinagl unter Mitwirkung des Venezianers Francesco Santurini Deutschlands erstes freistehendes Logenhaus auf den Grundmauern eines Kornspeichers. Hundert Jahre wurden hier Opern aufgeführt, bis das Theater nach mehreren Renovierungen schließlich 1798 endgültig außer Dienst gestellt und 1802 abgerissen wurde.

Das »Neue Opera Gebäu«

Mitte des 18. Jahrhunderts schon war der alte barocke »Haberkasten« am Salvatorplatz baufällig geworden und für die Hofgesellschaft nicht mehr elegant genug. Der verheerende Residenzbrand von 1750 – das Feuer soll »auf der St. Georgy Saall woselbst die französischen Comedianten abends zuvor gespillet haben, aufkommen seyn« –, der den Hof auch noch seines kleinen, in den gothischen Saal eingebauten Theaters beraubte, wurde der unmittelbare Anlaß für einen Theaterneubau.

Die Oper nahm im Kanon höfisch-repräsentativen Amusements mittlerweile einen so wichtigen Rang ein, daß Kurfürst Max III. Joseph sofort Ordre erließ, »daß in Dero Residenz alhier schleunigst ein Neues opera Hauß reparirt werden solle«. Der Landesherr beauftragte seinen Hofbaumeister François Cuvilliés den Älteren mit dem Neubau, der im Südosten des damals bestehenden Residenzkomplexes auf dem Gelände der ehemaligen Fischteiche errichtet wurde. Die Lage des Gebäudes, das nur von der Residenz aus zugänglich und an keinem öffentlichen Platz gelegen war, enthob den Architekten der Notwendigkeit, eine aufwendige Fassade zu gestalten, und erlaubte ihm, sich ausschließlich auf die prunkvolle Innenausstattung zu konzentrieren.

Da der Bauherr auf eine möglichst schnelle Fertigstellung drängte, war Cuvilliés gezwungen, eine ungewöhnlich große Zahl von Handwerkern zu beschäftigen. Nur die erfahrensten und besten Kräfte genügten den Qualitätsansprüchen des Baumeisters. Anton Pichler leitete die Schnitzarbeiten; Johann Baptist Straub wird der überwiegende Teil des Figurenschmucks zugeschrieben; Joachim Dietrich schuf den ornamentalen Schmuck; Altmeister Johann Baptist Zimmermann betreute die Fresko-Malerei. Daneben zählten Cuvilliés' Sohn, François der Jüngere, Carl Albert von Lespilliez und der Leiter der Bauausführung, Matthäus Gießl, zum engeren Mitarbeiterstab des Architekten. Aus sechs umliegenden Landgerichten wurden Maurer und Zimmerleute rekrutiert, Ziegeleien in der Au und in Berg am Laim mit der Herstellung der Backsteine bis an die äußerste Grenze ihrer Produktionsfähigkeit belastet und beträchtliche Bauholzlieferungen aus Murnau bei ungünstigen Witterungsverhältnissen zu Land und zu Wasser nach München transportiert.

Nach umfangreichen Fundamentierungsarbeiten wurde noch 1751 der Grundstein für das »Neue

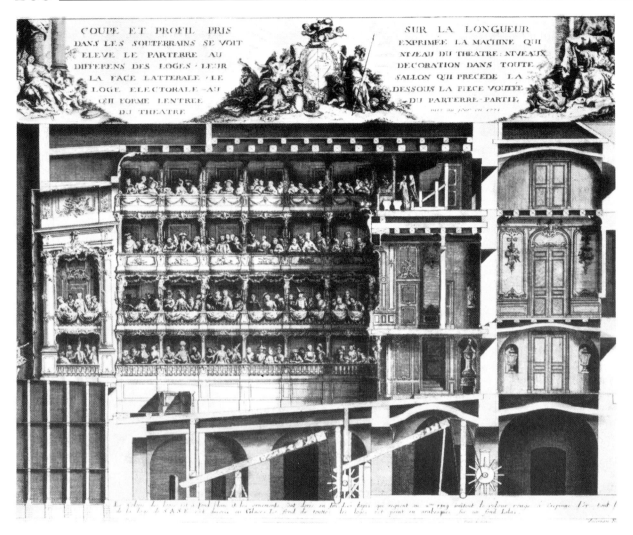

Das Cuvilliés-Theater nach einem Stich von Cuvilliés dem Jüngeren.

Opera Gebäu« gelegt, das schon am 12. Oktober 1753 mit Ferrandinis Opera seria *Catone in Utica* seiner Bestimmung übergeben wurde. Es dauerte aber noch zwei Jahre, bis der Bau auch im Bereich des Bühnenhauses ganz vollendet war. Der Kurfürst war mit seinem Architekten, der noch während der Bauzeit mit dem Titel eines Oberhofbaumeisters ausgezeichnet worden war, zufrieden, ganz im Gegensatz zur Hofkammer, die angesichts der vielfachen Überschreitung des Baukostenvoranschlags den Antrag Cuvilliés' auf Gehaltserhöhung 1754 mit der Begründung ablehnte, »daß uns von des Cuvilliés Meriten außer des verkünstelten Opernhausgepäus nichts bekannt.«

Kurfürst Carl Theodor ließ 1779 und 1785 kleinere Veränderungen an dem Rokoko-Bau vornehmen. Unter Max IV. Joseph nahm Christian Mannlich 1801 eine grundlegende Restaurierung vor. Das Rokoko war aus der Mode gekommen; deshalb wurden die kleinen Lüster entfernt und ein großer klassizistischer Mittellüster installiert, der in die Decke eingezogen werden konnte. Dafür wurde Johann Baptist Zimmermanns Deckengemälde übertüncht.

Beim Brand des Nationaltheaters 1817 hatte auch das Cuvilliés-Theater Schaden genommen, so daß 1823 eine Wiederherstellung nötig wurde. König Ludwig I. entschied sich 1831 für eine endgültige Schließung des Theaters, ab 1834 wurde es als Kulissendepot für das Nationaltheater verwendet. Auch Maximilian II. konnte sich zunächst nicht entschließen, das Theater wieder zu eröffnen.

Der Max-Joseph-Platz vor dem Bau des Hof- und Nationaltheaters und des Königsbaus. Radierung von F. Schießl.

Das zweite Projekt von Karl von Fischer mit Ballsaal und Gemäldegalerie von 1804.

1851 ließ er dem Bau einen Arkadentrakt als Fassade zum Max-Joseph-Platz vorbauen. Einem neu angelegten Wintergarten zuliebe wurden im selben Jahr die Schnitzereien der Logenumrandungen in einen Schuppen im Lehel ausgelagert. Auf Drängen des Intendanten Franz von Dingelstedt wurde das Theater schließlich im renovierten Zustand 1857 wieder eröffnet. Der geschnitzte Plafondrahmen Pichlers war jedoch verlorengegangen und mußte in Stuck ergänzt werden. Die Decke wurde nach den Vorstellungen des sogenannten zweiten Rokoko neu bemalt.

Erst zu Beginn des Jahres 1944 mußte das Theater wieder geschlossen werden. Die Gesamtausstattung wurde abgenommen und an zwei verschiedenen Orten außerhalb der Stadt vor den Fliegerangriffen während des Zweiten Weltkriegs in Sicherheit gebracht. Am 18. März zerstörten Bomben das annähernd schmucklose Haus. Nach dem Krieg entstand auf seinen Grundmauern das neue Residenztheater. Das alte Theater Cuvilliés', das nie eine Fassade besessen hatte, wurde 1957/58 im Apothekenstock der Residenz im ursprünglichen Stil des Rokoko ohne die Veränderungen späterer Jahre nach den Grundrissen aus der Materialsammlung *Ecole Bavaroise de l'Architecture* des jüngeren Cuvilliés rekonstruiert.

Ursprünglich war das »Neue Opernhaus an der Kurfürstlichen Residenz« nur für den Hof bestimmt gewesen, zur Aufführung italienischer Opern während der Karnevalszeit. Als das alte Opernhaus am Salvatorplatz geschlossen werden mußte, widmete der Kurfürst das Cuvilliés-Theater 1797 zum Hof- und Nationaltheater um und machte es dem Volk für deutsche Opern und Schauspiele zugänglich. Das Theater war jedoch für die schnell anwachsende Münchner Bevölkerung bald zu klein.

Eine neue Schaubühne

1792 schon hatte Kurfürst Carl Theodor den Hofarchitekten Maximilian von Verschaffelt mit der Planung eines neuen Theaterbaus beauftragt.

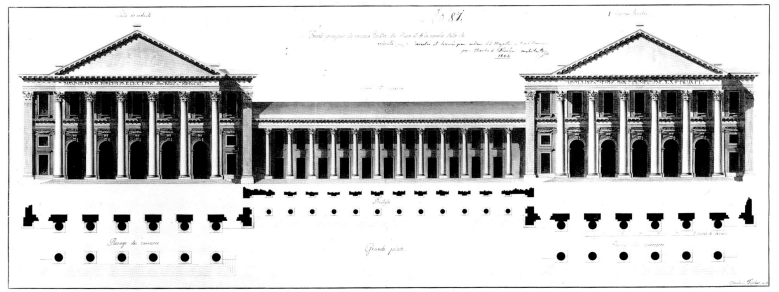

Vorderfront des Hof- und Nationaltheaters, erbaut nach Plänen Karl von Fischers. Lithographie von A. Kurz.

Grundriß des Odéon in Paris. ▷

»Seine Churfürstliche Durchlaucht haben zur Zierde Höchstdero Haupt- und Residenzstadt, zur Kömmlichkeit und Sicherheit des hiesigen Publikums, dann zur Unterstützung der churfürstlichen und städtischen Künstler und Handwerker die Entschließung gefaßt, eine neue Schaubühne aus eigenen Mitteln erbauen zu lassen.« Das allzu aufwendige Projekt kam ebensowenig über das Stadium des Entwurfs hinaus wie die Pläne des Theaterarchitekten Lorenz Quaglio. Quaglios Plan sah den Bau des neuen Theaters auf dem Platz des alten Haberkastens vor, denn er konnte nicht damit rechnen, die Stadtmauern zu sprengen und vor die Tore zu ziehen. Die Platzfrage war wohl für die Ablehnung seines Projekts ausschlaggebend, denn das neue Theater sollte nicht wieder in den Winkel der Stadtmauern gezwängt werden.

Erst der neue Kurfürst Max IV. Joseph nahm den Theaterplan wieder auf. Als Bauplatz wurde der Zwinger des vormaligen Franziskanerklosters, das 1802 aufgelöst worden war, und ein anschließendes verödetes Gartengelände bestimmt, das den Vorteil unmittelbarer Nähe zur Residenz hatte. Der Kurfürst erließ Ordre, Planvorschläge einzureichen.

Die allgemeine Baulust hatte München ergriffen. Wer immer sich mit dem Bauhandwerk befaßte, glaubte, seine Ideen für den Jahrhundertbau einreichen zu müssen. Neben dem Cuvilliés-Schüler Valerian Funk legte wieder Lorenz Quaglio einen Entwurf vor, diesmal einen gigantischen Rundbau, der äußerlich einem römischen Amphitheater glich, bei dem der Ballsaal freilich mehr Platz einnahm als das eigentliche Theater. Auch der Hofbau-Intendant Gärtner (der Vater des späteren Baumeisters unter Ludwig I.) und der aus der Brera-Schule stammende Italiener Innocenzo Mariano hatten Pläne für ein neues Theater und Redoutenhaus ausgearbeitet. Besonders gefiel jedoch das kühne Projekt eines kaum Zwanzigjährigen, des am 19. September 1782 in Mannheim geborenen Karl von Fischer. Er war bereits 1796 Schüler des kurpfalz-baierischen Oberbau-Direktors von Verschaffelt. Von 1801 bis 1806 reiste Fischer dreimal nach Wien, um sich an der dortigen Akademie der Bildenden Künste zu vervollkommnen. In Wien erarbeitete Fischer die Pläne für das neue Theater in München, die er 1803 dem Minister Montgelas persönlich vorlegte. Der nochmals

Eine neue Schaubühne 211

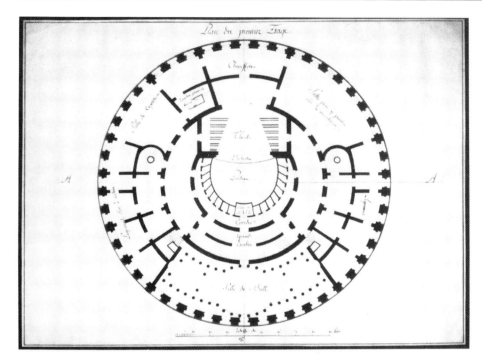

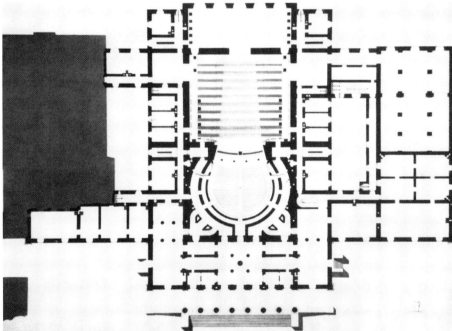

Der Ausführungsentwurf von Karl von Fischer von 1811 im Grundriß. Der rechte Flügel mit dem Foyer und dem Redoutensaal blieb unausgeführt.

überarbeitete Plan Fischers fand so viel Beifall, daß er gebeten wurde, das Modell der Fassade im Modellsaal der Königlichen Akademie aufzustellen.

Er hatte ein offenes Rangtheater entworfen, das der aus der französischen Revolution resultierenden Forderung der Bürger Rechnung trug, nicht mehr nach Rängen in Logen unterschieden zu werden. Während Fischer sich in Wien, Italien und Frankreich mit intensiven Studien zum Theaterbau befaßte, hatte der rührige Hofopernintendant Franz Marius von Babo ein Aktienunternehmen für den Bau des Nationaltheaters ins Leben gerufen, das die Finanzierung durch den vorherigen Verkauf der Logen sichern sollte. Außer dem Theater sollten auf dem vorgesehenen Gelände ein Ball- und Redoutensaal und eine Gemäldegalerie errichtet werden. Der Enwurf Fischers aus dem Jahr 1804 sah dementsprechend zwei Tempelfronten mit einer zwölfsäuligen Halle in der Mitte vor.

Die Napoleonischen Kriege verzögerten die Realisierung dieser Pläne. 1806 wurde der Kurfürst als Max I. Joseph bayerischer König, Karl von Fischer sein führender Architekt. 1810 reiste der König nach Paris. Ein Besuch des Théâtre de l'Odéon begeisterte ihn so sehr, daß er eine Theaterkommission ins Leben rief, die sich um die Umsetzung des »Pariser Modells« für München kümmern sollte: »Wir wollen, daß das neue Theater ganz nach dem Muster des Odéon ausgeführt, der Plan hierüber von unserer Commission entworfen, und sowohl nach seinem Umfange, als in seinen inneren und äußeren Verhältnissen dem Platze, der für es bestimmt ist, und dem hiesigen Publikum angepaßt werde. Da nach den Bemerkungen des französischen Architekten Baraguey das Odéon mit einigen Unvollkommenheiten behaftet ist, welche vorzüglich von der beschränkten Lokalität, auf welcher es erbauet werden mußte, veranlaßt, und nicht vermieden werden konnten, so hat die Commission mit besonderer Aufmerksamkeit diejenigen Verbesserungen, welche Baraguey deswegen in Vorschlag bringt, zu berücksichtigen und in ihre Vorschläge aufzunehmen.« Das Münchner Theater sollte 1000 Personen mehr fassen als das Pariser Vorbild, der Bühnenausschnitt vergrößert werden, um eine bessere Sicht von den seitlichen Plätzen zu ermöglichen. Außerdem sollten 50 kleinere und größere Nebenräume wie Malersaal, Magazine, Büros, Umkleideräume und Foyers eingeplant werden. Nach dem Vorbild des Odéon legte Fischer aus ästhetischen und akustischen Gründen das Auditorium in Kreisform an, deren Vorteile gegenüber der herkömmlichen ovalen Form der italienischen Theater der Engländer Saunders bereits 1790 in der Literatur bekannt gemacht hatte. »Wenn man erwägt, daß man bei Erbauung eines Theaters jene Form wählen will, welche der

kleinstmöglichen Tiefe des Auditoriums die größtmögliche Breite gibt, so wird die Form des Odéons auch in dieser Hinsicht allen Ellipsen den Rang ablaufen«, schrieb Fischer. Bei den Proszenien folgte Fischer nicht dem Vorbild des Odéons, sondern hielt sich an Theater wie in Parma, Bologna, Turin und Venedig. In den Proszeniumslogen sah er die einzige Möglichkeit eines nahtlosen Übergangs vom Zuschauerraum zur Bühne und vermied somit elegant die problematische Form der Guckkastenbühne.

Am 6. März 1811 gingen Fischers revidierte Pläne endlich an den König, der sie eine Woche später genehmigte. Am 26. Oktober legte Kronprinz Ludwig schließlich den Grundstein. »Una elegante robustezza«, so charakterisierte Fischer seinen Bau, der alle Theaterbauten Deutschlands, sogar das vorbildliche Karlsruher Theater von Friedrich Weinbrenner, übertraf.

In genialer Weise hatte Fischer den Typ des italienischen Logentheaters – dessen größtes das 1776 von Piermarini in Mailand errichtete Teatro alla Scala ist – mit dem revolutionierten französischen Theaterbau, vor allem dem Odéon von Chalgrin und Baraguey, kombiniert und darüber hinaus eine Brücke zur nun wiederentdeckten Antike geschlagen.

Die Raumordnung des neuen Hauses war von klassischer Strenge: klar proportionierte, axiale Rechteckräume, das Vestibül von wuchtigen dorischen Säulen getragen, im optischen Eindruck bestimmt von einläufigen Monumentaltreppen auf beiden Seiten; im Obergeschoß Foyerräume mit ionischen Säulen und den heroisierenden Stuckemblemen des bayerischen Empire und dem mit reicher antikisierender Stuckdekoration und korinthischen Wandpilastern dekorierten Königssaal als Zentrum.

Brand des Nationaltheaters am 14. Januar 1823, Steinzeichnung von Peter Ellmer.

Das Hoftheater. Aquarellierte Federzeichnung, 1851.

Von der Aktien-Ruine zum Staatsbau

Als ebenso schwierig wie die Planung erwies sich die Ausführung. Schon nach einem Jahr Bauzeit waren die Finanzmittel erschöpft. Bankier Straßburger wollte die Zahlungen einstellen und war nicht mehr bereit, neue Raten zur Entlohnung der Arbeiter vorzuschießen. Fischer mahnte immer wieder, so etwa am 19. Juli 1813: »Ein gänzlicher Mangel an Kalk hemmt schon bereits einige Tage die Bauoperation des neuen königl. Hof- und Nationaltheaters. Die nachteiligen Folgen der Stokkung fänden gerade in einem Moment statt, wo man, da in allem nur 13 bis 14 Fuß aufzubauen sind, man beinahe im Begriffe stand, die so nothwendige und unentbehrliche Bedachung aufzuheben.« Der harte Winter 1813 und Napoleons Rußlandfeldzug, den der bayerische König unterstützen mußte, zwangen zur Einstellung des Baus für zweieinhalb Jahre. Der Rohbau blieb ungeschützt stehen, Teile wurden morsch und stürzten ein. »Nun steht das kolossalisch angefangene Gebäude seit drei Jahren ohne Fortsetzung da; die Aktionäre verweigern die im Grunde nur mehr wenigen Reste ihrer Beitragsschuldigkeit, und die Handwerksleute schreien um die rückständigen 2500 fl. Das Finanzdepartment hat schon lange vorausgesehen, daß dieses Projekt mißlingen wird, allein, es war unmöglich, gegen den Strom zu schwimmen, es scheint die schändliche Bestimmung einer Ruine zu haben«, resignierte 1815 das Finanzministerium. Man suchte nach Vereinfachungsmöglichkeiten und verzichtete auf den Anbau des Redoutenhauses, der die spätere Trassierung der Maximilianstraße ermöglichte. Die Stimmung der Bevölkerung war gegen den Prachtbau, hatte man doch neben dem Cuvilliés-Theater noch das ebenfalls der Hoftheaterintendanz unterstehende Isartortheater zur Verfügung. Als 1817 auch noch der seit zwei Jahren auf dem Hof des Marstalles vorbereitete Dachstuhl abbrannte, mutmaßte nicht nur Graf Platen vorsätzliche Brandstiftung: »Wir hatten heute Nacht eine Feuersbrunst, die äußerst gefährlich hätte werden können, wenn ein ungünstiger Wind geweht hätte. Schon vorgestern fand man an einigen Ecken der Stadt angeschlagen: ›Brand oder Brot‹. Verwichene Nacht wurde ein hölzernes Magazin an sechs Orten zugleich angesteckt, ein Magazin, in welchem man die Baumaterialien zu dem neuen Theater, inbesonderheit den ganzen Dachstuhl niedergelegt hatte. Dieses hölzerne Gebäude stand im Zeughof, neben dem alten Theater, und also an der Residenz.« Dieses Ereignis brachte den Umschwung: Der König beschloß, von der Finanzierung durch Aktionäre abzugehen, die Aktien zurückzukaufen und den Bau auf Staatskosten fortzusetzen. Nun gab es keine Verzögerung mehr. Das Interesse der Bevölkerung wuchs so an, daß man sechs Monate vor der Eröffnung täglich Eintrittskarten zur Besichtigung des Baus verkaufte.

Die Eröffnung 1818

Am 12. Oktober 1818 konnte das Theater endlich eröffnet werden. Der Braunschweiger Intendant August Klingemann beschrieb seinen Eindruck: »Es war der Namenstag des Königs (12. October), als ich zum erstenmale dieses Theater betrat. Der Schauspielsaal war festlich beleuchtet, ein reicher Astralkranz schwebte von der Decke nieder, und an den Eskarpen der Logen brannten ringsum Argandsche Lampen mit weißen Schirmen. Der von unten bis oben mit Zuschauern erfüllte Raum stieg mächtig, wie ein Colosseum empor, und der Effekt, den das Ganze machte, war so grandioser und einziger Art, daß er alles weit hinter sich ließ, was mir bisher in ähnlicher Hinsicht an anderen Orten vorgekommen. – Einen in der That majestätischen Anblick gewährt das Proszenium, mit seinen gewaltigen corinthischen Säulen, deren reiche Kapitäler zu den Meisterwerken in dieser Ordnung gezählt werden. Nach der Decke zu schweben Victorien empor; der Hauptvorhang selbst aber enthält eine treffliche Nachbildung des berühmten Apollo von Guido Rheni, welche vom Professor Simon Klotz zu Landshut ausgeführt ist.

Wenden wir den Blick rückwärts, so öffnet sich, der Bühne gegenüber, die mit Purpur und Gold reich ausgeschmückte Königliche Prachtloge, zu deren beiden Seiten sich, auf Dorischen Schaften zwei colossale Caryatiden erheben. Die vielfachen Ornamente an den Brüstungen der Logen sind, in ihren besonderen Kreisen nach der Antike componirt, und von Fischer selbst gezeichnet, welcher auch hierin seine Meisterschaft bekundet; indeß die Pracht des Ganzen und die Fülle, welche hier mit dem ursprünglichen Grandiosen wetteifert, den Blick des Betrachters in Erstaunen setzt.«

Hatte sich der Bau zuerst jahrelang hingezogen, konnte die Eröffnung nicht schnell genug gehen. Die Zeit reichte nicht für eine vollständige Fertigstellung aus. Manches Gerüst blieb stehen. Die Foyers, die beiden Haupttreppen und selbst die Anfahrt konnten bis zur Eröffnung nicht vollendet werden, da die Salzburger Marmorbrüche zu spät lieferten und auch sonst noch manches Hindernis auftrat. Der Portikus mit den acht korinthischen Säulen fehlte 1818 noch und wurde erst nach dem Brand 1823 errichtet.

Anton Baumgartner, ein anderer Chronist der Eröffnung, berichtet: »So wie wir uns auf dem großen Maximilians-Platze vor diesem Prachtgebäude versammeln, sehen wir wohl, welche hohe Würdigung dem Ganzen noch bevorsteht, wenn dereinst die acht korinthischen Säulen aufgestellt werden können, um das mit Eisen eingedeckte Frontispitz der Vorhalle zu tragen. Welch ein großer Anblick wird die breite Stiege gewähren, welche zu diesem Säulengange hinaufführen wird. Wie sicher werden die Menschen dort stehen, wenn die Wagen auf der einen Seite unter dem Säulengang hinauf, und auf der anderen Seite wieder hinunter rollen, damit man trocken und mit Bequemlichkeit aus- und einsteigen könne.«

Obwohl dem für eine Residenzstadt mit 54000 Einwohnern gewaltigen Bau, der in der kleinbürgerlichen Stadt wie ein Riesentempel gewirkt haben muß, nun allgemeine Bewunderung gezollt wurde, war Karl von Fischer ein gebrochener Mann: »Man redet hier ganz offen davon, daß Neid und Mißgunst dem wackeren Fischer von den verschiedensten Seiten Hindernisse in den Weg zu legen suchten, indem man bald den ganzen Plan für eine phantastische Chimäre erklärte, bald die große Ausdehnung als unzweckmäßig, hinsichtlich der theatralischen Darstellung, tadelte, bald die Kosten in übertriebenen Anschlag brachte. Alles dies wirkte auf den genialen Architekt so kränkend ein, daß seine Gesundheit zu schwinden begann, und eine schleichende Auszehrung ihn befiel, an welcher er danieder liegt.« (August Klingemann) Karl von Fischer starb am 12. Februar 1820, noch keine vierzig Jahre alt.

Die Ruine des Theaters nach dem Brand, 1823.

»Verödete Mauern voll rauchender Asche«

Die vollständige Fertigstellung seines Theaters hatte Fischer nicht mehr erlebt. Sie wurde erst möglich, nachdem ein Brand das Gebäude bis auf die Mauern zerstört hatte. Während einer Vorstellung am 14. Januar 1823 fing ein Dekorationsteil Feuer. In kürzester Zeit brannte das ganze Bühnenhaus. Die für die damalige Zeit fortschrittliche, im Dach untergebrachte Löschanlage versagte, weil das Wasser eingefroren war. Bei den Löscharbeiten konnte man lediglich verhindern, daß die Flammen auf das angrenzende Cuvilliés-Theater und die Residenz selber übergriffen. »Es wurde Tag und was beim Untergehen der Sonne noch als eines der schönsten Gebäude der Stadt, als ein dem edelsten Vergnügen des gesellschaftlichen Lebens, dem der theatralischen Kunst, gewidmeter Tempel gestanden, in dessen herrlichem Raum wir für Geist und Herz unvergeßliche Stunden genossen, zeigte bei dem ersten Strahl der wiederkehrenden Sonne, morgens nur noch verödete Mauern voll rauchender Asche«, schrieb die *Augsburger Allgemeine*. Der Brand sollte sogar zu einer Verstimmung zwischen dem König und dem Magistrat der Stadt führen. Graf Trauttmannsdorf, der österreichische Gesandte, berichtete dem Fürsten Metternich, der König habe ihm gesagt, was ihn mehr schmerze als dieser Verlust sei das Benehmen der Bürgerschaft, ihre Gleichgültigkeit, geringe Teilnahme und gänzliche Untätigkeit, die wohl in den Besorgnissen vor grober Behandlung seitens des Militärs keine hinlängliche Entschuldigung fände. Nur die Innung der Bierbrauer und Branntweinbrenner, die Studenten und einzelne Bürger hätten tätige Hilfe geleistet. Ein handschriftlicher Bericht der Monacensia-Abteilung der Stadtbibliothek korrigiert jedoch den Sachverhalt: »Indes klärte sich die Sache bald auf, nachdem bekannt wurde, daß die Bierbrauer ihr auf der Kühle liegendes Bier zum Brande führten und ihre Pfannen mit Wasser füllten, um es zum Löschen zu bringen, weil die fürchterliche Kälte alles erstarrt hatte, und nachdem man erfahren hatte, daß das Militär allen, ohne Unterschied des Standes, dem Feuer Zugelaufenen und tätigst Mitarbeitenden nach völliger Erstarrung und Ermüdung den Rücktritt verweigerte, und vielmehr die ganz erschöpften Leute mit Kolbenstößen mißhandelte, und zum Feuer trieb, was allenthalben selbst die frisch Zueilenden entmutigte, und diese fliehen ließ.«

Ansicht des Königlichen Hof- und Nationaltheaters in München.

Der König war untröstlich, das ganze Land zeigte Anteilnahme. Schon eine Woche nach dem Unglück sagten Gemeindekollegium und Magistrat einen Baukostenzuschuß für den Wiederaufbau zu: »Die ganze Einwohnerschaft Münchens ist tief gerührt durch das beklagenswerte Schicksal, welches diesen herrlichen Tempel der Kunst getroffen und München eines der schönsten Denkmale der glorreichen Regierung Eurer Majestät geraubt hat. Eurer Majestät getreue Residenzstadt ist aber auch von dem lebhaftesten Wunsche erfüllt, daß das vernichtete Gebäude sobald als möglich wieder in seinem vorigen Glanze hergestellt, und der hiesigen Gemeinde erlaubt sein möge, dazu ebenfalls nach ihren Kräften beizutragen. Wir wagen es daher, Eure Königliche Majestät dringlich zu bitten, daß Allerhöchstdieselben geruhen wollen, das abgebrannte königliche Hoftheater wieder herstellen zu lassen und aus den Mitteln Ihrer getreuen Residenzstadt hiezu einen freiwilligen Beitrag von dreihunderttausend Gulden anzunehmen«, hieß es in der von beiden Bürgermeistern und beiden Vorständen des Gemeindekollegiums unterschriebenen Adresse.

Der König verfügte, »daß bei der Wiedererbauung dieses unseres Theaters, was die architektonischen Formen betrifft, durchaus der Bauplan des verstorbenen Professors Fischer beibehalten und gehandhabt werde, und daß Abweichungen und Veränderungen hierin nur insofern gemacht werden sollen, als solche bei der inneren Einrichtung der Bühne und des Logenhauses mehrere Bequemlichkeit und Versicherung von einem künftigen Brandunglück zum Zwecke haben«. In nur zwei Jahren wurde das Theater unter der Bauleitung von Leo von Klenze wiedererrichtet. Klenze nahm einige kleine Korrekturen vor, vollendete endlich den Portikus mit den acht korinthischen Säulen, gab dem Gebäude – vielleicht einer Anregung des Architekten und Malers Friedrich Schinkel folgend – seine endgültige Außenfassade mit einem zweiten Giebel anstelle des Walmdaches und einen glatten Abschluß an der Südseite, der späteren Maximilianstraße. Glücklicherweise waren von allen beim Brand vernichteten Plänen und Zeichnungen der Ornamente, Verzierungen des Zuschauerraums und der Foyers Kopien angefertigt worden, so daß danach und nach den noch vorhandenen Matrizen

Das Königliche Theater in München bei einer Aufführung der »Walküre«, aus: L'Echo de l'Opéra, 1870.

die Dekorationen originalgetreu wiederhergestellt werden konnten.

Am 2. Januar 1825 konnte das Nationaltheater schon wiedereröffnet werden. »Jedermann glaubt, der jetzt dieses neue Haus wieder besucht, er befände sich ganz im alten Haus, und es sei damit nichts anderes vorgefallen, als daß eine längere Pause in den Vorstellungen stattgefunden habe«, berichtet Klingemann. Die Stadt München übernahm die gesamte Bausumme in Höhe von 850 000 Gulden – der ursprüngliche Bau hatte 920 000 Gulden gekostet –, die sie nur durch die Einführung eines »Bierpfennigs«, also einer Besteuerung des Nationalgetränks, aufbringen konnte.

Bis zur Jahrhundertwende erlebte das Haus eine

Reihe kleinerer Umbauten. Aus technischen Gründen ließ man den Plan Ludwigs I. fallen, die Giebel mit Reliefplastiken nach griechischem Vorbild zu füllen. Die Mauern erwiesen sich als nicht tragfähig genug. So wurden die Giebel nach Entwürfen Ludwig von Schwanthalers bemalt. 1887 wurden die nicht witterungsbeständigen Farben durch Glasmosaike ersetzt.

Eine einschneidende Veränderung brachte der Bau der Maximilianstraße im Jahr 1854. Um sie in ihrer gesamten Breite anlegen zu können, wurde das angebaute Kulissenmagazin abgerissen und die Südseite von Bürklein umgestaltet. Im Zuschauerraum wurden einige Veränderungen vorgenommen: Bei der Installierung der Gasbeleuchtung 1853/54 wurde die Dekoration der Rangbrüstungen verändert, die Kuppel neu bemalt und ein Bühnenrahmen eingebaut. Um die erste Aufführung von Wagners *Rheingold* zu ermöglichen, wurde unter der Leitung des Hoftheatermaschinisten Karl Brand der Orchestergraben tiefer gelegt und erweitert, daß »von nun an dem Parkett- und Parterre-Publikum der störende Anblick der Musiker und ihrer Instrumente entzogen wird, die Bühne selbst aber erhabener scheint und es seitdem möglich ist, über hundert Musizierende, wie es die Werke Wagners fordern, im Orchester zu beschäftigen. Die hauptsächliche Veränderung wurde aber im Proszenium vorgenommen, in dem der schwerfällige, gegen die Bühne zurückgebogene Blechmantel entfernt, und durch einen architektonischen Einbau eines großen, im Stil des Hauses reich verzierten Goldrahmens ersetzt worden ist. Durch diesen Rahmen erhielt das Logenhaus nicht nur gegen die Bühne zu einen Abschluß, der bisher gänzlich fehlte, und der jetzt dem Haus einen äußerst harmonischen Eindruck verleiht.«

1885 erhielt das Nationaltheater als eines der ersten deutschen Theater elektrische Beleuchtung, was zu einer »bedeutenden Betriebssicherheit und Luftverbesserung« führte. Nach dem katastrophalen Ringtheaterbrand in Wien 1889 verbesserte man die Feuersicherheit durch den Einbau eines eisernen Vorhangs, eines Regenapparates und einer Zentralheizung.

1921 wurden noch einmal weitreichende Umbaumaßnahmen aus feuerpolizeilichen Gründen notwendig. 1925 nahm man den Umbau des Bühnenhauses in Angriff, denn die noch aus dem Jahre 1825 stammende Holzkonstruktion trug die Last der 80 Zentner schweren Bühnenwagen nicht

Bühnentechnik im Jahr 1870 – eine Versenkung, Holzstich um 1880.

mehr. Außerdem genügte die Bühnenfläche den Anforderungen der immer realistischer werdenden Dekorationen nicht. Adolf Linnebach baute seine weltberühmte Doppelstock-Drehbühne ein, auf der die vorbereitete Dekoration mit hydraulischem Antrieb hochgefahren und abgesenkt werden konnte. Die Bühne wurde 14 Meter tiefer gelegt, damit die für die damalige Zeit bahnbrechende technische Neuerung installiert werden konnte.

Die Dependance als Festspielhaus

Bereits 1865 hatte Ludwig II. Gottfried Semper mit dem Entwurf eines Richard-Wagner-Festspielhauses beauftragt, »um dem Besucher jahrein, jahraus durch wahrhaft mustergültige Darstellung mit auserlesensten Kräften der einheimischen wie auswärtigen Bühnen wahre Festtage für die Kunst und die Kunststadt München zu schaffen«. Der Plan war

Modell des geplanten Festspielhauses im Dritten Reich, 1938.

1867 gescheitert. Richard Wagner errichtete sein Festspielhaus in Bayreuth. Generalintendant Ernst von Possart nahm um die Jahrhundertwende das Thema Festspielhaus wieder auf. Ein Immobilienkonsortium plante die Verlängerung der Prinzregentenstraße jenseits der Isar nach Osten. Durch einen Theaterneubau konnte das ganze Viertel aufgewertet werden. Trotz massiven Protestes aus Bayreuth erarbeitete der Architekt Max Littmann ein Projekt, das sich am amphitheatralischen Bayreuther Vorbild mit überdachtem Orchestergraben orientierte. Im April 1900 konnten bereits die Arbeiten aufgenommen werden, fünfzehn Monate später war der Bau vollendet, so daß er am 20. August 1901 eingeweiht werden konnte. Das Prinzregenten-Theater, wie es hieß, mußte nach dem Ersten Weltkrieg den akustischen Bedürfnissen des Sprechtheaters angepaßt werden, das in München ja keine geeignete Spielstätte besaß. Die Bomben des Zweiten Weltkriegs beschädigten das Theater zwar teilweise, doch es wurde schnell instandgesetzt, so daß die Bayerische Staatsoper dort 1945 ihren Betrieb aufnehmen konnte. Das große Haus an der Maximilianstraße war ja völlig zerstört. Mit der Eröffnung des Nationaltheaters 1963 freilich gingen im Prinzregenten-Theater die Lichter aus. Der Zuschauerraum wurde für baufällig erklärt, die Bühne zur Probebühne umfunktioniert. Erst mit Hilfe einer Bürgerinitiative konnte das Zuschauerhaus mit einer provisorischen Bühne renoviert werden und ist seit 1988 wieder zugänglich.

In den dreißiger Jahren gab es Pläne, in München noch ein weiteres Opernhaus zu errichten. Im Rahmen der weitreichenden Bauplanungen, die die Machthaber des Dritten Reiches für ihre »Hauptstadt der Bewegung« erarbeiten ließen, lag 1936 ein Entwurf für den Bau eines Opernhauses nach Plänen von Waldemar Brinkmann vor, das mit 3000 Plätzen an einer neuen Prachtstraße unweit des heutigen Hauptbahnhofs Ende der dreißiger Jahre hätte errichtet werden sollen.

Zerstörung und Wiederaufbau

In der Nacht des 3. Oktober 1943 trafen Spreng- und Brandbomben das Nationaltheater. Durch die Hitze schmolz selbst die eiserne Bühnenkonstruktion. Lediglich der Eingangs- und Foyertrakt blieb stehen. Die Mauerreste waren jahrelang ungeschützt der Witterung ausgesetzt. Der Neubau des Residenztheaters auf den Fundamenten des alten Theaters von Cuvilliés 1951 hatte die Haushaltsmittel des Freistaates schon weit überschritten, so daß der Landtag sich gegen eine Wiederherstellung der Oper aussprach. Städteplaner wollten verkehrstechnisch in der Innenstadt mehr Raum

Das Nationaltheater nach dem Bombenanschlag im Oktober 1943.

Der Zuschauerraum nach dem Planungsstand im Jahr 1959.

schaffen und deshalb die Ruinen des Nationaltheaters beseitigen. Eine Bürgerinitiative gründete 1952 den Verein »Freunde des Nationaltheaters e.V.«, der die Öffentlichkeit für einen Wiederaufbau gewinnen und zusätzliche Mittel aufbringen wollte. Die Werbung hatte Erfolg: Die erste Tombola am Stachus brachte 552000 DM ein, neun weitere nicht viel weniger. Mit Bällen, Konzerten, Opernabenden, Flugtagen und Presseaktionen forderte man die Bevölkerung zu aktiver Mithilfe auf.

1954 wurde schließlich ein Wettbewerb ausgeschrieben für einen Neubau, der die durch die Ruine gestellte denkmalschützerische Aufgabe und die praktischen Bedürfnisse eines modernen Opernbetriebs verbinden sollte. »Der Wettbewerb dient der Untersuchung, ob es möglich ist, in den vorhandenen Ruinenmauern im Bereich des gesamten Zuschauerhauses eine Lösung zu finden, die gegenüber dem früheren wertvollen Klenzeschen Haus wesentliche Verbesserungen nach der Seite des Verkehrs, der Bühnensicht und der Gestaltung aufweist und gleichzeitig im Bereich des Bühnenhauses einen neuzeitlichen, theatertechnisch einwandfreien und wirtschaftlichen Bühnenbetrieb ermöglicht.« Eine originalgetreue Rekonstruktion des Nationaltheaters stand zunächst gar nicht zur Diskussion. Im Gegenteil: Der Gedanke, eine moderne Millionenstadt müsse ein zeitgemäßes Opernhaus bauen, fand viele Befürworter. Das Kultusministerium entschied sich schließlich für eine Weiterentwicklung eines Entwurfs von Gerhard Graubner, der seine Aufgabe in »einer unserer Zeit entsprechenden Interpretation des Fischer-Klenzeschen Grundgedankens« sah. Dessen Vorprojekt hatte ergeben, daß ein Wiederaufbau am alten Platz nur mit einer Verschiebung des Zu-

Computergesteuerte Bühnentechnik in der Staatsoper.

schauerraums und der Bühne um etwa 13 Meter nach Osten möglich war, um so eine neue Zone zwischen Eingangstrakt und Zuschauerraum zu schaffen, die die modernen Bestimmungen des Baurechts und des Brandschutzes erfüllte.

Graubners Entwurf sah eine Erweiterung der Bühne durch eine Seitenbühne als Voraussetzung für ein großes Verschiebebühnensystem vor, den Bau eines langgestreckten Magazingebäudes am Marstallplatz und für die Werkstätten, Probebühne, Verwaltung und Magazinräume einen Neubau auf dem Gelände neben dem Marstall. Über die Gestaltung des Zuschauerraums gab es jedoch im Frühjahr 1956 heftige Diskussionen, so daß die Oberste Baubehörde den damaligen Regierungsbaudirektor Karl Fischer beauftragte, einen weiteren Vorschlag für das Zuschauerhaus zu erarbeiten. Fischer und Graubner erstellten gemeinsam weitere Planvarianten, die eine Rekonstruktion schließlich doch realisierbar erscheinen ließen, und zwar nicht die sklavische Wiederherstellung dessen, was 1943 in Schutt und Asche gelegt worden war, sondern die Rekonstruktion der Originalfassung von Karl von Fischer, gereinigt von den Hinzufügungen des Wiederaufbaus durch Leo von Klenze und anderen Veränderungen des späten 19. Jahrhunderts. Teilweise waren einzelne Dekorationsteile erhalten, so daß ihre Erneuerung lediglich ein handwerkliches Problem darstellte. Wo die Originale zerstört waren, dienten die Zeichnungen Karl von Fischers und das Studium römischer Originale als Grundlage. Karl Fischer konnte schließlich resümieren: »So verhältnismäßig einfach der Wiederaufbau der Foyerräume im Parkett und im ersten Rang durchzuführen war, so schwierig war die Rekonstruktion des Zuschauerhauses. Von einer solchen zu sprechen, ist hier fast vermessen. Gerade hier mußten aus zwingenden Gründen Änderungen der Grundmaße vorgenommen werden. Der Bauherr forderte mindestens 2000 Sitz- und Stehplätze anstelle der früheren 1800. Die Bühnenöffnung sollte vergrößert, Sichtverbesserungen durchgeführt, eine Klimaanlage und sonstige neuzeitliche technische, für die Bequemlichkeit und Sicherheit des Publikums heute unerläßliche Anlagen eingebaut werden. Und doch sollten die Besucher, die das Haus früher gekannt hatten, diese Veränderungen nicht als solche empfinden. Wir glauben, daß uns dies in dem nun fertiggestellten Zuschauerhaus auch tatsächlich gelungen ist.«

Helmut Grosser

Trotz allem: Die Menschen machen das Theater
Über die vielfältigen Gesichter der Technik in einem der
größten Opernhäuser der Welt

Die Technik eines Theaters hat viele Gesichter, und die sogenannte Theatertechnik ist nur eines davon. Deren technische Einrichtung und Organisation hängt von der Vielseitigkeit künstlerischer Aufgabenstellungen in einem großen Opernhaus ab.

In der Baugeschichte des Nationaltheaters hat der Zuschauerraum trotz Bränden, Zerstörungen und Wiederaufbauten im wesentlichen seine Größe und Form behalten. Dagegen wurde im Bühnenbereich einiges verändert und ständig vergrößert. Der einfachen Hauptbühne mit kleinerem Hinterbühnenbereich aus der Entstehungszeit im frühen 19. Jahrhundert folgte in den dreißiger Jahren unseres Jahrhunderts die Doppelstockdrehbühne Linnebachs. Mit ihr versuchte man, in einer tieferen Ebene den technischen Vorbereitungsraum zu gewinnen, der auf Bühnenebene nicht vorhanden war. Linnebach verdoppelte damit das Raumangebot für den künstlerischen Betrieb, genauer gesagt: für das Bühnenbild.

Wie bei nahezu allen großen Theatern war bereits zu dieser Zeit (und nicht erst heute, wie viele Kritiker behaupten) der Raumbedarf gewachsen. Um den Szenenwechsel der immer realistischer werdenden Ausstattungen zu beschleunigen, bedurfte man weiterer Bühnenflächen. Seitenbühnen waren damals, von der Lage der Münchner Oper her, nicht möglich. So tat Linnebach das, was er bereits vor dem Ersten Weltkrieg beim Bau des Dresdner Schauspielhauses vorgeführt hatte: Er ging 14 Meter in die Tiefe. Dazu mußte eine riesige Eisenbetonwanne (mit einer Größe von 20×20 m) drei Meter in den Grundwasserspiegel eintauchen. Daß dazu die 40 Meter hohe Bühnenrückwand, auf der Sohle fünf Meter breit, unterfangen und die Seitenwände durch je eine eiserne Spundwand abgefangen werden mußten, macht deutlich, in welchen Größenordnungen bereits damals gerechnet wurde.

Nach der totalen Zerstörung des Nationaltheaters im letzten Kriege konnte man beim Wiederaufbau aus der Not eine Tugend machen und die Bühnenmaße denen manch anderer Opernhäuser der Welt anpassen. Daß man zu diesem Zeitpunkt deren Ausmaße dann noch übertraf, sollte verziehen sein und spricht für ein Vorausdenken über viele Jahrzehnte. Ermöglicht wurde diese Erweiterung durch die Überbauung des Hofes zwischen Nationaltheater und Residenztheater. Durch die Verlagerung des Zuschauerraumes in Richtung Osten wurde auch die Zone des Bühnenhauses um 13 Meter verschoben. Das war kein größeres Problem, da die an der Ostseite des alten Hauses gelegenen Verwaltungs- und sonstigen Betriebsräume wegfallen konnten. Schließlich wurde an der Westseite des Marstallplatzes noch ein langgezogenes Magazingebäude errichtet, von dessen etwa 800 Quadratmetern Lagerfläche man sich genügend Abstellraum erhoffte.

Nach dieser großzügigen Erweiterung konnte man getrost feststellen, daß es nur wenige von der Bühnenfläche her vergleichbare Opernhäuser in der Welt gab, so die Met in New York und die große Oper in Warschau, während die Opernhäuser in Berlin und Wien erheblich kleiner sind. Erst die neuerbaute Opéra Bastille in Paris übertrifft die Münchner Abmessungen.

Die Spielfläche

In erster Linie und unveränderbar seit der Erbauung des Hauses ist die Größe und Form des Zuschauerraumes der Maßstab für die sogenannte Portalzone der Bühne. Das hängt mit den Sichtlinien zusammen. Große Zuschauerzahlen, in München 2400, die dennoch nicht allzuweit von der Bühne entfernt sein sollen, muß man in die Breite ziehen, und man muß sie „stapeln", man setzt sie in Ränge. Die Breite des Zuschauerraumes ergibt sich im Musiktheater bereits durch den Orchesterraum,

224 Trotz allem: Die Menschen machen das Theater

in dem ja bis zu 120 Musiker mit ihren Instrumenten Platz haben sollen und der auch nicht einen zu großen Graben zwischen Bühne und der ersten Zuschauerreihe bilden darf.

Wenn nun die Besucher im obersten Rang und auf den äußersten Parkettplätzen noch genügend vom Bühnengeschehen miterleben sollen, muß die Portalöffnung sowohl hoch als auch breit genug sein. In München sind das 16 Meter in der Breite und 13,5 Meter in der Höhe. Von der Öffnungsbreite hängt die Breite der Spielfläche ab. Sie muß in jedem Fall breiter als die Öffnung sein, da die Sichtlinie der äußeren vorderen Parkettplätze nicht unbeträchtlich in den seitlichen Raum hinter dem Bühnenportal reicht. Die insgesamt erforderliche Größe der Bühnen-, also der Spielfläche ist allerdings von anderen Kriterien als denen der Architektur abhängig. Lediglich die Größe der Dekorationen resultiert noch aus der Bühnenöffnung und deren Sichtlinien. Diese Dekorationen umrahmen die Spielfläche, auf der sich die Sänger, der Chor, das Ballett bewegen – in der Staatsoper manches Mal mehr als 200 Personen. (Man denke nur an die Festwiese in *Die Meistersinger von Nürnberg*.)

Die Repertoireplanung

Mit der Spielfläche allein ist es aber nicht getan. Schon das Repertoiresystem unseres heutigen Opernbetriebs schafft die Bedingungen für die Räume neben und hinter der Hauptbühne und für die Arbeit der Technik. Der Spielplan (und übrigens in großen Zügen auch der Probenplan) des Nationaltheaters ist auf eine für Theaterbegriffe sehr lange Zeit im voraus festgelegt. Die Gründe hierfür liegen in erster Linie in der Ausnahmesituation aller großen Opernhäuser der Welt. Sie sind gezwungen, die Sänger, die Dirigenten, aber auch die Regisseure etwa drei Jahre im voraus vertraglich zu verpflichten, wenn sie für Serien von Vorstellungen oder Probenwochen vor den Premieren engagiert werden sollen.

Um diese Fix-Termine herum gilt es nun, einen Spielplan zu bauen, dessen künstlerische Linie möglichst noch erkennbar sein soll, der die tariflichen Zwänge der großen Gruppen Orchester, Chor und Ballett berücksichtigt, die Abonnements regelmäßig bedient und der vor allem technisch-organisatorisch „machbar" sein muß. Schließtage, wie sie sich heute leider viele Theater zur Vorbereitung von Neuinszenierungen leisten, sollte es nur im äußersten Notfall geben. Diese müssen meist durch eingeschobene Nachmittagsvorstellungen ausgeglichen werden.

Der Freistaat Bayern zahlt für die Oper eine hohe Summe an Subventionen und kann dafür erwarten, daß ein möglichst ansehnlicher Prozentsatz des Gesamtetats durch Einnahmen eingebracht wird. Er ist mit etwa 30 Prozent in München der höchste an allen Musiktheatern im deutschsprachigen Raum. Es müssen deshalb theoretisch an jedem Abend im Jahr Vorstellungen im Nationaltheater stattfinden. Ausgenommen sind nur die Theaterferien und eine Vorprobenwoche vor den Festspielen. Selbstverständlich erwartet die Operndirektion außerdem von den Abteilungsvorständen, daß möglichst oft am Vormittag auf der Bühne geprobt wird.

Die Technische Direktion hat deshalb an der langfristigen Disposition, die auch die Probenpläne einschließt, wesentlichen Anteil. Selbstverständlich ähnelt vieles in einer solchen drei und mehr Jahre vorauseilenden Planung einer Gleichung mit vielen Unbekannten. Nur in den seltensten Fällen ist der Umfang späterer Produktionen schon zeitig bekannt. Man versucht, aus Erfahrungswerten die kommenden Belastungen zu ermitteln. Das funktioniert in der Regel, wird aber im heutigen sogenannten Regietheater immer schwieriger.

Die Staatsoper führt im Laufe einer Spielzeit etwa 45 verschiedene Opern und 20 Ballette auf (die oft auch den szenischen Aufwand einer Oper haben). Im Zentrallager für Dekorationen lagern aber mehr als 100 Opern und Ballette, die im Laufe der Jahre immer wieder im Spielplan erscheinen. Die Planer des Hauses erhofften sich zu Beginn der sechziger Jahre vom Bau des großen Magazingebäudes mit 800 Quadratmetern Lagerfläche an der Marstallstraße eine gute Grundlage für einen modernen Opernbetrieb. 15 Jahre später gab es aber bereits weitere 16 verschieden gelegene Außenmagazine, zum Teil mehr als 20 Kilometer vom Theater entfernt. Von dort mußten täglich 17 Transportarbeiter und vier Kraftfahrer die Dekorationen in das Theater und später wieder zurückbringen. Es gab dabei Inszenierungen, für deren Dekorationen ein Lastzug mehr als zehnmal fahren mußte.

Für die Planung des Repertoirebetriebes gibt es deshalb gewisse organisatorische Hilfen, die zeigen, daß wirtschaftliches Denken seit langem auch in die Theater eingezogen ist. Unter Beibehaltung des täglichen Wechsels der Vorstellungen werden

Blick von der Hinterbühne über die Hauptbühne in den Zuschauerraum. Rechts und links sind die Bedienstände der Untermaschinerie zu sehen.

diese in „Blöcken" gespielt. Im Monatsplan erscheinen manche Opern zwischen vier- und sechsmal, um dann für längere Zeit wieder aus dem Spielplan zu verschwinden. Dieses Block-System hat drei Vorteile: Der erste ist rein technischer Art und ermöglicht es, eine Dekoration nur einmal, aber für mehrere Aufführungen transportieren zu müssen. Der zweite Vorteil ist ein organisatorisch-künstlerischer; er erlaubt es den Sängern aus aller Welt, ebenfalls nur einmal, aber für mehrere Aufführungen, nach München anreisen zu müssen. Das setzt sie auch nicht dem sonst für sie üblichen Streß aus, heute hier, morgen in New York und übermorgen in Rio zu singen. Der dritte Vorteil aber ist ganz allein ein künstlerischer: In einer Abfolge mehrerer Vorstellungen, denen oft Auffrischungsproben vorausgehen können, ist eine Exaktheit auf allen Gebieten eher gewährleistet als beim Erscheinen einer Inszenierung nur alle drei oder vier Monate oder gar in noch längeren Abständen.

Die Untermaschinerie

Wie in jedem anderen Theater auch, benötigt die technische Abteilung der Staatsoper zur Realisierung dieses Spielbetriebs Personal, Betriebsmittel und Raum. Um mit dem Raumbedarf zu beginnen: Der Hauptbühne mit ihrer Grundfläche von rund 31×26 Metern schließt sich in der Längsachse eine Hinterbühne mit rund 29×21 Metern an. Auf der Nordseite der Haupt- und Hinterbühne befinden sich zwei Seitenbühnen von je 22×23 Metern, zu denen in der nordöstlichen Ecke der Zugang aus dem Magazin (mit seinen 800 Quadratmetern Nutzfläche) führt. Zur Hauptbühne gehören weiter der Raum der Unterbühne (mit 9,40 Meter Tiefe) und die Oberbühne mit einer Nutzhöhe von etwa 28 Metern. Diese Flächen und Räume beherbergen die technischen Betriebsmittel, die in erster Linie zu Umbauten und schnellen Verwandlungen der Dekorationen dienen, aber auch zu deren Aufbewahrung im Zuge des Block-Systems.

Die wichtigsten Elemente für horizontale Bewegungen auf der Bühne sind die Bühnenwagen. Insgesamt sind sieben vorhanden, je 20 Meter breit und sechs Meter tief. Sie entsprechen in ihren Ausmaßen genau den Flächen der Bühnenpodien. Die Wagen können einzeln oder bis zu dreien elektronisch gekuppelt von der Hinterbühne oder der Seitenbühne auf die Hauptbühne gefahren werden.

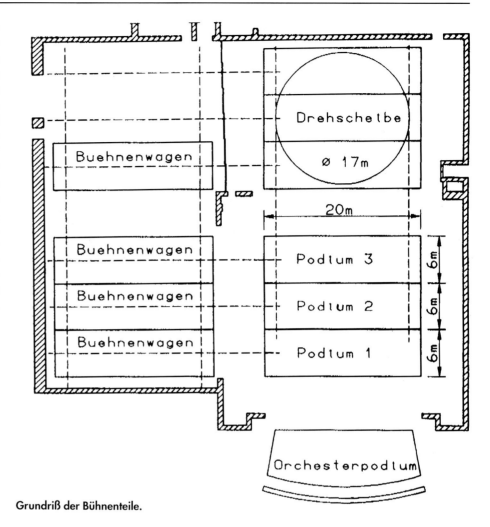

Grundriß der Bühnenteile.

Im Bühnenfußboden eingelassene Längs- und Querschienen erlauben eine zentimetergenaue Positionierung der Wagen. Vier dieser Bühnenwagen sind 25 Zentimeter hoch, die drei anderen 50 Zentimeter. Die drei höheren können zu einer Drehscheibe mit einem Durchmesser von 17 Metern gekoppelt werden. Hier lassen sich mehrere Dekorationen gleichzeitig aufbauen.

Die Hauptbühne besitzt drei Hubpodien, je 20 Meter breit und sechs Meter tief. Jedes Podium kann einzeln oder mit den anderen gekuppelt etwa vier Meter von der Bühnenebene nach oben oder unten bewegt werden. Mit den Podien können auch die Bühnenwagen angehoben, abgesenkt oder in Bühnenniveau gebracht werden.

Ferner kann zusätzlich die Fläche eines jeden Podiums in Richtung Hinterbühne steigend oder fallend bis maximal einen Meter schräg gestellt werden.

Im Podium I sind 2×12 Versenkungsschieber angeordnet, die einzeln oder bis zu sechs Stück gemeinsam nach der Seite hin unter dem Bühnenboden wegzuziehen sind. Die dadurch entstehenden Öffnungen verschiedener Größe können für Personen- oder kleinere Dekorationsversenkungen, aber auch für Auftritte von unten genützt werden. Die Podien II und III haben nur je eine Schieber-Einrichtung mit je insgesamt zwölf Schiebern. Alle Schieber sind ca. 1,50×1 Meter groß. In dem an das III. Podium anschließenden festen Teil der Bühne ist noch eine weitere Schieber-Einrichtung, 12×1 Meter groß, angeordnet, um von dem darunter liegenden Verbindungssteg aus Auftritte aus der Unterbühne durchführen zu können.

Zur Beschickung der Versenkungen gibt es unterhalb der Podien einen Krantisch, der in Fahrschienen wahlweise unter jede gerade erforderliche Versenkungsöffnung gefahren werden kann.

Das Hauptbedienungspult für die öl-hydraulisch betriebene Untermaschinerie ist in etwa drei Metern Höhe hinter dem linken Bühnenportal angeordnet, so daß für den Bedienenden gute Sicht sowohl zur Haupt- als auch zu Hinter- und Seitenbühnen besteht.

Der Dekorationsplan

Diese Untermaschinerie kann zwar mit den Podien gewisse vertikale Verwandlungen durchführen, dient aber in der Hauptsache für die horizontalen Verwandlungsvorgänge oder sie wird zur Aufbewahrung der im Block-System gespielten Stücke benötigt.

Einer der alltäglichen Verwandlungsvorgänge ist am besten zu beschreiben am Beispiel der Oper *Arabella* von Richard Strauss. Es gibt da vom Wiener Tanzsaal des 2. Aktes eine äußerst kurze musikalische Verwandlung zum 3. Akt, der Hotelhalle. Das geht wie folgt vor sich: Auf den zwei vorderen Podien befinden sich zwei auf Bühnenniveau abgesenkte Bühnenwagen, auf denen der zweistöckige Tanzsaal aufgebaut ist. Dieser wird im oberen Bereich nach hinten durch das hochgefahrene dritte Podium bis zu einer Gesamtgrundfläche von 20×18 Metern ergänzt. In der Hinterbühne steht auf zwei weiteren Wagen die Hotelhalle des 3. Aktes. Mit dem letzten Takt des 2. Aktes schließt sich der Hauptvorhang. Während des musikalischen Zwischenspiels werden die Podien I und II mit dem Wagen auf Bühnenebene angehoben, Podium III aus ca. drei Metern Höhe auf Bühnenebene abgesenkt. Die Bühnenwagen fahren von den Podien I und II nach links in die Seitenbühne. Währenddessen fährt aus der Hinterbühne bereits die Hotelhalle nach vorn bis auf die ersten beiden Podien. Sobald sie die Endstellung erreicht hat, fährt hinter ihr wieder das Podium III in die Höhe des oberen Geschosses der Halle, um dieses nach hinten zu ergänzen. Der ganze Vorgang darf nur knappe zwei Minuten dauern.

Wenn für eine Oper vier oder fünf Bühnenwagen mit kompletten Bildern bebaut werden müssen, wie das bei *Arabella*, aber auch beim *Rosenkavalier* oder bei *Macht des Schicksals* der Fall ist, gibt es im Block-System nur wenige Chancen für zwei oder drei weitere, in der gleichen Weise ausgestattete Opern. Deshalb wurde vor vielen Jahren am Nationaltheater eine andere Organisationsmethode eingeführt, bei der die benötigten Dekorationen auf kleinere Spezialwagen gebaut werden. Diese nehmen dann, dicht an dicht auf die Bühnenwagen geschoben, wesentlich weniger Platz weg. In der langfristigen Vorplanung hat sich inzwischen ein durchschnittlicher Erfahrungswert von zwei Bühnenwagen ergeben, die jeweils für eine Neuinszenierung unbekannten Umfangs vorgesehen werden.

In der *Bühnentechnischen Rundschau* (6/1984) gibt es die Beschreibung eines Rangiervorganges, wie er auch heute noch an fast jedem Tag, morgens vor der Probe und nachmittags zwischen Probe und Abendvorstellung, durchgeführt werden muß. Der Spielplan zwischen dem 6. und 10. November 1984 sah vor:

Dienstag,	6. 11.	*Der Barbier von Bagdad*	letzte Vorstellung einer Serie
Mittwoch,	7. 11.	*Otello*	erste Vorstellung einer Serie
Donnerstag,	8. 11.	*Adriana Lecouvreur*	erste Vorstellung einer Serie
Freitag,	9. 11.	*La fille mal gardée*	(geringer Dekorationsaufwand)
Samstag,	10. 11.	*Tosca*	erste Vorstellung einer Serie

Blick von der Seitenbühne auf die Hauptbühne mit dem dreistufigen Podium.

An jedem dieser Tage fand vormittags eine Probe von *Pique Dame* statt, der nächstfolgenden Opern-Premiere. Die dafür notwendigen halbfertigen Probedekorationen und Aufbauten benötigen zwei Bühnenwagen.

Abbildung A zeigt die Situation am 7.11. mittags, als die Probedekoration von *Pique Dame* von den Podien I und II bereits in die Hinterbühne auf die Spuren 5 und 6 A gefahren worden sind. *Bagdad* baute man während der morgendlichen Probe ab und transportierte es außer Haus. *Tosca* konnte dafür anstelle von *Bagdad* auf dessen Bühnenwagen aufgebaut werden. (Solche Arbeiten sind während der Proben auf der Hauptbühne möglich, da Hinter- und Seitenbühnen durch schallhemmende eiserne Vorhänge gegen die Hauptbühne abgesichert sind.)

Für die Abendvorstellung *Otello* müssen die Spuren 1 B für den Spezialwagen des letzten Aktes (Desdemona-Gemach) und 4 A für eine größere Rückbeleuchtungs-Scheinwerferbatterie freigehalten werden. Die Spuren 2 und 3 B müssen frei bleiben, da dorthin am Ende der Vorstellung die Dekorationen von den Podien II und III gefahren werden müssen. Aus Feuersicherheitsgründen wird die Bühne nämlich über Nacht leer gehalten.

Die beiden *Otello*-Wagen bilden eine Gruppe, die wegen überlappender Dekorationsbebauung leider nicht zu trennen ist. Dadurch werden die Rangiervorgänge am 8.11. etwas komplizierter. Diese sehen nun am Mittag des 8.11. wie folgt aus: Die Probendekoration von *Pique Dame* ist bereits wieder auf die Spuren 5 und 6 A gebracht worden. Noch vor der morgendlichen Probe wurde der

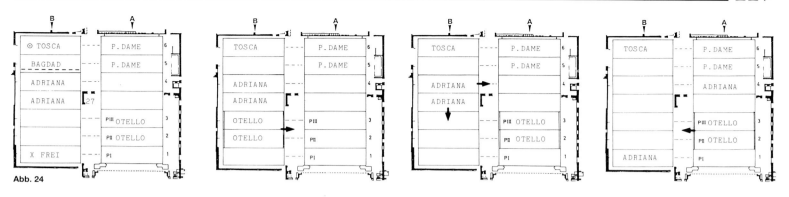

Abb. 24

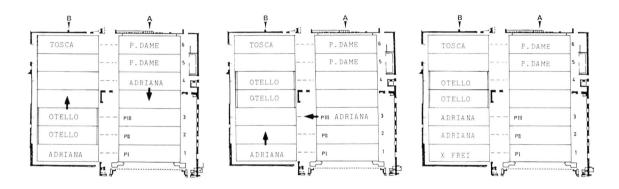

Ablaufplan der Bühnendekorationen.

Spezialwagen von *Otello* auf Spur 1 B abgebaut und diese Spur dadurch frei (Abb. B).

Als erstes wird die *Otello*-Gruppe von 2 und 3 B auf die Podien II und III geholt (Abb. C). Ein *Adriana*-Wagen, mit der zusammengeschobenen Dekoration des 3. Bildes, wird von 0 B auf 1 B vorgezogen, und der in 4 B stehende *Adriana*-Wagen mit der zusammengeschobenen Dekoration des 1. Bildes wird in Querfahrt auf 4 A geschoben (Abb. D). Anschließend wird die *Otello*-Gruppe von den Podien II und III wieder in die Seitenbühne auf 2 und 3 B gezogen (Abb. E). Von dort geht sie in Aufbewahrung auf die Spuren 0 und 4 B. Der *Adriana*-Wagen mit den Dekorationen des 1. Bildes fährt von 4 A auf Podium III (Abb. F) und wird mit diesem auf Bühnenebene abgesenkt. Die Einzelteile der Dekorationen werden nun auf die Podien I und II gefahren und dort zum 1. Bild zusammengestellt. Der leere Wagen wird mit Podium III wieder angehoben und auf Spur 3 B in die Seitenbühne gezogen. Schließlich muß der Wagen mit Dekorationen des 3. Bildes noch von B 1 nach B 2 geschoben werden und bildet dort, mit dem oben erwähnten leeren Wagen, eine Gruppe, auf der die Dekoration des 3. Bildes aufgebaut wird. Nun ist die Ausgangsstellung für die Abendvorstellung erreicht (Abb. G). Die Bilder 2 und 4 von *Adriana* werden „von Hand" erstellt, benötigen also keine Bühnenwagen. Damit waren auch die Serien-Vorstellungen für November komplett, und es bedurfte nur noch der überlegten täglichen Rangierarbeit, um einen geregelten Vorstellungs- und Probenbetrieb zu gewährleisten.

Da aber nicht alles drei Jahre im voraus geplant werden kann, wurden zwischen die festgelegten Serien-Vorstellungen technisch einfache Opern oder Ballette (*La fille mal gardée*) eingefügt. Diese erscheinen im Plan allerdings selten bereits mit Titel, sondern mit dem Vermerk „kleinere Vorstellung", zwar den Dekorationsbedarf betreffend, aber auch in Hinsicht auf Sänger-Besetzungen ohne Gäste, also aus dem Ensemble.

Diese Vorstellungen können dann später unter Umständen auch kurzfristig geändert werden und bilden so eine Art Dispositionspolster für das Künstlerische Betriebsbüro.

Die Obermaschinerie

Alle diese Schilderungen bisher betrafen die Arbeit auf der Bühne, die mit Hilfe der Untermaschinerie verrichtet wird. Das ist aber nur ein Teil der täglichen Arbeitsanforderungen. Weitere Bühnenarbeit geschieht mit Unterstützung der Obermaschinerie. Nach wie vor ist jedoch die menschliche Arbeitskraft das wesentliche Element bei der Theaterarbeit und wird es auch bleiben. Es gibt keine Fließband-Produktionen, und auch das Wort „Serie" betrifft nur die Organisationsform. Jede Inszenierung hat ihr eigenes Gesicht, die *Aida* der Nationaltheater-Eröffnung 1963 hat nichts mit der der siebziger Jahre gemeinsam, und eine nächste wird wieder völlig anders aussehen.

1962 wurde die wasser-hydraulische Zuganlage der Obermaschinerie installiert, mit der ca. 180 Tonnen täglich vertikal bewegt wurden. 1980 stellte sich heraus, daß der Verschleiß der Anlage im Verhältnis zu den Vorjahren alarmierend angestiegen war, auch war die Beschaffung von Ersatzteilen nicht mehr in allen Fällen gewährleistet. Der dringende Umbau der gesamten Anlage nach den neuesten Regeln der Technik wurde unumgänglich. Doch in den Jahren darauf stand zuerst einmal die Sanierung der Untermaschinerie an. In der Obermaschinerie beseitigte man deshalb nur die sicherheitstechnisch relevanten Mängel der Zuganlagen und legte die Totalerneuerung mit der Umstellung von Wasser- auf Ölhydraulik in die Zeit zwischen August 1988 und April 1989.

Eine Theater-Obermaschinerie besteht im Prinzip aus quer zur Bühne hängenden Laststangen, an die sowohl gemalte Hängeteile aus Leinwand (die Prospekte) als auch Dekorationsteile aus Holz oder Metall befestigt werden können. Die Laststangen hängen jeweils an sechs Drahtseilen, die nach oben zum „Schnürboden", von dort über Umlenkrollen auf eine Sammelrolle an der rechten Bühnenwand geführt werden. Unter dieser sind sie an einem Punkt zusammengefaßt. Vor dem Einbruch des Maschinenzeitalters faßte dort eine Vorrichtung an, auf die von Hand Gegengewichte aufgeladen werden mußten, bis diese das an der Laststange über der Bühne hängende Dekorationsteil gewichtsmäßig ausgeglichen hatten. Eine tägliche harte Arbeit, wenn man bedenkt, daß jeweils bis zu 300 Kilogramm pro Zug geladen wurden. Heute fassen dort Winden an, entweder elektro- oder, wie in München, hydro-motorische.

Die Gesamtanlage im Nationaltheater umfaßt 107 Antriebe, deren Differenzierungen hier zu weit führen würden. Sämtliche Züge, mit denen Prospekte, Vorhänge und Dekorationsteile auf der Bühne bewegt werden, dürfen mit einer maximalen Geschwindigkeit von 1,2 m/sec gefahren werden, die Beleuchtungsgerüste mit 0,3 m/sec. Alle Fahrbewegungen werden von der Maschinengalerie in 8,40 Meter Höhe gesteuert. Das geschieht von einem Meisterpult aus oder von drei Mobilpulten, die auf dieser Galerie in der ganzen Länge von 16 Metern verfahrbar sind. Diese Pulte sind in ihrer Art neu im Theater. Sie wurden entwickelt, damit die Bedienenden jeweils dort operieren können, von wo aus der Vorgang am besten zu kontrollieren ist. Jedes der vier Pulte hat zwei Bedienstellen. Auf Monitoren ist eine ständige Überwachung der Fahrvorgänge möglich, auch wenn einmal keine direkte Sicht zur Bühne besteht. Über diese Monitore können weitere Informationen wie Hängepläne, Szenenlisten, graphische Darstellungen und Fahrwerte-Anzeigen abgerufen werden.

In der Schließzeit während des Umbaus der Obermaschinerie wurde auch das Lager für die bis zu 24 Meter langen Prospekte nach eigener Konzeption des Hauses neu gebaut. Es besteht aus 14 jeweils links und rechts übereinanderliegenden Lagerregalen, die eigentlich nur Kragarme sind, unter denen 25 Meter lange Wannen hängen. Diese werden von außerhalb über einen Bildschirm abgerufen, über eine durchdachte Mechanik auf einen Wagen aufgesetzt und mit diesem bis auf die Bühne gebracht. In jeder der Wannen können ca. acht Prospekte gelagert werden. Durch die Automatisierung sind Einsatz und Lagerung der Prospekte erheblich erleichtert.

Daß trotz dieser hochwertigen Technifizierung in Ober- und Untermaschinerie das Nationaltheater gerade zu jener Zeit, in der dieses Buch erschienen ist, wegen technischer Mängel geschlossen werden mußte, ist fast schon Ironie des Schicksals. Und außerdem war die Technik – so seltsam es klingen mag – völlig in Ordnung. Nur das Antriebsmedium, einfacher ausgedrückt: das Hydrauliköl, bereitete Schwierigkeiten. Um einen verständlichen Vergleich zu ziehen: München ist mit der Technik des Nationaltheaters im Besitz eines der modernsten und schönsten Autos der Welt, aber leider hatte man ein Pfund Zucker in den Tank geschüttet. Deshalb lief das Auto nicht mehr. So wenig daraus zu folgern wäre, man solle auf solch

Blick von der Inspizientenecke auf die Seiten- und Hinterbühnen mit Dekorationen und Bühnenwagen.

Die Obermaschinerie 231

kostspielige Autos verzichten, so wenig kann man heute in einem Opernhaus wie dem Nationaltheater in München auf moderne Maschinentechnik verzichten. Bei aller Arbeitskraft und Einsatzbereitschaft der Menschen am Theater kann man die komplizierten Abläufe eines solch gewaltigen Opernbetriebs nicht ohne Hilfe dieser Maschinentechnik bewältigen.

Das Dekorationsmagazin

Unabhängig von Ober- und Untermaschinerie werden auf Hinter- und Seitenbühnen auch außerhalb der Proben- und Vorstellungszeiten Dekorationen montiert und demontiert. Der Abtransport erfolgt seit Ende 1985 nicht mehr aus den 16 um München herum liegenden Behelfslagerräumen, sondern aus dem neu errichteten Dekorationsmagazin auf dem Gelände der Werkstätten in Poing, ca. 20 Kilometer von der Staatsoper entfernt. Noch heute gilt es als eine für große Theaterbetriebe einmalige Anlage, und nirgends in der Welt gibt es etwas Vergleichbares.

Es handelt sich um zwei ca. 115 Meter lange Hallen, je 30 Meter breit und 15,50 Meter hoch. Jede Halle hat in der Mitte eine zehn Meter breite Transportebene und beidseitig in drei Stockwerken Lagerflächen. Jedes dieser insgesamt 457 Fächer kann eine Transportpalette aufnehmen (Abmessungen: rd. 10 Meter Länge, 2,60 Meter Höhe und 2,30 Meter Breite). Die Ein- und Auslagerung erfolgt an zwei Übergabestellen an den Schmalseiten der Hallen. Der Transport ist in jeder Halle mit einem auf Schienen laufenden Regal-Bediengerät vollautomatisiert.

Im Theater werden die Paletten auf der Bühne oder im Magazin mit den Dekorationsteilen der einzelnen Aufführungen beladen. Die Paletten stehen dazu auf speziellen Transportwagen, die vom Transportaufzug aus, am Ausgang des Magazins, mit einem dafür hergestellten Sattelanhänger gekoppelt werden. Nach einem kurzen Anschub von Hand übernimmt der Anhänger motorisch die Palette und verriegelt sie. Danach wird der Anhänger nach Poing gefahren, dort dockt ihn der Fahrer an eine der beiden Übergabestellen an, wählt vom Bedienpult aus das Fach, in das abgelagert werden soll, und nach Drücken des Startknopfes geschehen die weiteren Vorgänge automatisch durch das Regal-Bediengerät. Es fährt die Palette bis in den vorgegebenen Lagerplatz, wobei es während der Horizontalfahrt auch bereits vertikal das gewählte Stockwerk ansteuert.

Durch abermalige Eingabe einer Kennziffer fordert der Fahrer eine Palette mit der als nächstes im Theater erforderlichen Dekoration an. Sie wird nach dem gleichen Prinzip bis in den Sattelanhänger transportiert. Insgesamt stehen zwei Lastzüge zur Verfügung, so daß, wenn notwendig, bis zu sechs Paletten in das Theater und genauso viele auch wieder hinaustransportiert werden können.

Wenn man zurückdenkt an die vielen Jahre, in denen nahezu 20 Transportarbeiter, jeweils acht Stunden an sieben Tagen in der Woche, nur mit Transporten beschäftigt waren, und das bei Wind und Wetter, Schnee und Eis, aus Lagerräumen, die eher Ställen und Scheunen ähnelten, dann kann man der modernen Technik nur dankbar sein. Sie sorgt außerdem dafür, daß die Dekorationen schonend und vor allem montagegemäß gelagert sind.

Die Beleuchtung

Ein bisher noch nicht angesprochener, aber vor allem künstlerisch ganz entscheidender Betriebsteil der Theatertechnik ist die Beleuchtungstechnik. Während des Wiederaufbaus des Nationaltheaters nach dem damals „neuesten Stand der Technik" ausgerüstet, entsprach sie fast zwei Jahrzehnte später nach erfolgreichem Einsatz nicht mehr der rasanten Entwicklung der Elektrotechnik. Die mit 320 Stromkreisen in ihren ersten Betriebsjahren größte Anlage Deutschlands reichte für die Ausleuchtung des großen Bühnenraumes nach modernen Gesichtspunkten nicht mehr aus. Der künstlerischen und im wesentlichen auch dramaturgischen Beleuchtung kam wachsende Bedeutung zu. Die Ausmaße der alten Stellwarte, die aus einer Speicherwarte, zwei Meisterpulten und den Steuergeräten bestand und von mehreren Mitarbeitern bedient werden mußte, erlaubten nur eine einzige Positionierung auf der Bühne, und zwar im rechten Portalturm. Von dort war nie eine befriedigende Einsicht auf die Szene und damit eine ständige Kontrolle der Beleuchtungsbestimmungen möglich. 1981 wurde die Anlage endlich modernisiert. Dazu gab es drei Hauptforderungen: 1. freie Sicht auf das gesamte Bühnengeschehen, 2. Vergrößerung der Anlage auf 500 Stromkreise und 3. ein neues Stellsystem mit allen nur denkbaren Möglichkeiten und dessen Bedienung möglichst nur durch eine Person.

Blick von der Bühne in die hell erleuchtete Obermaschinerie.

Die Beleuchtung 233

Die erste Forderung bedeutete die Verlegung der Regelanlage in den Publikumsbereich. Eine bauliche Veränderung im denkmalgeschützten Zuschauerraum vorzunehmen, war unmöglich. Die einzige Chance bot die kleine Regieloge hinter der letzten Parkettreihe. Nach langer und guter Vorplanung gelang es dann auch, einen angenehmen und ausreichenden Arbeitsplatz zu schaffen, für Beleuchtungsmeister, Stellwartenbeleuchter und Repetitor. Letzterer ist ein musikalischer Mitarbeiter, der unter Zuhilfenahme der Partitur die Beleuchtungseinsätze, d. h. Veränderungen der Lichtstimmungen, angibt.

Es mußte eine Anlage untergebracht werden, die neben der Helligkeitsregelung auch alle bisher räumlich aufwendigen Zusatzeinrichtungen wie Fernsteuerungen, Farbwechsler u. a. beherbergte. Das gelang dann auch vorbildlich, und seit dem 25.10.1981 wird in diesem Raum gearbeitet an einem Lichtregiepult mit zwei Spielsystemen, einem Stromkreistastenfeld für 500 Kreise, aufgegliedert in Form des Bühnengrundrisses, zwei großflächigen Farbmonitoren, zwei Schwarzweiß-Monitoren zur Beobachtung des Dirigenten oder der Bühne bei geschlossenem Vorhang sowie allerlei Zusatzeinrichtungen wie Gegensprechanlagen zum Inspizienten oder dem Regiepult und zu allen Beleuchterpositionen auf der Bühne.

Diese sind an vielen Stellen des gesamten Bühnen-, Hinterbühnen- und Zuschauerraumes gelegen. Bei letzterem liegen sie sehr versteckt; auch das verlangte der Denkmalschutz. Sie finden sich hinter dem obersten Rang in der Decke, in den seitlichen Proszeniumslogen in nicht sichtbaren Öffnungen sowie links und rechts hinter der Logenkante, noch vor dem Eisernen Vorhang. Außerdem ist am vordersten Rand der Bühnenfläche eine versenkbare Fußrampe eingebaut.

Auf der Bühne selbst gibt es die Beleuchtungspositionen im seitlichen Bühnenrahmen, den sogenannten Portaltürmen, und auf der Portalbrücke, dem oberen, in der Höhe verfahrbaren Teil des Bühnenrahmens. An den seitlichen Bühnenwänden laufen in den Höhen von zwölf Metern, 15 Metern und 19 Metern Galerien, die ebenfalls mit Beleuchtungsgeräten bestückt sind; sie dienen der wichtigen Seitenbeleuchtung. Nicht unmittelbar für Beleuchter zugänglich, hängen über der Bühnenfläche sechs Beleuchtungsgerüste mehr oder weniger großer Bauart. Zahlreiche weitere Anschlüsse gibt es auf dem Schnürboden, auf der Bühne selbst und in der Hinterbühne. Dort sind noch zwei der unter der Decke hängenden Maschinenzüge mit Beleuchtungsgeräten bestückt, daneben aber ist der vordere Hinterbühnenbereich (Spur 4 A) in vielen Inszenierungen wichtig für Rückprojektionen von Bildern und Effekten oder auch nur von farbigem oder weißem Licht.

Die Tontechnik

In der gleichen Umbauzeit wurde in einer Parkettloge eine neue Tonanlage installiert. Es handelt sich dabei um eine rechnerunterstützte Tonregie-Einrichtung, sowohl für den Proben- und Vorstellungsbetrieb, als auch für die Mehrkanal-Musikproduktion. Bei der Konzeption lagen die ARD-Pflichtenhefte zugrunde, aber in den Vordergrund wurden die Belange des Theaterbetriebs gestellt. Eine solch komplexe Einrichtung wurde zu dieser Zeit erstmalig eingesetzt. Zur Kommunikationsunterstützung zwischen den künstlerischen und technischen Bereichen wurde zusätzlich eine hausinterne Fernsehanlage erstellt. Es werden zwei Bildsignale in das interne Videonetz und in das Antennennetz eingespeist. Außerdem können auf dem Videonetz auch die öffentlichen FS-Programme empfangen werden. Für Mitschnitte vom Hörfunk wurde ein hochwertiger FM-Tuner eingesetzt.

Die Werkstätten

Als letzter technischer Betriebszweig, außer der sogenannten Haustechnik mit Heizungs-, Lüftungs-, Sicherheits-, allgemeinen Stark- und Schwachstromanlagen, sind die Werkstätten in Poing zu nennen. Frühere Vorhaben, diese Werkstätten unmittelbar hinter dem Theater anzusiedeln, scheiterten an staatlichen oder städtischen Einsprüchen oder Gegenplänen. So wurde zu Beginn der Spielzeit 83/84 dieser Werkstättenkomplex außerhalb der Stadt eröffnet. Für das dort beschäftigte Personal ist er bedauerlicherweise weit vom Theater entfernt, aber in seiner Großzügigkeit und seiner Ausrüstung und Einrichtung nach wie vor beispielgebend für viele große Theater der Welt.

Das Herzstück bildet eine Montagehalle von Bühnengröße und einer möglichen Montagehöhe von neun Metern. Hier können komplizierte Aufbauten vormontiert und damit viele Montagestunden auf der Bühne eingespart werden. Zu den

Werkstätten gehören weiter der Malersaal (86×22 m), der Nähsaal (36×27 m) mit Raumausstatter-Werkstatt (180 qm), die Schreinerei (1600 qm), die Schlosserei (650 qm), die Kascheur- und Plastiker-Werkstatt (770 qm), dazu etwa 400 Quadratmeter Lagerräume sowie Aufenthalts-, Umkleide-, Meisterräume, Büros und Sozialräume. Trotz großer Entfernung ist die Lage verhältnismäßig verkehrsgünstig, was sich ja auch für das auf dem gleichen Grundstück liegende, aber später errichtete Dekorationsmagazin auszahlt.

Das Personal

Die schönsten Räume, die zweckmäßigsten Einrichtungen, die modernste Maschinerie sind nichts wert ohne die Mitarbeiter der „Technik", die sie lebendig machen. Insgesamt sind es nahezu 270 in allen Bereichen:

Bühnen- und Probebühnenbetrieb	6 / 91 Bühnenhandwerker
Möbel und Requisiten	18 Bühnenhandwerker
Maschinentechnik/Hydraulik	1 / 9 Fachhandwerker
Beleuchtung	5 / 23 Fachhandwerker
Tontechnik/Elektroakustik	1 / 4 Fachhandwerker
Hauselektrik/Schwach- und Starkstrom	2 / 6 Fachhandwerker
Heizung und Klimatechnik	1 / 7 Fachhandwerker
Reinigung	8 Mitarbeiterinnen
Fahrwesen und Transport	18 Mitarbeiter
Malersaal	3 / 12 Fachhandwerker
Kascheur- und Plastiker-Werkstatt	1 / 6 Fachhandwerker
Schreinerei	1 / 15 Schreiner
Schlosserei	1 / 6 Schlosser
Raumausstatter-Werkstatt	1 / 7 Fachhandwerker
Bühnenbild-Atelier	5 Mitarbeiter/innen
Verwaltung Poing	3 Mitarbeiter/innen
Technische Direktion	7 Mitarbeiter/innen

(Die Zahl vor dem Schrägstrich benennt entweder Handwerksmeister oder sogenannte Technisch-künstlerische Vorstände.)

Der Begriff „Bühnenhandwerker" umfaßt eine Reihe von Fachberufen aus Holz-, Metall-, Textil- und Farbhandwerken. „Fachhandwerker" meint, daß Handwerker aus verschiedenen Fachbereichen in einer Abteilung zusammenarbeiten. In Schreinerei und Schlosserei müssen Holz- und Metallhandwerker vieler Fachrichtungen beschäftigt sein, vom Bau- oder Möbelschreiner bis zum Zimmermann, vom Maschinen- bis zum Kunstschlosser usw.

Der Etat

Schließlich noch ein letztes Wort zur Verteilung der Kosten, zu denen der „Technik" und zu denen der „Kunst". Die größten Brocken des Kuchens betreffen die Personalkosten (siehe nebenstehende Grafik) mit 34,6 Prozent für das künstlerische Personal (Orchester, Chor, Ballett und Solisten) und

26,1 Prozent für das technische Personal. Lediglich die „sachlichen Betriebsausgaben" und „Zinsen, Finanzen, Bauaufwand" schlagen mit 16,4 Prozent noch erheblich zu Buche.

Versteckt zwischen diesen großen Kuchenstücken findet man ein schmales Scheibchen von 2,8 Prozent, das mit „Ausstattung" bezeichnet ist. Dazu gehören Bühnenbild, Requisiten und Kostüme, also alles das, was das Publikum letztlich auf der Bühne sieht. Zu dessen Herstellung sind im technischen und im Kostümbereich Personalkosten in Höhe von rund neun Prozent erforderlich.

Die mit „Spielbetrieb" gekennzeichneten personellen Ausgaben betreffen die „Dienstleistungen" auf und hinter der Bühne. Zu jeder Vorstellung benötigt man die Dienstleistungen der Transportarbeiter, Bühnenhandwerker, Beleuchter, Ankleider, Maskenbildner usw., die jedoch täglich neu und anders ausfallen und ebenso produktiv fürs Publikum sind wie die täglichen Leistungen des Ausstattungspersonals. Nur in der gemeinsamen, täglich neuen, auch schöpferischen Arbeit der „Technik" hinter den Kulissen entsteht für die Zuschauer das Erlebnis eines rundum gelungenen Opernabends.

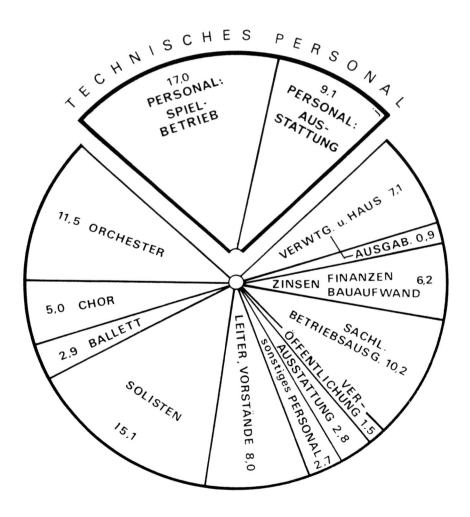

Übersicht über die Personalstruktur des Nationaltheaters.

Carl Wagenhöfer/Paul Schallweg

»Ein Akt echten Mäzenatentums«
Münchens Bürger und ihr Engagement für die Oper

Die ideelle und materielle Förderung von Kunst und Wissenschaft durch privates Engagement gilt seit dem römischen Ritter Gaius Maecenas zu Beginn unserer Zeitrechnung als „edler Geister Art". Auch in München machte man sich diese Denkweise zu eigen, freilich bei der Förderung der Oper erst spät, in den ersten Jahren des 19. Jahrhunderts. Bis dahin war das musikalische Theater Sache der Kurfürsten und des Adels, auch im Parkett und auf den Rängen des Cuvilliés-Theaters. Erst in den letzten Jahren des 18. Jahrhunderts waren auch Münchner Bürger zum höfischen Opernspektakel zugelassen. Als dann der erste bayerische König Max I. Joseph ein königliches Hof- und Nationaltheater errichten ließ, wurde mit der Bezeichnung „Nationaltheater" unterstrichen, daß dieses Haus dem theaterfreudigen Bürger gewidmet sein sollte – übrigens im gleichen Jahr, in dem der König die Verfassung der konstitutionellen Monarchie verkündete.

Nun machten immer mehr Bürger die Förderung der Oper zu ihrer eigenen Sache. Schon die vom damaligen Generalintendanten Ernst von Possart propagierte Errichtung eines Münchner Festspielhauses für Mozart- und Wagner-Festspiele wurde durch eine Bürgerinitiative gefördert, so daß am 20. August 1901 das Prinzregenten-Theater eröffnet werden konnte mit den Worten, »dem Besucher jahrein, jahraus durch wahrhaft mustergültige Darstellung mit den auserlesensten Kräften der einheimischen wie auswärtigen Bühnen wahre Festtage für die Kunst und die Kunststadt München zu schaffen«.

Nach dem Zweiten Weltkrieg war es wieder das opernbegeisterte bürgerliche Publikum, das sich nachdrücklich für den Wiederaufbau der zerstörten Opernhäuser einsetzte. Als der Bayerische Landtag im Hinblick auf die Kosten für den Neubau des Residenztheaters zunächst gegen einen Wiederaufbau des Nationaltheaters Stellung nahm, gründete aus der „Theatergemeinde München" heraus eine Bürgerinitiative 1951 den Verein „Freunde des Nationaltheaters", der die Öffentlichkeit für den Wiederaufbau gewinnen und durch Tombolen zusätzliche Finanzmittel aufbringen wollte.

Durch die „Freunde des Nationaltheaters" wurde es möglich, fördernde Mitglieder zu werben und Millionenbeträge aufzubringen. Neunmal wurde die Glücksgöttin in einer Tombola bemüht, und die Münchner kauften – dem Nationaltheater zuliebe – so fleißig Lose, daß allein daraus rund vier Millionen Mark in den Wiederaufbautopf fließen konnten. Eine besondere Aktion erbrachte 200 000 Unterschriften aus der Bürgerschaft für den schnellstmöglichen Wiederaufbau der Oper nach dem Vorbild des alten Hauses am alten Platz.

Die von den „Freunden des Nationaltheaters" aufgebrachten Mittel wurden zunächst für die Entschuttung der Ruine und für den Wiederaufbau des Portikus verwendet. Der Verein drängte unentwegt, bis schließlich der Freistaat Bayern in den Jahren 1958 bis 1963 den Wiederaufbau vollzog. Die „Freunde" beteiligten sich an der Vollendung des Werkes durch eine Reihe bedeutender Stiftungen, so des großen Hauptlüsters im Zuschauerhaus und fast der ganzen Bestuhlung, an die eingravierte Spendernamen erinnern. Mit Mitteln der „Freunde" wurden auch die Bemalung der Decke des Königssaales und viele weitere Teile des Dekors finanziert. Der Erlös einer zehnten Tombola im Jahre 1963 und nochmals eine gezielte Spendenwerbung ermöglichten die plastische Ausgestaltung des unteren Giebelfeldes an der Hauptfassade mit dem Motiv „Apoll und die neun Musen". Insgesamt haben die „Freunde" 6,5 Millionen Mark an Bar- und Sachspenden für den Wiederaufbau des Nationaltheaters aufgebracht – bei Gesamtbaukosten von insgesamt 67,7 Millionen Mark eine beachtliche Leistung.

1964 erschien das von den „Freunden" initiierte und vom Freistaat Bayern herausgegebene und inzwischen längst vergriffene Buch *Festliche Oper*, in dem der Verein ausführlich über seine Tätigkeit berichtete.

Die „Freunde des Nationaltheaters" sahen ihre Aufgabe als Förderer der Oper mit der Eröffnung des Hauses in keiner Weise als beendet an. Bis zum heutigen Tage finden sich in den Reihen ihrer fördernden Mitglieder immer wieder Mäzene, die diese tatkräftige Verbundenheit mit der Oper in großzügiger Art unter Beweis stellen.

Die ideelle Tatkraft der „Freunde" findet ihren schönsten und menschlich ansprechendsten Ausdruck in den seit 1966 alljährlich stattfindenden „Wiedersehenstreffen ehemaliger Mitglieder der Bayerischen Staatsoper". Die „Freunde" laden Sängerinnen und Sänger, Musiker, Dirigenten, Intendanten, Regisseure und Bühnenbildner, die in den vergangenen Epochen an der Bayerischen Staatsoper gewirkt hatten, zu einem festlichen Mittagessen und einem anschließenden gemütlichen Beisammensein in den Königssaal des Nationaltheaters ein. Erinnerungen werden dabei ausgetauscht, und man gedenkt glanzvoller Aufführungen. Am Abend werden alle „Ehemaligen" als Ehrengäste dann zu einer festlichen Opernaufführung eingeladen und gebührend gefeiert. Eine einmalige Einrichtung, die einzige dieser Art und Größe wohl auf der ganzen Welt.

Wiederaufbau des zerstörten Nationaltheaters in den fünfziger Jahren mit Unterstützung der »Freunde des Nationaltheaters«.

Ebenfalls der Traditionspflege dient das Bemühen der „Freunde", in all den Jahren nach der Wiedereröffnung durch Stiftung von Büsten und Portraits für das Foyer und die historischen Säle das Andenken an bedeutende Künstler zu erhalten. 1989 brachten die „Freunde" einen Führer durch die Portraitgalerie des Nationaltheaters heraus, in dem sämtliche Büsten und Portraits in Bild und Wort vorgestellt werden, verbunden mit einer Kurz-Vita der betreffenden Bildhauer und Maler.

In der Zeit von 1963 bis heute veranstalteten die „Freunde" in den Ionischen Sälen des Nationaltheaters 14 Ausstellungen. Als besonders wichtig sind hervorzuheben die Ausstellungen über Hans Knappertsbusch, Bruno Walter, Clemens Krauss, Günther Rennert und die Jubiläumsausstellung „25 Jahre wieder aufgebautes Nationaltheater" im Jahre 1988. Zuletzt wurde 1991 dem verstorbenen Regisseur, Bühnen- und Kostümbildner Jean-Pierre Ponnelle eine große, vielbeachtete Ausstellung gewidmet.

Die „Freunde" haben sich aber nicht nur der Traditionspflege verschrieben, sondern legen seit jeher auch ein besonderes Augenmerk auf die Förderung des Nachwuchses im Bereich des Musiktheaters. Mit namhaften Beträgen werden Aktivitäten des Opernstudios der Bayerischen Staatsoper und der „Münchner Singschule" im Rahmen der Münchner Opernfestspiele gefördert. Die direkte Unterstützung von talentierten, bedürftigen Nachwuchskräften rundet die Bemühungen der „Freunde" um die junge Künstlergeneration ab.

Opernaufführungen besonderer Art und Auftragswerke, deren Kosten die Etatmittel der Staatsoper übersteigen, werden von den „Freunden" durch Sonderzuwendungen gefördert. So zum Beispiel gab der Verein 1987/88 eine ansehnliche Spende für die Neuinszenierung des Wagnerschen *Ring*.

Freilich blieb für die Arbeit im neuen Haus auch über dieses vorbildliche Engagement hinaus viel zu tun, etwa die Förderung der traditionsreichen

Aufführung des Opernstudios anläßlich der Mitgliederversammlung der Gesellschaft zur Förderung der Opernfestspiele im Cuvilliés-Theater 1990.

Opernfestspiele, denen man wieder zu internationalem Ansehen verhelfen wollte. Und so wurde 1958 schon – im selben Jahr, in dem München sein 800jähriges Stadtjubiläum feierte und das Cuvilliés-Theater wiedererstanden ist – bei einem Staatsempfang am 11. April die „Gesellschaft zur Förderung der Münchner Opern-Festspiele" gegründet. Diese Gesellschaft setzte sich das Ziel, über die finanzielle und publizistische Förderung der Münchner Opernfestspiele Entscheidendes zur Erhaltung der Opernkultur und des Theaters als Ort geistiger Auseinandersetzung beizutragen – in der Erkenntnis, daß öffentliche und private Kunstförderung einander ergänzen müssen.

Rudolf Hartmann, dessen „liebstes Kind" die Münchner Opernfestspiele waren, hat nach seiner Berufung zum Intendanten der Staatsoper am 1. September 1952 die Sinngebung der Münchner Opernfestspiele aufgrund seiner persönlichen Bindung zu Richard Strauss dadurch bereichert, daß er neben den besonderen Beziehungen Münchens zu Mozart und zu Richard Wagner das Opernschaffen des Münchner Meisters Richard Strauss zusätzlich in den Mittelpunkt der Festspiele rückte. Die Münchner Festspiele erhalten dadurch im Festspieldreieck Bayreuth – Salzburg – München ihre besondere Note und bieten unter Einbeziehung der Moderne eine so breite Palette von Werken an wie keine der anderen Festspielstädte.

Die Zielsetzung »der Tradition verbunden, dem Neuen aufgeschlossen« haben auch die Nachfolger Rennert, Everding und Sawallisch übernommen. So entfielen in den 34 Jahren von 1958 bis 1991 zwei Drittel der Festspiel-Eröffnungspremieren auf das Münchner Dreigestirn. In einer bewußten Verbindung von Tradition und neuerem Musikschaffen neben den drei Münchner Hausgöttern sollten alljährlich auch klassische und neue Werke anderer Komponisten nach strenger Auswahl in das Festspielprogramm aufgenommen werden. Wer nach Bayreuth oder Salzburg zu den Festspielen fährt, bringt bewußt die innere Muße für ein künstlerisches Erlebnis mit. Dagegen bedarf es in München mit seinen vielerlei Ablenkungen ganz besonderer Anstrengungen der Oper, um das kritischer eingestellte Publikum zufriedenzustellen. Dabei strahlt dann die besondere Anstrengung aller Kräfte für die Festspiele auch auf die übrige Spielzeit aus, so daß die Festspiele auch den Münchner Opernfreunden das Jahr über zugute kommen.

Zunächst ein Festspielalmanach und daraus entwickelt später das *Jahrbuch der Gesellschaft der Freunde der Münchner Opern-Festspiele* stimmt die Opernfreunde in aller Welt durch kommentierende und allgemeine Beiträge in Wort und Bild auf die Festspiele ein und gibt darüber hinaus einen Überblick über die abgelaufene und die kommende Spielzeit. Im Laufe der Jahre ist eine stattliche Reihe von Bänden entstanden, die das Münchner

Jakob Baumann, Vorstandsmitglied und langjähriger Vorsitzender der Freunde des Nationaltheaters.

Paul Schallweg, Vorstandsmitglied und langjähriger Vorsitzender der Freunde des Nationaltheaters.

Dr. Hubert Mennacher, Vorsitzender der Freunde des Nationaltheaters.

Operngeschehen auch für die Nachwelt lebendig erhält und von vielen Opernfreunden als bleibende Erinnerung gesammelt wird.

Von Anfang an widmete sich die „Gesellschaft", ganz ähnlich wie die „Freunde", neben der jährlichen Förderung der Opernfestspiele bisher in Millionenhöhe auch der Nachwuchsförderung für die Oper, um die sich Rudolf Hartmann im Interesse einer Ensemble-Pflege besonders bemühte. In den ersten Jahren wurden durch eine Spendenaktion erhebliche Summen zusätzlich für die Junge Oper aufgebracht, und seither fördert die „Gesellschaft" das hieraus unter Günther Rennert 1967 entstandene Opernstudio jährlich mit einem namhaften Zuschuß. Hartmann schrieb darüber in seinem Erinnerungsbuch *Das geliebte Haus*: »Bei der Darlegung meiner Gedanken während einer Kuratoriumssitzung erlebte ich einen Akt echten Mäzenatentums, als die von mir mit Zögern genannte Summe zusätzlich zu allen Aufwendungen einstimmig bewilligt wurde.« Viele der geförderten Nachwuchskünstler wuchsen in das Ensemble hinein, als prominentestes Beispiel die Mezzosopranistin Brigitte Fassbaender.

Eine persönliche Verbindung zwischen der „Gesellschaft" und den Künstlern pflegt man seit 1964 durch die Verleihung jährlicher Festspielpreise an um die Festspiele besonders verdiente Persönlichkeiten auf und hinter der Bühne, die keine Spitzenhonorare erhalten. In der langen Liste stehen neben Namen wie Daphne Evangelatos, Wolfgang Brendel, Julia Varady, Brigitte Fassbaender, Julia Conwell, Bodo Brinkmann, Carmen Anhorn, Pamela Coburn, Ulrich Reß auch Persönlichkeiten hinter der Bühne wie die Betriebsdirektoren Herbert List und Otto Herbst, Eva-Maria Duday und Klaus von Wildemann sowie Ronald Adler. Viele der Künstler waren aus der Jungen Oper bzw. dem Opernstudio hervorgegangen.

In den ersten Jahrzehnten hat sich die „Gesellschaft" auch die Ballettförderung besonders angelegen sein lassen und jeweils einen Zuschuß zu der seit 1957 durchgeführten Ballettfestwoche gewährt, bis sich das Ballett als „Bayerisches Staatsballett" selbständig machte.

Um die gesellschaftliche Note der Festspiele und den festlichen Charakter zu unterstreichen, veranstaltet die „Gesellschaft" schon seit 1958 einen jährlichen Empfang anläßlich der Eröffnung der Opernfestspiele, zunächst im Prinzregenten-Theater und seit 1964 in Räumen der Residenz. Die Bayerische Staatsregierung begrüßte diesen Empfang von Anfang an und trug in den ersten Jahren auch die Kosten hierfür, die die Gesellschaft mittlerweile selbst aufbringt. Der durch diese Empfänge ermöglichte Kontakt zwischen den Künstlern und dem Opernpublikum wird insbesondere von den Künstlern immer wieder besonders begrüßt.

Gerade in einer veränderten Theaterlandschaft im größer gewordenen Deutschland sehen die Freunde und Förderer der Münchner Oper ihre künftige Aufgabe vor allem in der Bereitstellung fehlender Mittel. Personell und strategisch wollen sie ihre gesellschaftlichen Kontakte einsetzen, um auch weiterhin die Münchner Opernfestspiele als Impulsgeber für den täglichen Musiktheater-Betrieb auf dem derzeit hohen Niveau zu erhalten. Bürgerschaftliches Engagement für eine herausragende Kunstform des Theaters verlangt auch finanzielle und ideelle Unterstützung gerade aus den Reihen der Bürgerschaft, und dieser Aufgabe will sich auch die Gesellschaft der Förderer der Münchner Opern-Festspiele künftig mit erhöhter Aufmerksamkeit widmen.

Erhardt D. Stiebner, 1. Vorsitzender der Gesellschaft zur Förderung der Münchner Opern-Festspiele, und Carl Wagenhöfer, Ehrenvorsitzender und ehemaliger langjähriger Vorsitzender der Gesellschaft zur Förderung der Münchner Opern-Festspiele

Hanspeter Krellmann

Die Oper und ihr Publikum
Über die notwendige Öffnung und Popularisierung des Theaters

Kunst hat und hatte immer ihren Preis. Da sie aber nicht in jeder formalen und ästhetischen Ausprägung gleichmäßig rezipiert, gar akzeptiert wird, kostet sie oft mehr Geld, als sie wieder einbringt. Wird sie – selbst unter dieser Prämisse – für erhaltenswert und förderungswürdig erachtet, schießt man Geld zu, öffentlich oder privat. Das ist zu begrüßen. Andererseits kann mit Kunst viel, ja sehr viel Geld verdient werden. Das setzt allgemeines Interesse und Zulauf als Folge voraus. Der Erfolg der bildenden Künste hat in den vergangenen drei Jahrzehnten solche Ausmaße erreicht, daß Bilder, Objekte und Installationen sogar zu Spekulationsobjekten geworden sind. Das betrifft vor allem die aktuell entstehende Kunst – nicht alle selbstredend, wohl aber die, die sozusagen ins Gerede geraten ist. Genießen die einen den Vorteil daraus, bleibt den andern das Nachsehen.

Die florierende Rezeption von bildender Kunst in unserer Zeit stellt sich als Folgeerscheinung, vielleicht aber auch als Voraussetzung für diesen Boom dar. Sicher ist mittlerweile eine Wechselbeziehung daraus geworden. Retrospektiven für einzelne Künstler mit gängigen Namen erleben Besucheranstürme, die durch Kartenvorverkauf kanalisiert werden müssen. Das gilt für Rembrandt wie für Picasso und Max Ernst, in Berlin wie in London und Paris. Die Superschau für zeitgenössische bildende Kunst, die Documenta IX des Jahres 1992, wird in die Geschichte eingehen als die wohl am stärksten frequentierte Ausstellung dieser Ausrichtung weltweit. Dabei hat der persönliche Augenschein erbracht, daß dem Großteil des Präsentierten eher Ratlosigkeit entgegengebracht wird; zum andern, daß das Publikum mindestens ebenso viele fachlich motivierte Interessenten wie kunstungeübte Betrachter aufweist. Hier ist es gelungen, Kunst ganz dicht an das sogenannte Volk heranzutragen.

Solche Resonanzen erträumen sich auch die Theaterleute für ihre Arbeit. Aber sie wollen vom Ansatz her mehr: Sie zielen aus der Wirkung ihrer Aktivitäten darauf ab, etwas zu bewirken. Bei der Theaterkunst genügt nicht der wie in der Kunstausstellung in Massen am berühmten Gemälde vorbeiflanierende Betrachter; für die Theaterkunst bedarf es vielmehr eines aufnahmebereiten, willigen und aufmerksamen Publikums.

Nun kann sich der schaffende Künstler, sei er Maler, sei er Komponist oder Dichter, durchaus im Einklang mit sich selbst befinden, wenn das von ihm hervorgebrachte Produkt seine Qualität aus sich selbst erweist, wenn es dank ausbalancierter Proportionen und inhaltlicher Aussagekraft stimmig und damit singulär ist. Aber kreatives Schaffen in die Schreibtischschublade hinein mag durch die diesem Vorgang zwangsläufig innewohnende Bescheidenheit noch so tugendhaft anmuten – bleibt ihm Wirkung nach außen versagt, dann bleibt auch die Chance, etwas bewirken zu können, von vornherein ausgeklammert. Aber welcher Theaterkünstler, der aktiv hervorbringende wie der reproduktiv darstellende, würde sich ernstlich damit begnügen, etwas zu schaffen, damit jedoch nichts bewirken zu können?

Theater funktioniert deshalb schon vom Ansatz her nicht ohne Publikum: Theatervorstellungen setzen den Widerklang, als Zustimmung oder Ablehnung, voraus. Das verleiht ihnen Wirkung, setzt sie in den Stand, Gesellschaftlichkeit zu erzeugen. Vollzieht sich die Rezeption von Literatur in der Vereinzelung, bedürfen szenische Aktionen dagegen der Gemeinschaft. In ihr will Theater wirken, will es unterrichten, beeinflussen, belehren und immer auch unterhalten. Das Publikum, ohne das Theater nicht funktioniert, will freilich auch etwas. Weiß es aber – als Gruppe – wirklich, was es will?

Man hat für den Theaterbereich zu trennen zwischen Schauspiel und Oper.

Theater als der berühmte und sprichwörtlich ge-

Einführungsmatinee zu »Liebe zu den drei Orangen« am 6. Januar 1991.
V.l.n.r.: Borowskij, Speranskij, Ljubimow, v. Schlippe, Krellmann, Sawallisch.

wordene Spiegel des Lebens – bei Shakespeare, in der deutschen Aufklärung und so fort – bedarf scharfer Verdeutlichungskriterien, wie sie von Bildern, vor allem aber vom distinkt vermittelten Wort in pointierter Rede realisiert werden. Neben dieser gleichsam reinen Form des Theaters steht die ihrer historischen Herkunft nach gemischte der Oper. Sie als zusammengesetzte Form ist ein Kunstprodukt, das nicht durchweg und auf Anhieb verstanden wird. Das Wort wirkt hier nicht mehr aus sich selbst, sondern vertraut sich einerseits der Musik als überhöhender Vermittlerin und vertiefender, aber auch filternder und kanalisierender Interpretin an; andererseits setzt das Wort Kräfte in der Musik frei und stimuliert sie, wenn es gutgeht, zu einem artifiziell geprägten Individualausdruck.

Die dadurch sich ergebende Mehr-, ja Vieldeutigkeit der Oper erleichtert nicht eben deren Rezeption, schafft vielmehr Unsicherheiten und Unwägbarkeiten bei der Aufnahme, eröffnet dem Zuschauer/Zuhörer sogar vielerlei Annäherungsmöglichkeiten: Der eine erfreut sich an der Musik, ohne auf die Stringenz ihrer deutenden Stütze zu achten; der andere überhört die Charakterisierungsansätze der Musik in bezug auf den dramatischen Impetus des Textes, verifiziert also nicht die dramaturgische Übereinstimmung (oder deren Gegenteil) von Musik und Handlung. Mit anderen Worten: Es erfolgt oft keine objektimmanente Einschätzung der Oper, sondern nur eine aus vordergründigen Reizen sich ergebende.

Angesichts dieser offenen, in der Form selbst begründeten Wirkungsvielfalt der Oper leuchtet ein, daß der Rezipient sich leicht in Sackgassen verirren kann. Deshalb muß gegengesteuert werden, wenn man Mißverständnissen oder falschen, weil ein-

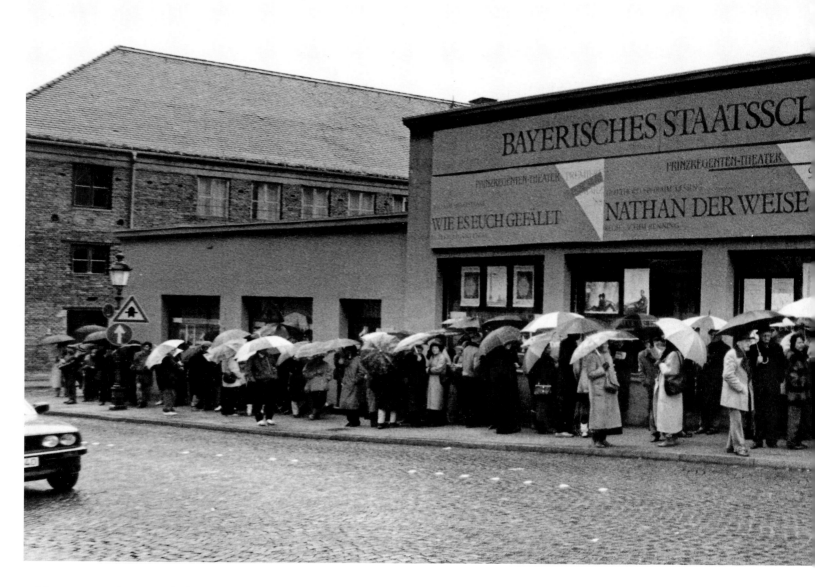

Schlangen vor der Theaterkasse.

seitigen Rezeptionsgewohnheiten entgegentreten will. Umgekehrt darf keine Anstrengung zu groß sein, dem Theater als Institution das Publikum zu erhalten, fester an sich zu binden und vor allem zu vergrößern.

Denn: Wer Theater macht, tut dies fürs Publikum. Und: Theater gewinnt seine Existenzberechtigung aus dem Publikumsinteresse. Kein Zweifel aber auch, daß letzterem nachgeholfen werden muß. Und diese Hilfe, ob in Form von Anreizen oder Informationen, muß aus den Theatern selbst kommen. Um sein Publikum muß das Theater stets kämpfen.

Die Menschen in der Oper – nennen wir das Publikum einmal so – sind eine kaum einschätzbare, im Grunde amorphe Gruppe, die sich von Landschaft zu Landschaft, von Stadt zu Stadt unterscheidet. Sie gehen in die Oper aus Liebe zum

Genre, aus Liebe zur Musik, um Lieblingssängern zu begegnen, um sich auf kultivierte Art zu unterhalten, um sich im Kreis von Menschen gleicher Interessenlage zu bewegen. Sie sind zufrieden, wenn sie sich in ihrer Erwartungshaltung, die keinen objektiven Kriterien unterliegen muß, bestätigt fühlen; sie sind enttäuscht im entgegengesetzten Fall. Hier spielt der sogenannte Geschmack eine fatale Rolle. Er will häufig nicht wahrhaben, daß ein – vielleicht nur scheinbar – überzeugender Eindruck, den eine Opernaufführung hinterläßt, das aufgeführte Werk verfälschen kann. (Aber wie verständlich: Wer bis zu mehreren hundert Mark für eine Eintrittskarte ausgeben und für sie auch noch zwei Stunden Schlange stehen mußte, der will mit einem positiven Eindruck und im Gefühl, einen großen Abend erlebt zu haben, nach Hause gehen.)

Nun gehört Vorbildung, Erfahrung, zumindest

Intuition dazu, um Qualität im weitesten Sinne erkennen zu können. Ein Extrembeispiel: Das inhaltlich sehr feinsinnige und kompliziert strukturierte Opernwerk sowie dessen esoterisch-subtile Interpretation sind nicht ohne weiteres von jedem und schon gar nicht bei einmaliger Begegnung zu entschlüsseln. Demnach bedarf es zweierlei: sich die Gunst der Menschen in der Oper gundsätzlich zu erhalten (und immer das ausverkaufte Haus anzustreben), zum andern dem Publikum, dessen man so gut wie sicher sein kann, Einblicke in die Arbeit mit Opern zu ermöglichen, sich in die Karten sehen zu lassen. Das schafft Anreiz, in die Oper zu gehen, und es stiftet die Empfindung einer persönlichen Übereinstimmung mit dem auf der Bühne gesehenen Resultat.

In der Wirtschaft weiß man seit Generationen, daß dann für ein Produkt geworben werden muß, wenn keinerlei Absatzschwierigkeiten zu erwarten sind. Oder wie George Orwell einmal ungemein salopp, gleichwohl zutreffend bemerkt hat: Werbung bedeute, mit einem Stock in einem Spüleimer zu klappern. Ist ein Wirtschaftsunternehmen erst einmal von Krisen geschüttelt, wird ihm mit Werbung kaum noch zu helfen sein.

Das deutsche Theater ist nicht krisengeschüttelt. Die Bayerische Staatsoper speziell steht Anfang der neunziger Jahre in jeder Beziehung krisenfest da. Nach der Vereinigung Deutschlands existiert freilich in bezug auf Theater eine Überversorgung (in den neuen Bundesländern), die auf absehbare Zeit nicht genutzt werden wird und deshalb durch Reformen ausgeglichen werden muß. Aber an der deutschen Theaterfreudigkeit im ganzen ändert das glücklicherweise nichts. Andererseits kann man sich nicht darauf verlassen, daß dieser Zustand ins neue Jahrtausend hinein anhält. Deshalb sollte sich das Theater darauf besinnen, seinen Status schon jetzt unter der Prämisse einer notwendigen Vorausschau von innen heraus zu überdenken. Hat es doch an Vorausschau, und sei es spielerisch-spekulativ, in allen Bereichen unserer Gesellschaft (Politik, Umwelt, Verkehr, Gesundheit etc.) in den vergangenen vierzig Jahren spürbar gefehlt!

Für den Theaterbereich – und besonders für die Oper – kann mit Sicherheit prophezeit werden, daß die Kosten für dessen Erhalt und für seine aktive weitere Arbeit steigen werden (wie in allen Bereichen), daß aber hier weder eine Kostendämpfung Remedur schaffen kann noch eine weitere Produktionsverringerung, weil diese einer potentiellen Publikumsabwanderung geradezu Vorschub leisten würde. Auf der anderen Seite lassen sich Kostensteigerungen nicht endlos auffangen: Die bereitgestellten Subventionen halten nicht Schritt mit den effektiven Kosten; die Eintrittspreise (z. B. in der Bayerischen Staatsoper) haben schon jetzt fast eine maximale Höhe erreicht; das Kultur-Sponsoring wird sich zunehmend auf Gegenleistungen durch die Gesponserten besinnen, was zu eingeschränkter Handlungsfreiheit führen könnte.

Das alles betrifft die Menschen, die verantwortlich Oper machen, sehr wesentlich. Zwar sind hier in erster Linie politische Entscheidungen gefragt. Aber die würden vielleicht opernfreundlicher ausfallen, wenn Politiker zu erkennen vermöchten, daß Theaterleute ohne Dünkel und Überlegenheits-Anwandlungen, gesellschaftlich offen und unvoreingenommen operieren. Im Klartext: Theaterleute müssen die Nähe zum Publikum herstellen (das Publikum wartet nur auf einen solchen Schritt), und dafür ist Öffnung das Stichwort.

Nie darf allerdings darüber vergessen werden, daß es sich bei Oper erstens um Kunst handelt und zweitens Kunst sich niemals oberflächlichen Strategien ausliefern darf. Sonst verkäme sie zum bloßen Handelsobjekt, wäre keiner zugeschossenen Mark wert, und ihrer Manipulierbarkeit wären Tür und Tor geöffnet. Nicht das mit dem Portikus des Münchner Nationaltheaters bedruckte T-Shirt wird zum Türöffner zur Bayerischen Staatsoper, macht Menschen in der Oper zu Sympathieträgern (im Wortsinn) für die Oper. Angemessene Öffnung wäre vielmehr in nicht nur vermehrten, sondern vor allem auch stärker an den Bedürfnissen der Besucher orientierten Service-Leistungen zu sehen. Das reicht vom leichteren Erwerb der Eintrittskarten bis zur inhaltlich betonten Käuferberatung (beides auch telefonisch), wie sie heute in jeder Verkaufsbranche üblich ist. Wer eine Opernkarte kauft, muß immer das Gefühl erhalten, er verschaffe sich damit den Zutritt zu einem kennenswerten künstlerischen Ereignis, zu dessen sinnlichem Nachvollzug er sich entschlossen hat. Er geht damit ein geistiges Abenteuer ein, das sich jedoch weder vom Ansatz her noch in der späteren Rückschau in bloßer Abenteuerlichkeit erschöpfen darf. Es muß – im Gegenteil – bemerkenswert werden, zum Nachdenken anregen. Aus dem Entschluß zum exquisit genutzten Abend muß ein exemplarisch verbrachter Abend werden, und zwar von der Einstellung des Besuchers her. Ob er das Erlebte

Ausstellungseröffnung von »Ich hatte immer ein gewisses Vertrauen zur Oper...« (F. Schiller) am 6. Juli 1991 in der Bayerischen Staatsoper. V.l.n.r.: Hubert Diehm, Carl Wagenhöfer, Aribert Reimann, Wolfgang Sawallisch, Krzysztof Penderecki mit Gattin, Günter Bialas.

goutiert oder ablehnt, ist dabei zweitrangig. Es geht um die übergeordnete Ebene: den Opernbesuch als selbstverständlichen Bestandteil des Lebens zu betrachten.

Das Ziel ist zugegebenermaßen nicht auf geradem Weg zu erreichen. Er muß aber interessant und einladend erscheinen. Aus dem Theater heraus muß alles getan werden, um ihn (vor allem für zunächst noch Theaterungeübte) begehbar zu machen. Die Zeiten, da Theater sich dadurch selbst genügte, daß es regelmäßig möglichst qualitätsvolle Vorstellungen spielte, gehören der Vergangenheit an. Selbstverständlich bleibt der gelungene Theaterabend nach wie vor der erstrebte Gipfelpunkt aller Anstrengungen. Inzwischen geht es aber außerdem verstärkt darum, das Spannungsfeld von Theaterarbeit transparent zu machen. Theater spricht für sich selbst nur bei den Habitués, den Eingeübten, nicht hingegen bei den Neulingen, deren Interesse erst geweckt und danach geschärft werden muß. Gerade das Kunstprodukt Oper wäre zu popularisieren, indem man sein Hermetisches und Abweisend-Elitäres reduzierte, ohne seinen künstlerischen und gesellschaftlichen Anspruch darüber zu versimpeln.

Die Möglichkeiten dazu sind vielfältig und bunt. Sie reichen von Straßenfesten unter dem Thema Oper über Opernbälle, Freiluftspektakel, Theaterführungen, Werkstättenbesichtigungen bis zu Autogrammstunden und Diskussionsrunden mit Künstlern. Planung und Organisationsstil eines Hauses, Produktionsart, Arbeitstempo, Koordination zwischen Künstlern, Technikern und Verwaltung und wiederum deren Zusammenwirken mit den Bereichen Dramaturgie, Öffentlichkeitsarbeit, Personalrat und Sicherheitsingenieur: Das sind Sektoren, die im Zusammenhang mit dem Medium Oper anziehender sind als in der allgemeinen Produktherstellung. In der Oper geht es sozusagen um die Einzelfertigung eines Werkes, dessen Realisierungsprozeß, bis es auf der Bühne Gestalt annimmt, sich auf weitverzweigte Individualleistungen stützt. Deren Ausmaß vermag das Publikum nicht abzuschätzen; das zu verdeutlichen, wäre

Ausstellung der Bayerischen Staatsoper und der Bayerischen Vereinsbank zu den Münchner Opernfestspielen 1992 »Bizet – der Weg zu ›Carmen‹« in der Bayerischen Staatsoper.

indes eine reizvolle und vor allem lohnende Aufgabe der Theater. Sie hätte mit Sicherheit beim Publikum ein erhöhtes Verständnis für die Vielfalt der Probleme zum Ergebnis. Phantasie ist gefragt, um griffige Formen für die Darstellbarkeit zu finden bzw. zu erfinden. Demonstrationsveranstaltungen könnten das ebenso leisten wie Vorträge, Diskussionen (über Spezialthemen) oder Ortstermine im Theaterbereich.

Natürlich ist der Ereignisort Bühne für solche Informations-Aktivitäten immer am reizvollsten. Der Blick hinter die Kulissen rangiert beim Publikum auf der Beliebtheitsskala nach wie vor an erster Stelle. Aber auch jeder Theatermann wird, wenn er ehrlich ist, zugeben, daß im Bühnenbereich das wohl entscheidende Nervenzentrum jedes Theaters liegt. Im übrigen erfaßt man das Publikum immer nur ausschnittsweise mit diesen Aktivitäten. Aber sie sprechen sich herum, man zieht Kreise um sich wie nach einem Steinwurf ins stille Wasser. In der kleinen Stadt vollzieht sich das schneller und selbstverständlicher als in der Metropole mit ihrer international zusammengesetzten Zuhörerschaft. Nur, alles im und mit dem Theater geschieht zunächst und vorrangig für das Stammpublikum, welches das Theater der Stadt, also *sein* Theater trägt. Bei ihm wirkt die Propaganda von Mund zu Mund Wunder.

Die hier skizzierten Strategien zur Öffnung des Theaters bzw. der Oper nach außen dienen der Distanzreduzierung im Generellen. Sie betonen (wie bei der Werbung für ein vielgefragtes Konsumprodukt) die bloße Existenz der Einrichtung Oper im Bewußtsein des Publikums. Zu den direkten Maßnahmen müssen indirekte, aber nicht weniger effektive treten. Wir leben in einer Zeit der Meta-

Ausstellungseröffnung »Georges Bizet – der Weg zu ›Carmen‹« am 5. Juli 1992 in der Bayerischen Staatsoper. Wolfgang Sawallisch und Bernhard Moncado spielten »Jeux d'enfants« von Georges Bizet.

phern und Sigeln, der verknappten Signale optischer wie verbaler Provenienz. Sie prägen sich dem Betrachter oder Hörer immer dann ein, wenn sie sich klar und wirkungskräftig aus dem Umfeld herausheben und ausreichend häufig sichtbar sind. Kein Produkt funktioniert heutzutage, wenn es nicht ein grafisches Logo oder ein Sigel in spezifischer optischer Festschreibung gleichsam vor sich hertragen kann. Zunehmend gehen auch Theater dazu über (wie vor ihnen Museen und Kunsthallen), auf dem (Um-)Weg über ein Logo ihre Identität herzustellen und zum Selbstverständnis nicht für die ohnehin eingeweihte, sondern für die allgemeine Öffentlichkeit werden zu lassen.

Von daher weitet sich der Blick stetig: Natürlich kann man Flugzeuge mit Transparent-Werbungen und Heißluftballons mit Aufschriften in die Lüfte schicken. Wichtiger aber bleibt die Präsenz über zeichenhafte Signale im engeren und weiteren Stadtbezirk, auf den Fern- und Ortsbahnhöfen, in Einkaufszentren und Freizeitvierteln. Dabei ist es unwichtig, nach dem Niveau, auf das man sich begibt, zu fragen. Das Niveau bestimmt man selbst durch die Qualität, in der man sich präsentiert. Alles, was man angeht und entschlossen zur Form bringt, dient dem höheren Zweck der Kontaktbildung. Ob man das Werbung, Reklame oder wie immer nennt, ist irrelevant. Es kommt darauf an, Identifikations-Ergebnisse zu erzielen, die unmittelbar durchaus nicht meßbar sein werden.

Könnte man die bisher entwickelten Maßnahmen zur Identitätsbildung des Theaters, des Operninstitutes mit dem Satz umschreiben: *Zeigen, wer man ist*, so die zweite Abteilung (mit dezidiert objektbezogenen Maßnahmen) mit dem Satz: *Zeigen, wie man arbeitet*. Hier geht es um die Opern und ihre Produktionen selber. Zu wissen, wie ein Auto gebaut wird, trägt nicht zum Fahrkomfort bei, um den es am Ende ausschließlich geht; die Versicherung, daß es gut und zuverlässig ausgeführt ist, genügt zur Befriedigung des gewünschten Sicherheitsbedürfnisses. Hingegen: Zu wissen, was eine Oper beinhaltet und mitteilen will; wie sie großformal disponiert und im Detail strukturiert ist; wie und warum sie so und nicht anders auf der Bühne realisiert und damit interpretiert wird und welche Botschaft durch die Interpretation (Inszenierung, Bühnenbild, Kostüme, Ausführung der Musik) dem Werk abzugewinnen ist – diese Faktoren in summa erfahren zu können, wird ausschlaggebend für das adäquate Verständnis des einzelnen Werkes. Noch davorgeschaltet ist die Frage, warum man diese und einige andere Opern für Neuinszenierungen ausgewählt hat und nicht 25 andere.

Zur Debatte stehen die Stichworte Spielplanauswahl, dramaturgische Logistik, didaktische Hilfestellungen bei der Vermittlung von Werken und ihren Wiedergaben. Hier wird von den Theatern mittlerweile manches geleistet, oft jedoch zu wenig systematisch durchdacht und ins Vage-Unverbindliche hinein. Wieder gilt der schon erwähnte Grundsatz: Man muß sich in die Karten sehen lassen. Theaterleiter sollten öffentlich begründen (und verteidigen), warum sie diese und nicht andere Werke für ihre Arbeit wählen; ob ein Spielplan auf Zwängen der Repertoire-Erneuerung bzw. -Ergänzung beruht; ob den Überlegungen ein dramaturgisch motivierter Raster zugrundeliegt; ob persönliche Vorlieben eine Rolle spielen (die immer dann leichter konzediert werden, wenn man sie offen eingesteht); ob bestimmte Sänger (vielleicht Publikums-Lieblinge), die man unter Vertrag nehmen konnte, die Werkwahl beeinflußt haben und vieles andere mehr. Die Erfahrung hat gelehrt, daß – beispielsweise – die scheinbar vergessene und nun versuchsweise neu zu erprobende Oper vom Publikum dann williger mitgetragen wird, wenn ihm die Disposition des Spielplans im ganzen erläutert und das Werk selbst sorgfältig analysiert wird.

Wie kann das geschehen?

Die Sektionen Dramaturgie und Öffentlichkeitsarbeit haben dafür seit längerem verschiedene Vorgehensweisen erprobt und sie je nach Bedarf angewendet. Je fachimmanenter dies geschieht, desto komplizierter gestaltet sich die Vermittlung. Als rezeptartiger Grundsatz sollte deshalb gelten: so fachlich wie nötig, aber so spielerisch wie möglich. Die Formen der Vermittlung, ob mündlich vorgetragen oder schwarz auf weiß gedruckt nach Hause zu tragen, haben sich dem unterzuordnen. Nicht auf fachlich kompetente Zuhörer sind diese Handreichungen auszurichten, sondern auf den wißbegierigen Laien. Er ist das Maß der Dinge. Also stellt sich die Frage nach der Methode, nicht nach der inhaltlichen Qualität.

Da sich der fachliche Aspekt nicht selten als verwickelt darstellt, lassen sich gewisse Fakten bisweilen nicht restlos und nicht populär genug erklären. In dem Fall hilft nur der Umweg über Kontraste, über assoziatives Material, das den Gegenstand zwar nicht wörtlich abdeckt, ihn jedoch umkreist, reflektiert, variiert, und zwar in Wort und Bild.

In der Bayerischen Staatsoper wird diesen Erfordernissen angemessen entsprochen. Zu Neuinszenierungen selten gespielter Opern finden Einführungen statt. Hier erläutern die Produktionsvorstände (Regisseur, Bühnenbildner, Dirigent) im Gespräch ihre Arbeit. Die Ergiebigkeit dieser Veranstaltungen hängt verständlicherweise von der Auskunftsbereitschaft und der eloquenten Begabung der Mitwirkenden ab. (Bei nicht deutschsprechenden Künstlern stellt die erforderliche Übersetzung ein nicht selten störendes, zudem zeitraubendes, aber unvermeidbares Hindernis dar.) Eine Alternative zur Diskussion ist das geschlossene Referat eines Spezialisten (Musikwissenschaftler, Theaterwissenschaftler). Die notwendige musikalische Illustration erweist sich häufig als problematisch: Die Einspielung von Plattenaufnahmen konterkariert nicht selten die verbal vorgetragenen Konzepte; Live-Vorträge von Sängern bleiben der oft nicht erfüllbare, aber zu Recht vorrangige Wunsch des Publikums.

Kurzeinführungen eine Stunde vor Vorstellungsbeginn erfreuen sich eines lebhaften Zuspruchs und entsprechen einem anscheinend genuinen Bedürfnis vieler Besucher. Erweiterungen dieser Service-Leistungen wären vorstellbar durch Aussprachen nach Vorstellungsbesuch und durch die gezielte Erfassung bestimmter Gruppen wie Musiklehrer, die als Multiplikatoren in Frage kommen, oder Schulklassen bzw. fachbezogene Leistungskurse. Dies sei nur als Ausschnitt aus der reichen Palette der Möglichkeiten genannt.

Solche werkbezogenen Zusatzveranstaltungen werden, zumal in Großstädten, immer nur einen kleinen Kreis erreichen. In der Regel machen meistens wirkliche Interessenten von den Angeboten Gebrauch, und die muß man nicht neu gewinnen. Die Erfolge dieser Aktivitäten sind ohnehin nur bedingt an den Besucherzahlen ablesbar. Erfolg heißt hier – anders als bei den Quoten der Abend-

Verleihung des Festspielpreises am 22. Juli 1992.

vorstellungen –, daß diese Zusatzprogramme sinnvoll geplant und strikt werkbezogen durchgeführt werden. Eine hingegen auch numerisch zu Buch schlagende Handreichung ist das Programmheft. Mindestens jeder dritte Besucher kauft es, und selbst wenn das Interesse bei vielen nicht über Besetzungszettel und Handlungsbeschreibung der Oper hinausgeht, so bleibt es auch für diese Gruppe zum späteren Nachschlagen über den aktuellen Anlaß hinaus verfügbar. Sein Inhalt bezieht sich kaum je auf die szenische Interpretation, sondern versucht durch strikte Analyse des Werkes, Informationen zum Komponisten, Darlegung der Libretto-Hintergründe und -quellen, Abdruck des Librettos einerseits sowie andererseits durch Umschreibung des Opernsujets und Belebung des assoziativen Umfelds seinerseits eine eigene Interpretation, die sich von der szenischen bewußt fernhält. Ziel ist ein themengerechtes Lesebuch mit fachlichen Artikeln, freier Prosa und Lyrik, mit Abbildungen zu Komponist, Librettist und Werk sowie freien bildlichen Darstellungen, die oft sogar für das einzelne Heft in Auftrag gegeben werden, wie auch die sachbezogenen Fachartikel in aller Regel Originalbeiträge sind.

Ergänzt werden diese auf möglichst hohem literarischen Niveau stehenden Programmhefte oder -bücher durch ein vom Bereich Öffentlichkeitsarbeit ediertes Periodikum („Journal", früher „Blätter der Bayerischen Staatsoper"), das vor Premieren die Leiter der Neuproduktion und die Sängerinnen/Sänger vorstellt und zu Wort kommen läßt – übergreifend oder werkbezogen. Darüber hinaus bietet es Platz für Darstellungen der Theaterarbeit im weitesten Sinne und für sonstige theaterimmanente Erwägungen oder Ankündigungen.

Ein großzügiges Geschenk, einmal im Jahr, macht die Förderergesellschaft der Münchner

Faschingskostümverkauf der Bayerischen Staatsoper.

Opern-Festspiele den Festspielbesuchern jeden Sommer und den Münchner Opernbesuchern allgemein mit dem auch äußerlich opulenten und attraktiv aufgemachten Opernjahrbuch. Hinter dem Titel mag mancher aus ungenügender Kenntnis eine Art gehobener Hauspostille vermuten. In Wirklichkeit handelt es sich um ein anspruchsvolles Verlagsprodukt, das dreierlei vereint: Einblick in die Opernarbeit, retrospektiv und prospektiv, freie Essays über musiktheatralische Themen und wissenschaftliche Abhandlungen zur Musik und zur Oper unter historischen und ästhetischen Aspekten.

Zum Beschluß:

Das Kulturgut Oper, als Gattung 400 Jahre alt, als Institution immer wieder gern in Frage gestellt, lebt einerseits von außergewöhnlichen Leistungen, andererseits von den Menschen, die gewillt sind, die erbrachten Leistungen zu rezipieren und zu akzeptieren. Das Genre Oper kann sich allenfalls formal auf Traditionsverbindlichkeit verlassen. Inhaltlich erlebte es Höhepunkte zu allen Zeiten, von Monteverdi und Mozart über Verdi, Wagner und Richard Strauss bis zu Hans Werner Henze und Bernd Alois Zimmermann. Dazwischen liegen Tausende von Opern, vergessen und verdorben. Die Pflege des Vorhandenen erlaubt keine Selbstzufriedenheit. Sie verlangt aktives Arbeiten am Werk. Die Menschen, die zu ihrem Vergnügen in die Opernhäuser gehen, müssen das mittragen. Ohne sie geht nichts. Die Theaterleute müssen sie überzeugen durch Leistung, aber ebenso durch Of-

Warteschlangen vor der Oper anläßlich des Faschingskostümverkaufs.

fenheit des Kommunikationsprozesses, durch Überwindung von Distanz, letztlich durch menschliche Nähe, daß die gemeinsame Anstrengung für das Genre lohnt.

Man kann nur wünschen, daß die Theaterleute nicht den Überblick einbüßen, in der scheinbar sicheren Nähe auf keine trügerische Geborgenheit setzen. Und man kann nur wünschen, daß das Publikum, das sich bisher in der Oper zu Hause wähnte, das auch in Zukunft tun wird. Beide Gruppen gehören zusammen. Die eine vermag nichts ohne die andere.

Eine Binsenweisheit?

Hoffentlich.

Dokumentation

Cornelia Hofmann/Katharina Meinel

Dokumentation der Premieren von 1653 bis 1992

Die Dokumentation verzeichnet die Opern- und Ballettproduktionen an den Hoftheatern und am Nationaltheater von 1653 bis heute in der chronologischen Folge ihrer Premieren. Die Dokumente sind in aller Regel durch zwei voneinander unabhängige **Quellen** belegt. Ab 1807 hatte die Auswertung der Theaterzettel absolute Priorität. Wegen der teilweise unvollständigen Quellenlage vor 1807 läßt sich der Anspruch auf Vollständigkeit nicht erheben. Produktionen mit allzu lückenhaften Angaben in den Quellen (etwa nur Stücktitel, aber kein Komponist und kein Aufführungsjahr) wurden nicht aufgenommen (Quellenverzeichnis im Anschluß an die Dokumentation).

Um ein möglichst anschauliches Bild vom 350jährigen Musiktheaterleben in München zu bieten, werden die Werke mit jenen **Titeln** genannt, unter denen sie aufgeführt wurden. Abweichende Originaltitel sind ergänzt. Die Aufführungssprache ergibt sich folglich aus dem Produktionstitel. Abweichungen und Zweifelsfälle werden in gesonderten Bemerkungen erläutert.

Die **Rechtschreibung** ist weitgehend aktualisiert. Textdichter und Verfasser literarischer Vorlagen sind nicht genannt, weil nicht das einzelne Werk, sondern die Produktionsgeschichte der Häuser dokumentiert wird. **Gattungsbezeichnungen** sind nur genannt, wenn es sich nicht um Opern im weitesten Sinne (d.h. beispielsweise auch Intermezzi, Singspiele u.ä.) handelt. **Aufführungsorte** werden nur verzeichnet, wenn es sich nicht um Aufführungen im heutigen Nationaltheater handelt (Siglen für Spielstätten im Verzeichnis der Abkürzungen).

Die **Aufführungsvermerke** bezeichnen die historische Bedeutung der Produktion. Die Systematik der Aufführungsvermerke ist für **Oper** und Ballett nicht synonym.

Uraufführung (UA), Deutsche (DE) und Münchner Erstaufführung (ME) sowie Neuinszenierung (NI) werden als Bezeichnungen im herkömmlichen Sinn gebraucht. Mit Deutscher Erstaufführung (DE) werden vor 1871 nur Produktionen bezeichnet, die zum ersten Mal im gesamten deutschsprachigen Raum aufgeführt wurden.

Erstinszenierung (EI) meint die Premiere einer Oper, deren Münchner Erstaufführung (ME) im Rahmen eines Gastspiels oder an einer anderen Münchner Bühne stattfand.

Wiederaufnahmen (WA) von Opern sind prinzipiell nicht verzeichnet, es sei denn, die WA erfolgte nach dem Tode des Regisseurs und/oder der Einrichter, respektive der Bearbeiter der Original-Regie ist eigens auf dem Theaterzettel genannt. In seltenen Fällen sind Wiederaufnahmen auch verzeichnet, wenn sich ein Regisseur von seiner Produktion distanziert hat.

Die Systematik der Aufführungsvermerke bei Ballett-Produktionen folgt nicht der herkömmlichen **Ballett**-Klassifizierung, weil die Produktionsgeschichte des Hauses und nicht die Ballett-Geschichte dokumentiert wird. Aus dieser Überlegung wurde eine streng hausbezogene Systematik der Aufführungsvermerke entwickelt.

Uraufführung (UA) meint demnach nicht jede neue Choreographie einer bereits aufgeführten Musik (wie in Ballett-Klassifikationen üblich), sondern – in Anlehnung an die Opern-Systematik – die erste Aufführung eines theatralischen Gesamtereignisses, d.h. Uraufführung der Musik und Uraufführung der Choreographie.

Erstchoreographie (EC) meint die Münchner Erstaufführung einer Choreographie, die an anderem Ort bereits aufgeführt wurde (im herkömmlichen Sinn eine Neueinstudierung [NE]) oder die erstmals am Hause aufgeführte Choreographie zu einer nicht-originären Ballettmusik (also etwa die erstmals in München aufgeführte Choreographie zu Suitenmusik von Johann Sebastian Bach). Dokumentiert wird mit EC die erste Aufführung einer Choreographie (nicht der Musik) in München.

Neuchoreographie (NC) meint dagegen eine für das Haus neue, nicht erste Choreographie.

Neueinstudierung (NE) einer Choreographie meint die am Haus bereits gezeigte, nun aber in neuen Bühnenbildern bzw. neuen Kostümen aufgeführte Choreographie.

Ein Beispiel: Michail Fokines Choreographie von »Les Sylphides«, uraufgeführt 1909 in Paris, wurde am 28.5.1959 als NC am Haus aufgeführt, weil das Ballett in einer Choreographie von Marcel Luipart bereits am 5.7.1946 zum ersten Mal am Haus (EC) gegeben wurde. Die neue Einstudierung (NE) von Fokines Choreographie am 25.2.1983 ist keine bloße Wiederaufnahme, weil sich BB und KM verändert haben.

Gastspiele sind prinzipiell nicht aufgenommen. Freilich hatte die Gastspielkultur bis zu Beginn des 19. Jahrhunderts einen anderen Stellenwert als heute, weil fremde Truppen durch ungewöhnlich lange Verweildauern oder durch Produktionen in Gemeinschaftsarbeit mit dem Hoforchester das Repertoire entscheidend bestimmten. Solche Produktionen wurden in die Dokumentation aufgenommen und, wenn nötig, durch besondere Bemerkungen erläutert.

Fragezeichen kennzeichnen nicht ausdrücklich gesicherte oder indirekt aus der Aufführungspraxis abgeleitete, nicht aber durch Quellenbefunde belegte Angaben.

Interpreten werden bis 1900 nur sporadisch genannt, nach 1900 regelmäßig, aber in einer auf die wichtigsten Rollen beschränkten Auswahl. Rollennamen sind in Klammern verzeichnet.

Zweit- und Dritt-Namen bei **Regisseuren** verweisen auf die spätere Einstudierung einer bereits bestehenden Inszenierung, deren eigentlicher Verfasser im ersten Namen dokumentiert ist. Es versteht sich von selbst, daß der Begriff der Regie bis zum Ende des 19. Jahrhunderts nicht im heute üblichen Sinn gebraucht wurde.

Angaben zu **Bühnenbildern** bedeuten bis Ende des 19. Jahrhunderts nicht die Urheberschaft einer Gesamtkonzeption, sondern beziehen sich häufiger nur auf die Herstellung von Dekorationsteilen und gemalten Prospekten.

Verzeichnis der Abkürzungen

1. Erfassungskategorien

- MU: Musik (Komponist)
- DIR: Dirigent
- GA: Gattungsbezeichnung
- INT: Interpreten mit Rollenbezeichnung
- RE: Regie
- CH: Choreographie
- BB: Bühnenbild
- KM: Kostüme
- BE: Bemerkungen

2. Spielstätten

- BM: Bayreuth, Markgräfliches Opernhaus
- CU: Cuvilliés-Theater
- GÄ: Gärtnerplatz-Theater
- HE: Herkulessaal der Residenz
- MA: Marstall
- PR: Prinzregenten-Theater
- RS: Redoutensaal an der Prannerstraße
- ST: Salvator-Theater
- TU: Turnierhaus

3. Aufführungsvermerke

3.1. Oper

- UA: Uraufführung
- DE: Deutsche Erstaufführung
- ME: Münchner Erstaufführung
- EI: Erstinszenierung des Hauses (u.U. auch in Bayreuth)
- NI: Neuinszenierung
- WA: Wiederaufnahme (bei überarbeiteter Original-Regie)
- ÜB: Übernahme einer Produktion von einer anderen Bühne
- NF: Neufassung (des Komponisten)

3.2. Ballett

- UA: Uraufführung von Musik und Choreographie
- EC: Erstchoreographie in München/Bayreuth
  a) Ballett, erstmals in München aufgeführt
  b) nicht-originäre Ballett-Musik, erstmals choreographiert
- NC: Neue Choreographie am Haus (in München bzw. Bayreuth)
- NE: Neueinstudierung einer bereits in München/Bayreuth gegebenen Choreographie mit neuem Bühnenbild und/oder neuen Kostümen

1653

August 1653 UA
L'arpa festante
- MU Maccioni, Giovanni Battista
- OR HE
- BE eventuell auch Sankt-Georg-Saal

1654

12.02.1654 UA
La ninfa ritrosa
- MU Zambonini, Pietro
- OR ST
- BB Amort, Caspar
- BE Eröffnung des Salvatortheaters; wegen technischer Mängel wieder geschlossen; Opernaufführungen wieder seit 13.2.1657

15.02.1654 UA
Mercurio e Marte discordi
- MU Zambonini, Pietro
- OR Brunnenhof der Residenz
- BB Amort, Caspar
- KM Amort, Caspar

17.02.1654 UA
Le pompe di Cipro
- GA Ballett
- MU Wendler, Ludwig oder Macchiatti, Carlo oder Zambonini, Pietro
- OR HE
- BB Amort, Caspar

1656

13.11.1656 UA
Il monte incantato
- GA Ballett
- MU Wendler, Ludwig
- OR HE?

1657

16.01.1657 UA
I quattro elementi
- GA Ballett
- MU Wendler, Ludwig oder Maccioni, Giovanni Battista
- OR HE
- BB Santi, Francesco

16.01.1657 UA
Introduzione per il balletto
- GA Ballett
- MU Wendler, Ludwig oder Maccioni, Giovanni Battista
- OR HE
- BB Santi, Francesco

13.02.1657 UA
L'Oronte
- MU Kerll, Johann Kaspar
- OR ST

- BB Santi, Francesco
- BE Erste Oper im umgebauten Salvatortheater

1658

28.02.1658 DE
L'Alessandro il grande, vincitor di se stesso
Alessandro vincitor di se stesso
- MU Cesti, Marc Antonio (nicht Cavalli)
- OR ST

28.08.1658 UA
Applausi festivi
- GA Reiterballett
- MU Maccioni, Giovanni Battista ?
- OR Reitbahn
- INT Kurfürst Albrecht III. (Sonnengott) Herzog Max (Mondgott)

1660

1660 UA
L'Ardelia
- MU Kerll, Johann Kaspar ?
- OR ST?

1661

07.11.1661 UA
L'Erinto
- MU Kerll, Johann Kaspar
- OR ST?
- BB Castiglione

1662

24.09.1662 UA
Fedra incoronata
- MU Kerll, Johann Kaspar
- OR ST
- BB Santurini, Francesco
- BE erster Teil des Kurbayerischen Freudenfestes »Applausi festivi«

26.09.1662 UA
Antiopia giustificata
- MU Kerll, Johann Kaspar
- OR TU
- BB Santurini, Francesco
- BE zweiter Teil des Kurbayerischen Freudenfestes »Applausi festivi«

01.10.1662 UA
Medea vendicativa
- MU Kerll, Johann Kaspar
- OR Isarufer
- BB Santurini, Francesco
- BE dritter Teil des Kurbayerischen Freudenfestes »Applausi festivi«

1665

06.04.1665 UA
I trionfi di Baviera

- GA Ballett
- MU ?
- OR HE
- BB Santurini, Francesco

06.04.1665 UA
L'amor della patria superiore ad ogn'altro

Kurfürst Ferdinand Maria 1652–1679

- MU Kerll, Johann Kaspar
- OR ST
- BB Santurini, Francesco

1666

31.10.1666 UA
Applausi festivi
- GA Ballett

Szenenbild »Antiopa giustificata« im Turnierhaus, 26. 9. 1662

- MU Wendler, Ludwig oder Teibner, Johann Kaspar
- OR Residenz

1667

30.01.1667 UA
Atalanta
- MU Kerll, Johann Kaspar
- OR ST

17.02.1667 UA
Festa di ballo
- GA Ballett

- MU Wendler, Ludwig oder Teibner, Johann Kaspar
- OR HE

31.10.1667 UA
Capriccio poetico
- MU Wendler, Ludwig oder

Kurfürstin Henriette Adelaide 1652–1676

Teibner, Johann Kaspar oder Kerll, Johann Kaspar
- OR HE

06.11.1667 UA
Le pretensioni del sole
- GA Ballett
- MU Kerll, Johann Kaspar
- OR HE?

1668

Winter 1668 UA
I trionfi di virtuosa bellezza
- MU ?
- OR HE ?
- BE szenisch-musikalisches Gelegenheitsspiel; nach einer großen Schlittenfahrt

31.10.1668 UA
La cuna elettorale

- MU Kerll, Johann Kaspar ?
- OR Schloß Schleißheim

1669

1669 UA
Adelaide, regia principessa di Susa
- MU Riva, Giulio ?
- OR ST?

1669 UA
I colori geniali
- MU Kerll, Johann Kaspar
- OR ST?

06.11.1669 UA?
La casa d'acquario
- GA Ballett
- MU Kerll, Johann Kaspar ?
- OR HE?
- CH Rodier, Jacques
- BE unter Mitwirkung von Max Emanuel (späterer Kurfürst)

1670

1670 UA
La giostra delle Amazoni
- MU Kerll, Johann Kaspar ?
- OR TU?

22.02.1670 UA
Ottone in Italia
- MU ?
- OR ST?

1671

06.11.1671 UA
Il trionfo della guerra e della pace
- MU ?
- OR TU?
- BE szenisch-musikalische Einleitung zu einem Waffenspiel

1672

1672 UA
I portenti dell'indole generosa
- MU Bernabei, Ercole
- OR ST
- BE eventuell erst 1675

31.10.1672 UA
Amor tiranno, overo Regnero innamorato
- MU Kerll, Johann Kaspar
- OR ST?

1674

1674 UA
La conquista del velo d'oro in colco
- MU Bernabei, Ercole
- OR TU?

1674 UA
La fabbrica della corona
- MU Bernabei, Ercole
- OR ST

1678

10.02.1678 UA
Alvilda in Abo
MU Bernabei, Giuseppe Antonio
OR ST?

26.07.1678 UA
Enea in Italia
MU Bernabei, Giuseppe Antonio
OR ST?
BE späteres Premierendatum möglich

1680

März 1680 UA
Il litigio del cielo e della terra
MU Bernabei, Ercole
OR ST

Agostino Steffani (1654–1728), Hofkapellmeister 1667–1688

März 1680 ME
La dori ovvero La schiava fedele
MU Cesti, Marc Antonio
   Bernabei, Giuseppe Antonio
OR ST?
BB Gumpp, Johann Anton
BE zur Vermählung der Prinzessin Maria Anna Christina mit dem Dauphin Ludwig von Frankreich; von Bernabei vermutlich nur der Prolog, ansonsten M.A. Cestis »La dori«

11.07.1680 UA
Giulio Cesare ricrovato
MU Bernabei, Giuseppe Antonio
OR ST
BB Gumpp, Johann Anton
BE Turnierkantate zur Feier des 18. Geburtstages und der Regierungsübernahme von Max Emanuel

14.07.1680 UA
L'Ermione
MU Bernabei, Giuseppe Antonio
OR ST
BB Gumpp, Johann Anton
BE zur Feier des 18. Geburtstages und der Regierungsübernahme von Max Emanuel

1681

Februar 1681 UA
Lisimen und Calliste
MU Weinberger, Veit
OR ST
BB Gumpp, Johann Anton
BE erste Münchner Oper in deutscher Sprache

12.02.1681 UA
Marco Aurelio
MU Steffani, Agostino
OR ST?
BB Gumpp, Johann Anton
   Pistorini

1685

Karneval 1685 UA
Audacia e Rispetto
MU Steffani, Agostino
OR TU?

25.02.1685 UA
Solone
GA Ballett
MU Steffani, Agostino
OR ST
CH Rodier, François

1686

21.01.1686 UA
Servio Tullio
MU Steffani, Agostino
OR ST
BB Mauro, Gasparo
   Mauro, Domenico
BE Ballett-Musik Melchior d'Ardespin
   Ballett-Choreographie François Rodier

04.02.1686 UA
Erote ed Anterote
MU Bernabei, Ercole
OR ST
BB Mauro, Domenico
   Mauro, Gasparo

19.02.1686 UA
Ascanius
Ascanio in Alba
MU Bernabei, Giuseppe Antonio
OR ST
BB Mauro, Domenico
   Mauro, Gasparo
BE deutsch

1687

18.01.1687 UA
Alarico, il Baltha cioè re di Gothi
MU Steffani, Agostino
OR ST
BE Ballett-Musik Melchior d'Ardespin
   Ballett-Choreographie François Rodier

1688

04.01.1688 UA
Niobe, regina di Thebe
MU Steffani, Agostino
OR ST
BE Ballett-Musik Melchior d'Ardespin

18.01.1688 UA
La gloria festeggiante
Gli dei festeggianti
MU Bernabei, Giuseppe Antonio
OR ST
BE Ballett-Musik Melchior d'Ardespin

26.02.1688 UA
Diana amante
MU Bernabei, Giuseppe Antonio
   d'Ardespin, Melchior
OR Sankt-Georg-Saal der Residenz

21.11.1688 UA
Venere pronuba
MU Bernabei, Giuseppe Antonio
OR ST

22.11.1688 UA
Il Trionfo d'Imeneo
MU Bernabei, Giuseppe Antonio
OR ST

23.11.1688 UA
Torneo
Gli accidenti d'amore?
MU Bernabei, Vincenzo?
OR ST

Ercole Bernabei (1620–1687), Hofkapellmeister 1674–1687

1690

1690 UA
Vaticinio di Apollo e Diana
MU Bernabei, Giuseppe Antonio
OR ST

05.02.1690 UA
L'Eraclio
MU Hader, Clementin
OR ST
BE Ballett-Musik Melchior d'Ardespin

06.02.1690 UA
Gli oracoli di Pallade e di Nemesi
GA Ballett?
MU Torri, Pietro
OR TU?
BB Gumpp, Johann Anton

07.02.1690 UA
Il segreto d'amore in petto del savio
MU Bernabei, Giuseppe Antonio
OR ST
BE Ballett-Musik Melchior d'Ardespin

1691

1691 UA
L'ambizione fulminata
MU Torri, Pietro
OR ST?

Juni 1691 UA
I preggi della primavera
MU Torri, Pietro
OR Schloß Leuchtenberg (Oberpfalz)

11.07.1691 UA
Gli Amori di Titone e d'Aurora
MU Torri, Pietro
OR ST

Johann Kaspar Kerll (1627 bis 1693), Hofkapellmeister 1653–1673 und 1684–1693

1694

1694 UA
Die gekrönte Treu
Der von dem Todt zum Leben erweckte Lucidor
MU ?
OR ST

1694 UA
Leoldo und Elona
MU ?
OR ST

1702

30.01.1702 UA
Torneo
GA Ballett?
MU Torri, Pietro
OR ST?

1710

1710 UA
Die bekrönte Unschuld
MU Schuechbaur, Franz Simon
OR ST

1714

10.06.1714 UA
Genovefa
MU Seerieder, Philipp Jakob
OR Rathaus

1715

1715 DE?
Il Tigrane
MU Scarlatti, Alessandro
OR ST?

12.10.1715 DE?
L'innocenza difesa da numi
Ismene
MU Torri, Pietro
OR ST

1715/1716 UA?
Introduzione a balli
GA Ballett?
MU Torri, Pietro
OR ST?

1716

12.10.1716 UA
Astianatte
MU Torri, Pietro
OR ST

1717

1717 UA NF
Andromacca
Astianatte
MU Torri, Pietro
OR ST
CH Dubreil, Pierre
BE NF erweitert durch Ballette und Chöre französischen Geschmacks

1718

12.10.1718 ME
La costanza trionfante
MU Vivaldi, Antonio
OR ST

29.12.1718 UA
Torneo
GA Ballett ?
MU Torri, Pietro
OR Schloß Lichtenberg

1719

17.02.1719 UA
Epitalamio
MU Torri, Pietro
OR Schwarzer Saal der Residenz

12.10.1719 UA
La Merope
MU Torri, Pietro
OR ST
RE Kurprinz Karl Albrecht ?

1720

14.07.1720 UA
Eumene
MU Torri, Pietro
OR ST?

12.10.1720 UA
Lucio vero
MU Torri, Pietro
OR ST?
RE Kurprinz Karl Albrecht ?

1721

11.07.1721 UA
Per l'anniversario della nascità de S.A.E. Massim. Emanuele
MU Torri, Pietro
OR ST?

06.08.1721 UA
Gli dei festeggianti
MU Torri, Pietro
OR ST?

12.10.1721 UA
L'Amor d'amico vince ogni altro amore
Pirro e Demetrio
MU Torri, Pietro
OR ST
INT Bernacchi, Antonio (Kastrat)
Durastanti, Margherita

1722

August 1722 UA
Dafni
MU ?
OR Schloß Dachau
INT Mengoni, Antonia (Daphne)

18.10.1722 UA
Adelaide
MU Torri, Pietro
OR ST
BB Monari, Giacomo

21.10.1722 UA
I veri amici
MU Albinoni, Tomaso
OR ST?
BE in den Pausen Intermezzo »Vespetta e Pimpinone«

21.10.1722 DE
Vespetta e Pimpinone
MU Albinoni, Tomaso
OR ST?
BE Intermezzo zu »I veri amici«

22.10.1722 UA
La publica felicità
MU Torri, Pietro
OR TU
BB Beduzzi

25.10.1722 ME
Il segreto d'amore
MU Albinoni, Tomaso ?
OR ST?

27.10.1722 ME
Serpilla e Bacocco
Il marito giocator e la mogliebacchettona
MU Orlandini, Giuseppe
OR ST?
BE Intermezzo zu »I veri amici« (Wiederholungsvorstellung)

29.10.1722 UA
Gli applausi delle muse
MU ?
OR Schloß Nymphenburg

04.11.1722 UA
Il trionfo d'amore
MU Albinoni, Tomaso
OR TU
BB Stuber, Nikolaus Gottfried

1723

24.01.1723 NI
La Merope
MU Torri, Pietro
OR ST?
BB Stuber, Nikolaus Gottfried

12.10.1723 UA
Griselda
MU Torri, Pietro
OR ST
INT Bordoni, Faustina (Griselda)
Bernacchi, Antonio (Gualiero)
BB Stuber, Nikolaus Gottfried

1724

Januar 1724 ME
Tito Manlio
MU ?
OR ST?

Oktober 1724 UA
Amadis di Grecia
MU Torri, Pietro
OR ST?

09.10.1724 UA
Damiro e Pitia
MU Porpora, Nicolo Antonio
OR ST

1725

14.01.1725 UA?
Porsena
MU ?
OR ST?
BB Stuber, Francesco

12.10.1725 UA
Venceslao
MU Torri, Pietro
OR ST
BB Stuber, Nikolaus Gottfried
Stuber, Francesco

1726

1726 UA
Isara festiggiante
MU Torri, Pietro
OR ST?

20.01.1726 UA
Il Iamano
MU Donnini, Geronimo
OR ST

06.09.1726 UA
Egloga pastorale
MU Bernabei, Giuseppe Antonio
OR ST?

1727

11.05.1727 UA
Epaminonda
MU Torri, Pietro
OR ST?

BB Stuber, Nikolaus Gottfried
Stuber, Francesco

06.08.1727 UA
Le virtu gareggianti
MU ?
OR ST?

22.10.1727 UA
Gordio
MU Ferrandini, Giovanni ?
OR ST
BB Stuber, Nikolaus Gottfried

1728

Oktober 1728 UA
Nicomede
MU Torri, Pietro
OR ST?
INT Farinelli
BB Stuber, Nikolaus Gottfried

1729

10.07.1729 UA
Il sacrificio invalido
MU Ferrandini, Giovanni
OR Schloß Nymphenburg
BB Stuber, Nikolaus Gottfried

06.08.1729 UA
Colloquio pastorale
MU Ferrandini, Giovanni
OR Schloß Nymphenburg

22.10.1729 UA
Edippo
MU Torri, Pietro Ferrandini, Giovanni
OR ST?
INT Bordoni, Faustina
Farinelli
BB Stuber, Nikolaus Gottfried
KM Deschamps

1730

05.02.1730 UA
Berenice
MU Ferrandini, Giovanni
OR ST
BB Stuber, Nikolaus Gottfried

1731

22.10.1731 UA
L'Ippolito
MU Torri, Pietro
OR ST?
INT Carestini, Giovanni
Rosa (Maria Schwarzmann) Bavarese
BB Stuber, Nikolaus Gottfried

1732

Karneval 1732 UA
Scipione nelle Spagne
MU Ferrandini, Giovanni
OR ST
BB Stuber, Nikolaus Gottfried

1733

1733 UA
Ciro
MU Ferrandini, Giovanni
OR ST
BB Stuber, Nikolaus Gottfried

1735

Karneval 1735 ME
Alessandro nell'Indie
Cleofide
MU Hasse, Johann Adolf
OR ST?
BB Stuber, Nikolaus Gottfried
BE auf ein Libretto von Pietro Metastasio

1736

Karneval 1736 UA
Catone in Utica
MU Torri, Pietro
OR ST?
INT Mayer, Orsola

Karneval 1736 UA
La clemenza di Tito
MU Peli, Francesco
OR ST?
BB Stuber, Nikolaus Gottfried

22.10.1736 UA
Ipermestra
MU Peli, Francesco ?
OR ST?

1737

1737 UA
Adriano in Siria
MU Ferrandini, Giovanni
OR ST
BB Stuber, Nikolaus Gottfried

Karneval 1737 UA
La costanza in trionfo
MU Peli, Francesco
OR ST?

06.08.1737 UA
Apollo tra le muse in Parnasso
MU Aliprandi, Bernardo
OR Schloß Nymphenburg

22.10.1737 UA
Demofoonte

MU Ferrandini, Giovanni
OR ST

1738

1738 DE
Olimpiade
MU Pergolesi, Giovanni Battista
OR ST?

Karneval 1738 UA
Mitridate, rè di Ponto
MU Aliprandi, Bernardo
OR ST
BB Stuber, Nikolaus Gottfried

28.03.1738 UA
Iphigenia in Aulide
MU Porta, Giovanni
OR ST
BB Stuber, Nikolaus Gottfried

10.07.1738 UA
Dafne
MU Porta, Giovanni
OR Schloß Nymphenburg

22.10.1738 UA
Gianguir
MU ?
OR ST
BB Stuber, Nikolaus Gottfried

1739

1739 UA
Iphigenia in Aulis
MU Aliprandi, Bernardo
OR ST?

1739 UA
Melissa tradita
MU Camerloher, Joseph Anton ?
OR ST?

22.10.1739 UA
Artaserse
MU Ferrandini, Giovanni
   Porta, Giovanni ?
OR ST
BB Stuber, Nikolaus Gottfried

1740

1740 UA
Semiramide riconosciuta
MU Aliprandi, Bernardo
OR ST?
BB Stuber, Nikolaus Gottfried

Karneval 1740 DE
Farnace
MU Porta, Giovanni
OR ST?
INT Merighi, Antonia
BB Stuber, Nikolaus Gottfried

Karneval 1740 UA
Il sogno di Scipione
MU Porta, Giovanni
OR ST?

1742

1742 UA
Componimento drammatico per l'incoronazione di Carlo VII.
MU Ferrandini, Giovanni
OR ST
BE fraglich

1747

16.05.1747 UA
Il Caican Turco e Liseta Ortolana
MU Paganelli, Antonio Giuseppe ?
OR ST?

Juli 1747 UA
La Clemenza di Tito
MU Camerloher, Joseph Anton
OR ST
BB Stuber, Nikolaus Gottfried

August 1747 ME
Barsina
MU Paganelli, Antonio Giuseppe
OR ST?
BE aufgeführt von der Wandertruppe des Antonio Denzi

Herbst 1747 DE
La verità nell'inganno
MU Chintzer, Giovanni
OR ST?
BE bearbeitet und aufgeführt von der Wandertruppe des Antonio Denzi

1748

1748 ME
Tigrane
MU Lapis, Santo ?
OR ST?
BB Stuber, Nikolaus Gottfried

Karneval 1748 UA
L'industria galante
MU ?
OR ST
BE vermutlich aufgeführt von der Wandertruppe des Antonio Denzi

1749

1749 DE
La chercheuse d'esprit
MU ?
OR ST?

1749 DE
L'impressario abbandonato
MU Auletta, Pietro
OR ST?
BE von Wandertruppe aufgeführt

1749 DE?
La comedia in comedia
MU Da Capua, Rinaldo
OR ST?
BE von Wandertruppe aufgeführt

1749 ME
Gismondo
MU Latilla, Gaetano
OR ST?

13.07.1749 ME
Madama Ciana
MU Latilla, Gaetano
OR ST?
BE von Wandertruppe aufgeführt

1749/50

1749/50 ME
L'isle des amazones
MU Gillier, Jean-Claude
OR ST

1749/50 ME
La servante justifée
MU ?
OR ST

1749/50 ME
Les amours de Nanterre
MU Gillier, Jean-Claude
OR ST

1751

1751 ME
Ipermestra
MU Gluck, Christoph Willibald (nicht Baldassare Galuppi)
OR ST?
BE von Wandertruppe aufgeführt

1753

1753 DE?
Alessandro severo
MU Bernasconi, Andrea
OR ST?

1753 UA?
Zwei Zwischenspiele
GA Ballett
MU Du Buisson de Chalandray
OR ST
BB Cuvilliés, François d.J.

1753 UA
Le grazie vendicate
MU Ferrandini, Giovanni
OR ST?

29.08.1753 UA?
Climene
MU ?
OR Nymphenburg, Heckentheater
BB Cuvilliés, François d.J.

12.10.1753 UA
Catone in Utica
MU Ferrandini, Giovanni
OR CU
BB Gaspari, Johann Paul
BE zur Eröffnung des neuen Opernhauses von François Cuvilliés d.Ä.

12.10.1753 UA?
Afrikas Tribut an den triumphierenden Cäsar
GA Ballett
MU ?
OR CU
CH Dall'Agata, Michele
BE Im Anschluß an »Catone in Utica«

1754

1754 ME
Temistocle
MU Bernasconi, Andrea
OR CU
BB Gaspari, Johann Paul

27.07.1754 UA
L'ozzio fugato della gloria
MU Bernasconi, Andrea
OR CU

12.10.1754 DE
Bajazet
MU Bernasconi, Andrea
OR CU

1755

05.01.1755 UA
Adriano in Siria
MU Bernasconi, Andrea
OR CU
BB Gaspari, Johann Paul

Juni 1755 UA
Scipio dormendo
MU Bernasconi, Andrea
OR Schloß Nymphenburg

Juli 1755 ÜB?
Il trionfo della costanza
Scipio dormendo ?
MU Bernasconi, Andrea
OR CU
BB Gaspari, Johann Paul
BE wahrscheinlich »Scipio dormendo« unter neuem Titel

10.07.1755 UA
Diana placata
MU Ferrandini, Giovanni
OR CU
BB Gaspari, Johann Paul

12.10.1755 ME
Alessandro nell'Indie
MU Galuppi, Baldassare
OR CU

1756

26.01.1756 UA
Didone abbandonnata
MU Bernasconi, Andrea
OR CU
BB Gaspari, Johann Paul

1757

1757 UA
Bellerofoonte
MU Ferrandini, Giovanni
OR CU?

1758

1758 DE
Don Trastullo
MU Jommelli, Niccolo
OR CU?

1758 DE
I portentosi effetti della matre natura
MU Scarlatti, Giuseppe
OR CU?

1758 ME
Il mondo alla roversa ossia Le donne che comandano
MU Galuppi, Baldassare
OR CU?

1758 ME
Il pazzo glorioso
MU Cocchi, Gioacchino
OR CU

1758 ME
L'orazio
MU Auletta, Pietro
OR CU?

1758 ME
La pupilla
MU Garcia, Francisco Xavier
OR CU?

Karneval 1758 UA
Demetrio
MU Ferrandini, Giovanni
OR CU

Kurfürstenloge im Cuvilliés-Theater (Altes Residenztheater), 1753 eröffnet an der Stelle, wo sich heute das Neue Residenztheater befindet

19.04.1758 ME
Il filosofo di campagna
MU Galuppi, Baldassare
OR ST

1759

1759 ME
De Gustibus non est disputandum
MU Galuppi, Baldassare
OR CU

1759 UA
Don Falcone
MU Diverse
OR CU

Theatiner-Kirche (Im Hintergrund das Salvatortheater)

1759 UA
La finta ammalata
MU ?
OR CU?

1759 ME
Lo speziale
MU Fischietti, Domenico
Pallavicini, Vincenzo
OR CU?

1760

1760 UA
Agelmondo
MU Bernasconi, Andrea
OR CU
INT Mingotti, Regina
BB Gaspari, Johann Paul

1760 DE?
Il signor dottore
MU Fischietti, Domenico
OR CU

1760 ME
Il viaggiatore ridicolo
MU Mazzoni, Antonio
OR CU?

1760 ME
L'Arcadia in Brenta
MU Galuppi, Baldassare
OR CU?

24.01.1760 ME
Don Tabarano
La contadina
MU Hasse, Johann Adolf
OR CU?

06.02.1760 UA
Talestri, regina della Amazoni
MU Maria Antonia Walburga, Kurfürstin von Sachsen
OR Schloß Nymphenburg
INT Maria Antonia Walburga
BB Gaspari, Johann Paul

15.06.1760 UA
Il rè pastore
MU Zonca, Joseph
OR CU?

1761

1761 DE
I matti per amore
MU Cocchi, Gioacchino
OR CU?

1761 DE
L'amor contadino
MU Lampugnani, Giovanni Battista
OR CU?

1761 DE?
La fiera di sinigaglia
MU Fischietti, Domenico
OR CU?

1761 ME
La ritornata di Londra
MU Fischietti, Domenico
OR CU?

06.02.1761 ME
Il trionfo della fedeltà
MU Maria Antonia Walburga, Kurfürstin von Sachsen
OR CU?
BB Gaspari, Johann Paul ?

1762

01.07.1762 DE?
Le statue
MU Brusa, Giovanni Francesco ?
OR Schloß Schleißheim

1763

10.01.1763 UA
Artaserse
MU Bernasconi, Andrea
OR CU
INT Walleshauser, Johann (Artaserse)
BB Gaspari, Johann Paul ?

1764

20.01.1764 UA
L'Olimpiade
MU Bernasconi, Andrea
OR CU
BB Gaspari, Johann Paul

1765

07.01.1765 UA
Semiramide riconosciuta
MU Bernasconi, Andrea
OR CU
BB Gaspari, Johann Paul

12.01.1765 UA
Le nozze d'Amore e di Norizia
MU Sales, Pietro Pompeo
OR Kaisersaal der Residenz

1766

Karneval 1766 UA
Demofoonte
MU Bernasconi, Andrea
OR CU
BB Gaspari, Johann Paul

29.08.1766 UA
L'Endimione
MU Bernasconi, Andrea
OR CU
BB Gaspari, Johann Paul

1767

Karneval 1767 UA
Il Siroë
MU Traetta, Tommaso
OR CU
BB Gaspari, Johann Paul

01.05.1767 ME
Rose et Colas
MU Monsigny, Pierre Alexandre
OR ST?
BE früheres Premierendatum möglich

25.06.1767 ME
Le maître en droit
MU Monsigny, Pierre Alexandre
OR ST?
BE früheres Premierendatum möglich

28.06.1767 ME
Tom Jones
MU Philidor, François André Danican
OR ST?
BE früheres Premierendatum möglich

09.07.1767 ME
Le sorcier
MU Philidor, François André Danican
OR ST?
BE früheres Premierendatum möglich

19.07.1767 ME
Le maréchal ferrant
MU Philidor, François André Danican
OR ST?
BE früheres Premierendatum möglich

07.08.1767 ME
La laitière
Les deux chasseurs et la laitière
MU Duni, Egidio Romoaldo
OR ST?
BE früheres Premierendatum möglich

20.08.1767 ME
Annette et Lubin
MU Laborde, Jean Benjamin de
OR ST?
BE früheres Premierendatum möglich

20.08.1767 ME
La pupille
MU Mouret, Jean Joseph
OR ST?
BE früheres Premierendatum möglich

06.09.1767 DE?
Le peintre amoureux de son modèle
MU Duni, Egidio Romoaldo
OR ST?
BE früheres Premierendatum möglich

Kurfürst Maximilian III. Joseph 1745–1777

13.09.1767 ME
Le roi et son fermier
Le roi et le fermier
MU Monsigny, Pierre Alexandre
OR ST?
BE früheres Premierendatum möglich

1768

07.01.1768 ME
La servante maitresse
La serva padrona
MU Pergolesi, Giovanni Battista
OR ST?
BE ME der französischen Bearbeitung von 1754; früheres Premierendatum möglich

Karneval 1768 UA
La Clemenza di Tito
MU Bernasconi, Andrea
OR CU
BB Gaspari, Johann Paul

08.05.1768 ME
Le milicien
MU Duni, Egidio Romoaldo
OR ST?
BE früheres Premierendatum möglich

12.05.1768 ME
Mazet
MU Duni, Egidio Romoaldo
OR ST?
BE früheres Premierendatum möglich

12.06.1768 ME
Isabelle et Gertrude
MU Blaise, Benoit ?
Grétry, André Ernest Modest ?
OR ST?
BE früheres Premierendatum möglich

01.07.1768 ME
Le cadi dupé
MU Monsigny, Pierre Alexandre
OR ST?
BE früheres Premierendatum möglich

1769

1769 UA
Astarto
MU Rauzzini, Venanzio
OR CU?

1769 UA
Piramo e Tisbe
MU Rauzzini, Venanzio
OR CU

	02.01.1769	UA
	Antigono	
MU	Sales, Pietro Pompeo	
OR	CU	

	17.01.1769	ME
	La fête du chateau	
MU	Saint-Pierre	
OR	ST?	
BE	früheres Premierendatum möglich	

	25.04.1769	UA
	L'eroë cinese	
MU	Sacchini, Antonio	
OR	CU	
BB	Gaspari, Johann Paul	
BE	früheres Premierendatum möglich	

	10.05.1769	ME
	Blaise le servitier	
	Blaise le savetier	
MU	Philidor, François André Danican	
OR	ST?	
BE	früheres Premierendatum möglich	

1770

	08.01.1770	UA
	Scipione in Cartagena	
MU	Sacchini, Antonio	
OR	CU	
BB	Gaspari, Johann Paul	

	12.01.1770	ME
	I Francesi brillanti	
	La Francese brillante	
MU	Guglielmi, Pietro	
OR	ST?	
BE	früheres Premierendatum möglich	

	19.01.1770	ME
	I rivali placati	
MU	Guglielmi, Pietro	
OR	ST?	
BE	früheres Premierendatum möglich	

	25.01.1770	ME
	Il vecchio marito geloso	
	Il vecchio marito	
MU	Logroscino, Nicolà	
OR	ST?	
BE	früheres Premierendatum möglich	

	23.02.1770	ME
	Il paese della cucagna	
MU	Galuppi, Baldassare	
OR	ST?	
BE	früheres Premierendatum möglich	

	03.04.1770	UA?
	Arcifanfano, rè de matti	
MU	Rauzzini, Venanzio ?	
OR	ST?	
BE	früheres Premierendatum möglich	

	08.07.1770	ME
	Il cavaliere per amore	
MU	Piccinni, Niccolò	
OR	ST?	

	20.08.1770	NI?
	Il sogno di Scipione	
	Scipio dormendo ?	
MU	Bernasconi, Andrea	
OR	CU?	
BE	früheres Premierendatum möglich; sicher identisch mit »Il trionfo della costanza«, vermutlich identisch mit »Scipio dormendo«	

	Herbst 1770	UA
	L'eroë cinese	
MU	Rauzzini, Venanzio	
OR	CU?	

	07.10.1770	ME
	Il ratto della sposa	
MU	Guglielmi, Pietro	
OR	ST?	
BE	früheres Premierendatum möglich	

	20.11.1770	ME
	Il mercato di Malmantile	
MU	Fischietti, Domenico ?	
OR	ST?	
BE	früheres Premierendatum möglich Musik eventuell von Giuseppe Scarlatti	

	23.11.1770	ME
	L'amore in musica	
MU	Dittersdorf, Carl Ditters von ?	
OR	ST?	
BE	früheres Premierendatum möglich	

	09.12.1770	ME
	Gli uccellatori	
MU	Piccinni, Niccolò ? Gassmann, Florian Leopold ?	
OR	ST?	
BE	früheres Premierendatum möglich	

1771

	24.02.1771	ME
	Gli tre amanti ridicoli	
MU	Galuppi, Baldassare	
OR	ST?	
BE	früheres Premierendatum möglich	

	04.04.1771	ME?
	La buona figlia	
	La buona figliola	
MU	Piccinni, Niccolò ?	
OR	ST?	
BE	früheres Premierendatum möglich	

	02.06.1771	ME
	La conversazione	
MU	Scolari, Giuseppe	
OR	ST?	
BE	früheres Premierendatum möglich	

	16.06.1771	ME
	Gli stravaganti	
MU	Piccinni, Niccolò ? Scarlatti, Giuseppe ?	
OR	ST?	
BE	früheres Premierendatum möglich	

	14.07.1771	ME
	La contadina in corte	
MU	Sacchini, Antonio	
OR	ST?	
BE	früheres Premierendatum möglich	

	25.08.1771	ME
	Il finto pazzo per amore	
MU	Sacchini, Antonio ? Piccinni, Niccolò ?	
OR	ST?	
BE	früheres Premierendatum möglich	

	01.09.1771	ME
	La sposa fedele	
MU	Guglielmi, Pietro	
OR	ST?	
BE	früheres Premierendatum möglich	

	22.09.1771	ME
	I matrimonii in maschera	
MU	Rutini, Giovanni Maria	
OR	ST?	
BE	früheres Premierendatum möglich	

	03.11.1771	ME
	La locanda	
MU	Gazzaniga, Giuseppe	
OR	ST?	
BE	früheres Premierendatum möglich	

1772

	29.01.1772	UA
	Demetrio	
MU	Bernasconi, Andrea	
OR	CU?	
BB	Gaspari, Johann Paul	

	01.02.1772	UA
	Il barone di torre forte	
MU	Michl, Josef	
OR	ST	

	18.02.1772	ME
	La pupilla e il ciarlone	
	La pupilla	
MU	Abos, Giuseppe	
OR	ST?	
BE	früheres Premierendatum möglich	

	08.03.1772	ME
	Le vicende della sorte	
MU	Piccinni, Niccolò	
OR	ST?	
BE	früheres Premierendatum möglich	

	24.04.1772	ME
	L'impresa d'opera ossia Gli amori teatrali	
MU	Guglielmi, Pietro	

OR	ST?	
BE	früheres Premierendatum möglich	

	08.06.1772	UA
	Le finte gemelli	
MU	Rauzzini, Matteo	
OR	ST	
BE	früheres Premierendatum möglich	

	09.08.1772	ME
	L'amore senza malizia	
MU	Ottani, Bernardino	
OR	ST?	

	30.08.1772	ME
	Il rè alla caccia	
MU	Galuppi, Baldassare	
OR	ST?	
BE	früheres Premierendatum möglich	

	08.11.1772	UA
	Il Kam cinese	
MU	Rauzzini, Matteo	
OR	CU	
BE	früheres Premierendatum möglich	

	29.11.1772	ME
	Il villano geloso	
MU	Naumann, Johann Gottlieb	
OR	ST?	

1773

	1773	UA?
	Le généreux espagnol	
GA	Ballett	
MU	?	
OR	CU?	

	1773	UA?
	Le jugement de Paris	
GA	Ballett	
MU	?	
OR	CU?	

	1773	UA
	Pompejo	
MU	Rauzzini, Venanzio	
OR	CU?	

	Karneval 1773	ME
	Le finte gemelli	
MU	Piccinni, Niccolò	
OR	CU?	

	03.01.1773	ME
	L'isola d'amore ou La colonia	
MU	Sacchini, Antonio	
OR	ST?	

	06.01.1773	UA
	Zenobia	
MU	Tozzi, Antonio	
OR	CU?	
BB	Gaspari, Johann Paul	

	05.02.1773	ME
	Orfeo ed Euridice	
MU	Gluck, Christoph Willibald	

OR	CU	
INT	Guadagni, Gaetano (Orfeo) Lodi, Giudetta (Euridice) Moschini, Carlo (Amor)	

	12.04.1773	ME
	La Pescatrice	
MU	Piccinni, Niccolò	
OR	ST?	

	23.05.1773	ME
	La fedeltà in amore	
MU	Schuster, Josef	
OR	ST?	

	26.09.1773	ME
	L'amore soldato	
MU	Felici, Alessandro	
OR	ST?	
BE	früheres Premierendatum möglich	

	27.12.1773	ME
	L'amante deluso	
MU	Michl, Josef ? Da Capua, Rinaldo ?	
OR	RS?	

1774

	Karneval 1774	ME
	La gianetta	
	L'incognita perseguitata	
MU	Anfossi, Pasquale	
OR	CU?	

	06.01.1774	UA
	Achille in Sciro	
MU	Sales, Pietro Pompeo	
OR	CU	

	21.02.1774	UA
	La serva astuta	
MU	Tozzi, Antonio	
OR	CU?	

	21.04.1774	ME
	Lo sposo burlato	
MU	Piccinni, Niccolò	
OR	RS?	

Johann Paul Gaspari (1712–1775), Bühnenbildner

	10.06.1774	ME
	Il rè pastore	
MU	Guglielmi, Pietro	
OR	CU	
BB	Gaspari, Johann Paul	

BE früheres Premierendatum (9.6.1774) möglich; anschließend das Ballett »La ninfa spergiura, proteta per amore«, wahrscheinlich komponiert von Niccolò Piccinni

10.06.1774 EC?
La ninfa spergiura, proteta per amore
GA Ballett
MU Piccinni, Niccolò ?
OR CU
CH Trancart, Antoine
BE anschließend an »Il rè pastore« von Pietro Guglielmi; früheres Premierendatum (9.6.1774) möglich

17.11.1774 ME
L'amore artigiano
MU Gassmann, Florian Leopold
OR ST?
BE früheres Premierendatum möglich

12.12.1774 ME
La giardiniera brillante
MU Sarti, Giuseppe
OR ST?

1775

1775 UA?
Docteur Faust
GA Ballett
MU ?
OR RS?

09.01.1775 UA
Orfeo ed Euridice
MU Tozzi, Antonio
OR CU
BB Gaspari, Johann Paul

13.01.1775 UA
La finta giardiniera
MU Mozart, Wolfgang Amadeus
OR ST
BB Gaspari, Johann Paul ?
BE anschließend das Ballett »La ninfa spergiura, proteta per amore«, wahrscheinlich komponiert von Niccolò Piccinni

Frühjahr 1775 ME
Lottchen am Hofe
MU Hiller, Johann Adam
OR ST

Frühjahr 1775 ME
Pygmalion
MU Schweitzer, Anton ?
OR ST

30.03.1775 UA
Der Kapellmeister
Il maestro
MU Ottani, Bernardino
OR ST
BE UA eventuell schon 1772

19.04.1775 UA
La contessina
MU Kürzinger, Paul
OR ST?

Sommer 1775 ME
Die Freundschaft auf der Probe
L'amitié à l'épreuve
MU Grétry, André Ernest Modest
OR ST

1776

08.01.1776 UA
Il trionfo di Clelia
MU Michl, Josef
OR CU

12.04.1776 NI
Der Hufschmied oder Der Dorfarzt

Carlo Broschi, gen. Farinelli (1705–1782), und Luigi Lodovico Marchesi (1754–1829), Kastraten

Le maréchal ferrant
MU Philidor, François André Danican
OR ST

05.05.1776 UA?
Arlequin als Centaur
GA Ballett
MU ?
OR ST
CH Constant

14.06.1776 UA?
Giri Gari Kanari Manari Schariwari
GA Ballett
MU ?
OR ST
CH Constant

30.06.1776 ME
Die beiden Geizigen
Les deux avares
MU Grétry, André Ernest Modest
OR ST

17.07.1776 ME
Der Deserteur
Le déserteur
MU Monsigny, Pierre Alexandre
OR Herzoggarten

18.08.1776 UA?
Die Mediceer
GA Ballett?
MU ?
OR ST?

06.10.1776 ME
Emilie Waldegrau oder Das redende Gemälde
Le tableau parlant
MU Grétry, André Ernest Modest
OR ST

1777

1777 NI
Das Bauernmädchen am Hofe
La contadina in corte
MU Sacchini, Antonio
OR ST?

Januar 1777 ME
Ezio
MU Mysliveček, Josef
OR CU?

04.04.1777 UA?
Die Entführung der Proserpina
GA Ballett
MU ?
OR ST

29.06.1777 EC
Don Juan
Le festin de pierre
GA Ballett
MU Gluck, Christoph Willibald
OR ST
CH Crux, Peter

November 1777 NI?
Die Sklavin oder Der grossmütige Seefahrer
Gli stravaganti
MU Piccinni, Niccolò
OR ST

1778

1778 ME
Der verstellte Gärtner oder Der verkleidete Liebhaber
L'amant déguisé ou Le jardinier supposé
MU Philidor, François André Danican
OR ST?

1778 EC
Die Einschiffung nach Cythere
GA Ballett
MU Cannabich, Christian
OR ST?
CH Lauchery, Etienne

Oktober 1778 ME
Der prächtige Freigebige
Le Magnifique
MU Grétry, André Ernest Modest
OR ST

Oktober 1778 ME
Sylvain oder Das besiegte Vorurteil
Silvain
MU Grétry, André Ernest Modest
OR ST

06.10.1778 UA
Die Liebe des Kortes und der Thelaire
GA Ballett
MU Cannabich, Christian
OR ST
CH Lauchery, Etienne

November 1778 ME
Anton und Antoinette
Toinon et Toinette
MU Gossec, François Joseph
OR ST

November 1778 ME
Der Freund vom Hause
L'ami de la maison
MU Grétry, André Ernest Modest
OR ST

November 1778 ME
Lucile
MU Grétry, André Ernest Modest
OR ST?
BE deutsch

Dezember 1778 ME
Zemire und Azor
Zémire et Azor
MU Grétry, André Ernest Modest
OR ST

1779

Januar 1779 ME
Alceste
MU Schweitzer, Anton
OR CU
BB Quaglio, Lorenzo
BE deutsch

29.01.1779 ME
Julie
MU Dezède, Nicolas
OR CU?
BE deutsch

23.02.1779 UA
Die Liebe Heinrichs des Vierten, und der Gabrielle, oder Die Belagerung von Paris
GA Ballett
MU Winter, Peter von
OR ST
CH Crux, Peter

02.03.1779 NI
Röschen und Colas
Rose et Colas
MU Monsigny, Pierre Alexandre
OR ST?

07.03.1779 UA?
Apollo und Daphne
GA Ballett
MU ?
OR ST
CH Crux, Peter

09.03.1779 ME?
Die unvermutete Zusammenkunft oder Die Pilgrimme von Mecca
La rencontre imprévue
MU Gluck, Christoph Willibald
OR ST
BE ME eventuell französisch am 13.3.1768

19.03.1779 EC
Pyramus und Thisbe
GA Ballett
MU Winter, Peter von
OR ST
CH Legrand, Claudius

11.04.1779 UA
Hectors Tod oder Der gerächte Patroklos
GA Ballett
MU Winter, Peter von
OR ST
CH Legrand, Claudius
BB Quaglio, Joseph ?

13.04.1779 DE
Die seidenen Schuhe oder Die schöne Schusterin
Les Souliers mors-dorés ou La Cordonnière Allemande
MU Fridzeri, Alessandro
OR ST

04.05.1779 NI
**Der Zauberer oder
Die unvermutete
Zurückkunft**
Le sorcier
MU Philidor, François André
Danican
OR ST

18.05.1779 ME
Die zwo Gräfinnen
Le due contesse
MU Paisiello, Giovanni
OR ST

**Joseph Anton von Seeau
(1713–1799), Hoftheater-
intendant 1753–1755 und
1757–1799**

27.05.1779 ME
Ariadne auf Naxos
GA Melodram
MU Benda, Georg
OR ST

25.06.1779 UA
**Leonardo und
Blandine**
MU Winter, Peter von
OR ST

29.06.1779 ME
Der Faßbinder
MU Audinot, Nicolas Medard
OR ST

06.07.1779 NI
Tom Jones
MU Philidor, François André
Danican
OR ST
BE deutsch

30.07.1779 UA
Inez de Castro
GA Ballett
MU Winter, Peter von
OR ST
CH Legrand, Claudius

06.08.1779 NI
**Das Milchmädchen und
die beiden Jäger**
*Les deux chasseurs et la
laitière*
MU Duni, Egidio Romoaldo
OR ST

13.08.1779 ME
Medea
GA Melodram
MU Benda, Georg
OR ST

28.08.1779 ME?
Der gerettete Ismaël
MU Kerl, Vitus
OR ST
BE vielleicht 1750 für die
Jesuiten-Bühne

10.09.1779 UA
**Der französische
Lustgarten**
GA Ballett
MU Winter, Peter von
OR ST
CH Crux, Peter

21.09.1779 ME
**Der Kaufmann von
Smyrna**
MU Vogler, Georg Joseph
(Abbé Vogler)
OR ST

26.11.1779 UA
**Die Heirat durch
Gelegenheit**
*Die bayerischen
Lustbarkeiten*
GA Ballett
MU Winter, Peter von
OR ST
CH Lauchery, Etienne

1780

1780 UA
Cora und Alonzo
MU Winter, Peter von
OR ST?

**Peter Crux, Choreograph
(1778–1821), 1792 Grün-
dung einer Ballettschule**

10.01.1780 UA
Telemacco
MU Grua, Franz Paul
OR CU
BB Quaglio, Joseph

12.03.1780 UA?
Die verlassene Kalypso

GA Ballett
MU ?
OR ST
CH Legrand, Claudius

30.03.1780 UA
**Reinhold und
Armida**
MU Winter, Peter von
OR ST

04.07.1780 ME
Die schöne Arsene
La belle Arsène
MU Monsigny, Pierre
Alexandre
OR ST

04.08.1780 UA?
**Eduard der Vierte, König
von England**
GA Ballett
MU ?
OR ST
CH Legrand, Claudius

18.08.1780 NI
Die Kolonie
*L'isola d'amore ou La
colonia*
MU Sacchini, Antonio
OR ST

11.09.1780 ME
**Das Rosenmädchen von
Salency**
La Rosière de Salency
MU Grétry, André Ernest
Modest
OR ST

22.10.1780 UA
Andromache
GA Ballett
MU Winter, Peter von
OR ST
CH Crux, Peter

28.11.1780 ME
Die drei Pächter
Les trois fermiers
MU Dezède, Nicolas
OR ST

01.12.1780 UA?
**Die glücklich
gewordenen Bettler
und Bettlerin**
GA Ballett
MU ?
OR ST
CH Constant

1781

1781 UA
Albrecht III. von Bayern
MU Vogler, Georg Joseph
(Abbé Vogler)
OR CU
BB Quaglio, Joseph

1781 UA
L'amor prigioniero
MU Ferrandini, Giovanni
OR CU?

09.01.1781 ME
Der Töpfer
MU André, Johann
OR RS

21.01.1781 UA?
**Das durch ein
Donnerwetter zerstörte
Bauernfest oder Laurette,
das zur Dame gewordene
Bauernmädchen**
GA Ballett
MU ?
OR ST
CH Constant

29.01.1781 UA
Idomeneo
MU Mozart, Wolfgang
Amadeus
OR CU
BB Quaglio, Joseph
Quaglio, Lorenzo ?
BE Wolfgang Amadeus
Mozart wahrscheinlich am
Cembalo, anschließend
von Mozart selbst
komponierte Ballettmusik
(KV 367)

25.03.1781 UA?
**Der alte verliebte Narr
oder das lustige
Liebeslago**
GA Ballett
MU ?
OR ST
CH Constant

19.04.1781 NI
**Der König und der
Pächter**
Le roi et le fermier
MU Monsigny, Pierre
Alexandre
OR ST

Sommer 1781 ME
Aristo e Temira

MU Bertoni, Ferdinando
Giuseppe
OR CU?

29.07.1781 UA?
**Der Karneval von
Venedig**
GA Ballett
MU Kloner, Peter
OR ST
CH Constant

07.08.1781 ME
Der Holzhauer
*Le Bûcheron ou Les trois
Souhaits*
MU Philidor, François André
Danican
OR ST

09.09.1781 UA?
Vertumnus und Pomona
GA Ballett
MU ?
OR ST
CH Legrand, Claudius

16.11.1781 ME
**Belmont und Constanze
oder Die Entführung aus
dem Serail**
MU André, Johann
OR ST

1782

1782 UA
Der Sylphe
MU Danzi, Franz
OR ST?

Karneval 1782 UA
Semiramide
MU Salieri, Antonio
OR CU
INT Wendling, Elisabeth
BB Quaglio, Lorenzo

05.02.1782 UA
Helena und Paris
MU Winter, Peter von
OR ST

September 1782 ME
**Der Holzhauer oder
Die drei Wünsche**
MU Benda, Georg
OR ST

September 1782 UA?
Eutymus und Eucharis
GA Ballett
MU ?
OR ST
CH Legrand, Claudius

24.09.1782 UA
**Melide oder
Der Schiffer**
MU Schubaur, Lukas
OR ST

08.10.1782 UA?
Die Abgebrannten
MU ?
OR ST

**Anton Raaff (1714–1797)
als Idomeneo in Mozarts
gleichnamiger Oper**

11.10.1782 UA?
Der französische Deserteur
GA Ballett
MU ?
OR ST
CH Legrand, Claudius

05.11.1782 UA?
Der betrogene Ehemann
GA Ballett
MU Dickhut ?
OR ST
CH Crux, Peter

1783

1783 UA
Artemisia
MU Prati, Alessio
OR CU?

1783 ME
Der betrogene Vormund
MU ?
OR ST?

Karneval 1783 UA
Tancredi
MU Holzbauer, Ignaz
OR CU
BB Quaglio, Lorenzo

07.01.1783 ME
Der krumme Teufel
Der neue krumme Teufel
MU Haydn, Joseph
OR RS

09.01.1783 ME
Heinrich IV.
Die Jagd
MU Hiller, Johann Adam
OR RS

14.01.1783 ME
Die verwandelten Weiber
Le diable à quatre ou La double métamorphose
MU Philidor, François André Danican
OR RS

16.01.1783 ME?
Bernardon der Insulaner oder Der Weiberfeind
MU ?
OR RS
BE vermutlich schon am 12.11.1769 als »Bernardon, l'enemi du sexe«

21.01.1783 ME
Der Soldat oder Der liederliche Spieler
MU ?
OR RS

23.01.1783 ME
Die Lyranten oder Das lustige Elend
MU Schikaneder, Emanuel
OR RS

30.01.1783 ÜB
Der Dorfbarbier oder Die lächerliche Haushaltung
MU ?
OR RS
BE UA? 22.1.1783 im Faberbräu, eventuell UA als »Der Dorfbader«

06.02.1783 ME
Die lächerliche Gouvernante
MU ?
OR RS

13.02.1783 ÜB
Die Apotheke
MU Blaimhoffer
OR RS

BE UA? 27.1.1783 im Faberbräu

18.02.1783 ÜB
Die Liebe auf dem Lande
MU Hiller, Johann Adam
OR RS
BE UA? 7.8.1782 im Faberbräu

20.02.1783 UA?
Die verwandelten Bauern
GA Ballett
MU ?
OR RS

20.02.1783 ÜB
Das Mondenreich
MU Holi
OR RS
BE UA? 17.2.1783 im Faberbräu

27.02.1783 ÜB
Prinzessin Evakatel und Prinz Schnudi oder Die lächerliche und grosse Bataille
GA Ballett
MU ?
OR RS
CH Link

27.02.1783 UA?
Peter und Hannchen oder Die Bezauberten
MU Abeille, Johann Christian ?
OR RS

14.03.1783 NI
Le tableau parlant
MU Grétry, André Ernest Modest
OR CU
BE aufgeführt von Kindern der französischen Schauspielschule

17.03.1783 NI
La servante maitresse
La serva padrona
MU Pergolesi, Giovanni Battista
OR CU
BE aufgeführt von Kindern der französischen Schauspielschule

21.03.1783 ME
La Clochette
MU Duni, Egidio Romoaldo
OR ST
BE aufgeführt von Kindern der französischen Schauspielschule

24.03.1783 UA?
La guinguette du nord
GA Ballett
MU Machegue, Vincent
OR ST
BE aufgeführt von Kindern der französischen Schauspielschule

30.03.1783 UA?
Die wüste Insel
GA Ballett
MU ?
OR ST
CH Crux, Peter

04.04.1783 UA?
L'argent fait tout oder mit Geld richtet man alles
GA Ballett
MU Falgera ?
OR ST
CH Constant
BE aufgeführt von Kindern der französischen Schauspielschule

07.04.1783 NI
Le maréchal ferrant
MU Philidor, François André Danican
OR ST
BE aufgeführt von Kindern der französischen Schauspielschule

08.05.1783 UA
Die Dorfdeputierten
MU Schubaur, Lukas
OR ST

01.06.1783 UA?
Amor und Psyche
GA Ballett
MU ?
OR ST

15.06.1783 UA?
Das Urteil des Paris
GA Ballett
MU ?
OR ST
CH Legrand, Claudius

20.06.1783 UA
Die Entführung
GA Ballett
MU Cannabich, Christian
OR ST
CH Legrand, Claudius

01.07.1783 NI
Robert und Kalliste oder Der Triumph der Treue
La sposa fedele
MU Guglielmi, Pietro
OR ST

13.07.1783 UA?
Der Glückshafen
GA Ballett
MU ?
OR ST
CH Crux, Peter

29.07.1783 ME
Die eingebildeten Philosophen
Gli astrologi immaginari
MU Paisiello, Giovanni
OR ST

01.08.1783 UA?
Der belohnte Schäfer
GA Ballett
MU ?
OR ST
CH Legrand, Claudius

03.08.1783 UA?
Die gewünschte Zurückkunft
GA Ballett
MU ?
OR ST
CH Legrand, Claudius

08.08.1783 UA
Die Bacchanten
GA Ballett
MU Winter, Peter von
OR ST
CH Crux, Peter

22.08.1783 UA?
Der eifersüchtige Faun
GA Ballett
MU ?
OR ST
CH Crux, Peter

31.08.1783 UA?
Roger und Victor oder Die zween Nebenbuhler
GA Ballett
MU Dimler, Franz Anton ?
OR ST
CH Legrand, Claudius

14.09.1783 UA?
Die Schäfer Stunde
GA Ballett
MU Falgarat
OR ST
CH Crux, Peter

19.09.1783 UA?
Der weibliche Deserteur
GA Ballett
MU ?
OR ST
CH Legrand, Claudius

Kurfürst Carl Theodor 1777–1799

05.10.1783 UA?
Der großmütige Corsar
GA Ballett
MU ?
OR ST
CH Legrand, Claudius

07.10.1783 ME
Die abgeredete Zauberei
MU ?
OR ST

12.10.1783 UA?
Die gerechte Tugend
GA Ballett
MU ?

Festball im Cuvilliés-Theater

OR	ST	
CH	Legrand, Claudius	

	12.12.1783	UA?
	Die militärische Liebe	
GA	Ballett	
MU	?	
OR	ST	
CH	Legrand, Claudius	

	21.12.1783	UA?
	Die Priesterin der Diana	
GA	Ballett	
MU	?	
OR	ST	
CH	Crux, Peter	

1784

	06.01.1784	ÜB
	Die drey Jackerl oder Die lustige Spazierfahrt aus der Hölle	
MU	?	
OR	RS	
BE	ME 17.12.1783 im Faberbräu	

	08.01.1784	ME
	Der Soldat auf Urlaub oder Der blinde Lärm	
MU	?	
OR	RS	

	12.01.1784	ME
	La secchia rapita	
MU	Salieri, Antonio	
OR	CU?	

	13.01.1784	ME
	Weiß und Rosenfarb	
MU	?	
OR	RS	

	15.01.1784	ME
	Die Gouvernante	
MU	?	
OR	RS	

	22.01.1784	ÜB
	Das Gespenst auf dem Lande	
MU	?	
OR	RS	
BE	ME 22.12.1783 im Faberbräu als »Der blinde Lärm oder das Gespenst auf dem Lande«	

	25.01.1784	UA?
	Die Korsaren	
GA	Ballett	
MU	?	
OR	ST	
CH	Legrand, Claudius	

	29.01.1784	ME
	Bastien und Bastienne	
	Le devin du village	
MU	Rousseau, Jean-Jacques	
OR	RS	

	01.02.1784	UA?
	Die schöne Bäurin	
GA	Ballett	
MU	?	

OR	ST	
CH	Crux, Peter	

	11.02.1784	ME
	Die Weinlese	
MU	Beecke, Ignaz von	
OR	ST	

	25.02.1784	UA?
	Kora und Alonzo	
GA	Ballett	
MU	Lebrun, Louis Sébastien	
OR	ST	
CH	Crux, Peter	

	07.03.1784	UA?
	Die beglückten Liebhaber	
GA	Ballett	
MU	?	
OR	ST	
CH	Legrand, Claudius	

Wolfgang Amadeus Mozart (1756–1791)

	26.03.1784	UA
	Das Hirtenmädchen	
MU	Winter, Peter von	
OR	ST	

	26.03.1784	UA
	Der Maibaum	
GA	Ballett	
MU	Winter, Peter von	
OR	ST	
CH	Legrand, Claudius	

	28.03.1784	EC
	Florine	
GA	Ballett	
MU	Toeschi, Carlo Giuseppe	
OR	ST	
CH	Legrand, Claudius	

	23.05.1784	UA?
	Der Herr vom Dorfe	
GA	Ballett	
MU	?	
OR	ST	
CH	Crux, Peter	

	25.05.1784	ME
	Felix oder Der Findling	
	Félix ou L'enfant trouvé	

MU	Monsigny, Pierre Alexandre	
OR	ST	

	28.05.1784	UA?
	Ein chinesisches Ballet	
GA	Ballett	
MU	?	
OR	ST?	
CH	Crux, Peter	

	20.06.1784	UA?
	Die belohnte Wohltat	
GA	Ballett	
MU	?	
OR	ST	
CH	Crux, Peter	

	04.08.1784	UA
	Das Lustlager	
MU	Schubaur, Lukas	
OR	ST	

	20.08.1784	UA?
	Die belohnte Tugend	
GA	Ballett	
MU	?	
OR	ST	
CH	Legrand, Claudius	

	24.09.1784	ME
	Julie oder Die dankbare Tochter	
MU	Kürzinger, Paul	

	30.09.1784	UA?
	Alzire und Zamor oder Die Amerikaner	
GA	Ballett	
MU	Toeschi, Carlo Giuseppe	
OR	ST	
CH	Legrand, Claudius	

	10.10.1784	UA?
	Der Tod des Orpheus	
GA	Ballett	
MU	Danzi, Franz	
OR	ST	
CH	Crux, Peter	

	12.11.1784	ME
	Romeo und Julie	
MU	Benda, Georg	
OR	ST	

1785

	Karneval 1785	UA
	Armida abbandonnata	
MU	Prati, Alessio	
OR	CU	
BB	Quaglio, Lorenzo	

	06.01.1785	ME
	Der Zank auf dem Lande	
GA	Operette	
MU	?	
OR	RS	

	13.01.1785	ÜB
	Philint und Laura oder Die schlaue Liebe	
MU	?	
OR	RS	

BE	ME 12.1.1785 im Faberbräu	

	20.01.1785	ME
	Philint und Cleone	
GA	Operette	
MU	?	
OR	RS	

	25.01.1785	ME
	Der großmütige Herr oder Der beschämte Gerichtsvogt	
GA	Operette	
MU	?	
OR	RS	

	28.01.1785	UA?
	Der Teufel in allen Ecken	
GA	Ballett	
MU	Danzi, Franz	
OR	ST	
CH	Crux, Peter	

	31.01.1785	ME
	Der Schatz	
GA	Operette	
MU	Weisflog, Christian Gottlieb?	
OR	RS	

	02.02.1785	UA
	Der Bettelstudent oder Das Donnerwetter	
GA	Operette	
MU	Winter, Peter von	
OR	ST	

	18.02.1785	UA?
	Esakus und Hesperia	
GA	Ballett	
MU	?	
OR	ST	
CH	Crux, Peter	

	25.02.1785	UA?
	Alexander und Kampaspe	
GA	Ballett	
MU	Dimler, Franz Anton	
OR	ST	
CH	Legrand, Claudius	

	01.04.1785	ME
	Die Entführung aus dem Serail	
MU	Mozart, Wolfgang Amadeus	
OR	ST	

	17.04.1785	UA?
	Die Kaprizen der Liebe	
GA	Ballett	
MU	Dimler, Franz Anton	
OR	ST	
CH	Legrand, Claudius	

	19.05.1785	NI
	Blaise le savetier	
MU	Philidor, François André Danican	
OR	ST?	

	22.05.1785	UA
	Die Hochzeit des Figaro	
GA	Ballett	
MU	Winter, Peter von	

OR	ST	
CH	Crux, Peter	

	20.07.1785	UA
	Bellerofon	
MU	Winter, Peter von	
OR	CU	
BB	Quaglio, Lorenzo	

	31.07.1785	UA?
	Die Zurückkunft Jupiters in den Olympus	
GA	Ballett	
MU	Dimler, Franz Anton? Lipowsky, Felix Joseph von?	
OR	ST	
CH	Crux, Peter	

	26.08.1785	UA
	Pygmalion oder Die durch Liebe belebte Bildsäule	
GA	Ballett	
MU	Winter, Peter von	
OR	ST	
CH	Legrand, Claudius	

	27.09.1785	UA?
	Der vermeintliche Deserteur	
GA	Ballett	
MU	Dimler, Franz Anton	
OR	ST	
CH	Legrand, Claudius	

	21.10.1785	UA?
	Die eroberte Insel	
GA	Ballett	
MU	Ritschl, Johann?	
OR	ST	
CH	Legrand, Claudius	

	23.10.1785	UA?
	Der Ball	
GA	Ballett	
MU	?	
OR	ST?	
CH	Sillani	

	28.10.1785	NC
	Don Juan oder Das steinerne Gastmahl	
	Le festin de pierre	
GA	Ballett	
MU	Gluck, Christoph Willibald	
OR	ST	
CH	Legrand, Claudius	

	06.11.1785	UA?
	Die ländliche Probe	
GA	Ballett	
MU	Ritschl, Johann?	
OR	ST	
CH	Legrand, Claudius	

	20.11.1785	UA?
	Der erste Schiffer	
GA	Ballett	
MU	Dimler, Franz Anton	
OR	ST	

	06.12.1785	UA?
	Der Scherenschleifer	
GA	Ballett	

MU ?
OR ST
CH Sillani ?

1786

Karneval 1786 ME
La fiera di Venezia
MU Salieri, Antonio
OR CU
BB Quaglio, Lorenzo

17.01.1786 ÜB?
Milton und Elmire
MU Michl, Josef
OR RS
BE ME 6.6.1785 im Faberbräu durch die Michelsche Gesellschaft

19.01.1786 ÜB?
Der Aerntekranz
MU Gleissner, Franz
OR RS
BE ME 16.6.1785 im Faberbräu durch die Michelsche Gesellschaft

24.01.1786 ÜB?
Die schlaue Magd
La serva astuta
MU Tozzi, Antonio
OR RS
BE ME 17.4.1785 im Faberbräu durch die Michelsche Gesellschaft

26.01.1786 ÜB?
Der König auf der Jagd
MU Michl, Josef
OR RS
BE ME 8.8.1785 im Faberbräu durch die Michelsche Gesellschaft

31.01.1786 ÜB?
Das Spiel des Zufalls
Le vicende della sorte
MU Piccinni, Niccolò
OR RS
BE NI am 1.5.1785 im Faberbräu durch die Michelsche Gesellschaft

03.02.1786 UA?
Die glückliche Zurückkunft
GA Ballett
MU Winter, Peter von
OR ST
CH Legrand, Claudius

07.02.1786 ÜB?
Hanns der Schuhflicker
MU ?
OR RS
BE ME 19.5.1785 im Faberbräu durch die Michelsche Gesellschaft

09.02.1786 ÜB?
Der hochgelehrte Herr Doktor und sein betrogener Vater
Il signor dottore
MU Fischietti, Domenico
OR RS
BE ME 5.2.1786 im Faberbräu durch die Michelsche Gesellschaft

10.02.1786 UA?
Der verstellte Gärtner
MU ?
OR ST?

01.03.1786 NI
Der Baron vom festen Turme
Il barone di torre forte
MU Michl, Josef
OR ST
BE erstmalig deutsch bereits 1777; UA 1772

10.03.1786 ME
Im Trüben ist gut fischen
Fra due litiganti il terzo gode
MU Sarti, Giuseppe
OR ST

17.03.1786 UA?
Die von der Ehre gekrönte Menschlichkeit
GA Ballett
MU Ritschl, Johann ?
OR ST
CH Legrand, Claudius

26.03.1786 EC
Phylas und Chloe
GA Ballett
MU Gluck, Christoph Willibald
OR ST
CH Crux, Peter

19.05.1786 UA?
Der Wilde
GA Ballett
MU Dimler, Franz Anton
OR ST
CH Crux, Peter

18.06.1786 UA?
Der liederliche Schäffler
GA Ballett
MU Schubaur, Lukas
OR ST
CH Legrand, Claudius

07.07.1786 ME
Der Barbier von Sevilla
Il Barbiere di Siviglia
MU Paisiello, Giovanni
OR ST

11.07.1786 UA?
Die eifersüchtige Frau
GA Ballett
MU ?
OR ST
CH Crux, Peter

08.09.1786 UA?
Das Lustlager
GA Ballett
MU Dimler, Franz Anton
OR ST
CH Legrand, Claudius
BE evtl. später als »Der Lustgarten« (5.9.1797)

29.09.1786 UA
Die treuen Köhler
GA Operette
MU Schubaur, Lukas
OR ST

01.10.1786 UA?
Pyrrhus und Polixena
GA Ballett
MU ?
OR ST
CH Crux, Peter

15.10.1786 UA?
Die julianische Redlichkeit
GA Ballett
MU ?
OR ST
CH Crux, Peter
BE am 22.10.1786 eventuell als »Die indianische Redlichkeit«

Aloysia Weber (1760–1831), Primadonna am Münchner Hoftheater

19.11.1786 UA
Die Verzweiflung aus Liebe
GA Ballett
MU Dimler, Franz Anton
OR ST
CH Legrand, Claudius

11.12.1786 UA?
Die Amazonen-Insel
GA Ballett
MU ?
OR ST
CH Crux, Peter

1787

12.01.1787 UA
Castore e Polluce
MU Vogler, Georg Joseph (Abbé Vogler)
OR CU?
BB Quaglio, Lorenzo

15.02.1787 UA
Die modernen Amazonen
GA Ballett
MU Toeschi, Carlo Giuseppe
OR ST
CH Crux, Peter

25.03.1787 ME
Piramus und Thisbe
MU Spindler, Franz Stanislaus
OR ST

29.05.1787 UA?
Die vergebliche Vorsicht
GA Ballett
MU Dimler, Franz Anton
OR ST
CH Legrand, Claudius

03.06.1787 UA?
Der bestrafte Undank
GA Ballett
MU Ritschl, Johann ?
OR ST
CH Legrand, Claudius

10.06.1787 UA?
Der glückliche Zufall
GA Ballett
MU Toeschi, Carlo Giuseppe
OR ST
CH Legrand, Claudius

01.07.1787 UA
Der erste Tod
GA Ballett
MU Dimler, Franz Anton
OR ST
CH Crux, Peter

22.07.1787 UA
Medea und Jason
GA Ballett
MU Dimler, Franz Anton
OR ST
CH Legrand, Claudius

17.08.1787 UA?
Der erkannte Achilles
GA Ballett
MU Dimler, Franz Anton
OR ST
CH Legrand, Claudius

11.09.1787 ME
Der Apotheker und der Doktor
Doktor und Apotheker
MU Dittersdorf, Carl Ditters von
OR ST

30.10.1787 ME
Nina oder Wahnsinn aus Liebe
Nina, ou la folle par amour
MU Dalayrac, Nicolas
OR ST

23.11.1787 UA?
Das Urteil des Midas
GA Ballett
MU Dimler, Franz Anton
OR ST
CH Crux, Peter

1788

März 1788 UA?
Das Leben ein Traum
GA Ballett
MU ?
OR ST

März 1788 ME
Der wunderliche Franzos oder Der eifersüchtige Ehemann
Le faux Lord ?
MU Piccinni, Niccolò
OR ST

März 1788 ME
König Theodor in Venedig
Il re Teodoro in Venezia
MU Paisiello, Giovanni
OR ST

April 1788 UA
Die Mitternachtsstunde
MU Danzi, Franz
OR CU

April 1788 UA
Theseus oder Tapferkeit bedarf der Jahre nicht
GA Ballett
MU Dimler, Franz Anton
OR ST
CH Legrand, Claudius

Mai 1788 ME
Der Alchymist
MU Schuster, Josef
OR ST

Mai 1788 UA
Der verliebte Zauberer
GA Ballett
MU Dimler, Franz Anton
OR ST
CH Crux, Peter

Juli 1788 ME
Lila oder La cosa rara
Una cosa rara
MU Martin y Soler, Vicente
OR ST

Juli 1788 UA
Töffel und Dortchen
GA Ballett
MU Dimler, Franz Anton
OR ST

September 1788 ME
Der Rauchfangkehrer
MU Salieri, Antonio
OR ST

September 1788 UA?
Der Schiffbruch der Quäker
GA Ballett
MU ?
OR ST

September 1788 UA?
Die amerikanischen Wilden
GA Ballett
MU ?
OR ST

Dezember 1788 — ME
Die Luftbälle oder Der Liebhaber à la Montgolfier
MU Fraenzl, Ferdinand
OR ST?

1789

Februar 1789 — UA
Der Triumph der Treue
MU Danzi, Franz
OR ST

Mai 1789 — ME
Die Eifersucht auf der Probe
Il geloso in cimento
MU Anfossi, Pasquale
OR ST

August 1789 — UA
Der Quasimann
MU Danzi, Franz
OR ST

September 1789 — ME
Betrug durch Aberglauben
MU Dittersdorf, Carl Ditters von
OR ST

Oktober 1789 — ME
Die Zauberhöhle des Trophonius
La grotta di Trofonio
MU Salieri, Antonio
OR ST

1790

1790 — UA
Agnes Bernauerin
MU Gleissner, Franz
OR ST?
BB Quaglio, Lorenzo

1790 — ME
Das Gärtnermädchen
MU Kraus
OR RS

1790 — ME
Der Irrwisch oder Endlich fand er sie
MU Kospoth, Otto Karl Erdmann von
OR RS

Januar 1790 — UA
Die Grazien
GA Ballett
MU Dimler, Franz Anton
OR ST
CH Crux, Peter

April 1790 — UA?
Die geraubten Waffen
GA Ballett
MU ?
OR ST

April 1790 — ME
Die Schule der Eifersucht oder Liebe hasst allen Zwang
La scuola dei gelosi
MU Salieri, Antonio
OR ST

Mai 1790 — UA?
Der Narr fürs Geld oder Peter Prosch
GA Ballett
MU ?
OR ST

Oktober 1790 — UA
Psyche
MU Winter, Peter von
OR ST

November 1790 — ME
Die Liebe im Narrenhaus
MU Dittersdorf, Carl Ditters von
OR ST

1791

Januar 1791 — UA?
Die Kosaken
GA Ballett
MU ?
OR ST

Februar 1791 — ME
Der Jahrmarkt oder Lukas und Bärbchen
MU Benda, Georg
OR ST

April 1791 — UA?
Die Toilette der Venus
GA Ballett
MU Granier, Louis ?
OR ST

08.04.1791 — ME
Die Wilden
Azémia ou Le nouveau Robinson
MU Dalayrac, Nicolas
OR ST

Mai 1791 — UA?
Zephyr und Flora
GA Ballett
MU ?
OR ST

Juli 1791 — UA?
Dorothea
GA Ballett
MU ?
OR ST

07.08.1791 — ME
Don Juan
Don Giovanni
MU Mozart, Wolfgang Amadeus
OR ST
DIR Eck, Friedrich
BB Quaglio, Joseph
BE deutsch

25.10.1791 — ME
Die beiden Savoyarden
GA Operette
MU Dalayrac, Nicolas
OR ST

1792

1792 — ME
Die Dorfgala
MU Schweitzer, Anton
OR CU?

04.01.1792 — ME
Das wütende Heer
MU Lasser, Johann Baptist
OR ST

16.04.1792 — ME
Orpheus und Eurydice
MU Winter, Peter von
OR ST
CH Crux, Peter
BE Oper mit Ballett UA 1789 Schloß Seefeld bei München

04.05.1792 — ME
Das rote Käppchen oder Hilft's nichts, so schadt's nicht
MU Dittersdorf, Carl Ditters von
OR ST

06.07.1792 — ME
Der Gutsherr oder Hannchen und Görge
MU Dittersdorf, Carl Ditters von
OR ST

27.07.1792 — ME
Die unruhige Nacht
MU Lasser, Johann Baptist
OR ST

31.08.1792 — UA
Die Thomasnacht
MU Destouches, Franz Seraphin von
OR ST

Oktober 1792 — ME
Töffel und Dortchen's Hochzeit
MU Dezède, Nicolas
OR ST

1793

18.01.1793 — UA?
Das unvermutete Wiedersehen
MU ?
OR ST

12.04.1793 — ME
Hieronymus Knicker
MU Dittersdorf, Carl Ditters von
OR ST

14.06.1793 — ME
Der Talisman
Il talismano
MU Salieri, Antonio
OR ST

Juli 1793 — UA?
Die Amerikaner in Spanien
GA Ballett
MU ?
OR ST
CH Crux, Peter

11.07.1793 — ME
Die Zauberflöte
MU Mozart, Wolfgang Amadeus
OR ST
BB Quaglio, Joseph

Szenenbild von Josef Quaglio zur Münchner Erstaufführung der Zauberflöte am 11.6.1793, Erscheinung der Königin der Nacht

November 1793 — UA?
Die Musen
GA Ballett
MU Starzer, Josef ?
OR ST

20.12.1793 — ME
Das listige Bauernmädchen oder das Tulipanengeschlecht
Le finte contesse
MU Paisiello, Giovanni
OR ST?

1794

13.01.1794 — ME
Die Hochzeit des Figaro
Le nozze di Figaro
MU Mozart, Wolfgang Amadeus
OR ST

28.01.1794 — ME
Die christliche Judenbraut
MU Paneck, Johann Baptist
OR ST?

Februar 1794 — UA
Die Werber im Dorfe
MU Gleissner, Franz
OR ST

13.06.1794 — ME
Der neue Demokrit
Il Democrito corretto
MU Dittersdorf, Carl Ditters von
OR ST

Juli 1794 — ME
Der Baum der Diana
L'arbore di Diana
MU Martin y Soler, Vicente
OR ST

04.07.1794 — ME
Richard Löwenherz
Richard Cœur-de-lion
MU Grétry, André Ernest Modest
OR ST

Oktober 1794 — ME
Der Fall ist noch weit seltener oder Die geplagten Ehemänner
MU Schack, Benedikt
OR ST

Oktober 1794 — ME
Rudolf von Créqui
Raoul, Sire de Créqui
MU Dalayrac, Nicolas
OR ST

1795

Februar 1795 — ME
Die Zauberzither
MU Müller, Wenzel
OR ST

01.05.1795 — ME
Die Wette oder Weibertreue keine Treue
Così fan tutte
MU Mozart, Wolfgang Amadeus
OR CU

August 1795 ME
Alexis und Justine
Alexis et Justine
MU Dezède, Nicolas
OR ST

1796

Mai 1796 UA?
Das übel gehütete Mädchen
GA Ballett
MU ?
OR ST

Juni 1796 UA
Deukalion und Pyrrha
GA Ballett
MU Lipowsky, Felix Joseph von
OR ST
CH Crux, Peter

Juni 1796 EI
Oberon, König der Elfen
MU Wranitzky, Paul
OR ST
BE ME am 29.4.1793 als Gastspiel der Schauspielergesellschaft des Voltolini

Dezember 1796 ME
Nina oder Wahnsinn aus Liebe
Nina ossia La pazza per amore
MU Paisiello, Giovanni
OR ST?

1797

1797 UA?
Strafe für Mädchenraub
GA Ballett
MU ?
OR ST?

März 1797 ME
Der Spiegel von Arkadien
MU Süßmayr, Franz Xaver
OR ST

Mai 1797 UA?
Der gestrafte Entführer
GA Ballett
MU ?
OR ST

Juni 1797 ME
Die Müllerin oder Die Launen der Liebe
L'amor contrastato ossia La molinara
MU Paisiello, Giovanni
OR ST

30.07.1797 UA?
Die verlassene Armida
GA Ballett
MU ?
OR ST

19.08.1797 ME
Das unterbrochene Opferfest

MU Winter, Peter von
OR CU

01.09.1797 UA
Die drei Pächter
GA Ballett
MU Dimler, Franz Anton
OR ST

05.09.1797 UA?
Der Lustgarten
GA Ballett
MU Dimler, Franz Anton
OR ST
BE evtl. identisch mit »Das Lustlager« (8.9.1786)

08.10.1797 UA
Die modernen Amazonen
GA Ballett
MU Dimler, Franz Anton
OR ST

20.10.1797 UA
Der Guckkasten
MU Dimler, Franz Anton
OR ST

02.11.1797 UA
Andromache
GA Ballett
MU Dimler, Franz Anton
OR ST

1798

1798 ME
Die Brüder als Nebenbuhler
I fratelli rivali
MU Winter, Peter von
OR CU

1798 UA
Don Quixotte auf Gammachos Hochzeit
GA Ballett
MU Toeschi, Carlo Giuseppe
   Cannabich, Christian
OR CU
CH Lauchery, Etienne
BE früheres Premierendatum wahrscheinlich

1798 ME
Elise, Gräfin von Hildburg
Belisa ossia La fedeltà riconosciuta
MU Winter, Peter von
OR CU

30.03.1798 ME
Die heimliche Ehe
Il matrimonio segreto
MU Cimarosa, Domenico
OR ST

April 1798 UA?
Nichts über Mädchenlist
GA Ballett
MU ?
OR ST

Juni 1798 UA?
Die Rückkehr des Soldaten aus dem Felde
GA Ballett
MU ?
OR ST

August 1798 UA?
Die Macht der Liebe und der Tonkunst
GA Ballett
MU ?
OR ST

Oktober 1798 UA
Der Sturm
MU Winter, Peter von
OR ST

Dezember 1798 ME
Der Milzsüchtige
Euphrosine ou Le tyran corrigé
MU Méhul, Etienne Nicolas
OR ST

1799

Januar 1799 UA
Paul und Virginie
GA Ballett
MU Gleissner, Franz
OR ST
CH Crux, Peter

14.04.1799 UA?
Das bezauberte Schloß
GA Operette
MU Grätz, Josef ?
OR CU

27.06.1799 UA
Der Kuß
MU Danzi, Franz
OR CU

Teresa Bertinotti (1776 bis 1854), Sängerin, um 1797

03.11.1799 ME
Georg von Asten
Renaud d'Ast
MU Dalayrac, Nicolas
OR CU

1800

Januar 1800 UA
Der Tempel der Tugend
GA Ballett

MU Brochard, Peter
OR CU
CH Crux, Peter

14.01.1800 ME
Das neue Sonntagskind
MU Müller, Wenzel
OR CU

28.01.1800 UA
Marie von Montalban
MU Winter, Peter von
OR CU

März 1800 ME
Der kleine Matrose
Le petit matelot ou Le mariage impromptu
MU Gaveaux, Pierre
OR CU?

27.04.1800 UA
Der Dorfjahrmarkt
GA Ballett
MU Brochard, Peter
OR CU

02.05.1800 ME
Der Gefangene
Le prisonnier
MU Della Maria, Pierre Antoine Dominique
OR CU

Juni 1800 UA
Die zwei Wilden
GA Ballett
MU Brochard, Peter
OR CU

20.06.1800 UA
Ritter Amadis
GA Ballett
MU Dimler, Franz Anton
OR CU
BE evtl. früher im selben Jahr

15.07.1800 ME
Ödipus auf Kolonos
Oedipe à Colone
MU Sacchini, Antonio
OR CU

Oktober 1800 ME
Das Sonnenfest der Braminen
MU Müller, Wenzel
OR CU?

05.12.1800 ME
Ritter Roland
Orlando Paladino
MU Haydn, Joseph
OR CU

1801

1801 ME
Adolph und Clara
Adolphe et Clara ou Les deux prisonniers
MU Dalayrac, Nicolas
OR CU?

1801 ME
Axur, König von Ormus

Axur, rè d'Ormus
MU Salieri, Antonio
OR CU?

1801 ME
Camilla oder Das Burgverliess
Camilla ossia Il Sotterraneo
MU Paër, Ferdinando
OR CU?

1801 DE?
Das Singspiel
L'opéra comique
MU Della Maria, Pierre Antoine Dominique
OR CU

Franz Marius Babo (1756 bis 1822), erster bürgerlicher Hoftheaterintendant 1799 und 1805–1810

1801 DE?
Der Wasserträger
Les deux journées
MU Cherubini, Luigi
OR CU

21.01.1801 UA
Cora
MU Lasser, Johann Baptist
OR CU

10.02.1801 ME
Titus
La clemenza di Tito
MU Mozart, Wolfgang Amadeus
OR CU
BE deutsch

1802

1802 DE?
Achilles
Achille
MU Paër, Ferdinando
OR CU?

1802 UA
Das Urteil des Paris
GA Ballett
MU Neuner, Karl
OR CU

Dokumentation der Premieren von 1653 bis 1992

1802 UA **El Bondocani oder Der Kalif von Bagdad** MU Danzi, Franz OR CU	**21.10.1804** ME **Griselda** *La virtù al cimento* MU Paër, Ferdinando OR CU BE deutsch	**18.04.1806** EC **Der Maler Teniers** GA Ballett MU Maurer, Franz Anton ? OR CU CH Crux, Peter BE evtl. früher, vermutlich identisch mit »Teniers« von Franz Anton Maurer (25.1.1803)	**17.07.1807** ME **Die beiden Füchse** *Une folie* MU Méhul, Etienne Nicolas OR CU	**29.04.1808** UA **Doktor Faust** GA Ballett MU Neuner, Karl CH Crux, Peter
1802 UA **Orpheus** MU Cannabich, Carl August OR CU	**1805**		**09.10.1807** ME **Zwei Worte oder Die Nacht im Walde** *Deux mots ou Une nuit dans la forêt* MU Dalayrac, Nicolas OR CU	**09.06.1808** ME **Adelasia e Aleramo** MU Mayr, Giovanni Simone OR CU
	1805 UA? **Kallirrhoë** MU ? OR CU			
19.03.1802 UA **Dies Haus ist zu verkaufen** MU Maurer, Franz Anton	**13.01.1805** DE **Castor und Pollux** MU Winter, Peter von OR CU BE UA London 1804 als »Il trionfo dell'amor fraterno«	**16.05.1806** ME **Die Intrige durch die Fenster** *L'intrigue aux fenêtres* MU Isouard, Niccolò OR CU	**29.11.1807** ME **Aline, Königin von Golconda** *Aline, Reine de Golconde* MU Berton, Henri OR CU	**19.08.1808** ME **Zwei Posten** *D'auberge en auberge ou Les préventions* MU Tarchy, Angelo OR CU
1803		**13.07.1806** ME **Gli Orazi ed i Curiazi** MU Cimarosa, Domenico OR CU RE Brizzi, Antonio	**27.12.1807** ME **Das Geheimnis** *Le secret* MU Solié, Jean Pierre OR CU	**23.09.1808** ME **Pächter Robert** *Marcelin* MU Lebrun, Louis Sébastien OR CU
1803 ME **Der Corsar** *L'Amor marinaro* MU Weigl, Joseph OR CU?	**24.01.1805** ME **Fanchon, das Leyermädchen** MU Himmel, Friedrich Heinrich OR CU			
1803 ME **Leon oder Das Schloss von Montenero** *Léon ou le château de Montenero* MU Dalayrac, Nicolas OR CU?	**17.03.1805** UA **Der Frauenbund** MU Winter, Peter von OR CU BB Quaglio, Joseph	**August 1806** UA **Der Mechaniker** GA Ballett MU Brochard, Peter OR CU	**1808**	**21.10.1808** ME **Iphigenie auf Tauris** *Iphigénie en Tauride* MU Gluck, Christoph Willibald OR CU
			03.01.1808 UA? **Venus und Endimion** GA Ballett MU ? OR CU CH Crux, Peter	
1803 ME **Macdonald** *Léhéman ou La tour de Neustadt* MU Dalayrac, Nicolas OR CU?	**28.06.1805** UA **Ein Kalifenstreich** MU Blangini, Felice OR CU	**01.08.1806** UA? **Arlequin und Columbine in der Sklaverei** GA Ballett MU Neuner, Karl OR CU CH Constant BE früheres Premierendatum möglich		**18.11.1808** ME **Gulistan oder Der Hulla von Sarmacanda** *Gulistan ou Le hulla de Samarcande* MU Dalayrac, Nicolas OR CU
	13.07.1805 ME **Ginevra** *Ginevra di Scozia* MU Mayr, Giovanni Simone OR CU RE Brizzi, Antonio BB Quaglio, Joseph		**15.01.1808** DE **Der Raub der Proserpina** *Il ratto di Proserpina* MU Winter, Peter von OR CU	**1809**
1803 DE? **Michelangelo** *Michel-Ange* MU Isouard, Niccolò OR CU?				**1809** UA **Il faut de la compagnie** GA Ballett MU Neuner, Karl OR CU
25.01.1803 UA **Teniers** MU Maurer, Franz Anton OR CU	**21.07.1805** NI **La clemenza di Tito** MU Mozart, Wolfgang Amadeus OR CU RE Brizzi, Antonio BE zusätzliche Musik von Winter, Cannabich, Weigl, Mayr	**14.11.1806** ME **Faniska** MU Cherubini, Luigi OR CU BE schon die UA (25.2.1806 in Wien) deutsch	**12.02.1808** UA **Antigonus** MU Poißl, Johann Nepomuk OR CU	**06.01.1809** DE **Jakob und seine Söhne in Ägypten** *Joseph* MU Méhul, Etienne Nicolas OR CU BB Quaglio, Joseph
August 1803 UA **Palmer und Amalie** MU Cannabich, Carl August OR CU		**1807**		**29.01.1809** ME **Kaiser Hadrian** MU Weigl, Joseph OR CU
1804	**1806**	**1807** UA **Der dankbare Sohn** GA Ballett MU Brochard, Peter OR CU		**16.04.1809** ME **Elisene, Prinzessin von Bulgarien** MU Rösler, Josef OR CU
1804 ME **Der Kapellmeister** MU Lasser, Johann Baptist OR CU?	**16.01.1806** NI **Castor und Pollux** *Castore e Polluce* MU Vogler, Georg Joseph (Abbé Vogler) OR CU			
1804 ME **Der türkische Arzt** *Le médecin turc* MU Isouard, Niccolò OR CU?	**23.02.1806** UA **Die Opernprobe** MU Poißl, Johann Nepomuk OR CU	**1807** ME **Der Schatzgräber** *Le trésor supposé ou Le danger d'écouter aux portes* MU Méhul, Etienne Nicolas OR CU	**Giuseppine Marchetti (Weixelbaum) als Emmeline in »Die Schweizerfamilie«.**	**09.06.1809** UA **Holnara** MU Röth, Philipp OR CU
		27.01.1807 UA **Iphigenie in Aulis** MU Danzi, Franz OR CU		
13.07.1804 ME **Sargines oder Der Triumph der Liebe** *Sargino ossia L'allievo dell'amore* MU Paër, Ferdinando OR CU	**02.03.1806** UA? **Das Tyrolerfest** GA Ballett MU ? OR CU	**17.04.1807** DE **Calypso** *La grotta di Calipso* MU Winter, Peter von OR CU DIR Winter, Peter von	**08.03.1808** ME **Das Theatergenie im Gedränge** MU Neukomm, Sigismund ? OR CU	**16.06.1809** ME **Das Wirtshaus im Walde** MU Seyfried, Ignaz von OR CU

28.07.1809 ME
Das Waisenhaus
MU Weigl, Joseph
OR CU

15.09.1809 UA
Colmal
MU Winter, Peter von
OR CU

Karl Flerx (?-1816), Tänzer
im Ballett »Der Mechaniker«

11.10.1809 UA
Turandot oder Die Rätsel
MU Blumenröder, Karl
OR CU

22.12.1809 ME
Der Unsichtbare
GA Operette
MU Eule, Carl
OR CU

1810

1810 NI
Adolphe et Clara ou
Les deux prisonniers
MU Dalayrac, Nicolas
OR CU
BE von französischen
Schauspielern aufgeführt

1810 ME
Alexis ou L'erreur d'un
bon père
MU Dalayrac, Nicolas
OR CU

1810 UA
Der Brillenschleifer
GA Ballett
MU Neuner, Karl
OR CU
CH Klotz, Jakob

1810 NI
L'opéra comique
MU Della Maria, Pierre
Antoine Dominique
OR CU

1810 ME
La fausse magie
MU Grétry, André Ernest
Modest
OR CU

1810 ME
Le grand père ou
Les deux Âges
MU Jadin, Louis Emanuel
OR CU

1810 ME
Les visitandines
MU Dévienne, François
OR CU

1810 ME
Maison à vendre
MU Dalayrac, Nicolas
OR CU

28.01.1810 ME
Die Schweizerfamilie
MU Weigl, Joseph
OR CU

06.04.1810 ME
Helene
Hélène
MU Méhul, Etienne Nicolas
OR CU

27.05.1810 UA
Die Jagd
MU Blumenröder, Karl
OR CU

04.06.1810 ME
Das Hausgesinde oder
Das Kleeblatt
MU Fischer, Anton
OR CU

Sommer 1810 ME
Numa Pompilio
MU Paër, Ferdinando
OR CU

20.07.1810 ME
Die beiden Blinden von
Toledo
Les deux aveugles de Tolède
MU Méhul, Etienne Nicolas
OR CU

13.08.1810 ME
Rochus Pumpernickel
MU Seyfried, Ignaz von
OR CU

09.09.1810 UA
Claudine von Villa Bella
MU Kienlen, Johann Christoph
OR CU

16.10.1810 UA
Carlo Fioras oder Der
Stumme in der Sierra
Morena
MU Fraenzl, Ferdinand
OR CU

26.12.1810 ME
Die Festung an der Elbe
MU Fischer, Anton

1811

1811 UA
Pächter Robert

MU Röth, Philipp
OR CU

29.01.1811 UA
Demophoon
MU Lindpaintner, Peter Josef
von
OR CU

14.02.1811 ME
Agnes Sorel
MU Gyrowetz, Adalbert
OR CU

07.05.1811 ME
Aschenbrödel
Cendrillon
MU Isouard, Niccolò
OR CU

28.05.1811 UA
Arlequins Hochzeit
GA Ballett
MU Neuner, Karl
OR CU
CH Schlottbauer, Adam ?

04.06.1811 UA
Abu Hassan
MU Weber, Carl Maria von
OR CU
DIR Fraenzl, Ferdinand

27.07.1811 UA
Dichter Geßner
GA Ballett
MU Neuner, Karl
OR CU
CH Crux, Peter

18.12.1811 UA?
Der junge Wilde
GA Ballett
MU Brochard, Peter
OR CU
CH Crux, Peter
BE evtl. früher

1812

14.01.1812 ME
Die Vestalin
La vestale
MU Spontini, Gasparo
OR CU

14.02.1812 ME
Die Sängerin vom
Lande
Le cantatrici villane
MU Fioravanti, Valentino
OR CU

05.04.1812 UA?
Der verliebte Maler
GA Ballett
MU Neuner, Karl
OR CU
CH Crux, Peter

21.04.1812 UA
Das Junggesellen-
Frühstück
MU Monsieur Auguste
(Pseudonym)
OR CU

02.06.1812 ME
Die Verwandlungen
GA Operette
MU Fischer, Anton
OR CU

01.07.1812 UA
Ottaviano in Sicilia
MU Poißl, Johann Nepomuk
OR CU

28.07.1812 ME
Der Augenarzt
MU Gyrowetz, Adalbert
OR CU

01.09.1812 DE
Merope
MU Nasolini, Sebastiano
OR CU
BE mit zusätzlicher Musik
von Poißl und Mayr

16.09.1812 UA
Venus und Adonis
GA Ballett
MU Neuner, Karl
OR CU
CH Duport, Louis Antoine

23.09.1812 UA?
Pigmalion
GA Ballett
MU ?
OR CU
CH Duport, Louis Antoine

11.10.1812 ME
Die Wette
Un quart d'heure de
silence
MU Weber, Bernhard Anselm
OR CU

23.12.1812 UA
Jephta's Gelübde
MU Meyerbeer, Giacomo
OR CU

1813

29.01.1813 ME
Herr Johann von Paris
Jean de Paris
MU Boieldieu, François
Adrien
OR CU

12.03.1813 ME
Lodoïska
MU Cherubini, Luigi
OR CU
BE deutsch

28.03.1813 ME
Der Zitterschläger
MU Ritter, Peter
OR CU

04.05.1813 UA
Hidalan der Harfner
MU Cramer, Franz
OR CU

28.05.1813 UA
Aucassin und Nicolette

MU Poißl, Johann Nepomuk
OR CU

16.07.1813 ME
Leonore
Leonora ossia L'amore
conjugale
MU Paër, Ferdinando
OR CU

11.08.1813 EC
Der Deserteur
GA Ballett
MU ?
OR CU
INT Familie Kobler

26.08.1813 EC
Die bewegliche Bildsäule
GA Ballett
MU ?
OR CU
INT Familie Kobler

02.09.1813 EC
Rudolph Crequi oder
Der entlarvte Bösewicht
GA Ballett
MU ?
OR CU
INT Familie Kobler
CH Bernardelli, Fortunato

24.09.1813 UA
Der Dichter und der
Tonkünstler oder Wo
nehme ich einen Plan
her?
GA Operette
MU Röth, Philipp
OR CU

08.10.1813 UA?
Der verliebte Zauberer
oder Die Arabesken
GA Ballett
MU Neuner, Karl
OR CU
CH Crux, Peter

Giovanni Simone Mayr
(1763–1845)

05.11.1813 ME
Feodore
MU Kreutzer, Konradin
OR CU

1814

1814 — UA
Zephir und Flora
GA Ballett
MU Neuner, Karl
OR CU
CH Crux, Peter

08.02.1814 — ME
Sophonisbe
Sophonisba
MU Paër, Ferdinando
OR CU

03.06.1814 — UA
Athalia
MU Poißl, Johann Nepomuk
OR CU

15.06.1814 — UA?
Arlequins Wanderung
GA Ballett
MU Brochard, Peter ?
OR CU
CH Klotz, Jakob

24.06.1814 — NI
Il barbiere di Siviglia
MU Paisiello, Giovanni
OR CU

14.07.1814 — UA
Trajano in Dacia
MU Blangini, Felice
OR CU

16.12.1814 — ME
Die Wegelagerer
I fuorusciti di Firenze
MU Paër, Ferdinando
OR CU

1815

1815 — UA
Dir und mir
GA Operette
MU Poißl, Johann Nepomuk
OR CU
BE Aufführung nicht gesichert

10.03.1815 — UA
Hadrian Barbarossa
MU Fraenzl, Ferdinand
OR CU

31.03.1815 — UA?
Der Landjunker
GA Ballett
MU Röth, Philipp
OR CU
CH Klotz, Jakob

07.04.1815 — UA
Antenore espoto al furore de Baccanti
MU Pilotti, Giuseppe
  Poißl, Johann Nepomuk
OR CU?

07.04.1815 — UA
L'addio ed il ritorno trionfante d'Ettore
MU Winter, Peter von

  Trento, Vittorio
  Paër, Ferdinando
OR CU
BE Pasticcio

Giovanni Battista Rubini (1794–1854), Tenor

14.04.1815 — UA
Marte e la Fortuna, su le sponde dell'Isar
MU Lindpaintner, Peter Josef von
OR CU

14.04.1815 — UA
Der Eichbaum
GA Ballett
MU Röth, Philipp
OR CU
CH Crux, Peter

21.04.1815 — UA
Der Wettkampf zu Olympia oder Die Freunde
MU Poißl, Johann Nepomuk
OR CU

17.05.1815 — ME
Die Einladung der Kobolde zum Gastmahle oder Der gefoppte Schuhmacher
Il convito degli spiriti
MU Cavos, Caterino
OR CU?

09.06.1815 — ME
Der neue Gutsherr
Le nouveau seigneur de village
MU Boieldieu, François Adrien
OR CU

20.06.1815 — UA?
Der russische Jahrmarkt
GA Ballett
MU ?
OR CU
CH Crux, Peter

28.06.1815 — ME
Ero e Leandro

MU Generali, Pietro
OR CU

06.10.1815 — UA?
Der siegende Amor
GA Ballett
MU Volkert, Franz
OR CU
CH Hampel, Karl
  Klotz, Jakob ?

13.10.1815 — ME
Die Verbannten
MU Cramer, Franz
OR CU

1816

05.01.1816 — ME
Joconde oder Das Rosenfest
Joconde ou Les coureurs d'aventures
MU Isouard, Niccolò
OR CU

29.01.1816 — ME
Iphigenie in Aulis
Iphigénie en Aulide
MU Gluck, Christoph Willibald
OR CU
BE in der Bearbeitung von Peter von Winter

17.05.1816 — UA
Kunstsinn und Liebe
MU Lindpaintner, Peter Josef von
OR CU

27.05.1816 — DE
Zaira
MU Winter, Peter von
OR CU

18.06.1816 — DE
L'Italiana in Algeri
MU Rossini, Gioacchino
OR CU
BE erste Aufführung einer Rossini-Oper in Deutschland

25.06.1816 — DE
L'inganno felice
MU Rossini, Gioacchino
OR CU

28.06.1816 — ME
La scelta dello sposo
MU Guglielmi, Pietro Carlo
OR CU

04.07.1816 — DE
Tancredi
MU Rossini, Gioacchino
OR CU

07.07.1816 — UA?
Les folies d'Espagne
GA Ballett
MU ?
OR CU
CH Crux, Peter

09.10.1816 — ME
La Pamela nubile
MU Generali, Pietro
OR CU

09.07.1816 — DE
Le lagrime d'una vedova
MU Generali, Pietro
OR CU

18.07.1816 — ME
L'Elisa
MU Mayr, Giovanni Simone
OR CU

23.07.1816 — ME
La burla fortunata
MU Puccitta, Vincenzo
OR CU
BE nicht von Pietro Guglielmi

28.07.1816 — DE
La dama soldato
MU Orlandi, Fernando
OR CU

18.08.1816 — ME
Agnese di Fitz-Henry
MU Paër, Ferdinando
OR CU

21.08.1816 — ME
Il filosofo
Il sedicente filosofo
MU Mosca, Giuseppe
OR CU

26.08.1816 — DE
Adelina
MU Generali, Pietro
OR CU
BE evtl. schon 1.6.1815

20.09.1816 — DE
Ser Marcantonio
MU Pavesi, Stefano
OR CU

24.09.1816 — ME
La contessa di colle Erboso
MU Generali, Pietro
OR CU

Gioacchino Rossini (1792–1868)

09.10.1816 — ME
Matilde Duchessa di Spoleti
GA Operette
MU Sampieri, Francesco
OR CU

27.10.1816 — DE
Ciro in Babilonia ossia La caduta di Baldassare
MU Rossini, Gioacchino
OR CU

02.11.1816 — ME
Ferdinand Cortez oder Die Eroberung von Mexiko
Fernand Cortez ou La conquête du Mexique
MU Spontini, Gasparo
OR CU

1817

1817 — ME
La morte di Mitridate
MU Nasolini, Sebastiano
OR CU

31.01.1817 — ME
Die Bajaderen
Les Bayadères
MU Catel, Charles-Simon
OR CU

11.02.1817 — UA?
Der Wettkampf der Musen
GA Ballett
MU Röth, Philipp
OR CU

23.03.1817 — DE
Die Bacchanten
I Baccanti di Roma
MU Generali, Pietro
OR CU

18.04.1817 — ME
L'ajo in imbarazzo
MU Celli, Filippo
OR CU

16.05.1817 — ME
Il trionfo dell'amicizia
La rosa rossa e la rosa bianca
MU Mayr, Giovanni Simone
OR CU

26.05.1817 — NI
Il matrimonio segreto
MU Cimarosa, Domenico
OR CU

12.06.1817 — ME
La Locandiera
Chi la dura la vince ossia la Locandiera
MU Farinelli, Giuseppe
OR CU

20.06.1817 — ME
Teresa e Wilk
MU Puccitta, Vincenzo
OR CU

	29.06.1817 ME
	La donna di piu caratteri
	Amor tutto vince
MU	Guglielmi, Pietro Carlo
OR	CU

	06.07.1817 ME
	Teresa e Claudio
MU	Farinelli, Giuseppe
OR	CU

	27.07.1817 DE
	La pietra del Paragone
MU	Rossini, Gioacchino
OR	CU

	07.08.1817 UA?
	Wilhelm Tell
GA	Ballett
MU	Gallenberg, Wenzel Robert von
OR	CU
CH	Titus, Antoine

	24.08.1817 ME
	La figlia dell'aria
MU	Paini, Ferdinando
OR	CU

	10.09.1817 ME
	Ginevra degli Amieri
MU	Farinelli, Giuseppe
OR	CU

	25.09.1817 ME
	La festa della rosa
MU	Pavesi, Stefano
OR	CU

	12.10.1817 DE
	La gazza ladra
MU	Rossini, Gioacchino
OR	CU

	14.11.1817 DE
	L'oro non compra amore
MU	Portugal da Fonseca, Marcos Antonio
OR	CU

Philipp Tochtermann (1757 bis 1833) als Simeon in »Jakob und seine Söhne« von Méhul

	07.12.1817 UA?
	Arlequins Traum

GA	Ballett
MU	Röth, Philipp
OR	CU
CH	Klotz, Jakob

	21.12.1817 ME
	La distruzione di Gerusalemme
MU	Guglielmi, Pietro Carlo
OR	CU

1818

	30.01.1818 ME
	Nittetis
MU	Poißl, Johann Nepomuk
OR	CU

	08.02.1818 ME
	Celanira
MU	Pavesi, Stefano
OR	CU

	19.02.1818 DE
	I pretendenti delusi
MU	Mosca, Luigi
OR	CU

	24.02.1818 UA?
	Clementine von Aubigni
MU	Fraenzl, Ferdinand
OR	CU

	Frühjahr 1818 ME
	Trajano in Dacia
MU	Niccolini, Giuseppe
OR	CU?

	22.05.1818 ME
	Elisabetta regina d'Inghilterra
MU	Rossini, Gioacchino
OR	CU

	24.06.1818 UA?
	Die drei Nebenbuhler
GA	Ballett
MU	?
OR	CU

	24.06.1818 ÜB
	Il Corradino o sia Il trionfo delle belle
MU	Pavesi, Stefano
OR	CU
BE	ME am 14.9.1816 im Isartortheater

	14.07.1818 ME
	Apollo's Wettgesang
MU	Sutor, Wilhelm
OR	CU

	22.07.1818 ME
	La prova d'una opera seria
MU	Gnecco, Francesco
OR	CU

	06.08.1818 ME
	Evellina
MU	Coccia, Carlo
OR	CU

	30.08.1818 DE
	La Cenerentola
MU	Rossini, Gioacchino

OR	CU
	13.09.1818 DE
	Otello ossia Il moro di Venezia
MU	Rossini, Gioacchino
OR	CU

	08.10.1818 ME
	Carlo Magno
MU	Niccolini, Giuseppe
OR	CU

	12.10.1818 UA
	Die Weihe
MU	Fraenzl, Ferdinand
BB	Quaglio, Joseph
BE	Eröffnung des neuen Kgl. Hof- und Nationaltheaters

	23.10.1818 NI
	Ginevra di Scozia
MU	Mayr, Giovanni Simone
OR	CU?

	09.11.1818 ME
	Adolph und Mathilde oder Die Macht der Frauen
MU	?
CH	Duport, Louis Antoine Crux, Peter
BB	Hungermüller

	27.11.1818 NI
	Die Zauberflöte
MU	Mozart, Wolfgang Amadeus
BB	Quaglio, Simon
BE	ältester Theaterzettel über eine Zauberflöten-Aufführung in München; evtl. früheres Premierendatum

1819

	1819 ME
	Il poëta fortunato ossia L'Equivoco del Mantello
MU	Coccia, Carlo
OR	CU?

	1819 ME
	Il servo padrone ossia L'amor perfetto
MU	Generali, Pietro
OR	CU?

	Januar 1819 ME
	Quanti casi in un sol giorno
MU	Trento, Vittorio

	01.01.1819 DE
	Il barbiere di Siviglia
MU	Rossini, Gioacchino
OR	CU

	19.02.1819 ME
	Il Turco in Italia
MU	Rossini, Gioacchino
OR	CU

	02.03.1819 UA?
	Der neue Narziß
GA	Ballett

MU	?
CH	Taglioni, Philipp ?

	21.03.1819 UA?
	Das Fest der Winzer
GA	Ballett
MU	?

Ferdinand Fraenzl (1767–1833), Musikdirektor und Komponist, und Peter von Winter (1754–1825), Komponist und Hofkapellmeister 1801–1825

CH	Taglioni, Philipp

	28.03.1819 ME
	Mahomet
	Maometto II
MU	Winter, Peter von

	23.04.1819 ME
	Quinto Fabio
MU	Niccolini, Giuseppe

	02.05.1819 UA?
	Alexis und Natalie
GA	Ballett
MU	Röth, Philipp
CH	Taglioni, Philipp

	28.05.1819 ME
	Balduino, Duca di Spoleti
MU	Niccolini, Giuseppe

	31.05.1819 UA?
	Aurora
GA	Ballett
MU	?
CH	Taglioni, Philipp

	24.08.1819 ME
	Romeo und Julie
	Giulietta e Romeo
MU	Zingarelli, Nicola Antonio
BE	Ergänzungen Peter von Winter

	12.10.1819 ME
	Rotkäppchen
	Le petit chaperon rouge
MU	Boieldieu, François Adrien

	14.10.1819 DE
	La colpa emmendata dal valore
	Il barone di Dolsheim
MU	Pacini, Giovanni
OR	CU

	31.10.1819 UA?
	Pas de quatre
GA	Ballett
MU	Cella, W.

	31.10.1819 NC
	Der siegende Amor
GA	Ballett
MU	Volkert, Franz
CH	Klotz, Jakob

	15.11.1819 DE
	Clotilde
MU	Coccia, Carlo
OR	CU

1820

	1820 ME
	Emma di Resburgo
MU	Meyerbeer, Giacomo
OR	CU?

	1820 NI
	Nina ossia La pazza per amore
MU	Paisiello, Giovanni
OR	CU?
BE	italienisch ?

	20.01.1820 UA
	Der Sänger und der Schneider
GA	Operette
MU	Winter, Peter von

	21.01.1820 ME
	Demetrio e Polibio
MU	Rossini, Gioacchino
OR	CU

	28.01.1820 DE
	Torvaldo e Dorliska
MU	Rossini, Gioacchino
OR	CU

	07.04.1820 UA
	La rappressaglia
MU	Poißl, Johann Nepomuk
OR	CU?

	26.04.1820 ME
	Paolo e Virginia

MU Guglielmi, Pietro Carlo OR CU?	09.03.1821 ME **Pimmaglione** MU Cimadoro, Giambattista	08.12.1821 ME **La donna del lago** MU Rossini, Gioacchino OR CU	MU Winter, Peter von OR CU	11.04.1823 ME **La testa maravigliosa** MU Generali, Pietro OR CU
24.05.1820 ME **Nachtigall und Rabe** GA Operette MU Weigl, Joseph	21.03.1821 NI **Le nozze di Figaro** MU Mozart, Wolfgang Amadeus	30.12.1821 ME **Zemire und Azor** MU Spohr, Louis	23.06.1822 EC **Das Waldmädchen** GA Ballett MU Wranitzky, Paul u.a. CH Traffieri Horschelt, Friedrich	22.05.1823 NI **Doktor und Apotheker** MU Dittersdorf, Carl Ditters von OR CU BE mit zusätzlichen Nummern von Johann Nepomuk Poißl
04.08.1820 ME **Die wandernden Komödianten** *I virtuosi ambulanti* MU Fioravanti, Valentino	01.04.1821 ME **Adrian von Ostade** MU Weigl, Joseph	**1822**		
	01.05.1821 UA **Rodrigo und Zimene** MU Aiblinger, Johann Kaspar	1822 UA **Das neue Aschenbrödel** MU Röth, Philipp	08.11.1822 DE **Romilda e Costanza** MU Meyerbeer, Giacomo OR CU	
25.08.1820 ME **Die Alpenhütte** MU Kreutzer, Konradin	04.05.1821 NI **Giulietta e Romeo** MU Zingarelli, Nicola Antonio OR CU	1822 DE **Elisa e Claudio** MU Mercadante, Saverio OR CU	12.11.1822 ME **Zelmira** MU Rossini, Gioacchino	13.06.1823 DE **La rappressaglia** MU Stuntz, Joseph Hartmann OR CU
08.09.1820 UA **Heinrich der Vierte zu Givry** MU Stuntz, Joseph Hartmann	01.07.1821 ME **Fidelio** MU Beethoven, Ludwig van	Januar 1822 DE **La gioventù di Enrico V.** MU Pacini, Giovanni OR CU?	**1823**	August 1823 UA **Der hölzerne Säbel** MU Röth, Philipp OR CU
22.09.1820 UA **Die Verwechslung** MU Fischer, Anton Josef	19.08.1821 ME **Richard und Zoraide** *Ricciardo e Zoraide* MU Rossini, Gioacchino	11.01.1822 ME **Mosè in Egitto** MU Rossini, Gioacchino OR CU	1823 UA **Zemire und Azor** GA Ballett MU Röth, Philipp OR CU	24.08.1823 UA **Webers Bild** GA Operette MU Täglichsbeck, Thomas OR CU
12.10.1820 DE **Adelaide und Comingo** *Adelaide e Comingo* MU Pacini, Giovanni	21.09.1821 NI **Tankred** *Tancredi* MU Rossini, Gioacchino	15.02.1822 DE **Margherita d'Anjou** MU Meyerbeer, Giacomo OR CU	01.01.1823 UA **Die zwölf schlafenden Jungfrauen** MU Röth, Philipp	**1824**
24.11.1820 ME **Claudina in Torino** MU Coccia, Carlo OR CU		27.02.1822 ME **Das Lotterie-Los** *Le billet de loterie* MU Isouard, Niccolò	06.01.1823 EC **Die Silberschlange** GA Ballett MU Roser, Franz	27.01.1824 ME **Libussa**
26.11.1820 ME **Floreska** MU Soliva, Carlo Evasco BE deutsch		20.03.1822 NI **Sargino ossia L'allievo dell'amore** MU Paër, Ferdinando OR CU		
1821		24.03.1822 EC **Die Wildschützen** GA Ballett MU Riotte, Philipp Jacob CH Horschelt, Friedrich BE Übernahme aus Wien		
1821 EI **Die Schwestern von Prag** MU Müller, Wenzel BE ME 1812 im Isartortheater				
1821 ME **Il venditore d'aceto** *Il carretto del venditor l'aceto* MU Mayr, Giovanni Simone OR CU?	**Kurfürst Maximilian IV. Joseph 1799–1805, ab 1805–1825 König Maximilian I.**	15.04.1822 ME **Der Freischütz** MU Weber, Carl Maria von RE Horschelt, Friedrich BB Quaglio, Simon (neue Dekorationsteile) Klotz, Josef		**Brand des Hof- und Nationaltheaters am 14. Januar 1823**
12.01.1821 NI **L'amor marinaro** MU Weigl, Joseph OR CU?	28.10.1821 ME **König Waldemar oder Die dänischen Fischer** MU Weigl, Joseph	26.04.1822 ME **Il castello dei spiriti ossia Violenza e Costanza** MU Mercadante, Saverio OR CU	31.01.1823 ME **Il finto sordo** MU Farinelli, Giuseppe OR Isartortheater BE Isartortheater als vorübergehende Spielstätte für das beschädigte Cuvilliés-Theater	CH Horschelt, Friedrich BE Übernahme aus Wien
23.01.1821 ME **Abbé Lattaignant oder Die Theaterprobe** MU Danzi, Franz				MU Kreutzer, Konradin OR CU
26.01.1821 DE **Eduardo e Cristina** MU Rossini, Gioacchino OR CU	04.12.1821 NI **Othello, der Afrikaner in Venedig** *Otello ossia Il moro di Venezia* MU Rossini, Gioacchino	17.05.1822 ME **Fedra** MU Orlandi, Fernando	16.03.1823 EC **Die Porträts** GA Ballett MU Moscheles, Ignaz OR CU CH Horschelt, Friedrich	14.02.1824 NI **König Garibald** *La clemenza di Tito* MU Mozart, Wolfgang Amadeus BE textlich umgearbeitet von Max Heigel musikalisch bearbeitet von Joseph Hartmann von Stuntz
02.02.1821 ME **Il fanatico per la musica** MU Mayr, Giovanni Simone OR CU		14.06.1822 ME **Il trionfi del bel sesso ossia Il tartaro convinto per amore**		14.03.1824 EI **Der blinde Gärtner** MU Lindpaintner, Peter Josef von

OR CU
BE UA 1813 im Isartortheater

| 19.03.1824 | DE |
Semiramide
MU Rossini, Gioacchino
OR CU

| 02.04.1824 | ME |
Zilia
MU Mellara, Carlo
OR CU

| 04.04.1824 | ME |
Cordelia
MU Kreutzer, Konradin
OR CU

| 10.05.1824 | UA? |
Das Kirchweihfest
GA Ballett
MU Cramer, Franz ?
OR CU
CH Horschelt, Friedrich

| 21.05.1824 | NI |
Don Giovanni
MU Mozart, Wolfgang Amadeus
OR CU

| 09.06.1824 | DE? |
Egilda di Provenza
MU Pavesi, Stefano
OR CU

| 13.07.1824 | NI |
Die verfängliche Wette
Così fan tutte
MU Mozart, Wolfgang Amadeus
OR CU
BE in der Bearbeitung von C. Herklots

| 30.07.1824 | ME |
Der Schnee
La neige ou Le nouvel Eginhard
MU Auber, Daniel François Esprit
OR CU

| 29.09.1824 | ME |
L'abitatore del bosco
MU Pavesi, Stefano
OR CU
BE letzte italienische Oper vor dem offiziellen Verbot von 1825 durch König Ludwig I.

| 23.11.1824 | UA |
Der Faßbinder
MU Fraenzl, Ferdinand
OR CU

1825

| 02.01.1825 | EC |
Aschenbrödel
GA Ballett
MU Kinsky, Josef ?
CH Horschelt, Friedrich
 Taglioni, Philipp
BE erster Tag des Wieder-

»Eröffnungs-Cyklus«
(2.–24.1.1825) nach dem Brand von 1823

| 23.01.1825 | UA |
Die Prinzessin von Provence
MU Poißl, Johann Nepomuk

| 05.03.1825 | UA? |
Die schöne Arsene oder Die neue Amazone
GA Ballett
MU ?
CH Taglioni, Philipp

| 19.04.1825 | ME |
Constantin
MU Stuntz, Joseph Hartmann

| 25.06.1825 | DE |
Il crociato in Egitto
MU Meyerbeer, Giacomo

| 12.07.1825 | DE |
Leocadia
Léocadie
MU Auber, Daniel François Esprit

| 17.07.1825 | UA? |
Die Müller
GA Ballett
MU ?
CH Blaché, Jean-Baptiste

Georg Mittermayr (?–1858) als Figaro

| 11.12.1825 | UA? |
Die Feuer-Nelke
GA Ballett
MU Gallenberg, Wenzel Robert von
 Riotte, Philipp Jacob
CH Horschelt, Friedrich
BB Quaglio, Simon
 Klotz, Josef
 Schnitzler, Michael
 (neue Dekorationsteile)

| 21.12.1825 | ME |
Euryanthe
MU Weber, Carl Maria von

1826

| 26.01.1826 | NI |
Octavian in Sicilien
Ottaviano in Sicilia
MU Poißl, Johann Nepomuk

| 22.04.1826 | ME |
Das Concert am Hofe
Le concert à la cour
MU Auber, Daniel François Esprit

| 23.05.1826 | UA? |
Orientalisches Divertissement
GA Ballett
MU ?
CH Horschelt, Friedrich

| 30.05.1826 | NI |
Moses oder Die Israeliten in Ägypten
Mosè in Egitto
MU Rossini, Gioacchino

| 14.06.1826 | EI |
Der Dorfbarbier
MU Schenk, Johann
OR CU
BE ME 1812 im Isartortheater

| 21.07.1826 | ME |
Faust
MU Spohr, Louis

| 24.09.1826 | NI |
Die diebische Elster
La gazza ladra
MU Rossini, Gioacchino

| 15.10.1826 | NI |
Der Kreuzritter in Ägypten
Il crociato in Egitto
MU Meyerbeer, Giacomo

| 29.10.1826 | UA? |
Die beiden Tanten
GA Ballett
MU Gyrowetz, Adalbert
CH Horschelt, Friedrich

| 26.11.1826 | ME |
Die weiße Dame von Avenel
La dame blanche
MU Boieldieu, François Adrien

1827

| 11.01.1827 | EC |
Der Jahrmarkt von Krakau
GA Ballett
MU Kinsky, Josef u.a.
CH Horschelt, Friedrich

| 30.03.1827 | UA? |
Die Insulaner
GA Ballett
MU Cramer, Franz ?
CH Didelot, Charles
 Rozier, Jean
 Horschelt, Friedrich

| 21.04.1827 | UA? |
Anakreontisches Divertissement
GA Ballett

MU ?
CH Taglioni, Philipp

| 28.04.1827 | UA |
Zephyr und die Rose
GA Ballett
MU Lindpaintner, Peter Josef von
CH Taglioni, Philipp

| 05.05.1827 | EC |
Danina, oder Jocko der brasilianische Affe
GA Ballett
MU Lindpaintner, Peter Josef von
CH Taglioni, Philipp

| 11.05.1827 | NI |
Der Barbier von Sevilla
Il Barbiere di Siviglia
MU Rossini, Gioacchino

| 21.08.1827 | ME |
Der Maurer und der Schlosser
Le maçon
MU Auber, Daniel François Esprit

| 19.10.1827 | UA? |
Der verkleidete Gutsherr
GA Ballett

Franz Danzi (1763–1826), Kapellmeister und Komponist, und Johann Nepomuk von Poißl (1783–1865), Komponist, Hofmusikintendant 1825–1848

MU ?
CH Rozier, Jean

1828

| 11.01.1828 | UA? |
Zephyr und Flora
GA Ballett
MU Venna, F.M.A.
CH Didelot, Charles
 Rozier, Jean

| 29.02.1828 | ME |
Die Belagerung von Corinth
Le siège de Corinthe
MU Rossini, Gioacchino

| 28.05.1828 | EC |
Nina oder Wahnsinn aus Liebe
GA Ballett
MU Persuis, Louis Luc Loiseau de
CH Milon, Louis-Jacques
 Rozier, Jean
BE Musik nach Nicolas Dalayrac

| 20.06.1828 | DE |
Macbeth
MU Chélard, Hippolyte
BE deutsch

| 07.07.1828 | UA? |
Ein allegorisches Fest-Divertissement
GA Ballett
MU ?
CH Horschelt, Friedrich

| 19.10.1828 | ME |
Der Vampyr
MU Lindpaintner, Peter Josef von

| 28.11.1828 | UA? |
Alcibiades vor seiner Abfahrt nach Asien
GA Ballett
MU Lindpaintner, Peter Josef von
 Cramer, Franz
CH Horschelt, Friedrich

1829

| 11.03.1829 | UA? |
Das graue Männchen
GA Ballett
MU Röth, Philipp
CH Horschelt, Friedrich

| 29.03.1829 | ME |
Oberon, König der Elfen
Oberon
MU Weber, Carl Maria von

| 09.08.1829 | UA? |
Das Urteil des Paris
GA Ballett

| MU | Cramer, Franz u.a. |
| CH | Horschelt, Friedrich |

11.10.1829 UA?
Elisene, Prinzessin von Bulgarien
GA Ballett
MU Cramer, Franz
    Riotte, Philipp Jacob
CH Horschelt, Friedrich

30.10.1829 UA
Der Untersberg
MU Poißl, Johann Nepomuk

13.12.1829 EC
Die Pagen des Herzogs von Vendome
GA Ballett
MU Gyrowetz, Adalbert
CH Rozier, Jean

1830

08.01.1830 ME
Die Stumme von Portici
La muette de Portici
MU Auber, Daniel François Esprit
BB Quaglio, Simon
    Schnitzler, Michael
    Fries, Georg
    (neue Dekorationsteile)

04.05.1830 NI
Aschenbrödel
La Cenerentola
MU Rossini, Gioacchino

25.05.1830 UA?
König Waldemar oder Die dänischen Fischer
GA Ballett
MU Cramer, Franz
CH Schneider, Joseph

03.08.1830 ME
Die Verlobte
La fiancée
MU Auber, Daniel François Esprit

31.10.1830 ME
Der Seeräuber
Il pirata
MU Bellini, Vincenzo

23.12.1830 UA?
Die Hochzeit im Gebirge
GA Ballett
MU Cramer, Franz
CH Schneider, Joseph

1831

13.03.1831 ME
Fra Diavolo oder Das Gasthaus von Terracina
Fra Diavolo ou L'hôtellerie de Terracine
MU Auber, Daniel François Esprit

20.04.1831 EI?
Salomons Urteil

| MU | Quaisain, Adrien |
| BE | ME 1812 im Isartortheater |

19.06.1831 UA
Mitternacht
MU Chélard, Hippolyte
DIR Chélard, Hippolyte

30.10.1831 UA?
Jaogan oder Die feindlichen Feen
GA Ballett
MU Schießel
CH Rozier, Jean
BB Quaglio, Simon
    Schnitzler, Michael
    Schütz, Ferdinand
    (neue Dekorationsteile)
KM Fries, Georg ?

1832

19.02.1832 DE
Der Student
Le table et logement
MU Chélard, Hippolyte

25.03.1832 ME
Der Gott und die Bayadere
Le Dieu et la Bayadère
MU Auber, Daniel François Esprit
CH Schneider, Joseph

21.09.1832 NI
Semiramide
MU Rossini, Gioacchino
BE deutsch

20.11.1832 UA
Alasnam und Balsora
GA Ballett
MU Stuntz, Joseph Hartmann
CH Schneider, Joseph

Karl Theodor Küstner, Hoftheaterintendant 1833–1842

30.12.1832 ME
Zampa oder Die Marmorbraut
Zampa ou La fiancée de marbre
MU Hérold, Louis Joseph Ferdinand

1833

11.01.1833 UA
Der Müller oder Das nächtliche Rendezvous
GA Ballett
MU Cramer, Franz
OR CU?
CH Blaché, Frédéric Auguste ?

03.05.1833 ME
Tell
Guillaume Tell
MU Rossini, Gioacchino
BB Schnitzler, Michael (neue Dekorationsteile)
BE deutsch (nach der Einrichtung für die Pariser Opéra)

25.08.1833 ME
Der Kalif von Bagdad
Le calife de Bagdad
MU Boieldieu, François Adrien
BB Quaglio, Simon
    Schnitzler, Michael
    (neue Dekorationsteile)

15.12.1833 EI
Der lustige Schuster
Poche, ma buone ossia le donne cambiate
MU Paër, Ferdinando
BE ME 1813 im Isartortheater

19.12.1833 UA?
Der Maskenball
GA Ballett
MU Cramer, Franz
CH Schneider, Joseph

1834

22.02.1834 ME
Robert der Teufel
Robert-le-diable
MU Meyerbeer, Giacomo
BB Quaglio, Simon
    Schnitzler, Michael
    Fries, Georg
    (neue Dekorationsteile)
KM Fries, Georg ?

17.04.1834 ME
Die Capulet's und Montague's
I Capuleti e i Montecchi
MU Bellini, Vincenzo
BB Quaglio, Simon
    Schneider, Joseph
    Fries, Georg
    (neue Dekorationsteile)

22.08.1834 UA?
Das Fischerstechen
GA Ballett
MU Cramer, Franz
CH Rozier, Jean
BB Fries, Georg
    Schnitzler, Michael
    (neue Dekorationsteile)

03.10.1834 ME
Der Templer und die Jüdin
MU Marschner, Heinrich

RE	Staudacher, Joseph
BB	Quaglio, Simon (neue Dekorationsteile)
KM	Fries, Georg ?

11.11.1834 NI
Othello, der Mohr in Venedig
Otello ossia Il moro di Venezia
MU Rossini, Gioacchino
RE Staudacher, Joseph

1835

18.01.1835 NI
Der Kreuzritter in Egypten
Il crociato in Egitto
MU Meyerbeer, Giacomo
RE Staudacher, Joseph

Giacomo Meyerbeer (1791–1864)

12.06.1835 UA?
Die reisende Ballett-Gesellschaft
GA Ballett
MU Pentenrieder, Franz Xaver
CH Schneider, Joseph
BB Schnitzler, Michael (neue Dekorationsteile)

12.09.1835 UA
Die Hermanns-Schlacht
MU Chélard, Hippolyte
RE Staudacher, Joseph
CH Schneider, Joseph
BB Quaglio, Simon
    Schnitzler, Michael
    (neue Dekorationsteile)
KM Fries, Georg ?

06.11.1835 ME
Norma
MU Bellini, Vincenzo
RE Staudacher, Joseph

1836

31.01.1836 NI
Moses oder Die Israeliten in Egypten
Mosè in Egitto

| MU | Rossini, Gioacchino |
| RE | Staudacher, Joseph |

11.04.1836 ME
Der Maskenball
Gustave ou Le bal masqué
MU Auber, Daniel François Esprit
RE Staudacher, Joseph
BB Quaglio, Simon (neue Dekorationsteile)
KM Fries, Georg ?

06.09.1836 ME
Jessonda
MU Spohr, Louis

1837

20.01.1837 ME
Die Unbekannte
La straniera
MU Bellini, Vincenzo
RE Staudacher, Joseph

20.08.1837 NI
Die verfängliche Wette oder Weibertreue
Così fan tutte
MU Mozart, Wolfgang Amadeus
RE Staudacher, Joseph
BE in der Bearbeitung von Bretzner

26.09.1837 ME
Das Nachtlager in Granada
MU Kreutzer, Konradin
RE Staudacher, Joseph
BB Quaglio, Simon (neue Dekorationsteile)
KM Fries, Georg ?

24.11.1837 ME
Der Blitz
L'Éclair
MU Halévy, Jacques Fromental Elias
RE Staudacher, Joseph

12.12.1837 UA?
Die beiden Zöglinge
GA Ballett
MU Stuntz, Joseph Hartmann
CH Horschelt, Friedrich
KM Fries, Georg ?

1838

27.01.1838 NI
Oberon, König der Elfen
Oberon
MU Weber, Carl Maria von
RE Staudacher, Joseph
BB Quaglio, Simon
    Schnitzler, Michael
    (neue Dekorationsteile)
KM Fries, Georg ?

16.03.1838 ME
Der Postillon von Lonjumeau
Le postillon de Lonjumeau
MU Adam, Adolphe Charles
RE Staudacher, Joseph

22.05.1838   ME
Die Anglicaner und Puritaner
Les Huguenots
MU Meyerbeer, Giacomo
RE Staudacher, Joseph
BB Quaglio, Simon
    Schnitzler, Michael
    (neue Dekorationsteile)
KM Monten

19.06.1838   UA?
Die Nymphe und der Schmetterling
GA Ballett
MU Aigner, Engelbert ?
CH Perrot, Jules

26.06.1838   UA?
Das Stelldichein
GA Ballett

Das Nationaltheater am Max-Joseph-Platz nach dem Wiederaufbau 1825

MU ?
CH Perrot, Jules

28.06.1838   ME
Die Nachtwandlerin
La sonnambula
MU Bellini, Vincenzo
RE Hölken, Ludwig

28.09.1838   NI
Joconde oder Die Abenteurer
Joconde ou Les coureurs d'aventures
MU Isouard, Niccolò
RE Lenz, Leopold

02.12.1838   UA?
Die Rauchfangkehrer
GA Ballett
MU Röth, Philipp
CH Horschelt, Friedrich

1839

25.01.1839   ME
Zum treuen Schäfer
Le fidèle berger
MU Adam, Adolphe Charles
RE Lenz, Leopold
BB Quaglio, Simon (neue Dekorationsteile)

09.02.1839   NI
Euryanthe
MU Weber, Carl Maria von
RE Lenz, Leopold
BB Schnitzler, Michael (neue Dekorationsteile)

12.02.1839   NI
Die Schwestern von Prag
MU Müller, Wenzel
RE Lenz, Leopold

08.03.1839   UA?
Der Berggeist
GA Ballett
MU Riotte, Philipp Jacob
CH Horschelt, Friedrich

12.04.1839   UA
Alidia
MU Lachner, Franz
RE Lenz, Leopold
CH Horschelt, Friedrich
BB Quaglio, Simon (neue Dekorationsteile)

30.05.1839   ME
Der Liebestrank
L'elisir d'amore
MU Donizetti, Gaëtano
RE Lenz, Leopold

06.08.1839   ME
Der Brauer zu Preston
Le brasseur de Preston
MU Adam, Adolphe Charles
RE Lenz, Leopold
BB Quaglio, Simon (neue Dekorationsteile)

12.12.1839   UA?
Apollo und Daphne
GA Ballett
MU ?

17.12.1839   ME
Der schwarze Domino
Le domino noir
MU Auber, Daniel François Esprit
RE Lenz, Leopold
BB Quaglio, Simon (neue Dekorationsteile)

1840

21.02.1840   ME
Guido und Ginevra
Guido et Ginèvra
MU Halévy, Jacques Fromental Elias
RE Lenz, Leopold
BB Quaglio, Simon (neue Dekorationsteile)

23.03.1840   DE
Die Eintagskönigin
La reine d'un jour
MU Adam, Adolphe Charles
RE Lenz, Leopold

26.04.1840   UA?
Amphion und die Hamadryade
GA Ballett
MU ?
CH Rozier, Jean

02.06.1840   EC
Die Nachtwandlerin oder Die Ankunft des neuen Gutsherrn
La somnambule ou L'arrivée d'un nouveau Seigneur
GA Ballett
MU Hérold, Louis Joseph Ferdinand

08.07.1840   ME
Alceste
MU Gluck, Christoph Willibald
RE Lenz, Leopold
CH Horschelt, Friedrich
BE deutsch

14.07.1840   EC
Die Sylphide
GA Ballett
MU Schneitzhöffer, Jean M.
CH Opfermann, Franz
BB Quaglio, Simon (1. Akt)
    Schnitzler, Michael (2. Akt)

11.08.1840   ME
Die beiden Schützen
MU Lortzing, Albert
RE Lenz, Leopold

27.08.1840   NE
Das übel gehütete Mädchen
GA Ballett
MU ?

02.10.1840   UA
Die Nacht zu Paluzzi
MU Pentenrieder, Franz Xaver
RE Lenz, Leopold
BB Quaglio, Simon (neue Dekorationsteile)

10.11.1840   UA?
Die Fischer
GA Ballett
MU ?
CH Horschelt, Friedrich

12.11.1840   ME
Die Puritaner
I Puritani di Scozia
MU Bellini, Vincenzo
RE Lenz, Leopold

23.12.1840   UA
Der Alchymist
GA Operette
MU Pocci, Franz Graf
RE Lenz, Leopold

1841

12.01.1841   UA?
Psyche's Toilette
GA Ballett
MU Röder, Valentin

28.03.1841   ME
Der Vampyr
MU Marschner, Heinrich
RE Lenz, Leopold

20.06.1841   NI
Aschenbrödel
Cendrillon
MU Isouard, Niccolò
RE Lenz, Leopold
BB Schnitzler, Michael (neue Dekorationsteile)

23.07.1841   ME
Zar und Zimmermann
MU Lortzing, Albert
RE Lenz, Leopold

01.10.1841   ME
Graf Ory
Le comte Ory
MU Rossini, Gioacchino
RE Lenz, Leopold

Leopold Lenz (1804–1863), 1826–1855 Hofopernsänger und Regisseur in München

03.12.1841   UA
Catharina Cornaro
MU Lachner, Franz
RE Lenz, Leopold
BB Quaglio, Simon (neue Dekorationsteile)
KM Fries, Georg ?

1842

14.01.1842   NI
Azur, König von Ormus
Axur, rè d'Ormus
MU Salieri, Antonio
RE Lenz, Leopold

16.03.1842   ME
Lucia von Lammermoor
Lucia di Lammermoor
MU Donizetti, Gaëtano
RE Lenz, Leopold

22.05.1842   UA?
Der Pascha und sein Hof
GA Ballett
MU Stuntz, Joseph Hartmann
CH Horschelt, Friedrich

15.07.1842   DE
Die Krondiamanten
Les diamants de la couronne
MU Auber, Daniel François Esprit
RE Lenz, Leopold

16.09.1842   ME
Belisar
Belisario
MU Donizetti, Gaëtano
RE Lenz, Leopold

28.10.1842   EC
Die Nymphe als Schwan oder Der Zauberpfeil
GA Ballett
MU Krottenthaler, Karl
CH Fenzl, Johann

04.11.1842   UA?
Der Kobold als Arlequin
GA Ballett
MU ?
CH Fenzl, Johann

25.11.1842   UA
Die Schweden in Prag
MU Röder, Valentin
RE Lenz, Leopold
BB Quaglio, Simon
    Schnitzler, Michael
    (neue Dekorationsteile)
KM Fries, Georg ?

1843

17.03.1843   ME
Marie, die Tochter des Regiments
La fille du régiment
MU Donizetti, Gaëtano
RE Lenz, Leopold

15.06.1843   ME
Der Guitarre-Spieler
Le guitarréro
MU Halévy, Jacques Fromental Elias
RE Lenz, Leopold

03.08.1843   NI
Der Schnee

La neige ou Le nouvel Eginhard
MU Auber, Daniel François Esprit
RE Lenz, Leopold

Friedrich Horschelt (1793–1876), Ballettmeister von 1822–1829 und 1836–1848

06.09.1843   ME
Die sicilianische Vesper
MU Lindpaintner, Peter Josef von
RE Lenz, Leopold

09.11.1843   UA
Zayde
MU Poißl, Johann Nepomuk
RE Lenz, Leopold
BB Quaglio, Simon
    Schnitzler, Michael (neue Dekorationsteile)
KM Fries, Georg ?

23.12.1843   ME
Des Teufels Anteil
La part du diable
MU Auber, Daniel François Esprit
RE Lenz, Leopold
BE ME nicht 8.12.1843; lt. hs. Korrektur auf dem Theaterzettel wurde die Premiere verschoben

1844

18.04.1844   ME
Die Jüdin
La Juive
MU Halévy, Jacques Fromental Elias
RE Lenz, Leopold
KM Fries, Georg ?

12.05.1844   ME
Der Wildschütz oder Die Stimme der Natur
MU Lortzing, Albert
RE Lenz, Leopold

20.06.1844   NI
Jessonda
MU Spohr, Louis
RE Lenz, Leopold

12.07.1844   NI
Das unterbrochene Opferfest
MU Winter, Peter von
RE Hölken, Ludwig

03.10.1844   ME
Das Ochsenmenuett
MU Seyfried, Ignaz von
RE Lenz, Leopold
BE nach Motiven von Joseph Haydn

02.11.1844   UA?
Malers Traumbild
GA Ballett
MU ?
CH Perrot, Jules
    Elßler, Fanny

14.11.1844   ME
Die Sirene
La sirène
MU Auber, Daniel François Esprit
RE Lenz, Leopold
BB Quaglio, Simon (2. Akt)

1845

12.01.1845   NI
Idomeneus, König von Kreta
Idomeneo
MU Mozart, Wolfgang Amadeus
RE Lenz, Leopold

23.02.1845   UA
Maria Rosa
MU Stuntz, Joseph Hartmann
RE Lenz, Leopold
BB Schnitzler, Michael (3. Akt)

10.04.1845   UA
Die zwei Prinzen
MU Esser, Heinrich
RE Lenz, Leopold

16.04.1845   NI
Macbeth
MU Chélard, Hippolyte
RE Lenz, Leopold

22.05.1845   ME
Linda von Chamounix
Linda di Chamounix
MU Donizetti, Gaëtano
RE Lenz, Leopold

04.06.1845   EC
Gisella oder Die Wilis
Giselle
GA Ballett
MU Adam, Adolphe Charles
CH Coralli, Jean
    Saint Georges

22.08.1845   UA?
Der Hochzeits-Ball
GA Ballett
MU ?
CH Guerra, Antonio

29.08.1845   UA?
Liebesabenteuer eines Mulatten
GA Ballett
MU ?
CH Guerra, Antonio

14.09.1845   UA?
Der Feen-See
GA Ballett
MU ?
CH Guerra, Antonio

26.09.1845   ME
Alessandro Stradella
MU Flotow, Friedrich von
RE Lenz, Leopold
KM Fries, Georg ?

26.10.1845   ME
Die vier Haimonskinder
Les quatre fils Aymon
MU Balfe, Michael William
RE Lenz, Leopold

1846

09.02.1846   UA?
Jupiter als Leander
GA Ballett
MU ?
OR Königliches Odeon
CH Horschelt, Friedrich

24.02.1846   EI
Die unruhige Nachbarschaft, oder Die musikalische Tischlerfamilie
MU Müller, Wenzel
BE ME 1813 im Isartortheater

24.06.1846   ME
Lucrezia Borgia
MU Donizetti, Gaëtano
RE Lenz, Leopold
BE deutsch

09.07.1846   UA?
Amor und Eretria
GA Ballett
MU ?
CH Opfermann, Franz

06.09.1846   UA
Loreley
MU Lachner, Ignaz
RE Lenz, Leopold
BB Schnitzler, Michael (neue Dekorationsteile)
KM Fries, Georg ?

13.11.1846   ME
Der Waffenschmied
MU Lortzing, Albert
RE Lenz, Leopold

1847

01.01.1847   ME
Die beiden Freier
MU Lachner, Ignaz
RE Hölken, Ludwig

15.01.1847   NI
Faust

MU Spohr, Louis
RE Lenz, Leopold

04.03.1847   UA
Das Haus ist zu verkaufen
MU Pentenrieder, Franz Xaver
RE Lenz, Leopold

18.03.1847   ME
Die Musketiere der Königin
Les mousquetaires de la reine
MU Halévy, Jacques Fromental Elias
RE Lenz, Leopold
BB Quaglio, Simon (3. Akt)
KM Fries, Georg ?

13.05.1847   ME
Hans Heiling
MU Marschner, Heinrich
RE Lenz, Leopold
BB Schnitzler, Michael (neue Dekorationsteile)

03.10.1847   ME
Die Königin von Leon
Ne touchez pas à la reine
MU Boisselot, Xavier
RE Lenz, Leopold

König Ludwig I. 1825–1848

16.12.1847   ME
Der Schauspieldirektor
MU Mozart, Wolfgang Amadeus

1848

27.01.1848   ME
Prinz Eugen, der edle Ritter
MU Schmidt, Gustav
RE Lenz, Leopold

27.02.1848   ME
Martha oder Der Markt von Richmond
MU Flotow, Friedrich von
RE Lenz, Leopold

17.03.1848   UA?
Die Waldnymphe
GA Ballett
MU Grothenthaler
CH Fenzl, Johann

31.03.1848   UA?
Der Zauberfisch
GA Ballett
MU Kühner
CH Fenzl, Johann

13.04.1848   ME
Hernani
Ernani
MU Verdi, Giuseppe
RE Lenz, Leopold

06.06.1848   UA?
Der flatterhafte Zephyr
GA Ballett
MU ?

13.07.1848   ME
Marie oder Verborgene Liebe
Marie
MU Hérold, Louis Joseph Ferdinand
RE Lenz, Leopold

08.10.1848   ME
Haydée
Haydée ou Le secret
MU Auber, Daniel François Esprit
RE Lenz, Leopold
BB Quaglio, Simon (neue Dekorationsteile)

21.11.1848   UA?
Peri
GA Ballett
MU Kühner
CH Fenzl, Johann

24.11.1848   ME
Der Förster
MU Flotow, Friedrich von
RE Lenz, Leopold

22.12.1848   UA?
Pasquitta
GA Ballett
MU Kühner
CH Fenzl, Johann

1849

12.01.1849   UA?
Der Zauberstern oder Schabernak über Schabernak
GA Ballett
MU ?
CH Fenzl, Johann

19.03.1849   UA?
Der Nachtwandler oder Die Liebhaber als Schnell-Läufer
GA Ballett

MU ?
CH Fenzl, Johann

25.03.1849 ME NF
Ferdinand Cortez
Fernand Cortez
MU Spontini, Gasparo
BB Quaglio, Simon (neue Dekorationsteile)
BE NF von 1817

16.06.1849 UA?
Wolfsklau der Raubritter oder Der Burggeist
GA Ballett
MU ?
CH Fenzl, Johann

06.07.1849 ME
Die Sennerhütte
Le chalet
MU Adam, Adolphe Charles
RE Lenz, Leopold

07.10.1849 UA
Benvenuto Cellini
MU Lachner, Franz
RE Lenz, Leopold
BB Quaglio, Simon (2. und 3. Akt)
Quaglio, Angelo II (3. Akt)

Franz Lachner (1803–1890), erster Generalmusikdirektor 1836–1867

14.10.1849 UA?
Die Flüchtlinge
GA Ballett
MU Kühner
CH Fenzl, Johann

1850

01.01.1850 UA?
Die Räuber-Königin
GA Ballett
MU Kühner, Johann Wilhelm ?
CH Fenzl, Johann

16.01.1850 UA?
Der Magier
GA Ballett
MU ?
CH Fenzl, Johann

11.04.1850 ME
Die Zigeunerin
The Bohemian girl
MU Balfe, Michael William
RE Lenz, Leopold
CH Fenzl, Johann

10.09.1850 UA?
Die Auswechslung der Gefangenen
GA Ballett
MU ?
CH Fenzl, Johann

13.10.1850 UA?
Der verwandelte Arlequin oder Die Zauberrose
GA Ballett
MU ?
CH Fenzl, Johann

10.11.1850 ME
Der Prophet
Le prophète
MU Meyerbeer, Giacomo
RE Lenz, Leopold
BB Schnitzler, Michael (3. Akt) Quaglio, Simon
Quaglio, Angelo II
Schütz, Ferdinand (Sonne)
KM Fries, Georg ?

19.12.1850 ME
Das Tal von Andorra
Le val d'Andorre
MU Halévy, Jacques Fromental Elias
RE Lenz, Leopold

1851

18.03.1851 EC
Esmeralda
GA Ballett
MU Pugni, Cesare
INT Grahn, Lucile
CH Perrot, Jules

06.04.1851 NI
Die heimliche Ehe
Il matrimonio segreto
MU Cimarosa, Domenico
RE Lenz, Leopold
BE in der Bearbeitung von Peter Josef von Lindpaintner

06.04.1851 ME
Die Großfürstin
Sophia Catharina
MU Flotow, Friedrich von
RE Lenz, Leopold
BB Quaglio, Simon (neue Dekorationsteile)
KM Fries, Georg ?

19.09.1851 UA?
Bräutigam und Liebhaber
GA Ballett
MU ?
CH Fenzl, Johann

13.11.1851 NI
Weibertreue

Così fan tutte
MU Mozart, Wolfgang Amadeus
RE Lenz, Leopold

21.12.1851 ME
Gute Nacht Herr Pantalon
Bonsoir, Monsieur Pantalon
MU Grisar, Albert

1852

06.01.1852 NI
Richard Löwenherz
Richard Coeur-de-lion
MU Grétry, André Ernest Modest
BE in der Bearbeitung von Ignaz von Seyfried

08.01.1852 EC
Undine, die Wassernixe
GA Ballett
MU Pugni, Cesare
INT Grahn, Lucile
CH Perrot, Jules
Ambrogio, Giovanni

26.01.1852 UA?
Asmodi's Verwandlungen
GA Ballett
MU ?
OR Königliches Odeon
CH Fenzl, Johann

16.02.1852 UA?
Die Walpurgisnacht am Blocksberg
GA Ballett
MU ?
OR Königliches Odeon
CH Fenzl, Johann

14.03.1852 ME
Der verlorene Sohn
L'enfant prodigue
MU Auber, Daniel François Esprit
BB Cambon
Schnitzler, Michael
Quaglio, Simon (neue Dekorationsteile)

02.05.1852 NI
Die Vestalin
La vestale
MU Spontini, Gasparo
BB Quaglio, Simon (1. und 3. Akt)

05.10.1852 ME
Nabucodonosor
Nabucco
MU Verdi, Giuseppe
BE deutsch

21.11.1852 ME
Der Traum einer Sommernacht
Le songe d'une nuit d'été
MU Thomas, Ambroise
BB Döll, Heinrich (2. Akt)
Quaglio, Simon (3. Akt)
KM Fries, Georg ?

03.12.1852 UA
Alfred und Flora oder Die weiße Rose
GA Ballett
MU Lachner, Ignaz
CH Fenzl, Johann

1853

10.04.1853 UA
Sakontala
MU Perfall, Karl von
BB Quaglio, Angelo II (1. Akt)
Quaglio, Simon (2. und 3. Akt)
KM Fries, Georg ?

12.06.1853 NI
Faust
MU Spohr, Louis
BB Quaglio, Angelo II (Dekorationsteile)
KM Fries, Georg ?

22.09.1853 UA?
Die Polka vor Gericht
GA Ballett
MU Pugni, Cesare
MU Borofsky, Ferdinand
CH Wienrich, Alex

1854

06.01.1854 ME
Der Alte vom Berge oder Die Kreuzfahrer
MU Benedict, Julius
BB Döll, Heinrich
Quaglio, Angelo II
Quaglio, Simon (neue Dekorationsteile)
CH Fenzl, Johann

08.02.1854 UA?
Arlequins Verwandlungen oder Die Zauberflöte
GA Ballett
MU ?
OR Königliches Odeon
CH Fenzl, Johann

23.02.1854 NI
Der Postillon von Lonjumeau
Le postillon de Lonjumeau
MU Adam, Adolphe Charles
BB Quaglio, Angelo II (2. Akt)

28.03.1854 UA?
Der Tanzunterricht auf dem Lande oder Alles mißglückt ihm
GA Ballett
MU Stark, Ludwig
CH Fenzl, Johann

20.04.1854 ME
Rigoletto
MU Verdi, Giuseppe
BB Quaglio, Simon (2. Akt)
Quaglio, Angelo II (4. Akt)
BE deutsch ?

22.06.1854 ME
Tony
MU Ernst IV., Herzog von Sachsen-Coburg-Gotha
BB Döll, Heinrich
Quaglio, Angelo II
Quaglio, Simon (neue Dekorationsteile)

Marie Taglioni (1804–1884)

10.11.1854 ME
Die lustigen Weiber von Windsor
MU Nicolai, Otto
BB Quaglio, Simon (neue Dekorationsteile)

31.12.1854 ME
Das Fest der Handwerker
MU Angeli

1855

08.03.1855 NI
Euryanthe
MU Weber, Carl Maria von
BB Quaglio, Simon (neue Dekorationsteile)
KM Fries, Georg ?

Franz Dingelstedt (1814–1881), Hoftheaterintendant 1851–1857

26.04.1855 EC
Katharina die Banditentochter
Catarina, ou la fille du bandit
GA Ballett

MU Pugni, Cesare
INT Grahn, Lucile
CH Perrot, Jules
   Grahn, Lucile

24.05.1855 ME
Undine
MU Lortzing, Albert
BB Döll, Heinrich
   Quaglio, Angelo II
   Quaglio, Simon (neue Dekorationsteile)
KM Fries, Georg ?

12.08.1855 ME
Tanhäuser und Der Sängerkrieg auf der Wartburg
Tannhäuser
MU Wagner, Richard
DIR Lachner, Franz
RE Kindermann, August
BB Döll, Heinrich
   Quaglio, Angelo II
   Quaglio, Simon (neue Dekorationsteile)
KM Seitz, Franz
BE Dresdner Fassung

18.11.1855 ME
Die Favorite
La favorite
MU Donizetti, Gaëtano
KM Seitz, Franz

1856

02.02.1856 ME
Der Nordstern
L'étoile du nord
MU Meyerbeer, Giacomo
DIR Lachner, Franz
RE Sigl, Eduard
BB Quaglio, Simon (1. Akt)
   Quaglio, Angelo II (2. Akt)
KM Seitz, Franz

08.04.1856 UA?
Das Milchmädchen
GA Ballett
MU ?
CH Fenzl, Johann

22.08.1856 ME
Jeannetten's Hochzeit
Les noces de Jeannette
MU Massé, Victor

1857

20.01.1857 EC
Die Weiberkur
Le diable à quatre
GA Ballett
MU Adam, Adolphe Charles
CH Levasseur

30.01.1857 UA?
Saltarello oder Die Tanzwut
GA Ballett
MU ?
CH Levasseur

24.02.1857 NI
Hieronymus Knicker
MU Dittersdorf, Carl Ditters von

14.05.1857 NI
Die Musketiere der Königin
Les mousquetaires de la reine
MU Halévy, Jacques Fromental Elias
RE Sigl, Eduard

14.07.1857 ME
Giralda
MU Adam, Adolphe Charles
RE Sigl, Eduard
BE deutsch ?

18.10.1857 NI
Catharina Cornaro
MU Lachner, Franz
RE Sigl, Eduard
KM Seitz, Franz

1858

28.02.1858 ME
Lohengrin
MU Wagner, Richard
DIR Lachner, Franz
RE Sigl, Eduard
BB Döll, Heinrich (1. Akt)
   Quaglio, Simon (2. Akt)
   Quaglio, Angelo II (3. Akt)
KM Seitz, Franz
BE Neueinstudierung 16.6.1867 dirigiert von Hans von Bülow

Franz Graf von Pocci (1807–1876), Selbstkarikatur anläßlich der Ernennung zum Hofmusikintendanten am 1. März 1847

19.03.1858 NI
Joseph in Aegypten
Joseph
MU Méhul, Etienne Nicolas
RE Kindermann, August

22.04.1858 UA?
Ein Traum vor der Vermählung
GA Ballett
MU ?
CH Fenzl, Johann

28.11.1858 NI
Der Templer und die Jüdin
MU Marschner, Heinrich
RE Kindermann, August

1859

06.01.1859 ME
Die Weiber von Weinsberg
MU Schmidt, Gustav
RE Sigl, Eduard

28.01.1859 EC
Die Bienen
GA Ballett
MU Halévy, Jacques Fromental Elias
CH Saint-Léon, Arthur

28.01.1859 EC
Tartini oder die Teufelsgeige
Le violon du diable
GA Ballett
MU Pugni, Cesare
CH Saint-Léon, Arthur

14.02.1859 UA?
Der Kobold
GA Ballett
MU ?
CH Saint-Léon, Arthur

29.05.1859 NI
Idomeneus, König von Kreta
Idomeneo
MU Mozart, Wolfgang Amadeus
RE Sigl, Eduard

15.09.1859 ME
Der Troubadour
Il trovatore
MU Verdi, Giuseppe
RE Kindermann, August

02.10.1859 NI
Oberon
MU Weber, Carl Maria von
RE Sigl, Eduard
BB Quaglio, Angelo II
   Quaglio, Simon
   Döll, Heinrich
   (neue Dekorationsteile)
KM Seitz, Franz

27.10.1859 NI
Abu Hassan
MU Weber, Carl Maria von
RE Kindermann, August

01.12.1859 NI
Der Brauer zu Preston
Le brasseur de Preston
MU Adam, Adolphe Charles
RE Sigl, Eduard

1860

27.01.1860 UA?
Die Tänzerin unter den Räubern
GA Ballett
MU ?
CH Fenzl, Johann

15.04.1860 ME
Dinorah oder Die Wallfahrt nach Ploërmel
Le pardon de Ploërmel
MU Meyerbeer, Giacomo
RE Sigl, Eduard
BB Döll, Heinrich (2. Akt)
   Quaglio, Angelo II (1. und 3. Akt)
KM Seitz, Franz

28.04.1860 EC
Das übelgehütete Mädchen
La fille mal gardée
GA Ballett
MU Hérold, Louis Joseph Ferdinand
CH Dauberval, Jean

31.05.1860 NI
Iphigenie in Aulis
Iphigénie en Aulide
MU Gluck, Christoph Willibald
RE Sigl, Eduard
BB Döll, Heinrich
KM Seitz, Franz

28.06.1860 NI
Iphigenie auf Tauris
Iphigénie en Tauride
MU Gluck, Christoph Willibald
RE Sigl, Eduard

09.07.1860 ME
Das Mädchen von Elizondo
Pépito
MU Offenbach, Jacques
RE Sigl, Eduard

05.10.1860 ME
Der Zweikampf
Le pré aux Clercs
MU Hérold, Louis Joseph Ferdinand
RE Kindermann, August

10.10.1860 UA?
Ein Tag im Lager
GA Ballett
MU ?
CH Hoffmann, Franz

13.11.1860 UA?
Ein Traum im Orient
GA Ballett
MU Burgmüller, Friedrich
CH Hoffmann, Franz

18.11.1860 NI
Belisar
Belisario
MU Donizetti, Gaëtano
RE Sigl, Eduard

02.12.1860 NI
Der Alte vom Berge oder Die Kreuzfahrer
MU Benedict, Julius
RE Sigl, Eduard

Das Geschwisterpaar Sophie und Franz Fenzl, ab 1848 engagiert in München

12.12.1860 ME
Rübezahl
MU Conradi, August
RE Sigl, Eduard

1861

10.02.1861 NI
Doktor und Apotheker
MU Dittersdorf, Carl Ditters von
RE Sigl, Eduard

28.02.1861 NI
Rotkäppchen
Le petit chaperon rouge
MU Boieldieu, François Adrien
RE Sigl, Eduard
BB Döll, Heinrich
   Quaglio, Angelo II
   Quaglio, Simon (neue Dekorationsteile)
KM Seitz, Franz

02.05.1861 EC
Der Polterabend
GA Ballett
MU Schmidt, Hermann
CH Hoffmann, Franz

03.05.1861 NI
Marie oder Verborgene Liebe
Marie
MU Hérold, Louis Joseph Ferdinand
RE Sigl, Eduard

28.05.1861 ME
Der Hans ist da
GA Operette
MU Förg, Franz
RE Sigl, Eduard

07.07.1861 NI	Der Zögling der Liebe	MU Auber, Daniel François Esprit	19.06.1864 NI	Quaglio, Angelo II (2. Akt)
Der Maurer und der Schloßer	GA Ballett	RE Sigl, Eduard	Die Zauberflöte	KM Seitz, Franz
Le maçon	MU Schubert		MU Mozart, Wolfgang Amadeus	
MU Auber, Daniel François Esprit	CH Ambrogio, Giovanni	15.03.1863 ME	RE Kindermann, August	**1865**
RE Sigl, Eduard	29.06.1862 NI	Lalla Roukh		30.01.1865 EC
	Tell	MU David, Félicien	23.06.1864 NI	Der Rekrut
11.07.1861 ME NF	*Guillaume Tell*	RE Sigl, Eduard	Fidelio	GA Ballett
Orpheus und Eurydike	MU Rossini, Gioacchino	BB Döll, Heinrich	MU Beethoven, Ludwig van	MU Neswadba, Josef
Orfée et Euridice	RE Kindermann, August	Quaglio, Angelo II (neue Dekorationsteile)	RE Sigl, Eduard	CH Colinelli, Johann
MU Gluck, Christoph Willibald		KM Seitz, Franz		
RE Kindermann, August	09.07.1862 ME	BE deutsch?	03.07.1864 NI	12.03.1865 NI
	Die Verlobung bei der Laterne		Zampa oder Die Marmorbraut	Der Wasserträger
27.10.1861 ME	*Le mariage aux lanternes*	21.06.1863 NI	*Zampa ou La fiancée de marbre*	*Les deux journées*
Dom Sebastian von Portugal	GA Operette	Der schwarze Domino	MU Hérold, Louis Joseph Ferdinand	MU Cherubini, Luigi
Dom Sébastien, roi de Portugal	MU Offenbach, Jacques	*Le domino noir*	RE Sigl, Eduard	RE Kindermann, August
MU Donizetti, Gaëtano	RE Sigl, Eduard	MU Auber, Daniel François Esprit		
RE Kindermann, August	BB Döll, Heinrich (neue Dekorationsteile)	RE Sigl, Eduard	11.08.1864 NI	
BB Döll, Heinrich (2. Akt)			Der Waffenschmied	
Quaglio, Simon (3. Akt)		20.09.1863 NI	MU Lortzing, Albert	
KM Seitz, Franz		Die Stumme von Portici	RE Sigl, Eduard	
		La muette de Portici		
21.11.1861 NE		MU Auber, Daniel François Esprit	30.08.1864 NI	
Katharina die Banditentochter		RE Sigl, Eduard	Der Dorfbarbier	
Catarina, ou la fille du bandit		BB Döll, Heinrich	MU Schenk, Johann	
GA Ballett		Quaglio, Angelo II (neue Dekorationsteile)	RE Sigl, Eduard	
MU Pugni, Cesare				
CH Perrot, Jules		24.10.1863 UA	20.11.1864 EC	
Hoffmann, Franz		Der Vetter auf Besuch	Isaura, die Pate der Feen	
		GA Operette	*La filleule des fées*	
02.12.1861 EC		MU Krempelsetzer, Georg	GA Ballett	
Marketenderin und Postillon		RE Sigl, Eduard	MU Adam, Adolphe Charles	**Ludwig und Malvine Schnorr von Carolsfeld als Tristan und Isolde, 1865**
La vivandière			Saint-Julien, Clémenceau de	
GA Ballett	**König Maximilian II. 1848–1864**	08.11.1863 NI	CH Saint Georges	18.05.1865 UA?
MU Pugni, Cesare		Titus	Colinelli, Johann	Zephyr und die Nymphen
CH Saint-Léon, Arthur	18.07.1862 EC	*La clemenza di Tito*	BB Quaglio, Angelo II	GA Ballett
Hoffmann, Franz	Diavolina	MU Mozart, Wolfgang Amadeus	Quaglio, Simon (neue Dekorationsteile)	MU Strebinger, Mathias ?
	GA Ballett	RE Sigl, Eduard		CH Colinelli, Johann
1862	MU Schindelmeißer, Louis Alexander Balthasar			
12.01.1862 ME	CH Ambrogio, Giovanni	20.11.1863 EC?		10.06.1865 UA
Margarethe	BB Quaglio, Angelo II (Dekorationsteile)	Die Tyroler		Tristan und Isolde
Faust	KM Seitz, Franz	GA Ballett		MU Wagner, Richard
MU Gounod, Charles		MU ?		DIR Bülow, Hans von
RE Sigl, Eduard	23.10.1862 ME	CH Horschelt, Friedrich		RE Sigl, Eduard
BB Döll, Heinrich	Der häusliche Krieg	Hoffmann, Franz		Wagner, Richard
Quaglio, Angelo II	*Die Verschworenen*	BE früheres Premierendatum möglich		BB Döll, Heinrich (2. Akt)
Quaglio, Simon (neue Dekorationsteile)	MU Schubert, Franz			Quaglio, Angelo II (1. und 3. Akt)
KM Seitz, Franz	RE Sigl, Eduard	20.12.1863 UA		KM Seitz, Franz
		Das Conterfei		
26.02.1862 UA?	28.11.1862 NI	MU Perfall, Karl von		30.07.1865 NI
Die goldene Rose	Johann von Paris	RE Sigl, Eduard		Undine
GA Ballett	*Jean de Paris*			MU Lortzing, Albert
MU ?	MU Boieldieu, François Adrien	29.12.1863 EC		RE Sigl, Eduard
CH Hoffmann, Franz	RE Sigl, Eduard	Tannkönig		BB Mühldorfer, Wilhelm
		GA Ballett		KM Seitz, Franz
04.05.1862 ME	**1863**	MU Flotow, Friedrich von		
Das Glöckchen des Eremiten	11.01.1863 UA	CH Hobein, Eduard		21.11.1865 EC
Les dragons de villars	Die Foscari	Hoffmann, Franz		Ein Faschingsdonnerstag in Venedig
MU Maillart, Aimé Louis	MU Zenger, Max		**Karl Theodor Emanuel von Perfall (1824–1909), ab 1864 Intendant und später Generalintendant**	GA Ballett
RE Sigl, Eduard	RE Sigl, Eduard	31.12.1863 NI		MU Suppé, Franz von
BB Döll, Heinrich (2. Akt)		Die Schwestern von Prag		CH Colinelli, Johann
Quaglio, Simon (1. Akt)	15.02.1863 NI	MU Müller, Wenzel	04.12.1864 ME	BE Übernahme aus Wien
KM Seitz, Franz	Fra Diavolo	RE Sigl, Eduard	Der fliegende Holländer	
	Fra Diavolo ou L'hôtellerie de Terracine		MU Wagner, Richard	
05.06.1862 EC		**1864**	DIR Wagner, Richard	
Die Waldnymphe oder	MU Weber, Carl Maria von	01.05.1864 NI	RE Sigl, Eduard	
	RE Sigl, Eduard	Euryanthe	Wagner, Richard	
		MU Weber, Carl Maria von	BB Döll, Heinrich (1. und 3. Akt)	
		RE Sigl, Eduard		

14.01.1866	NI
Johann von Paris	
	Jean de Paris
MU	Boieldieu, François Adrien
RE	Kindermann, August

25.01.1866	NI
Das Nachtlager in Granada	
MU	Kreutzer, Konradin
RE	Sigl, Eduard

07.02.1866	EC
Saltarello	
GA	Ballett
MU	Strebinger, Mathias Suppé, Franz von
CH	Saint-Léon, Arthur Colinelli, Johann

20.03.1866	ME
Ein ehrlicher Mann	
MU	Seidel, Christian
RE	Sigl, Eduard

22.03.1866	NI
Hans Heiling	
MU	Marschner, Heinrich
RE	Sigl, Eduard

27.05.1866	NI
Die Jüdin	
	La Juive
MU	Halévy, Jacques Fromental Elias
RE	Sigl, Eduard

07.06.1866	NI
Die Zauberflöte	
MU	Mozart, Wolfgang Amadeus
RE	Sigl, Eduard

20.06.1866	NI
Die Nachtwandlerin	
	La sonnambula
MU	Bellini, Vincenzo
RE	Sigl, Eduard

17.07.1866	ME
Alle fürchten sich	
	Les rendez-vous bourgeois
MU	Isouard, Niccolò
RE	Sigl, Eduard

25.08.1866	NI
Richard Löwenherz	
	Richard Cœur-de-lion
MU	Grétry, André Ernest Modest
RE	Sigl, Eduard

20.09.1866	NI
Die Entführung aus dem Serail	
MU	Mozart, Wolfgang Amadeus
RE	Sigl, Eduard

04.10.1866	NI
Norma	
MU	Bellini, Vincenzo
RE	Sigl, Eduard
BE	deutsch ?

18.10.1866	NI
Don Giovanni	
MU	Mozart, Wolfgang Amadeus
RE	Sigl, Eduard
BB	Döll, Heinrich (3. Akt) Quaglio, Angelo II (2. Akt)
KM	Seitz, Franz

23.11.1866	NI
Nachtigall und Rabe	
MU	Weigl, Joseph
RE	Sigl, Eduard

13.12.1866	EC
Giotto's Traum	
GA	Ballett
MU	Pugni, Cesare
CH	Colinelli, Johann

1867

27.01.1867	ME
Die Afrikanerin	
	L'Africaine
MU	Meyerbeer, Giacomo
RE	Sigl, Eduard
BB	Döll, Heinrich (5. Akt) Quaglio, Angelo II (1. bis 4. Akt)
KM	Seitz, Franz

14.02.1867	NI
Jessonda	
MU	Spohr, Louis
RE	Sigl, Eduard

01.08.1867	NI
Tannhäuser	
MU	Wagner, Richard
DIR	Bülow, Hans von
RE	Sigl, Eduard
CH	Grahn-Young, Lucile
BB	Döll, Heinrich (1. Akt) Quaglio, Angelo II (2. Akt)
KM	Seitz, Franz
BE	Pariser Fassung

13.11.1867	ME
Die Heimkehr aus der Fremde	
MU	Mendelssohn Bartholdy, Felix
OR	CU
RE	Sigl, Eduard

1868

05.01.1868	NI
Die lustigen Weiber von Windsor	
MU	Nicolai, Otto
RE	Sigl, Eduard

14.01.1868	NI
Die beiden Schützen	
MU	Lortzing, Albert
OR	CU
RE	Sigl, Eduard

19.01.1868	ME
Armida	
	Armide
MU	Gluck, Christoph Willibald
RE	Sigl, Eduard
BB	Gropius, Martin Döll, Heinrich (Dekorationsteil)
KM	Seitz, Franz

Lucile Grahn (1819–1907)

25.02.1868	NI
Das Fest der Handwerker	
MU	Angeli
RE	Jenke, Karl

22.03.1868	NI
Der Wasserträger	
	Les deux journées
MU	Cherubini, Luigi
RE	Sigl, Eduard

14.04.1868	NI
Abu Hassan	
MU	Weber, Carl Maria von
OR	CU
RE	Sigl, Eduard

05.05.1868	NI
Der neue Gutsherr	
	Le nouveau seigneur de village
MU	Boieldieu, François Adrien
OR	CU
RE	Sigl, Eduard

21.06.1868	UA
Die Meistersinger von Nürnberg	
MU	Wagner, Richard
DIR	Bülow, Hans von
RE	Hallwachs, Reinhard
BB	Döll, Heinrich Jank, Christian Quaglio, Angelo II (neue Dekorationsteile)
KM	Seitz, Franz

23.07.1868	ME
Ruy Blas	
MU	Zenger, Max
RE	Sigl, Eduard
BB	Jank, Christian (2. Akt)

27.09.1868	DE
Der erste Glückstag	
	Le premier jour de bonheur
MU	Auber, Daniel François Esprit
RE	Sigl, Eduard
BB	Döll, Heinrich Jank, Christian Quaglio, Angelo II (neue Dekorationsteile)
KM	Seitz, Franz

04.10.1868	NI
Oberon	
MU	Weber, Carl Maria von
RE	Hallwachs, Reinhard
CH	Fenzl, Franz

17.11.1868	NI
Das rote Käppchen oder Hilft's nichts, so schadt's nicht	
MU	Dittersdorf, Carl Ditters von
OR	CU
RE	Sigl, Eduard

12.12.1868	UA
Der Rotmantel	
MU	Krempelsetzer, Georg
OR	CU
RE	Hallwachs, Reinhard

1869

13.01.1869	NI
Die beiden Füchse	
	Une folie
MU	Méhul, Etienne Nicolas
OR	CU
RE	Sigl, Eduard

14.01.1869	NI
Iphigenie in Aulis	
	Iphigénie en Aulide
MU	Gluck, Christoph Willibald
RE	Hallwachs, Reinhard
BB	Döll, Heinrich Jank, Christian Quaglio, Angelo II (neue Dekorationsteile)
BE	in der Bearbeitung von Richard Wagner

02.02.1869	NI
Der Prophet	
	Le prophète
MU	Meyerbeer, Giacomo
RE	Hallwachs, Reinhard

08.02.1869	NI
Der Liebestrank	
	L'elisir d'amore
MU	Donizetti, Gaëtano
OR	CU
RE	Sigl, Eduard

23.05.1869	UA
Die sieben Raben	
MU	Rheinberger, Josef
RE	Sigl, Eduard
BB	Jank, Christian Quaglio, Angelo II

Quaglio, Simon (neue Dekorationsteile)

22.08.1869	NI
Der Barbier von Sevilla	
	Il barbiere di Siviglia
MU	Rossini, Gioacchino
OR	CU
RE	Sigl, Eduard

22.09.1869	UA
Das Rheingold	
MU	Wagner, Richard
DIR	Wüllner, Franz
RE	Hallwachs, Reinhard
BB	Döll, Heinrich (1. Akt) Jank, Christian (2. und 3. Akt)

24.10.1869	NI
Euryanthe	
MU	Weber, Carl Maria von
RE	Hallwachs, Reinhard

14.11.1869	NI
Guido und Ginevra	
	Guido et Ginèvra
MU	Halévy, Jacques Fromental Elias
RE	Hallwachs, Reinhard

25.11.1869	NI
Der schwarze Domino	
	Le domino noir
MU	Auber, Daniel François Esprit
RE	Hallwachs, Reinhard

05.12.1869	NI
Die Entführung aus dem Serail	
MU	Mozart, Wolfgang Amadeus
RE	Grandaur, Franz

August Kindermann (1817–1891), Sänger und Regisseur

30.12.1869	ME
Das eherne Pferd	
	Le cheval de bronze
MU	Auber, Daniel François Esprit
RE	Grandaur, Franz

20.01.1870 NI
Der Templer und die Jüdin
MU Marschner, Heinrich
RE Hallwachs, Reinhard
BE mit nachkomponierten Rezitativen von Heinrich Marschner

18.02.1870 NI
Die heimliche Ehe
Il matrimonio segreto
MU Cimarosa, Domenico
OR CU
RE Grandaur, Franz

Therese Vogl (1845–1921) während ihrer Münchner Zeit als Kammersängerin 1866–1892

02.04.1870 NI
Hieronymus Knicker
MU Dittersdorf, Carl Ditters von
OR CU
RE Sigl, Eduard

29.04.1870 NI
Orpheus und Eurydike
Orfée et Euridice
MU Gluck, Christoph Willibald
OR CU
RE Grandaur, Franz

14.05.1870 UA
Adam und Eva
GA Operette
MU Hornstein, Robert von
OR CU
RE Grandaur, Franz

29.05.1870 NI
Der Gott und die Bayadere
Le Dieu et la Bayadère
MU Auber, Daniel François Esprit
RE Grandaur, Franz

26.06.1870 UA
Die Walküre
MU Wagner, Richard

DIR Wüllner, Franz
RE Hallwachs, Reinhard
BB Jank, Christian (1. Akt)
Döll, Heinrich (2. und 3. Akt)
Quaglio, Angelo II (Dekorationsteile)
KM Seitz, Franz

18.09.1870 UA
Morgiane
MU Scholz, Bernhard E.
RE Grandaur, Franz

19.10.1870 UA?
Pas de deux
GA Ballett
MU ?
OR CU
CH Grahn-Young, Lucile

19.10.1870 NI
Abu Hassan
MU Weber, Carl Maria von
OR CU
RE Grandaur, Franz

02.12.1870 NI
Minnefahrten
Joconde ou Les coureurs d'aventures
MU Isouard, Niccolò
RE Grandaur, Franz

1871

08.01.1871 NI
Tell
Guillaume Tell
MU Rossini, Gioacchino
RE Hallwachs, Reinhard

22.01.1871 NI
Robert der Teufel
Robert-le-diable
MU Meyerbeer, Giacomo
RE Sigl, Eduard

12.03.1871 UA
Der Friede
MU Perfall, Karl von
RE Jenke, Karl

23.03.1871 NI
Rigoletto
MU Verdi, Giuseppe
RE Sigl, Eduard
BE deutsch ?

05.05.1871 UA
Der Blumen Rache
GA Ballett
MU Hornstein, Robert von
CH Ambrogio, Giovanni
Grahn-Young, Lucile

01.06.1871 NI
Lucrezia Borgia
MU Donizetti, Gaëtano
RE Sigl, Eduard
BE deutsch ?

12.06.1871 UA?
La Palermitana
GA Ballett
MU ?

OR CU
CH Grahn-Young, Lucile

27.06.1871 ME
Rienzi, der letzte der Tribunen
MU Wagner, Richard
RE Grandaur, Franz
BB Jank, Christian (3. Akt)
Quaglio, Angelo II (1., 4. und 5. Akt)
KM Seitz, Franz

25.08.1871 NI
Tannhäuser
MU Wagner, Richard
RE Grandaur, Franz

13.09.1871 ME
Loreley
MU Mendelssohn Bartholdy, Felix
RE Grandaur, Franz

01.12.1871 ME
Der Haideschacht
MU Holstein, Franz von
RE Grandaur, Franz
KM Seitz, Franz

1872

23.02.1872 NI
Jeannetten's Hochzeit
Les noces de Jeannette
MU Massé, Victor
OR CU
RE Grandaur, Franz

17.03.1872 UA
Der Dorfadvokat
GA Operette
MU Hornstein, Robert von
RE Grandaur, Franz

Richard Wagner (1813–1883)

12.04.1872 ME
Medea
Médée
MU Cherubini, Luigi
RE Grandaur, Franz

14.04.1872 NI
Die Schweizerfamilie
MU Weigl, Joseph
RE Kindermann, August

28.05.1872 UA
Theodor Körner
MU Weißheimer, Wendelin
RE Grandaur, Franz

10.09.1872 NI
Des Teufels Anteil
La part du diable
MU Auber, Daniel François Esprit
RE Sigl, Eduard

19.11.1872 NI
Der schwarze Domino
Le domino noir
MU Auber, Daniel François Esprit
OR CU
RE Sigl, Eduard

1873

05.01.1873 NI
Die Meistersinger von Nürnberg
MU Wagner, Richard
RE Sigl, Eduard

14.02.1873 NI
Gute Nacht Herr Pantalon
Bonsoir, Monsieur Pantalon
MU Grisar, Albert
RE Sigl, Eduard

25.03.1873 EC
Almansor
GA Ballett
MU Hornstein, Robert von
CH Fenzl, Franz
KM Seitz, Franz

23.04.1873 UA
Thürmers Töchterlein
MU Rheinberger, Josef
RE Grandaur, Franz
BB Quaglio, Angelo II
KM Seitz, Franz

16.06.1873 UA?
Ein Ball unter Ludwig XV.
GA Ballett
MU ?
CH Grahn-Young, Lucile
BB Döll, Heinrich
KM Seitz, Franz

22.08.1873 NI
Der Wasserträger
Les deux journées
MU Cherubini, Luigi
RE Brulliot, Karl

29.10.1873 NI
Oberon
MU Weber, Carl Maria von
RE Brulliot, Karl

09.11.1873 NI
Jessonda
MU Spohr, Louis
RE Grandaur, Franz

16.11.1873 ME
Genoveva
MU Schumann, Robert
RE Brulliot, Karl

1874

25.01.1874 NI
Iphigenie in Aulis
Iphigénie en Aulide
MU Gluck, Christoph Willibald
RE Brulliot, Karl

Hans von Bülow (1830–1894), Hofkapellmeister 1866–1869

06.02.1874 NI
Marie, die Tochter des Regiments
La fille du régiment
MU Donizetti, Gaëtano
RE Brulliot, Karl

08.03.1874 NI
Die beiden Schützen
MU Lortzing, Albert
RE Brulliot, Karl

21.06.1874 NI
Die Hugenotten
Les Huguenots
MU Meyerbeer, Giacomo
RE Grandaur, Franz
BE früheres Premierendatum möglich

25.08.1874 NI
Iphigenie auf Tauris
Iphigénie en Tauride
MU Gluck, Christoph Willibald
RE Brulliot, Karl

08.09.1874 NI
Die lustigen Weiber von Windsor
MU Nicolai, Otto
RE Brulliot, Karl
BE Neueinstudierung

10.4.1882 mit Rezitativen
von Heinrich Proch

05.10.1874 ME
Der König hat's gesagt
Le roi l'a dit
MU Delibes, Léo
RE Brulliot, Karl
BB Jank, Christian (2. Akt)

28.10.1874 NI
Don Giovanni
MU Mozart, Wolfgang
Amadeus
RE Brulliot, Karl
BB Döll, Heinrich (neue
Dekorationsteile)
Jank, Christian (neue
Dekorationsteile)
Quaglio, Angelo II (neue
Dekorationsteile)
KM Seitz, Franz

27.11.1874 ME
Der Erbe von Morley
MU Holstein, Franz von
RE Brulliot, Karl

26.12.1874 UA
Dornröschen
MU Perfall, Karl von
RE Brulliot, Karl
BB Döll, Heinrich
Jank, Christian
KM Seitz, Franz

26.12.1874 UA
Undine
MU Perfall, Karl von
RE Brulliot, Karl
BB Döll, Heinrich
Jank, Christian
KM Seitz, Franz

1875

07.02.1875 NI
So machen's alle
Così fan tutte
MU Mozart, Wolfgang
Amadeus
RE Brulliot, Karl
BE in der Bearbeitung von
Eduard Devrient

09.02.1875 UA?
Die Zauberkrone
GA Ballett
MU ?
CH Fenzl, Franz

17.03.1875 ME
Dornröschen
MU Langer, Ferdinand
RE Brulliot, Karl
KM Seitz, Franz

30.05.1875 ME
Der Arzt wider Willen
Le médicin malgré lui
MU Gounod, Charles
RE Brulliot, Karl

30.05.1875 ME
Uthal
MU Méhul, Etienne Nicolas

RE Brulliot, Karl
BE deutsch, bearbeitet von
Otto Devrient

18.06.1875 NI
Fra Diavolo
*Fra Diavolo ou L'hôtellerie
de Terracine*
MU Auber, Daniel François
Esprit
RE Brulliot, Karl

König Ludwig II. 1864–1886

21.11.1875 ME
Die Folkunger
MU Kretschmer, Edmund
RE Brulliot, Karl

21.12.1875 NI
Der Blitz
L'Éclair
MU Halévy, Jacques Fromental
Elias
RE Brulliot, Karl

1876

13.02.1876 ME
**Der Widerspenstigen
Zähmung**
MU Goetz, Hermann
RE Brulliot, Karl

17.02.1876 NI
Der Prophet
Le prophète
MU Meyerbeer, Giacomo
RE Grandaur, Franz

29.02.1876 NC
Der Kobold
GA Ballett
MU ?
CH Fenzl, Franz

23.04.1876 DE
Der Bergkönig
Den Bergtagna
MU Hallström, Ivar
RE Brulliot, Karl
BB Jank, Christian (neue
Dekorationsteile)

Döll, Heinrich (neue
Dekorationsteile)
Quaglio, Angelo II
(Dekorationsteile)
KM Seitz, Franz

16.05.1876 NI
Zar und Zimmermann
MU Lortzing, Albert
RE Brulliot, Karl

22.10.1876 NI
Euryanthe
MU Weber, Carl Maria von
RE Grandaur, Franz

26.11.1876 ME
Die Makkabäer
MU Rubinstein, Anton
RE Brulliot, Karl

20.12.1876 ME
Das goldene Kreuz
MU Brüll, Ignaz
RE Grandaur, Franz

1877

11.02.1877 NI
Die Hochzeit des Figaro
Le nozze di Figaro
MU Mozart, Wolfgang
Amadeus
RE Brulliot, Karl

13.05.1877 ME
Aida
MU Verdi, Giuseppe
RE Brulliot, Karl
BB Jank, Christian (neue
Dekorationsteile)
Quaglio, Angelo II (neue
Dekorationsteile)
Döll, Heinrich (neue
Dekorationsteile)
KM Seitz, Franz
BE deutsch

29.06.1877 NI
**Der Templer und die
Jüdin**
MU Marschner, Heinrich
RE Grandaur, Franz

25.08.1877 ME
Golo
MU Scholz, Bernhard E.
RE Brulliot, Karl

19.10.1877 ME
Der Landfriede
MU Brüll, Ignaz
RE Brulliot, Karl

18.11.1877 NI
Lucia von Lammermoor
Lucia di Lammermoor
MU Donizetti, Gaëtano
RE Brulliot, Karl

28.11.1877 NI
**Zampa oder Die
Marmorbraut**
*Zampa ou La fiancée de
marbre*
MU Hérold, Louis Joseph

Ferdinand
RE Brulliot, Karl

1878

07.01.1878 EC
**Die Tänzerin
auf Reisen**
GA Ballett
MU Auber, Daniel François
Esprit
CH Fenzl, Franz

24.01.1878 NI
Der Wildschütz
MU Lortzing, Albert
RE Sigl, Eduard

12.02.1878 NI
**Martha oder
Der Markt von
Richmond**
MU Flotow, Friedrich von
RE Brulliot, Karl

17.02.1878 NI
Die weiße Frau
La dame blanche
MU Boieldieu, François Adrien
RE Grandaur, Franz

19.05.1878 NI
Die Krondiamanten
*Les diamants de la
couronne*
MU Auber, Daniel François
Esprit
RE Brulliot, Karl

28.05.1878 NC
Ein Traum im Orient
GA Ballett
MU Burgmüller, Friedrich
CH Fenzl, Franz

**Karl Brulliot (?–1879), Ober-
regisseur, Sänger**

10.06.1878 ME
Siegfried
MU Wagner, Richard
DIR Levi, Hermann
RE Brulliot, Karl
BB Döll, Heinrich (neue
Dekorationsteile)
Jank, Christian (neue
Dekorationsteile)
KM Seitz, Franz

15.09.1878 ME
Götterdämmerung
MU Wagner, Richard
DIR Levi, Hermann
RE Brulliot, Karl
BB Jank, Christian (neue
Dekorationsteile)
Döll, Heinrich (neue
Dekorationsteile)
KM Seitz, Franz

20.10.1878 NI
Die Walküre
MU Wagner, Richard
DIR Levi, Hermann
RE Brulliot, Karl
BB Döll, Heinrich (neue
Dekorationsteile)

17.11.1878 NI
Das Rheingold
MU Wagner, Richard
DIR Levi, Hermann
RE Brulliot, Karl

1879

07.03.1879 EC
Coppelia
GA Ballett
MU Delibes, Léo
CH Fenzl, Franz

13.05.1879 DE
**Der König von
Lahore**
Le roi de Lahore
MU Massenet, Jules
RE Brulliot, Karl
BB Jank, Christian (neue
Dekorationsteile)
Quaglio, Angelo II (neue
Dekorationsteile)

05.10.1879 NI
Die Zauberflöte
MU Mozart, Wolfgang
Amadeus
RE Brulliot, Karl
BB Knab, Ferdinand (neue
Dekorationsteile)
Döll, Heinrich (neue
Dekorationsteile)
Jank, Christian (neue
Dekorationsteile)
Quaglio, Angelo II (neue
Dekorationsteile)

21.11.1879 NC
**Der Blumen
Rache**
GA Ballett
MU Hornstein, Robert von
CH Fenzl, Franz

02.12.1879 NI
Iphigenie in Aulis
Iphigénie en Aulide
MU Gluck, Christoph
Willibald
RE Brulliot, Karl
BE in der Bearbeitung von
Richard Wagner

1880

18.01.1880 UA
Wieland der Schmied
MU Zenger, Max
RE Brulliot, Karl
BB Döll, Heinrich (neue Dekorationsteile)
Jank, Christian (neue Dekorationsteile)
KM Seitz, Franz

22.02.1880 EI
Der Maskenball
Un ballo in maschera
MU Verdi, Giuseppe
RE Brulliot, Karl
BE ME am 11.3.1879 als Gastspiel

05.03.1880 NC
Gisella oder Die Wilis
Giselle
GA Ballett
MU Adam, Adolphe Charles
CH Fenzl, Franz

07.03.1880 NI
Tristan und Isolde
MU Wagner, Richard
DIR Levi, Hermann
RE Brulliot, Karl

17.03.1880 NI
Der häusliche Krieg
Die Verschworenen
MU Schubert, Franz
RE Brulliot, Karl

11.05.1880 ME
Die Königin von Saba
MU Goldmark, Karl
RE Brulliot, Karl
BB Quaglio, Angelo II (neue Dekorationsteile)
Jank, Christian (neue Dekorationsteile)
Döll, Heinrich (Dekorationsteil)

27.05.1880 NI
Die Meistersinger von Nürnberg
MU Wagner, Richard
RE Brulliot, Karl

24.10.1880 ME
Carmen
MU Bizet, Georges
RE Brulliot, Karl
KM Jank, Christian
BE deutsch ?

25.11.1880 NI
Des Teufels Anteil
La part du diable
MU Auber, Daniel François Esprit
RE Brulliot, Karl

1881

24.01.1881 EC
Sylvia, die Nymphe der Diana
GA Ballett
MU Delibes, Léo
CH Fenzl, Franz
BB Jank, Christian
KM Jank, Christian

15.03.1881 ME
Der Rattenfänger von Hameln
MU Neßler, Viktor Ernst
RE Brulliot, Karl
BB Lautenschläger, Karl (dekorative Arrangements)

27.03.1881 UA
Raimondin
MU Perfall, Karl von
RE Brulliot, Karl
BB Döll, Heinrich (neue Dekorationsteile)
Jank, Christian (neue Dekorationsteile)
Lautenschläger, Karl (dekorative Arrangements)
KM Jank, Christian

05.04.1881 NI
Martha oder Der Markt von Richmond
MU Flotow, Friedrich von
RE Sigl, Eduard

21.08.1881 NI
Die Jüdin
La Juive
MU Halévy, Jacques Fromental Elias
RE Grandaur, Franz

09.10.1881 NI
Robert der Teufel
Robert-le-diable
MU Meyerbeer, Giacomo
RE Grandaur, Franz

14.11.1881 NI
Oberon
MU Weber, Carl Maria von
RE Brulliot, Karl
BB Quaglio, Angelo II
Jank, Christian
Döll, Heinrich

06.12.1881 NI
Die Entführung aus dem Serail
MU Mozart, Wolfgang Amadeus
RE Brulliot, Karl

1882

21.05.1882 ME
Ekkehard
MU Abert, Johann Joseph
DIR Abert, Johann Joseph
RE Brulliot, Karl

06.10.1882 ME
Der betrogene Kadi
Le cadi dupé
MU Gluck, Christoph Willibald
RE Brulliot, Karl

26.11.1882 ME
Alfonso und Estrella
MU Schubert, Franz
RE Brulliot, Karl

1883

06.02.1883 NI
Der Brauer zu Preston
Le brasseur de Preston
MU Adam, Adolphe Charles
RE Brulliot, Karl

07.03.1883 ME
König Hiarne und das Tyrfingschwert
MU Marschner, Heinrich
RE Grandaur, Franz
KM Flüggen, Josef

Karl Lautenschläger, Maschineriedirektor 1880–1902, Erfinder der Drehbühne

27.04.1883 ME
Violetta
La Traviata
MU Verdi, Giuseppe
RE Brulliot, Karl

24.05.1883 NI
Idomeneus, König von Kreta
Idomeneo
MU Mozart, Wolfgang Amadeus
RE Brulliot, Karl

16.06.1883 UA
Königin Mariette
MU Brüll, Ignaz
RE Fuchs, Anton

25.10.1883 NI
Der Vampyr
MU Marschner, Heinrich
RE Grandaur, Franz

17.12.1883 NI
Fidelio
MU Beethoven, Ludwig van
RE Grandaur, Franz
BE früheres Premierendatum möglich

1884

11.01.1884 NI
Alceste
MU Gluck, Christoph Willibald
RE Grandaur, Franz

15.02.1884 NC
Der Rekrut
GA Ballett
MU Neswadba, Josef
CH Fenzl, Franz

30.03.1884 NI
Undine
MU Lortzing, Albert
RE Fuchs, Anton

22.05.1884 NI
Lohengrin
MU Wagner, Richard
RE Grandaur, Franz
BE zum hundertsten Mal; früheres Premierendatum möglich

14.06.1884 ME
Mignon
MU Thomas, Ambroise
RE Brulliot, Karl
BB Jank, Christian (neue Dekorationsteile)
Quaglio, Angelo II (neue Dekorationsteile)
BE deutsch

15.08.1884 NI
Fidelio
MU Beethoven, Ludwig van
RE Fuchs, Anton
BB Jank, Christian (neue Dekorationsteile)
Quaglio, Angelo II (neue Dekorationsteile)
BE zum hundertsten Mal

19.10.1884 ME
Das Käthchen von Heilbronn
MU Reinthaler, Karl
RE Fuchs, Anton

20.11.1884 EC
Waldeinsamkeit
GA Ballett
MU Mühldorfer, Wilhelm Karl
CH Fenzl, Franz

1885

04.01.1885 NI
Gustav oder Der Maskenball
Gustave ou Le bal masqué
MU Auber, Daniel François Esprit
RE Fuchs, Anton

18.01.1885 ME
Der Trompeter von Säckingen
MU Neßler, Viktor Ernst
RE Brulliot, Karl
BB Brioschi
Burghart, Hermann
Kautsky, Johann
KM Flüggen, Josef

12.02.1885 NI
Medea
GA Melodram
MU Benda, Georg
INT Ziegler, Clara (Medea)
RE Richter
BE Text und Musik neu bearbeitet von Joseph Schachner

25.03.1885 UA
Der Trentajäger
MU Gluth, Viktor
RE Brulliot, Karl
BB Döll, Heinrich (neue Dekorationsteile)
Lautenschläger, Karl (dekorative Arrangements)
KM Flüggen, Josef

10.05.1885 NI
Doktor und Apotheker
MU Dittersdorf, Carl Ditters von
OR CU
RE Brulliot, Karl

15.10.1885 ME
Der Barbier von Bagdad
MU Cornelius, Peter
DIR Levi, Hermann
RE Brulliot, Karl
BE nach der Bearbeitung von Felix Mottl

15.10.1885 UA
Der faule Hans
MU Ritter, Alexander
RE Fuchs, Anton

26.10.1885 NI
Die Musketiere der Königin
Les mousquetaires de la reine
MU Halévy, Jacques Fromental Elias
RE Brulliot, Karl

04.11.1885 NI
Das Glöckchen des Eremiten
Les dragons de villars
MU Maillart, Aimé Louis
OR CU
RE Grandaur, Franz

13.11.1885 NI
Hans Heiling
MU Marschner, Heinrich
RE Brulliot, Karl

02.12.1885 EC
Wiener Walzer
GA Ballett
MU Bayer, Josef
CH Fenzl, Franz

1886

10.01.1886 ME
Romeo und Julia

Roméo et Juliette
MU Gounod, Charles
RE Brulliot, Karl

21.02.1886   ME
Feramors
(Lalla Roukh)
MU Rubinstein, Anton
RE Fuchs, Anton
KM Flüggen, Josef

09.04.1886   UA
Junker Heinz
MU Perfall, Karl von
RE Brulliot, Karl
KM Flüggen, Josef

03.06.1886   UA
Malawika
MU Weingartner, Felix
RE Fuchs, Anton

28.09.1886   NI
Orpheus und Eurydike
Orfée et Euridice
MU Gluck, Christoph Willibald
RE Fuchs, Anton

Hermann Levi (1839–1900), Generalmusikdirektor 1872–1896

01.10.1886   NI
Johann von Paris
Jean de Paris
MU Boieldieu, François Adrien
RE Brulliot, Karl
BE mit Ballettmusik von Jules Massenet im 2. Akt

10.10.1886   NI
Der Prophet
Le prophète
MU Meyerbeer, Giacomo
RE Brulliot, Karl

19.10.1886   NI
Der Wildschütz
MU Lortzing, Albert
RE Brulliot, Karl

07.11.1886   NI
Catharina Cornaro
MU Lachner, Franz
RE Brulliot, Karl

05.12.1886   NI
Thürmers Töchterlein
MU Rheinberger, Josef
RE Fuchs, Anton

10.12.1886   EC
Sardanapal
GA Ballett
MU Hertel, Peter Ludwig
CH Fenzl, Franz
BB Jank, Christian (1. Bild)
Quaglio, Angelo II (2., 4. u. 6. Bild)
Lautenschläger, Karl (dekorative Arrangements)

21.12.1886   NI
Euryanthe
MU Weber, Carl Maria von
RE Brulliot, Karl

1887

01.02.1887   NI
Der schwarze Domino
Le domino noir
MU Auber, Daniel François Esprit
RE Brulliot, Karl

19.10.1887   UA
Faust
MU Zöllner, Heinrich
RE Fuchs, Anton
BB Lautenschläger, Karl (dekorativ-szenische Einrichtung)
KM Flüggen, Josef

08.11.1887   EC
Walzer
GA Ballett
MU Hofmann, Julius
CH Fenzl, Franz

29.12.1887   NI
Alessandro Stradella
MU Flotow, Friedrich von
RE Brulliot, Karl

1888

12.01.1888   NI
Der Vampyr
MU Marschner, Heinrich
RE Brulliot, Karl

05.02.1888   ME
Othello
Otello
MU Verdi, Giuseppe
RE Brulliot, Karl
BB Brioschi
Burghart, Hermann
Lautenschläger, Karl (dekorative Arrangements)
KM Flüggen, Josef

10.04.1888   ME
Die drei Pintos
MU Weber, Carl Maria von
RE Brulliot, Karl

29.06.1888   UA
Die Feen
MU Wagner, Richard

DIR Fischer, Franz
RE Brulliot, Karl
BB Brioschi
Burghart, Hermann
Lautenschläger, Karl (dekorative Arrangements)
KM Flüggen, Josef
BE einstudiert von Richard Strauss

06.11.1888   NI
Jessonda
MU Spohr, Louis
RE Brulliot, Karl

1889

08.01.1889   NI
Joseph in Aegypten
Joseph
MU Méhul, Etienne Nicolas
RE Brulliot, Karl

02.02.1889   NI
Die Favoritin
La favorite
MU Donizetti, Gaëtano
RE Brulliot, Karl

25.03.1889   NI
Das goldene Kreuz
MU Brüll, Ignaz
RE Fuchs, Anton

11.04.1889   NI
Die weiße Frau
La dame blanche
MU Boieldieu, François Adrien
RE Brulliot, Karl

05.05.1889   ME
Benvenuto Cellini
MU Berlioz, Hector
RE Brulliot, Karl
KM Flüggen, Josef
BE deutsch von Peter Cornelius

28.06.1889   UA?
Ein Tanzfest in Versailles
GA Ballett
MU ?
CH Fenzl, Franz

25.10.1889   NI
Norma
MU Bellini, Vincenzo
RE Brulliot, Karl
BE deutsch ?

13.12.1889   NI
Rigoletto
MU Verdi, Giuseppe
RE Brulliot, Karl
BE deutsch ?

18.12.1889   NI
Der Freischütz
MU Weber, Carl Maria von
RE Brulliot, Karl
BB Lautenschläger, Karl (neue Wolfsschlucht)
BE früheres Premierendatum möglich

1890

12.01.1890   EC
Die Puppenfee
GA Ballett
MU Bayer, Josef
CH Fenzl, Franz
BB Burghart, Hermann
Lautenschläger, Karl (dekorative Arrangements)
KM Flüggen, Josef

11.03.1890   NI
Der Waffenschmied
MU Lortzing, Albert
RE Fuchs, Anton

13.04.1890   ME
Pietro von Abano
MU Spohr, Louis
RE Fuchs, Anton
BB Burghart, Hermann
Lautenschläger, Karl (dekorative Arrangements)

02.05.1890   UA
Die Rose von Straßburg
MU Neßler, Viktor Ernst
RE Brulliot, Karl
KM Flüggen, Josef

01.06.1890   NI
Armida
Armide
MU Gluck, Christoph Willibald
RE Fuchs, Anton

11.06.1890   NI
Das Glöckchen des Eremiten
Les dragons de villars
MU Maillart, Aimé Louis
RE Fuchs, Anton

02.10.1890   NI
Die Jüdin
La Juive
MU Halévy, Jacques Fromental Elias
RE Brulliot, Karl

28.10.1890   NI
Gute Nacht Herr Pantalon
Bonsoir, Monsieur Pantalon
MU Grisar, Albert
RE Brulliot, Karl

20.11.1890   ME
Gwendoline
MU Chabrier, Alexis Emanuel
RE Brulliot, Karl
BB Lautenschläger, Karl (dekorative Arrangements)
BE deutsch

1891

22.01.1891   ME
Ritterlichkeit auf dem Dorfe
Cavalleria Rusticana

MU Mascagni, Pietro
RE Brulliot, Karl

26.02.1891   ME
Murillo
MU Langer, Ferdinand
RE Fuchs, Anton

Ernst von Possart (1841–1921), Regisseur, ab 1893 Generalintendant

01.03.1891   UA?
Im Morgenlande
GA Ballett
MU ?
CH Jungmann, Flora
KM Flüggen, Josef

21.04.1891   ME
Der Cid
MU Cornelius, Peter
RE Brulliot, Karl

26.04.1891   UA?
Die Vorbereitung zum Balle (Spiegelbild)
GA Ballett
MU Stich, Josef u.a.
CH Jungmann, Flora

24.05.1891   UA?
Das übel gehütete Mädchen oder Der Zufall als Ehestifter
GA Ballett
MU Zschoppe, Konstantin ?
CH Jungmann, Flora

14.06.1891   ME
Die Legende von der heiligen Elisabeth
GA szenisches Oratorium
MU Liszt, Franz
RE Fuchs, Anton
BB Quaglio, Eugen (1. Bild)
Burghart, Hermann (5., 6. u. letztes Bild)
Lautenschläger, Karl (dekorative Arrangements)
KM Flüggen, Josef

28.06.1891   NI
Der Barbier von Sevilla
Il barbiere di Siviglia

MU Rossini, Gioacchino
RE Brulliot, Karl

17.09.1891 NC
Coppelia
GA Ballett
MU Delibes, Léo
DIR Stich, Josef
CH Jungmann, Flora

08.10.1891 NI
Margarethe
Faust
MU Gounod, Charles
RE Fuchs, Anton

06.12.1891 EC
Der Kinder Weihnachtstraum
GA Ballett
MU Bayer, Josef
CH Jungmann, Flora
BB Burghart, Hermann

1892

10.01.1892 ME
Asraël
MU Franchetti, Alberto
RE Brulliot, Karl
BB Lautenschläger, Karl
(dekorative Arrangements)
KM Flüggen, Josef
BE deutsch

19.01.1892 NI
Aida
MU Verdi, Giuseppe
RE Fuchs, Anton
BE deutsch ?

06.02.1892 NI
Das Nachtlager in Granada
MU Kreutzer, Konradin
RE Brulliot, Karl

08.03.1892 UA
Heilmar der Narr
MU Kienzl, Wilhelm
RE Fuchs, Anton

19.03.1892 UA
Gringoire
MU Brüll, Ignaz
RE Brulliot, Karl

17.05.1892 ME
La Basoche
MU Messager, André
RE Fuchs, Anton
BE deutsch

29.06.1892 NC
Gisella oder Die Wilis
Giselle
GA Ballett
MU Adam, Adolphe Charles
CH Jungmann, Flora

08.09.1892 NI
Das Rheingold
MU Wagner, Richard
RE Müller, Robert

23.10.1892 ME
Ritter Pázmán
MU Strauß, Johann
RE Müller, Robert

14.12.1892 NI
Orpheus und Eurydike
Orfée et Euridice
MU Gluck, Christoph Willibald
RE Müller, Robert

1893

04.01.1893 ME
Djamileh
MU Bizet, Georges
RE Müller, Robert
BE deutsch

05.01.1893 NI
Mignon
MU Thomas, Ambroise
RE Müller, Robert
BE deutsch

21.01.1893 NI
Die weiße Frau
La dame blanche
MU Boieldieu, François Adrien
DIR Kienzl, Wilhelm
RE Müller, Robert

29.01.1893 ME
Die Trojaner in Karthago
Les Troyens à Carthage
MU Berlioz, Hector
DIR Levi, Hermann
RE Müller, Robert

25.02.1893 NI
Der schwarze Domino
Le domino noir
MU Auber, Daniel François Esprit
DIR Fischer, Franz
RE Müller, Robert

17.03.1893 EC
Die Jahreszeiten
GA Ballett
MU Hertel, Peter Ludwig
DIR Stich, Josef
CH Jungmann, Flora

17.03.1893 ME
Der Bajazzo
I Pagliacci
MU Leoncavallo, Ruggiero
DIR Fischer, Franz
RE Possart, Ernst von

12.04.1893 ME
Bastien und Bastienne
MU Mozart, Wolfgang Amadeus
DIR Kienzl, Wilhelm
RE Müller, Robert

12.04.1893 NI
Titus
La clemenza di Tito
MU Mozart, Wolfgang Amadeus
DIR Kienzl, Wilhelm
RE Müller, Robert

28.04.1893 NI
Tannhäuser
MU Wagner, Richard
DIR Levi, Hermann
RE Fuchs, Anton
BB Burghart, Hermann
Unger
Brückner, Max
(1. Akt teilw., 3. Akt)
Quaglio, Eugen (2. Akt)
KM Flüggen, Josef
BE bei den Festspielen von 1908 Dekorationen von Julius Klein nachgewiesen

09.05.1893 UA
Sonntagsmorgen
MU Schjelderup, Gerhard
DIR Levi, Hermann
RE Müller, Robert

08.06.1893 NI
Undine
MU Lortzing, Albert
DIR Fischer, Franz
RE Müller, Robert

29.10.1893 ME
Die Rantzau
I Rantzau
MU Mascagni, Pietro
DIR Fischer, Franz
RE Müller, Robert

04.11.1893 NC
Wiener Walzer
GA Ballett
MU Bayer, Josef
DIR Stich, Josef
CH Jungmann, Flora

24.11.1893 UA
Schach dem König
MU Brüll, Ignaz
DIR Levi, Hermann
RE Müller, Robert

20.12.1893 EC
Die goldene Märchenwelt
Das goldene Märchenbuch
GA Ballett
MU Berté, Heinrich
DIR Stich, Josef
CH Haßreiter, Josef
BB Kinkerlin
Kragl
Frahm, Hans
Burghart, Hermann
KM Flüggen, Josef

30.12.1893 ME
Hänsel und Gretel
MU Humperdinck, Engelbert
DIR Levi, Hermann
RE Possart, Ernst von
BB Stöger (neue Dekorationsteile)
Lautenschläger, Karl
(dekorative Arrangements)
KM Flüggen, Josef

1894

23.01.1894 ME
Die verkaufte Braut
Prodaná nevěsta
MU Smetana, Bedřich
DIR Gluth
RE Müller, Robert
BE am 31.3.1897 Neueinstudierung dirigiert von Richard Strauss

08.02.1894 NI
Junker Heinz
MU Perfall, Karl von
DIR Levi, Hermann
RE Fuchs, Anton

02.03.1894 ME
Falstaff
MU Verdi, Giuseppe
DIR Fischer, Franz
RE Müller, Robert
BE deutsch ?

05.04.1894 UA NF
Wieland der Schmied
MU Zenger, Max
DIR Zenger, Max
RE Müller, Robert

21.04.1894 NI
Joseph in Aegypten
Joseph
MU Méhul, Etienne Nicolas
DIR Gluth
RE Müller, Robert

22.05.1894 NI
Lohengrin
MU Wagner, Richard
DIR Levi, Hermann
RE Possart, Ernst von
BB Lautenschläger, Karl
(dekorative Arrangements)
KM Flüggen, Josef

31.10.1894 NI
Uthal
MU Méhul, Etienne Nicolas
DIR Levi, Hermann
RE Fuchs, Anton
BE deutsch, bearbeitet von Otto Devrient

28.11.1894 DE
Dalibor
MU Smetana, Bedřich
DIR Levi, Hermann
RE Müller, Robert
BE deutsch

1895

15.01.1895 EI
Die Fledermaus
GA Operette
MU Strauß, Johann
DIR Levi, Hermann
RE Müller, Robert
BE ME am 10.7.1875 im Theater am Gärtnerplatz

15.02.1895 NI
Die Hochzeit des Figaro
Le nozze di Figaro
MU Mozart, Wolfgang Amadeus
OR CU
DIR Levi, Hermann
RE Possart, Ernst von
BB Jank, Christian
Quaglio, Angelo II
Frahm, Hans
KM Flüggen, Josef
BE erster Versuch einer Rekonstruktion der Originalgestalt

05.03.1895 NI
Die Hugenotten
Les Huguenots
MU Meyerbeer, Giacomo
DIR Fischer, Franz
RE Müller, Robert

09.03.1895 NI
Martha
Martha oder Der Markt von Richmond
MU Flotow, Friedrich von
DIR Strauss, Richard
RE Müller, Robert

17.03.1895 ME
Die Zerstörung Trojas
La prise de Troie
MU Berlioz, Hector
DIR Levi, Hermann
RE Müller, Robert
BE am 24.3. »La prise de Troie« und »Les Troyens à Carthage« an einem Abend

21.03.1895 NI
Marie, die Tochter des Regiments
La fille du régiment
MU Donizetti, Gaëtano
DIR Fischer, Franz
RE Müller, Robert

05.04.1895 NI
Carmen
MU Bizet, Georges
DIR Strauss, Richard
RE Müller, Robert
BE deutsch ?

22.05.1895 NI
Rienzi, der letzte der Tribunen
MU Wagner, Richard
DIR Strauss, Richard

Max Zenger (1837–1911), Komponist und Chronist der Hofoper

RE Fuchs, Anton
BB Mettenleitner
KM Flüggen, Josef

15.10.1895 ME
Der Überfall
MU Zöllner, Heinrich
DIR Strauss, Richard
RE Fuchs, Anton

16.11.1895 ME
Guntram
MU Strauss, Richard
DIR Strauss, Richard
INT De Ahna, Pauline (Freihild)
RE Fuchs, Anton

01.12.1895 NI
Die Afrikanerin
L'Africaine
MU Meyerbeer, Giacomo
DIR Fischer, Franz
RE Müller, Robert
KM Flüggen, Josef

1896

08.01.1896 UA?
Ballet-Divertissement
GA Ballett
MU ?
DIR Stich, Josef
CH Jungmann, Flora

08.01.1896 NI
Der Postillon von Lonjumeau
Le postillon de Lonjumeau
MU Adam, Adolphe Charles
DIR Fischer, Franz
RE Müller, Robert

11.01.1896 NI
Iphigenie in Aulis
Iphigénie en Aulide
MU Gluck, Christoph Willibald
DIR Strauss, Richard
RE Müller, Robert

06.02.1896 ME
Die Nürnberger Puppe
La poupée de Nuremberg
MU Adam, Adolphe Charles
DIR Strauss, Richard
RE Müller, Robert

06.02.1896 NI
Der Barbier von Bagdad
MU Cornelius, Peter
DIR Strauss, Richard
RE Müller, Robert

11.03.1896 NI
Robert der Teufel
Robert-le-diable
MU Meyerbeer, Giacomo
DIR Röhr, Hugo
RE Müller, Robert

25.03.1896 EC
Burschenliebe
GA Ballett
MU Bayer, Josef
DIR Stich, Josef

CH Jungmann, Flora
KM Flüggen, Josef

18.04.1896 ME
Kunihild und der Brautritt auf Kynast
MU Kistler, Cyrill
DIR Fischer, Franz
RE Müller, Robert

29.05.1896 NI
Don Giovanni
MU Mozart, Wolfgang Amadeus
OR CU
DIR Strauss, Richard
RE Possart, Ernst von
BB Frahm, Hans
  Mettenleitner
KM Flüggen, Josef
BE deutsch;
  erster Versuch einer
  Rekonstruktion der
  Originalgestalt

06.06.1896 UA?
Ballet-Divertissement
GA Ballett
MU ?
DIR Stich, Josef
CH Jungmann, Flora

06.06.1896 NI
Das Nachtlager in Granada
MU Kreutzer, Konradin
DIR Strauss, Richard
RE Müller, Robert
BE früheres Premierendatum möglich

18.10.1896 ME
Der Evangelimann
MU Kienzl, Wilhelm
DIR Röhr, Hugo
RE Müller, Robert
BB Frahm, Hans

06.12.1896 ME
Das Heimchen am Herd
MU Goldmark, Karl
DIR Fischer, Franz
RE Fuchs, Anton

1897

23.01.1897 UA
Die Königskinder
MU Humperdinck, Engelbert
DIR Röhr, Hugo
RE Savits, Jocza
BB Lautenschläger, Karl
KM Flüggen, Josef

03.02.1897 NI
Die Entführung aus dem Serail
MU Mozart, Wolfgang Amadeus
OR CU
DIR Strauss, Richard
RE Possart, Ernst von
BB Lautenschläger, Karl
KM Flüggen, Josef

12.03.1897 UA
Theuerdank
MU Thuille, Ludwig
DIR Strauss, Richard
RE Fuchs, Anton
KM Flüggen, Josef

08.05.1897 ME
Ingwelde
MU Schillings, Max von
DIR Strauss, Richard
RE Fuchs, Anton

20.05.1897 NC
Der Blumen Rache
GA Ballett
MU Hornstein, Robert von
DIR Stich, Josef
CH Jungmann, Flora

20.05.1897 ME
Jolanthe
Jolanta
MU Tschaikowsky, Peter Iljitsch
DIR Röhr, Hugo
RE Müller, Robert

07.06.1897 NI
Des Teufels Anteil
La part du diable
MU Auber, Daniel François Esprit
OR CU
DIR Erdmannsdörfer, Max
RE Possart, Ernst von
BB Lautenschläger, Karl
KM Flüggen, Josef

25.06.1897 NI
Così fan tutte
MU Mozart, Wolfgang Amadeus
OR CU
DIR Strauss, Richard
RE Possart, Ernst von
BB Lautenschläger, Karl
KM Flüggen, Josef
BE deutsch;
  erster Versuch einer
  Rekonstruktion der
  Originalgestalt

Prinzregent Luitpold 1886–1912

10.10.1897 UA
Sarema
MU Zemlinsky, Alexander
DIR Röhr, Hugo
RE Müller, Robert
KM Flüggen, Josef

02.12.1897 NC
Die Tänzerin auf Reisen
GA Ballett
MU Auber, Daniel François Esprit
DIR Stich, Josef
CH Jungmann, Flora

02.12.1897 NI
Lucretia Borgia
Lucrezia Borgia
MU Donizetti, Gaëtano
DIR Röhr, Hugo
RE Müller, Robert

1898

24.02.1898 NI
Guglielmo Tell
Guillaume Tell
MU Rossini, Gioacchino
DIR Fischer, Franz
RE Müller, Robert

29.03.1898 UA
Der tolle Eberstein
MU Könnemann, Arthur
DIR Fischer, Franz
RE Fuchs, Anton

30.04.1898 NI
Die Zauberflöte
MU Mozart, Wolfgang Amadeus
DIR Strauss, Richard
RE Possart, Ernst von
BB Lautenschläger, Karl
KM Flüggen, Josef

08.06.1898 EC
Frühlingstänze
GA Ballett
MU Baier, J.
  Hertl, P.
  Faust, C.
  Weber, Carl Maria von
DIR Stich, Josef
CH Jungmann, Flora
BB Lautenschläger, Karl

19.06.1898 UA
Zinnober
MU Hausegger, Siegmund von
DIR Strauss, Richard
RE Müller, Robert

16.10.1898 NI
Hans Heiling
MU Marschner, Heinrich
DIR Stavenhagen, Bernhard
RE Müller, Robert

30.10.1898 NI
Der Trompeter von Säckingen
MU Neßler, Viktor Ernst
DIR Röhr, Hugo
RE Müller, Robert

07.12.1898 ME
Der Pfeifer von Hardt
MU Langer, Ferdinand
DIR Röhr, Hugo
RE Müller, Robert

1899

22.01.1899 UA
Der Bärenhäuter
MU Wagner, Siegfried
DIR Fischer, Franz
RE Possart, Ernst von
BB Lautenschläger, Karl
KM Flüggen, Josef

09.02.1899 NI
Die beiden Schützen
MU Lortzing, Albert
DIR Röhr, Hugo
RE Müller, Robert

18.02.1899 NI
Das goldene Kreuz
MU Brüll, Ignaz
DIR Röhr, Hugo
RE Müller, Robert

07.05.1899 UA
Der Fremdling
MU Vogl, Heinrich
DIR Fischer, Franz
RE Fuchs, Anton
BB Lautenschläger, Karl
KM Flüggen, Josef

29.06.1899 NI
Die Feen
MU Wagner, Richard
DIR Röhr, Hugo
RE Müller, Robert
BB Lautenschläger, Karl
KM Flüggen, Josef

01.10.1899 NI
Fra Diavolo
Fra Diavolo ou L'hôtellerie de Terracine
MU Auber, Daniel François Esprit
DIR Stavenhagen, Bernhard
RE Possart, Ernst von
BB Lautenschläger, Karl
KM Flüggen, Josef

18.10.1899 UA?
Tanzbilder
GA Ballett
MU ?
DIR Stich, Josef
CH Jungmann, Flora

14.11.1899 UA
Horand und Hilde
MU Gluth, Viktor
DIR Stavenhagen, Bernhard
RE Müller, Robert

1900

04.01.1900 ME
Die Abreise
MU Albert, Eugen d'
DIR Röhr, Hugo
INT Fuchs, Anton (Gilfen)

Schloß, Charlotte (Luise)
Walter, Raoul (Trott)
RE Possart, Ernst von

11.02.1900 UA
Die Göttin Diana
GA Ballett
MU Lassen, Eduard
DIR Stavenhagen, Bernhard
CH Jungmann, Flora

01.03.1900 UA
Buddha
MU Hornstein, Robert von
DIR Fischer, Franz
RE Savits, Jocza

10.04.1900 NI
Der Cid
MU Cornelius, Peter
DIR Stavenhagen, Bernhard
INT Fränkel-Claus, Mathilde (Chimene)
Feinhals, Fritz (Ruy Diaz)
Mikorey, Max (Alvar Fanez)
RE Müller, Robert

06.05.1900 NI
Lalla Roukh
MU David, Félicien
DIR Fischer, Franz
INT Walter, Raoul (Nureddin)
Morena, Berta (Lalla Roukh)
RE Fuchs, Anton
BB Lautenschläger, Karl

04.11.1900 ME
Kain
MU Albert, Eugen d'
DIR Röhr, Hugo
INT Feinhals, Fritz (Kain)
Morena, Berta (Adah)
Walter, Raoul (Abel)
RE Possart, Ernst von

29.12.1900 UA
Weihnachten
Natale
MU Gentili, Alberto
DIR Röhr, Hugo
INT Mang, Karl (Peter)
Schloß, Charlotte (Julie)
Scholz, Albin (Robert)
RE Müller, Robert

1901

11.01.1901 UA
Eros und Psyche
MU Zenger, Max
DIR Fischer, Franz
INT Fremstad, Olive (Eros)
Koboth, Irma (Psyche)
RE Fuchs, Anton

31.01.1901 UA
Der Carneval in Venedig
GA Ballett
MU Berté, Heinrich
DIR Stich, Josef
CH Jungmann, Flora
BB Lautenschläger, Karl
KM Flüggen, Josef

03.02.1901 ME
Jery und Bätely
GA Operette
MU Bronsart, Ingeborg von
DIR Röhr, Hugo
INT Walter, Raoul (Jery)
Kernic, Beatrice (Bätely)
RE Müller, Robert

23.03.1901 UA
Herzog Wildfang
MU Wagner, Siegfried
DIR Fischer, Franz
INT Walter, Raoul (Herzog Ulrich)
Koboth, Irma (Osterlind)
Feinhals, Fritz (Reinhart)
RE Possart, Ernst von
BB Frahm, Hans
KM Flüggen, Josef

30.05.1901 NI
Fidelio
MU Beethoven, Ludwig van
DIR Zumpe, Herman
INT Morena, Berta (Leonore)
Feinhals, Fritz (Pizarro)
Walter, Raoul (Florestan)
RE Possart, Ernst von

20.07.1901 EC
Pan im Busch
GA Ballett
MU Mottl, Felix
DIR Stavenhagen, Bernhard
CH Jungmann, Flora

21.08.1901 NI
Die Meistersinger von Nürnberg
MU Wagner, Richard
OR PR
DIR Zumpe, Herman
INT Feinhals, Fritz (Hans Sachs)
Geis, Josef (Beckmesser)
Knote, Heinrich (Stolzing)
Tordek, Ella (Eva)
RE Fuchs, Anton
BB Lautenschläger, Karl
KM Flüggen, Josef
BE Eröffnungsvorstellung des Prinzregenten-Theaters

12.10.1901 NI
Der Wasserträger
Les deux journées
MU Cherubini, Luigi
DIR Zumpe, Herman
INT Walter, Raoul (Graf Armand)
Bauberger, Alfred (Mikeli)
Breuer, Else (Constanze)
RE Possart, Ernst von

24.10.1901 NI
Zar und Zimmermann
MU Lortzing, Albert
DIR Röhr, Hugo
INT Feinhals, Fritz (Zar)
Krauße, Maximilian (Peter Iwanow)
Bosetti, Hermine (Marie)
Geis, Josef (van Bett)
RE Müller, Robert

21.11.1901 UA
Die neue Mamsell
MU Weber, Josef Miroslav
DIR Röhr, Hugo
INT Mang, Karl (Constantin)
Pazofsky, Hilda (Validor)
de las Londez)
Walter, Raoul (Sascha)
RE Müller, Robert

28.12.1901 NI
Die Magd als Herrin
La serva padrona
MU Pergolesi, Giovanni Battista
OR CU
DIR Stavenhagen, Bernhard
INT Bauberger, Alfred (Pandolfo)
Bosetti, Hermine (Zerbine)
Geis, Josef (Scapin)
RE Possart, Ernst von
BB Frahm, Hans

28.12.1901 EC
Der verlorene Sohn
GA Ballett
MU Wormser, André Alphonse Toussaint
DIR Stavenhagen, Bernhard
RE Possart, Ernst von

31.12.1901 NC
Die goldene Märchenwelt
GA Ballett

Prinzregenten-Theater, eröffnet 1901

1902

19.01.1902 NI
Margarethe
Faust
MU Gounod, Charles
DIR Fischer, Franz
INT Walter, Raoul (Faust)
Klöpfer, Viktor (Mephistopheles)
Tordek, Ella (Margarethe)
RE Müller, Robert

05.02.1902 NI
Der Schauspieldirektor
MU Mozart, Wolfgang Amadeus
OR CU
DIR Stavenhagen, Bernhard
INT Geis, Josef (Schikaneder)
Walter, Raoul (Mozart)
Breuer, Else (Antonie Lange)
Bosetti, Hermine (Madame Uhlig)
RE Possart, Ernst von
BE in der Bearbeitung von L. Schneider

05.02.1902 EC
Die Maienkönigin
GA Ballett mit Gesang
MU Gluck, Christoph Willibald
OR CU
DIR Stavenhagen, Bernhard
INT Fremstad, Olive (Philint)
Koboth, Irma (Helene)
Bosetti, Hermine (Lisette)
Walter, Raoul (Damon)
RE Possart, Ernst von
BB Frahm, Hans
KM Flüggen, Josef

25.02.1902 UA
S'Wunder
GA Ballett
MU Podbertsky, Theodor
DIR Stich, Josef
RE Savits, Jocza

26.02.1902 NI
Othello
Otello
MU Verdi, Giuseppe
DIR Fischer, Franz
INT Knote, Heinrich (Othello)
Breuer, Else (Desdemona)
Breitenfeld, Richard (Jago)
RE Müller, Robert

25.03.1902 UA
Der Haubenkrieg zu Würzburg
MU Meyer-Olbersleben, Max
DIR Röhr, Hugo
RE Fuchs, Anton

24.04.1902 UA NF
Jung Heinrich
MU Perfall, Karl von
DIR Zumpe, Herman

INT Tordek, Ella (Agnes)
Walter, Raoul (Jung Heinrich)
RE Possart, Ernst von
BE neue Fassung von »Junker Heinz«

20.06.1902 ME
Louise
MU Charpentier, Gustave
DIR Röhr, Hugo
INT Morena, Berta (Louise)
Walter, Raoul (Julien)
RE Müller, Robert
BB Lütkemeyer
KM Flüggen, Josef
BE deutsch ?

28.09.1902 NI
Die weiße Dame
La dame blanche
MU Boieldieu, François Adrien
DIR Zumpe, Herman
INT Koboth, Irma (Anna)
Walter, Raoul (George Brown)
RE Possart, Ernst von

08.10.1902 NI
Die Entführung aus dem Serail
MU Mozart, Wolfgang Amadeus
OR CU
DIR Fischer, Franz
INT Walter, Raoul (Belmonte)
Kaufmann, Hedwig (Constanze)
Sieglitz, Georg (Osmin)
RE Possart, Ernst von
BB Frahm, Hans

16.11.1902 NI
Die Stumme von Portici
La muette de Portici
MU Auber, Daniel François Esprit
DIR Zumpe, Herman
INT Knote, Heinrich (Masaniello)
Walter, Raoul (Alfonso)
Francillo-Kaufmann, Hedwig (Elvira)
Swoboda (Fenella)
RE Possart, Ernst von
BB Frahm, Hans
KM Flüggen, Josef

1903

15.01.1903 DE
Messidor
MU Bruneau, Alfred
DIR Röhr, Hugo
INT Fremstad, Olive (Veronika)
Bauberger, Alfred (Mathias)
Koboth, Irma (Helena)
RE Fuchs, Anton
BB Frahm, Hans
KM Flüggen, Josef
BE deutsch

11.02.1903 UA
Der Dusle und das Babeli

MU Kaskel, Karl von
DIR Fischer, Franz
INT Knote, Heinrich (Der Dusle)
Koboth, Irma (Babeli)
RE Müller, Robert
BB Frahm, Hans

03.04.1903 NI
Rigoletto
MU Verdi, Giuseppe
DIR Röhr, Hugo
INT Feinhals, Fritz (Rigoletto)
Francillo-Kaufmann, Hedwig (Gilda)
Walter, Raoul (Herzog)
RE Müller, Robert
BE deutsch

05.05.1903 NI
Catharina Cornaro
MU Lachner, Franz
DIR Fischer, Franz
INT Feinhals, Fritz (Andrea Cornaro)
Morena, Berta (Catharina Cornaro)
Walter, Raoul (Marco Vernero)
RE Fuchs, Anton
KM Buschbeck, Hermann

24.05.1903 NI
Der Waffenschmied
MU Lortzing, Albert
DIR Fischer, Franz
INT Sieglitz, Georg (Hans Stadinger)
Günzburg, Marie (Marie)
Brodersen, Friedrich (Graf von Liebenau)
RE Müller, Robert

18.06.1903 ME
Der Gaukler unserer lieben Frau
Le jongleur de Notre Dame
MU Massenet, Jules
DIR Röhr, Hugo
INT Feinhals, Fritz (Bonifacius)
Bender, Paul (Der Prior)
Walter, Raoul (Jean, der Gaukler)
RE Fuchs, Anton

04.11.1903 ME
Der Corregidor
MU Wolf, Hugo
DIR Röhr, Hugo
INT Walter, Raoul (Corregidor)
Geis, Josef (Repela)
Bosetti, Hermine (Frasquita)
RE Müller, Robert
BB Frahm, Hans
KM Buschbeck, Hermann

27.11.1903 UA
Die neugierigen Frauen
Le donne curiose
MU Wolf-Ferrari, Ermanno
OR CU
DIR Reichenberger, Hugo
INT Bender, Paul (Ottavio)

Huhn, Charlotte (Beatrice)
Tordek, Ella (Rosaura)
RE Wirk, Willi
KM Buschbeck, Hermann

12.12.1903 NI
Benvenuto Cellini
MU Berlioz, Hector
DIR Fischer, Franz
INT Knote, Heinrich (Benvenuto Cellini)
Koboth, Irma (Teresa)
RE Wirk, Willi
BE Weimarer Fassung

30.12.1903 ME
Dornröschen
MU Humperdinck, Engelbert
DIR Fischer, Franz
INT Tordek, Ella (Röschen)
Koppe, Hans (Reinhold)
RE Basil, Friedrich
KM Buschbeck, Hermann

1904

21.02.1904 ME
Die Rose vom Liebesgarten
MU Pfitzner, Hans
DIR Röhr, Hugo
INT Bender, Paul (Nacht-Wunderer)
Koboth, Irma (Minneleide)
Reiter, Michael (Siegnot)
RE Wirk, Willi
BB Frahm, Hans
KM Buschbeck, Hermann

19.03.1904 NI
Joseph in Aegypten
Joseph
MU Méhul, Etienne Nicolas
DIR Fischer, Franz
INT Reiter, Michael (Joseph)
Brodersen, Friedrich (Simeon)
RE Wirk, Willi

Plakat zu den ersten Festspielen 1901

12.04.1904 EI
Hoffmanns Erzählungen
Les contes d'Hoffmann
MU Offenbach, Jacques
DIR Reichenberger, Hugo
INT Bender, Paul (Coppelius, Dapertutto, Dr. Mirakel)
Walter, Raoul (Hoffmann)
Morena, Berta (Giulietta)
Bosetti, Hermine (Olympia)
Tordek, Ella (Antonia)
RE Wirk, Willi
KM Buschbeck, Hermann
BE ME am 16.11.1889 im Theater am Gärtnerplatz

27.04.1904 ME
Der Pfeifertag
MU Schillings, Max von
DIR Reichenberger, Hugo
INT Bender, Paul (Rappoltstein)
Feinhals, Fritz (Ruhmland)
RE Possart, Ernst von
BB Frahm, Hans
KM Buschbeck, Hermann

20.05.1904 ME
Der polnische Jude
MU Weis, Karel
DIR Reichenberger, Hugo
INT Tordek, Ella (Anne)
Klöpfer, Viktor (Der polnische Jude)
RE Fuchs, Anton
KM Buschbeck, Hermann

14.06.1904 ME
Das war ich
MU Blech, Leo

Plakat der letzten Festspiele im Prinzregenten-Theater 1963

DIR Röhr, Hugo
INT Reiter, Michael (Peter)
Bosetti, Hermine (Röschen)
RE Possart, Ernst von
BB Frahm, Hans

14.06.1904 UA
Das Vaterunser
MU Röhr, Hugo
DIR Röhr, Hugo
INT Morena, Berta (Rose)
Brodersen, Friedrich (Jacques Leroux)
Koppe, Hans (Ein junger Offizier)
RE Possart, Ernst von
KM Buschbeck, Hermann

14.08.1904 NI
Der fliegende Holländer
MU Wagner, Richard
OR PR
DIR Mottl, Felix
INT Feinhals, Fritz (Holländer)
Morena, Berta (Senta)
RE Wirk, Willi
BB Brückner, Max
KM Buschbeck, Hermann

10.10.1904 NI
Hans Heiling
MU Marschner, Heinrich
DIR Mottl, Felix
INT Feinhals, Fritz (Hans Heiling)
Breuer, Else (Anna)
Walter, Raoul (Konrad)
RE Fuchs, Anton

06.11.1904 ME
Orestes
MU Weingartner, Felix
DIR Reichenberger, Hugo
INT Bender, Paul
Morena, Berta
RE Wirk, Willi
KM Buschbeck, Hermann

16.11.1904 NI
Iphigenie in Aulis
Iphigénie en Aulide
MU Gluck, Christoph Willibald
DIR Mottl, Felix
INT Koboth, Irma (Iphigenie)
Brodersen, Friedrich (Agamemnon)
Senger-Bettaque, Katharina (Klytämnestra)
RE Wirk, Willi
BB Klein, Julius
KM Buschbeck, Hermann
BE in der Bearbeitung von Richard Wagner

10.12.1904 NI
Figaros Hochzeit
Le nozze di Figaro
MU Mozart, Wolfgang Amadeus
OR CU
DIR Mottl, Felix
INT Feinhals, Fritz (Graf Almaviva)
Zador, Desider (Figaro)
Koboth, Irma (Gräfin)
Bosetti, Hermine (Susanna)
RE Possart, Ernst von
BB Frahm, Hans
KM Buschbeck, Hermann

1905

14.01.1905 UA?
Ein Kostümball
GA Ballett
MU Rubinstein, A.
DIR Stich, Josef
CH Jungmann, Flora
KM Buschbeck, Hermann

15.01.1905 NI
Wilhelm Tell
Guillaume Tell
MU Rossini, Gioacchino
DIR Fischer, Franz
INT Feinhals, Fritz (Tell)
Walter, Raoul (Arnold)
Koboth, Irma (Mathilde von Habsburg)
RE Fuchs, Anton

22.01.1905 ME
Beatrice und Benedict
Béatrice et Bénédict
MU Berlioz, Hector
DIR Mottl, Felix
INT Bosetti, Hermine (Beatrice)
Walter, Raoul (Benedict)
RE Wirk, Willi

18.02.1905 NI
Das Nachtlager in Granada
MU Kreutzer, Konradin
DIR Röhr, Hugo
INT Koboth, Irma (Gabriele)
Reiter, Michael (Gomez)
Brodersen, Friedrich (Jäger)
RE Fuchs, Anton

18.04.1905 NI
Rigoletto
MU Verdi, Giuseppe
DIR Reichenberger, Hugo
INT Walter, Raoul (Herzog)
Brodersen, Friedrich (Rigoletto)
Bosetti, Hermine (Gilda)
RE Walter, Raoul

29.04.1905 NI
Der Barbier von Bagdad
MU Cornelius, Peter
DIR Mottl, Felix
INT Koboth, Irma (Margiana)
Walter, Raoul (Nureddin)
Bender, Paul (Abul Hassan)
RE Fuchs, Anton

26.05.1905 NI
Die Zerstörung Trojas
La prise de Troie
MU Berlioz, Hector
DIR Mottl, Felix
INT Knote, Heinrich (Aeneas)
Preuse-Matzenauer, Margarete (Kassandra)
RE Fuchs, Anton

27.09.1905 NI
Der Freischütz
MU Weber, Carl Maria von

Dokumentation der Premieren von 1653 bis 1992 **293**

DIR Mottl, Felix
INT Knote, Heinrich (Max)
Burk-Berger, Marie (Agathe)
Bosetti, Hermine (Ännchen)
Bender, Paul (Kaspar)
RE Possart, Ernst von
BB Frahm, Hans
Brückner, Max
KM Buschbeck, Hermann

29.10.1905 ME
Ilsebill, das Märlein von dem Fischer und seiner Frau
MU Klose, Friedrich
DIR Mottl, Felix
INT Pauli, Max (Fischer)
Burk-Berger, Marie (Ilsebill)
RE Fuchs, Anton
BB Brückner, Max
KM Buschbeck, Hermann

Felix Mottl (1865–1911), Generalmusikdirektor 1904–1911, ab 1907 Operndirektor

15.11.1905 NI
Die lustigen Weiber von Windsor
MU Nicolai, Otto
DIR Fischer, Franz
INT Sieglitz, Georg (Falstaff)
Bosetti, Hermine (Frau Fluth)
Preuse-Matzenauer, Margarete (Frau Reich)
RE Wirk, Willi

23.12.1905 ME
Die Ziegenhirtin
La Cabrera
MU Dupont, Gabriel
DIR Röhr, Hugo
INT Burk-Berger, Marie (Amalie, die Cabrera)
RE Wirk, Willi
KM Buschbeck, Hermann

23.12.1905 ME
Feuersnot
MU Strauss, Richard
DIR Strauss, Richard
INT Feinhals, Fritz (Kunrad)

Koboth, Irma (Diemut)
RE Fuchs, Anton

1906

13.01.1906 NI
Der Evangelimann
MU Kienzl, Wilhelm
DIR Röhr, Hugo
INT Walter, Raoul (Mathias Freudhofer)
Poppe (Friedrich Engel)
Tordek, Ella (Martha)
RE Wirk, Willi

27.01.1906 NI
Titus
La clemenza di Tito
MU Mozart, Wolfgang Amadeus
DIR Mottl, Felix
INT Walter, Raoul (Titus)
Burk-Berger, Marie (Vitellia)
Preuse-Matzenauer, Margarete (Sextus)
RE Wirk, Willi
BB Klein, Julius
KM Buschbeck, Hermann

18.02.1906 NI
Der Wildschütz
MU Lortzing, Albert
DIR Fischer, Franz
INT Brodersen, Friedrich (Graf von Eberbach)
Bosetti, Hermine (Baronin Freimann)
Holzapfel, Albert (Baron Kronthal)
RE Wirk, Willi

08.03.1906 NI
Carmen
MU Bizet, Georges
DIR Röhr, Hugo
INT Preuse-Matzenauer, Margarete (Carmen)
Walter, Raoul (Don José)
RE Fuchs, Anton
BB Brückner, Max
KM Buschbeck, Hermann

19.03.1906 UA
Die vier Grobiane
I quattro rusteghi
MU Wolf-Ferrari, Ermanno
DIR Mottl, Felix
INT Bender, Paul (Simon)
Tordek, Ella (Lucieta)
Sieglitz, Georg (Lunardo)
RE Wirk, Willi
BB Klein, Julius

17.05.1906 ME
Die Heirat wider Willen
MU Humperdinck, Engelbert
DIR Mottl, Felix
INT Hoffmann, Baptist (Emil Duval)
Koboth, Irma (Hedwig)
Bosetti, Hermine (Luise)
RE Fuchs, Anton
BB Klein, Julius
KM Buschbeck, Hermann

24.05.1906 ME
Samson und Dalila
Samson et Dalila
MU Saint-Saëns, Camille
DIR Röhr, Hugo
INT Preuse-Matzenauer, Margarete (Dalila)
Holzapfel, Albert (Samson)
RE Fuchs, Anton
BB Kautsky, Johann
Rottonara, Franz Angelo
KM Buschbeck, Hermann

21.10.1906 ME
Flauto Solo
MU Albert, Eugen d'
DIR Mottl, Felix
INT Bender, Paul (Fürst Eberhard)
Bosetti, Hermine (Peppina)
RE Fuchs, Anton

07.11.1906 NI
Die Hugenotten
Les Huguenots
MU Meyerbeer, Giacomo
DIR Röhr, Hugo
INT Walter, Raoul (Raoul)
Bosetti, Hermine (Margarethe)
Burk-Berger, Marie (Valentine)
Gillmann, Max (Marcel)
RE Wirk, Willi

25.11.1906 ME
Salome
MU Strauss, Richard
DIR Mottl, Felix
INT Larsen, Thyra (Salome)
Knote, Heinrich (Herodes)
Feinhals, Fritz (Jochanaan)
RE Wirk, Willi
BB Klein, Julius
KM Buschbeck, Hermann

02.12.1906 NI
Martha oder Der Markt von Richmond
MU Flotow, Friedrich von
DIR Röhr, Hugo
INT Knote, Heinrich (Lionel)
Bender, Paul (Plumkett)
Bosetti, Hermine (Lady Harriet)
Preuse-Matzenauer, Margarete (Nancy)
RE Wirk, Willi
BB Klein, Julius
KM Buschbeck, Hermann

11.12.1906 UA
Das Christelflein
MU Pfitzner, Hans
DIR Mottl, Felix
INT Reubke (Elflein)
RE Runge, Woldemar
BB Fischer, Richard
KM Buschbeck, Hermann

1907

15.01.1907 NI
Bastien und Bastienne
MU Mozart, Wolfgang Amadeus
DIR Röhr, Hugo
INT Tordek, Ella (Bastien)
Gehrer, Gisela (Bastienne)
Gillmann, Max (Colas)
RE Wirk, Willi
BB Klein, Julius
KM Buschbeck, Hermann

13.02.1907 NI
Lohengrin
MU Wagner, Richard
DIR Mottl, Felix
INT Bender, Paul (Heinrich der Vogler)
Knote, Heinrich (Lohengrin)
Fay, Maude (Elsa)
RE Fuchs, Anton

07.03.1907 NI
Rienzi, der letzte der Tribunen
MU Wagner, Richard
DIR Mottl, Felix
INT Knote, Heinrich (Rienzi)
Burk-Berger, Marie (Irene)
Preuse-Matzenauer, Margarete (Adriano)
RE Fuchs, Anton
BB Klein, Julius
KM Buschbeck, Hermann

19.03.1907 NI
Mignon
MU Thomas, Ambroise
DIR Röhr, Hugo
INT Preuse-Matzenauer, Margarete (Mignon)
Bosetti, Hermine (Philine)
Buysson, Jean (Wilhelm Meister)
RE Wirk, Willi
BE deutsch

26.03.1907 EI
Die Bohème
La Bohème
MU Puccini, Giacomo
DIR Röhr, Hugo
INT Walter, Raoul (Rudolf)
Tordek, Ella (Mimi)
RE Fuchs, Anton
BB Klein, Julius
KM Buschbeck, Hermann
BE ME im Juli 1902 als Gastspiel

10.04.1907 NI
Der Liebestrank
L'elisir d'amore
MU Donizetti, Gaëtano
DIR Mottl, Felix
INT Bosetti, Hermine (Adina)
Buysson, Jean (Nemorino)
Brodersen, Friedrich (Belcore)
RE Wirk, Willi
BB Klein, Julius
KM Buschbeck, Hermann

19.10.1907 NI
Aida
MU Verdi, Giuseppe
DIR Röhr, Hugo
INT Ulbrig, Gisela (Aida)
Preuse-Matzenauer, Margarete (Amneris)
Walter, Raoul (Radames)
RE Wirk, Willi
BB Klein, Julius
KM Buschbeck, Hermann
BE deutsch ?

Richard Strauss (1864–1949)

30.10.1907 NI
Die Trojaner
Les Troyens à Carthage
MU Berlioz, Hector
DIR Mottl, Felix
INT Faßbender, Zdenka (Dido)
Buysson, Jean (Aeneas)
RE Fuchs, Anton

17.11.1907 NI
Der Barbier von Sevilla
Il barbiere di Siviglia
MU Rossini, Gioacchino
DIR Mottl, Felix
INT Brodersen, Friedrich (Figaro)
Bosetti, Hermine (Rosina)
Buysson, Jean (Almaviva)
RE Wirk, Willi
BB Fischer, Richard
KM Buschbeck, Hermann

1908

01.01.1908 UA
Don Quijote, der sinnreiche Junker von der Mancha
MU Beer-Walbrunn, Anton
DIR Mottl, Felix
INT Feinhals, Fritz (Don Quijote)
RE Fuchs, Anton
BB Fischer, Richard
KM Buschbeck, Hermann

22.01.1908 NI
Undine
MU Lortzing, Albert
DIR Cortolezis, Friedrich
INT Tordek, Ella (Undine)

Brodersen, Friedrich
(Kühleborn)
Walter, Raoul (Ritter Hugo)
RE Wirk, Willi
BB Klein, Julius
KM Buschbeck, Hermann

11.02.1908 ME
Tiefland
MU Albert, Eugen d'
DIR Mottl, Felix
INT Faßbender, Zdenka (Marta)
Brodersen, Friedrich (Sebastiano)
Hagen, Otfried (Pedro)
RE Fuchs, Anton
BB Frahm, Hans
KM Buschbeck, Hermann

23.02.1908 NI
Die Entführung aus dem Serail
MU Mozart, Wolfgang Amadeus
OR CU
DIR Mottl, Felix

»Tannhäuser« von Richard Wagner, Festspiele 1908, Bühnenbild von Julius Klein

INT Walter, Raoul (Belmonte)
Bosetti, Hermine (Constanze)
Gillmann, Max (Osmin)
RE Wirk, Willi
KM Buschbeck, Hermann

15.03.1908 NI
Die Legende von der heiligen Elisabeth
GA szenisches Oratorium
MU Liszt, Franz
DIR Fischer, Franz
INT Fay, Maude (Elisabeth)
Bender, Paul (Landgraf Hermann)
Brodersen, Friedrich (Landgraf Ludwig)
RE Fuchs, Anton

30.05.1908 UA
Das Tanzlegendchen
GA Ballett
MU Bischoff, Hermann
OR Münchner Künstlertheater

DIR Cortolezis, Friedrich
CH Jungmann, Flora
BB Wieland, Hans Beatus
KM Wieland, Hans Beatus

03.06.1908 ME
Moloch
MU Schillings, Max von
OR PR
DIR Mottl, Felix
INT Bender, Paul (Der König in Thule)
Feinhals, Fritz (Hiram)
Preuse-Matzenauer, Margarete (Velleda)
RE Fuchs, Anton
BB Fischer, Richard
KM Buschbeck, Hermann

09.10.1908 ME
Pelléas und Mélisande
Pelléas et Mélisande
MU Debussy, Claude
DIR Röhr, Hugo
INT Bender, Paul (Golo)
Buysson, Jean (Pelléas)
Ulbrig, Gisela (Mélisande)
RE Wirk, Willi

BB Wirk, Willi
KM Buschbeck, Hermann

17.10.1908 NI
Der Widerspenstigen Zähmung
MU Goetz, Hermann
DIR Mottl, Felix
INT Feinhals, Fritz (Petruchio)
Faßbender, Zdenka (Katharina)
RE Fuchs, Anton
BB Klein, Julius
KM Buschbeck, Hermann

14.11.1908 NI
Der schwarze Domino
Le domino noir
MU Auber, Daniel François Esprit
DIR Mottl, Felix
INT Kuhn, Paul (Horatio)
Brodersen, Friedrich (Graf Juliano)
Bosetti, Hermine (Angela)

RE Fuchs, Anton
BB Klein, Julius
KM Buschbeck, Hermann

01.12.1908 ME
Donna Diana
MU Reznicek, Emil Nikolaus Josef von
DIR Röhr, Hugo
INT Fay, Maude (Donna Diana)
Gillmann, Max (Don Diego)
Buysson, Jean (Don Cesar)
RE Wirk, Willi
BB Klein, Julius
KM Buschbeck, Hermann

1909

05.01.1909 NI
Die verkaufte Braut
Prodaná nevěsta
MU Smetana, Bedřich
DIR Röhr, Hugo
INT Tordek, Ella (Marie)
Walter, Raoul (Hans)
Sieglitz, Georg (Kezal)
RE Wirk, Willi

14.02.1909 ME
Elektra
MU Strauss, Richard
DIR Mottl, Felix
INT Faßbender, Zdenka (Elektra)
Fay, Maude (Chrysothemis)
Bender, Paul (Orest)
Preuse-Matzenauer, Margarete (Klytemnästra)
RE Fuchs, Anton
BB Fischer, Richard
KM Buschbeck, Hermann

04.03.1909 NI
Die Favoritin
La favorite
MU Donizetti, Gaëtano
DIR Cortolezis, Friedrich
INT Walter, Raoul (Fernando)
Preuse-Matzenauer, Margarete (Leonore)
Brodersen, Friedrich (Alfons XI.)
RE Wirk, Willi
BB Klein, Julius
KM Buschbeck, Hermann

22.04.1909 ME
Prinzessin Brambilla
MU Braunfels, Walter
DIR Mottl, Felix
INT Bender, Paul (Fürst Bastaniello, Ciarlatano, Zauberer)
Ulbrig, Gisela (Giazinta Soardi)
RE Fuchs, Anton
BB Fischer, Richard
KM Buschbeck, Hermann

11.05.1909 ME
Tosca
MU Puccini, Giacomo
DIR Röhr, Hugo

INT Faßbender, Zdenka (Tosca)
Buysson, Jean (Cavaradossi)
Feinhals, Fritz (Scarpia)
RE Wirk, Willi
BB Fischer, Richard
KM Buschbeck, Hermann
BE deutsch ?

Zdenka Mottl-Faßbender (1879–1954), Sängerin

20.05.1909 NI
Orpheus und Eurydike
Orfée et Euridice
MU Gluck, Christoph Willibald
DIR Mottl, Felix
INT Preuse-Matzenauer, Margarete (Orpheus)
Fay, Maude (Eurydike)
Tordek, Ella (Eros)
RE Wirk, Willi
BB Wirk, Willi
Starke, Ottomar
KM Buschbeck, Hermann

26.09.1909 NI
Das goldene Kreuz
MU Brüll, Ignaz
DIR Fischer, Franz
INT Walter, Raoul (Contran)
Ulbrig, Gisela (Christine)
RE Walter, Raoul

22.10.1909 NI
Ein Maskenball
Un ballo in maschera
MU Verdi, Giuseppe
DIR Cortolezis, Friedrich
INT Brodersen, Friedrich (René)
Burk-Berger, Marie (Amelia)
Wolf, Otto (Richard)
RE Wirk, Willi
BB Klein, Julius
KM Buschbeck, Hermann

19.11.1909 NI
Violetta
La Traviata
MU Verdi, Giuseppe
DIR Röhr, Hugo
INT Bosetti, Hermine (Violetta)
Walter, Raoul (Alfred Germont)
RE Wirk, Willi

BB Klein, Julius
KM Buschbeck, Hermann

04.12.1909 NI
Djamileh
MU Bizet, Georges
DIR Mottl, Felix
INT Faßbender, Zdenka (Djamileh)
Wolf, Otto (Harun)
Walter, Raoul (Splendiano)
RE Wirk, Willi
BE deutsch ?

04.12.1909 NI
Gute Nacht Herr Pantalon
Bonsoir, Monsieur Pantalon
MU Grisar, Albert
DIR Cortolezis, Friedrich
INT Gillmann, Max (Pantalon)
Kuhn, Paul (Lelio)
Fladung, Irene von (Isabella)
RE Wirk, Willi
BB Klein, Julius
KM Buschbeck, Hermann

04.12.1909 UA
Susannens Geheimnis
Il segreto di Susanna
MU Wolf-Ferrari, Ermanno
DIR Mottl, Felix
INT Brodersen, Friedrich (Graf Gil)
Tordek, Ella (Gräfin Susanne)
Geis, Josef (Sante)
RE Wirk, Willi

1910

02.01.1910 NI
Jessonda
MU Spohr, Louis
DIR Mottl, Felix
INT Fay, Maude (Jessonda)
Günther-Braun, Walter (Nadori)
Brodersen, Friedrich (Tristan)
RE Fuchs, Anton
BB Klein, Julius
KM Buschbeck, Hermann

18.01.1910 ME
Madame Butterfly
MU Puccini, Giacomo
DIR Röhr, Hugo
INT Bosetti, Hermine (Cho-Cho-San)
Wolf, Otto (Linkerton)
RE Fuchs, Anton
BB Starke, Ottomar
KM Starke, Ottomar
BE deutsch ?

02.02.1910 EI
Der Bettelstudent
GA Operette
MU Millöcker, Carl
DIR Cortolezis, Friedrich
INT Wolf, Otto (Jan)
Günther-Braun, Walter (Simon)

RE Ulbrig, Gisela (Laura)
RE Walter, Raoul
BB Klein, Julius
KM Buschbeck, Hermann
BE ME am 15.2.1883 im Theater am Gärtnerplatz

06.02.1910 UA
Münchener Bilderbogen
GA Ballett
MU Meyer-Helmund, Erik
DIR Cortolezis, Friedrich
CH Jungmann, Flora
BB Klein, Julius
KM Buschbeck, Hermann

17.03.1910 ME
Maja
MU Vogl, Adolf
DIR Fischer, Franz
INT Wolf, Otto (Buddha)
Gillmann, Max (Der Brahmane)
Burk-Berger, Marie (Maja)
RE Fuchs, Anton
BB Fischer, Richard
KM Buschbeck, Hermann

01.05.1910 ME
Versiegelt
MU Blech, Leo
DIR Röhr, Hugo
INT Kuhn-Brunner, Charlotte (Elsa)
Walter, Raoul (Bertel)
RE Wirk, Willi
BB Fischer, Richard
KM Buschbeck, Hermann

01.05.1910 NI
Abu Hassan
MU Weber, Carl Maria von
DIR Mottl, Felix
INT Kuhn, Paul (Abu Hassan)
Fladung, Irene von (Fatime)
RE Wirk, Willi

03.06.1910 NI
Iphigenie auf Tauris
Iphigénie en Tauride
MU Gluck, Christoph Willibald
DIR Mottl, Felix
INT Faßbender, Zdenka (Iphigenia)
Feinhals, Fritz (Orestes)
Walter, Raoul (Pylades)
RE Fuchs, Anton
BB Klein, Julius

18.06.1910 NI
Die Feen
MU Wagner, Richard
OR PR
DIR Mottl, Felix
INT Fay, Maude (Ada)
Günther-Braun, Walter (Arindal)
RE Wirk, Willi
BB Klein, Julius
KM Buschbeck, Hermann

06.11.1910 ME
Der Musikant
MU Bittner, Julius
DIR Mottl, Felix
INT Brodersen, Friedrich (Lamprecht)
Walter, Raoul (Wolfgang Schönbichler)
Ulbrig, Gisela (Friederike)
RE Wirk, Willi
BB Klein, Julius
Fischer, Richard
KM Buschbeck, Hermann

10.12.1910 NI
Norma
MU Bellini, Vincenzo
DIR Mottl, Felix
INT Fay, Maude (Norma)
Günther-Braun, Walter (Sever)
Tordek, Ella (Adalgisa)
RE Fuchs, Anton
BB Klein, Julius
KM Buschbeck, Hermann
BE deutsch

Berta Morena (1877–1952) als Brünnhilde in »Die Walküre« von Wagner, um 1911

30.12.1910 NI
Der Cid
MU Cornelius, Peter
DIR Mottl, Felix
INT Faßbender, Zdenka (Chimene)
Feinhals, Fritz (Ruy Diaz)
Wolf, Otto (Alvar Fanez)
RE Wirk, Willi
BB Klein, Julius
KM Buschbeck, Hermann

1911

01.02.1911 ME
Der Rosenkavalier
MU Strauss, Richard
DIR Mottl, Felix
INT Faßbender, Zdenka (Feldmarschallin)
Bender, Paul (Baron Ochs auf Lerchenau)
Bosetti, Hermine (Octavian)
Kuhn-Brunner, Charlotte (Sophie)
RE Fuchs, Anton
BB Roller, Alfred
KM Buschbeck, Hermann

24.02.1911 UA?
Tanz-Illustrationen
GA Ballett
MU ?
DIR Eck, Pelton
CH Jungmann, Flora

15.03.1911 ME
Manon
MU Massenet, Jules
DIR Röhr, Hugo
INT Bosetti, Hermine (Manon Lescaut)
Wolf, Otto (Des Grieux)
Brodersen, Friedrich (Lescaut)
RE Wirk, Willi
BB Fischer, Richard
KM Buschbeck, Hermann
BE deutsch ?

30.03.1911 NI
Josef und seine Brüder
Joseph
MU Méhul, Etienne Nicolas
DIR Cortolezis, Friedrich
INT Günther-Braun, Walter (Joseph)
Schreiner, Emmerich (Simeon)
RE Wirk, Willi
BB Klein, Julius
KM Buschbeck, Hermann

18.05.1911 UA NF
Zlatorog (Der Trentajäger)
MU Gluth, Viktor
DIR Mottl, Felix
INT Wolf, Otto (Jäger)
RE Wirk, Willi
BB Klein, Julius

14.10.1911 NI
Don Quijote, der sinnreiche Junker von der Mancha
MU Beer-Walbrunn, Anton
DIR Röhr, Hugo
INT Feinhals, Fritz (Don Quijote)
RE Wirk, Willi
BB Klein, Julius

16.11.1911 NI
Des Teufels Anteil
La part du diable
MU Auber, Daniel François Esprit
DIR Rosenhek, Leo
INT Schreiner, Emmerich (König Ferdinand VI.)
Kuhn-Brunner, Charlotte (Casilda)
Walter, Raoul (Rafael)
RE Wirk, Willi

10.12.1911 ME
Der Bergsee
MU Bittner, Julius
DIR Walter, Bruno
INT Schreiner, Emmerich (Fischer vom Bergsee)
Mottl-Faßbender, Zdenka (Gundula)
RE Wirk, Willi

BB Moser, Koloman
KM Kirschner, Ludwig

1912

04.01.1912 NI
Die Stumme von Portici
La muette de Portici
MU Auber, Daniel François Esprit
DIR Fischer, Franz
INT Knote, Heinrich (Masaniello)
Globerger, August (Alfonso)
Craft, Marcella (Elvira)
Tordek, Ella (Fenella)
RE Wirk, Willi
BB Klein, Julius

28.01.1912 NI
Die Königskinder
MU Humperdinck, Engelbert
DIR Röhr, Hugo
INT Wolf, Otto (Der Königssohn)
Bosetti, Hermine (Die Gänsemagd)
Brodersen, Friedrich (Der Spielmann)
RE Fuchs, Anton
BB Klein, Julius
Fischer, Richard
KM Kirschner, Ludwig

21.03.1912 ME
Der Gefangene der Zarin
MU Kaskel, Karl von
DIR Rosenhek, Leo
INT Mottl-Faßbender, Zdenka (Die Zarin)
Bender, Paul (Graf Walloff)
RE Wirk, Willi
BB Klein, Julius
Fischer, Richard
KM Kirschner, Ludwig

27.04.1912 UA
Fanfreluche
MU Mauke, Wilhelm
DIR Röhr, Hugo

König Ludwig III. (Reg. 1912 bis 1918)

INT Bosetti, Hermine (Gräfin Eliante)
Wolf, Otto (Marquis Alcindor)
RE Fuchs, Anton
BB Klein, Julius
Fischer, Richard
KM Kirschner, Ludwig

03.11.1912 ME
Oberst Chabert
MU Waltershausen, Hermann W. S. von
DIR Röhr, Hugo
INT Brodersen, Friedrich (Graf Chabert)
Buysson, Jean (Graf Ferraud)
Fay, Maude (Rosine)
RE Fuchs, Anton
BB Klein, Julius
Fischer, Richard
KM Kirschner, Ludwig

08.12.1912 ME
Der Schmuck der Madonna
I gioielli della Madonna
MU Wolf-Ferrari, Ermanno
DIR Meyrowitz, Selmar
INT Wolf, Otto (Gennaro)
Perard-Petzl, Louise (Maliella)
Brodersen, Friedrich (Raffaele)
RE Wirk, Willi
BB Klein, Julius
Plessen
KM Kirschner, Ludwig

1913

30.01.1913 ME
Ariadne auf Naxos
MU Strauss, Richard
OR CU
DIR Walter, Bruno
INT Fay, Maude (Ariadne)
Bosetti, Hermine (Zerbinetta)
Wolf, Otto (Bacchus)
RE Fuchs, Anton
BB Stern, Ernst
KM Kirschner, Ludwig

27.02.1913 NI
Othello
Otello
MU Verdi, Giuseppe
DIR Meyrowitz, Selmar
INT Knote, Heinrich (Othello)
Feinhals, Fritz (Jago)
Perard-Petzl, Louise (Desdemona)
RE Wirk, Willi

17.04.1913 ME
Der arme Heinrich
MU Pfitzner, Hans
DIR Walter, Bruno
INT Erb, Karl (Heinrich)
Brodersen, Friedrich (Dietrich)
Mottl-Faßbender, Zdenka (Hilde)
RE Wirk, Willi

296 *Dokumentation der Premieren von 1653 bis 1992*

BB Klein, Julius
Fischer, Richard
KM Kirschner, Ludwig

01.05.1913 NI
Rienzi, der letzte der Tribunen
MU Wagner, Richard
DIR Walter, Bruno
INT Bary, Alfred von (Rienzi)
Fay, Maude (Irene)
Dahmen, Charlotte (Adriano)
RE Fuchs, Anton
BB Klein, Julius
KM Kirschner, Ludwig

27.06.1913 NI
Die Zauberflöte
MU Mozart, Wolfgang Amadeus
DIR Walter, Bruno
INT Bender, Paul (Sarastro)
Schaick, Rudolf (Tamino)
Perard-Petzl, Louise (Pamina)
Bosetti, Hermine (Königin der Nacht)
Brodersen, Friedrich (Papageno)
RE Wirk, Willi
BB Klein, Julius
Fischer, Richard
KM Kirschner, Ludwig

06.10.1913 NI
Salome
MU Strauss, Richard
DIR Heß, Otto
INT Bary, Alfred von (Herodes)
Perard-Petzl, Louise (Salome)
Brodersen, Friedrich (Jochanaan)
RE Fuchs, Anton
BB Klein, Julius

12.10.1913 NI
Ein Maskenball
Un ballo in maschera
MU Verdi, Giuseppe
DIR Walter, Bruno
INT Knote, Heinrich (Richard)
Brodersen, Friedrich (René)
Falken, Maryla (Amelia)
RE Fuchs, Anton

30.10.1913 NI
Falstaff
MU Verdi, Giuseppe
DIR Walter, Bruno
INT Feinhals, Fritz (Falstaff)
Schaick, Rudolf (Fenton)
Ivogün, Maria (Ännchen)
RE Fuchs, Anton
BB Klein, Julius
KM Kirschner, Ludwig

16.11.1913 UA
Sulamith
MU Klenau, Paul von
DIR Walter, Bruno
INT Perard-Petzl, Louise (Sulamith)

Brodersen, Friedrich (Salomo)
Föntz-Zimmermann, Aage (Hirte)
RE Wirk, Willi
BB Klein, Julius
KM Kirschner, Ludwig

13.12.1913 ME
Der Liebhaber als Arzt
L'amore medico
MU Wolf-Ferrari, Ermanno
DIR Röhr, Hugo
INT Geis, Josef (Arnolf)
Ivogün, Maria (Luzinde)
Wolf, Otto (Clitandro)
RE Geis, Josef
BB Klein, Julius
KM Kirschner, Ludwig

1914

31.01.1914 NI
Die Jüdin
La Juive
MU Halévy, Jacques Fromental Elias
DIR Heß, Otto
INT Morena, Berta (Recha)
Fladung, Irene von (Eudoxia)
Wolf, Otto (Eleazar)
RE Fuchs, Anton
BB Klein, Julius

28.02.1914 ME
Der ferne Klang
MU Schreker, Franz
DIR Walter, Bruno
INT Perard-Petzl, Louise (Grete)
Erb, Karl (Fritz)
RE Fuchs, Anton
BB Klein, Julius
Fischer, Richard
KM Kirschner, Ludwig

Fritz Feinhals (1869–1940) als Amfortas in »Parsifal« von Wagner, 1914

19.03.1914 EC
Die Jahreszeiten der Liebe
GA Ballett
MU Schubert, Franz
DIR Eck, Pelton
CH Jungmann, Flora

BB Klein, Julius
KM Kirschner, Ludwig

Richard Wagner, »Parsifal«, 1914

22.05.1914 NI
Parsifal
MU Wagner, Richard
OR PR
DIR Walter, Bruno
INT Erb, Karl (Parsifal)
Bender, Paul (Gurnemanz)
Mottl-Faßbender, Zdenka (Kundry)
RE Fuchs, Anton
BB Rottonara, Franz Angelo
KM Kirschner, Ludwig
BE ME am 3.5.1884 Separatvorstellung für König Ludwig II., dirigiert von Hermann Levi

1915

23.03.1915 ME
Don Pasquale
MU Donizetti, Gaëtano
DIR Heß, Otto
INT Geis, Josef (Don Pasquale)
Erb, Karl (Ernesto)
Ivogün, Maria (Norina)
RE Fuchs, Anton
BB Klein, Julius
Fischer, Richard
KM Kirschner, Ludwig

15.10.1915 ME
Don Juans letztes Abenteuer
MU Graener, Paul
DIR Heß, Otto
INT Krüger, Emmy (Cornelia)
Bender, Paul (Giovanni)
RE Wirk, Willi
BB Weber, Lothar
KM Kirschner, Ludwig

10.11.1915 NI
Alessandro Stradella
MU Flotow, Friedrich von
DIR Röhr, Hugo
INT Erb, Karl (Alessandro

Stradella)
Gillmann, Max (Bassi)
Bosetti, Hermine (Leonore)
RE Wirk, Willi

19.12.1915 NI
Die Rose vom Liebesgarten
MU Pfitzner, Hans
DIR Walter, Bruno
INT Mottl-Faßbender, Zdenka (Minneleide)
Brodersen, Friedrich (Nacht-Wunderer)
Wolf, Otto (Siegnot)
RE Wirk, Willi
BB Klein, Julius

1916

23.01.1916 NI
Undine
MU Lortzing, Albert
DIR Walter, Bruno
INT Schützendorf, Gustav (Kühleborn)
Ivogün, Maria (Undine)
Gruber, Franz (Ritter Hugo)
RE Wirk, Willi
BB Klein, Julius
KM Kirschner, Ludwig

05.02.1916 NI
Ilsebill, das Märlein von dem Fischer und seiner Frau
MU Klose, Friedrich
DIR Röhr, Hugo
INT Bary, Alfred von (Fischer)
Palm-Cordes (Ilsebill)
RE Fuchs, Anton
BB Klein, Julius
KM Kirschner, Ludwig

28.03.1916 UA
Der Ring des Polykrates
MU Korngold, Erich Wolfgang
DIR Walter, Bruno
INT Erb, Karl (Wilhelm Arndt)
Ivogün, Maria (Laura)
Gruber, Franz (Florian)
RE Fuchs, Anton
BB Weber, Lothar
Fischer, Richard
KM Kirschner, Ludwig

28.03.1916 UA
Violanta
MU Korngold, Erich Wolfgang
DIR Walter, Bruno
INT Krüger, Emmy (Violanta)
Brodersen, Friedrich (Simone Trovai)
Gruber, Franz (Alfonso)
RE Fuchs, Anton
BB Weber, Lothar
Fischer, Richard
KM Kirschner, Ludwig

20.05.1916 NI
Othello
Otello
MU Verdi, Giuseppe
DIR Walter, Bruno

INT Wolf, Otto (Othello)
Brodersen, Friedrich (Jago)
Dahmen, Charlotte (Desdemona)
RE Wirk, Willi
BB Klein, Julius

27.05.1916 NI
Hänsel und Gretel
MU Humperdinck, Engelbert
DIR Heß, Otto
INT Fladung, Irene von (Hänsel)
Ivogün, Maria (Gretel)
RE Wirk, Willi
BB Klein, Julius
KM Kirschner, Ludwig
BE früheres Premierendatum möglich

27.05.1916 EC
Tanzweisen
GA Ballett
MU Mozart, Wolfgang Amadeus
Liszt, Franz u.a.
DIR Eck, Pelton
CH Jungmann, Flora
BB Klein, Julius
KM Kirschner, Ludwig

26.10.1916 NI
Euryanthe
MU Weber, Carl Maria von
DIR Walter, Bruno
INT Wolf, Otto (Adolar)
Reinhardt, Delia (Euryanthe)
Bender, Paul (Lysiart)
RE Wirk, Willi
BB Klein, Julius
KM Kirschner, Ludwig

23.11.1916 ME
Dame Kobold
MU Weingartner, Felix
DIR Walter, Bruno
INT Bosetti, Hermine (Dona Angela)
Willer, Luise (Dona Beatriz)
Schützendorf, Gustav (Don Juan)
RE Fuchs, Anton
BB Klein, Julius
KM Kirschner, Ludwig

1917

14.01.1917 ME
Mona Lisa
MU Schillings, Max von
DIR Heß, Otto
INT Brodersen, Friedrich (Ein Fremder)
Mottl-Faßbender, Zdenka (Eine Frau)
Wolf, Otto (Ein Laienbruder)
RE Wirk, Willi
BB Klein, Julius
KM Kirschner, Ludwig

03.03.1917 ME
Das höllisch Gold

MU Bittner, Julius
DIR Walter, Bruno
INT Schützendorf, Gustav (Mann)
Willer, Luise (Frau)
Kuhn, Paul (Teufel)
RE Wirk, Willi
BB Fischer, Richard

03.03.1917 EC
Klein Idas Blumen
GA Ballett
MU Klenau, Paul von
DIR Walter, Bruno
CH Benseler, Julius
BB Klein, Julius
KM Kirschner, Ludwig

08.04.1917 NI
Lohengrin
MU Wagner, Richard
DIR Heß, Otto

Bruno Walter, Hans Pfitzner, Ludwig Kirschner bei einer »Palestrina«-Besprechung, 1917

INT Wolf, Otto (Lohengrin)
Reinhardt, Delia (Elsa)
Gillmann, Max (Heinrich der Vogler)
RE Wirk, Willi
BB Klein, Julius
Fischer, Richard

26.04.1917 NE
Die Puppenfee
GA Ballett
MU Bayer, Josef
DIR Eck, Pelton
CH Benseler, Julius
BB Klein, Julius
KM Kirschner, Ludwig
BE früheres Premierendatum möglich

26.04.1917 ME
Frauenlist
MU Röhr, Hugo
DIR Röhr, Hugo
INT Perard-Theisen, Luise (Gräfin)
Erb, Karl (Major Champ de Vert)

Willer, Luise (Minchen)
RE Wirk, Willi

06.05.1917 NI
Hans Heiling
MU Marschner, Heinrich
DIR Walter, Bruno
INT Schipper, Emil (Hans Heiling)
Reinhardt, Delia (Anna)
Gruber, Franz (Konrad)
RE Wirk, Willi
BB Kirschner, Ludwig
Fischer, Richard
KM Kirschner, Ludwig

12.06.1917 UA
Palestrina
MU Pfitzner, Hans
OR PR
DIR Walter, Bruno
INT Feinhals, Fritz (Carlo Borromeo)
Erb, Karl (Palestrina)
RE Pfitzner, Hans
BB Kirschner, Ludwig
Fischer, Richard
KM Kirschner, Ludwig

02.10.1917 NI
Das Nachtlager in Granada
MU Kreutzer, Konradin
DIR Röhr, Hugo
INT Reinhardt, Delia (Gabriele)
Gruber, Franz (Gomez)
Schützendorf, Gustav (Ein Jäger)
RE Geis, Josef
BB Klein, Julius
KM Kirschner, Ludwig

03.11.1917 UA
Lanzelot und Elaine
MU Courvoisier, Walter
DIR Walter, Bruno
INT Gillmann, Max (Arthur)
Schipper, Emil (Lanzelot)
Reinhardt, Delia (Elaine)

RE Wirk, Willi
BB Klein, Julius
KM Kirschner, Ludwig

21.12.1917 EC
Tänze
GA Ballett
MU Brahms, Johannes
DIR Gmeindl, Walter
CH Kröller, Heinrich
BB Klein, Julius
KM Kirschner, Ludwig

1918

03.01.1918 ME NF
Ariadne auf Naxos
MU Strauss, Richard
OR CU
DIR Heß, Otto
INT Perard-Theisen, Luise (Ariadne)
Erb, Karl (Bacchus)
Bosetti, Hermine (Zerbinetta)
RE Fuchs, Anton
BB Stern, Ernst
Klein, Julius
KM Kirschner, Ludwig

22.01.1918 NI
Zar und Zimmermann
MU Lortzing, Albert
DIR Walter, Bruno
INT Brodersen, Friedrich (Zar)
Ludwig, Anton (Peter Iwanov)
Ivogün, Maria (Marie)
Bender, Paul (van Bett)
RE Wirk, Willi
BB Klein, Julius
KM Kirschner, Ludwig

26.03.1918 NI
Der polnische Jude
MU Weis, Karel
DIR Röhr, Hugo
INT Almo, Magda (Annette)
Gimpler, Josef (Der polnische Jude)
RE Wirk, Willi
BB Klein, Julius
KM Kirschner, Ludwig

05.06.1918 UA
Theophano
MU Graener, Paul
DIR Heß, Otto
INT Morena, Berta (Theophano)
Schipper, Emil (Alexios)
Gruber, Franz (Harald)
RE Fuchs, Anton
BB Klein, Julius
KM Kirschner, Ludwig

12.10.1918 NI
Die Schweizerfamilie
MU Weigl, Joseph
DIR Walter, Bruno
INT Schipper, Emil (Graf Wallstein)
Ivogün, Maria (Emmeline)
Erb, Karl (Jacob Friburg)
RE Fuchs, Anton
BB Klein, Julius

Fischer, Richard
KM Kirschner, Ludwig

23.10.1918 EC
Bacchusfest
GA Ballett
MU Beethoven, Ludwig van
DIR Schlosser, Anton
CH Kröller, Heinrich
BB Klein, Julius
KM Kirschner, Ludwig

Karl Erb (1877–1958) als Palestrina, Maria Ivogün (1891–1987) als Ighino in »Palestrina« von H. Pfitzner, 1917

07.12.1918 NI
Das Christelflein
MU Pfitzner, Hans
DIR Walter, Bruno
INT Ivogün, Maria (Elflein)
RE Wirk, Willi
BB Weber, Lothar
KM Pirchan, Emil

1919

15.02.1919 ME
Die Gezeichneten
MU Schreker, Franz
DIR Walter, Bruno
INT Schützendorf, Gustav (Herzog Adorno)
Reinhardt, Delia (Carlotta Nardi)
Erb, Karl (Alviano)
RE Fuchs, Anton
BB Wildermann, Hans
KM Wildermann, Hans

30.03.1919 ME
Schahrazade
MU Sekles, Bernhard
DIR Heß, Otto
INT Schipper, Emil (Schahryr)
Gruber, Franz (Omar)
Krüger, Emmy (Schahrazade)
RE Wirk, Willi
BB Pirchan, Emil
KM Pirchan, Emil

19.07.1919 ME
Herr Dandolo
MU Siegel, Rudolf

Fischer, Richard
KM Kirschner, Ludwig

DIR Reisch, Friedrich
INT Brodersen, Friedrich (Dandolo)
Irabek, Marie (Angelina)
RE Fuchs, Anton

09.11.1919 ME
Die Frau ohne Schatten
MU Strauss, Richard
DIR Walter, Bruno
INT Reinhardt, Delia (Kaiserin)
Mottl-Faßbender, Zdenka (Amme)
Schipper, Emil (Barak)
Leander, Margot (Färberin)
RE Wirk, Willi
BB Roller, Alfred
KM Roller, Alfred

1920

29.02.1920 ME
Meister Guido
MU Noetzel, Hermann
DIR Röhr, Hugo
INT Wolf, Otto (Guido)
Merz, Nelly (Amanta)
RE Fuchs, Anton
BB Pasetti, Leo
KM Pasetti, Leo

06.03.1920 UA
Die letzte Maske
MU Mauke, Wilhelm
DIR Reichenberger, Hugo
INT Kröller, Heinrich (Pierrot)
Krüger, Charlotte (Viola)
RE Kröller, Heinrich

14.04.1920 NI
Der Corregidor
MU Wolf, Hugo
DIR Walter, Bruno
INT Erb, Karl (Corregidor)
Jerger, Alfred (Repela)
Reinhardt, Delia (Frasquita)
RE Fuchs, Anton

06.05.1920 NI
Margarethe
Faust
MU Gounod, Charles
DIR Röhr, Hugo
INT Erb, Karl (Faust)
Jerger, Alfred (Mephistopheles)
Merz, Nelly (Margarethe)
RE Wirk, Willi

11.08.1920 NI
Oberon
MU Weber, Carl Maria von
DIR Walter, Bruno
INT Erb, Karl (Hüon)
Merz, Nelly (Rezia)
Willer, Luise (Fatime)
RE Wirk, Willi
BB Engels, Robert
Schön, Otto
KM Engels, Robert
Schön, Otto
BE in der Bearbeitung von Gustav Mahler

07.10.1920   EC
Elfenreigen
GA Ballett
MU Klose, Friedrich
DIR Reisch, Friedrich
CH Kröller, Heinrich

Leo Pasetti (1882–1937), Bühnenbildner und Ausstattungsdirektor

07.10.1920   NC
Ein Kostümball
GA Ballett
MU Rubinstein, A.
DIR Reisch, Friedrich
CH Kröller, Heinrich
BB Pasetti, Leo
KM Pasetti, Leo

30.10.1920   UA
Das Spielwerk
MU Schreker, Franz
DIR Walter, Bruno
INT Schipper, Emil (Meister Florian)
Merz, Nelly (Die Prinzessin)
Wolf, Otto (Ein wandernder Bursche)
RE Fuchs, Anton
BB Pasetti, Leo
KM Pasetti, Leo

30.11.1920   UA
Die Vögel
MU Braunfels, Walter
DIR Walter, Bruno
INT Schipper, Emil (Prometheus)
Brodersen, Friedrich (Wiedhopf)
Ivogün, Maria (Nachtigall)
RE Kröller, Heinrich
BB Pasetti, Leo
KM Pasetti, Leo

1921

08.02.1921   ME
Schirin und Gertraude
MU Graener, Paul
DIR Walter, Bruno
INT Jerger, Alfred (Graf)
Reinhardt, Delia (Gertraude)
Willer, Luise (Schirin)
RE Jerger, Alfred

28.04.1921   UA?
Der Zaubergeiger
GA Ballett
MU ?
DIR Heger, Robert
CH Kröller, Heinrich

28.04.1921   UA
Die Krähen
MU Courvoisier, Walter
DIR Heger, Robert
INT Jerger, Alfred (Benvenuto Cellini)
Leander, Margot (Antäa)
RE Wirk, Willi

21.05.1921   NI
Iphigenie in Aulis
Iphigénie en Aulide
MU Gluck, Christoph Willibald
DIR Walter, Bruno
INT Schipper, Emil (Agamemnon)
Willer, Luise (Klytämnestra)
Reinhardt, Delia (Iphigenie)
RE Wirk, Willi
BB Preetorius, Emil
KM Preetorius, Emil

19.08.1921   EC
Josephslegende
GA Ballett
MU Strauss, Richard
DIR Heger, Robert
CH Kröller, Heinrich
BB Pasetti, Leo
KM Pasetti, Leo

08.10.1921   EC
Der Tänzer unserer Lieben Frau
GA Ballett
MU Stürmer, Bruno
OR CU
DIR Böhm, Karl
CH Neubauer, Friedrich
BB Pasetti, Leo
KM Pasetti, Leo

25.10.1921   ME
Die Rauensteiner Hochzeit
MU Waltershausen, Hermann W. S. von
DIR Heger, Robert
INT Merz, Nelly (Wendela)
Gleß, Julius (Dietz)
RE Fuchs, Anton

20.11.1921   NI
Die Walküre
MU Wagner, Richard
DIR Walter, Bruno
INT Reinfeld, Nicolai (Siegmund)
Bender, Paul (Wotan)
Merz, Nelly (Sieglinde)
Englerth, Gabriele (Brünnhilde)
RE Bahr-Mildenburg, Anna
BB Pasetti, Leo
Linnebach, Adolf

17.12.1921   NI
Der Wildschütz
MU Lortzing, Albert
DIR Böhm, Karl
INT Schützendorf, Gustav (Graf Eberbach)
Krauß, Fritz (Baron Kronthal)
Bosetti, Hermine (Baronin Freimann)
RE Geis, Josef

1922

05.01.1922   NI
Siegfried
MU Wagner, Richard
DIR Walter, Bruno
INT Wolf, Otto (Siegfried)
Seydel, Carl (Mime)
Bender, Paul (Wanderer)
RE Bahr-Mildenburg, Anna
BB Pasetti, Leo
Linnebach, Adolf

02.04.1922   ME
Arambel
MU Maurice, Pierre
DIR Röhr, Hugo
INT Ruvina, Ingeborg (Arambel)
Boshart, Elise (Agalise)
Bertram, Hans (Der König)
RE Kröller, Heinrich

21.04.1922   NI
Falstaff
MU Verdi, Giuseppe
DIR Heger, Robert
INT Feinhals, Fritz (Falstaff)
Depfer, Hans (Fenton)
Arkandy, Katharina (Ännchen)
RE Fuchs, Anton
BB Weber, Lothar

Hans Knappertsbusch (1888–1965), Generalmusikdirektor von 1922–1935

30.04.1922   NI
Götterdämmerung
MU Wagner, Richard
DIR Walter, Bruno
INT Reinfeld, Nicolai (Siegfried)
Gillmann, Max (Hagen)
Englerth, Gabriele (Brünnhilde)
RE Bahr-Mildenburg, Anna
BB Pasetti, Leo
Linnebach, Adolf

12.05.1922   EC
Der grüne Heinrich
GA Ballett
MU Ebner, Georg
DIR Böhm, Karl
CH Kröller, Heinrich

07.06.1922   ME
Acis und Galatea
Acis and Galatea
MU Händel, Georg Friedrich
OR CU
DIR Walter, Bruno
INT Reinhardt, Delia (Galatea)
Krauß, Fritz (Acis)
Bender, Paul (Polyphem)
RE Geis, Josef
BB Preetorius, Emil
KM Mück, August

14.06.1922   NI
Das Rheingold
MU Wagner, Richard
DIR Walter, Bruno
INT Bender, Paul (Wotan)
Schützendorf, Gustav (Alberich)
Erb, Karl (Loge)
RE Bahr-Mildenburg, Anna
BB Pasetti, Leo
Linnebach, Adolf

14.10.1922   EC
Carnaval
GA Ballett
MU Schumann, Robert
DIR Böhm, Karl
CH Kröller, Heinrich
BB Seewald, Richard
KM Seewald, Richard

28.10.1922   NI
Die Abreise
MU Albert, Eugen d'
DIR Böhm, Karl
INT Kaposi, Stefan (Gilfen)
Bosetti, Hermine (Luise)
Seydel, Carl (Trott)
RE Wirk, Willi

17.11.1922   NI
Fra Diavolo
Fra Diavolo ou L'hôtellerie de Terracine
MU Auber, Daniel François Esprit
DIR Böhm, Karl
INT Krauß, Fritz (Fra Diavolo)
RE Wirk, Willi
BB Weber, Lothar

09.12.1922   ME
Die tote Stadt
MU Korngold, Erich Wolfgang
DIR Knappertsbusch, Hans
INT Krauß, Fritz (Paul)
Leander, Margot (Marietta)
RE Fuchs, Anton
BB Pasetti, Leo
KM Pasetti, Leo

23.12.1922   NI
Salome
MU Strauss, Richard
DIR Knappertsbusch, Hans
INT Depfer, Hans (Herodes)
Leander, Margot (Salome)
Rode, Wilhelm (Jochanaan)
RE Wirk, Willi

1923

24.02.1923   NI
Ilsebill, das Märlein von dem Fischer und seiner Frau
MU Klose, Friedrich
DIR Heger, Robert
INT Wolf, Otto (Fischer)
Englerth, Gabriele (Ilsebill)
RE Wirk, Willi

11.03.1923   NI
Tannhäuser
MU Wagner, Richard
DIR Knappertsbusch, Hans
INT Gleß, Julius (Landgraf Hermann)
Merz, Nelly (Elisabeth)
Wolf, Otto (Tannhäuser)
RE Hofmüller, Max
BB Pasetti, Leo
KM Pasetti, Leo

24.03.1923   ME
Das Liebesverbot
MU Wagner, Richard
DIR Heger, Robert
INT Brodersen, Friedrich (Friedrich)
Depfer, Hans (Luzio)
Merz, Nelly (Isabella)
RE Wirk, Willi
BB Weber, Lothar

11.05.1923   NI
Wilhelm Tell
Guillaume Tell
MU Rossini, Gioacchino
DIR Röhr, Hugo
INT Bosetti, Hermine (Mathilde)
Rode, Wilhelm (Tell)
Krauß, Fritz (Arnold)
RE Wirk, Willi
BB Weber, Lothar

27.10.1923   NI
Fidelio
MU Beethoven, Ludwig van
DIR Knappertsbusch, Hans
INT Wolf, Otto (Florestan)
Englerth, Gabriele (Leonore)
Rode, Wilhelm (Pizarro)
RE Hofmüller, Max
BB Pasetti, Leo
KM Pasetti, Leo

28.11.1923　ME
Julius Cäsar
Giulio Cesare in Egitto
MU Händel, Georg Friedrich
DIR Knappertsbusch, Hans
INT Brodersen, Friedrich (Cäsar)
　　Fichtmüller, Hedwig (Cornelia)
　　Ohms, Elisabeth (Cleopatra)
RE Hofmüller, Max
BB Pasetti, Leo
KM Pasetti, Leo

1924

20.02.1924　EC
Der holzgeschnitzte Prinz
GA Ballett
MU Bartók, Béla
DIR Heger, Robert
CH Kröller, Heinrich
BB Pasetti, Leo
KM Pasetti, Leo

20.02.1924　UA
Pierrots Sommernacht
GA Ballett
MU Noetzel, Hermann
DIR Heger, Robert
CH Kröller, Heinrich
BB Pasetti, Leo
KM Pasetti, Leo

20.02.1924　EC
Scheherazade
GA Ballett
MU Rimskij-Korsakov, Nicolaj
DIR Heger, Robert
CH Kröller, Heinrich
BB Pasetti, Leo
KM Pasetti, Leo

20.04.1924　NI
Die Rose vom Liebesgarten
MU Pfitzner, Hans
DIR Knappertsbusch, Hans
INT Müller, Maria (Minneleide)
　　Rode, Wilhelm (Nacht-Wunderer)
　　Reinfeld, Nicolai (Siegnot)
RE Hofmüller, Max
BB Pasetti, Leo
　　Linnebach, Adolf

07.06.1924　ME
Eugen Onegin
Evgenij Onegin
MU Tschaikowsky, Peter Iljitsch
DIR Heger, Robert
INT Müller, Maria (Tatjana)
　　Brodersen, Friedrich (Eugen Onegin)
　　Depfer, Hans (Lenski)
RE Wirk, Willi
BB Pasetti, Leo

15.08.1924　NI
Parsifal
MU Wagner, Richard

OR PR
DIR Knappertsbusch, Hans
INT Bender, Paul (Gurnemanz)
　　Erb, Karl (Parsifal)
　　Englerth, Gabriele (Kundry)
RE Hofmüller, Max
BB Pasetti, Leo
　　Linnebach, Adolf
KM Pasetti, Leo

25.10.1924　NI
Doktor und Apotheker
MU Dittersdorf, Carl Ditters von
OR CU
DIR Böhm, Karl
INT Lohsing, Robert (Apotheker)
　　Bauberger, Alfred (Doktor)
　　Linhard, Thea (Leonore)
RE Seydel, Carl
BB Pasetti, Leo
KM Pasetti, Leo

15.11.1924　UA
Don Gil von den grünen Hosen
MU Braunfels, Walter
DIR Knappertsbusch, Hans
INT Feuge, Elisabeth (Donna Ines)
　　Erb, Karl (Don Gil)
　　Gleß, Julius (Don Pedro)
RE Hofmüller, Max
BB Pasetti, Leo
KM Pasetti, Leo

1925

17.01.1925　UA
Island-Saga

Carl Orff (1895–1982)

MU Vollerthun, Georg
DIR Heger, Robert
INT Wolf, Otto (Glum)
　　Ohms, Elisabeth (Thordis)
　　Brodersen, Friedrich (Helgi)
RE Wirk, Willi
BB Wolff, Paul
KM Mück, August

20.02.1925　NI
Don Giovanni
MU Mozart, Wolfgang Amadeus
OR CU
DIR Knappertsbusch, Hans
INT Rode, Wilhelm (Don Giovanni)
　　Kruse, Leone (Donna Anna)
　　Krauß, Fritz (Don Ottavio)
　　Gleß, Julius (Leporello)
　　Schellenberg, Martha (Zerlina)
　　Ohms, Elisabeth (Donna Elvira)
RE Hofmüller, Max
BB Pasetti, Leo
KM Pasetti, Leo
BE deutsch

14.03.1925　NI
Der Barbier von Bagdad
MU Cornelius, Peter
DIR Knappertsbusch, Hans
INT Krauß, Fritz (Nureddin)
　　Bender, Paul (Abul Hassan)
　　Feuge, Elisabeth (Margiana)
RE Hofmüller, Max
BB Pasetti, Leo

30.04.1925　ME
Li-Tai-Pe
MU Franckenstein, Clemens von
DIR Knappertsbusch, Hans
INT Rode, Wilhelm (Der Kaiser)
　　Krauß, Fritz (Der Dichter)
RE Hofmüller, Max
BB Pasetti, Leo
KM Pasetti, Leo

07.05.1925　EC
Die Ruinen von Athen
GA Ballett
MU Beethoven, Ludwig van

DIR Strauss, Richard
RE Kröller, Heinrich
BB Linnebach, Adolf
BE Musik teilweise unter Benutzung des Balletts »Die Geschöpfe des Prometheus«, bearbeitet von Richard Strauss und Hugo von Hofmannsthal; Festvorstellung zur Eröffnung des Deutschen Museums

23.05.1925　ME
Gianni Schicchi
MU Puccini, Giacomo
DIR Böhm, Karl
INT Sterneck, Berthold (Gianni Schicchi)
　　Fichtmüller, Hedwig (Zita)
　　Fitzau, Fritz (Rinuccio)
　　Linhard, Thea (Lauretta)
RE Geis, Josef
BB Pasetti, Leo
KM Mück, August

23.05.1925　EC
Petruschka
GA Ballett
MU Strawinsky, Igor
DIR Böhm, Karl
CH Kröller, Heinrich
BB Pasetti, Leo
KM Pasetti, Leo
BE in der Bearbeitung von Alexandre Benois

26.06.1925　NI
Die Zauberflöte
MU Mozart, Wolfgang Amadeus
OR CU
DIR Knappertsbusch, Hans
INT Gleß, Julius (Sarastro)
　　Krauß, Fritz (Tamino)
　　Feuge, Elisabeth (Pamina)
　　Dart, Beatrix (Königin der Nacht)
　　Brodersen, Friedrich (Papageno)
RE Hofmüller, Max
BB Linnebach, Adolf
KM Pasetti, Leo

10.10.1925　NI
Meister Guido
MU Noetzel, Hermann
DIR Böhm, Karl
INT Nissen, Hans Hermann (Durante)
　　Flesch, Ella (Amanta)
　　Wolf, Otto (Guido)
RE Hofmüller, Max
BB Pasetti, Leo

30.10.1925　NC
Don Juan
GA Ballett
MU Gluck, Christoph Willibald
OR CU
DIR Böhm, Karl
CH Kröller, Heinrich
BB Pasetti, Leo
KM Pasetti, Leo

14.11.1925　ME
François Villon
MU Noelte, Albert
DIR Knappertsbusch, Hans
INT Krauß, Fritz (François Villon)
　　Ohms, Elisabeth (Leonore)
RE Hofmüller, Max
BB Pasetti, Leo

21.11.1925　EC
Die Freier der Tänzerin
GA Ballett
MU Rameau, Jean-Philippe
DIR Elmendorff, Karl
CH Kröller, Heinrich
BB Pasetti, Leo
KM Pasetti, Leo

21.11.1925　EC
Strauss-Tänze
GA Ballett
MU Strauss, Richard
DIR Elmendorff, Karl
CH Gerzer, Lina
BB Pasetti, Leo
KM Pasetti, Leo

21.11.1925　EC
Pulcinella
GA Ballett
MU Strawinsky, Igor
DIR Elmendorff, Karl
CH Kröller, Heinrich
BB Pasetti, Leo
KM Pasetti, Leo

05.12.1925　ME
Juana
MU Ettinger, Max
DIR Böhm, Karl
INT Kruse, Leone (Juana)
　　Reinfeld, Nicolai (Juan)
RE Hofmüller, Max
BB Pasetti, Leo
KM Mück, August

23.12.1925　NI
Palestrina
MU Pfitzner, Hans
DIR Elmendorff, Karl
INT Rode, Wilhelm (Carlo Borromeo)
　　Krauß, Fritz (Palestrina)
RE Hofmüller, Max
BB Pasetti, Leo
　　Linnebach, Adolf

1926

23.01.1926　EI
Der Mikado
The Mikado
GA Operette
MU Sullivan, Arthur Seymour
DIR Knappertsbusch, Hans
INT Wildhagen, Erik (Der Mikado)
　　Fitzau, Fritz (Nanki Poo)
RE Kröller, Heinrich
BB Pasetti, Leo
BE ME am 15.10.1886 im Theater am Gärtnerplatz

11.02.1926 ME
Die toten Augen
MU Albert, Eugen d'
DIR Elmendorff, Karl
INT Brodersen, Friedrich (Arcesius)
Merz, Nelly (Myrtocle)
Appels, Hendrik (Aurelius Galba)
RE Wirk, Willi

20.03.1926 NI
Pelléas und Mélisande
Pelléas et Mélisande
MU Debussy, Claude
DIR Böhm, Karl
INT Sterneck, Berthold (Golo)
Fitzau, Fritz (Pelléas)
Frind, Anni (Mélisande)
RE Barré, Kurt
BB Linnebach, Adolf
Schröter, Walter

21.04.1926 UA?
Glasbläser und Dogaressa
GA Ballett
MU Reuß, August
DIR Röhr, Hugo
CH Gerzer, Lina
BB Pasetti, Leo
KM Pasetti, Leo

Felicie Hüni-Mihacsek (Agathe) und Martha Schellenberg (Ännchen) in »Der Freischütz« von Carl Maria von Weber, 1926

23.04.1926 NI
Der Freischütz
MU Weber, Carl Maria von
DIR Knappertsbusch, Hans
INT Hüni-Mihacsek, Felicie (Agathe)
Schellenberg, Martha (Ännchen)
Krauß, Fritz (Max)
Bender, Paul (Kaspar)
RE Hofmüller, Max
BB Linnebach, Adolf

01.05.1926 NI
Der Postillon von Lonjumeau
Le postillon de Lonjumeau
MU Adam, Adolphe Charles
DIR Elmendorff, Karl
INT Krauß, Fritz (Postillon)
RE Wirk, Willi

21.05.1926 ME
Intermezzo
MU Strauss, Richard
DIR Knappertsbusch, Hans
INT Feuge, Elisabeth (Christine)
Wildhagen, Erik (Robert Storch)
Fitzau, Fritz (Baron Lummer)
RE Hofmüller, Max
BB Pasetti, Leo
Linnebach, Adolf

23.06.1926 NI
Die Entführung aus dem Serail
MU Mozart, Wolfgang Amadeus
OR CU
DIR Knappertsbusch, Hans
INT Krauß, Fritz (Belmonte)
Hüni-Mihacsek, Felicie (Constanze)
Bender, Paul (Osmin)
RE Hofmüller, Max
BB Pasetti, Leo

06.10.1926 NC
Coppelia
GA Ballett
MU Delibes, Léo
DIR Elmendorff, Karl
CH Kröller, Heinrich
BB Pasetti, Leo
KM Pasetti, Leo

13.10.1926 ME
Eine Stunde Spanien
L'heure espagnole
MU Ravel, Maurice
DIR Böhm, Karl
INT Hüni-Mihacsek, Felicie (Conception)
Sterneck, Berthold (Ramiro)
RE Barré, Kurt
BB Pasetti, Leo

13.10.1926 ME
Die Nachtigall
Le rossignol
MU Strawinsky, Igor
DIR Böhm, Karl
INT Jokl, Fritzi (Nachtigall)
Fitzau, Fritz (Fischer)
Schellenberg, Martha (Köchin)
RE Barré, Kurt
BB Pasetti, Leo
KM Pasetti, Leo

11.11.1926 ME
Die Macht des Schicksals
La forza del destino
MU Verdi, Giuseppe
DIR Böhm, Karl
INT Hüni-Mihacsek, Felicie (Leonora)
Rehkemper, Heinrich (Carlos)
Krauß, Fritz (Alvaro)
RE Hofmüller, Max
BB Pasetti, Leo

03.12.1926 ME
Tod und Leben
MU Anders, Erich
OR CU
DIR Elmendorff, Karl
RE Stieler, Kurt
BB Pasetti, Leo

1927

01.01.1927 NI
Lohengrin
MU Wagner, Richard
DIR Knappertsbusch, Hans
INT Sterneck, Berthold (Heinrich der Vogler)
Krauß, Fritz (Lohengrin)
Feuge, Elisabeth (Elsa)
RE Hofmüller, Max
BB Pasetti, Leo
KM Pasetti, Leo

15.01.1927 UA
Cœur-Dame
MU Röhr, Hugo
DIR Röhr, Hugo
INT Nissen, Hans Hermann (Fürst)
Merz, Nelly (Fürstin)
Fitzau, Fritz (Graf)
RE Barré, Kurt

15.01.1927 NI
Susannens Geheimnis
Il segreto di Susanna
MU Wolf-Ferrari, Ermanno
DIR Röhr, Hugo
INT Rehkemper, Heinrich (Graf Gil)
Jokl, Fritzi (Gräfin Susanne)
Geis, Josef (Sante)
RE Barré, Kurt

12.02.1927 NI
Oberst Chabert
MU Waltershausen, Hermann W. S. von
DIR Knappertsbusch, Hans
INT Wildhagen, Erik (Graf Chabert)
Fitzau, Fritz (Graf Ferraud)
Hüni-Mihacsek, Felicie (Rosine)
RE Barré, Kurt
BB Pasetti, Leo

16.03.1927 ME
Die Lästerschule
MU Klenau, Paul von
DIR Böhm, Karl
INT Schellenberg, Martha (Maria)
Gleß, Julius (Oliver)
RE Barré, Kurt
BB Pasetti, Leo

21.04.1927 UA
Das Himmelskleid
La veste di cielo
MU Wolf-Ferrari, Ermanno
DIR Knappertsbusch, Hans
INT Feuge, Elisabeth (Fürstin)
Krauß, Fritz (Prinz)
RE Hofmüller, Max

04.05.1927 EC
Liebeszauber
El amor brujo
GA Ballett
MU Falla, Manuel de
DIR Röhr, Hugo
CH Kröller, Heinrich
BB Pasetti, Leo
KM Pasetti, Leo

24.05.1927 NI
Tristan und Isolde
MU Wagner, Richard
DIR Knappertsbusch, Hans
INT Wolf, Otto (Tristan)
Ohms, Elisabeth (Isolde)
Willer, Luise (Brangäne)
Sterneck, Berthold (Marke)
RE Barré, Kurt
BB Pasetti, Leo
KM Pasetti, Leo

15.06.1927 ME
Cardillac
MU Hindemith, Paul
DIR Elmendorff, Karl
INT Wildhagen, Erik (Cardillac)
Feuge, Elisabeth (Tochter)
RE Hofmüller, Max
BB Pasetti, Leo

19.06.1927 EC
Tango
GA Ballett
MU Milhaud, Darius
OR Münchner Künstlertheater
DIR Zwißler, Karl Maria
CH Kröller, Heinrich
BB Pasetti, Leo
KM Pasetti, Leo

19.06.1927 UA
Pagoden
GA Ballett
MU Paumgartner, Bernhard
OR Münchner Künstlertheater
DIR Zwißler, Karl Maria
CH Kröller, Heinrich
BB Pasetti, Leo
KM Pasetti, Leo

19.06.1927 EC
Ländliches Fest
GA Ballett
MU Strauss, Johann
OR Münchner Künstlertheater
DIR Zwißler, Karl Maria
CH Kröller, Heinrich
BB Pasetti, Leo
KM Pasetti, Leo

29.06.1927 NI
Die Hochzeit des Figaro
Le nozze di Figaro
MU Mozart, Wolfgang Amadeus
OR CU
DIR Knappertsbusch, Hans
INT Rode, Wilhelm (Almaviva)
Sterneck, Berthold (Figaro)

Jokl, Fritzi (Susanne)
RE Barré, Kurt
BB Pasetti, Leo
KM Pasetti, Leo

Bühnenbildentwurf von Leo Pasetti zum I. Akt »Tristan und Isolde«, 1927

27.09.1927 NI
Die Bohème
La Bohème
MU Puccini, Giacomo
DIR Knappertsbusch, Hans
INT Krauß, Fritz (Rudolf)
Hüni-Mihacsek, Felicie (Mimi)
RE Hofmüller, Max
BB Pasetti, Leo
KM Pasetti, Leo

01.10.1927 UA
Mammon
GA Ballett
MU Krenek, Ernst
DIR Schmitz, Paul
CH Kröller, Heinrich
BB Pasetti, Leo
KM Pasetti, Leo

10.10.1927 NI
Elektra
MU Strauss, Richard
DIR Knappertsbusch, Hans
INT Kappel, Gertrude (Elektra)
Hüni-Mihacsek, Felicie (Chrysothemis)
Bender, Paul (Orest)
Fichtmüller, Hedwig (Klytemnästra)
RE Hofmüller, Max
BB Linnebach, Adolf

11.11.1927 ME
Turandot
MU Puccini, Giacomo
DIR Knappertsbusch, Hans
INT Ohms, Elisabeth (Turandot)
Krauß, Fritz (Kalaf)
RE Hofmüller, Max
BB Pasetti, Leo
KM Pasetti, Leo

25.11.1927 NI
Samson und Dalila
Samson et Dalila
MU Saint-Saëns, Camille
DIR Elmendorff, Karl
INT Willer, Luise (Dalila)
Wolf, Otto (Samson)
RE Barré, Kurt
BB Pasetti, Leo

17.12.1927 ME **Hannneles Himmelfahrt** MU Graener, Paul DIR Elmendorff, Karl INT Feuge, Elisabeth (Hannele) RE Hofmüller, Max BB Pasetti, Leo	MU Offenbach, Jacques DIR Schmitz, Paul INT Bender, Paul (Coppelius, Dapertutto, Dr. Mirakel) Krauß, Fritz (Hoffmann) Flesch, Ella (Giulietta) Jokl, Fritzi (Olympia) Hüni-Mihacsek, Felicie (Antonia) RE Hofmüller, Max BB Pasetti, Leo KM Pasetti, Leo	30.11.1928 ME **Das geheime Königreich** MU Krenek, Ernst DIR Schmitz, Paul INT Hager, Robert (König) Jokl, Fritzi (Königin) Hann, Georg (Narr) RE Kröller, Heinrich BB Pasetti, Leo	10.04.1929 EC **Der Nußknacker** GA Ballett MU Tschaikowsky, Peter Iljitsch DIR Elmendorff, Karl CH Kröller, Heinrich BB Pasetti, Leo KM Pasetti, Leo	MU Honegger, Arthur DIR Schmitz, Paul CH Kröller, Heinrich BB Pasetti, Leo KM Pasetti, Leo
22.12.1927 NC **Die Puppenfee** GA Ballett MU Bayer, Josef DIR Elmendorff, Karl CH Kröller, Heinrich BB Pasetti, Leo KM Pasetti, Leo	16.05.1928 NI **Die neugierigen Frauen** *Le donne curiose* MU Wolf-Ferrari, Ermanno DIR Elmendorff, Karl INT Bender, Paul (Ottavio) Fichtmüller, Hedwig (Beatrice) Schellenberg, Martha (Rosaura) RE Barré, Kurt BB Pasetti, Leo KM Pasetti, Leo	30.11.1928 ME **Der Diktator** MU Krenek, Ernst DIR Schmitz, Paul INT Wildhagen, Erik (Diktator) Flesch, Ella (Charlotte) Patzak, Julius (Offizier) RE Barré, Kurt BB Linnebach, Adolf	26.05.1929 NI **Aida** MU Verdi, Giuseppe DIR Schmitz, Paul INT Hüni-Mihacsek, Felicie (Aïda) Krauß, Fritz (Radames) Willer, Luise (Amneris) RE Barré, Kurt BB Linnebach, Adolf KM Pasetti, Leo	30.11.1929 EC **Die Prinzessin von Tragant** GA Ballett MU Strauss, Oscar DIR Schmitz, Paul CH Kröller, Heinrich BB Pasetti, Leo KM Pasetti, Leo
1928				21.12.1929 UA **Samuel Pepys** MU Coates, Albert DIR Knappertsbusch, Hans INT Sterneck, Berthold (Samuel Pepys) Fichtmüller, Hedwig (Elisabeth) Tornau, Ilse (Mercer) RE Hofmann, Alois BB Linnebach, Adolf KM Revy, Lovis
15.01.1928 UA **Die schwäbische Schöpfung** MU Sailer, Sebastian OR CU DIR Hallasch, Franz RE Nadler, Max BB Rall, Albert		30.11.1928 ME **Der Mantel** *Il Tabarro* MU Puccini, Giacomo DIR Elmendorff, Karl INT Rehkemper, Heinrich (Michele) Patzak, Julius (Luigi) Ranczak, Hildegarde (Giorgetta) RE Barré, Kurt BB Pasetti, Leo	23.06.1929 NI **Der fliegende Holländer** MU Wagner, Richard DIR Elmendorff, Karl INT Kappel, Gertrude (Senta) Rode, Wilhelm (Holländer) RE Barré, Kurt BB Linnebach, Adolf KM Revy, Lovis	
20.01.1928 NI **Carmen** MU Bizet, Georges DIR Schmitz, Paul INT Flesch, Ella (Carmen) Fitzau, Fritz (Don José) RE Barré, Kurt BB Pasetti, Leo KM Pasetti, Leo	09.06.1928 NI **Così fan tutte** MU Mozart, Wolfgang Amadeus OR CU DIR Knappertsbusch, Hans INT Feuge, Elisabeth (Fiordiligi) Willer, Luise (Dorabella) Rehkemper, Heinrich (Guglielmo) Krauß, Fritz (Ferrando) RE Geis, Josef BB Pasetti, Leo KM Pasetti, Leo			**1930**
29.01.1928 NI **Die Fledermaus** GA Operette MU Strauß, Johann DIR Schmitz, Paul INT Plank, Josef (Eisenstein) Flesch, Ella (Rosalinde) Frind, Anni (Adele) RE Barré, Kurt BB Linnebach, Adolf KM Revy, Lovis		09.12.1928 ME **Der vergessene Wachposten** *Der vierjährige Posten* MU Schubert, Franz OR CU DIR Hallasch, Franz INT Feuge, Elisabeth (Kätchen) Patzak, Julius (Duval) Hager, Robert (Dorfrichter) RE Hofmüller, Max	11.10.1929 NI **Angelina** *La Cenerentola* MU Rossini, Gioacchino DIR Röhr, Hugo INT Krauß, Fritz (Ramiro) Wildhagen, Erik (Dandini) Jokl, Fritzi (Angelina) RE Barré, Kurt BB Linnebach, Adolf Hornsteiner, Ludwig KM Revy, Lovis	28.01.1930 NI **Versiegelt** MU Blech, Leo DIR Schmitz, Paul INT Schellenberg, Martha (Elsa) Patzak, Julius (Bertel) RE Barré, Kurt BB Linnebach, Adolf
10.02.1928 EC **Wolkenkratzer** *Skyscrapers* GA Ballett MU Carpenter, John Alden DIR Schmitz, Paul CH Kröller, Heinrich BB Pasetti, Leo KM Pasetti, Leo	24.06.1928 NI **Die Meistersinger von Nürnberg** MU Wagner, Richard DIR Knappertsbusch, Hans INT Rode, Wilhelm (Hans Sachs) Krauß, Fritz (Stolzing) Feuge, Elisabeth (Eva) Ries, Walter (Beckmesser) RE Hofmüller, Max BB Linnebach, Adolf	**1929**	13.10.1929 ME **Orpheus** MU Monteverdi, Claudio OR CU DIR Hollasch, Franz INT Stang-Greß, Anny (Orpheus) RE Kröller, Heinrich BB Pasetti, Leo KM Revy, Lovis BE »L'Orfeo« in der Bearbeitung von Carl Orff	15.02.1930 EI **Der Zigeunerbaron** GA Operette MU Strauß, Johann DIR Elmendorff, Karl INT Hüni-Mihacsek, Felicie (Saffi) Krauß, Fritz (Sandor) Sterneck, Berthold (Zupan) RE Kröller, Heinrich BB Pasetti, Leo KM Revy, Lovis BE ME am 9.1.1886 im Theater am Gärtnerplatz
		11.02.1929 ME **Sly** MU Wolf-Ferrari, Ermanno DIR Elmendorff, Karl INT Krauß, Fritz (Sly) Hann, Georg (Graf von Westmoreland) Ranczak, Hildegarde (Dolly) RE Barré, Kurt BB Preetorius, Emil KM Preetorius, Emil		
31.03.1928 ME **Das Wunder der Heliane** MU Korngold, Erich Wolfgang DIR Elmendorff, Karl INT Nezadal, Maria (Heliane) Rode, Wilhelm (Der Herrscher) Fitzau, Fritz (Der Fremde) RE Barré, Kurt BB Linnebach, Adolf KM Revy, Lovis	08.10.1928 ME **Die Ägyptische Helena** MU Strauss, Richard DIR Knappertsbusch, Hans INT Ohms, Elisabeth (Helena) Fitzau, Fritz (Menelas) Ranczak, Hildegarde (Aithra) RE Barré, Kurt BB Linnebach, Adolf KM Pasetti, Leo		21.11.1929 ME **Jenufa** *Její pastorkyňa* MU Janáček, Leoš DIR Elmendorff, Karl INT Fitzau, Fritz (Stewa Buryja) Fischer, Adolf (Laca Klemen) Flesch, Ella (Jenufa) Flesch, Ella (Die Küsterin) RE Hofmann, Alois BB Pasetti, Leo	06.03.1930 NI **Feuersnot** MU Strauss, Richard DIR Knappertsbusch, Hans INT Feuge, Elisabeth (Diemut) Nissen, Hans Hermann (Kunrad) RE Hofmann, Alois BB Pasetti, Leo
26.04.1928 NI **Hoffmanns Erzählungen** *Les contes d'Hoffmann*	04.11.1928 EC **Der Spiegel** GA Ballett MU Schubert, Franz OR CU DIR Hallasch, Franz CH Kröller, Heinrich	14.03.1929 ME **Schwanda der Dudelsackpfeifer** MU Weinberger, Jaromir DIR Knappertsbusch, Hans INT Wildhagen, Erik (Schwanda) Nezadal, Maria (Dorota) Patzak, Julius (Babinsky) RE Kröller, Heinrich BB Rall, Albert KM Pasetti, Leo	30.11.1929 EC **Skating Rink** GA Ballett	10.04.1930 UA **Der weiße Pfau** MU Piechler, Arthur DIR Schmitz, Paul INT Jokl, Fritzi (Corinna) Fitzau, Fritz (Victor) RE Barré, Kurt BB Linnebach, Adolf KM Revy, Lovis

22.05.1930 ME
Manon Lescaut
MU Puccini, Giacomo
DIR Schmitz, Paul
INT Hüni-Mihacsek, Felicie (Manon Lescaut)
Hager, Robert (Lescaut)
Patzak, Julius (Des Grieux)
RE Hofmann, Alois
BB Pasetti, Leo
KM Pasetti, Leo

09.06.1930 NI
Der Rosenkavalier
MU Strauss, Richard
DIR Knappertsbusch, Hans

Aufhängung der Prospekt- und Soffittenzüge im oberen Schnürboden, Konstruktion: Karl Lautenschläger

INT Hüni-Mihacsek, Felicie (Feldmarschallin)
Sterneck, Berthold (Baron Ochs auf Lerchenau)
Nezadal, Maria (Octavian)
Schellenberg, Martha (Sophie)
RE Barré, Kurt
BB Pasetti, Leo
BE früheres Premierendatum möglich

09.11.1930 NI
Die lustigen Weiber von Windsor
MU Nicolai, Otto
DIR Knappertsbusch, Hans
INT Bender, Paul (Falstaff)
Feuge, Elisabeth (Frau Fluth)
Fichtmüller, Hedwig (Frau Reich)
RE Barré, Kurt
BB Linnebach, Adolf
KM Revy, Lovis

29.11.1930 NI
Die weiße Dame
La dame blanche
MU Boieldieu, François Adrien
DIR Elmendorff, Karl
INT Betetto, Julius (Gaveston)
Eglhofer, Ferdinande (Anna)
Krauß, Fritz (George Brown)

RE Hofmann, Alois
BB Linnebach, Adolf

14.12.1930 EC
Die Rekrutierung oder Die Liebesprobe
GA Ballett
MU Mozart, Wolfgang Amadeus
OR CU
DIR Hollasch, Franz
CH Godlewski, Willi
BB Pasetti, Leo

14.12.1930 EC
Galante Gesellschaft
GA Ballett
MU Mozart, Wolfgang Amadeus
OR CU
DIR Hollasch, Franz
CH Ornelli, Otto

19.12.1930 UA
Die Gespenstersonate
MU Weismann, Julius
DIR Schmitz, Paul
INT Bender, Paul (Oberst)
Ranczak, Hildegarde (Tochter des Oberst)
Pölzer, Julius (Student)
RE Barré, Kurt
BB Linnebach, Adolf

1931

18.01.1931 NI
Der Bettelstudent
GA Operette
MU Millöcker, Carl
DIR Lieger, Alfred
INT Ranczak, Hildegarde (Laura)
Graf, Emil (Jan)
Fischer, Adolf (Simon)
RE Hofmann, Alois
BB Pasetti, Leo
KM Pasetti, Leo

28.02.1931 UA
Die geliebte Stimme
MU Weinberger, Jaromir
DIR Knappertsbusch, Hans

INT Feuge, Elisabeth (Rukeja)
Krauß, Fritz (Mustafa)
RE Barré, Kurt
BB Hornsteiner, Ludwig
Rall, Albert
KM Revy, Lovis

22.03.1931 NI
Othello
Otello
MU Verdi, Giuseppe
DIR Elmendorff, Karl
INT Fischer, Adolf (Othello)
Nissen, Hans Hermann (Jago)
Nezadal, Maria (Desdemona)
RE Barré, Kurt
BB Pasetti, Leo
KM Pasetti, Leo

27.03.1931 UA?
Fieber
GA Ballett
MU Theimer, Fritz
DIR Lieger, Alfred
CH Godlewski, Willi

24.04.1931 UA
Spitzwegmärchen
GA Ballett
MU Grimm, Hans
DIR Lieger, Alfred
INT Matthes, Walther
Ornelli, Otto
Grezer, Anny
CH Godlewski, Willi

15.05.1931 ME
Galathea
MU Braunfels, Walter
DIR Schmitz, Paul
INT Jokl, Fritzi (Galathea)
Bender, Paul (Cyklop)
Patzak, Julius (Ácis)
RE Hofmann, Alois
BB Pasetti, Leo
KM Pasetti, Leo

15.05.1931 UA
Komödie des Todes
MU Malipiero, Francesco
DIR Elmendorff, Karl
INT Gerzer, Anny (Aurora)
Feuge, Elisabeth (Tochter)
Graf, Emil (Verliebter)
RE Barré, Kurt
BB Linnebach, Adolf
KM Revy, Lovis

15.05.1931 NI
Idomeneo
MU Mozart, Wolfgang Amadeus
OR CU
DIR Knappertsbusch, Hans
INT Krauß, Fritz (Idomeneo)
Offermann, Sabine (Idamantes)
Feuge, Elisabeth (Ilia)
RE Barré, Kurt
BB Linnebach, Adolf
KM Pasetti, Leo
BE in der Bearbeitung von Ermanno Wolf-Ferrari

18.09.1931 UA?
Das Tanzlegendchen
GA Ballett
MU Maurice, Pierre
DIR Lieger, Alfred
CH Godlewski, Willi
BB Pasetti, Leo
KM Pasetti, Leo

03.10.1931 NI
Der Bajazzo
I Pagliacci
MU Leoncavallo, Ruggiero
DIR Schmitz, Paul
INT Krauß, Fritz (Canio)
Ranczak, Hildegarde (Nedda)
Nissen, Hans Hermann (Tonio)
RE Hofmann, Alois
BB Pasetti, Leo
KM Pasetti, Leo

03.10.1931 NI
Cavalleria Rusticana
MU Mascagni, Pietro
DIR Schmitz, Paul
INT Nezadal, Maria (Santuzza)
Patzak, Julius (Turiddu)
RE Hofmann, Alois
BB Pasetti, Leo
KM Pasetti, Leo

12.11.1931 UA
Das Herz
MU Pfitzner, Hans
DIR Knappertsbusch, Hans
INT Böhm, Anita (Tankred)
Krauß, Fritz (Modiger)
Hüni-Mihacsek, Felicie (Helge von Laudenheim)
RE Barré, Kurt
BB Linnebach, Adolf
KM Pasetti, Leo

12.12.1931 NI
Tannhäuser
MU Wagner, Richard
DIR Knappertsbusch, Hans
INT Bender, Paul (Landgraf Hermann)
Krauß, Fritz (Tannhäuser)
Feuge, Elisabeth (Elisabeth)
RE Barré, Kurt
BB Linnebach, Adolf
KM Pasetti, Leo

31.12.1931 ME
Caramba
GA Operette
MU Dransmann, Hansbein ?
OR CU
DIR Tants, Robert
RE Pape, Alfons
BB Pasetti, Leo
KM Pasetti, Leo

1932

16.01.1932 EI
Fatinitza
GA Operette
MU Suppé, Franz von
DIR Lieger, Alfred
INT Bender, Paul (General)

Ranczak, Hildegarde (Fürstin Lydia)
Sterneck, Berthold (Izzet Pascha)
RE Geis, Josef
BB Pasetti, Leo
KM Pasetti, Leo
BE ME am 14.8.1878 im Theater am Gärtnerplatz

05.02.1932 NI
Die Verlobung beim Laternenschein
Le mariage aux lanternes
GA Operette
MU Offenbach, Jacques
OR CU
DIR Elmendorff, Karl
INT Schellenberg, Martha (Hanne)
Medak, Lotte (Liese)
Pölzer, Julius (Michel)
RE Zentner, Wilhelm
BB Pasetti, Leo
KM Pasetti, Leo

05.02.1932 ME
Herr und Frau Denis
Monsieur et Madame Denis
GA Operette
MU Offenbach, Jacques
OR CU
DIR Elmendorff, Karl
INT Falusch, Edith (Gaston)
Schellenberg, Martha (Lucile)
Ranczak, Hildegarde (Nanette)
RE Seydel, Carl
BB Pasetti, Leo
KM Pasetti, Leo

Felicie Hüni-Mihacsek (1896–1976), Sängerin

03.03.1932 ME
Erwin und Elmire
MU Anna Amalie, Herzogin von Sachsen-Weimar-Eisenach
OR CU
DIR Tants, Robert
INT Fichtmüller, Hedwig (Olympia)
Krüger, Charlotte (Elmire)
Pölzer, Julius (Erwin)
RE Schlenck, Hans
BB Pasetti, Leo

05.03.1932 NI
Oberon
MU Weber, Carl Maria von
DIR Schmitz, Paul
INT Nezadal, Maria (Rezia)
Langer, Guste (Fatime)
Krauß, Fritz (Hüon)
RE Barré, Kurt
BB Linnebach, Adolf
KM Revy, Lovis
BE in der Bearbeitung von Gustav Mahler

08.04.1932 UA
Bettler Namenlos
MU Heger, Robert
DIR Elmendorff, Karl
INT Krauß, Fritz (Bettler)
Hüni-Mihacsek, Felicie (Königin)
Fichtmüller, Hedwig (Schaffnerin)
RE Hofmann, Alois
BB Pasetti, Leo
KM Pasetti, Leo

24.04.1932 ME
Manuel Benegas
MU Wolf, Hugo
OR CU
INT Patzak, Julius (Manuel Benegas)
Hager, Robert (Don Trinidad, Carlos)
BE konzertant

16.05.1932 NI
Siegfried
MU Wagner, Richard
DIR Knappertsbusch, Hans
INT Pölzer, Julius (Siegfried)
Seydel, Carl (Mime)
Nissen, Hans Hermann (Wanderer)
RE Barré, Kurt
BB Linnebach, Adolf

19.06.1932 NI
Götterdämmerung
MU Wagner, Richard
DIR Knappertsbusch, Hans
INT Pölzer, Julius (Siegfried)
Bender, Paul (Hagen)
Offermann, Sabine (Brünnhilde)
RE Barré, Kurt
BB Linnebach, Adolf
KM Pasetti, Leo

01.10.1932 NI
Die Hugenotten
Les Huguenots
MU Meyerbeer, Giacomo
DIR Schmitz, Paul
INT Hüni-Mihacsek, Felicie (Valentine)
Gerlach, Rudolf (Raoul)
Bender, Paul (Marcel)
RE Hofmann, Alois
BB Pasetti, Leo
KM Pasetti, Leo

16.10.1932 NI
Mignon
MU Thomas, Ambroise
DIR Tutein, Karl
INT Ranczak, Hildegarde (Mignon)
Kruyswyk, Anny von (Philine)
Patzak, Julius (Wilhelm Meister)
RE Hofmann, Alois
BB Pasetti, Leo

04.12.1932 NI
Rienzi, der letzte der Tribunen
MU Wagner, Richard
DIR Knappertsbusch, Hans
INT Laholm, Eyvind (Rienzi)
Feuge, Elisabeth (Irene)
Offermann, Sabine (Adriano)
RE Barré, Kurt
BB Linnebach, Adolf
KM Pasetti, Leo

20.12.1932 ME
Friedemann Bach
MU Graener, Paul
DIR Schmitz, Paul
INT Patzak, Julius (Friedemann Bach)
Nezadal, Maria (Antonie)
Ranczak, Hildegarde (Arabella)
RE Hofmann, Alois
BB Preetorius, Emil
KM Preetorius, Emil

1933

05.02.1933 ME
Der Vogelhändler
GA Operette
MU Zeller, Carl
DIR Knappertsbusch, Hans
INT Hüni-Mihacsek, Felicie (Kurfürstin)
Fichtmüller, Hedwig (Adelaide)
Pölzer, Julius (Vogelhändler)
RE Brügmann, Walter
BB Pasetti, Leo
KM Pasetti, Leo

18.02.1933 NI
Lucia von Lammermoor
Lucia di Lammermoor
MU Donizetti, Gaëtano
DIR Tutein, Karl
INT Rehkemper, Heinrich (Asthon)
Kruyswyk, Anny van (Lucia)
Gerlach, Rudolf (Ravenswood)
RE Hofmann, Alois
BB Linnebach, Adolf

06.04.1933 ME
Pique Dame
Pikovaja dama
MU Tschaikowsky, Peter Iljitsch
DIR Schmitz, Paul
INT Gerlach, Rudolf (Hermann)
Rühr, Josef (Graf Tomski)
Feuge, Elisabeth (Lisa)
RE Barré, Kurt
BB Pasetti, Leo
KM Pasetti, Leo

26.05.1933 NI
Die Walküre
MU Wagner, Richard
DIR Knappertsbusch, Hans
INT Rodeck, Kurt (Siegmund)
Nissen, Hans Hermann (Wotan)
Hüni-Mihacsek, Felicie (Sieglinde)
Offermann, Sabine (Brünnhilde)
RE Barré, Kurt
BB Linnebach, Adolf
KM Pasetti, Leo

19.10.1933 NI
Die vier Grobiane
I quattro rusteghi
MU Wolf-Ferrari, Ermanno
DIR Fischer, Karl
INT Sterneck, Berthold (Lunardo)
Schellenberg, Martha (Lucieta)
Bender, Paul (Simon)
RE Barré, Kurt
BB Linnebach, Adolf
KM Revy, Lovis

23.11.1933 ME
Arabella
MU Strauss, Richard
DIR Knappertsbusch, Hans
INT Hüni-Mihacsek, Felicie (Arabella)
Ranczak, Hildegarde (Zdenka)
Rühr, Josef (Mandryka)
RE Barré, Kurt
BB Pasetti, Leo
KM Pasetti, Leo

21.12.1933 NI
Der faule Hans
MU Ritter, Alexander
DIR Fischer, Karl
INT Rodeck, Kurt (Hans)
Feuge, Elisabeth (Königin)
RE Hofmann, Alois
BB Pasetti, Leo
KM Pasetti, Leo

21.12.1933 ME
Kaukasische Komödie
MU Wartisch, Otto
DIR Tutein, Karl
INT Sterneck, Berthold (Abbas)
Kaltenbrunner, Annemarie (Wera)
Fichtmüller, Hedwig (Glaux)
RE Hofmann, Alois
BB Pasetti, Leo
KM Pasetti, Leo

1934

04.02.1934 EI
Das verwünschte Schloß
OR CU

Das verwunschene Schloß
GA Operette
MU Millöcker, Carl
DIR Bauckner, Arthur
INT Seydel, Carl (Alois Schinagl)
Ranczak, Hildegarde (Regerl)
Pölzer, Julius (Anderl)
RE Brügmann, Walter
BB Pasetti, Leo
KM Pasetti, Leo
BE in der Bearbeitung von Arthur Bauckner ME am 3.5.1880 im Theater am Gärtnerplatz

03.03.1934 ME
Das Mädchen aus dem goldenen Westen
La fanciulla del West
MU Puccini, Giacomo
DIR Knappertsbusch, Hans
INT Ranczak, Hildegarde (Minnie)
Rühr, Josef (Jack Rance)
Krauß, Fritz (Dick Johnson)
RE Hofmann, Alois
BB Pasetti, Leo
KM Pasetti, Leo

20.04.1934 NI
Undine
MU Lortzing, Albert
DIR Fischer, Karl
INT Patzak, Julius (Ritter Hugo)
Nissen, Hans Hermann (Kühleborn)
Feuge, Elisabeth (Undine)
RE Barré, Kurt
BB Linnebach, Adolf
KM Pasetti, Leo

29.05.1934 NI
Der Vampyr
MU Marschner, Heinrich
DIR Pfitzner, Hans
INT Feuge, Elisabeth (Malwina)
Krauß, Fritz (Edgar Aubry)
Rühr, Josef (Lord Ruthven)
RE Hofmann, Alois
BB Pasetti, Leo
KM Pasetti, Leo
BE in der Bearbeitung von Hans Pfitzner

20.06.1934 NI
Das Rheingold
MU Wagner, Richard
DIR Knappertsbusch, Hans
INT Hann, Georg (Wotan)
Krauß, Fritz (Loge)
Vogel, Adolf (Alberich)
RE Barré, Kurt
BB Linnebach, Adolf
KM Pasetti, Leo

08.10.1934 ME
Tegernseer im Himmel
MU Rüdinger, Gottfried
OR CU

RE Delcroix, Konstantin
BB Rall, Albert

20.10.1934 UA
Lucedia
MU Giannini, Vittorio
DIR Fischer, Karl
INT Reich, Cäcilie (Lucedia)
Gerlach, Rudolf (Evol)
RE Barré, Kurt
BB Linnebach, Adolf
KM Pasetti, Leo

23.11.1934 NI
Der Bärenhäuter
MU Wagner, Siegfried
DIR Tutein, Karl
INT Sterneck, Berthold (Teufel)
Pölzer, Julius (Hans)
Feuge, Elisabeth (Luise)
RE Hofmann, Alois
BB Pasetti, Leo
KM Pasetti, Leo

22.12.1934 ME
Macbeth
MU Verdi, Giuseppe
DIR Knappertsbusch, Hans
INT Rehkemper, Heinrich (Macbeth)
Ranczak, Hildegarde (Lady Macbeth)
RE Walleck, Oskar
BB Pasetti, Leo
KM Pasetti, Leo

1935

14.01.1935 NI
Die Gärtnerin aus Liebe
La finta giardiniera
MU Mozart, Wolfgang Amadeus
OR CU
DIR Fischer, Karl
INT Seydel, Carl (Podesta)
Kruyswyk, Anny van (Sandrina)
Krauß, Fritz (Belfiore)
RE Seydel, Carl
BB Pasetti, Leo
KM Pasetti, Leo

27.01.1935 EI
Eine Nacht in Venedig
GA Operette
MU Strauß, Johann
DIR Tutein, Karl
INT Gerlach, Rudolf (Guido)
Aschoff, Renate von (Barbara)
Reining, Maria (Annina)
RE Barré, Kurt
BB Pasetti, Leo
KM Pasetti, Leo
BE ME am 25.12.1883 im Theater am Gärtnerplatz

28.02.1935 ME
Boris Godunov
MU Musorgskij, Modest
DIR Fischer, Karl
INT Weber, Ludwig (Boris)
Hann, Georg (Pimen)
Gerlach, Rudolf (Dimitrij)

RE Barré, Kurt
BB Pasetti, Leo
KM Pasetti, Leo
BE deutsch ?
in der Bearbeitung von
Nikolaj Rimskij-Korsakov

23.03.1935 EC
**Norwegische
Bauernhochzeit**
GA Ballett
MU Grieg, Edvard
DIR Lieger, Alfred
CH Ornelli, Otto
BB Preetorius, Emil
KM Preetorius, Emil

23.03.1935 UA
Spiel um Liebe
GA Ballett
MU Huber-Anderach, Theodor
DIR Lieger, Alfred
CH Ornelli, Otto
BB Preetorius, Emil
KM Preetorius, Emil

23.03.1935 NI
Abu Hassan
MU Weber, Carl Maria von
DIR Tutein, Karl
INT Carnuth, Walter (Abu Hassan)
Hüni-Mihacsek, Felicie (Fatime)
RE Hofmann, Alois
BB Preetorius, Emil

09.04.1935 UA
Ulenspeegel
MU Fischer, Karl August
DIR Tutein, Karl
INT Rehkemper, Heinrich (Tyll)
Reich, Cäcilie (Nele)
Pölzer, Julius (Gerhard)
RE Walleck, Oskar
CH Ornelli, Otto
BB Pasetti, Leo
KM Pasetti, Leo

11.05.1935 ME
Flammendes Land
MU Atterberg, Kurt
DIR Fischer, Adam
INT Weber, Ludwig (Herzog)
Reining, Maria (Rosamund)
RE Hofmann, Alois
BB Linnebach, Adolf
KM Pasetti, Leo

22.06.1935 NI
Die Frau ohne Schatten
MU Strauss, Richard
DIR Knappertsbusch, Hans
INT Reich, Cäcilie (Kaiserin)
Hammer, Gusta (Amme)
Nissen, Hans Hermann (Barak)
Ranczak, Hildegarde (Färberin)
RE Barré, Kurt
BB Linnebach, Adolf
KM Pasetti, Leo

22.09.1935 NI
Fidelio
MU Beethoven, Ludwig van
DIR Knappertsbusch, Hans
INT Krauß, Fritz (Florestan)
Bäumer, Margarete (Leonore)
Schmidt, Karl (Pizarro)
RE Walleck, Oskar
BB Pasetti, Leo
KM Pasetti, Leo

25.09.1935 NI
Rigoletto
MU Verdi, Giuseppe
DIR Drost, Ferdinand
INT Patzak, Julius (Herzog)
Rehkemper, Heinrich (Rigoletto)
Kruyswyk, Anny van (Gilda)
RE Walleck, Oskar
BB Reigbert, Otto
KM Reigbert, Otto
BE deutsch

26.09.1935 NI
Der Freischütz
MU Weber, Carl Maria von
DIR Knappertsbusch, Hans
INT Reining, Maria (Agathe)
Weber, Ludwig (Kaspar)
Pölzer, Julius (Max)
Riedinger, Gertrud (Ännchen)
RE Walleck, Oskar
BB Pasetti, Leo
KM Pasetti, Leo

28.09.1935 NI
Die Regimentstochter
La fille du régiment
MU Donizetti, Gaëtano
DIR Zallinger, Meinhard von
INT Riedinger, Gertrud (Marie)
Patzak, Julius (Tonio)
Bender, Paul (Sulpiz)
RE Hofmann, Alois
BB Reigbert, Otto
KM Reigbert, Otto

06.10.1935 NI
Tannhäuser
MU Wagner, Richard
DIR Knappertsbusch, Hans
INT Hartmann, Carl (Tannhäuser)
Weber, Ludwig (Landgraf Hermann)
Hüni-Mihacsek, Felicie (Elisabeth)
RE Barré, Kurt
BB Pasetti, Leo
KM Pasetti, Leo

12.10.1935 NI
Der Waffenschmied
MU Lortzing, Albert
DIR Kugler, Josef
INT Bender, Paul (Stadinger)
Riedinger, Gertrud (Marie)
Reuter, Theo (Graf von Liebenau)
RE Hofmann, Alois

BB Reigbert, Otto
KM Reigbert, Otto

30.10.1935 ME
Die heilige Fackel
MU Dohnányi, Ernst von
DIR Zallinger, Meinhard von
RE Ornelli, Otto
BB Doehler, Erich
KM Doehler, Erich

30.10.1935 EC
Der Dreispitz
El sombrero de tres picos
GA Ballett
MU Falla, Manuel de
DIR Zallinger, Meinhard von
CH Ornelli, Otto
BB Doehler, Erich
KM Doehler, Erich

03.11.1935 NI
Madame Butterfly
MU Puccini, Giacomo
DIR Drost, Ferdinand
INT Ranczak, Hildegarde (Cho-Cho-San)
Fidesser, Hans (Linkerton)
RE Hofmann, Alois
BB Preetorius, Emil
KM Preetorius, Emil

14.11.1935 DE
Viola
MU Holenia, Hanns
DIR Tutein, Karl
INT Ranczak, Hildegarde (Viola)
Patzak, Julius (Orsino)
Olszewska, Maria (Olivia)
RE Barré, Kurt
BB Pasetti, Leo
KM Pasetti, Leo

20.11.1935 NI
Der arme Heinrich
MU Pfitzner, Hans
DIR Kugler, Josef
INT Hartmann, Carl (Heinrich)
Schmidt, Karl (Dietrich)
Forbach, Moje (Hilde)
RE Barré, Kurt
BB Linnebach, Adolf
KM Pasetti, Leo

17.12.1935 UA?
Prinzessin Schneewittchen
GA Ballett
MU Höfer, Franz
DIR Zallinger, Meinhard von
CH Ornelli, Otto
BB Windau, Alfons
KM Prestel, Irmingard

28.12.1935 NI
Die Heirat wider Willen
MU Humperdinck, Engelbert
DIR Zallinger, Meinhard von
INT Feuge, Elisabeth (Hedwig)
Rehkemper, Heinrich (Emil Duval)
Krauß, Fritz (Robert)
RE Barré, Kurt

BB Reigbert, Otto
KM Reigbert, Otto

31.12.1935 NI
Die Fledermaus
GA Operette
MU Strauß, Johann
DIR Drost, Ferdinand
INT Patzak, Julius (Eisenstein)
Reining, Maria (Rosalinde)
Schellenberg, Martha (Adele)
RE Hofmann, Alois
BB Linnebach, Adolf
KM Reigbert, Otto

1936

12.01.1936 NI
Der Zigeunerbaron
GA Operette
MU Strauß, Johann
DIR Drost, Ferdinand
INT Ranczak, Hildegarde (Saffi)
Patzak, Julius (Sandor)
Sterneck, Berthold (Zupan)
RE Hofmann, Alois
BB Pasetti, Leo
KM Pasetti, Leo

25.01.1936 NI
La Traviata
MU Verdi, Giuseppe
DIR Drost, Ferdinand
INT Kruyswyk, Anny van (Violetta)
Gerlach, Rudolf (Alfred Germont)
RE Hofmann, Alois
BB Reigbert, Otto
KM Reigbert, Otto

19.02.1936 NI
Der Troubadour
Il trovatore
MU Verdi, Giuseppe
DIR Zallinger, Meinhard von
INT Hüni-Mihacsek, Felicie (Leonore)
Nissen, Hans Hermann (Graf Luna)
Gerlach, Rudolf (Manrico)
RE Barré, Kurt
BB Reigbert, Otto
KM Reigbert, Otto

15.03.1936 ME
Lila
MU Seckendorff, Karl Siegmund von
OR CU
DIR Hallasch, Franz
INT Hüni-Mihacsek, Felicie (Lila)
Fürbringer, Ernst Fritz (Baron Sternthal)
RE Schröder, Arnulf
BB Pasetti, Leo
KM Wagner, Ruth

25.03.1936 ME
Der Günstling
MU Wagner-Régeny, Rudolf
DIR Tutein, Karl

INT Ranczak, Hildegarde (Königin Maria)
Gerlach, Rudolf (Fabiano)
Reining, Maria (Jane)
RE Hofmann, Alois
BB Linnebach, Adolf
KM Erler, Liselotte

14.04.1936 ME
Xerxes
Serse
MU Händel, Georg Friedrich
DIR Drost, Ferdinand
INT Krauß, Fritz (Xerxes)
Nissen, Hans Hermann (Arsamene)
Feuge, Elisabeth (Romilda)
RE Barré, Kurt
BB Pasetti, Leo
KM Pasetti, Leo

12.05.1936 NI
Don Giovanni
MU Mozart, Wolfgang Amadeus
OR CU
DIR Zallinger, Meinhard von
INT Rehkemper, Heinrich (Don Giovanni)
Hüni-Mihacsek, Felicie (Donna Anna)
Patzak, Julius (Don Ottavio)
Hann, Georg (Leporello)
Berger, Erna (Zerlina)
Ranczak, Hildegarde (Donna Elvira)
RE Walleck, Oskar
BB Preetorius, Emil
KM Preetorius, Emil

14.05.1936 NI
Der Barbier von Bagdad
MU Cornelius, Peter
DIR Tutein, Karl
INT Reining, Maria (Margiana)
Patzak, Julius (Nureddin)
Weber, Ludwig (Abul Hassan)
RE Hofmann, Alois
BB Pasetti, Leo
KM Pasetti, Leo

17.05.1936 NI
Die Meistersinger von Nürnberg
MU Wagner, Richard
DIR Krauss, Clemens
INT Bockelmann, Rudolf (Hans Sachs)
Völker, Franz (Stolzing)
Reich, Cäcilie (Eva)
Vogel, Adolf (Beckmesser)
RE Barré, Kurt
BB Arent, Benno von
KM Arent, Benno von

16.06.1936 NI
Alkestis
Alceste
MU Gluck, Christoph Willibald
DIR Tutein, Karl
INT Patzak, Julius (Admetos)

Hüni-Mihacsek, Felicie
(Alkestis)
RE Hofmann, Alois
BB Linnebach, Adolf
KM Erler, Liselotte

20.06.1936 NI
Titus
La clemenza di Tito
MU Mozart, Wolfgang
Amadeus
DIR Sieben, Wilhelm
INT Krauß, Fritz (Titus)
Ranczak, Hildegarde
(Vitellia)
Branzell, Karin (Sextus)
RE Barré, Kurt
BB Pasetti, Leo
KM Pasetti, Leo

16.08.1936 NC
**Die Rekrutierung oder
Die Liebesprobe**
GA Ballett
MU Mozart, Wolfgang
Amadeus
OR Schloßpark
Nymphenburg
DIR Hellmann, Wolfgang
Maria
CH Ornelli, Otto
KM Frohn, Adele
BE anläßlich des
Olympiasommers 1936

16.08.1936 EC
Les petits riens
GA Ballett
MU Mozart, Wolfgang
Amadeus
OR Schloßpark
Nymphenburg
DIR Hellmann, Wolfgang
Maria
CH Ornelli, Otto
KM Frohn, Adele
BE anläßlich des
Olympiasommers 1936

23.09.1936 NI
Ein Maskenball
Un ballo in maschera
MU Verdi, Giuseppe
DIR Zallinger, Meinhard von
INT Ostertag, Karl (Richard)
Schmitt-Walter, Karl
(René)
Reich, Cäcilie (Amelia)
RE Walleck, Oskar
BB Reigbert, Otto
KM Reigbert, Otto

26.09.1936 EI
Boccaccio
GA Operette
MU Suppé, Franz von
DIR Drost, Ferdinand
INT Cornelius, Maria
(Boccaccio)
Reining, Maria (Fiametta)
Seydel, Carl (Scalza)
RE Seydel, Carl
BB Pasetti, Leo
KM Pasetti, Leo
BE ME am 23.8.1879 im
Theater am Gärtnerplatz

07.10.1936 NI
Intermezzo
MU Strauss, Richard
DIR Zallinger, Meinhard von
INT Feuge, Elisabeth
(Christine)
Rühr, Josef (Robert
Storch)
Ostertag, Karl (Baron
Lummer)
RE Barré, Kurt
BB Pasetti, Leo

04.11.1936 NI
Martha
*Martha oder Der Markt
von Richmond*
MU Flotow, Friedrich von
DIR Tutein, Karl
INT Hüni-Mihacsek, Felicie
(Lady Harriet)
Schürhoff, Else (Nancy)
Gerlach, Rudolf (Lyonel)
Zeithammer, Gottlieb
(Plumkett)
RE Hofmann, Alois
BB Reigbert, Otto
KM Reigbert, Otto

29.11.1936 ME
Doktor Johannes Faust
MU Reutter, Hermann
DIR Tutein, Karl
INT Rehkemper, Heinrich
(Faust)
Weber, Ludwig
(Mephistopheles)
Riedinger, Gertrud
(Gretel)
RE Barré, Kurt
BB Linnebach, Adolf
KM Erler, Liselotte

27.12.1936 DE
Der Campiello
Il Campiello
MU Wolf-Ferrari, Ermanno
DIR Zallinger, Meinhard von
INT Aschoff, Renate von
(Gasparina)
Carnuth, Walter (Zorzeto)
RE Barré, Kurt
BB Pasetti, Leo
KM Pasetti, Leo

1937

13.01.1937 ME
Die Puppe
GA Operette
MU Audran, Edmond
DIR Zallinger, Meinhard von
INT Carnuth, Walter
(Lancelot)
Riedinger, Gertrud
(Alesia)
RE Hofmann, Alois

31.01.1937 NI
Aida
MU Verdi, Giuseppe
DIR Krauss, Clemens
INT Willer, Luise (Amneris)
Ranczak, Hildegarde
(Aida)
Ralf, Torsten (Radames)

RE Hartmann, Rudolf
BB Sievert, Ludwig
KM Sievert, Ludwig

28.02.1937 NI
Der Rosenkavalier
MU Strauss, Richard
DIR Krauss, Clemens
INT Ursuleac, Viorica
(Feldmarschallin)
Weber, Ludwig (Baron
Ochs auf Lerchenau)
Ranczak, Hildegarde
(Octavian)
Kern, Adele (Sophie)
RE Hartmann, Rudolf
BB Kautsky, Robert
Roller, Alfred
KM Roller, Alfred

[Clemens Krauss (1893–
1954), Generalmusikdirek-
tor 1937–1944 und Intendant]

23.03.1937 ME
Die Zaubergeige
MU Egk, Werner
DIR Egk, Werner
INT Rehkemper, Heinrich
(Kaspar)
Riedinger, Gertrud (Gretl)
Reich, Cäcilie (Ninabella)
RE Hofmann, Alois
BB Reigbert, Otto
KM Reigbert, Otto

21.04.1937 NI
Sly
MU Wolf-Ferrari, Ermanno
DIR Zallinger, Meinhard von
INT Krauß, Fritz (Sly)
Hann, Georg (Graf von
Westmoreland)
Reich, Cäcilie (Dolly)
RE Hofmann, Alois
BB Preetorius, Emil
KM Preetorius, Emil

24.04.1937 NI
Così fan tutte
MU Mozart, Wolfgang
Amadeus
OR CU
DIR Krauss, Clemens
INT Ursuleac, Viorica
(Fiordiligi)
Rünger, Gertrud
(Dorabella)
Hüni-Mihacsek, Felicie

(Margarethe)
Rehkemper, Heinrich
(Guglielmo)
Patzak, Julius (Ferrando)
RE Hartmann, Rudolf
BB Sievert, Ludwig
KM Sievert, Ludwig

18.05.1937 NI
Salome
MU Strauss, Richard
DIR Krauss, Clemens
INT Ranczak, Hildegarde
(Salome)
Pölzer, Julius (Herodes)
Hotter, Hans (Jochanaan)
RE Hartmann, Rudolf
BB Sievert, Ludwig
KM Sievert, Ludwig

12.06.1937 NI
Der fliegende Holländer
MU Wagner, Richard
DIR Krauss, Clemens
INT Ursuleac, Viorica (Senta)
Nissen, Hans Hermann
(Holländer)
RE Hartmann, Rudolf
BB Gliese, Rochus
KM Gliese, Rochus

16.07.1937 NI
Tristan und Isolde
MU Wagner, Richard
DIR Krauss, Clemens
INT Pölzer, Julius (Tristan)
Rünger, Gertrud (Isolde)
Willer, Luise (Brangäne)
Weber, Ludwig (Marke)
RE Walleck, Oskar
BB Arent, Benno von
KM Palm, Kurt
Stenz-Hentze, Alexander

26.07.1937 NC
Don Juan
GA Ballett
MU Gluck, Christoph
Willibald
OR Schloßpark Nymphenburg
DIR Seifert, Walter
CH Ornelli, Otto
BB Reigbert, Otto
KM Reigbert, Otto

19.08.1937 NI
Ariadne auf Naxos
MU Strauss, Richard
OR CU
DIR Krauss, Clemens
INT Ursuleac, Viorica
(Ariadne)
Ralf, Torsten (Bacchus)
Kern, Adele (Zerbinetta)
RE Hartmann, Rudolf
BB Sievert, Ludwig
KM Sievert, Ludwig

09.10.1937 NI
Margarethe
Faust
MU Gounod, Charles
DIR Tutein, Karl
INT Patzak, Julius (Faust)
Weber, Ludwig
(Mephistopheles)
Hüni-Mihacsek, Felicie

RE Barré, Kurt
BB Mahnke, Adolf
KM Mahnke, Adolf

04.11.1937 NI
Die Zauberflöte
MU Mozart, Wolfgang
Amadeus
DIR Krauss, Clemens
INT Weber, Ludwig (Sarastro)
Anders, Peter (Tamino)
Eipperle, Trude (Pamina)
Hüni-Mihacsek, Felicie
(Königin der Nacht)
Rehkemper, Heinrich
(Papageno)
RE Hartmann, Rudolf
BB Sievert, Ludwig
KM Sievert, Ludwig

04.12.1937 ME
Don Carlos
MU Verdi, Giuseppe
DIR Krauss, Clemens
INT Ralf, Torsten (Don Carlos)
Nissen, Hans Hermann
(Philipp II.)
Ursuleac, Viorica
(Elisabeth)
RE Hartmann, Rudolf
BB Gliese, Rochus
KM Gliese, Rochus

29.12.1937 ME
Schwarzer Peter
MU Schultze, Norbert
DIR Zallinger, Meinhard von
INT Rehkemper, Heinrich
(Spielmann)
Anders, Peter (Roderich)
Riedinger, Gertrud (Erika)
RE Strohbach, Hans
BB Strohbach, Hans

1938

09.02.1938 NI
**Der Widerspenstigen
Zähmung**
MU Goetz, Hermann
DIR Zallinger, Meinhard von
INT Rehkemper, Heinrich
(Petruchio)
Ranczak, Hildegarde
(Katharine)
RE Barré, Kurt
BB Reigbert, Otto
KM Reigbert, Otto

09.03.1938 NI
Palestrina
MU Pfitzner, Hans
DIR Krauss, Clemens
INT Nissen, Hans Hermann
(Carlo Borromeo)
Patzak, Julius (Palestrina)
RE Hartmann, Rudolf
BB Gliese, Rochus
KM Stenz-Hentze, Alexander

09.07.1938 NI
Lohengrin
MU Wagner, Richard
DIR Krauss, Clemens
INT Ralf, Torsten (Lohengrin)

Eipperle, Trude (Elsa)
Weber, Ludwig (Heinrich der Vogler)
RE Hartmann, Rudolf
BB Preetorius, Emil
KM Preetorius, Emil

24.07.1938 NC
Die Geschöpfe des Prometheus
GA Ballett
MU Beethoven, Ludwig van
DIR Zallinger, Meinhard von
CH Viganò, Salvatore
Mlakar, Pia
Mlakar, Pino
BB Sievert, Ludwig
KM Sievert, Ludwig

24.07.1938 UA
Friedenstag
MU Strauss, Richard
DIR Krauss, Clemens
INT Ursuleac, Viorica (Maria)
Hotter, Hans (Kommandant)
Patzak, Julius (Schütze)
RE Hartmann, Rudolf
BB Sievert, Ludwig
KM Sievert, Ludwig

01.09.1938 NI
Der Barbier von Sevilla
Il barbiere di Siviglia
MU Rossini, Gioacchino
DIR Marinuzzi, Gino
INT Anders, Peter (Almaviva)
Kern, Adele (Rosina)
Schmitt-Walter, Karl (Figaro)
RE Hartmann, Rudolf
BB Sievert, Ludwig
KM Sievert, Ludwig

06.09.1938 NI
Tosca
MU Puccini, Giacomo
DIR Krauss, Clemens
INT Ursuleac, Viorica (Tosca)
Ostertag, Karl (Cavaradossi)
Schmidt, Karl (Scarpia)
RE Hartmann, Rudolf
BB Gliese, Rochus
KM Gliese, Rochus
BE italienisch

26.10.1938 NI
Eugen Onegin
Evgenij Onegin
MU Tschaikowsky, Peter Iljitsch
DIR Krauss, Clemens
INT Eipperle, Trude (Tatjana)
Svéd, Alexander (Eugen Onegin)
Anders, Peter (Lenski)
RE Hartmann, Rudolf
BB Sievert, Ludwig
KM Sievert, Ludwig

26.11.1938 NI
Carmen
MU Bizet, Georges
DIR Krauss, Clemens
INT Ranczak, Hildegarde (Carmen)
Ostertag, Karl (Don José)
RE Hartmann, Rudolf
BB Sievert, Ludwig
KM Sievert, Ludwig

08.12.1938 NI
Tiefland
MU Albert, Eugen d'
DIR Tutein, Karl
INT Rehkemper, Heinrich (Sebastiano)
Rünger, Gertrud (Marta)
Pölzer, Julius (Pedro)
RE List, Herbert
BB Sievert, Ludwig
KM Prestel, Irmingard

29.12.1938 NI
Die Königskinder
MU Humperdinck, Engelbert
DIR Zallinger, Meinhard von
INT Anders, Peter (Königssohn)
Kern, Adele (Gänsemagd)
Rehkemper, Heinrich (Spielmann)
RE Markowsky, August
BB Sievert, Ludwig
KM Sievert, Ludwig

31.12.1938 ME
Bezauberndes Fräulein
GA Operette
MU Benatzky, Ralph
OR CU
DIR Michalski, Carl
INT Eiselt, Maria (Annette)
Walter, Alfred (Paul)
RE Fischer, Fritz
BB Meusburger, German
KM Almeida, Micheline von

1939

05.02.1939 ME
Der Jahrmarkt von Sorotschinski
Sorotschinskaja jarmarka
MU Musorgskij, Modest
DIR Krauss, Clemens
INT Wieter, Georg (Tscherewik)
Patzak, Julius (Gritzko)
Eipperle, Trude (Parasja)
RE Hartmann, Rudolf
BB Sievert, Ludwig
KM Sievert, Ludwig

05.02.1939 UA
Der Mond
MU Orff, Carl
DIR Krauss, Clemens
INT Reuter, Theo (1. Bursche)
Graf, Emil (2. Bursche)
Ostertag, Karl (3. Bursche)
Wieter, Georg (4. Bursche)
RE Hartmann, Rudolf
BB Sievert, Ludwig
KM Sievert, Ludwig

19.02.1939 EC
Der Teufel im Dorf
Djavo u selu
GA Ballett
MU Lhotka, Fran
DIR Zallinger, Meinhard von
CH Mlakar, Pia
Mlakar, Pino
BB Sievert, Ludwig

11.03.1939 NI
Der Wildschütz
MU Lortzing, Albert
DIR Zallinger, Meinhard von
INT Rehkemper, Heinrich (Graf Eberbach)
Patzak, Julius (Baron Kronthal)
Ranczak, Hildegarde (Baronin Freimann)
RE Hartmann, Rudolf
BB Panzer, Richard
KM Panzer, Richard

29.03.1939 NI
Das Herz
MU Pfitzner, Hans
DIR Wetzelsberger, Bertil
INT Popp, Ingeborg (Tankred)
Reich, Cäcilie (Helge von Laudenheim)
Patzak, Julius (Modiger)
RE Pfitzner, Hans
BB Pasetti, Leo
KM Pasetti, Leo

27.04.1939 NI
Die Entführung aus dem Serail
MU Mozart, Wolfgang Amadeus
OR CU
DIR Wetzelsberger, Bertil
INT Anders, Peter (Belmonte)
Hüni-Mihacsek, Felicie (Constanze)
Weber, Ludwig (Osmin)
RE Hartmann, Rudolf
BB Sievert, Ludwig
KM Sievert, Ludwig

15.07.1939 NI
Tannhäuser
MU Wagner, Richard
DIR Krauss, Clemens
INT Treptow, Günther (Tannhäuser)
Weber, Ludwig (Landgraf Hermann)
Eipperle, Trude (Elisabeth)
RE Hartmann, Rudolf
BB Sievert, Ludwig
KM Sievert, Ludwig

16.07.1939 NI
Arabella
MU Strauss, Richard
DIR Krauss, Clemens
INT Ursuleac, Viorica (Arabella)
Hotter, Hans (Mandryka)
Eipperle, Trude (Zdenka)
RE Hartmann, Rudolf
BB Gliese, Rochus
KM Gliese, Rochus

29.07.1939 NI
Die Frau ohne Schatten
MU Strauss, Richard
DIR Krauss, Clemens
INT Nissen, Hans Hermann (Barak)
Ranczak, Hildegarde (Färberin)
Ursuleac, Viorica (Kaiserin)
Höngen, Elisabeth (Amme)
RE Hartmann, Rudolf
BB Sievert, Ludwig
KM Sievert, Ludwig

05.09.1939 NI
Die vier Grobiane
I quattro rusteghi
MU Wolf-Ferrari, Ermanno
DIR Krauss, Clemens
INT Hann, Georg (Lunardo)
Kern, Adele (Lucieta)
Bender, Paul (Simon)
RE Hartmann, Rudolf
BB Kautsky, Robert
KM Roller, Ulrich

29.10.1939 NI
Das Rheingold
MU Wagner, Richard
DIR Krauss, Clemens
INT Hotter, Hans (Wotan)
Patzak, Julius (Loge)
Stern, Jean (Alberich)
RE Hartmann, Rudolf
BB Sievert, Ludwig
KM Sievert, Ludwig

13.11.1939 UA
Der Bogen
GA Ballett
MU Lhotka, Fran
OR CU
DIR Wetzelsberger, Bertil
INT Mlakar, Pia
Mlakar, Pino
CH Mlakar, Pia
Mlakar, Pino
BB Sievert, Ludwig
KM Mlakar, Pia
Mlakar, Pino

28.11.1939 EC
Taler oder Geige
GA Ballett
MU Dvořák, Antonin
DIR Wetzelsberger, Bertil
CH Mlakar, Pia
Mlakar, Pino
BB Sievert, Ludwig
KM Prestel, Irmingard
BE früheres Premierendatum möglich

31.12.1939 NI
Don Pasquale
MU Donizetti, Gaëtano
DIR Zallinger, Meinhard von
INT Wieter, Georg (Don Pasquale)
Anders, Peter (Ernesto)
Kern, Adele (Norina)
RE Strohbach, Hans
BB Strohbach, Hans
KM Strohbach, Hans

1940

28.01.1940 NI
Die Walküre
MU Wagner, Richard
DIR Krauss, Clemens
INT Treptow, Günther (Siegmund)
Nissen, Hans Hermann (Wotan)
Ursuleac, Viorica (Sieglinde)
Rünger, Gertrud (Brünnhilde)
RE Hartmann, Rudolf
BB Sievert, Ludwig
KM Sievert, Ludwig

05.03.1940 NI
Die verkaufte Braut
Prodaná nevěsta
MU Smetana, Bedřich
DIR Krauss, Clemens
INT Ranczak, Hildegarde (Marie)
Patzak, Julius (Hans)
Hann, Georg (Kezal)
RE Hartmann, Rudolf
BB Sievert, Ludwig

27.04.1940 NI
Figaros Hochzeit
Le nozze di Figaro
MU Mozart, Wolfgang Amadeus
DIR Krauss, Clemens
INT Kern, Adele (Susanna)

BAYERISCHES STAATSTHEATER
PRINZREGENTEN-THEATER
DONNERSTAG 25. OKTOBER
FREITAG 26. OKTOBER 1945

PIA und PINO MLAKAR
TANZEN:
»DER BOGEN«

DIRIGENT: BERTIL WETZELSBERGER
ANFANG 18 UHR
ENDE 20 UHR

Rehkemper, Heinrich (Figaro)
Höfermayer, Walter (Almaviva)
Hüni-Mihacsek, Felicie (Gräfin)
RE Hartmann, Rudolf
BB Sievert, Ludwig
KM Sievert, Ludwig

11.05.1940 NC
Danina, oder Jocko, der brasilianische Affe
GA Ballett
MU Lindpaintner, Peter Josef von
DIR Wetzelsberger, Bertil
INT Mlakar, Pino (Joko)
Mlakar, Pia (Danina)
CH Mlakar, Pia
Mlakar, Pino
BB Sievert, Ludwig
KM Prestel, Irmingard

15.06.1940 NI
Die Ägyptische Helena
MU Strauss, Richard
DIR Krauss, Clemens
INT Ursuleac, Viorica (Helena)
Ostertag, Karl (Menelas)
Ranczak, Hildegarde (Aithra)
RE Hartmann, Rudolf
BB Sievert, Ludwig
KM Sievert, Ludwig

01.09.1940 ME
Simon Boccanegra
MU Verdi, Giuseppe
DIR Krauss, Clemens
INT Kronenberg, Carl (Simone)
Weber, Ludwig (Fiesco)
Ursuleac, Viorica (Amelia)
RE Hartmann, Rudolf
BB Gliese, Rochus
KM Gliese, Rochus

27.10.1940 NI
Die Bohème
La Bohème
MU Puccini, Giacomo
DIR Krauss, Clemens
INT Eipperle, Trude (Mimi)
Taubmann, Horst (Rudolf)
RE Hartmann, Rudolf
BB Sievert, Ludwig
KM Sievert, Ludwig

07.12.1940 NI
Das Mädchen aus dem goldenen Westen
La fanciulla del West
MU Puccini, Giacomo
DIR Zallinger, Meinhard von
INT Ranczak, Hildegarde (Minnie)
Taubmann, Horst (Dick Johnson)
Höfermayer, Walter (Jack Rance)
RE List, Herbert
BB Pasetti, Leo
KM Pasetti, Leo

28.12.1940 NI
Siegfried
MU Wagner, Richard
DIR Krauss, Clemens
INT Pölzer, Julius (Siegfried)
Nissen, Hans Hermann (Der Wanderer)
Zimmermann, Erich (Mime)
RE Hartmann, Rudolf
BB Sievert, Ludwig
KM Sievert, Ludwig

1941

02.02.1941 NI
Falstaff
MU Verdi, Giuseppe
DIR Krauss, Clemens
INT Hann, Georg (Falstaff)
Fügel, Alfons (Fenton)
Kern, Adele (Ännchen)
RE Hartmann, Rudolf
BB Sievert, Ludwig
KM Sievert, Ludwig

05.04.1941 NC
Josephslegende
GA Ballett
MU Strauss, Richard
DIR Krauss, Clemens
CH Mlakar, Pia
Mlakar, Pino
BB Gliese, Rochus
KM Gliese, Rochus

05.04.1941 EC
Verklungene Feste
GA Ballett
MU Strauss, Richard
DIR Krauss, Clemens
CH Mlakar, Pia
Mlakar, Pino
BB Gliese, Rochus
KM Gliese, Rochus

20.04.1941 NI
Fidelio
MU Beethoven, Ludwig van
DIR Krauss, Clemens
INT Hotter, Hans (Pizarro)
Patzak, Julius (Florestan)
Ursuleac, Viorica (Leonore)
RE Hartmann, Rudolf
BB Sievert, Ludwig
KM Sievert, Ludwig

24.05.1941 ME
Daphne
MU Strauss, Richard
DIR Krauss, Clemens
INT Eipperle, Trude (Daphne)
Dermota, Anton (Leukippos)
Taubmann, Horst (Apollo)
RE Hartmann, Rudolf
BB Sievert, Ludwig
KM Sievert, Ludwig

29.06.1941 NI
Götterdämmerung
MU Wagner, Richard
DIR Krauss, Clemens
INT Treptow, Günther (Siegfried)
Weber, Ludwig (Hagen)
Rünger, Gertrud (Brünnhilde)
RE Hartmann, Rudolf
BB Sievert, Ludwig
KM Sievert, Ludwig

20.09.1941 NI
Don Giovanni
MU Mozart, Wolfgang Amadeus
DIR Krauss, Clemens
INT Hotter, Hans (Don Giovanni)
Hüni-Mihacsek, Felicie (Donna Anna)
Patzak, Julius (Don Ottavio)
Hann, Georg (Leporello)
Güden, Hilde (Zerlina)
Braun, Helena (Donna Elvira)
RE Hartmann, Rudolf
BB Sievert, Ludwig
KM Sievert, Ludwig

21.11.1941 NI
Così fan tutte
MU Mozart, Wolfgang Amadeus
DIR Krauss, Clemens
INT Ursuleac, Viorica (Fiordiligi)
Milinković, Georgine von (Dorabella)
Kronenberg, Carl (Guglielmo)
Patzak, Julius (Ferrando)
RE Hartmann, Rudolf
BB Gliese, Rochus
KM Gliese, Rochus

1942

30.01.1942 NI
Der Freischütz
MU Weber, Carl Maria von
DIR Zallinger, Meinhard von
INT Eipperle, Trude (Agathe)
Weber, Ludwig (Kaspar)
Taubmann, Horst (Max)
Kern, Adele (Ännchen)
RE Hartmann, Rudolf
BB Sievert, Ludwig
KM Sievert, Ludwig

04.04.1942 NI
Turandot
MU Puccini, Giacomo
DIR Krauss, Clemens
INT Ursuleac, Viorica (Turandot)
Fügel, Alfons (Kalaf)
RE Hartmann, Rudolf
BB Sievert, Ludwig
KM Sievert, Ludwig

30.04.1942 NI
Der Evangelimann
MU Kienzl, Wilhelm
DIR Altmann, Hans
INT Wieter, Georg (Friedrich Engel)
Fratnik, Stefania (Martha)
Patzak, Julius (Mathias Freudhofer)
RE List, Herbert
BB Kautsky, Robert
KM Kautsky, Robert

29.05.1942 NC
Die Puppenfee
GA Ballett
MU Bayer, Josef
DIR Seifert, Walter
CH Mlakar, Pia
Mlakar, Pino
BB Mayer, Waldemar
KM Prestel, Irmingard
BE früheres Premierendatum möglich

29.05.1942 NC
Die Jahreszeiten der Liebe
GA Ballett
MU Schubert, Franz
DIR Seifert, Walter
CH Mlakar, Pia
Mlakar, Pino
BB Mayer, Waldemar
KM Prestel, Irmingard

28.10.1942 UA
Capriccio
MU Strauss, Richard
DIR Krauss, Clemens
INT Ursuleac, Viorica (Gräfin)
Höfermayer, Walter (Graf)
Taubmann, Horst (Flamand)
Hotter, Hans (Olivier)
RE Hartmann, Rudolf
BB Gliese, Rochus
KM Gliese, Rochus

20.12.1942 ME
Ero der Schelm
MU Gotovac, Jakov
DIR Hollreiser, Heinrich
INT Weber, Ludwig (Marko)
Eipperle, Trude (Djula)
Patzak, Julius (Mitscha)
RE Hartmann, Rudolf
BB Sievert, Ludwig
KM Sievert, Ludwig

1943

10.04.1943 ME
Die schalkhafte Witwe
La vedova scaltra
MU Wolf-Ferrari, Ermanno
DIR Hollreiser, Heinrich
INT Beilke, Irma (Rosaura)
Höfermayer, Walter (Runebif)
Hann, Georg (Don Alvaro)
RE Hartmann, Rudolf
BB Sievert, Ludwig
KM Sievert, Ludwig

14.05.1943 NI
Margarethe
Faust
MU Gounod, Charles
DIR Zallinger, Meinhard von
INT Patzak, Julius (Faust)
Weber, Ludwig (Mephistopheles)
Eipperle, Trude (Margarethe)
RE List, Herbert
BB Mahnke, Adolf
KM Mahnke, Adolf

27.06.1943 NI
Die Meistersinger von Nürnberg
MU Wagner, Richard
DIR Krauss, Clemens
INT Nissen, Hans Hermann (Hans Sachs)
Treptow, Günther (Stolzing)
Eipperle, Trude (Eva)
Rehkemper, Heinrich (Beckmesser)
RE Hartmann, Rudolf
BB Sievert, Ludwig
KM Sievert, Ludwig

1944

02.02.1944 ME
Carmina Burana
MU Orff, Carl
OR Deutsches Museum
DIR Wetzelsberger, Bertil
INT Eipperle, Trude (Sopran)
Kronenberg, Carl (Bariton)
Hillerbrand, Otto (Tenor)
RE Hartmann, Rudolf
BB Sievert, Ludwig
KM Sievert, Ludwig

Maud Cunitz (1911–1987) (Desdemona) und Franz Völker (Othello) in Günther Rennerts »Othello« von Verdi, 1946

02.07.1944 EC
Joan von Zarissa
GA Ballett
MU Egk, Werner
OR Deutsches Museum
DIR Wetzelsberger, Bertil
CH Gsovsky, Tatjana
BB Sievert, Ludwig
KM Sievert, Ludwig

1945

15.11.1945 NI
Fidelio
MU Beethoven, Ludwig van
OR PR
DIR Wetzelsberger, Bertil

INT Völker, Franz (Florestan)
Hotter, Hans (Pizarro)
Braun, Helena (Leonore)
RE Rennert, Günther
BB Neher, Caspar
KM Erler, Liselotte

17.11.1945 NI
Der Schauspieldirektor
MU Mozart, Wolfgang Amadeus
OR PR
DIR Ratjen, Hans-Georg
INT Höfermayer, Walter (Schauspieldirektor)
Kern, Adele (Mlle. Silberklang)
Kruyswyk, Anny van (Mme. Pfeil)
RE Pohl, Walter
BB Erler, Liselotte
KM Erler, Liselotte

24.11.1945 NI
Die Bohème
La Bohème
MU Puccini, Giacomo
OR PR
DIR Wirthensohn, Otto
INT Gerlach-Rusnak, Rudolf (Rudolf)
Eratnik, Stefania (Mimi)
RE Rennert, Günther

02.12.1945 NI
Tiefland
MU Albert, Eugen d'
OR PR
DIR Ratjen, Hans-Georg
INT Schech, Marianne (Marta)
Kronenberg, Carl (Sebastiano)
Völker, Franz (Pedro)
RE Hille, Rudolf

1946

13.01.1946 NI
Hoffmanns Erzählungen
Les contes d'Hoffmann
MU Offenbach, Jacques
OR PR
DIR Ratjen, Hans-Georg
INT Hotter, Hans (Coppelius, Dapertutto, Dr. Mirakel)
Klarwein, Franz (Hoffmann)
Welitsch, Ljuba (Giulietta)
Kern, Adele (Olympia)
Cunitz, Maud (Antonia)
RE Hille, Rudolf
BB Utescher, Gerd

16.01.1946 NI
Hänsel und Gretel
MU Humperdinck, Engelbert
OR PR
DIR Wirthensohn, Otto
INT Michaelis, Ruth (Hänsel)
Sommerschuh, Gerda (Gretel)
RE Pohl, Walter

02.02.1946 EC
Das Urteil des Paris
Komödie in Fontainebleau
GA Ballett
MU Couperin, François
OR PR
DIR Ratjen, Hans-Georg
CH Luipart, Marcel
BB Erler, Liselotte
KM Erler, Liselotte
BE Szenarium nach einer Idee von Karl Amadeus Hartmann

02.02.1946 NI
La serva padrona
Komödie in Fontainebleau
MU Pergolesi, Giovanni Battista
OR PR
DIR Ratjen, Hans-Georg
INT Wieter, Georg (Pandolfo)
Kern, Adele (Zerbine)
Krohn, Walter (Scapin)
RE Pohl, Walter
BB Erler, Liselotte
KM Erler, Liselotte
BE deutsch
Szenarium nach einer Idee von Karl Amadeus Hartmann

24.02.1946 NI
Othello
Otello
MU Verdi, Giuseppe
OR PR
DIR Wetzelsberger, Bertil
INT Völker, Franz (Othello)
Hotter, Hans (Jago)
Cunitz, Maud (Desdemona)
RE Rennert, Günther
BB Rennert, Günther
KM Erler, Liselotte

28.04.1946 NI
Tosca
MU Puccini, Giacomo
OR PR
DIR Ratjen, Hans-Georg
INT Nezadal, Maria (Tosca)
Keil, Adolf (Scarpia)
Fehenberger, Lorenz (Cavaradossi)
RE Hille, Rudolf
BB Utescher, Gerd
KM Loghi, Janni

08.05.1946 NI
Madame Butterfly
MU Puccini, Giacomo
OR PR
DIR Wirthensohn, Otto
INT Cunitz, Maud (Cho-Cho-San)
Klarwein, Franz (Linkerton)
RE Pohl, Walter
BB Koburger, Friedrich
KM Revy, Lovis

05.06.1946 NI
Der Freischütz
MU Weber, Carl Maria von
OR PR
DIR Eichhorn, Kurt
INT Dietrich, Erna (Agathe)
Frantz, Ferdinand (Kaspar)
Klarwein, Franz (Max)
Sommerschuh, Gerda (Ännchen)
RE Strube, Herbert
BB Koburger, Friedrich
KM Revy, Lovis

05.07.1946 EC
Polowetzer Tänze
GA Ballett
MU Borodin, Alexander
OR PR
DIR Eichhorn, Kurt
CH Luipart, Marcel
BB Bauer, Leni
KM Bauer, Leni

05.07.1946 EC
Les Sylphides
GA Ballett
MU Chopin, Frédéric
OR PR
DIR Eichhorn, Kurt
CH Luipart, Marcel
BB Bauer, Leni
KM Bauer, Leni

05.07.1946 EC
L'Après-midi d'un Faune
GA Ballett
MU Debussy, Claude
OR PR
DIR Eichhorn, Kurt
CH Luipart, Marcel
BB Bauer, Leni
KM Bauer, Leni

05.07.1946 NC
Carnaval
GA Ballett
MU Schumann, Robert
OR PR
DIR Eichhorn, Kurt
CH Luipart, Marcel
BB Bauer, Leni
KM Bauer, Leni

26.07.1946 NI
Die Hochzeit des Figaro
Le nozze di Figaro
MU Mozart, Wolfgang Amadeus
OR PR
DIR Ratjen, Hans-Georg
INT Peter, Albrecht (Almaviva)
Kusche, Benno (Figaro)
Lindermeier, Elisabeth (Susanne)
Dietrich, Erna (Gräfin)
RE Pohl, Walter
BB Schlubach, Jan
KM Revy, Lovis

19.11.1946 NI
Die Zauberflöte
MU Mozart, Wolfgang Amadeus
OR PR
DIR Leitner, Ferdinand
INT Ludwig, Walther (Tamino)
Cunitz, Maud (Pamina)
Hann, Georg (Sarastro)
Kusche, Benno (Papageno)
Kern-Eger, Barbara (Königin der Nacht)
RE Decker, Herbert
BB Bauer, Leni
KM Bauer, Leni

1947

01.01.1947 NI
Carmen
MU Bizet, Georges
OR PR
DIR Solti, Georg
INT Braun, Helena (Carmen)
Fehenberger, Lorenz (Don José)
Hotter, Hans (Escamillo)
RE Hamel, Peter
BB Loghi, Janni
KM Loghi, Janni

28.03.1947 NI
Eugen Onegin
Evgenij Onegin
MU Tschaikowsky, Peter Iljitsch
OR PR
DIR Leitner, Ferdinand
INT Reinmar, Hans (Eugen Onegin)
Kupper, Annelies (Tatjana)
Ludwig, Walther (Lenski)
RE Schröder, Arnulf
BB Loghi, Janni

29.04.1947 NI
Die Walküre
MU Wagner, Richard
OR PR
DIR Solti, Georg
INT Völker, Franz (Siegmund)
Hotter, Hans (Wotan)
Schech, Marianne (Sieglinde)
Schlüter, Erna (Brünnhilde)
RE Hofmüller, Max
BB Loghi, Janni
KM Loghi, Janni

24.05.1947 NI
Der Barbier von Sevilla
Il barbiere di Siviglia
MU Rossini, Gioacchino

Georg Solti (*1912), Generalmusikdirektor von 1946–1952

OR PR
DIR Eichhorn, Kurt
INT Fehenberger, Lorenz (Almaviva)
Heyer, Bernd (Figaro)
Nentwig, Käthe (Rosina)
RE Dieterich, Alex Erwin
BB Bauer-Ecsy, Leni
KM Bauer-Ecsy, Leni

06.07.1947 ME
Die Bernauerin
MU Orff, Carl
OR PR
DIR Leitner, Ferdinand
INT Hatheyer, Heidemarie (Agnes Bernauer)
Pasetti, Peter (Herzog Albrecht)
RE Schweikart, Hans
BB Neher, Caspar
KM Neher, Caspar

24.07.1947 ME
Die schweigsame Frau
MU Strauss, Richard
OR PR
DIR Ratjen, Hans-Georg
INT Dalberg, Friedrich (Morosus)
Knapp, Josef (Barbier)
Klarwein, Franz (Henry)
Ebers, Clara (Aminta)
RE Hofmüller, Max
BB Bauer-Ecsy, Leni
KM Bauer-Ecsy, Leni

11.10.1947 ME
Katja Kabanowa
Káťa Kabanová
MU Janáček, Leoš
OR PR
DIR Ratjen, Hans-Georg
INT Schech, Marianne (Katherina)
Schmidt, Karl (Dikoj)
Klarwein, Franz (Boris)
RE Hofmüller, Max
BB Dahl, Loe
KM Revy, Lovis

06.11.1947 NI
Tristan und Isolde
MU Wagner, Richard
OR PR
DIR Solti, Georg
INT Seider, August (Tristan)
Braun, Helena (Isolde)
Dalberg, Friedrich (Marke)
Barth, Irmgard (Brangäne)
RE Hartmann, Georg
BB Panzer, Richard
KM Panzer, Richard

26.11.1947 NC
Der Dreispitz
El sombrero de tres picos
GA Ballett
MU Falla, Manuel de
OR PR
DIR Eichhorn, Kurt
CH Luipart, Marcel
BB Bauer-Ecsy, Leni
KM Bauer-Ecsy, Leni

26.11.1947 EC
Daphnis und Cloë
GA Ballett
MU Ravel, Maurice
OR PR
DIR Ratjen, Hans-Georg
CH Luipart, Marcel
BB Bauer-Ecsy, Leni
KM Bauer-Ecsy, Leni

26.11.1947 EC
Der Feuervogel
L'oiseau de feu
GA Ballett
MU Strawinsky, Igor
OR PR
DIR Eichhorn, Kurt
CH Luipart, Marcel
BB Loghi, Janni
KM Loghi, Janni

1948

06.01.1948 NI
Die Macht des Schicksals
La forza del destino
MU Verdi, Giuseppe
OR PR
DIR Solti, Georg
INT Fehenberger, Lorenz (Alvaro)
 Peter, Albrecht (Carlos)
 Cunitz, Maud (Leonora)
RE Hartmann, Georg
BB Bauer-Ecsy, Leni
KM Bauer-Ecsy, Leni

22.01.1948 NI
Gianni Schicchi
MU Puccini, Giacomo
OR PR
DIR Eichhorn, Kurt
INT Hann, Georg (Gianni Schicchi)
 Lindermeier, Elisabeth (Lauretta)
 Klarwein, Franz (Rinuccio)
 Barth, Irmgard (Zita)
RE Hofmüller, Max
BB Loghi, Janni
KM Loghi, Janni

13.03.1948 ME
Mathis der Maler
MU Hindemith, Paul
OR PR
DIR Solti, Georg
INT Reinmar, Hans (Mathis)
 Klarwein, Franz (Albrecht)
 Schech, Marianne (Ursula)
RE Hartmann, Georg
BB Jürgens, Helmut
KM Jürgens, Helmut

15.04.1948 ME
Die Kluge
MU Orff, Carl
OR PR
DIR Leitner, Ferdinand
INT Hann, Georg (König)
 Kupper, Annelies (Bauerntochter)
RE Rennert, Günther
BB Jürgens, Helmut

06.06.1948 UA
Abraxas
GA Ballett
MU Egk, Werner
OR PR
DIR Egk, Werner
CH Luipart, Marcel
BB Znamenacek, Wolfgang
KM Ohms, Elly

Paul Hindemith und Wilhelm Furtwängler in der Loge des Prinzregenten-Theaters bei einer Aufführung von »Mathis der Maler«, 1948

20.06.1948 NI
Der Bajazzo
I Pagliacci
MU Leoncavallo, Ruggiero
OR PR
DIR Ratjen, Hans-Georg
INT Völker, Franz (Canio)
 Kupper, Annelies (Nedda)
 Reinmar, Hans (Tonio)
RE Hofmüller, Max
BB Loghi, Janni
KM Loghi, Janni

04.09.1948 NI
Salome
MU Strauss, Richard
OR PR
DIR Solti, Georg
INT Klarwein, Franz (Herodes)
 Kupper, Annelies (Salome)
 Reinmar, Hans (Jochanaan)
RE Hartmann, Georg
BB Jürgens, Helmut
KM Buschan, Gudrun

13.09.1948 NI
Cavalleria Rusticana
MU Mascagni, Pietro
OR PR
DIR Eichhorn, Kurt
INT Reich, Cäcilie (Santuzza)
 Franter, Willi (Turiddu)
RE Hofmüller, Max
BB Loghi, Janni
KM Loghi, Janni

21.10.1948 NI
Aida
MU Verdi, Giuseppe
OR PR
DIR Solti, Georg
INT Barth, Irmgard (Amneris)
 Cunitz, Maud (Aida)
 Fehenberger, Lorenz (Radames)
RE Hartmann, Georg
BB Jürgens, Helmut
KM Ohms, Elly

05.11.1948 NC
Die Puppenfee
GA Ballett
MU Bayer, Josef
OR PR
DIR Wirthensohn, Otto
CH Kölling, Rudolf
BB Ohms, Elly
KM Ohms, Elly

18.11.1948 NI
Die Bohème
La Bohème
MU Puccini, Giacomo
OR PR
DIR Eichhorn, Kurt
INT Fehenberger, Lorenz (Rudolf)
 Lindermeier, Elisabeth (Mimi)
RE Tittert, Siegfried

24.11.1948 NI
Der Mantel
Il Tabarro
MU Puccini, Giacomo
OR PR
DIR Eichhorn, Kurt
INT Reinmar, Hans (Michele)
 Hopf, Hans (Luigi)
 Kupper, Annelies (Giorgetta)
RE Hamel, Peter
BB Loghi, Janni
KM Loghi, Janni

1949

02.01.1949 NI
Lohengrin
MU Wagner, Richard
OR PR
DIR Ratjen, Hans-Georg
INT Seider, August (Lohengrin)
 Cunitz, Maud (Elsa)
 Hann, Georg (Heinrich der Vogler)
RE Hofmann, Alois
BB Jürgens, Helmut
KM Ohms, Elly

26.02.1949 NI
Don Giovanni
MU Mozart, Wolfgang Amadeus
OR PR
DIR Solti, Georg
INT Reinmar, Hans (Don Giovanni)
 Kupper, Annelies (Donna Anna)
 Holm, Richard (Don Ottavio)
 Reich, Cäcilie (Donna Elvira)
 Kusche, Benno (Leporello)
 Sommerschuh, Gerda (Zerlina)
RE Hartmann, Georg
BB Jürgens, Helmut
KM Ohms, Elly

03.04.1949 NI
Palestrina
MU Pfitzner, Hans
OR PR
DIR Heger, Robert
INT Koch, Egmont (Carlo Borromeo)
 Fehenberger, Lorenz (Palestrina)
RE Arnold, Heinz
BB Jürgens, Helmut
KM Ohms, Elly

30.04.1949 DE
Raskolnikoff
MU Sutermeister, Heinrich
OR PR
DIR Solti, Georg
INT Klarwein, Franz (Raskolnikoff)
 Lindermeier, Elisabeth (Sonja)
RE Hartmann, Georg
BB Jürgens, Helmut
KM Ohms, Elly

11.06.1949 NI
Der Rosenkavalier
MU Strauss, Richard
OR PR
DIR Solti, Georg
INT Braun, Helena (Feldmarschallin)
 Hann, Georg (Baron Ochs auf Lerchenau)
 Cunitz, Maud (Octavian)
 Sommerschuh, Gerda (Sophie)
RE Hartmann, Georg
BB Jürgens, Helmut
KM Ohms, Elly

02.07.1949 EI
Dido und Aeneas
Dido and Aeneas
MU Purcell, Henry
OR BM
DIR Solti, Georg
INT Kupper, Annelies (Dido)
 Holm, Richard (Aeneas)
RE Hartmann, Georg
BB Preetorius, Emil
KM Preetorius, Emil
BE in München nicht nachgespielt

03.07.1949 NC
Don Juan
GA Ballett
MU Gluck, Christoph Willibald
OR BM
DIR Ratjen, Hans-Georg
CH Kölling, Rudolf

03.07.1949 EC
Die Rosenkönigin
GA Ballett
MU Rameau, Jean-Philippe
OR BM
DIR Ratjen, Hans-Georg
CH Kölling, Rudolf

26.07.1949 NI
Der Troubadour
Il trovatore
MU Verdi, Giuseppe
OR PR
DIR Eichhorn, Kurt
INT Cunitz, Maud (Leonore)
 Kronenberg, Carl (Graf Luna)
 Fehenberger, Lorenz (Manrico)
RE Michal, Robert
BB Loghi, Janni
KM Ohms, Elly

17.09.1949 NC
Scheherazade
GA Ballett
MU Rimskij-Korsakov,

Leonard Bernstein (1918–1990) im Prinzregenten-Theater als Gastdirigent, Konzert der musikalischen Akademie am 9.5.1948

| | |
---|---|---
| | Nicolaj |
OR | PR |
DIR | Knör, Walther |
CH | Kölling, Rudolf |
BB | Loghi, Janni |

17.09.1949 EC
Le sacre du printemps
GA Ballett
MU Strawinsky, Igor
OR PR
DIR Solti, Georg
CH Kölling, Rudolf
BB Hempel, Willy

17.09.1949 EC
Orpheus
GA Ballett
MU Strawinsky, Igor
OR PR
DIR Solti, Georg
CH Kölling, Rudolf
BB Geitlinger, Ernst

28.10.1949 ME
Tobias Wunderlich
MU Haas, Joseph
OR PR
DIR Solti, Georg
INT Peter, Albrecht (Tobias)
  Kupper, Annelies (Heilige Barbara)
  Sabo, Katja (Zigeunerbarbara)
RE Hartmann, Georg
BB Jürgens, Helmut

10.12.1949 NI
Die Meistersinger von Nürnberg
MU Wagner, Richard
OR PR
DIR Jochum, Eugen
INT Hotter, Hans (Hans Sachs)
  Kusche, Benno (Beckmesser)
  Treptow, Günther (Stolzing)
  Kupper, Annelies (Eva)
RE Arnold, Heinz
BB Jürgens, Helmut

17.12.1949 NI
Hänsel und Gretel
MU Humperdinck, Engelbert
OR PR
DIR Wirthensohn, Otto
INT Peter, Albrecht (Hänsel)
  Nentwig, Käthe (Gretel)
RE Tittert, Siegfried
BB Hornsteiner, Ludwig
KM Hornsteiner, Ludwig

1950

31.01.1950 NI
Boris Godunoff
Boris Godunov
MU Musorgskij, Modest
OR PR
DIR Solti, Georg
INT Reinmar, Hans (Boris)
  Hann, Georg (Pimen)
  Hopf, Hans (Dimitrij)
RE Hartmann, Georg
BB Jürgens, Helmut

BE in der Bearbeitung von Nikolaj Rimskij-Korsakov

14.03.1950 NI
Zar und Zimmermann
MU Lortzing, Albert
OR PR
DIR Eichhorn, Kurt
INT Hoppe, Karl (Zar)
  Carnuth, Walter (Peter Iwanov)
  Lindermeier, Elisabeth (Marie)
  Wieter, Georg (van Bett)
RE Hamel, Peter
BB Loghi, Janni
KM Strauß, Anny

09.04.1950 NI
Rigoletto
MU Verdi, Giuseppe
OR PR
DIR Solti, Georg
INT Hopf, Hans (Herzog)
  Reinmar, Hans (Rigoletto)
  Nentwig, Käthe (Gilda)
RE Schröder, Arnulf
BB Jürgens, Helmut

29.05.1950 NI
Tannhäuser
MU Wagner, Richard
OR PR
DIR Solti, Georg
INT Hann, Georg (Landgraf Hermann)
  Söderström, Conny (Tannhäuser)
  Cunitz, Maud (Elisabeth)
RE Hartmann, Georg
BB Preetorius, Emil
KM Preetorius, Emil

03.06.1950 EC
Der Tor und die Welt
GA Ballett
MU Lully, Jean-Baptist
  Rameau, Jean-Philippe
  Purcell, Henry
  Grétry, André Ernest Modest
OR BM
DIR Ratjen, Hans-Georg
CH Kölling, Rudolf
BB Jürgens, Helmut
KM Jakameit, Rosemarie

22.07.1950 NI
Daphne
MU Strauss, Richard
OR PR
DIR Jochum, Eugen
INT Kupper, Annelies (Daphne)
  Hopf, Hans (Leukippos)
  Fehenberger, Lorenz (Apollon)
RE Hartmann, Georg
BB Jürgens, Helmut
KM Jakameit, Rosemarie

22.10.1950 NI
Der fliegende Holländer
MU Wagner, Richard
OR PR
DIR Solti, Georg

INT Frantz, Ferdinand (Holländer)
  Braun, Helena (Senta)
RE Hartmann, Georg
BB Jürgens, Helmut
KM Jakameit, Rosemarie

19.11.1950 EC
Hamlet
GA Ballett
MU Blacher, Boris
OR PR
DIR Heger, Robert
CH Gsovsky, Tatjana
  Gsovsky, Victor
BB Jürgens, Helmut
KM Jakameit, Rosemarie

19.11.1950 EC
Der 13. Juli
GA Ballett
MU Offenbach, Jacques
OR PR
DIR Heger, Robert
CH Gsovsky, Victor
BB Jürgens, Helmut
KM Jakameit, Rosemarie

19.11.1950 EC
Schwanensee
GA Ballett
MU Tschaikowsky, Peter Iljitsch
OR PR
DIR Heger, Robert
CH Gsovsky, Victor
BB Jürgens, Helmut
KM Jakameit, Rosemarie
BE wahrscheinlich nach der alten Choreographie von Marius Petipa und Lev Ivanov

25.12.1950 NI
Ein Maskenball
Un ballo in maschera
MU Verdi, Giuseppe
OR PR
DIR Jochum, Eugen
INT Fehenberger, Lorenz (Richard)
  Reinmar, Hans (René)
  Cunitz, Maud (Amelia)
RE Hartmann, Georg
BB Jürgens, Helmut
KM Jakameit, Rosemarie

1951

10.01.1951 ME
Antigonae
MU Orff, Carl
OR PR
DIR Solti, Georg
INT Goltz, Christel (Antigonae)
  Barth, Irmgard (Ismene)
  Uhde, Hermann (Kreon)
RE Arnold, Heinz
BB Jürgens, Helmut
KM Jakameit, Rosemarie

13.02.1951 NI
Siegfried
MU Wagner, Richard
OR PR

DIR Knappertsbusch, Hans
INT Aldenhoff, Bernd (Siegfried)
  Kuen, Paul (Mime)
  Nissen, Hans Hermann (Wanderer)
RE Arnold, Heinz
BB Jürgens, Helmut

06.03.1951 ME
Des Simplicius Simplicissimus Jugend
Simplicius Simplicissimus
MU Hartmann, Karl Amadeus
OR Theater am Brunnenhof
DIR Heger, Robert
INT Lindermeier, Elisabeth (Simplicius)
  Klarwein, Franz (Einsiedel)
RE Küpper, Hannes
BB Jürgens, Helmut
KM Jakameit, Rosemarie

01.04.1951 NI
Così fan tutte
MU Mozart, Wolfgang Amadeus
OR PR
DIR Solti, Georg
INT Kupper, Annelies (Fiordiligi)
  Cunitz, Maud (Dorabella)
  Schmitt-Walter, Karl (Guglielmo)
  Holm, Richard (Ferrando)
RE Arnold, Heinz
BB Jürgens, Helmut
KM Jakameit, Rosemarie

28.04.1951 UA?
Kain Innocentius
GA Ballett
MU Loeper, Hans
OR PR
DIR Mayr, Sigismund
CH Gsovsky, Victor
BB Schleiermacher, Dieter
KM Jakameit, Rosemarie

28.04.1951 NC
La Sylphide
GA Ballett

MU Schneitzhöffer, Jean M.
OR PR
DIR Mayr, Sigismund
CH Gsovsky, Victor
BB Hornsteiner, Ludwig
KM Jakameit, Rosemarie

27.05.1951 NI
Hoffmanns Erzählungen
Les contes d'Hoffmann
MU Offenbach, Jacques
OR PR
DIR Heger, Robert
INT Klarwein, Franz (Hoffmann)
  Reinmar, Hans (Coppelius, Dapertutto, Dr. Mirakel)
  Kupper, Annelies (Antonia, Olympia, Giulietta)
RE Hartmann, Georg
BB Znamenacek, Wolfgang
KM Znamenacek, Wolfgang

22.06.1951 NI
Ariadne auf Naxos
MU Strauss, Richard
OR PR
DIR Solti, Georg
INT Cunitz, Maud (Ariadne)
  Fehenberger, Lorenz (Bacchus)
  Nentwig, Käthe (Zerbinetta)
RE Arnold, Heinz
BB Preetorius, Emil
KM Preetorius, Emil

24.06.1951 EC
Pas de deux
GA Ballett
MU Auber, Daniel François Esprit
OR BM
DIR Mayr, Sigismund
CH Gsovsky, Victor
BB Jürgens, Helmut
KM Jakameit, Rosemarie
BE am 15.9.1951 Übernahme ins Prinzregenten-Theater

24.06.1951 EC
Eine kleine Nachtmusik
GA Ballett
MU Mozart, Wolfgang Amadeus
OR BM
DIR Mayr, Sigismund
CH Gsovsky, Victor
BB Jürgens, Helmut
KM Jakameit, Rosemarie
BE am 15.9.1951 Übernahme ins Prinzregenten-Theater

24.06.1951 EC
Castor und Pollux
GA Ballett
MU Rameau, Jean-Philippe
OR BM
DIR Mayr, Sigismund
CH Gsovsky, Victor
BB Jürgens, Helmut
KM Jakameit, Rosemarie
BE am 15.9.1951 Übernahme ins Prinzregenten-Theater

Elisabeth Lindermeier (*1925) als Straßenmädchen Sonja in »Raskolnikoff« von Heinrich Sutermeister

24.06.1951 EC
Couperin-Suite
GA Ballett
MU Strauss, Richard
OR BM
DIR Mayr, Sigismund
CH Gsovsky, Tatjana
BB Jürgens, Helmut
KM Jakameit, Rosemarie
BE am 15.9.1951 Übernahme ins Prinzregenten-Theater

14.10.1951 NI
Don Carlos
MU Verdi, Giuseppe
OR PR
DIR Solti, Georg
INT Hotter, Hans (Philipp II.)
Cunitz, Maud (Elisabeth)
Hopf, Hans (Don Carlos)
RE Arnold, Heinz
BB Jürgens, Helmut
KM Jakameit, Rosemarie

24.11.1951 ME
Der Raub der Lukretia
MU Britten, Benjamin
OR Theater am Brunnenhof
DIR Heger, Robert
INT Klarwein, Franz (Erzähler)
Schech, Marianne (Erzählerin)
Barth, Irmgard (Lukretia)
RE Schramm, Friedrich
BB Hornsteiner, Ludwig
KM Hornsteiner, Ludwig

27.11.1951 EC
Cinderella
GA Ballett
MU Prokofieff, Sergej
OR PR
DIR Eichhorn, Kurt
CH Gsovsky, Victor
BB Jakameit, Rosemarie
KM Jakameit, Rosemarie

12.12.1951 NI
Götterdämmerung
MU Wagner, Richard
OR PR
DIR Knappertsbusch, Hans
INT Aldenhoff, Bernd (Siegfried)
Böhme, Kurt (Hagen)
Braun, Helena (Brünnhilde)
RE Arnold, Heinz
BB Jürgens, Helmut

1952

15.01.1952 NI
Elektra
MU Strauss, Richard
OR PR
DIR Solti, Georg
INT Borkh, Inge (Elektra)
Kupper, Annelies (Chrysothemis)
Frantz, Ferdinand (Orest)
Fischer, Res (Klytämnestra)
RE Arnold, Heinz
BB Jürgens, Helmut
KM Jakameit, Rosemarie

15.03.1952 ME
Peer Gynt
MU Egk, Werner
OR PR
DIR Egk, Werner
INT Uhde, Hermann (Peer Gynt)
Bak, Valerie (Solveig)
Lindermeier, Elisabeth (Rothaarige)
RE Arnold, Heinz
BB Jürgens, Helmut
KM Jakameit, Rosemarie

27.03.1952 UA
Weg zum Licht
Chemin de lumière
GA Ballett
MU Auric, Georges
OR PR
DIR Eichhorn, Kurt
CH Gsovsky, Victor
BB Cassandre, A. M.
KM Cassandre, A. M.

27.03.1952 NC
Josephslegende
GA Ballett
MU Strauss, Richard
OR PR
DIR Heger, Robert
CH Gsovsky, Victor
BB Jürgens, Helmut
KM Jakameit, Rosemarie

04.05.1952 NI
Die Entführung aus dem Serail
MU Mozart, Wolfgang Amadeus
OR PR
DIR Jochum, Eugen
INT Holm, Richard (Belmonte)
Bak, Valerie (Constanze)
Böhme, Kurt (Osmin)
RE Arnold, Heinz
BB Hornsteiner, Ludwig
KM Hornsteiner, Ludwig
BE am 13.8.1958 Übernahme ins Cuvilliés-Theater

22.05.1952 NI
Das Rheingold
MU Wagner, Richard
OR PR
DIR Solti, Georg
INT Frantz, Ferdinand (Wotan)
Klarwein, Franz (Loge)
Kusche, Benno (Alberich)
RE Arnold, Heinz
BB Jürgens, Helmut
KM Jakameit, Rosemarie

28.05.1952 EC
Tänze aus höfischer Zeit
GA Ballett
MU Mozart, Wolfgang Amadeus
Lully, Jean-Baptist
Haydn, Michael
OR BM
DIR Bohner, Erich
CH Gsovsky, Victor
BB Jürgens, Helmut
KM Jakameit, Rosemarie

08.06.1952 NI
Die Walküre
MU Wagner, Richard
OR PR
DIR Solti, Georg
INT Treptow, Günther (Siegmund)
Schech, Marianne (Sieglinde)
Frantz, Ferdinand (Wotan)
Braun, Helena (Brünnhilde)
RE Arnold, Heinz
BB Jürgens, Helmut

22.07.1952 UA
Pas de cœur
GA Ballett
MU Einem, Gottfried von
OR PR
DIR Eichhorn, Kurt
CH Gsovsky, Victor
BB Jürgens, Helmut
KM Jakameit, Rosemarie

22.07.1952 EC
Pas d'action
GA Ballett
MU Henze, Hans Werner
OR PR
DIR Eichhorn, Kurt
CH Gsovsky, Victor
BB Ponnelle, Jean-Pierre
KM Ponnelle, Jean-Pierre

28.09.1952 NI
Fidelio
MU Beethoven, Ludwig van
OR PR
DIR Kempe, Rudolf
INT Hotter, Hans (Pizarro)
Hopf, Hans (Florestan)
Varnay, Astrid (Leonore)
RE Hartmann, Rudolf
BB Preetorius, Emil
KM Preetorius, Emil

22.10.1952 ME
Der Konsul
MU Menotti, Gian-Carlo
OR GÄ
DIR Reinshagen, Victor
INT Peter, Albrecht (John Sorel)
Borkh, Inge (Madga Sorel)
Michaelis, Ruth (Die Mutter)
RE Arnold, Heinz
BB Reinking, Wilhelm

28.10.1952 NI
Arabella
MU Strauss, Richard
OR PR
DIR Kempe, Rudolf
INT Della Casa, Lisa (Arabella)
Sommerschuh, Gerda (Zdenka)
Uhde, Hermann (Mandryka)
RE Hartmann, Rudolf
BB Jürgens, Helmut
KM Jakameit, Rosemarie

26.11.1952 EC
Ballade
GA Ballett
MU Lhotka, Fran
OR PR
DIR Mayr, Sigismund
CH Mlakar, Pia
Mlakar, Pino
BB Denic, Miomir
KM Jarc, Mia

*Inge Borkh (*1917) als Elektra von R. Strauss, 1952*

16.12.1952 NI
Macbeth
MU Verdi, Giuseppe
OR PR
DIR Heger, Robert
INT Metternich, Josef (Macbeth)
Malaniuk, Ira (Lady Macbeth)
RE Arnold, Heinz
BB Jürgens, Helmut
KM Jakameit, Rosemarie

1953

22.01.1953 ME
Johanna auf dem Scheiterhaufen
Jeanne d'Arc au bûcher
GA dramatisches Oratorium
MU Honegger, Arthur
OR PR
DIR Kempe, Rudolf
INT Lindermeier, Elisabeth (Margarete)
Töpper, Herta (Katharina)
Schech, Marianne (Johanna)
Baur, Hans (Bruder Dominik)
RE Hartmann, Rudolf
BB Jürgens, Helmut
KM Jakameit, Rosemarie

17.02.1953 NC
Coppelia
GA Ballett
MU Delibes, Léo
OR PR
DIR Eichhorn, Kurt
CH Mlakar, Pia
Mlakar, Pino
BB Hallegger, Kurt
KM Hallegger, Kurt

17.02.1953 EC
Jeu de Cartes
GA Ballett
MU Strawinsky, Igor
OR PR
DIR Eichhorn, Kurt
CH Mlakar, Pia
Mlakar, Pino
BB Hornsteiner, Ludwig
KM Hornsteiner, Ludwig

19.02.1953 ME
Don Pedros Heimkehr
MU Erismann, Hans
OR GÄ
DIR Reinshagen, Victor
INT Schmitt-Walter, Karl (Don Pedro)
Lindermeier, Elisabeth (Laurina)
Fehenberger, Lorenz (Don Alvaro)
RE Arnold, Heinz
BB Jürgens, Helmut
KM Jakameit, Rosemarie
BE unter Verwendung von Musik aus Mozart-Opern

04.03.1953 NI
Orpheus und Eurydike
Orfeé et Euridice
MU Gluck, Christoph Willibald
OR PR
DIR Knappertsbusch, Hans
INT Malaniuk, Ira (Orpheus)
Kupper, Annelies (Eurydike)
RE Wagner, Wieland
BB Wagner, Wieland
KM Wagner, Wieland

31.03.1953 NI
Turandot
MU Puccini, Giacomo
OR PR
DIR Reinshagen, Victor
INT Borkh, Inge (Turandot)
Fehenberger, Lorenz (Kalaf)
RE Hartmann, Rudolf
BB Jürgens, Helmut
KM Sievert, Ludwig
Jakameit, Rosemarie

08.04.1953 ME
Angélique
MU Ibert, Jacques
OR GÄ
DIR Eichhorn, Kurt
INT Schwaiger, Rosl (Angélique)
Wünzer, Rudolf (Bonifaz)
Holm, Richard (Italiener)
RE Zimmermann, Hans
BB Röthlisberger, Max
KM Röthlisberger, Max

08.04.1953 NI
Spanische Stunde
L'heure espagnole
MU Ravel, Maurice
OR GÄ
DIR Eichhorn, Kurt
INT Fahberg, Antonie (Conception)

	Kusche, Benno (Ramiro)
RE	Zimmermann, Hans
BB	Reinking, Wilhelm
KM	Reinking, Wilhelm

29.04.1953 NI
La Traviata
- MU Verdi, Giuseppe
- OR PR
- DIR Kempe, Rudolf
- INT Lipp, Wilma (Violetta)
  Holm, Richard (Alfred Germont)
- RE Arnold, Heinz
- BB Jürgens, Helmut
- KM Jakameit, Rosemarie

06.05.1953 UA
Die chinesische Nachtigall
- GA Ballett
- MU Egk, Werner
- OR Deutsches Museum
- DIR Egk, Werner
- CH Gsovsky, Tatjana
- BB Jürgens, Helmut
- KM Jakameit, Rosemarie
- BE am 20.5.1953 Übernahme ins Prinzregenten-Theater

09.05.1953 UA
Die Dame und das Einhorn
- GA Ballett
- MU Chailley, Jacques
- OR GÄ
- DIR Eichhorn, Kurt
- CH Rosen, Heinz
- BB Cocteau, Jean
- KM Cocteau, Jean

09.05.1953 EC
L'indifférent
- GA Ballett
- MU Haug, Hans
- OR GÄ
- DIR Eichhorn, Kurt
- CH Rosen, Heinz
- BB Bignens, Max
- KM Bignens, Max

20.05.1953 NE
Joan von Zarissa
- GA Ballett
- MU Egk, Werner
- OR PR
- DIR Egk, Werner
- CH Gsovsky, Tatjana
- BB Jürgens, Helmut
- KM Gsovsky, Tatjana

03.06.1953 NI
Der betrogene Kadi
Le cadi dupé
- MU Gluck, Christoph Willibald
- OR BM
- DIR Heger, Robert
- INT Proebstl, Max (Kadi)
  Lindermeier, Elisabeth (Fatime)
  Holm, Richard (Nuradin)
- RE Reinhardt, Ulrich
- BB Kern, Herbert
- KM Kern, Herbert

03.06.1953 NI
La serva padrona
- MU Pergolesi, Giovanni Battista
- OR BM
- DIR Heger, Robert
- INT Wieter, Georg (Pandolfo)
  Nentwig, Käthe (Zerbine)
  Matthes, Walter (Scapin)
- RE Arnold-Paur, Oscar
- BB Kern, Herbert
- KM Kern, Herbert

06.06.1953 NC
Die Rekrutierung oder Die Liebesprobe
- GA Ballett
- MU Mozart, Wolfgang Amadeus
- OR BM
- DIR Mayr, Sigismund
- CH Mlakar, Pino
- BB Kern, Herbert
- KM Kern, Herbert

Rudolf Kempe (1910–1976), Generalmusikdirektor 1952–1954

05.07.1953 NI
Die Hochzeit des Figaro
Le nozze di Figaro
- MU Mozart, Wolfgang Amadeus
- OR GÄ
- DIR Jochum, Eugen
- INT Schmitt-Walter, Karl (Almaviva)
  Kupper, Annelies (Gräfin)
  Domgraf-Faßbaender, Willi (Figaro)
  Trötschel, Elfriede (Susanne)
- RE Arnold, Heinz
- BB Reinking, Wilhelm
- KM Reinking, Wilhelm

22.07.1953 ME
Die Liebe der Danae
- MU Strauss, Richard
- OR PR
- DIR Kempe, Rudolf
- INT Kupper, Annelies (Danae)
  Frantz, Ferdinand (Jupiter)
  Aldenhoff, Bernd (Midas)
- RE Hartmann, Rudolf

	Jürgens, Helmut
KM	Jakameit, Rosemarie

31.07.1953
Carmina Burana
Trionfi
- MU Orff, Carl
- OR HE
- DIR Jochum, Eugen
- INT Trötschel, Elfriede (Sopran)
  Braun, Hans (Bariton)
  Kuen, Paul (Tenor)
- BE konzertant
  ME der Trilogie

31.07.1953 ME?
Catulli Carmina
Trionfi
- MU Orff, Carl
- OR HE
- DIR Jochum, Eugen
- INT Holm, Richard (Catull)
  Trötschel, Elfriede (Lesbia)
- BE konzertant
  ME der Trilogie

31.07.1953 ME
Trionfo di Afrodite
Trionfi
- MU Orff, Carl
- OR HE
- DIR Jochum, Eugen
- INT Trötschel, Elfriede (La Sposa)
  Gedda, Nicolai (Lo Sposo)
- BE konzertant
  ME der Trilogie

16.08.1953 NI
Salome
- MU Strauss, Richard
- OR PR
- DIR Sebastian, Georges
- INT Seider, August (Herodes)
  Kupper, Annelies (Salome)
  Metternich, Josef (Jochanaan)
- RE Arnold, Heinz
- BB Fenneker, Josef
- KM Fenneker, Josef

28.10.1953 NI
Der Freischütz
- MU Weber, Carl Maria von
- OR PR
- DIR Kleiber, Erich
- INT Kupper, Annelies (Agathe)
  Hopf, Hans (Max)
  Proebstl, Max (Kaspar)
  Nentwig, Käthe (Ännchen)
- RE Arnold, Heinz
- BB Preetorius, Emil
- KM Preetorius, Emil

26.11.1953 ME
The rake's progress
- MU Strawinsky, Igor
- OR GÄ
- DIR Heger, Robert
- INT Holm, Richard (Tom Rakewell)
  Köth, Erika (Anne)
  Peter, Albrecht (Nick Shadow)
- RE Zimmermann, Hans
- BB Röthlisberger, Max
- KM Röthlisberger, Max

01.12.1953 NI
Carmen
- MU Bizet, Georges
- OR PR
- DIR Kempe, Rudolf
- INT Benningsen, Lilian (Carmen)
  Hopf, Hans (Don José)
- RE Arnold, Heinz
- BB Bignens, Max
- KM Bignens, Max

1954

08.01.1954 NI
Falstaff
- MU Verdi, Giuseppe
- OR PR
- DIR Kempe, Rudolf
- INT Edelmann, Otto (Falstaff)
  Holm, Richard (Fenton)
  Köth, Erika (Ännchen)

03.02.1954 EC
Prinzessin Turandot
- GA Ballett
- MU Einem, Gottfried von
- OR PR
- DIR Eichhorn, Kurt
- CH Mlakar, Pia
  Mlakar, Pino
- BB Jürgens, Helmut
- KM Strauß, Anny

03.02.1954 EC
Boléro
- GA Ballett
- MU Ravel, Maurice
- OR PR
- DIR Eichhorn, Kurt
- CH Mlakar, Pia
  Mlakar, Pino
- BB Jürgens, Helmut
- KM Strauß, Anny

03.02.1954 EC
La tragédie de Salomé
- GA Ballett
- MU Schmitt, Florent
- OR PR
- DIR Eichhorn, Kurt
- CH Mlakar, Pia
  Mlakar, Pino
- BB Jürgens, Helmut
- KM Jakameit, Rosemarie

25.02.1954 UA NF
Die Bernauerin
- MU Orff, Carl
- OR PR
- DIR Kempe, Rudolf
- INT Baur, Hans (Herzog Albrecht)
  Hatheyer, Heidemarie (Agnes Bernauer)
- RE Hartmann, Rudolf
- BB Jürgens, Helmut
- KM Jakameit, Rosemarie

	neukomponierte Schlußszene

11.03.1954 NI
Der Rosenkavalier
- MU Strauss, Richard
- OR PR
- DIR Knappertsbusch, Hans
- INT Schech, Marianne (Feldmarschallin)
  Edelmann, Otto (Baron Ochs auf Lerchenau)
  Töpper, Herta (Octavian)
  Köth, Erika (Sophie)
- RE Hartmann, Rudolf
- BB Jürgens, Helmut
- KM Roller, Alfred

18.03.1954 ME
Die Hochzeit des Jobs
- MU Haas, Joseph
- OR GÄ
- DIR Eichhorn, Kurt
- INT Schmitt-Walter, Karl (Hieronimus Jobs)
  Proebstl, Max (Der Apotheker)
  Barth, Irmgard (Mutter Lenchen)
- RE Arnold, Heinz
- BB Hallegger, Kurt
- KM Hallegger, Kurt

20.03.1954 NI
Aida
- MU Verdi, Giuseppe
- OR PR
- DIR Jochum, Eugen
- INT Benningsen, Lilian (Amneris)
  Cunitz, Maud (Aida)
  Vandenburg, Howard (Radames)
- RE Hartmann, Rudolf
- BB Jürgens, Helmut

10.04.1954 NI
Jenufa
Její pastorkyňa
- MU Janáček, Leoš
- OR PR
- DIR Heger, Robert
- INT Fehenberger, Lorenz (Laca Klemen)
  Klarwein, Franz (Stewa Buryja)
  Cunitz, Maud (Jenufa)
  Schech, Marianne (Die Küsterin)
- RE Arnold, Heinz
- BB Jürgens, Helmut
- KM Jakameit, Rosemarie

07.05.1954 NI
Der Wildschütz
- MU Lortzing, Albert
- OR GÄ
- DIR Gierster, Hans
- INT Schmitt-Walter, Karl (Graf Eberbach)
  Klarwein, Franz (Baron Kronthal)
  Sommerschuh, Gerda (Baronin Freimann)
- RE List, Herbert
- BB Bignens, Max

KM Stenz-Hentze, Alexander
   Rothärmel, Alfons

15.05.1954   NI
Boris Godunoff
Boris Godunov
MU Musorgskij, Modest
OR PR
DIR Eichhorn, Kurt
INT Reinmar, Hans (Boris)
   Proebstl, Max (Pimen)
   Aldenhoff, Bernd
   (Dimitrij)
RE Arnold, Heinz
BB Jürgens, Helmut
KM Jakameit, Rosemarie

29.05.1954   EC
Entrée für Bayreuth
GA Ballett
MU Friedrich der Große
   Händel, Georg Friedrich
OR BM
DIR Mayr, Sigismund
CH Mlakar, Pia
   Mlakar, Pino
BB Kern, Herbert
KM Kern, Herbert

29.05.1954   EC
Der Prinz von China
GA Ballett
MU Gluck, Christoph
   Willibald
OR BM
DIR Mayr, Sigismund
CH Mlakar, Pia
   Mlakar, Pino
BB Kern, Herbert
KM Kern, Herbert

29.05.1954   NC
Les petits riens
GA Ballett
MU Mozart, Wolfgang
   Amadeus
OR BM
DIR Mayr, Sigismund
CH Mlakar, Pia
   Mlakar, Pino
BB Kern, Herbert
KM Kern, Herbert

11.07.1954   NI
Die Frau ohne Schatten
MU Strauss, Richard
OR PR
DIR Kempe, Rudolf
INT Rysanek, Leonie
   (Kaiserin)
   Metternich, Josef (Barak)
   Schech, Marianne
   (Färberin)
   Benningsen, Lilian
   (Amme)
RE Hartmann, Rudolf
BB Preetorius, Emil
KM Preetorius, Emil

21.10.1954   NI
Simon Boccanegra
MU Verdi, Giuseppe
OR PR
DIR Sawallisch, Wolfgang
INT Metternich, Josef (Simone)

   Frick, Gottlob (Fiesco)
   Cunitz, Maud (Amelia)
RE Arnold, Heinz
BB Jürgens, Helmut
KM Jakameit, Rosemarie

25.11.1954   ME NF
Die Zaubergeige
MU Egk, Werner
OR PR
DIR Egk, Werner
INT Cordes, Marcel (Kaspar)
   Köth, Erika (Gretl)
   Lindermeier, Elisabeth
   (Ninabella)
RE Hartmann, Rudolf
BB Jürgens, Helmut
KM Jakameit, Rosemarie

21.12.1954   NI
Lohengrin
MU Wagner, Richard
OR PR
DIR Knappertsbusch, Hans

Das »Rosenkavalier«-Terzett der Jahre 1954–1963: Erika Köth (Sophie), Hertha Töpper (Oktavian), Marianne Schech (Marschallin)

INT Frick, Gottlob (Heinrich
   der Vogler)
   Vandenburg, Howard
   (Lohengrin)
   Kupper, Annelies (Elsa)
RE Hartmann, Rudolf
BB Jürgens, Helmut
KM Jakameit, Rosemarie

1955

02.02.1955   EC
Der wunderbare Mandarin
GA Ballett
MU Bartók, Béla
OR PR
DIR Gierster, Hans
CH Carter, Alan
BB Schachteli, Werner
KM Schachteli, Werner

02.02.1955   EC
Vier mal vier
GA Ballett
MU Ravel, Maurice
OR PR
DIR Gierster, Hans
CH Carter, Alan

BB Carter, Alan
KM Carter, Alan

02.02.1955   NC
Der Nussknacker (2. Akt)
GA Ballett
MU Tschaikowsky, Peter
   Iljitsch
OR PR
DIR Mayr, Sigismund
CH Petipa, Marius
   Ivanov, Lev
BB Hornsteiner, Ludwig
KM Hornsteiner, Ludwig

02.02.1955   NC
Schwanensee (Pas de trois)
GA Ballett
MU Tschaikowsky, Peter
   Iljitsch
OR PR
DIR Mayr, Sigismund
CH Petipa, Marius
   Ivanov, Lev

10.03.1955   NI
Louise
MU Charpentier, Gustave
OR PR
DIR Knappertsbusch, Hans
INT Rysanek, Leonie
   (Louise)
   Vandenburg, Howard
   (Julien)
RE Arnold, Heinz
BB Jürgens, Helmut
KM Strauß, Anny

17.03.1955   NI
Fra Diavolo
Fra Diavolo ou L'hôtellerie de Terracine
MU Auber, Daniel François
   Esprit
OR GÄ
DIR Gierster, Hans
INT Holm, Richard (Fra
   Diavolo)
RE Duvoisin, Willy
BB Bignens, Max
KM Bignens, Max

15.04.1955   EC
Haus der Schatten
GA Ballett
MU Britten, Benjamin
OR PR
DIR Gierster, Hans
CH Carter, Alan
BB Carter, Alan
KM Carter, Alan

12.05.1955   NI
Die tote Stadt
MU Korngold, Erich Wolfgang
OR PR
DIR Heger, Robert
INT Hopf, Hans (Paul)
   Schech, Marianne
   (Marietta)
RE Erhardt, Otto
BB Jürgens, Helmut
KM Jakameit, Rosemarie

13.05.1955   NI
Der Barbier von Sevilla
Il barbiere di Siviglia
MU Rossini, Gioacchino
OR GÄ
DIR Gierster, Hans
INT Fehenberger, Lorenz
   (Almaviva)
   Köth, Erika (Rosina)
   Schmitt-Walter, Karl
   (Figaro)
RE List, Herbert
BB Bignens, Max
KM Bignens, Max

20.05.1955   DE
Orfeo ed Euridice
L'anima del filosofo
MU Haydn, Joseph
OR BM
DIR Heger, Robert
INT Fehenberger, Lorenz
   (Orfeo)
   Kupper, Annelies
   (Euridice)
BE konzertant

21.05.1955   EC
Concertino
GA Ballett
MU Pergolesi, Giovanni
   Battista
OR BM
DIR Mayr, Sigismund
CH Carter, Alan
BB Kainer, Ludwig

21.05.1955   EC
Temps de Couperin
GA Ballett
MU Ravel, Maurice
OR BM
DIR Mayr, Sigismund
CH Carter, Alan
BB Carter, Alan
KM Carter, Alan

21.05.1955   EC
Divertissement
GA Ballett
MU Tschaikowsky, Peter
   Iljitsch
OR BM
DIR Mayr, Sigismund

CH Petipa, Marius
   Ivanov, Lev
BB Hornsteiner, Ludwig
KM Hornsteiner, Ludwig

15.06.1955   ME
Herzog Blaubarts Burg
A kékszakállú Herceg Vára
MU Bartók, Béla
OR PR
DIR Eichhorn, Kurt
INT Engen, Kieth (Herzog
   Blaubart)
   Töpper, Herta (Judith)
   Hauer, Jochen (Barde)
RE Arnold, Heinz
BB Jürgens, Helmut
KM Jakameit, Rosemarie

15.06.1955   ME
Die Heimkehr
MU Mihalovici, Marcel
OR PR
DIR Hollreiser, Heinrich
INT Benningsen, Lilian (Die
   Mutter)
   Rehm, Hilde (Marie)
   Proebstl, Max (Der
   Fremde)
RE Arnold, Heinz
BB Jürgens, Helmut
KM Jakameit, Rosemarie

29.06.1955   NI
Salome
MU Strauss, Richard
OR PR
DIR Keilberth, Joseph
INT Aldenhoff, Bernd
   (Herodes)
   Nilsson, Birgit (Salome)
   Metternich, Josef
   (Jochanaan)
RE Hartmann, Rudolf
BB Jürgens, Helmut
KM Jakameit, Rosemarie

12.08.1955   NI
Julius Cäsar
Giulio Cesare in Egitto
MU Händel, Georg Friedrich
OR PR
DIR Jochum, Eugen
INT Metternich, Josef (Cäsar)
   Malaniuk, Ira (Cornelia)
   Della Casa, Lisa
   (Cleopatra)
RE Hartmann, Rudolf
BB Jürgens, Helmut
KM Jakameit, Rosemarie

02.09.1955   UA?
Taubenflug
GA Ballett
MU Schilling, Otto-Erich
OR GÄ
DIR Graunke, Kurt
CH Carter, Alan
BB Stefula, Dorothea
   Stefula, Györgi
KM Stefula, Dorothea
   Stefula, Györgi

14.10.1955   NI
Carmina Burana

MU	Orff, Carl	
OR	PR	
DIR	Sawallisch, Wolfgang	
INT	Kupper, Annelies (Sopran) Cordes, Marcel (Bariton) Kuen, Paul (Tenor)	
RE	Arnold, Heinz	
BB	Jürgens, Helmut	
KM	Jakameit, Rosemarie	

14.10.1955 — NI
Die Kluge
- MU Orff, Carl
- OR PR
- DIR Sawallisch, Wolfgang
- INT Engen, Kieth (König) Lindermeier, Elisabeth (Bauerntochter)
- RE Arnold, Heinz
- BB Jürgens, Helmut
- KM Jakameit, Rosemarie

17.11.1955 — NI
Idomeneo
- MU Mozart, Wolfgang Amadeus
- OR PR
- DIR Heger, Robert
- INT Vandenburg, Howard (Idomeneo) Holm, Richard (Idamantes) Köth, Erika (Ilia)
- RE Arnold, Heinz
- BB Jürgens, Helmut
- KM Jakameit, Rosemarie
- BE in der Bearbeitung von Robert Heger

09.12.1955 — NI
La Bohème
- MU Puccini, Giacomo
- OR PR
- DIR Gierster, Hans
- INT Fehenberger, Lorenz (Rudolf) Sommerschuh, Gerda (Mimi)
- RE Arnold, Heinz
- BB Hornsteiner, Ludwig
- KM Hornsteiner, Ludwig

23.12.1955 — UA?
Mister Scrooge
- GA Ballett
- MU Suk, Josef
- OR PR
- DIR Fekete, Zoltan
- CH Carter, Alan
- BB Carter, Alan
- KM Carter, Alan

1956

27.01.1956 — NI
Die Zauberflöte
- MU Mozart, Wolfgang Amadeus
- OR PR
- DIR Knappertsbusch, Hans
- INT Proebstl, Max (Sarastro) Holm, Richard (Tamino) Fölser, Liselotte (Pamina) Cordes, Marcel (Papageno) Köth, Erika (Königin der Nacht)
- RE Hartmann, Rudolf
- BB Preetorius, Emil
- KM Preetorius, Emil

02.03.1956 — NE
Giselle
- GA Ballett
- MU Adam, Adolphe Charles
- OR PR
- DIR Mayr, Sigismund
- RE Carter, Alan
- CH Coralli, Jean Perrot, Jules
- BB Gugel, Fabius
- KM Gugel, Fabius

02.03.1956 — UA?
Les parapluies
- GA Ballett
- MU Woolridge, David
- OR PR
- DIR Mayr, Sigismund
- CH Carter, Alan
- BB Stadler, Therese
- KM Stadler, Therese

29.03.1956 — UA
Don Juan de Mañara
- MU Tomasi, Henri
- OR PR
- DIR Cluytens, André
- INT Aldenhoff, Bernd (Don Miguel Mañara) Gabory, Magda (Girolama) Proebstl, Max (Don Fernando)
- RE Hartmann, Rudolf
- BB Jürgens, Helmut
- KM Jakameit, Rosemarie

09.05.1956 — NI
Othello *Otello*
- MU Verdi, Giuseppe
- OR PR
- DIR Fricsay, Ferenc
- INT Hopf, Hans (Othello) Metternich, Josef (Jago) Kupper, Annelies (Desdemona)
- RE Hartmann, Rudolf
- BB Jürgens, Helmut
- KM Jakameit, Rosemarie

18.05.1956 — EC
The rake's progress
- GA Ballett
- MU Gordon, Gavin
- OR PR
- DIR Mayr, Sigismund
- CH Valois, Ninette de
- BB Hogarth, William Whistler, Rex
- KM Hogarth, William Whistler, Rex

18.05.1956 — EC
Commedietta
- GA Ballett
- MU Mozart, Wolfgang Amadeus
- OR PR
- DIR Heger, Robert
- CH Carter, Alan
- BB Carter, Alan
- KM Carter, Alan
- BE Tanz-Szenen nach der Ballettmusik zu »Idomeneo« in der Bearbeitung von Robert Heger

04.06.1956 — EC
Die Dorfmusikanten
- GA Ballett
- MU Mozart, Wolfgang Amadeus
- OR BM
- DIR Heger, Robert
- CH Baur, Franz
- BB Stadler, Therese
- KM Stadler, Therese

28.06.1956 — ME
Dantons Tod
- MU Einem, Gottfried von
- OR PR
- DIR Matacic, Lovro von
- INT Andersson, Frans (Danton) Holm, Richard (Camille) Schädle, Lotte (Julie)
- RE Arnold, Heinz
- BB Jürgens, Helmut
- KM Jakameit, Rosemarie

10.08.1956 — NI
Die Ägyptische Helena
- MU Strauss, Richard
- OR PR
- DIR Keilberth, Joseph
- INT Rysanek, Leonie (Helena) Aldenhoff, Bernd (Menelas) Kupper, Annelies (Aithra)
- RE Hartmann, Rudolf
- BB Jürgens, Helmut
- KM Jakameit, Rosemarie
- BE am 24.1.1964 Übernahme ins Nationaltheater

Ferenc Fricsay (1914–1963), Generalmusikdirektor 1956–1958

08.11.1956 — ME
Die Fürsten Chowansky *Chovanščina*
- MU Musorgskij, Modest
- OR PR
- DIR Fricsay, Ferenc
- INT Frick, Gottlob (Iwan Chowansky) Hopf, Hans (Andrej) Töpper, Herta (Marfa)
- RE Hartmann, Rudolf
- BB Olah, Gustav
- KM Olah, Gustav
- BE in der Bearbeitung von Nikolaj Rimskij-Korsakov

22.11.1956 — EC
The still point
- GA Ballett
- MU Debussy, Claude
- OR PR
- DIR Mayr, Sigismund
- CH Bolender, Todd

21.12.1956 — NI
Lucia di Lammermoor
- MU Donizetti, Gaëtano
- OR PR
- DIR Fricsay, Ferenc
- INT Metternich, Josef (Ashton) Köth, Erika (Lucia) Simandy, Josef (Ravenswood)
- RE List, Herbert
- BB Hornsteiner, Ludwig
- KM Hornsteiner, Ludwig
- BE deutsch

1957

19.01.1957 — NI
Die lustigen Weiber von Windsor
- MU Nicolai, Otto
- OR PR
- DIR Knappertsbusch, Hans
- INT Proebstl, Max (Falstaff) Kupper, Annelies (Frau Fluth) Benningsen, Lilian (Frau Reich)
- RE Arnold, Heinz
- BB Jürgens, Helmut
- KM Jakameit, Rosemarie

22.03.1957 — ME
Irische Legende
- MU Egk, Werner
- OR PR
- DIR Egk, Werner
- INT Kupper, Annelies (Cathleen) Engen, Kieth (Aleel) Töpper, Herta (Oona)
- RE Arnold, Heinz
- BB Jürgens, Helmut

14.04.1957 — NI
Parsifal
- MU Wagner, Richard
- OR PR
- DIR Jochum, Eugen
- INT Frantz, Ferdinand (Gurnemanz) Vandenburg, Howard (Parsifal) Schech, Marianne (Kundry)
- RE Arnold, Heinz
- BB Jürgens, Helmut
- KM Stenz-Hentze, Alexander

29.05.1957 — ME
Wozzeck
- MU Berg, Alban
- OR PR
- DIR Fricsay, Ferenc
- INT Peter, Albrecht (Wozzeck) Lindermeier, Elisabeth (Marie)
- RE Hartmann, Rudolf
- BB Jürgens, Helmut
- KM Jakameit, Rosemarie

14.06.1957 — EC
Begegnung
- GA Ballett
- MU Egk, Werner
- OR BM
- DIR Heger, Robert
- CH Baur, Franz
- KM Stadler, Therese
- BE Musik »Französische Suite« von Werner Egk

14.06.1957 — EC
Purcell-Suite
- GA Ballett
- MU Purcell, Henry
- OR BM
- DIR Heger, Robert
- CH Harris, Joan
- BB Kern, Herbert
- KM Kern, Herbert
- BE in der Bearbeitung von Robert Heger

11.08.1957 — UA
Die Harmonie der Welt
- MU Hindemith, Paul
- OR PR
- DIR Hindemith, Paul
- INT Engen, Kieth (Kaiser Rudolf II./Sol) Hoppe, Karl (Kaiser Ferdinand II.) Metternich, Josef (Johannes Keppler)
- RE Hartmann, Rudolf
- BB Jürgens, Helmut
- KM Jakameit, Rosemarie

28.08.1957 — EC
Capriccio *Igor-Strawinsky-Ballettabend*
- GA Ballett
- MU Strawinsky, Igor
- OR PR
- DIR Graunke, Kurt
- CH Carter, Alan
- BB Carter, Alan
- KM Carter, Alan

28.08.1957 — EC
Feuilleton *Igor-Strawinsky-Ballettabend*
- GA Ballett
- MU Strawinsky, Igor
- OR PR
- DIR Graunke, Kurt
- CH Carter, Alan
- BB Carter, Alan
- KM Carter, Alan

28.08.1957 — NC
Orpheus

Igor-Strawinsky-Ballettabend
GA Ballett
MU Strawinsky, Igor
OR PR
DIR Graunke, Kurt
CH Carter, Alan
BB Carter, Alan
KM Carter, Alan

15.10.1957 NI
Daphne
MU Strauss, Richard
OR PR
DIR Zallinger, Meinhard von
INT Kupper, Annelies (Daphne)
Fehenberger, Lorenz (Leukippos)
Uhl, Fritz (Apollo)
RE Arnold, Heinz
BB Jürgens, Helmut
KM Schröck, Sophie

19.11.1957 EC
Salade
GA Ballett
MU Milhaud, Darius
OR PR
DIR Kulka, Janos
CH Carter, Alan
BB Schachteli, Werner
KM Schachteli, Werner

19.11.1957 ME
Oedipus Rex
MU Strawinsky, Igor
OR PR
DIR Fricsay, Ferenc
INT Häfliger, Ernst (Oedipus)
Frantz, Ferdinand (Kreon)
Töpper, Herta (Jokaste)
RE Arnold, Heinz
BB Jürgens, Helmut
KM Schröck, Sophie

22.12.1957 NI
Ein Maskenball
Un ballo in maschera
MU Verdi, Giuseppe
OR PR
DIR Fricsay, Ferenc
INT Simandy, Josef (König Gustaf III.)
Metternich, Josef (Graf Ankarström)
Cunitz, Maud (Amelia)
RE Hartmann, Rudolf
BB Jürgens, Helmut
KM Schröck, Sophie
BE Fassung mit dem ursprünglichen Libretto

1958

05.02.1958 NI
Der Mond
MU Orff, Carl
OR PR
DIR Eichhorn, Kurt
INT Knapp, Josef (1. Bursche)
Hoppe, Karl (2. Bursche)
Kuen, Paul (3. Bursche)
Wieter, Georg (4. Bursche)
RE Hartmann, Rudolf
BB Jürgens, Helmut
KM Schröck, Sophie

05.02.1958 NI
Die Kluge
MU Orff, Carl
OR PR
DIR Eichhorn, Kurt
INT Engen, Kieth (König)
Steffek, Hanny (Bauerntochter)
RE Arnold, Heinz
BB Jürgens, Helmut
KM Schröck, Sophie

Helmut Jürgens (1902–1963), Bühnenbildner ab 1948

12.03.1958 ME
Der Revisor
MU Egk, Werner
OR PR
DIR Egk, Werner
INT Holm, Richard (Chlestakow)
Proebstl, Max (Stadthauptmann)
RE Arnold, Heinz
BB Jürgens, Helmut
KM Schröck, Sophie

17.03.1958 EC
The prince of the Pagodas
GA Ballett
MU Britten, Benjamin
OR PR
DIR Mayr, Sigismund
RE Carter, Alan
CH Carter, Alan
BB Gugel, Fabius
KM Gugel, Fabius

17.04.1958 NI
Margarethe
Faust
MU Gounod, Charles
OR PR
DIR Matacic, Lovro von
INT Fehenberger, Lorenz (Faust)
Frantz, Ferdinand (Mephistopheles)
Fölser, Liselotte (Margarethe)
RE Erhardt, Otto

15.05.1958 EI?
Der Triumph des Lichts
L'huomo ?
MU Bernasconi, Andrea
OR BM
DIR Heger, Robert
INT Fehenberger, Lorenz (Der gute Geist)
Kupper, Annelies (Negorea)
Töpper, Herta (Volusia)
RE Erhardt, Otto
BB Kern, Herbert
KM Kern, Herbert
BE in der Bearbeitung von Robert Heger; wahrscheinlich nicht nach München übernommen

30.05.1958 EC
Grand Pas de deux aus Don Quijote
GA Ballett
MU Minkus, Ludwig
OR PR
DIR Mayr, Sigismund
CH Petipa, Marius

12.06.1958 NI
Die Hochzeit des Figaro
Le nozze di Figaro
MU Mozart, Wolfgang Amadeus
OR CU
DIR Fricsay, Ferenc
INT Prey, Hermann (Almaviva)
Kupper, Annelies (Gräfin)
Kohn, Karl Christian (Figaro)
Köth, Erika (Susanne)
RE Hartmann, Rudolf
BB Jürgens, Helmut
KM Schröck, Sophie
BE 700. Aufführung (Geschlossene Festveranstaltung) in München; am 14.6.1958 offizielle Eröffnung des Cuvilliés-Theaters in neuen Räumen

10.08.1958 NI
Tristan und Isolde
MU Wagner, Richard
OR PR
DIR Keilberth, Joseph
INT Suthaus, Ludwig (Tristan)
Kreppel, Walter (Marke)
Töpper, Herta (Brangäne)
Mödl, Martha (Isolde)
RE Hartmann, Rudolf
BB Preetorius, Emil
KM Preetorius, Emil
BE deutsch ?

14.08.1958 NI
Feuersnot
MU Strauss, Richard
OR PR
DIR Kempe, Rudolf
INT Cunitz, Maud (Diemut)
Cordes, Marcel (Kunrad)
RE Graf, Herbert

14.08.1958 NC
Josephslegende
GA Ballett
MU Strauss, Richard
OR PR
DIR Kempe, Rudolf
CH Rosen, Heinz
BB Ponnelle, Jean-Pierre
KM Ponnelle, Jean-Pierre

19.10.1958 NI
Iphigenie auf Tauris
Iphigénie en Tauride
MU Gluck, Christoph Willibald
OR PR
DIR Keilberth, Joseph
INT Kupper, Annelies (Iphigenie)
Prey, Hermann (Orestes)
Holm, Richard (Pylades)
RE Hartmann, Rudolf
BB Jürgens, Helmut
KM Schröck, Sophie

1959

03.01.1959 NI
Zar und Zimmermann
MU Lortzing, Albert
OR PR
DIR Kulka, Janos
INT Peter, Albrecht (Zar)
Lenz, Friedrich (Peter Iwanov)
Steffek, Hanny (Marie)
Wieter, Georg (van Bett)
RE Arnold-Paur, Oscar
BB Röthlisberger, Max
KM Strauß, Anny

25.01.1959 EC
Undine
GA Ballett
MU Henze, Hans Werner
OR PR
DIR Henze, Hans Werner
CH Carter, Alan
BB Gugel, Fabius
KM Gugel, Fabius

18.02.1959 ME
Deidamia
MU Händel, Georg Friedrich
OR PR
DIR Zallinger, Meinhard von
INT Fölser, Liselotte (Deidamia)
Benningsen, Lilian (Achilles)
Holm, Richard (Odysseus)
RE Arnold, Heinz
BB Jürgens, Helmut
KM Schröck, Sophie

20.03.1959 NI
Die verkaufte Braut
Prodaná nevěsta
MU Smetana, Bedřich
OR PR
DIR Rieger, Fritz
INT Steffek, Hanny (Marie)

Fehenberger, Lorenz (Hans)
Proebstl, Max (Kezal)
RE List, Herbert
BB Hornsteiner, Ludwig
KM Hornsteiner, Ludwig

06.05.1959 NI
Carmina Burana
Trionfi
MU Orff, Carl
OR PR
DIR Matacic, Lovro von
INT Engen, Kieth (Bariton)
Cordes, Marcel (Bariton)
Fölser, Liselotte (Sopran)
Kuen, Paul (Tenor)
RE Rosen, Heinz
CH Rosen, Heinz
BB Jürgens, Helmut
KM Schröck, Sophie

06.05.1959 EI
Catulli Carmina
Trionfi
MU Orff, Carl
OR PR
DIR Matacic, Lovro von
INT Fahberg, Antonie (Lesbia)
Fehenberger, Lorenz (Catull)
RE Rosen, Heinz
CH Rosen, Heinz
BB Jürgens, Helmut
KM Schröck, Sophie
BE ME szenisch

28.05.1959 NC
Les Sylphides
GA Ballett
MU Chopin, Frédéric
OR BM
CH Fokine, Michail
BB Hornsteiner, Ludwig
BE am 21.9.1959 Übernahme ins Prinzregenten-Theater

Joseph Keilberth (1908–1968), Generalmusikdirektor 1959–1968

28.05.1959 EC
Changement de pieds
GA Ballett
MU Martin, Frank
OR BM
DIR Mayr, Sigismund

CH Carter, Alan
BB Carter, Alan
KM Carter, Alan

03.07.1959 NI
Così fan tutte
MU Mozart, Wolfgang Amadeus
OR CU
DIR Matacic, Lovro von
INT Watson, Claire (Fiordiligi)
Benningsen, Lilian (Dorabella)
Prey, Hermann (Guglielmo)
Holm, Richard (Ferrando)
RE Hartmann, Rudolf
BB Jürgens, Helmut
KM Flemming, Charlotte

12.08.1959 NI
Tannhäuser
MU Wagner, Richard
OR PR
DIR Solti, Georg
INT Kreppel, Walter (Landgraf Hermann)
Hopf, Hans (Tannhäuser)
Watson, Claire (Elisabeth)
RE Arnold, Heinz
BB Jürgens, Helmut
KM Schröck, Sophie

15.08.1959 NI
Arabella
MU Strauss, Richard
OR PR
DIR Keilberth, Joseph
INT Della Casa, Lisa (Arabella)
Rothenberger, Anneliese (Zdenka)
Fischer-Dieskau, Dietrich (Mandryka)
RE Hartmann, Rudolf
BB Jürgens, Helmut
KM Flemming, Charlotte

16.08.1959 NI
Ariadne auf Naxos
MU Strauss, Richard
OR CU
DIR Keilberth, Joseph
INT Rysanek, Leonie (Ariadne)
Uhl, Fritz (Bacchus)
Köth, Erika (Zerbinetta)
Prey, Hermann (Harlekin)
RE Hartmann, Rudolf
BB Jürgens, Helmut
KM Flemming, Charlotte

16.10.1959 NI
Don Giovanni
MU Mozart, Wolfgang Amadeus
OR PR
DIR Keilberth, Joseph
INT Alexander, Carlos (Don Giovanni)
Kupper, Annelies (Donna Anna)
Cunitz, Maud (Donna Elvira)
Kohn, Karl Christian (Leporello)
Steffek, Hanny (Zerlina)
Holm, Richard (Don Ottavio)
RE Arnold, Heinz
BB Jürgens, Helmut
KM Schröck, Sophie

19.11.1959 DE
Die Ausflüge des Herrn Brouček
Výlety páne Broučkovy
MU Janáček, Leoš
OR PR
DIR Keilberth, Joseph
INT Fehenberger, Lorenz (Brouček)
Wunderlich, Fritz (Mazal, Mazalum, Mazal)
Lipp, Wilma (Málinka, Lunamali, Amalka)
RE Völker, Wolf
BB Gliese, Rochus
KM Gliese, Rochus

27.11.1959
Das Christelflein
MU Pfitzner, Hans
OR CU
DIR Zallinger, Meinhard von
INT Köth, Erika (Das Elflein)
RE Arnold, Heinz
BB Hornsteiner, Ludwig
KM Schröck, Sophie

03.12.1959 NC
Schwanensee
GA Ballett
MU Tschaikowsky, Peter Iljitsch
OR PR
DIR Mayr, Sigismund
CH Petipa, Marius
Ivanov, Lev
Skeaping, Mary
BB Daydé, Bernard
KM Daydé, Bernard

20.12.1959 NI
Der Mantel
Il Tabarro
MU Puccini, Giacomo
OR PR
DIR Keilberth, Joseph
INT Metternich, Josef (Michele)
Hopf, Hans (Luigi)
Borkh, Inge (Giorgetta)
RE Poettgen, Ernst
BB Hartmann, Adolf
KM Hartmann, Adolf
BE ME des Trittico

20.12.1959 NI
Gianni Schicchi
MU Puccini, Giacomo
OR PR
DIR Keilberth, Joseph
INT Hotter, Hans (Gianni Schicchi)
Fahberg, Antonie (Lauretta)
Benningsen, Lilian (Zita)
Simandy, Josef (Rinuccio)
RE Poettgen, Ernst
BB Röthlisberger, Max
KM Röthlisberger, Max
BE ME des Trittico

20.12.1959 ME
Schwester Angelica
Suor Angelica
MU Puccini, Giacomo
OR PR
DIR Keilberth, Joseph
INT Fölser, Liselotte (Schwester Angelica)
RE Poettgen, Ernst
BB Engländer, Babs
KM Engländer, Babs
BE ME des Trittico

1960

16.02.1960 UA
Danza
GA Ballett
MU Egk, Werner
OR PR
DIR Egk, Werner
CH Rosen, Heinz
BB Jürgens, Helmut
KM Flemming, Charlotte

16.02.1960 NC
Joan von Zarissa
GA Ballett
MU Egk, Werner
OR PR
DIR Egk, Werner
CH Rosen, Heinz
BB Jürgens, Helmut
KM Flemming, Charlotte

25.02.1960 NI
Simplicius Simplicissimus
MU Hartmann, Karl Amadeus
OR CU
DIR Bender, Heinrich
INT Fahberg, Antonie (Simplicius)
Fehenberger, Lorenz (Einsiedel)
RE Arnold, Heinz
BB Jürgens, Helmut
KM Schröck, Sophie

25.02.1960 UA
Seraphine oder Die stumme Apothekerin
MU Sutermeister, Heinrich
OR CU
DIR Bender, Heinrich
INT Rogner, Eva Maria (Seraphine)
Hoppe, Karl (Der Apotheker)
Benningsen, Lilian (Die Heiratsvermittlerin)
RE Arnold, Heinz
BB Kern, Herbert
KM Schröck, Sophie

03.05.1960 ME
Columbus
MU Egk, Werner
OR PR
DIR Egk, Werner
INT Engen, Kieth (Columbus)
Holm, Richard (Ferdinand)
Fölser, Liselotte (Isabella)
RE Hartleb, Hans
CH Rosen, Heinz
BB Jürgens, Helmut
KM Schröck, Sophie
BE ME szenisch

22.06.1960 EI
Trionfo di Afrodite
Trionfi
MU Orff, Carl
OR PR
DIR Leitner, Ferdinand
INT Mattern, Trude (La Sposa)
Holm, Richard (Lo Sposo)
RE Rosen, Heinz
CH Rosen, Heinz
BB Jürgens, Helmut
KM Schachteli, Werner
BE ME szenisch

07.08.1960 NI
Die Meistersinger von Nürnberg
MU Wagner, Richard
OR PR
DIR Keilberth, Joseph
INT Wiener, Otto (Hans Sachs)
Schmitt-Walter, Karl (Beckmesser)
Uhl, Fritz (Stolzing)
Lipp, Wilma (Eva)
RE Völker, Wolf
BB Pfeiffenberger, Heinz
KM Schröck, Sophie

14.08.1960 NI
Intermezzo
MU Strauss, Richard
OR CU
DIR Keilberth, Joseph
INT Steffek, Hanny (Christine)
Prey, Hermann (Robert Storch)
Gruber, Ferry (Baron Lummer)
RE Hartmann, Rudolf
BB Ponnelle, Jean-Pierre
KM Ponnelle, Jean-Pierre

23.10.1960 NI
Mathis der Maler
MU Hindemith, Paul
OR PR
DIR Keilberth, Joseph
INT Wiener, Otto (Mathis)
Holm, Richard (Albrecht von Brandenburg)
Hillebrecht, Hildegard (Ursula)
RE Hartleb, Hans
BB Jürgens, Helmut
KM Schröck, Sophie

31.10.1960 ME
Die Liebe zu den drei Orangen
Ljubov k trem apel'sinam
MU Prokofieff, Sergej
OR GÄ
DIR Eichhorn, Kurt
INT Thaw, David (Prinz)
Gruber, Ferry (Truffaldino)
Schramm, Margit (Fata Morgana)
RE Assmann, Arno
BB Bignens, Max
KM Bignens, Max

10.11.1960 NI
Madame Butterfly
MU Puccini, Giacomo
DIR Bender, Heinrich
INT Wissmann, Lore (Cho-Cho-San)
Paskuda, Georg (Linkerton)
RE Arnold, Heinz
BB Stich, Otto
KM Diettrich, Inge

22.11.1960 EC
Pièces brillantes
GA Ballett
MU Glinka, Michail I.
OR PR
DIR Mayr, Sigismund
CH Briansky, Oleg
BB Levasseur, André
KM Levasseur, André

22.11.1960 EC
Gala Performance
GA Ballett
MU Prokofieff, Sergej
OR PR
DIR Mayr, Sigismund
CH Tudor, Antony
BB Bignens, Max
KM Bignens, Max

01.12.1960 ME
Die Schule der Frauen
MU Liebermann, Rolf
OR CU
DIR Bender, Heinrich
INT Schmitt-Walter, Karl (Poquelin gen. Molière)
Rogner, Eva Maria (Agnes)
Wunderlich, Fritz (Horace)
RE Arnold, Heinz
BB Waltz, Johannes
KM Urbancic, Elisabeth

21.12.1960 NI
Carmen
MU Bizet, Georges
OR PR
DIR Keilberth, Joseph
INT Töpper, Herta (Carmen)
Uhl, Fritz (Don José)
RE Rosen, Heinz
BB Ponnelle, Jean-Pierre
KM Ponnelle, Jean-Pierre

1961

06.02.1961 NI
Don Pasquale
MU Donizetti, Gaëtano
OR PR
DIR Erede, Alberto
INT Böhme, Kurt (Don Pasquale)
Wunderlich, Fritz (Ernesto)
Köth, Erika (Norina)
RE Hartmann, Rudolf
BB Jürgens, Helmut
KM Schröck, Sophie

23.03.1961 ME **Oedipus der Tyrann** MU Orff, Carl OR PR DIR Keilberth, Joseph INT Stolze, Gerhard (Oedipus) Engen, Kieth (Kreon) Varnay, Astrid (Jokasta) RE Arnold, Heinz BB Jürgens, Helmut KM Schröck, Sophie **26.04.1961** NI **Hoffmanns Erzählungen** *Les contes d'Hoffmann* MU Offenbach, Jacques OR PR DIR Zallinger, Meinhard von INT Cox, Jean (Hoffmann) Metternich, Josef (Coppelius, Dapertutto, Dr. Mirakel) Watson, Claire (Giulietta) Steffek, Hanny (Antonia) Köth, Erika (Olympia) RE Assmann, Arno BB Otto, Teo KM Otto, Teo **20.05.1961** UA **Elegie für junge Liebende** MU Henze, Hans Werner OR Schwetzingen DIR Bender, Heinrich INT Fischer-Dieskau, Dietrich (Gregor Mittenhofer) Lenz, Friedrich (Toni Reischmann) Bremert, Ingeborg (Elisabeth) RE Henze, Hans Werner BB Jürgens, Helmut KM Schröck, Sophie BE am 22.8.1961 Übernahme ins Cuvilliés-Theater **01.06.1961** NI **Doktor und Apotheker** MU Dittersdorf, Carl Ditters von OR BM DIR Zallinger, Meinhard von INT Proebstl, Max (Apotheker) Schädle, Lotte (Leonore) Wieter, Georg (Doktor) RE Hartleb, Hans BB Hornsteiner, Ludwig KM Hornsteiner, Ludwig **09.06.1961** UA **La Buffonata** GA Ballet chanté MU Killmayer, Wilhelm OR PR DIR Killmayer, Wilhelm INT Hoppe, Karl (Scaramuccio, Baß-Bariton) Anaya, Dulce (Colombina) Fahberg, Antonie (Sopran) RE Rosen, Heinz CH Rosen, Heinz BB Jürgens, Helmut KM Flemming, Charlotte	**09.06.1961** UA **La Tragedia di Orfeo** GA Ballett MU Killmayer, Wilhelm OR PR DIR Killmayer, Wilhelm CH Rosen, Heinz BB Jürgens, Helmut KM Flemming, Charlotte **09.06.1961** EC **Aubade** GA Ballett MU Poulenc, Francis OR PR DIR Killmayer, Wilhelm CH Rosen, Heinz BB Zimmermann, Jörg KM Flemming, Charlotte **13.08.1961** ME **Thamos, König in Ägypten** MU Mozart, Wolfgang Amadeus OR PR DIR Keilberth, Joseph INT Becker, Rolf (Thamos) Freedmann, Gertrud (Sopran) Fassbaender, Brigitte (Alt) Lenz, Friedrich (Tenor) Nissen, Hans Hermann (Bass) RE Hartmann, Rudolf BB Jürgens, Helmut KM Schröck, Sophie BE in der Bühneneinrichtung von Karl Heinz Ruppel **13.08.1961** NI **Friedenstag** MU Strauss, Richard OR PR DIR Keilberth, Joseph INT Metternich, Josef (Kommandant) Hillebrecht, Hildegard (Maria) Holm, Richard (Schütze) RE Hartmann, Rudolf BB Jürgens, Helmut KM Schröck, Sophie **27.08.1961** NI **La finta giardiniera** MU Mozart, Wolfgang Amadeus OR CU DIR Zallinger, Meinhard von INT Fehenberger, Lorenz (Podestà) Hallstein, Ingeborg (Sandrina) Holm, Richard (Belfiore) RE Arnold, Heinz BB Hallegger, Kurt KM Hallegger, Kurt **09.11.1961** NI **Don Carlos** MU Verdi, Giuseppe OR PR DIR Rieger, Fritz INT Frick, Gottlob (Philipp II.) Thomas, Jess (Don Carlos)	Hillebrecht, Hildegard (Elisabeth) RE Hartleb, Hans BB Jürgens, Helmut KM Schröck, Sophie BE italienisch ? **28.11.1961** NI **La Cenerentola** MU Rossini, Gioacchino OR CU DIR Zallinger, Meinhard von INT Köth, Erika (Angelina) Wunderlich, Fritz (Ramiro) Grumbach, Raimund (Dandini) RE Kelch, Werner BB Hornsteiner, Ludwig KM Hornsteiner, Ludwig **21.12.1961** NI **Eugen Onegin** *Evgenij Onegin* MU Tschaikowsky, Peter Iljitsch OR PR DIR Keilberth, Joseph INT Nöcker, Hans Günter (Onegin) Bremert, Ingeborg (Tatjana) Paskuda, Georg (Lenski) RE Hartmann, Rudolf BB Jürgens, Helmut KM Erler, Liselotte **1962** **27.01.1962** NI **Der Rosenkavalier** MU Strauss, Richard OR PR DIR Keilberth, Joseph INT Watson, Claire (Feldmarschallin) Kohn, Karl Christian (Baron Ochs auf Lerchenau) Sarfaty, Regina (Octavian) Hallstein, Ingeborg (Sophie) RE Hartmann, Rudolf BB Jürgens, Helmut KM Schröck, Sophie **02.02.1962** NI **Der Revisor** MU Egk, Werner OR CU DIR Egk, Werner INT Stolze, Gerhard (Chlestakow) Proebstl, Max (Stadthauptmann) RE Hartleb, Hans BB Stich, Otto KM Schröck, Sophie **11.03.1962** NE **Giselle** GA Ballett MU Adam, Adolphe Charles OR PR DIR Killmayer, Wilhelm RE Rosen, Heinz	CH Coralli, Jean Perrot, Jules Anaya, Dulce BB Heinrich, Rudolf KM Flemming, Charlotte **11.03.1962** EC **Der Mohr von Venedig** GA Ballett MU Blacher, Boris OR PR DIR Killmayer, Wilhelm CH Rosen, Heinz BB Heinrich, Rudolf KM Flemming, Charlotte **08.04.1962** NI **Die Afrikanerin** *L'Africaine* MU Meyerbeer, Giacomo OR PR DIR Bender, Heinrich INT Fahberg, Antonie (Ines) Thomas, Jess (Vasco da Gama) Bjoner, Ingrid (Selica) RE Arnold, Heinz BB Benois, Nicola KM Benois, Nicola **31.05.1962** NI **Titus** *La clemenza di Tito* MU Mozart, Wolfgang Amadeus OR BM DIR Zallinger, Meinhard von INT Holm, Richard (Titus) Bjoner, Ingrid (Vitellia) Benningsen, Lilian (Sextus) RE Hartleb, Hans BB Jürgens, Helmut KM Schröck, Sophie BE am 23.8.1962 Übernahme ins Prinzregenten-Theater **12.08.1962** NI **Die schweigsame Frau** MU Strauss, Richard OR PR DIR Wallberg, Heinz INT Böhme, Kurt (Morosus) Wunderlich, Fritz (Henry) Hallstein, Ingeborg (Aminta) Grumbach, Raimund (Barbier) RE Hartleb, Hans BB Jürgens, Helmut KM Schröck, Sophie **24.08.1962** ME **Der Zaubertrank** MU Martin, Frank OR CU DIR Keilberth, Joseph INT Bjoner, Ingrid (Isot, die Blonde) Holm, Richard (Tristan) Benningsen, Lilian (Isot, die Weißhändige) RE Hartmann, Rudolf BB Jürgens, Helmut KM Schröck, Sophie	**25.10.1962** NI **Nabucco** MU Verdi, Giuseppe OR PR DIR Keilberth, Joseph INT Cordes, Marcel (Nabucco) Yahia, Mino (Zacharias) Hillebrecht, Hildegard (Abigail) RE Hartleb, Hans BB Zimmermann, Jörg KM Zimmermann, Jörg **17.11.1962** NC **Der Feuervogel** *L'oiseau de feu* GA Ballett MU Strawinsky, Igor OR PR DIR Winkler, Gert Alexander CH Rosen, Heinz BB Heinrich, Rudolf KM Flemming, Charlotte **17.11.1962** EC **Les noces** GA Ballett MU Strawinsky, Igor OR PR DIR Killmayer, Wilhelm CH Rosen, Heinz BB Heinrich, Rudolf KM Flemming, Charlotte **17.11.1962** EC **Renard** GA Ballett MU Strawinsky, Igor OR PR DIR Killmayer, Wilhelm CH Rosen, Heinz BB Heinrich, Rudolf KM Flemming, Charlotte **30.11.1962** NI **The rake's progress** MU Strawinsky, Igor OR CU DIR Hollreiser, Heinrich INT Stolze, Gerhard (Tom Rakewell) Schädle, Lotte (Anne) Kusche, Benno (Nick Shadow) RE Rennert, Günther BB Jürgens, Helmut KM Erler, Liselotte **21.12.1962** NI **Palestrina** MU Pfitzner, Hans OR PR DIR Keilberth, Joseph INT Wiener, Otto (Carlo Borromeo) Holm, Richard (Palestrina) RE Hartmann, Rudolf BB Jürgens, Helmut KM Schröck, Sophie **1963** **25.01.1963** ME **Die Krönung der Poppea** *L'incoronazione di Poppea* MU Monteverdi, Claudio

OR CU
DIR Zallinger, Meinhard von
INT Nöcker, Hans Günter (Ottone)
Naaff, Dagmar (Ottavia)
Bjoner, Ingrid (Poppea)
Holm, Richard (Nero)
RE Arnold, Heinz
BB Nomikos, Andreas
KM Nomikos, Andreas

26.05.1963 EC
Etudes
GA Ballett
MU Riisager, Knudage
OR BM
DIR Killmayer, Wilhelm
CH Lander, Harald
BB Daydé, Bernard
KM Daydé, Bernard
BE am 18.6.1963 Übernahme ins Prinzregenten-Theater

11.08.1963 NI
Elektra
MU Strauss, Richard
OR PR
DIR Keilberth, Joseph
INT Varnay, Astrid (Elektra)
Hillebrecht, Hildegard (Chrysothemis)
Madeira, Jean (Klytämnestra)
Nöcker, Hans Günter (Orest)
RE Hartleb, Hans
BB Jürgens, Helmut
KM Erler, Liselotte

Astrid Varnay (*1918) als Elektra von R. Strauss, 1963

21.11.1963 NI
Die Frau ohne Schatten
MU Strauss, Richard
DIR Keilberth, Joseph
INT Bjoner, Ingrid (Kaiserin)
Mödl, Martha (Amme)
Thomas, Jess (Kaiser)
Fischer-Dieskau, Dietrich (Barak)
Borkh, Inge (Färberin)
RE Hartmann, Rudolf
BB Jürgens, Helmut
KM Schröck, Sophie
BE Ehrenabend anläßlich des wiederaufgebauten Nationaltheaters für Gäste der Bayerischen Staatsregierung

23.11.1963 NI
Die Meistersinger von Nürnberg
MU Wagner, Richard
DIR Keilberth, Joseph
INT Wiener, Otto (Hans Sachs)
Hotter, Hans (Pogner)
Kusche, Benno (Beckmesser)
Thomas, Jess (Stolzing)
Watson, Claire (Eva)
RE Hartmann, Rudolf
BB Jürgens, Helmut
KM Schröck, Sophie
BE Festvorstellung zur Wiedereröffnung des Nationaltheaters

27.11.1963 UA
Die Verlobung in San Domingo
MU Egk, Werner
DIR Egk, Werner
INT Lear, Evelyn (Jeanne)
Wunderlich, Fritz (Christoph von Ried)
RE Rennert, Günther
BB Otto, Teo
KM Otto, Teo
BE Eröffnungsfestwochen im wiederaufgebauten Nationaltheater

01.12.1963 NI
Fidelio
MU Beethoven, Ludwig van
DIR Karajan, Herbert von
INT Berry, Walter (Pizarro)
Uhl, Fritz (Florestan)
Ludwig, Christa (Leonore)
RE Hartmann, Rudolf
BB Jürgens, Helmut
KM Schröck, Sophie
BE Eröffnungsfestwochen im wiederaufgebauten Nationaltheater

03.12.1963 EC
Dance-Panels in seven movements
GA Ballett
MU Copland, Aaron
DIR Copland, Aaron
CH Rosen, Heinz
BB Heinrich, Rudolf
KM Flemming, Charlotte
BE Eröffnungsfestwochen im wiederaufgebauten Nationaltheater

03.12.1963 UA
Triptychon
GA Ballett
MU Hartmann, Karl Amadeus
DIR Maag, Peter
CH Rosen, Heinz
BB Heinrich, Rudolf
KM Heinrich, Rudolf
BE Eröffnungsfestwochen im wiederaufgebauten Nationaltheater

03.12.1963 EC
Entrata-Nänie-Dithyrambe
GA Ballett
MU Orff, Carl
DIR Maag, Peter
CH Rosen, Heinz
BB Jürgens, Helmut
KM Flemming, Charlotte
BE Eröffnungsfestwochen im wiederaufgebauten Nationaltheater

07.12.1963 NI
Aida
MU Verdi, Giuseppe
DIR Böhm, Karl
INT Töpper, Herta (Amneris)
Hillebrecht, Hildegard (Aida)
Thomas, Jess (Radames)
London, George (Amonasro)
RE Hartleb, Hans
BB Jürgens, Helmut
KM Schröck, Sophie
BE italienisch
Eröffnungsfestwochen im wiederaufgebauten Nationaltheaters

11.12.1963 ÜB
Don Giovanni
MU Mozart, Wolfgang Amadeus
DIR Rieger, Fritz
INT London, George (Don Giovanni)
Kupper, Annelies (Donna Anna)
Wunderlich, Fritz (Don Ottavio)
Cunitz, Maud (Donna Elvira)
Kohn, Karl Christian (Leporello)
Köth, Erika (Zerlina)
RE Arnold, Heinz
BB Jürgens, Helmut
KM Schröck, Sophie
BE italienisch
Übernahme aus dem Prinzregenten-Theater anläßlich der Eröffnungsfestwochen im wiederaufgebauten Nationaltheater

21.12.1963 ÜB
Carmina Burana
Trionfi
MU Orff, Carl
DIR Hollreiser, Heinrich
INT Peter, Albrecht (Bariton)
Fassbaender, Brigitte (Mezzosopran)
Wolansky, Raymond (Bariton)
Kuen, Paul (Tenor)
Hallstein, Ingeborg (Sopran)
RE Rosen, Heinz
CH Rosen, Heinz
BB Jürgens, Helmut
KM Schröck, Sophie
BE Übernahme aus dem Prinzregenten-Theater anläßlich der Eröffnungsfestwochen im wiederaufgebauten Nationaltheater

21.12.1963 ÜB
Catulli Carmina
Trionfi
MU Orff, Carl
DIR Hollreiser, Heinrich
INT Fahberg, Antonie (Lesbia)
Fehenberger, Lorenz (Catull)
RE Rosen, Heinz
CH Rosen, Heinz
BB Jürgens, Helmut
KM Schröck, Sophie
BE Übernahme aus dem Prinzregenten-Theater anläßlich der Eröffnungsfestwochen im wiederaufgebauten Nationaltheater

21.12.1963 ÜB
Trionfo di Afrodite
Trionfi
MU Orff, Carl
DIR Hollreiser, Heinrich
INT Hallstein, Ingeborg (La Sposa)
Paskuda, Georg (Lo Sposo)
RE Rosen, Heinz
CH Rosen, Heinz
BB Jürgens, Helmut
KM Schröck, Sophie
BE Übernahme aus dem Prinzregenten-Theater anläßlich der Eröffnungsfestwochen im wiederaufgebauten Nationaltheater

22.12.1963 ÜB
Julius Cäsar
Giulio Cesare in Egitto
MU Händel, Georg Friedrich
DIR Keilberth, Joseph
INT Prey, Hermann (Cäsar)
Malaniuk, Ira (Cornelia)
Della Casa, Lisa (Cleopatra)
Wunderlich, Fritz (Sextus)
RE Hartmann, Rudolf
BB Jürgens, Helmut
KM Jakameit, Rosemarie
BE Übernahme aus dem Prinzregenten-Theater anläßlich der Eröffnungsfestwochen im wiederaufgebauten Nationaltheater

1964

01.03.1964 NI
Daphne
MU Strauss, Richard
DIR Keilberth, Joseph
INT Bjoner, Ingrid (Daphne)
Paskuda, Georg (Leukippos)
Uhl, Fritz (Apollo)
RE Arnold, Heinz
BB Hill, Rainer
KM Hill, Rainer

14.04.1964 NI
Djamileh
MU Bizet, Georges
OR Erlangen
DIR Zallinger, Meinhard von
INT Fassbaender, Brigitte (Djamileh)
Weber, Heinrich (Harun)
Ernst, Hans Bruno (Splendiano)
RE Weitzel, Gerhard
BB Hornsteiner, Ludwig
BE am 10.7.1964 Übernahme ins Cuvilliés-Theater? Gastspiel der Bayerischen Staatsoper (Junge Staatsoper) im Markgrafen-Theater Erlangen

14.04.1964 NI
Abu Hassan
MU Weber, Carl Maria von
OR Erlangen
DIR Zallinger, Meinhard von
INT Meier, Martin (Abu Hassan)
Goll, Jutta (Fatime)
Fassbaender, Brigitte (Zobeide)
RE Weitzel, Gerhard
BB Hornsteiner, Ludwig
BE am 10.7.1964 Übernahme ins Nationaltheater; Gastspiel der Bayerischen Staatsoper (Junge Staatsoper) im Markgrafen-Theater Erlangen

18.04.1964 ME
Der weite Weg
Lost in the stars
MU Weill, Kurt
OR CU
DIR Stirn, Daniel
INT Ray, William (Stephen Kumalo)
Baker, Elaine (Grace Kumalo)
Carey, Thomas (John Kumalo)
Weathers, Felicia (Irina)
RE Rosen, Heinz
BB Stich, Otto
KM Flemming, Charlotte

13.05.1964 ME
Il re Cervo oder Die Irrfahrten der Wahrheit
MU Henze, Hans Werner
DIR Dohnányi, Christoph von
INT Heater, Claude (Leandro)
Weathers, Felicia (Costanza)
Hallstein, Ingeborg (Scollatella Eins)
Fassbaender, Brigitte (Scollatella Vier, Frau)
RE Hartleb, Hans
BB Grübler, Ekkehard
KM Schröck, Sophie

| 28.05.1964 EC
GA Ballett
MU Cohen, Friedrich A.
CH Jooss, Kurt
BB Heckroth, Hein
KM Heckroth, Hein
BE Musik an zwei Klavieren

28.05.1964 EC
Scotch-Sinfonie
GA Ballett
MU Mendelssohn-Bartholdy, Felix
DIR Killmayer, Wilhelm
CH Balanchine, George
BB Daydé, Bernard
KM Daydé, Bernard

29.05.1964 EI
Paris und Helena
Paride e Elena
MU Gluck, Christoph Willibald
OR BM
DIR Gierster, Hans
INT Bremert, Ingeborg (Helena)
Naaff, Dagmar (Paris)
Nessel, Margaret (Amor)
RE Hartleb, Hans
BB Maximowna, Ita
KM Maximowna, Ita
BE am 12.6.1964 Übernahme ins Cuvilliés-Theater; Claire Watson (Helena), Herta Töpper (Paris), Jutta Goll (Amor)

20.06.1964 NI
Der Bajazzo
I Pagliacci
MU Leoncavallo, Ruggiero
DIR Bender, Heinrich
INT Uhl, Fritz (Canio)
Weathers, Felicia (Nedda)
Polakoff, Abe (Tonio)
RE Weitzel, Gerhard
BB Stich, Otto
KM Stich, Otto

20.06.1964 NI
Cavalleria Rusticana
MU Mascagni, Pietro
DIR Bender, Heinrich
INT Borkh, Inge (Santuzza)
Traxel, Josef (Turiddu)
RE Arnold-Paur, Oscar
BB Stich, Otto
KM Stich, Otto
Dreher, Johannes

17.07.1964 NI
Lohengrin
MU Wagner, Richard
DIR Keilberth, Joseph
INT Thomas, Jess (Lohengrin)
Bjoner, Ingrid (Elsa)
Frick, Gottlob (Heinrich der Vogler)
Fassbaender, Brigitte (Ein Edelknabe)
RE Hartleb, Hans
BB Heinrich, Rudolf
KM Heinrich, Reinhard

26.07.1964 NI
Die Zauberflöte
MU Mozart, Wolfgang Amadeus
DIR Rieger, Fritz
INT Kohn, Karl Christian (Sarastro)
Wunderlich, Fritz (Tamino)
Rothenberger, Anneliese (Pamina)
Prey, Hermann (Papageno)
Köth, Erika (Königin der Nacht)
RE Buckwitz, Harry
BB Raffaelli, Michel
KM Raffaelli, Michel

23.10.1964 NI
Der fliegende Holländer
MU Wagner, Richard
DIR Gierster, Hans
INT Dvořaková, Ludmilla (Senta)
Frick, Gottlob (Daland)
Windgassen, Wolfgang (Erik)
Wunderlich, Fritz (Steuermann)
Nöcker, Hans Günter (Holländer)
RE Hotter, Hans
BB Schneider-Siemssen, Günther
KM Reiter, Ronny

21.11.1964 EC
Dornröschen
GA Ballett
MU Tschaikowsky, Peter Iljitsch
DIR Linz, Reinhard
RE Rosen, Heinz
CH Rosen, Heinz
BB Butz, Fritz
KM Flemming, Charlotte

22.12.1964 NI
Der Freischütz
MU Weber, Carl Maria von
DIR Keilberth, Joseph
INT Watson, Claire (Agathe)
Proebstl, Max (Kaspar)
Uhl, Fritz (Max)
Freedmann, Gertrud (Ännchen)
RE Hartmann, Rudolf
BB Grübler, Ekkehard
KM Grübler, Ekkehard

31.12.1964 ME
Rita
MU Donizetti, Gaëtano
OR CU
DIR Gierster, Hans
INT Steffek, Hanny (Rita)
Fehenberger, Lorenz (Beppe)
Peter, Albrecht (Gàsparo)
RE Kolman, Trude
BB Urbancic, Elisabeth
KM Urbancic, Elisabeth
BE deutsch

31.12.1964 ME
Amelia geht zum Ball
Amelia goes to the ball
MU Menotti, Gian-Carlo
OR CU
DIR Gierster, Hans
INT Hallstein, Ingeborg (Amelia)
Engen, Kieth (Der Gatte)
Thaw, David (Der Liebhaber)
Fassbaender, Brigitte (Die Freundin)
RE Kolman, Trude
BB Urbancic, Elisabeth
KM Urbancic, Elisabeth

1965

29.01.1965 ME
Karl V.
MU Krenek, Ernst
DIR Peters, Reinhard
INT Engen, Kieth (Karl V.)
Waas, Annelie (Eleonore)
David, Otto (Juan de Regla)
Fassbaender, Brigitte (Eine Uhr)
RE Hartleb, Hans
BB Grübler, Ekkehard
KM Grübler, Ekkehard

24.02.1965 NI
Tosca
MU Puccini, Giacomo
DIR Keilberth, Joseph
INT Hillebrecht, Hildegard (Tosca)
Thomas, Jess (Cavaradossi)
Nöcker, Hans Günter (Scarpia)
RE Hartleb, Hans
BB Grübler, Ekkehard
KM Grübler, Ekkehard

14.03.1965 NI
Xerxes
Serse
MU Händel, Georg Friedrich
OR CU
DIR Zallinger, Meinhard von
INT Holm, Richard (Xerxes)
Grumbach, Raimund (Arsamene)
Fahberg, Antonie (Romilda)
RE Arnold, Heinz
BB Maximowna, Ita
KM Maximowna, Ita

26.03.1965 NI
La Traviata
MU Verdi, Giuseppe
DIR Patané, Giuseppe
INT Stratas, Teresa (Violetta)
Wunderlich, Fritz (Alfred Germont)
Prey, Hermann (Georg Germont)
Fassbaender, Brigitte (Annina)
RE Everding, August
BB Zimmermann, Jörg
KM Zimmermann, Jörg

08.05.1965 EC
Medea
GA Ballett
MU Bartók, Béla
DIR Linz, Reinhard
RE Cullberg, Birgit
CH Cullberg, Birgit
BB Nielsen, Palle
KM Carlsson, Sonja

08.05.1965 EC
Arcades
GA Ballett
MU Berlioz, Hector
DIR Linz, Reinhard
RE Labis, Attilio
CH Labis, Attilio
BB Froscher, George

08.05.1965 EC
Serenade
GA Ballett
MU Tschaikowsky, Peter Iljitsch
DIR Linz, Reinhard
CH Balanchine, George
Russell, Francia
BB Daydé, Bernard
KM Daydé, Bernard

10.06.1965 NI
Tristan und Isolde
MU Wagner, Richard
DIR Keilberth, Joseph
INT Uhl, Fritz (Tristan)
Frick, Gottlob (Marke)
Bjoner, Ingrid (Isolde)
Töpper, Herta (Brangäne)
RE Hartmann, Rudolf
BB Hartmann, Rudolf
KM Dreher, Johannes
BE 100. Wiederkehr des Uraufführungstages

12.07.1965 ME
Klage der Ariadne
MU Monteverdi, Claudio
DIR Dohnányi, Christoph von
INT Töpper, Herta (Ariadne)
RE Rosen, Heinz
BB Otto, Teo
KM Westerdorf, Heilwig
BE »Lamento d'Arianna« in der Bearbeitung von Carl Orff

12.07.1965 NI
Orpheus
MU Monteverdi, Claudio
DIR Dohnányi, Christoph von
INT Wilbrink, Hans (Orpheus)
Steffek, Hanny (Eurydike)
Töpper, Herta (Die Botin)
RE Rosen, Heinz
CH Rosen, Heinz
BB Otto, Teo
KM Westerdorf, Heilwig
BE »L'Orfeo« in der Bearbeitung von Carl Orff

12.07.1965 ME
Tanz der Stunden
MU Monteverdi, Claudio
DIR Dohnányi, Christoph von
INT Steffek, Hanny (Amor)
Töpper, Herta (Venus)

Böhme, Kurt (Pluto)
RE Rosen, Heinz
CH Rosen, Heinz
BB Otto, Teo
KM Westerdorf, Heilwig
BE »Il ballo delle ingrate« in der Bearbeitung von Carl Orff

17.07.1965 NI
Arabella
MU Strauss, Richard
DIR Keilberth, Joseph
INT Della Casa, Lisa (Arabella)
Carlyle, Joan (Zdenka)
Fischer-Dieskau, Dietrich (Mandryka)
RE Hartmann, Rudolf
BB Kern, Herbert
KM Adlmüller, W. F.

19.07.1965 NI
Die Liebesprobe
La pietra del Paragone
MU Rossini, Gioacchino
OR CU
DIR Gierster, Hans
INT Fassbaender, Brigitte (Clarissa)
Engen, Kieth (Asdrubal)
Thaw, David (Giocondo)
RE Rennert, Günther
BB Siercke, Alfred
KM Siercke, Alfred
BE am 29.12.1970 Übernahme ins Nationaltheater

29.07.1965 NI
Cardillac
MU Hindemith, Paul
DIR Keilberth, Joseph
INT Fischer-Dieskau, Dietrich (Cardillac)
Kirschstein, Leonore (Tochter)
RE Hartmann, Rudolf
BB Grübler, Ekkehard
KM Grübler, Ekkehard

05.11.1965 NI
Othello
Otello
MU Verdi, Giuseppe
DIR Keilberth, Joseph
INT Uhl, Fritz (Othello)
Imdahl, Heinz (Jago)
Watson, Claire (Desdemona)
RE Hartmann, Rudolf
BB Jürgens, Helmut
KM Dreher, Johannes

19.12.1965 ME
In seinem Garten liebt Don Perlimplin Belisa
MU Fortner, Wolfgang
OR CU
DIR Zallinger, Meinhard von
INT Nöcker, Hans Günter (Don Perlimplin)
Hallstein, Ingeborg (Belisa)
Benningsen, Lilian (Marcolfa)
RE Hartleb, Hans

BB Grübler, Ekkehard
KM Grübler, Ekkehard

23.12.1965 NI
Hänsel und Gretel
MU Humperdinck, Engelbert
DIR Gierster, Hans
INT Fassbaender, Brigitte (Hänsel)
    Freedmann, Gertrud (Gretel)
RE List, Herbert
BB Kern, Herbert
KM Kern, Herbert

1966

11.02.1966 NI
Rigoletto
MU Verdi, Giuseppe
DIR Patané, Giuseppe
INT Nikolov, Nikola (Herzog)
    Tipton, Thomas (Rigoletto)
    Köth, Erika (Gilda)
RE Arnold, Heinz
BB Heinrich, Rudolf
KM Heinrich, Rudolf
BE italienisch

03.04.1966 NI
Die Walküre
MU Wagner, Richard
DIR Keilberth, Joseph
INT Hopf, Hans (Siegmund)
    Wiener, Otto (Wotan)
    Hillebrecht, Hildegard (Sieglinde)
    Fassbaender, Brigitte (Schwertleite)
    Varnay, Astrid (Brünnhilde)
RE Hartmann, Rudolf
BB Grübler, Ekkehard
KM Dreher, Johannes

13.05.1966 NI
Der Bettler Namenlos
Bettler Namenlos
MU Heger, Robert
DIR Heger, Robert
INT Uhl, Fritz (Bettler)
    Nöcker, Hans Günter (Der fremde Freier)
    Bremert, Ingeborg (Die fremde Magd)
    Fassbaender, Brigitte (Die dritte Magd)
RE Hartleb, Hans
BB Grübler, Ekkehard
KM Grübler, Ekkehard

21.05.1966 EC
Le combat – »Tankred und Clorinda«
GA Ballett
MU Dello Joio, Norman
OR BM
DIR Linz, Reinhard
CH Krisch, Winfried
KM Schachteli, Werner

14.06.1966 NI
Armida
Armide
MU Gluck, Christoph Willibald
OR Schwetzingen
DIR Albrecht, Gerd
INT Bjoner, Ingrid (Armida)
    Kucharsky, Andrej (Rinald)
RE Hartleb, Hans
BB Maximowna, Ita
KM Maximowna, Ita
BE in Zusammenarbeit mit dem Süddeutschen Rundfunk; wahrscheinlich nicht nach München übernommen

16.07.1966 NI
Falstaff
MU Verdi, Giuseppe
DIR Keilberth, Joseph
INT Fischer-Dieskau, Dietrich (Falstaff)
    Grobe, Donald (Fenton)
    Köth, Erika (Ännchen)
RE Hartleb, Hans
BB Grübler, Ekkehard
KM Grübler, Ekkehard

17.07.1966 NI
Die Zauberflöte
MU Mozart, Wolfgang Amadeus
OR CU
DIR Dohnányi, Christoph von
INT Crass, Franz (Sarastro)
    Wunderlich, Fritz (Tamino)
    Rothenberger, Anneliese (Pamina)
    Prey, Hermann (Papageno)
    Fassbaender, Brigitte (Dritte Dame)
    Ravaglia, Emilia (Königin der Nacht)
RE Hartmann, Rudolf
BB Kern, Herbert
KM Zallinger, Monika von

04.08.1966 NI
Simon Boccanegra
MU Verdi, Giuseppe
OR Apothekenhof der Residenz
DIR Patané, Giuseppe
INT Taddei, Giuseppe (Simone)
    Tozzi, Georgio (Fiesco)
    Stella, Antonietta (Amelia)
RE Ponnelle, Jean-Pierre
BB Dreher, Johannes
KM Dreher, Johannes
BE italienisch

13.08.1966 ME
Agrippina
MU Händel, Georg Friedrich
OR CU
DIR Hollreiser, Heinrich
INT Engen, Kieth (Claudius)
    Töpper, Herta (Agrippina)
    Steffek, Hanny (Poppea)
    Fassbaender, Brigitte (Narziss)
RE Hartmann, Rudolf
BB Ponnelle, Jean-Pierre
KM Ponnelle, Jean-Pierre

08.11.1966 NI
Die Zaubergeige
MU Egk, Werner
DIR Egk, Werner
INT Grumbach, Raimund (Kaspar)
    Schädle, Lotte (Gretl)
    Michels, Maria (Ninabella)
RE Hartmann, Rudolf
BB Zimmermann, Jörg
KM Zallinger, Monika von

10.11.1966 DE
Le Pescatrici
MU Haydn, Joseph
OR CU
DIR Albrecht, Gerd
INT Brokmeier, Willi (Burlotto)
    Lenz, Friedrich (Frisellino)
    Fassbaender, Brigitte (Eurilda)
    Hallstein, Ingeborg (Lesbina)
RE Hartleb, Hans
BB Maximowna, Ita
KM Maximowna, Ita

22.12.1966 NI
Don Giovanni
MU Mozart, Wolfgang Amadeus
OR CU
DIR Keilberth, Joseph
INT Prey, Hermann (Don Giovanni)
    Watson, Claire (Donna Anna)
    Köth, Erika (Donna Elvira)
    Kusche, Benno (Leporello)
    Schädle, Lotte (Zerlina)
    Grobe, Donald (Don Ottavio)
RE Hartmann, Rudolf
BB Ponnelle, Jean-Pierre
KM Ponnelle, Jean-Pierre

1967

20.01.1967 ME
Anna Boleyn
Anna Bolena
MU Donizetti, Gaëtano
DIR Bender, Heinrich
INT Engen, Kieth (Heinrich VIII.)
    Waas, Annelie (Anna Boleyn)
    Naaff, Dagmar (Johanna Seymour)
RE Hartleb, Hans
BB Grübler, Ekkehard
KM Grübler, Ekkehard
BE deutsche Bühnenfassung von Hans Hartleb

23.02.1967 EC
La Symphonie fantastique
GA Ballett
MU Berlioz, Hector
DIR Linz, Reinhard
CH Rosen, Heinz
BB Zimmermann, Jörg
KM Flemming, Charlotte

23.02.1967 NC
El sombrero de tres picos
GA Ballett
MU Falla, Manuel de
DIR Linz, Reinhard
CH Blank, Gustav
BB Zimmermann, Jörg
KM Flemming, Charlotte

05.03.1967 UA
Wie lernt man Liebe...
MU Spoliansky, Mischa
OR CU
DIR Schmidt-Boelcke, Werner
INT Engen, Kieth (Sir Peter Teazle)
    Görner, Christine (Lady Teazle)
    Benz, Ursula (Maria)
RE Kolman, Trude
BB Schmeiser, Helmut
KM Urbancic, Elisabeth

30.03.1967 NI
Turandot
MU Puccini, Giacomo
DIR Santi, Nello
INT Bjoner, Ingrid (Turandot)
    Cox, Jean (Kalaf)
RE Hartleb, Hans
BB Grübler, Ekkehard
KM Grübler, Ekkehard

04.05.1967 NI
Die Liebe der Danae
MU Strauss, Richard
DIR Keilberth, Joseph
INT Dongen, Maria van (Danae)
    Nöcker, Hans Günter (Jupiter)
    Kmentt, Waldemar (Midas)
RE Hartmann, Rudolf
BB Ponnelle, Jean-Pierre
KM Ponnelle, Jean-Pierre

08.06.1967 EC
Die drei Musketiere
GA Ballett
MU Delerue, Georges
DIR Linz, Reinhard
RE Flindt, Flemming
CH Flindt, Flemming
BB Daydé, Bernard
KM Daydé, Bernard

19.07.1967 ME
Lulu
MU Berg, Alban
DIR Dohnányi, Christoph von
INT Lear, Evelyn (Lulu)
    Nöcker, Hans Günter (Dr. Schön)
    Uhl, Fritz (Alwa)
    Madeira, Jean (Gräfin Geschwitz)
    Fassbaender, Brigitte (Ein Gymnasiast)
    Hotter, Hans (Schigolch)
RE Rennert, Günther
BB Otto, Teo
KM Otto, Teo
BE zweiaktiges Fragment

01.08.1967 NI
Die Entführung aus dem Serail
MU Mozart, Wolfgang Amadeus
OR CU
DIR Keilberth, Joseph
INT Grobe, Donald (Belmonte)
    Rothenberger, Anneliese (Constanze)
    Böhme, Kurt (Osmin)
RE Hartmann, Rudolf
BB Kern, Herbert
KM Zallinger, Monika von

03.08.1967 NI
Rienzi, der letzte der Tribunen
MU Wagner, Richard
DIR Rieger, Fritz
INT Cox, Jean (Rienzi)
    Dongen, Maria van (Irene)
    Holm, Richard (Adriano)
RE Arnold, Heinz
BB Dreher, Johannes
KM Dreher, Johannes

15.10.1967 NI
Orpheus und Eurydike
Orfée et Euridice
MU Gluck, Christoph Willibald
DIR Keilberth, Joseph
INT Prey, Hermann (Orpheus)
    Kirschstein, Leonore (Eurydike)
RE Rennert, Günther
CH Hoefgen, Lothar
BB Otto, Teo
KM Otto, Teo

05.11.1967 NI
Macbeth
MU Verdi, Giuseppe
DIR Dohnányi, Christoph von
INT Tipton, Thomas (Macbeth)
    Silja, Anja (Lady Macbeth)
RE Schenk, Otto
BB Heinrich, Rudolf
KM Heinrich, Rudolf

09.12.1967 NI
Die heimliche Ehe
Il matrimonio segreto
MU Cimarosa, Domenico
OR CU
DIR Hager, Leopold
INT Böhme, Kurt (Geronimo)
    Köth, Erika (Carolina)
    Brokmeier, Willi (Paolino)
RE Barlog, Boleslaw
BB Heinrich, Rudolf
KM Heinrich, Rudolf

1968

26.01.1968 DE
Napoleon kommt
MU Bennett, Richard Rodney
DIR Dohnányi, Christoph von
INT Freedmann, Gertrud (Pippin)
    Grumbach, Raimund (William Humpage)
    Hallstein, Ingeborg

(Dorcas Bellboys)
RE Rennert, Günther
BB Bauer-Ecsy, Leni
KM Bauer-Ecsy, Leni

23.02.1968 EC
Polymorphia
GA Ballett

R. Strauss, »Salome«, 1968, Regie: G. Rennert

MU Penderecki, Krzysztof
DIR Hager, Leopold
CH Hoefgen, Lothar
BB Dreher, Johannes

23.02.1968 EC
Verklärte Nacht
GA Ballett
MU Schönberg, Arnold
DIR Hager, Leopold
CH Hoefgen, Lothar
BB Kern, Herbert
KM Zallinger, Monika von

23.02.1968 EC
Begegnung in drei Farben
GA Ballett
MU Strawinsky, Igor
DIR Hager, Leopold
CH Cranko, John

23.02.1968 EC
Gesang der Nachtigall
Le chant du rossignol
GA Ballett
MU Strawinsky, Igor
DIR Hager, Leopold
CH Cranko, John
BB Zippel, Dorothee
KM Zippel, Dorothee

28.03.1968 NI
Die Hochzeit des Figaro
Le nozze di Figaro
MU Mozart, Wolfgang Amadeus
DIR Keilberth, Joseph
INT Braun, Victor (Almaviva)
Watson, Claire (Gräfin)
Fassbaender, Brigitte (Cherubin)
Grumbach, Raimund (Figaro)
Hallstein, Ingeborg (Susanne)
RE Rennert, Günther

BB Heinrich, Rudolf
KM Heinrich, Rudolf

14.05.1968 NI
Oberon
MU Weber, Carl Maria von
DIR Hollreiser, Heinrich
INT Engen, Kieth (Oberon)
Cox, Jean (Hüon)
Lorand, Colette (Rezia)
Fassbaender, Brigitte (Fatime)
RE Hartmann, Rudolf
BB Svoboda, Josef
KM Skalicky, Jan

23.05.1968 EC
Katalyse
GA Ballett
MU Schostakowitsch, Dimitrij
DIR Bender, Heinrich
CH Cranko, John
BB Zippel, Dorothee
KM Zippel, Dorothee

16.07.1968 NI
Salome
MU Strauss, Richard
DIR Keilberth, Joseph
INT Stolze, Gerhard (Herodes)
Malmborg, Gunilla af (Salome)
Stewart, Thomas (Jochanaan)
Fassbaender, Brigitte (Ein Page der Herodias)
RE Rennert, Günther
BB Heinrich, Rudolf
KM Heinrich, Rudolf

24.07.1968 ME
Untreue lohnt sich nicht
L'infedeltà delusa
MU Haydn, Joseph
OR CU
DIR Dohnányi, Christoph von
INT Köth, Erika (Vespina)
Schädle, Lotte (Sandrina)
Dallapozza, Adolf (Nencio)
RE Hartmann, Rudolf
BB Maximowna, Ita
KM Maximowna, Ita

01.08.1968 ME
Prometheus

MU Orff, Carl
DIR Gielen, Michael
INT Murray, William (Prometheus)
Lorand, Colette (Io Inachis)
Kohn, Karl Christian (Kratos)
RE Everding, August
BB Svoboda, Josef
KM Skalicky, Jan

19.10.1968 NI
Der Türke in Italien
Il Turco in Italia
MU Rossini, Gioacchino
DIR Hager, Leopold
INT Engen, Kieth (Selim)
Hallstein, Ingeborg (Fiorilla)
Kusche, Benno (Geronio)
Fassbaender, Brigitte (Zaida)
RE Rennert, Günther
BB Maximowna, Ita
KM Maximowna, Ita

12.11.1968 EC
Romeo und Julia
GA Ballett
MU Prokofieff, Sergej
DIR Bender, Heinrich
RE Cranko, John
CH Cranko, John
BB Rose, Jürgen
KM Rose, Jürgen

29.11.1968 ME
L'Orfeo
MU Monteverdi, Claudio
OR CU
DIR Kuntzsch, Matthias
INT Dallapozza, Adolf (Orpheus)
Fahberg, Antonie (Eurydike)
RE Hartmann, Rudolf
BB Bosquet, Thierry
KM Bosquet, Thierry
BE ME der Originalfassung

1969

27.01.1969 NI
Das Rheingold
MU Wagner, Richard
DIR Matacic, Lovro von
INT Adam, Theo (Wotan)
Kusche, Benno (Alberich)
Holm, Richard (Loge)
Fassbaender, Brigitte (Floßhilde)
RE Rennert, Günther
BB Jürgens, Helmut
Dreher, Johannes
KM Erler, Liselotte

28.01.1969 NI
Die Walküre
MU Wagner, Richard
DIR Matacic, Lovro von
INT Windgassen, Wolfgang (Siegmund)
Hillebrecht, Hildegard (Sieglinde)
Adam, Theo (Wotan)

Nilsson, Birgit (Brünnhilde)
Fassbaender, Brigitte (Schwertleite)
RE Rennert, Günther
BB Jürgens, Helmut
Dreher, Johannes
KM Erler, Liselotte

30.01.1969 NI
Siegfried
MU Wagner, Richard
DIR Matacic, Lovro von
INT Cox, Jean (Siegfried)
Stolze, Gerhard (Mime)
Adam, Theo (Der Wanderer)
Nilsson, Birgit (Brünnhilde)
RE Rennert, Günther
BB Jürgens, Helmut
Dreher, Johannes
KM Erler, Liselotte

02.02.1969 NI
Götterdämmerung
MU Wagner, Richard
DIR Matacic, Lovro von
INT Cox, Jean (Siegfried)
Nilsson, Birgit (Brünnhilde)
Frick, Gottlob (Hagen)
Fassbaender, Brigitte (Floßhilde)
RE Rennert, Günther
BB Jürgens, Helmut
Dreher, Johannes
KM Erler, Liselotte

18.02.1969 DE
Viva la Mamma
Le convenienze ed inconvenienze teatrali
MU Donizetti, Gaëtano
OR CU
DIR Bender, Heinrich
INT Melander, Stina-Britta (Corilla Sartinecchi)
Grumbach, Raimund (Stefano)
Tipton, Thomas (Agata)
RE Käutner, Helmut
BB Maximowna, Ita
KM Maximowna, Ita

B. A. Zimmermann, »Die Soldaten«, 1969

23.03.1969 ME
Die Soldaten
MU Zimmermann, Bernd Alois
DIR Gielen, Michael
INT Gayer, Catherine (Marie)
Wilbrink, Hans (Stolzius)
RE Kaslik, Václav
CH Cranko, John

BB Svoboda, Josef
KM Skalicky, Jan

18.05.1969 EC
Concerto barocco
GA Ballett
MU Bach, Johann Sebastian
DIR Lawrence, Ashley
CH Balanchine, George
BB Dalton, Elisabeth
KM Dalton, Elisabeth

18.05.1969 EC
Triplum
GA Ballett
MU Fortner, Wolfgang
DIR Lawrence, Ashley
CH Cranko, John
KM Strahammer, Silvia

18.05.1969 NC
Daphnis und Chloë
GA Ballett
MU Ravel, Maurice
DIR Lawrence, Ashley
CH Cranko, John
BB Dalton, Elisabeth
KM Dalton, Elisabeth

23.05.1969 EC
Fête Polonaise
GA Ballett
MU Chabrier, Emmanuel
DIR Linz, Reinhard
CH Cranko, John
BB Dalton, Elisabeth

23.05.1969 EC
Der Schatten
GA Ballett
MU Dohnányi, Ernst von
DIR Linz, Reinhard
CH Cranko, John
KM Strahammer, Silvia

23.05.1969 UA?
Grund zum Tanzen

GA Ballett
MU Grund, Bert
DIR Linz, Reinhard
CH Cranko, John
KM Strahammer, Silvia

23.05.1969   EC
Fragmente
GA Ballett
MU Henze, Hans Werner
CH Cranko, John
KM Strahammer, Silvia
BE Musik vom Klavier

14.06.1969   NI
La Bohème
MU Puccini, Giacomo
DIR Quadri, Argeo
INT Köth, Erika (Mimi)
Kmentt, Waldemar (Rudolf)
RE Schenk, Otto
BB Heinrich, Rudolf
KM Heinrich, Rudolf

12.07.1969   NI
Ariadne auf Naxos
MU Strauss, Richard
DIR Sawallisch, Wolfgang
INT Bjoner, Ingrid (Ariadne)
King, James (Bacchus)
Grist, Reri (Zerbinetta)
RE Rennert, Günther
BB Heinrich, Rudolf
KM Heinrich, Rudolf

16.07.1969   NI
Così fan tutte
MU Mozart, Wolfgang Amadeus
OR CU
DIR Dohnányi, Christoph von
INT Sukis, Lilian (Fiordiligi)
Fassbaender, Brigitte (Dorabella)
McDaniel, Barry (Gulgielmo)
Dallapozza, Adolf (Ferrando)
RE Enriquez, Franco
BB Luzzati, Emanuele
KM Luzzati, Emanuele

19.07.1969   ME
Die sizilianische Vesper
Les vêpres Siciliennes
MU Verdi, Giuseppe
DIR Santi, Nello
INT Ilosfalvy, Robert (Arrigo)
Crass, Franz (Procida)
Hillebrecht, Hildegard (Elena)
RE Hartleb, Hans
CH Cranko, John
BB Grübler, Ekkehard
KM Grübler, Ekkehard

01.08.1969   UA
Das Spiel von Liebe und Tod
MU Cikker, Ján
DIR Neumann, Václav
INT Engen, Kieth (Jérôme de Courvoisier)
Berthold, Charlotte (Sophie de Courvoisier)
Grobe, Donald (Claude Vallée)
RE Rennert, Günther
BB Maximowna, Ita
KM Maximowna, Ita

24.10.1969   NI
Carmen
MU Bizet, Georges
DIR Böhm, Karl
INT Troyanos, Tatiana (Carmen)
Ilosfalvy, Robert (Don José)
RE Rennert, Günther
BB Bauer-Ecsy, Leni
KM Bauer-Ecsy, Leni

28.11.1969   UA
Casanova in London
GA Ballett
MU Egk, Werner
DIR Egk, Werner
CH Charrat, Janine
BB Meyer, Ottowerner
KM Meyer, Ottowerner

28.11.1969   NC
Französische Suite
GA Ballett
MU Egk, Werner
DIR Egk, Werner
CH Cranko, John
KM Strahammer, Silvia

12.12.1969   UA
Die Geschichte von Aucassin und Nicolette
MU Bialas, Günter
OR CU
DIR Kuntzsch, Matthias
INT Wilbrink, Hans (Aucassin)
Hallstein, Ingeborg (Nicolette)
RE Haugk, Dietrich
BB Schneider-Siemssen, Günther
KM Corrodi, Annelies

30.12.1969   NI
Die Fledermaus
GA Operette
MU Strauß, Johann
DIR Hollreiser, Heinrich
INT Kollo, René (Eisenstein)
Berthold, Charlotte (Rosalinde)
Fassbaender, Brigitte (Orlofsky)
Hallstein, Ingeborg (Adele)
RE Hampe, Michael
BB Schmelzer, Heidrun
KM Strahammer, Silvia

1970

15.02.1970   NI
Ein Maskenball
Un ballo in maschera
MU Verdi, Giuseppe
DIR Hager, Leopold
INT Spiess, Ludovico (Richard)
Tipton, Thomas (René)
Bjoner, Ingrid (Amelia)
RE Haase, Karl-Erich
BB Jürgens, Helmut
Dreher, Johannes
KM Strahammer, Silvia
BE italienisch

Silvia Strahammer

24.02.1970
Spiel
MU Haubenstock-Ramati, Roman
OR Große Probebühne im Nationaltheater
DIR Haupt, Walter
INT Foukas, Monika
Mösbauer, Helga
Wagner, Erich Benno
RE Biczycki, Ján
KM Berger, Günter

24.02.1970   ME
Sur Scène
MU Kagel, Maurizio
OR Große Probebühne im Nationaltheater
DIR Haupt, Walter
INT Schupp, Helge (Sprecher)
Auer, Gerhard (Sänger)
Hallhuber, Heino (Mime)
RE Biczycki, Ján
KM Berger, Günter

17.03.1970   NI
Jenufa
Její pastorkyňa
MU Janáček, Leoš
DIR Kubelik, Rafael
INT Hillebrecht, Hildegard (Jenufa)
Cochran, William (Laca Klemen)
Cox, Jean (Stewa Buryja)
Varnay, Astrid (Die Küsterin)
RE Rennert, Günther
BB Siercke, Alfred
KM Erler, Liselotte

08.04.1970   NE
Schwanensee
GA Ballett
MU Tschaikowsky, Peter Iljitsch
DIR Kuntzsch, Matthias
RE Cranko, John
CH Petipa, Marius

Ivanov, Lev
Cranko, John
BB Rose, Jürgen
KM Rose, Jürgen

18.05.1970   NI
Tannhäuser
MU Wagner, Richard
DIR Dohnányi, Christoph von
INT Böhme, Kurt (Landgraf Hermann)
Esser, Hermin (Tannhäuser)
Prey, Hermann (Wolfram von Eschenbach)
Silja, Anja (Elisabeth)
RE Lehmann, Hans-Peter
CH Cranko, John
BB Heinrich, Rudolf
KM Heinrich, Rudolf

14.07.1970   NI
Die Zauberflöte
MU Mozart, Wolfgang Amadeus
DIR Kubelik, Rafael
INT Crass, Franz (Sarastro)
Dallapozza, Adolf (Tamino)
Mathis, Edith (Pamina)
Fassbaender, Brigitte (Dritte Dame)
Shane, Rita (Königin der Nacht)
Prey, Hermann (Papageno)
Fischer-Dieskau, Dietrich (Der Sprecher)
RE Rennert, Günther
BB Svoboda, Josef
KM Kondrak, Erich

17.07.1970   NI
Capriccio
MU Strauss, Richard
OR CU
DIR Leitner, Ferdinand
INT Watson, Claire (Gräfin)
Grobe, Donald (Flamand)
McDaniel, Barry (Olivier)
RE Hartmann, Rudolf
BB Maximowna, Ita
KM Maximowna, Ita

21.07.1970   NI
Die Entführung aus dem Serail
MU Mozart, Wolfgang Amadeus
OR CU
DIR Schmidt-Isserstedt, Hans
INT Hollweg, Werner (Belmonte)
Shane, Rita (Constanze)
Kelemen, Zoltan (Osmin)
RE Rennert, Günther
BB Reinking, Wilhelm
KM Reinking, Wilhelm

26.07.1970   EC
Ebony Concerto
GA Ballett
MU Strawinsky, Igor
DIR Gielen, Michael
CH Cranko, John
KM Strahammer, Silvia

26.07.1970   NI
Oedipus Rex
MU Strawinsky, Igor
DIR Gielen, Michael
INT Eliasson, Sven Olof (Oedipus)
Töpper, Herta (Jokasta)
Nöcker, Hans Günter (Kreon)
RE Hartleb, Hans
BB Grübler, Ekkehard
KM Grübler, Ekkehard

26.07.1970   NC
Orpheus
GA Ballett
MU Strawinsky, Igor
DIR Gielen, Michael
CH Cranko, John

25.10.1970   NI
Carmina Burana
MU Orff, Carl
DIR Kuntzsch, Matthias
INT Wilbrink, Hans (Bariton)
Fourié, George (Bariton)
Uhrmacher, Hildegard (Sopran)
Cousins, Michael (Tenor)
RE Herlischka, Bohumil
BB Barth, Ruodi
KM Barth, Ruodi

27.11.1970   NI
Wozzeck
MU Berg, Alban
DIR Kleiber, Carlos
INT Adam, Theo (Wozzeck)
Fine, Wendy (Marie)
RE Rennert, Günther
BB Heinrich, Rudolf
KM Heinrich, Rudolf

15.12.1970   UA
Sümtome
MU Haupt, Walter
OR Große Probebühne im Nationaltheater
DIR Haupt, Walter
INT Hampe, Christiane
RE Gackstetter, Dieter
Haupt, Walter
Lehner, Max
Rennert, Günther
BB Dorra, Bodo
Wustl, Kurt
KM Berger, Günter

15.12.1970   ME
Antithese
MU Kagel, Maurizio
OR Große Probebühne im Nationaltheater
DIR Haupt, Walter
INT Hallhuber, Heino
Kotzerke, Werner
Störmer, Barbara
RE Hallhuber, Heino
Lehner, Max
Weitzel, Gerhard
BB Dorra, Bodo
Wustl, Kurt
KM Berger, Günter

20.12.1970   EC
Dvorák Variations

GA Ballett
MU Dvořák, Antonin
DIR Kershaw, Stewart
CH Hynd, Ronald
BB Docherty, Peter
KM Docherty, Peter

Wolfgang Sawallisch, 1954

20.12.1970 EC
Divertimento Nr. 15
GA Ballett
MU Mozart, Wolfgang Amadeus
DIR Kershaw, Stewart
CH Balanchine, George
BB Dreher, Johannes
KM Karinska, Barbara

20.12.1970 EC
Pasiphaé
GA Ballett
MU Young, Douglas
DIR Kuntzsch, Matthias
CH Hynd, Ronald

20.12.1970 EC
Présence
GA Ballett
MU Zimmermann, Bernd Alois
CH Cranko, John
BB Schmidt-Oehm, Jürgen
KM Schmidt-Oehm, Jürgen

1971

28.02.1971 NI
Lohengrin
MU Wagner, Richard
DIR Sawallisch, Wolfgang
INT Crass, Franz (Heinrich der Vogler)
Callio, Timo (Lohengrin)
Watson, Claire (Elsa)
RE Hartmann, Rudolf
BB Corrodi, Annelies
KM Corrodi, Annelies

20.03.1971 EC
Baiser de la Fée
GA Ballett
MU Strawinsky, Igor
DIR Bender, Heinrich
CH Hynd, Ronald
BB Docherty, Peter
KM Docherty, Peter

24.04.1971 UA
Die Puppe
GA Experimentelles Musiktheater
MU Haupt, Walter
OR Große Probebühne im Nationaltheater
INT Striebeck, Jochen
RE Kollektivregie

25.04.1971 ME
Lanzelot
MU Dessau, Paul
DIR Janowski, Marek
INT Ecker, Heinz Klaus (Lanzelot)
Hendrikx, Louis (Drache)
Uhrmacher, Hildegard (Elsa)
RE Kaslik, Václav
BB Svoboda, Josef
KM Skalicky, Jan

30.04.1971 ME
Canzona
MU Schönbach, Dieter
OR Große Probebühne im Nationaltheater
INT Henius, Carla

13.05.1971 NI
Il re Teodoro in Venezia
MU Paisiello, Giovanni
OR Schwetzingen
DIR Wimberger, Gerhard
INT Murray, William (Teodoro I.)
Hallstein, Ingeborg (Lisetta)
Kohn, Karl Christian (Taddeo)
RE Haugk, Dietrich
BB Schneider-Siemssen, Günther
KM Corrodi, Annelies
BE deutsch;
in der Bearbeitung von Wolf Ebermann und Manfred Koerth;
am 17.7.1971 Übernahme ins Cuvilliés-Theater

18.05.1971 NC
La fille mal gardée
GA Ballett
MU Hérold, Louis Joseph Ferdinand
DIR Kershaw, Stewart
CH Ashton, Frederick
BB Lancaster, Osbert
KM Lancaster, Osbert

14.07.1971 NI
Die schweigsame Frau
MU Strauss, Richard
DIR Sawallisch, Wolfgang
INT Böhme, Kurt (Morosus)
Mödl, Martha (Haushälterin)
Grobe, Donald (Henry)
Grist, Reri (Aminta)
McDaniel, Barry (Barbier)
RE Rennert, Günther
BB Heinrich, Rudolf
KM Heinrich, Rudolf

19.07.1971 NI
Simon Boccanegra
MU Verdi, Giuseppe
DIR Abbado, Claudio
INT Wächter, Eberhard (Simone)
Raimondi, Ruggero (Fiesco)
Janowitz, Gundula (Amelia)
RE Schenk, Otto
BB Rose, Jürgen
KM Rose, Jürgen
BE italienisch

01.08.1971 ME
El Cimarrón
MU Henze, Hans Werner
OR Neues Residenztheater
INT Pearson, William (Bariton)

01.08.1971 NI
Titus
La clemenza di Tito
MU Mozart, Wolfgang Amadeus
OR CU
DIR Giovaninetti, Reynald
INT Eliasson, Sven Olof (Titus)
Varady, Julia (Vitellia)
Fassbaender, Brigitte (Sextus)
RE Ponnelle, Jean-Pierre
BB Ponnelle, Jean-Pierre
KM Ponnelle, Jean-Pierre

19.10.1971 NI
Die verkaufte Braut
Prodaná nevěsta
MU Smetana, Bedřich
DIR Sawallisch, Wolfgang
INT Fine, Wendy (Marie)
Kmentt, Waldemar (Hans)
Kelemen, Zoltan (Kezal)
RE Rennert, Günther
BB Bauer-Ecsy, Leni
KM Bauer-Ecsy, Leni

12.12.1971 NI
Boris Godunow
Boris Godunov
MU Musorgskij, Modest
DIR Kubelik, Rafael
INT Talvela, Martti (Boris)
Crass, Franz (Pimen)
Fassbaender, Brigitte (Marina)
Cochran, William (Dimitrij)
RE Rennert, Günther
BB Zimmermann, Jörg
KM Zimmermann, Jörg

1972

15.01.1972 ME
Albert Herring
MU Britten, Benjamin
OR CU
DIR Kuntzsch, Matthias
INT Lorand, Colette (Lady Billows)
Grobe, Donald (Albert Herring)
Benningsen, Lilian (Florence Pike)

RE Hartleb, Hans
BB Maximowna, Ita
KM Maximowna, Ita

13.02.1972 NI
Die Frau ohne Schatten
MU Strauss, Richard
DIR Sawallisch, Wolfgang
INT Bjoner, Ingrid (Kaiserin)
Fischer-Dieskau, Dietrich (Barak)
Hillebrecht, Hildegard (Färberin)
Varnay, Astrid (Amme)
RE Schuh, Oscar Fritz
BB Zimmermann, Jörg
KM Zimmermann, Jörg

20.02.1972 UA
Laser
GA Ballett
MU Haupt, Walter
OR Große Probebühne im Nationaltheater
RE Haupt, Walter
CH Gackstetter, Dieter
BB Traeger, Günther
Breeker, Ton
Darchinger, Johann

W. Haupt, »Laser«, 1972

BB Koniarsky, Helmut
KM Koniarsky, Helmuth

05.03.1972 EC
Die Folterungen der Beatrice Cenci
GA Ballett
MU Humel, Gerald
DIR Kershaw, Stewart
CH Bohner, Gerhard
KM Strahammer, Silvia

05.03.1972 UA?
Wendekreise
GA Ballett
MU Moran, Robert
DIR Kershaw, Stewart
CH Hynd, Ronald
BB Koniarsky, Helmut
KM Koniarsky, Helmuth

05.03.1972 EC
Quatre Images
GA Ballett
MU Ravel, Maurice
DIR Kershaw, Stewart
CH Cranko, John
BB Strahammer, Silvia
KM Strahammer, Silvia

R. Strauss, »Der Rosenkavalier«, 1972

05.03.1972 EC
Paare
GA Ballett
MU Harrison, George
CH Hoefgen, Lothar

20.04.1972 NI
Der Rosenkavalier
MU Strauss, Richard
DIR Kleiber, Carlos
INT Jones, Gwyneth

(Feldmarschallin)
Ridderbusch, Karl (Baron Ochs auf Lerchenau)
Fassbaender, Brigitte (Octavian)
Popp, Lucia (Sophie)
RE Schenk, Otto
BB Rose, Jürgen
KM Rose, Jürgen

15.06.1972   EI
Astutuli
MU Orff, Carl
OR CU
DIR Kuntzsch, Matthias
RE Sellner, Gustav Rudolf
BB Schieckel, Christian
KM Schieckel, Christian
BE UA am 20.10.1953 an den Kammerspielen; Gemeinschaftsproduktion mit den Münchner Kammerspielen; zuvor las Carl Orff aus »Die Bernauerin«

20.06.1972   EC
Onegin
GA Ballett
MU Tschaikowsky, Peter Iljitsch
DIR Kershaw, Stewart
CH Cranko, John
BB Rose, Jürgen
KM Rose, Jürgen

01.08.1972   UA
Sim Tjong
MU Yun, Isang
DIR Sawallisch, Wolfgang
INT Sukis, Lilian (Sim Tjong)
Murray, William (Sim)
Kirschstein, Leonore (Li)
RE Rennert, Günther
BB Rose, Jürgen
KM Rose, Jürgen
BE im Rahmen des Kulturprogrammes für die Spiele der XX. Olympiade 1972

17.08.1972   UA NF
Sümtome II
MU Haupt, Walter
OR MA
DIR Haupt, Walter
INT Heichele, Hildegard (Koloratursopran)
Schneeberger, Gisela (4. Darsteller)
RE Haupt, Walter
BB Villareal, Jorge
BE Neufassung; zur Eröffnung des Marstallgebäudes

29.10.1972   NI
Hoffmanns Erzählungen
Les contes d'Hoffmann
MU Offenbach, Jacques
DIR Hager, Leopold
INT Kmentt, Waldemar (Hoffmann)
Tipton, Thomas (Lindorf, Coppelius, Dr. Mirakel, Dapertutto)
Kirschstein, Leonore (Antonia)
Schary, Elke (Olympia)
Fine, Wendy (Giulietta)
RE Lindtberg, Leopold
BB Kolar, Zbynek
KM Kolar, Zbynek
BE dreiaktige Fassung mit Vor- und Nachspiel

30.11.1972   EC
Les Rendezvous
GA Ballett
MU Auber, Daniel François Esprit
DIR Kershaw, Stewart
CH Ashton, Frederick
BB Chappell, William
KM Chappell, William

30.11.1972   NC
Der wunderbare Mandarin
GA Ballett
MU Bartók, Béla
DIR Kershaw, Stewart
CH Seregi, Laszlo
BB Forray, Gabor
KM Maark, Tivadar

30.11.1972   EC
Epitaph
GA Ballett
MU Ligeti, György
DIR Kershaw, Stewart
CH Dantzig, Rudi van
BB Schayk, Theodor van
KM Schayk, Theodor van

12.12.1972   EC
Pierrot Lunaire
GA Ballett
MU Schönberg, Arnold
OR CU
DIR Kershaw, Stewart
CH Tetley, Glen
BB Ter-Arutunian, Rouben
KM Ter-Arutunian, Rouben

Konstanze Vernon, Youri Vámos in dem Ballettabend »Onegin«

12.12.1972   EC
Konzertstück
GA Ballett
MU Weber, Carl Maria von
OR CU
DIR Kershaw, Stewart
CH Stowell, Kent
BB Koniarsky, Helmuth
KM Koniarsky, Helmuth

12.12.1972   EC
Das Telefon
GA Ballett
OR CU
CH Hynd, Ronald
BB Hynd, Ronald
BE nach »La voix humaine« von Jean Cocteau; Ballett ohne Musik

29.12.1972   NI
Elektra
MU Strauss, Richard
DIR Sawallisch, Wolfgang
INT Mastilovic, Danica (Elektra)
Varnay, Astrid (Klytämnestra)
Watson, Claire (Chrysothemis)
Crass, Franz (Orest)
RE Rennert, Günther
BB Heinrich, Rudolf
KM Heinrich, Rudolf

1973

26.01.1973   ME
Elisabeth Tudor
MU Fortner, Wolfgang
DIR Zender, Hans
INT Hillebrecht, Hildegard (Elisabeth Tudor)
Lorand, Colette (Maria Stuart)
Engen, Kieth (Leicester)
RE Haugk, Dietrich
BB Weyl, Roman
KM Weyl, Roman

25.02.1973   NI
Der Troubadour
Il trovatore
MU Verdi, Giuseppe
DIR Santi, Nello
INT Bernard, Annabelle (Leonore)
Paskalis, Kostas (Graf Luna)
Spiess, Ludovico (Manrico)
RE Poettgen, Ernst
BB Poettgen, Ernst
KM Erler, Liselotte
BE italienisch

07.03.1973   UA
Sensus
MU Haupt, Walter
RE Haupt, Walter
BB Villareal, Jorge
BE Kuppel-Projektionsraum im Nationaltheater

13.03.1973   NC
Laser
GA Ballett
MU Haupt, Walter
DIR Kershaw, Stewart
CH Gackstetter, Dieter
BB Breeker, Ton
Darchinger, Johann

15.04.1973   NI
Parsifal
MU Wagner, Richard
DIR Sawallisch, Wolfgang
INT King, James (Parsifal)
Crass, Franz (Gurnemanz)
Hillebrecht, Hildegard (Kundry)
RE Haugk, Dietrich
BB Schneider-Siemssen, Günther
KM Müller, Bernd
Neumann, Jörg

08.05.1973   NC
Der Nussknacker
GA Ballett
MU Tschaikowsky, Peter Iljitsch
DIR Kershaw, Stewart
RE Neumeier, John

C. Debussy, »Pelléas und Mélisande«, 1973

CH Neumeier, John
BB Rose, Jürgen
KM Rose, Jürgen

05.06.1973   NI
Madame Butterfly
MU Puccini, Giacomo
DIR López Cobos, Jesús
INT Varady, Julia (Cho-Cho-San)
Lazaro, Francisco (Linkerton)
RE Arnold, Heinz
Busse, Wolf
BB Stich, Otto
KM Strahammer, Silvia
BE italienisch

12.07.1973   NI
Don Giovanni
MU Mozart, Wolfgang Amadeus
DIR Sawallisch, Wolfgang
INT Raimondi, Ruggero (Don Giovanni)
Price, Margaret (Donna Anna)
Varady, Julia (Donna Elvira)
Dean, Stafford (Leporello)
Popp, Lucia (Zerlina)
Winkler, Hermann (Don Ottavio)
RE Rennert, Günther
BB Rose, Jürgen
KM Rose, Jürgen
BE italienisch

18.07.1973   ME
Melusine
MU Reimann, Aribert
OR CU
DIR Leitner, Ferdinand
INT Taskova, Slavka (Melusine)
Grobe, Donald (Oleander)
McDaniel, Barry (Graf von Lusignan)
Mödl, Martha (Pythia)
RE Käutner, Helmut
BB Käutner, Helmut
KM Mago

30.07.1973   NI
Pelléas und Mélisande
Pelléas et Mélisande
MU Debussy, Claude
DIR Giovaninetti, Reynald
INT Brendel, Wolfgang (Pelléas)
Braun, Victor (Golaud)
Mathis, Edith (Mélisande)
RE Ponnelle, Jean-Pierre
BB Ponnelle, Jean-Pierre
KM Ponnelle, Jean-Pierre
BE französisch

25.10.1973   ME
Der Spieler
Igrok
MU Prokofieff, Sergej
DIR Hollreiser, Heinrich
INT Esser, Hermin (Alexej Iwanowitsch)
Sukis, Lilian (Polonia)
Varnay, Astrid (Babuschka)
RE Herlischka, Bohumil
BB Barth, Ruodi
KM Bauer-Ott, Wilhelmine

07.12.1973   NI
Der Mantel
Il Tabarro
MU Puccini, Giacomo
DIR Sawallisch, Wolfgang
INT Fischer-Dieskau, Dietrich (Michele)

	Ilosfalvy, Robert (Luigi) Varady, Julia (Giorgetta)	
RE	Rennert, Günther	
BB	Maximowna, Ita	
KM	Maximowna, Ita	

07.12.1973   NI
Gianni Schicchi
MU Puccini, Giacomo
DIR Sawallisch, Wolfgang
INT Fischer-Dieskau, Dietrich (Gianni Schichi)
     Mödl, Martha (Zita)
     Schary, Elke (Lauretta)
     Ahnsjö, Claes H. (Rinuccio)
RE Rennert, Günther
BB Maximowna, Ita
KM Maximowna, Ita

30.12.1973   NC
Der holzgeschnitzte Prinz
GA Ballett
MU Bartók, Béla
DIR Kershaw, Stewart
CH Seregi, Laszlo
BB Halmen, Pet
KM Halmen, Pet

30.12.1973   EC
Grosse Fuge
GA Ballett
MU Beethoven, Ludwig van
DIR Kershaw, Stewart
CH Manen, Hans van
BB Vroom, Jean Paul
KM Manen, Hans van

30.12.1973   EC
There was a time
GA Ballett
MU Hodgson, Brian
DIR Kershaw, Stewart
CH Bruce, Christopher
BB Baylis, Nadine
KM Baylis, Nadine

1974

02.02.1974   NI
Die Macht des Schicksals
La forza del destino
MU Verdi, Giuseppe
DIR Inbal, Eliahu
INT Varady, Julia (Leonora)
     Murray, William (Carlos)
     Lazaro, Francisco (Alvaro)
RE Kaslik, Václav
BB Karafyllis, Symeon
KM Reiter, Ronny
BE italienisch

16.03.1974   ME
Boulevard Solitude
MU Henze, Hans Werner
DIR Tennstedt, Klaus
INT Uhrmacher, Hildegard (Manon Lescaut)
     Ahnsjö, Claes H. (Armand de Grieux)
     Grumbach, Raimund (Lescaut)
RE Ponnelle, Jean-Pierre
BB Ponnelle, Jean-Pierre
KM Ponnelle, Jean-Pierre

10.04.1974   UA
Dunkel
Vier szenisch-kinetische Stücke
GA Experimentelles Musiktheater
MU Haupt, Walter
OR MA
RE Haupt, Walter

10.04.1974   UA
Programm
Vier szenisch-kinetische Stücke
GA Experimentelles Musiktheater
MU Haupt, Walter
OR MA
CH Bohner, Gerhard

10.04.1974   UA
Spielmechanik
Vier szenisch-kinetische Stücke
GA Experimentelles Musiktheater
MU Haupt, Walter
OR MA
RE Haupt, Walter

10.04.1974   UA
Stimm-Puls
Vier szenisch-kinetische Stücke
GA Experimentelles Musiktheater
MU Haupt, Walter
OR MA

18.04.1974   EC
Apollon Musagète
GA Ballett
MU Strawinsky, Igor
DIR Zender, Hans
CH Balanchine, George
KM Karinska, Barbara

18.04.1974   NC
Le sacre du printemps
GA Ballett

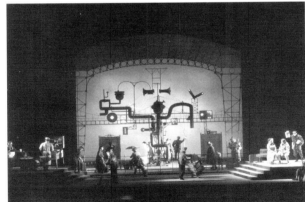

Jean-Pierre Ponnelle: Bühnenbildentwürfe zur Münchner Erstaufführung von »Boulevard Solitude« von H. W. Henze, 1974

MU Strawinsky, Igor
DIR Zender, Hans
CH Tetley, Glen
BB Baylis, Nadine
KM Baylis, Nadine

18.04.1974   EC
Requiem canticles
GA Ballett
MU Strawinsky, Igor
DIR Zender, Hans
CH Robbins, Jerome

12.05.1974   ME
Der verliebte Bruder
Lo frate 'nnamorato
MU Pergolesi, Giovanni Battista
OR CU
DIR Kulka, Janos
INT Nejtschewa, Liliana (Lucrezia)
     Brendel, Wolfgang (Don Pietro)
     Ahnsjö, Claes H. (Ascanio)
RE Brenner, Peter
BB Businger, Toni
KM Businger, Toni

18.05.1974   EC
Lyrische Suite
GA Ballett
MU Berg, Alban
OR CU
DIR Kershaw, Stewart
CH Ulrich, Jochen
BB Halmen, Pet
KM Halmen, Pet

18.05.1974   EC
Der Tod und das Mädchen
GA Ballett
MU Schubert, Franz
OR CU
DIR Kershaw, Stewart
CH Walter, Erich
KM Halmen, Pet

09.06.1974   NI
Die Walküre
MU Wagner, Richard
DIR Sawallisch, Wolfgang
INT Roar, Leif (Wotan)
     King, James (Siegmund)
     Weenberg, Siv (Sieglinde)
     Bjoner, Ingrid (Brünnhilde)
     Fassbaender, Brigitte (Fricka)
     Moll, Kurt (Hunding)
RE Rennert, Günther
BB Brazda, Jan
KM Brazda, Jan

Günther Rennert und Wolfgang Sawallisch

12.07.1974   NI
Falstaff
MU Verdi, Giuseppe
DIR Sawallisch, Wolfgang
INT Fischer-Dieskau, Dietrich (Falstaff)
     Ahnsjö, Claes H. (Fenton)
     Grist, Reri (Ännchen)
RE Rennert, Günther
BB Bauer-Ecsy, Leni
KM Bauer-Ecsy, Leni

26.07.1974   NI
Fidelio
MU Beethoven, Ludwig van
DIR Sawallisch, Wolfgang
INT Roar, Leif (Pizarro)
     King, James (Florestan)
     Bjoner, Ingrid (Leonore)
RE Geliot, Michael
BB Koltai, Ralph
KM Koltai, Ralph

30.07.1974   DE
Les Mamelles de Tirésias
MU Poulenc, Francis
OR CU
DIR Janowski, Marek
INT Uhrmacher, Hildegard (Theresia)
     Benningsen, Lilian (Die Zeitungsverkäuferin)
     McDaniel, Barry (Der Gatte)
RE Herlischka, Bohumil
BB Barth, Ruodi
KM Erler, Liselotte

30.07.1974   ME
Mahagonny-Songspiel
MU Weill, Kurt
OR CU
DIR Janowski, Marek
INT Card, June (Jessie)
     Heichele, Hildegard (Bessie)
     Grobe, Donald (Charlie)
RE Herlischka, Bohumil
BB Barth, Ruodi
KM Erler, Liselotte

27.10.1974   NE
Giselle
GA Ballett
MU Adam, Adolphe Charles
DIR Presser, André
RE Wright, Peter
CH Petipa, Marius
     Coralli, Jean
     Perrot, Jules
     Wright, Peter
BB Farmer, Peter
KM Farmer, Peter

26.11.1974   NI
Der Barbier von Sevilla
Il barbiere di Siviglia
MU Rossini, Gioacchino
DIR Varviso, Silvio
INT Ahnsjö, Claes H. (Almaviva)
     Grist, Reri (Rosina)
     Prey, Hermann (Figaro)
RE Berghaus, Ruth
BB Reinhardt, Andreas
KM Reinhardt, Andreas

G. Rossini, »Der Barbier von Sevilla«, Regie R. Berghaus

31.12.1974   NI
Die Fledermaus
GA Operette
MU Strauß, Johann
DIR Kleiber, Carlos
INT Wächter, Eberhard (Eisenstein)
     Janowitz, Gundula (Rosalinde)
     Fassbaender, Brigitte (Orlofsky)
     Malone, Carol (Adele)
RE Schenk, Otto
BB Schneider-Siemssen, Günther
KM Strahammer, Silvia

1975

05.02.1975 NI
Das Rheingold
MU Wagner, Richard
DIR Sawallisch, Wolfgang
INT Roar, Leif (Wotan)
  Hirte, Klaus (Alberich)
  Kollo, René (Loge)
  Fassbaender, Brigitte (Fricka)
  Varady, Julia (Freia)
RE Rennert, Günther
BB Brazda, Jan
  Dreher, Johannes
  Villareal, Jorge
KM Brazda, Jan

15.02.1975 EC
Ajakaboembie
GA Ballett
MU Chopin, Frédéric
  Scaggs, Boz
OR CU
CH Manen, Hans van
BB Vroom, Jean Paul
KM Hampton, Eric
BE Musik vom Tonband

15.02.1975 EC
Snippers
GA Ballett
MU Riley, Terry
OR CU
CH Manen, Hans van
BB Vroom, Jean Paul
KM Hampton, Eric
BE Musik vom Tonband

15.02.1975 EC
Septett Extra
GA Ballett
MU Saint-Saëns, Camille
OR CU
CH Manen, Hans van
BB Vroom, Jean Paul
KM Vroom, Jean Paul
BE Musik vom Tonband

10.03.1975 ME
Der Tod in Venedig
MU Britten, Benjamin
DIR Peters, Reinhard
INT Holm, Richard (Gustav von Aschenbach)
RE Hartleb, Hans
BB Maximowna, Ita
KM Maximowna, Ita

26.04.1975 NI
La Traviata
MU Verdi, Giuseppe
DIR Kleiber, Carlos
INT Cotrubas, Ileana (Violetta)
  Aragall, Giacomo (Alfred Germont)
  Brendel, Wolfgang (Georg Germont)
RE Schenk, Otto
BB Rose, Jürgen
KM Rose, Jürgen

04.05.1975 UA NF
Sensus
GA Experimentelles Musiktheater
MU Haupt, Walter
OR MA
RE Haupt, Walter

17.06.1975 EC
Sinfonie in C
GA Ballett
MU Bizet, Georges
DIR Brezina, Alexander
CH Balanchine, George

17.06.1975 EC
Streichquartett Nr. 1
GA Ballett
MU Janáček, Leoš
DIR Brezina, Alexander
CH Walter, Erich
KM Halmen, Pet

17.06.1975 EC
Las Hermanas
GA Ballett
MU Martin, Frank
DIR Brezina, Alexander
CH MacMillan, Kenneth
BB Georgiadis, Nicholas
KM Georgiadis, Nicholas

22.06.1975 EC
Ramifications
GA Ballett
MU Ligeti, György
  Purcell, Henry
DIR Brezina, Alexander
CH Dantzig, Rudi van
KM Dantzig, Rudi van

10.07.1975 NI
Antigonae
MU Orff, Carl
DIR Sawallisch, Wolfgang
INT Lorand, Colette (Antigonae)
  Wenkel, Ortrun (Ismene)
  Murray, William (Kreon)
RE Rennert, Günther
BB Heinrich, Rudolf
KM Heinrich, Rudolf

15.07.1975 NI
Don Carlos
MU Verdi, Giuseppe
DIR Prêtre, Georges
INT Raimondi, Ruggero (Philipp II.)
  Cossuta, Carlo (Carlos)
  Ricciarelli, Katia (Elisabeth)
  Fassbaender, Brigitte (Eboli)
RE Schenk, Otto
BB Heinrich, Rudolf
KM Heinrich, Rudolf
BE italienisch vollständige fünfaktige Fassung, mit Fontainebleau-Bild

25.07.1975 NI
Idomeneo
MU Mozart, Wolfgang Amadeus
OR CU
DIR Sawallisch, Wolfgang
INT Winkler, Hermann (Idomeneo)
  Ahnsjö, Claes H. (Idamantes)
  Varady, Julia (Elektra)
RE Brenner, Peter
BB Grübler, Ekkehard
KM Grübler, Ekkehard
BE am 19.2.1979 Übernahme ins Nationaltheater

24.10.1975 ME
Der Besuch der alten Dame
MU Einem, Gottfried von
DIR Hollreiser, Heinrich
INT Meyer, Kerstin (Claire Zachanassian)
  Murray, William (Ill)
  Hopf, Hans (Bürgermeister)
RE Sellner, Gustav Rudolf
BB Zimmermann, Jörg
KM Zimmermann, Jörg

10.11.1975 EC
La mer
GA Ballett
MU Debussy, Claude
DIR Brezina, Alexander
CH Gackstetter, Dieter
BB Dreher, Johannes
  Harlacher, Hans-Peter
KM Strahammer, Silvia

10.11.1975 NC
Jeu de Cartes
GA Ballett
MU Strawinsky, Igor
DIR Brezina, Alexander
CH Cranko, John
BB Zippel, Dorothee
KM Zippel, Dorothee

10.12.1975 NI
Ein Maskenball
Un ballo in maschera
MU Verdi, Giuseppe
DIR Gomez Martinez, Miguel
INT Bini, Carlo (König Gustav III.)
  Miller, Lajos (Graf Ankarström)
  Janowitz, Gundula (Amelia)
RE Haugk, Dietrich
BB Schneider-Siemssen, Günther
KM Corrodi, Annelies
BE italienisch

1976

15.01.1976 ME
Aus einem Totenhaus
Z mrtvého domu
MU Janáček, Leoš
DIR Kubelik, Rafael
INT Esser, Hermin (Filka Morosoff)
  Uhl, Fritz (Skuratoff)
  Melchert, Helmut (Schapkin)
RE Rennert, Günther
BB Bauer-Ecsy, Leni
KM Bauer-Ecsy, Leni

15.02.1976 NI
Siegfried
MU Wagner, Richard

R. Wagner, »Siegfried«, 1976

DIR Sawallisch, Wolfgang
INT Becker, Herbert (Siegfried)
  Unger, Gerhard (Mime)
  Roar, Leif (Wanderer)
RE Rennert, Günther
BB Brazda, Jan
KM Brazda, Jan

24.03.1976 UA
Moira
GA Ballett
MU Haupt, Walter
DIR Haupt, Walter
CH Gackstetter, Dieter
KM Halmen, Pet

24.03.1976 EC
3. Sinfonie
GA Ballett
MU Saint-Saëns, Camille
DIR Brezina, Alexander
CH Walter, Erich
BB Halmen, Pet
KM Halmen, Pet

25.03.1976 EC
Der Widerspenstigen Zähmung
GA Ballett
MU Scarlatti, Domenico
  Stolze, Kurt-Heinz
DIR Brezina, Alexander
CH Cranko, John
  Tsinguirides, Georgette
BB Rose, Jürgen
KM Rose, Jürgen

06.05.1976 NI
Tosca
MU Puccini, Giacomo
DIR López Cobos, Jesús
INT Kubiak, Teresa (Tosca)
  Domingo, Plácido (Cavaradossi)
  Milnes, Sherrill (Scarpia)
RE Friedrich, Götz
BB Heinrich, Rudolf
KM Heinrich, Reinhard
BE italienisch

16.05.1976 NI
Der Revisor
MU Egk, Werner
OR CU
DIR Egk, Werner
INT Grobe, Donald (Chlestakow)
  Engen, Kieth (Stadthauptmann)
RE Haugk, Dietrich
BB Weyl, Roman
KM Zallinger, Monika von

30.06.1976 NI
Götterdämmerung
MU Wagner, Richard
DIR Sawallisch, Wolfgang
INT Cox, Jean (Siegfried)
  Bjoner, Ingrid (Brünnhilde)
  Ridderbusch, Karl (Hagen)
RE Rennert, Günther
BB Brazda, Jan
KM Brazda, Jan

26.07.1976 UA
Die Versuchung
MU Tal, Josef
DIR Bertini, Gary
INT Thomaschke, Thomas (Der Mann)
  Schöne, Wolfgang (Johannes Kolumbus)
  Gayer, Catherine (Die Frau)
RE Friedrich, Götz
BB Reinhardt, Andreas
KM Reinhardt, Andreas

07.10.1976 WA
Don Carlos
MU Verdi, Giuseppe
DIR Franci, Carlo
INT Raimondi, Ruggero (Philipp II.)
  Luchetti, Veriano (Don Carlos)
  Varady, Julia (Elisabeth)
RE Schenk, Otto
  Busse, Wolf
BB Heinrich, Rudolf
KM Heinrich, Rudolf

BE nach der Inszenierung von
    Otto Schenk 1975, ohne
    Fontainebleau-Bild

31.10.1976 NI
Rigoletto
MU Verdi, Giuseppe

Günther Rennert bei der Probe mit Roland Hermann, Thomas
Tomaschke und Ingrid Bjoner zu Richard Wagners »Götterdämmerung«, 1976

DIR Franci, Carlo
INT Moldoveanu, Vasile
    (Herzog)
    Glossop, Peter
    (Rigoletto)
    Cuccaro, Costanza
    (Gilda)
RE Polanski, Roman
BB Tommasi, Carlo
KM Matteis, Maria de
BE italienisch

26.11.1976 NC
Dornröschen
GA Ballett
MU Tschaikowsky, Peter
    Iljitsch
DIR Brezina, Alexander
CH Petipa, Marius
    Wright, Peter
BB Farmer, Peter
KM Farmer, Peter

19.12.1976 NI
Simplicius
Simplicissimus
MU Hartmann, Karl Amadeus
OR CU
DIR Caridis, Miltiades
INT Card, June (Simplicius)
    Stolze, Gerhard (Einsiedel)
RE Korte, Hans
BB Schneider-Siemssen,
    Günther
KM Strahammer, Silvia

19.12.1976 ME
Die Geschichte vom
Soldaten
L'histoire du soldat
MU Strawinsky, Igor
OR CU
DIR Caridis, Miltiades
RE Korte, Hans
CH Gackstetter, Dieter
BB Schneider-Siemssen,

    Günther
KM Strahammer, Silvia

1977

31.01.1977 NI
Arabella
MU Strauss, Richard
DIR Sawallisch, Wolfgang
INT Varady, Julia (Arabella)
    Mathis, Edith (Zdenka)
    Fischer-Dieskau, Dietrich
    (Mandryka)
RE Beauvais, Peter
BB Rose, Jürgen
KM Rose, Jürgen

24.02.1977 WA
Jenufa
Její pastorkyňa
MU Janáček, Leoš
DIR Krombholc, Jaroslav
INT Benacková, Gabriele
    (Jenufa)
    Cochran, William (Laca
    Klemen)
    Ilosfalvy, Robert (Stewa
    Buryja)
    McIntyre, Joy (Die
    Küsterin)
RE Rennert, Günther
    Arnold-Paur, Oscar
BB Siercke, Alfred
KM Erler, Liselotte

23.03.1977 WA
Die schweigsame Frau
MU Strauss, Richard
DIR Sawallisch, Wolfgang
INT Moll, Kurt (Morosus)
    Grobe, Donald (Henry)
    Grist, Reri (Aminta)
    Mödl, Martha
    (Haushälterin)
    Brendel, Wolfgang
    (Barbier)
RE Rennert, Günther
    Windgassen, Peter
BB Heinrich, Rudolf
KM Heinrich, Reinhard

28.03.1977 EC
Trois Préludes

GA Ballett
MU Rachmaninoff, Sergej
INT Vernon, Konstanze
    Breuer, Peter
CH Stevensen, Ben
BE Musik vom Klavier

10.05.1977 UA
Rilke
GA Ballett
MU Haupt, Walter
DIR Haupt, Walter
CH Gackstetter, Dieter
BB Bosquet, Thierry
KM Bosquet, Thierry

25.06.1977 UA
Träume
GA Ballett
MU Haupt, Walter
OR MA
CH Gackstetter, Dieter
BB Lazarus, Ingrid
KM Berger, Günter
BE Musik vom Tonband

10.07.1977 NI
Daphne
MU Strauss, Richard
DIR Sawallisch, Wolfgang
INT Sukis, Lilian (Daphne)
    Lindroos, Peter (Apollo)
    Schreier, Peter (Leukippos)
RE Sanjust, Filippo
BB Sanjust, Filippo
KM Sanjust, Filippo

28.07.1977 NI
Eugen Onegin
Evgenij Onegin
MU Tschaikowsky, Peter
    Iljitsch
DIR Ahronovitch, Yuri
INT Varady, Julia (Tatjana)
    Brendel, Wolfgang
    (Onegin)
    Ahnsjö, Claes H. (Lenski)
RE Noelte, Rudolf
BB Rose, Jürgen
KM Rose, Jürgen

31.10.1977 NI
Otello
MU Verdi, Giuseppe
DIR Kleiber, Carlos
INT Cossuta, Carlo (Otello)
    Cappuccilli, Piero (Jago)
    Varady, Julia (Desdemona)
RE Neumeier, John
BB Rose, Jürgen
KM Rose, Jürgen

12.11.1977 UA
Zofen
GA Ballett
MU Haupt, Walter
OR CU
INT Breuer, Peter
    Bukes, Conrad
    Vámos, Youri
CH Gackstetter, Dieter
BB Gackstetter, Dieter
KM Strahammer, Silvia

12.11.1977 EC
Illusion

GA Ballett
MU Korngold, Erich Wolfgang
OR CU
INT Cuoco, Joyce
    Breuer, Peter
CH Gackstetter, Dieter
KM Strahammer, Silvia

12.11.1977 EC
Das Lächeln am Fusse der
Leiter
GA Ballett
MU Martin, Frank
OR CU
INT Barbay, Ferenc
    Cuoco, Joyce
CH Gackstetter, Dieter
BB Bosquet, Thierry
KM Strahammer, Silvia

18.12.1977 ME
Werther
MU Massenet, Jules
DIR López Cobos, Jesús
INT Domingo, Plácido
    (Werther)
    Nöcker, Hans Günter
    (Albert)
    Fassbaender, Brigitte
    (Charlotte)
RE Horres, Kurt
BB Reinhardt, Andreas
KM Reinhardt, Andreas

1978

30.01.1978 NI
Fidelio
MU Beethoven, Ludwig van
DIR Böhm, Karl
INT McIntyre, Donald
    (Pizarro)
    King, James (Florestan)
    Behrens, Hildegard
    (Leonore)
    Moll, Kurt (Rocco)

Carlos Kleiber

    Donath, Helen
    (Marzelline)
RE Friedrich, Götz
BB Wonder, Erich
KM Raschig, Susanne

25.02.1978 NI
Così fan tutte
MU Mozart, Wolfgang
    Amadeus
DIR Sawallisch, Wolfgang

INT Price, Margaret (Fiordiligi)
    Fassbaender, Brigitte
    (Dorabella)
    Brendel, Wolfgang
    (Guglielmo)
    Schreier, Peter (Ferrando)
    Grist, Reri (Despina)
    Adam, Theo (Don
    Alfonso)
RE Menotti, Gian Carlo
BB Samaritani, Pier Luigi
KM Samaritani, Pier Luigi
BE am 15.4.1978 Übernahme
    ins Cuvilliés-Theater

01.04.1978 EC
Leidenschaft
GA Ballett
MU Bizet, Georges
    Schtschedrin, Rodion
DIR Brezina, Alexander
INT Vernon, Konstanze
    (Carmen)
    Vámos, Youri (Don José)
RE Weigl, Petr
CH Kura, Miroslav
BB Svoboda, Josef
KM Hirschova, Jindriska

01.04.1978 EC
Les doubles
GA Ballett
MU Dutilleux, Henri
DIR Brezina, Alexander
INT Breuer, Peter
    Cuoco, Joyce
    Vámos, Youri
    Lester, Louise
CH Butler, John
BB Franz, Ulrich
KM Strahammer, Silvia

04.04.1978 EC
Vergänglichkeit
GA Ballett
MU Hart, James
OR CU
CH Marcus, Peter
KM Strahammer, Silvia
BE Musik vom Tonband

04.04.1978 EC
Eulogy
GA Ballett
MU Liszt, Franz
OR CU
CH Hill, Lenette

BB Franz, Ulrich
KM Strahammer, Silvia
BE Musik vom Tonband

04.04.1978 — Rhapsodie — EC
GA Ballett
MU Rachmaninoff, Sergej
OR CU
CH Vámos, Youri
KM Strahammer, Silvia
BE Musik vom Tonband; am 1.3.1984 WA unter dem Titel »Paganini«

09.07.1978 — Leonora ossia L'amore conjugale
MU Paër, Ferdinando
OR HE
DIR Maag, Peter
INT Koszut, Ursula (Leonora)
Gruberova, Edita (Marcellina)
Jerusalem, Siegfried (Florestano)
Grobe, Donald (Pizarro)
BE konzertant
in Zusammenarbeit mit dem Bayerischen Rundfunk

09.07.1978 — Lear — UA
MU Reimann, Aribert
DIR Albrecht, Gerd
INT Fischer-Dieskau, Dietrich (Lear)

Dietrich Fischer-Dieskau und Julia Varady in »Lear«, 1978

Boysen, Rolf (Narr)
Varady, Julia (Cordelia)
RE Ponnelle, Jean-Pierre
BB Ponnelle, Jean-Pierre
KM Halmen, Pet

28.07.1978 — Lohengrin — NI
MU Wagner, Richard
DIR Sawallisch, Wolfgang
INT Ridderbusch, Karl (Heinrich der Vogler)
Kollo, René (Lohengrin)
Ligendza, Catarina (Elsa)
RE Everding, August

BB Fuchs, Ernst
KM Fuchs, Ernst
BE Fernseh-Live-Übertragung

30.10.1978 — Die Zauberflöte — NI
MU Mozart, Wolfgang Amadeus
DIR Sawallisch, Wolfgang
INT Gruberova, Edita (Königin der Nacht)
Araiza, Francisco (Tamino)
Wise, Patricia (Pamina)
Vogel, Siegfried (Sarastro)
Brendel, Wolfgang (Papageno)
RE Everding, August
BB Rose, Jürgen
KM Rose, Jürgen

18.11.1978 — Das Labyrinth oder der Kampf mit den Elementen — ME
MU Winter, Peter von
OR CU
DIR Sawallisch, Wolfgang
INT Wise, Patricia (Pamina)
Ahnsjö, Claes H. (Tamino)
Hillebrand, Nikolaus (Sarastro)
Brinkmann, Bodo (Papageno)
RE Everding, August
BB Rose, Jürgen
KM Rose, Jürgen
BE der »Zauberflöte« zweiter Teil

25.11.1978 — Ich will, daß es Dir gut geht — EC
GA Ballett
MU Behne, Dieter
INT Cuoco, Joyce
Vámos, Youri
Bogdanic, Dinko
CH Vámos, Youri
BB Franz, Ulrich
KM Strahammer, Silvia

BE Musikcollage vom Tonband

25.11.1978 — Intime Briefe — EC
GA Ballett

August Everding und drei Tölzer Sängerknaben bei der Probe zur »Zauberflöte« von W. A. Mozart

MU Janáček, Leoš
DIR Brezina, Alexander
RE Fisher, Rodney
CH Seymour, Lynn
BB Georgiadis, Nicholas

25.12.1978 — I Pagliacci — NI
MU Leoncavallo, Ruggiero
DIR Santi, Nello
INT Domingo, Plácido (Canio)
Stratas, Teresa (Nedda)
Bella, Benito di (Tonio)
RE Del Monaco, Giancarlo
BB Schneider-Siemssen, Günther
KM Strahammer, Silvia

25.12.1978 — Cavalleria Rusticana — NI
MU Mascagni, Pietro
DIR Santi, Nello
INT Rysanek, Leonie (Santuzza)
Domingo, Plácido (Turiddu)
RE Del Monaco, Giancarlo
BB Schneider-Siemssen, Günther
KM Strahammer, Silvia

1979

01.02.1979 — Die Zeit vorher, die Zeit nachher, nach der vorherigen Zeit — EC
GA Ballett
MU Strawinsky, Igor
DIR Brezina, Alexander
CH Lubovitch, Lar

02.03.1979 — Die Kaiserin von Neufundland — EC
GA Ballett
MU Brauel, Henning

OR MA
DIR Layer, Friedemann
INT Cuoco, Joyce
Wienert, Jürgen
Lutry, Michel de
CH Vámos, Youri

Wölfl, VA
BB Vámos, Youri
Wölfl, VA

22.03.1979 — Aida — NI
MU Verdi, Giuseppe
DIR Muti, Riccardo
INT Fassbaender, Brigitte (Amneris)
Tomowa-Sintow, Anna (Aida)
Domingo, Plácido (Radames)
RE Enriquez, Franco
BB Montresor, Beni
KM Montresor, Beni

02.04.1979 — Herzog Blaubarts Burg (A kékszakállú Herceg Vára)
MU Bartók, Béla
DIR Sawallisch, Wolfgang
INT Fischer-Dieskau, Dietrich (Herzog Blaubart)
Varady, Julia (Judith)
BE konzertant im 6. Akademiekonzert 1979

29.04.1979 — Divertissement — EC
GA Ballett
MU Helsted, Edvard
Paulli, Holger S.
DIR Brezina, Alexander
INT Skroblin, Gislinde
Lester, Louise
Marcus, Peter
Vámos, Youri
Vernon, Konstanze
CH Bournonville, August
KM Majewski, Andrej

29.04.1979 — La Sylphide — EC
GA Ballett

MU Lövenskiold, Hermann Severin
DIR Brezina, Alexander
INT Cuoco, Joyce
Breuer, Peter
Seymour, Lynn
Marcus, Peter
CH Bournonville, August
BB Majewski, Andrej
KM Majewski, Andrej

24.05.1979 — Die Gärtnerin aus Liebe (La finta giardiniera) — NI
MU Mozart, Wolfgang Amadeus
OR Schwetzingen
DIR Klee, Bernhard
INT Mercker, Karl-Ernst (Podestà)
Wise, Patricia (Sandrina)
Ahnsjö, Claes H. (Belfiore)
RE Soleri, Ferruccio
BB Frigerio, Ezio
KM Pagano, Mauro
BE am 9.7.1979 Übernahme ins Cuvilliés-Theater

27.06.1979 — Doppelkonzert — EC
GA Ballett
MU Bach, Johann Sebastian
OR MA
INT Strangio, Linda
Bogdanic, Dinko
Barbay, Ferenc
CH Barbay, Ferenc
BB Keck, Franz
KM Strahammer, Silvia
BE Musik vom Tonband

Plácido Domingo (Radames), Brigitte Fassbaender (Amneris) bei der Probe zu G. Verdis »Aida«

27.06.1979 — L'art de s'embrasser — EC
GA Ballett
MU Debussy, Claude
OR MA
INT Kranz, Gudrun
Dittrich, Werner
CH Dittrich, Werner

BB Keck, Franz
KM Strahammer, Silvia
BE Musik vom Klavier

27.06.1979 EC
Chamäleon
GA Ballett
MU Hart, James
OR MA
INT Strangio, Linda
Ferro, Charlotte
Korge, Barbara
Bukes, Conrad
CH Marcus, Peter
BB Keck, Franz
KM Strahammer, Silvia
BE Musik vom Tonband

27.06.1979 EC
Black Wall
GA Ballett
MU Penderecki, Krzysztof
OR MA
INT Steidle, Juliana
Korge, Barbara
CH Hill, Lenette
BB Keck, Franz
KM Strahammer, Silvia
BE Musik vom Tonband

27.06.1979 EC
Lacrimosa
GA Ballett
MU Pergolesi, Giovanni Battista
OR MA
INT Heermann, Britta
Busse, Ulrich
CH Barbier, Celi
BB Keck, Franz
KM Strahammer, Silvia
BE Musik vom Tonband

27.06.1979 EC
Vielleicht haben wir trotz allem Zeit
GA Ballett
MU Rodrigo, Joaquín
OR MA
INT Ferro, Charlotte
Busse, Ulrich
Sacantanis, Artemis
Pfaff, Howard
CH Ferro, Charlotte
BB Keck, Franz
KM Strahammer, Silvia
BE Musik vom Tonband

27.06.1979 EC
Punkt – Kontrapunkt
GA Ballett
MU Rossini, Gioacchino
Haupt, Walter
OR MA
INT Payer, Erich
Barbier, Celi
Bukes, Conrad
Bjarnadottir, Audur
CH Barbier, Celi
BB Keck, Franz
KM Strahammer, Silvia
BE Musik vom Tonband

08.07.1979 NI
Die Meistersinger von Nürnberg

MU Wagner, Richard
DIR Sawallisch, Wolfgang
INT Fischer-Dieskau, Dietrich (Hans Sachs)
Moll, Kurt (Pogner)
Nöcker, Hans Günter (Beckmesser)
Kollo, René (Stolzing)
Schreier, Peter (David)
Varady, Julia (Eva)
RE Everding, August
BB Rose, Jürgen
KM Rose, Jürgen

Iphigenie (Lisbeth Balslev) in »Iphigenie auf Tauris« von Ch. W. Gluck, 1979

15.07.1979 UA
An diesem heutigen Tage
MU Hiller, Wilfried
OR MA
DIR Hiller, Wilfried
INT Woska, Elisabeth (Die Schauspielerin)
RE Leinert, Michael
BB Franz, Ulrich
KM Franz, Ulrich

15.07.1979 UA
Ijob
MU Hiller, Wilfried
OR MA
DIR Hiller, Wilfried
INT Fehenberger, Lorenz (Ijob)
Brandt, Marianne (Ijobs Weib)
RE Leinert, Michael
BB Franz, Ulrich
KM Franz, Ulrich

16.07.1979 EC
Rashomon
GA Ballett
MU Downes, Bob
OR CU
INT Perra, Frank
Lester, Louise
Bogdanic, Dinko
CH Seymour, Lynn
BB Costa, Günter
Stumpf, Richard
KM Strahammer, Silvia
BE Musik vom Tonband

26.07.1979 ME
Maria Stuarda
MU Donizetti, Gaëtano
DIR López Cobos, Jesús
INT Caballé, Montserrat (Maria Stuarda)
Fassbaender, Brigitte (Elisabetta)
Tagliavini, Franco (Leicester)
BE konzertant

29.10.1979 NI
Iphigenie auf Tauris
Iphigénie en Tauride
MU Gluck, Christoph Willibald
DIR Richter, Karl
INT Balslev, Lisbeth (Iphigenie)
Jerusalem, Siegfried (Orestes)
Ahnsjö, Claes H. (Pylades)
RE Freyer, Achim
BB Freyer, Achim
KM Freyer, Achim

16.11.1979 EC
Wieland – Ein Heldenleben
GA Ballett
MU Cerha, Friedrich
DIR Brezina, Alexander
INT Barbay, Ferenc
Dittrich, Werner
Campbell, Trudie
CH Bohner, Gerhard
BB Manthey, Axel
KM Manthey, Axel

16.11.1979 EC
Asynchron
GA Ballett
MU Dvořák, Antonin
DIR Brezina, Alexander
INT Moon, Lisa
Breuer, Peter
CH Vámos, Youri
BB Vámos, Youri
Franz, Ulrich
KM Strahammer, Silvia

16.11.1979 EC
Haydn – Concerto
GA Ballett
MU Haydn, Joseph
DIR Brezina, Alexander
INT Cuoco, Joyce
Bogdanic, Dinko
CH Bonnefous, Jean-Pierre
BB Bonnefous, Jean-Pierre
Lanzrein, Jürg
KM Bonnefous, Jean-Pierre
Lanzrein, Jürg

02.12.1979 UA
Eine wundersame Liebesgeschichte für Sopran, Tenor, Bariton
MU Lorentzen, Bent
OR MA
DIR Ruppert, Anton
INT Gayer, Catherine (Sopran)
Uhl, Fritz (Tenor)
Wilbrink, Hans (Bariton)
RE Adler, Ronald H.

23.12.1979 NI
Palestrina
MU Pfitzner, Hans
DIR Sawallisch, Wolfgang
INT Becht, Hermann (Carlo Borromeo)
Schreier, Peter (Palestrina)
RE Sanjust, Filippo
BB Sanjust, Filippo
KM Sanjust, Filippo

1980

23.02.1980 EI
Judas Maccabäus
GA szenisches Oratorium
MU Händel, Georg Friedrich
DIR Ferro, Gabriele
INT Raffeiner, Walter (Judas Maccabäus)
Hillebrand, Nikolaus (Simon)
RE Wernicke, Herbert
BB Wernicke, Herbert
KM Wernicke, Herbert

13.03.1980 UA
Neurosen-Kavalier
MU Haupt, Walter
OR MA
DIR Haupt, Walter
INT Mödl, Martha (Maria Schall)
RE Haupt, Walter
BB Franz, Ulrich
KM Franz, Ulrich

13.03.1980 UA
»der siebte ...«
MU Ruppert, Anton
OR MA
DIR Ruppert, Anton
INT Engen, Kieth (der siebte)
RE Richter, Tobias
BB Franz, Ulrich
KM Franz, Ulrich

22.03.1980 NI
Orpheus
MU Monteverdi, Claudio
DIR Leitner, Ferdinand
INT Prey, Hermann (Orfeo)
Sonnenschein, Suzanne (Eurydike)
RE Valentin, Pierre Jean
BB Monloup, Hubert
KM Monloup, Hubert
BE »L'Orfeo« in der Bearbeitung von Carl Orff

22.03.1980 NI
Die Kluge
MU Orff, Carl
DIR Leitner, Ferdinand
INT Brendel, Wolfgang (König)
Conwell, Julia (Bauerntochter)
RE Del Monaco, Giancarlo
BB Hartmann, Dominik
KM Hartmann, Dominik

20.04.1980 NI
Die Entführung aus dem Serail
MU Mozart, Wolfgang Amadeus
DIR Böhm, Karl
INT Holtzmann, Thomas (Bassa Selim)
Araiza, Francisco (Belmonte)
Gruberova, Edita (Constanze)
Grist, Reri (Blonde)
Orth, Norbert (Pedrillo)
Talvela, Martti (Osmin)
RE Everding, August
BB Bignens, Max
KM Bignens, Max

18.05.1980 EC
Bach Suite – 2
GA Ballett
MU Bach, Johann Sebastian
DIR Bender, Heinrich
INT Cuoco, Joyce
Busse, Ulrich
CH Neumeier, John
BB Hellenstein, Klaus
KM Strahammer, Silvia

18.05.1980 NC
Josephslegende
GA Ballett
MU Strauss, Richard
DIR Bender, Heinrich
INT Haigen, Kevin
Liska, Ivan
Jamison, Judith
Wilhelm, Franz
RE Neumeier, John
CH Neumeier, John
BB Hellenstein, Klaus
KM Strahammer, Silvia

Bassa Selim (Thomas Holtzmann) und Konstanze (Edita Gruberová) in »Die Entführung aus dem Serail« von W. A. Mozart

22.05.1980 EC
Joyleen gets up, gets down, goes out
GA Ballett
MU Blacher, Boris
INT Campbell, Trudie
Cuoco, Joyce

330 Dokumentation der Premieren von 1653 bis 1992

CH Lester, Louise
BB Forsythe, William
BB Forsythe, William
KM Brady, Eileen
BE Musik vom Tonband

22.05.1980 EC
Nuages
GA Ballett
MU Debussy, Claude
DIR Brezina, Alexander
INT Cuoco, Joyce
 Bogdanic, Dinko
CH Kylian, Jiri
BB Nobbe, Walter
KM Strahammer, Silvia

22.05.1980 EC
Sinfonie in »D«
GA Ballett
MU Haydn, Joseph
DIR Brezina, Alexander
INT Bjarnadottir, Audur
 Clerke, Amanda
CH Kylian, Jiri
BB Schenk, Tom
KM Schenk, Tom

22.05.1980 EC
Die vier Temperamente
GA Ballett
MU Hindemith, Paul
DIR Brezina, Alexander
INT Lester, Louise
 Perra, Frank
 Strangio, Linda
 Cini, Paul
 Campbell, Trudie
 Jolesch, Peter
CH Balanchine, George
KM Strahammer, Silvia

14.06.1980 NE
Serenade
GA Ballett
MU Tschaikowsky, Peter Iljitsch
DIR Brezina, Alexander
INT Lester, Louise
 Campbell, Trudie
 Bogdanic, Dinko
 Jolesch, Peter
 Cuoco, Joyce
CH Balanchine, George
KM Strahammer, Silvia

11.07.1980 NI
Feuersnot
MU Strauss, Richard
DIR Kuhn, Gustav
INT Hass, Sabine (Diemut)
 Nimsgern, Siegmund (Kunrad)
RE Del Monaco, Giancarlo
BB Schneider-Siemssen, Günther
KM Müller, Bernd

25.07.1980 EC
»Gli amorosi inganni«
I Trionfi di Baviera
GA Ballett
MU ?
OR CU
DIR Müller-Brühl, Helmut
RE Molcho, Samy

CH Campianu, Eva
BB Franz, Ulrich
KM Strahammer, Silvia
BE nach der Festbeschreibung von Massimo Troiano (um 1568)

25.07.1980 EC
Concerto a cinque C-Dur Op.IX,3
I Trionfi di Baviera
GA Ballett
MU Albinoni, Tomaso
OR CU
DIR Müller-Brühl, Helmut
INT Loriot (Zeremonienmeister)
RE Molcho, Samy
CH Campianu, Eva
BB Franz, Ulrich
KM Strahammer, Silvia

25.07.1980 EC
Moresche ed altre canzoni
I Trionfi di Baviera
GA Ballett
MU Lasso, Orlando di
OR CU
DIR Müller-Brühl, Helmut
RE Molcho, Samy
CH Campianu, Eva
BB Franz, Ulrich
KM Strahammer, Silvia

25.07.1980 NI
L'arpa festante
I Trionfi di Baviera
MU Maccioni, Giovanni Battista
OR CU
DIR Müller-Brühl, Helmut
RE Molcho, Samy
CH Campianu, Eva
BB Franz, Ulrich
KM Strahammer, Silvia

Astrid Varnay (Marthe Schwerdtlein), Ruggero Raimondi (Mephisto), Probenfoto aus »Faust« von Charles Gounod, 1980

25.07.1980 EC
Prolog »La Reggia dell'Armonia«
I Trionfi di Baviera

GA Ballett
MU Steffani, Agostino
 Torri, Pietro
OR CU
DIR Müller-Brühl, Helmut
RE Molcho, Samy
CH Campianu, Eva
BB Franz, Ulrich
KM Strahammer, Silvia

25.07.1980 EC
Introduzione a ballo
I Trionfi di Baviera
GA Ballett
MU Torri, Pietro
OR CU
DIR Müller-Brühl, Helmut
RE Molcho, Samy
CH Campianu, Eva
BB Franz, Ulrich
KM Strahammer, Silvia

27.07.1980 NI
Tristan und Isolde
MU Wagner, Richard
DIR Sawallisch, Wolfgang
INT Wenkoff, Spas (Tristan)
 Moll, Kurt (Marke)
 Behrens, Hildegard (Isolde)
 Minton, Yvonne (Brangäne)
RE Everding, August
BB Kapplmüller, Herbert
KM Kapplmüller, Herbert

28.07.1980
Der Corregidor
MU Wolf, Hugo
DIR Albrecht, Gerd
INT Laubenthal, Horst (Corregidor)
 Berger-Tuna, Helmut (Repela)
 Trekel-Burckhardt, Ute (Frasquita)
 Fischer-Dieskau, Dietrich (Tio Lukas)
 Moll, Kurt (Juan Lopez)
BE konzertant

30.10.1980 NI
Faust
MU Gounod, Charles
DIR Prêtre, Georges
INT Lima, Luis (Faust)
 Raimondi, Ruggero (Mephistopheles)
 Freni, Mirella (Margarethe)
RE Pizzi, Pier Luigi
BB Pizzi, Pier Luigi
KM Pizzi, Pier Luigi

18.12.1980 EC
Tschaikowsky
GA Ballett
MU Tschaikowsky, Peter Iljitsch
OR CU
INT Vámos, Youri
 Cuoco, Joyce
 Breuer, Peter
RE Vámos, Youri
CH Vámos, Youri
BB Scott, Michael

KM Scott, Michael
BE Kammermusik

20.12.1980 NI
La Cenerentola
MU Rossini, Gioacchino
DIR Bartoletti, Bruno
INT Araiza, Francisco (Ramiro)
 Capecchi, Renato (Dandini)
 Stade, Frederica von (Angelina)
RE Ponnelle, Jean-Pierre
BB Ponnelle, Jean-Pierre
KM Ponnelle, Jean-Pierre

1981

25.01.1981 NI
Der fliegende Holländer
MU Wagner, Richard
DIR Sawallisch, Wolfgang
INT Nentwig, Franz Ferdinand (Holländer)
 Ligendza, Catarina (Senta)
 Lloyd, Robert (Daland)
RE Wernicke, Herbert
BB Wernicke, Herbert
KM Wernicke, Herbert
BE ME der Urfassung von 1841

30.01.1981 ME
Die Bettleroper
The beggar's opera
MU Britten, Benjamin
OR MA
DIR Gribow, Thomas-Michael
INT Grimm, Dietmar (Mac Heath)
 Harnoncourt, Elisabeth (Polly)
 Faßbender, Hedwig (Mrs. Peachum)
RE Inasaridse, Ethery
 Köwer, Karl
 Mentha, Dominik
 Montulet, Christiane
 Schweitzer, Sabine
 Zwipf, Florian
BB Sobat, Vera
KM Sobat, Vera

22.02.1981 NC
Coppelia
GA Ballett
MU Delibes, Léo
DIR Bender, Heinrich
INT Lutry, Michel de (Coppelius)
 Cuoco, Joyce (Coppelia, Swanilda)
RE Vámos, Youri
CH Vámos, Youri
BB Scott, Michael
KM Scott, Michael

11.03.1981 EC
Bach-Miniaturen
GA Ballett
MU Bach, Johann Sebastian
OR CU
INT Strangio, Linda
 Skroblin, Gislinde
 Nitsch, Anita

 Cini, Paul
CH Balanchine, George
 Neumeier, John
 Hill, Lenette
 Marcus, Peter
 Dobrievich, Ljuba
KM Strahammer, Silvia
BE Musik vom Tonband

23.03.1981 EI
Rusalka
MU Dvořák, Antonin
DIR Fischer, Adam
INT Svetlev, Michail (Prinz)
 Behrens, Hildegard (Rusalka)
 Moll, Kurt (Wassermann)
RE Schenk, Otto
BB Schneider-Siemssen, Günther
KM Strahammer, Silvia
BE frühere Aufführung im Theater am Gärtnerplatz

Szenenbild aus »Lou Salomé« von Giuseppe Sinopoli, 1981

10.05.1981 UA
Lou Salomé
MU Sinopoli, Giuseppe
DIR Sinopoli, Giuseppe
INT Armstrong, Karan (Lou Salomé)
 Boysen, Rolf (Nietzsche)
 Eliasson, Sven Olof (Rée)
 Kesteren, John van (Rilke)
 Becht, Hermann (Andreas)
RE Friedrich, Götz
BB Reinhardt, Andreas
KM Reinhardt, Andreas

29.07.1981 NI	MU Puccini, Giacomo	**19.03.1982** EC	Kalda, Linda (Prinzessin von Antarktis)	Schreier, Peter (Golo)
Die Ägyptische Helena	DIR Chailly, Riccardo	**George III. von England**	Bjarnadottir, Audur (Prinzessin von Afrika)	BE konzertant
MU Strauss, Richard	INT Tomowa-Sintow, Anna (Manon Lescaut)	GA Ballett	Strangio, Linda (Prinzessin von Amerika)	**31.10.1982** NI
DIR Sawallisch, Wolfgang	Nicolai, Claudio (Lescaut)	MU Händel, Georg Friedrich		**Wozzeck**
INT Marton, Eva (Helena)	Domingo, Plácido (Des Grieux)	Davies, Peter Maxwell		MU Berg, Alban
Kastu, Matti (Menelas)	RE Del Monaco, Giancarlo	OR CU		DIR Bertini, Gary
Hass, Sabine (Aithra)	BB Rose, Jürgen			INT Schröter, Gisela (Marie)
RE Herz, Joachim	KM Rose, Jürgen			Brinkmann, Bodo (Wozzeck)
BB Zimmermann, Jörg				RE Dorn, Dieter
KM Kleiber, Eleonore	**18.12.1981** EC			BB Rose, Jürgen
	Fantastische Nacht			KM Rose, Jürgen
31.07.1981 EC	GA Ballett			
Caleidoscope	MU Berlioz, Hector			**28.11.1982** EC
GA Ballett	DIR Brezina, Alexander			**Alborada**
MU Copland, Aaron	INT Breuer, Peter (Er)			GA Ballett
OR MA	Underwood, Elaine (Sie)			MU Ravel, Maurice
CH Parker, Susan	Daniel, Susan (Die Sängerin)			DIR Bender, Heinrich
BB Franz, Ulrich	Vámos, Youri (Der Andere)	Szenenbild aus »La Bohème« von G. Puccini		INT Lester, Louise
KM Strahammer, Silvia	CH Walter, Erich			Bogdanic, Dinko
BE Musik vom Tonband	BB Wendel, Heinrich	DIR Ruppert, Anton	CH Veredon, Gray	CH Barra, Ray
	Strahammer, Silvia	INT Michaud, Ivan (König George III.)	BB Gussmann, Wolfgang	BB Franz, Ulrich
31.07.1981 EC	KM Strahammer, Silvia	Salter, Richard (Bariton, König George III.)	KM Strahammer, Silvia	KM Strahammer, Silvia
Forbidden Love		Campbell, Trudie (Königin Charlotte)		
GA Ballett	**20.12.1981** NI	Lester, Louise (Esther)	**08.07.1982** EI	**28.11.1982** NC
MU Gershwin, George	**Die verkaufte Braut**	CH Howald, Fred	**Moses und Aron**	**Boléro**
OR MA	*Prodaná nevěsta*	BB Franz, Ulrich	MU Schönberg, Arnold	GA Ballett
CH Michaud, Ivan	MU Smetana, Bedřich	KM Franz, Ulrich	DIR Albrecht, Gerd	MU Ravel, Maurice
BB Franz, Ulrich	DIR Neumann, Vaclav	BE Händel – Musik vom Tonband	INT Reichmann, Wolfgang (Moses)	DIR Bender, Heinrich
KM Strahammer, Silvia	INT Benacková, Gabriele (Marie)		Neumann, Wolfgang (Aron)	INT Michaud, Ivan
BE Musik vom Tonband	Moser, Thomas (Hans)	**18.04.1982** NI	RE Del Monaco, Giancarlo	CH Béjart, Maurice
	Moll, Kurt (Kezal)	**Die vier Grobiane**	BB Ponnelle, Jean-Pierre	BB Franz, Ulrich
31.07.1981 EC	RE Franz, Cornel	*I quattro rusteghi*	KM Halmen, Pet	KM Strahammer, Silvia
American Carousel	BB Ecsy, Gabriele	MU Wolf-Ferrari, Ermanno	BE ME am 30.6.1962 als Gastspiel der Deutschen Oper am Rhein	
GA Ballett	KM Bauer-Ecsy, Leni	DIR Zedda, Alberto		**28.11.1982** NC
MU Gould, Morton		INT Korn, Artur (Lunardo)		**Daphnis und Chloë**
OR MA	**1982**	Bonney, Barbara (Lucieta)		GA Ballett
CH Ferro, Charlotte		Studer, Cheryl (Marina)		MU Ravel, Maurice
BB Franz, Ulrich	**30.01.1982** DE	Nöcker, Hans Günter (Simon)	**17.07.1982** EC	DIR Bender, Heinrich
KM Strahammer, Silvia	**Der Tribun**	RE Ljubimov, Juri	**Familiendialog**	INT Kajdanski, Tomasz (Pan)
BE Musik vom Tonband	MU Kagel, Maurizio	BB Borovskij, David	GA Ballett	Pikieris, Yanis (Daphnis)
	OR MA	KM Borovskij, David	MU Mahler, Gustav	Mencia, Marielena (Chloë)
31.07.1981 EC	DIR Kagel, Maurizio		OR MA	CH Barbay, Ferenc
Indian Summer	INT Meisel, Kurt (Regierender)	**15.05.1982** EC	INT Kajdanski, Tomasz (Der Sohn)	BB Franz, Ulrich
GA Ballett	RE Kagel, Maurizio	**Gaîté Parisienne**	Kalda, Linda (Die Tochter)	KM Strahammer, Silvia
MU Ives, Charles	BB Franz, Ulrich	GA Ballett	Wienert, Jürgen (Der Vater)	
OR MA	KM Strahammer, Silvia	MU Offenbach, Jacques	Steinbeißer, Irene (Die Mutter)	**28.11.1982** EC
CH Hill, Lenette		DIR Rosenthal, Manuel	Marcus, Peter (Der Großvater)	**La Valse**
BB Franz, Ulrich	**30.01.1982** ME	INT Barbay, Ferenc (Jacques Offenbach)	CH Kresnik, Johann	GA Ballett
KM Strahammer, Silvia	**Présentation**	Werner, Margot (Die Sängerin)	BB Kresnik, Johann	MU Ravel, Maurice
BE Musik vom Tonband	MU Kagel, Maurizio	Breuer, Peter (Der russische Ballett-Star)	Appel, Gudrun	DIR Bender, Heinrich
	OR MA	CH Veredon, Gray	KM Kresnik, Johann	INT Vámos, Youri
31.07.1981 UA	DIR Kagel, Maurizio	BB Gussmann, Wolfgang	BE Musik vom Tonband	Jolesch, Peter
Bound to the rhythm	INT Benrath, Martin (Conferencier)	KM Strahammer, Silvia		Turos, Judith
GA Ballett	Schmidt, Franz (Pianist)		**20.07.1982**	CH Balanchine, George
MU Kunjappu, Jolly	RE Kagel, Maurizio	**15.05.1982** EC	**Genoveva**	BB Franz, Ulrich
OR MA	BB Franz, Ulrich	**Le papillon**	MU Schumann, Robert	KM Karinska, Barbara
CH Pikieris, Yanis	KM Strahammer, Silvia	GA Ballett	DIR Sawallisch, Wolfgang	
BB Franz, Ulrich		MU Offenbach, Jacques	INT Brendel, Wolfgang (Hidulfus)	**17.12.1982** NI
KM Strahammer, Silvia	**19.02.1982** NI	DIR Rosenthal, Manuel	Fischer-Dieskau, Dietrich (Siegfried)	**Gianni Schicchi**
BE nur Schlagzeug, gespielt von Jolly Kunjappu	**Peer Gynt**	INT Breuer, Peter (Prinz Siegfried)	Benacková, Gabriele (Genoveva)	MU Puccini, Giacomo
	MU Egk, Werner			DIR Sawallisch, Wolfgang
31.07.1981 EC	DIR Sawallisch, Wolfgang			INT Panerai, Rolando (Gianni Schicchi)
Pumping Iron	INT Becht, Hermann (Peer Gynt)			Varnay, Astrid (Zita)
GA Ballett	Sukis, Lilian (Solveig)			Kelen, Peter (Rinuccio)
MU Russo, William	Studer, Cheryl (Rothaarige)			Popp, Lucia (Lauretta)
OR MA	RE Horres, Kurt			RE Gobbi, Tito
CH Barbay, Ferenc	BB Werz, Wilfried			BB Maximowna, Ita
BB Franz, Ulrich	KM Werz, Wilfried			KM Maximowna, Ita
KM Strahammer, Silvia				
BE Musik vom Tonband				**17.12.1982** NI
				Il Tabarro
25.10.1981 NI				MU Puccini, Giacomo
Manon Lescaut				DIR Sawallisch, Wolfgang

INT Zschau, Marilyn
(Giorgetta)
Boyagian, Garbis
(Michele)
Cossuta, Carlo (Luigi)
RE Gobbi, Tito
BB Maximowna, Ita
KM Maximowna, Ita

1983

13.02.1983 NI
Das Liebesverbot
MU Wagner, Richard
DIR Sawallisch, Wolfgang
INT Hass, Sabine (Isabella)
Prey, Hermann (Friedrich)
Fassler, Wolfgang (Luzio)
Schunk, Robert (Claudio)
Coburn, Pamela (Mariana)
RE Ponnelle, Jean-Pierre
BB Ponnelle, Jean-Pierre
KM Halmen, Pet

25.02.1983 NE
Les Sylphides
GA Ballett
MU Chopin, Frédéric
OR CU
INT Lester, Louise
Lebedjewa, Irina
Kalda, Linda
CH Fokine, Michail
BB Benois, Alexandre
Bakst, Léon
Franz, Ulrich
KM Benois, Alexandre
Bakst, Léon
Strahammer, Silvia
BE Musik vom Klavier

Tomasz Kajdanki in »Carnaval« (Robert Schumann)

25.02.1983 EC
Der sterbende Schwan
GA Ballett
MU Saint-Saëns, Camille
OR CU
INT Turos, Judith
CH Fokine, Michail
BB Benois, Alexandre
Bakst, Léon
Franz, Ulrich
KM Benois, Alexandre

Bakst, Léon
Strahammer, Silvia
BE Musik vom Klavier

25.02.1983 NC
Le Carnaval
GA Ballett
MU Schumann, Robert
OR CU
INT Campbell, Trudie
Lester, Louise
Kajdanski, Tomasz
CH Fokine, Michail
BB Benois, Alexandre
Bakst, Léon
Franz, Ulrich
KM Benois, Alexandre
Bakst, Léon
Strahammer, Silvia
BE Musik vom Klavier

25.02.1983 NC
Petruschka-Fragmente
GA Ballett
MU Strawinsky, Igor
OR CU
INT Cuoco, Joyce
Vámos, Youri
Kajdanski, Tomasz
CH Fokine, Michail
BB Benois, Alexandre
Bakst, Léon
Franz, Ulrich
KM Benois, Alexandre
Bakst, Léon
Strahammer, Silvia
BE Musik vom Klavier

25.02.1983 EC
Le spectre de la rose
GA Ballett
MU Weber, Carl Maria von
OR CU
INT Mencia, Marielena
Pikieris, Yanis
CH Fokine, Michail
BB Benois, Alexandre
Bakst, Léon
Franz, Ulrich
KM Benois, Alexandre
Bakst, Léon
Strahammer, Silvia
BE Musik vom Klavier

24.04.1983 NI
Orpheus und Eurydike
Orfeé et Euridice
MU Gluck, Christoph Willibald
DIR Jochum, Eugen
INT Fassbaender, Brigitte (Orpheus)
Popp, Lucia (Eurydike)
RE Walter, Erich
CH Walter, Erich
BB Schneider-Siemssen, Günther
KM Strahammer, Silvia

21.05.1983 NI
Don Pasquale
MU Donizetti, Gaëtano
DIR Gomez Martinez, Miguel
INT Ferrarini, Alida (Norina)
Montarsolo, Paolo (Don Pasquale)

Araiza, Francisco (Ernesto)
RE Chazalettes, Giulio
BB Santicchi, Ulisse
KM Santicchi, Ulisse

19.06.1983 EI
The turn of the screw
MU Britten, Benjamin
OR CU
DIR Pritchard, John
INT Buchanan, Isobel (Erzieherin)
Gessendorf, Mechthild (Mrs.Grose)
Protschka, Josef (Prolog)
Tear, Robert (Quint)
RE Hampe, Michael
BB Gunter, John
KM Gunter, John
BE ME 1955 als Gastspiel der English Opera Group unter Leitung des Komponisten

06.07.1983 NI
Rienzi, der letzte der Tribunen
MU Wagner, Richard
DIR Sawallisch, Wolfgang
INT Kollo, René (Rienzi)
Studer, Cheryl (Irene)
Janssen, John (Adriano)
RE Lietzau, Hans
BB Kleber, Hans
KM Parmeggiani, Frieda

25.07.1983
Die Feen
MU Wagner, Richard
DIR Sawallisch, Wolfgang
INT Gray, Linda Esther (Ada)
Alexander, John (Arindal)
Studer, Cheryl (Drolla)
Rootering, Jan-Hendrik (Gernot)
BE konzertant

15.10.1983 NI
Die lustigen Weiber von Windsor
MU Nicolai, Otto
DIR Sawallisch, Wolfgang
INT Moll, Kurt (Falstaff)
Popp, Lucia (Frau Fluth)
Wulkopf, Cornelia (Frau Reich)
RE Beauvais, Peter
BB Herforth, Benedikt
Karen, Jana
Hassler, Jürgen
KM Jaenecke, Gabriele

10.11.1983 UA
Euridice
MU Febel, Reinhard
Peri, Jacopo
OR MA
DIR Ruppert, Anton
INT Jungwirth, Helena (Frau, Euridice, Daphne, Venus, Proserpina)
Wilbrink, Hans (Mann, Orfeo)

RE Danninger, Helmut
BB Dreißigacker, Thomas
KM Dreißigacker, Thomas

Jean-Pierre Ponnelle (1932–1988)

27.11.1983 NI
Carmen
MU Bizet, Georges
DIR Kord, Kazimierz
INT Toczyska, Stefania (Carmen)
Atlantow, Wladimir (Don José)
RE Auvray, Jean-Claude
BB Monloup, Hubert
KM Monloup, Hubert

1984

22.01.1984 NE
Schwanensee
GA Ballett
MU Tschaikowsky, Peter Iljitsch
DIR Collins, Michael
INT Evdokimova, Eva
Breuer, Peter
Algeranowa, Claudie
Vámos, Youri
CH Petipa, Marius
Ivanov, Lev
Wright, Peter
BB Prowse, Philip
KM Prowse, Philip

01.03.1984 EC
Opus 19
GA Ballett
MU Rachmaninoff, Sergej
CH Breuer, Peter
BB Franz, Ulrich
KM Strahammer, Silvia
BE Musik von Klavier und Violoncello

01.03.1984 EC
Silent Promises
GA Ballett
MU Rachmaninoff, Sergej
CH Vesak, Norbert
BB Franz, Ulrich
KM Strahammer, Silvia
BE Musik vom Tonband

01.03.1984 EC
Wandlungsmomente
GA Ballett
MU Rachmaninoff, Sergej
CH Barra, Ray
BB Franz, Ulrich
KM Strahammer, Silvia
BE Musik vom Klavier

24.03.1984 ME
Adriana Lecouvreur
MU Cilea, Francesco
DIR Patané, Giuseppe
INT Price, Margaret (Adriana Lecouvreur)
Shicoff, Neil (Maurizio)
Schwarz, Hanna (Principessa di Bouillon)
Brinkmann, Bodo (Michonnet)
RE Copley, John
BB Bardon, Henry
KM Stennett, Michael

26.05.1984 NI
Johanna auf dem Scheiterhaufen
Jeanne d'Arc au bûcher
MU Honegger, Arthur
DIR Varviso, Silvio
INT Jonasson, Andrea (Johanna)
Kaufmann, Julie (Margarethe)
Wulkopf, Cornelia (Katharina)
Quadflieg, Christian (Bruder Dominik)
RE Everding, August
CH Barra, Ray
BB Zimmermann, Jörg
KM Zimmermann, Jörg

28.06.1984 EC
Max und Moritz
GA Ballett
MU Rossini, Gioacchino
OR Deutsches Theater
CH Marcus, Peter
BB Franz, Ulrich
KM Franz, Ulrich
BE Musik vom Tonband

11.07.1984 NI
Der Barbier von Bagdad
MU Cornelius, Peter
DIR Sawallisch, Wolfgang
INT Popp, Lucia (Margiana)
Seiffert, Peter (Nurredin)
Moll, Kurt (Abul Hassan)
RE Schenk, Otto
BB Langenfass, Rolf
KM Langenfass, Rolf

13.10.1984 NC
Le papillon
GA Ballett
MU Offenbach, Jacques
DIR Lanchbery, John
INT Barbay, Ferenc
Cuoco, Joyce
Breuer, Peter
Gal, Dorin
Menendez, Jolinda
CH Hynd, Ronald

BB Docherty, Peter
KM Docherty, Peter

24.11.1984 NI
Pique Dame
Pikovaja dama
MU Tschaikowsky, Peter Iljitsch
DIR Shuraitis, Algis
INT Varady, Julia (Lisa)
Atlantow, Wladimir (Hermann)
Woroschilo, Alexander (Graf Tomski)
RE Scharojew, Joakim
BB Meschischwili, Georgi
KM Strahammer, Silvia
BE russisch

12.12.1984 NI
Ariadne auf Naxos
MU Strauss, Richard
DIR Sawallisch, Wolfgang
INT Gruberova, Edita (Zerbinetta)
Price, Margaret (Ariadne)
Lindroos, Peter (Bacchus)
RE Roth, Günter
BB Franz, Ulrich
KM Strahammer, Silvia

1985

28.01.1985 NI
Cardillac
MU Hindemith, Paul
DIR Sawallisch, Wolfgang
INT McIntyre, Donald (Cardillac)
Francesca-Cavazza, Maria de (Tochter)
RE Ponnelle, Jean-Pierre
BB Ponnelle, Jean-Pierre
KM Halmen, Pet

02.03.1985 EC
**Der Gottgeliebte –
Gerüchte um Mozart**
GA Ballett
MU Mozart, Wolfgang Amadeus
OR CU
CH Breuer, Peter
BB Halmen, Pet
KM Karinska, Barbara
Schwengl, Bruno
Halmen, Pet
BE Musik vom Tonband

02.03.1985 NE
Divertimento Nr. 15
GA Ballett
MU Mozart, Wolfgang Amadeus
OR CU
CH Balanchine, George
BB Halmen, Pet
KM Karinska, Barbara
Schwengl, Bruno
Halmen, Pet
BE Musik vom Tonband

02.03.1985 EC
Ein musikalischer Spaß
GA Ballett
MU Mozart, Wolfgang

Amadeus
OR CU
CH Marcus, Peter
BB Halmen, Pet
KM Karinska, Barbara
Schwengl, Bruno
Halmen, Pet
BE Musik vom Tonband

30.03.1985 NI
Macbeth
MU Verdi, Giuseppe
DIR Muti, Riccardo
INT Bruson, Renato (Macbeth)
Connell, Elizabeth (Lady Macbeth)
Rootering, Jan-Hendrik (Banquo)
RE De Simone, Roberto
BB Manzù, Giacomo
KM Manzù, Giacomo

15.05.1985 EC
Der Fächer
GA Ballett
MU Elgar, Edward
DIR Collins, Michael
INT Turos, Judith
Kovacs, Rosina
CH Hynd, Ronald
BB Docherty, Peter
KM Docherty, Peter

15.05.1985 EC
Die Jahreszeiten
GA Ballett
MU Glasunow, Alexander
DIR Collins, Michael
INT Kajdanski, Tomasz
Lebedjewa, Irina
Turos, Judith
CH Hynd, Ronald
BB Docherty, Peter
KM Docherty, Peter

15.05.1985 EC
Fanfare für Tänzer
GA Ballett
MU Janáček, Leoš
DIR Collins, Michael
INT Barbay, Ferenc
Seidl, Anna
CH Hynd, Ronald
BB Docherty, Peter
KM Docherty, Peter

06.07.1985 NI
Lulu
MU Berg, Alban
DIR Cerha, Friedrich
INT Malfitano, Catherine (Lulu)
Fassbaender, Brigitte (Gräfin Geschwitz)
Ahnsjö, Claes H. (Maler, Neger)
Mazura, Franz (Dr. Schön, Jack)
Trussel, Jacques (Alva)
RE Ponnelle, Jean-Pierre
BB Ponnelle, Jean-Pierre
KM Halmen, Pet
BE ME der dreiaktigen Fassung von Friedrich Cerha

10.07.1985 NI
Die Bernauerin
MU Orff, Carl
OR Alter Hof
DIR Schneidt, Hanns-Martin
INT Posch, Krista (Agnes Bernauer)
Kohlund, Christian (Herzog Albrecht)
RE Everding, August
BB Zimmermann, Jörg
KM Haas, Lore

22.07.1985 UA
Le Roi Bérenger
MU Sutermeister, Heinrich
OR CU
DIR Sawallisch, Wolfgang
INT Demitz, Heinz-Jürgen (König Bérenger I.)
Trekel-Burckhardt, Ute (Königin Marguerite)
Mathis, Edith (Königin Marie)
RE Lavelli, Jorge
BB Bignens, Max
KM Bignens, Max

26.07.1985
Norma
MU Bellini, Vincenzo
DIR Patané, Giuseppe
INT Price, Margaret (Norma)
Bonisolli, Franco (Pollione)
Nafé, Alicia (Adalgisa)
BE konzertant

20.10.1985 NE
Les Sylphides
GA Ballett
MU Chopin, Frédéric
DIR Collins, Michael
INT Turos, Judith
Weiss, Deborah
Broeckx, Jan
CH Fokine, Michail
BB Benois, Alexandre
Franz, Ulrich
KM Bakst, Léon
Strahammer, Silvia

20.10.1985 EC
Elite Syncopations
GA Ballett
MU Joplin, Scott u.a.
DIR Collins, Michael
INT Kovacs, Rosina
Lammersen, Kiki
Seidl, Anna
Kajdanski, Tomasz
CH McMillan, Kenneth
KM Spurling, Ian

20.10.1985 EC
The Prodigal Son
GA Ballett
MU Prokofieff, Sergej
DIR Collins, Michael
INT Kajdanski, Tomasz
Wienert, Jürgen
CH Balanchine, George
BB Rouault, Georges
KM Rouault, Georges

08.11.1985 EC
Night
GA Experimentelles Musiktheater
MU Ferrero, Lorenzo
OR MA
DIR Bender, Heinrich
RE Werhahn, Peter
CH Phillips, Preston
BB Elmau, Alexander
KM Elmau, Alexander

29.11.1985 NI
Manon
MU Massenet, Jules
DIR Rudel, Julius
INT Gruberova, Edita (Manon Lescaut)
Cupido, Alberto (Des Grieux)
Rinaldi, Alberto (Lescaut)
RE Ponnelle, Jean-Pierre
Calàbria, Vera Lucia
BB Ponnelle, Jean-Pierre
KM Ponnelle, Jean-Pierre
BE Übernahme der Ausstattung von der Wiener Staatsoper

1986

25.01.1986 UA
Belshazar
MU Kirchner, Volker David
DIR Wakasugi, Hiroshi
INT Becht, Hermann (Belshazar)
Seibel, Marianne (Königin)
RE Horres, Kurt
BB Reinhardt, Andreas
KM Reinhardt, Andreas

02.03.1986 WA
Don Giovanni
MU Mozart, Wolfgang Amadeus
DIR Sawallisch, Wolfgang
INT Gruberova, Edita (Donna Anna)
Allen, Thomas (Don Giovanni)
Seiffert, Peter (Don Ottavio)
Rootering, Jan-Hendrik (Leporello)
Nicolesco, Mariana (Donna Elvira)
Blasi, Angela Maria (Zerlina)
RE Rennert, Günther
Adler, Ronald H.
BB Rose, Jürgen
KM Rose, Jürgen

23.04.1986 UA
Herzlich Willkommen
GA Ballett
MU Haupt, Walter
OR MA
INT Hartmann-Frost, Cora
Skroblin, Gislinde
Kajdanski, Tomasz
Marcus, Peter
CH Kresnik, Johann
BB Steiner, Anne
KM Steiner, Anne

BE Musik vom Tonband; aufgenommen unter Leitung des Komponisten

27.04.1986 NI
La forza del destino
MU Verdi, Giuseppe
DIR Sinopoli, Giuseppe
INT Varady, Julia (Leonora)
Luchetti, Veriano (Alvaro)
Brendel, Wolfgang (Carlos)
RE Friedrich, Götz
BB Schavernoch, Hans
KM Haas, Lore

14.06.1986 UA
Ludwig - Fragmente eines Rätsels
GA Ballett
MU Young, Douglas
INT Menendez, Jolinda
Broeckx, Jan
Barbay, Ferenc
Wolk-Karaczewski, Waldemar
CH Hynd, Ronald
BB Müller, Bernd-Dieter
KM Müller, Bernd-Dieter
BE Musik vom Tonband

Szenenbild aus »Troades« von Aribert Reimann, 1986

07.07.1986 UA
Troades
MU Reimann, Aribert
DIR Albrecht, Gerd
INT Dernesch, Helga (Hekabe)
Sieden, Cyndia (Helena)
Soffel, Doris (Kassandra)
Hopferwieser, Josef (Menelaos)
Holtzmann, Thomas (Poseidon)
RE Ponnelle, Jean-Pierre
BB Ponnelle, Jean-Pierre
KM Halmen, Pet

21.07.1986 NI
Les contes d'Hoffmann
MU Offenbach, Jacques
DIR Chailly, Riccardo

INT Shicoff, Neil (Hoffmann)
 Kuhn, Alfred (Coppelius)
 Cerny, Florian (Dapertutto)
 Rootering, Jan-Hendrik (Dr. Mirakel)
 Coburn, Pamela (Antonia)
 Schmidt, Trudeliese (Giulietta)
 Sieden, Cyndia (Olympia)
RE Schenk, Otto
BB Schneider-Siemssen, Günther
KM Zallinger, Monika von

25.07.1986
Euryanthe
MU Weber, Carl Maria von
DIR Sawallisch, Wolfgang
INT Studer, Cheryl (Euryanthe)
 Adam, Theo (Lysiart)
 Ramirez, Alejandro (Adolar)
BE konzertant

03.11.1986   EC
Der Tod in Venedig
GA Ballett
MU Mahler, Gustav
DIR Köhler, Siegfried
INT Cragun, Richard (Gustav von Aschenbach)
 Wehe, Oliver (Tadzio)
CH Vesak, Norbert
BB Svoboda, Josef
KM Strahammer, Silvia

19.12.1986   NI
Daphne
MU Strauss, Richard
DIR Sawallisch, Wolfgang
INT Pusar, Ana (Daphne)
 Frey, Paul (Apollo)
 Ahnsjö, Claes H. (Leukippos)
RE Cox, John
BB Tchernaev, Mihail
KM Tchernaev, Mihail

1987

19.03.1987   NI
Das Rheingold
MU Wagner, Richard
DIR Sawallisch, Wolfgang
INT Morris, James (Wotan)
 Tear, Robert (Loge)
 Wlaschiha, Ekkehard (Alberich)
 Rootering, Jan-Hendrik (Fasolt)
RE Lehnhoff, Nikolaus
BB Wonder, Erich
KM Parmeggiani, Frieda

21.03.1987   NI
Die Walküre
MU Wagner, Richard
DIR Sawallisch, Wolfgang
INT Studer, Cheryl (Sieglinde)
 Schunk, Robert (Siegmund)
 Morris, James (Wotan)
 Behrens, Hildegard (Brünnhilde)
 Fassbaender, Brigitte (Waltraute)
RE Lehnhoff, Nikolaus
BB Wonder, Erich
KM Parmeggiani, Frieda

25.03.1987   NI
Siegfried
MU Wagner, Richard
DIR Sawallisch, Wolfgang
INT Kollo, René (Siegfried)
 Behrens, Hildegard (Brünnhilde)
 Pampuch, Helmut (Mime)
 Morris, James (Der Wanderer)
RE Lehnhoff, Nikolaus
BB Wonder, Erich
KM Parmeggiani, Frieda

29.03.1987   NI
Götterdämmerung
MU Wagner, Richard
DIR Sawallisch, Wolfgang
INT Behrens, Hildegard (Brünnhilde)
 Kollo, René (Siegfried)
 Salminen, Matti (Hagen)
 Fassbaender, Brigitte (Waltraute)
RE Lehnhoff, Nikolaus
BB Wonder, Erich
KM Parmeggiani, Frieda

22.05.1987   NI
Turandot
MU Puccini, Giacomo
DIR Patané, Giuseppe
INT Dimitrova, Ghena (Turandot)
 Bartolini, Lando (Kalaf)
RE Ponnelle, Jean-Pierre
BB Ponnelle, Jean-Pierre
KM Halmen, Pet

06.07.1987   NI
Falstaff
MU Verdi, Giuseppe
DIR Maazel, Lorin
INT Pons, Juan (Falstaff)
 Villa, Eduardo (Fenton)
 Blasi, Angela Maria (Ännchen)
 Fassbaender, Brigitte (Mrs. Quickly)
RE Strehler, Giorgio
 D'Amato, Enrico
BB Frigerio, Ezio
KM Frigerio, Ezio

24.07.1987   NI
Salome
MU Strauss, Richard
DIR Tate, Jeffrey
INT Behrens, Hildegard (Salome)
 Raffeiner, Walter (Herodes)
 Wlaschiha, Ekkehard (Jochanaan)
RE Everding, August
BB Zimmermann, Jörg
KM Zimmermann, Jörg

18.10.1987   NC
Undine
GA Ballett
MU Henze, Hans Werner
DIR Bender, Heinrich
INT Evdokimova, Eva (Undine)
 Turos, Judith (Beatrice)
 Breuer, Peter (Tirrenio)
 Wolk-Karaczewski, Waldemar (Palemon)
CH Schilling, Tom
BB Zimmermann, Jörg
KM Strahammer, Silvia

01.11.1987   NI
Die Ägyptische Helena
MU Strauss, Richard
DIR Sawallisch, Wolfgang
INT Jones, Gwyneth (Helena)
 König, Klaus (Menelas)
 Reppel, Carmen (Aithra)
RE Lehberger, Helmut
BB Zimmermann, Jörg
KM Kleiber, Eleonore
BE nach der Inszenierung von Joachim Herz

19.12.1987   NI
Die Frau ohne Schatten
MU Strauss, Richard
DIR Sawallisch, Wolfgang
INT Gessendorf, Mechthild (Kaiserin)
 Fassbaender, Brigitte (Amme)
 Weikl, Bernd (Barak)
 Jones, Gwyneth (Färberin)
RE Busse, Wolf
BB Zimmermann, Jörg
KM Zimmermann, Jörg
BE nach der Inszenierung von Oscar Fritz Schuh

1988

10.02.1988   ME
Die Gespenstersonate
MU Reimann, Aribert
OR PR
DIR Liljefors, Mats
INT Mödl, Martha (Mumie)
 Husmann, Maria (Fräulein)
 Nöcker, Hans Günter (Der Alte, Direktor Hummel)
 Garrison, Kenneth (Student Arkenholz)
RE Lehberger, Helmut
BB Franz, Ulrich
KM Bey, Claudia von der

26.02.1988   NI
Mosè
Moïse et Pharaon
MU Rossini, Gioacchino
DIR Sawallisch, Wolfgang
INT Raimondi, Ruggero (Mosè)
 Araiza, Francisco (Aménofi)
 Vaness, Carol (Ahaïde)
 Rootering, Jan-Hendrik (Osiride)
RE Pizzi, Pier Luigi
BB Pizzi, Pier Luigi
KM Pizzi, Pier Luigi
BE ME der ins Italienische rückübersetzten und von Calisto Bassi bearbeiteten Pariser Fassung

19.03.1988   WA
Die schweigsame Frau
MU Strauss, Richard
DIR Sawallisch, Wolfgang
INT Moll, Kurt (Morosus)
 Rauch, Wolfgang (Barbier)
 Araiza, Francisco (Henry)
 Kaufmann, Julie (Aminta)
RE Rennert, Günther
 Adler, Ronald H.
BB Heinrich, Rudolf
KM Heinrich, Rudolf

20.03.1988   ME
Pollicino
MU Henze, Hans Werner
OR PR
DIR Althammer, Walter
INT Stumphius, Annegeer (Pollicinos Mutter)
 Jungwirth, Helena (Frau des Menschenfressers)
 Woodman, Thomas (Pollicinos Vater)
RE Lehberger, Helmut
BB Franz, Ulrich
KM Reinhardt, Petra
BE Bühnenbild in Zusammenarbeit mit Schülern des Pestalozzi-Gymnasiums

05.04.1988   WA
Elektra
MU Strauss, Richard
DIR Leitner, Ferdinand
INT Behrens, Hildegard (Elektra)
 Fassbaender, Brigitte (Klytämnestra)
 Rootering, Jan-Hendrik (Orest)
 Napier, Marita (Chrysothemis)
RE Rennert, Günther
 Lehberger, Helmut
BB Heinrich, Rudolf
KM Heinrich, Rudolf

16.04.1988   EC
»Still Life« at the Penguin Cafe
GA Ballett
MU Jeffes, Simon
DIR Collins, Michael
INT Morley, Pamela
 Kalda, Linda
 Vigouroux, Pascale
 Bombana, Davide
CH Bintley, David
BB Griffin, Hayden
KM Griffin, Hayden

16.04.1988   EC
Metamorphosis
GA Ballett
MU MacGowan, Peter
DIR Collins, Michael
INT Kovacs, Rosina
 Jolesch, Peter
CH Bintley, David
BB Becket, Mike
KM Becket, Mike

16.04.1988   EC
Allegri diversi
GA Ballett
MU Rossini, Gioacchino
DIR Collins, Michael
INT Calderini, Renata
 Kalda, Linda
 Bellezza, Mauricio
CH Bintley, David
BB Bartlett, Terry
KM Bartlett, Terry

16.05.1988   NC
L'Après-midi d'un Faune
GA Ballett
MU Debussy, Claude
OR CU
INT Iancu, Gheorghe
 Buckingham, Pipa
CH Nijinski, Vaclav
 Algeranowa, Claudie
BB Bakst, Léon
KM Bakst, Léon
BE Musik vom Tonband

16.05.1988   NC
Ebony Concerto
GA Ballett
MU Strawinsky, Igor
OR CU
INT Kalda, Linda
 Kajdanski, Tomasz
 Gal, Dorin
CH Cranko, John
KM Strahammer, Silvia
BE Musik vom Tonband

21.05.1988   EI
Die Sache Makropulos
Vek Makropulos
MU Janáček, Leoš
DIR Schneider, Peter
INT Behrens, Hildegard (Emilia Marty)
 Riegel, Kenneth (Albert Gregor)
 Reich, Günter (Jaroslav Prus)
RE Schneidman, Seth
BB Conklin, John M.
KM Conklin, John M.
BE ME als Gastspiel der Königlichen Oper Stockholm in schwedischer Sprache am 31.10.1969

04.07.1988   NI
Die Liebe der Danae
MU Strauss, Richard
DIR Sawallisch, Wolfgang
INT Hass, Sabine (Danae)
 Roloff, Roger (Jupiter)
 Ahnsjö, Claes H. (Merkur)
 Frey, Paul (Midas)
 King, James (Pollux)
RE Del Monaco, Giancarlo
BB Zallinger, Monika von
KM Zallinger, Monika von

10.07.1988 NI
Intermezzo
MU Strauss, Richard
OR CU
DIR Kuhn, Gustav
INT Lott, Felicity (Christine)
Prey, Hermann (Storch)
Dallapozza, Adolf (Baron Lummer)
RE Wilhelm, Kurt
BB Zimmermann, Jörg
KM Strahammer, Silvia

18.07.1988
Guntram
MU Strauss, Richard
DIR Kuhn, Gustav
INT Rootering, Jan-Hendrik (Der alte Herzog)
Hass, Sabine (Freihild)
Weikl, Bernd (Herzog Robert)
König, Klaus (Guntram)
Ahnsjö, Claes H. (Narr)
BE konzertant

24.07.1988
Friedenstag
MU Strauss, Richard
DIR Sawallisch, Wolfgang
INT Weikl, Bernd (Kommandant)
Hass, Sabine (Maria)
Rootering, Jan-Hendrik (Konstabel)
Vacik, Jan (Schütze)
BE konzertant

26.07.1988 NI
Capriccio
MU Strauss, Richard
OR CU
DIR Sawallisch, Wolfgang
INT Coburn, Pamela (Gräfin)
Rauch, Wolfgang (Graf)
Büchner, Eberhard (Flamand)
Titus, Alan (Olivier)
Vogel, Siegfried (La Roche)
Fassbaender, Brigitte (Clairon)
RE Adam, Theo
BB Langenfass, Rolf
KM Langenfass, Rolf

12.01.1989 WA
La clemenza di Tito
MU Mozart, Wolfgang Amadeus
DIR Klee, Bernhard
INT Winbergh, Gösta (Tito)
Varady, Julia (Vitellia)
Murray, Ann (Sesto)
Quittmeyer, Susan (Annio)
RE Ponnelle, Jean-Pierre
Busse, Wolf
BB Ponnelle, Jean-Pierre
KM Ponnelle, Jean-Pierre

1989

15.01.1989 ME
Der Schweinehirt
MU Schedl, Gerhard

OR PR
DIR Gromis, Gary
INT Bayrhammer, Gustl (Erzähler)
Vacik, Jan (Prinz)
Lucey, Frances (Prinzessin)
RE Lehberger, Helmut
BB Franz, Ulrich
KM Franz, Ulrich

21.01.1989 ME
Kassandra
MU Hamel, Peter Michael
OR MA
DIR Epple, Roger
INT Evangelatos, Daphne (Kassandra)
Mödl, Martha (Hekuba)
RE Lehberger, Helmut
BB Bey, Claudia von der
KM Bey, Claudia von der

26.02.1989 ME
Fürst Igor
Knjaz Igor
MU Borodin, Alexander
OR Olympiahalle
DIR Ermler, Mark
INT Brinkmann, Bodo (Igor)
Miricioiu, Nelly (Jaroslawna)
Lipovšek, Marjana (Kontschakowna)
RE Del Monaco, Giancarlo
CH Fokine, Michail (Polowetzer Tänze)
BB Zimmermann, Jörg
KM Strahammer, Silvia
BE russisch

22.04.1989 NE
Begegnung in drei Farben
GA Ballett
MU Strawinsky, Igor
DIR Collins, Michael
INT Turos, Judith
Bellezza, Mauricio
Bombana, Davide
CH Cranko, John
KM Strahammer, Silvia

22.04.1989 NC
Petruschka
GA Ballett
MU Strawinsky, Igor
DIR Collins, Michael
CH Fokine, Michail
BB Benois, Alexandre
Franz, Ulrich
KM Benois, Alexandre
Strahammer, Silvia
BE in der rekonstruierten Original-Choreographie von Michail Fokine

22.05.1989 NI
Il barbiere di Siviglia
MU Rossini, Gioacchino
DIR Patané, Giuseppe
INT Kaufmann, Julie (Rosina)
Gambill, Robert (Almaviva)
Hampson, Thomas (Figaro)
RE Soleri, Ferruccio
BB Tommasi, Carlo
KM Frühling, Ute

06.07.1989 NI
Mathis der Maler
MU Hindemith, Paul
DIR Sawallisch, Wolfgang
INT Neumann, Wolfgang (Albrecht von Brandenburg)
Bröcheler, John (Mathis)
Hass, Sabine (Ursula)
Rootering, Jan-Hendrik (Riedinger)
RE Horres, Kurt
BB Reinhardt, Andreas
KM Reinhardt, Andreas

26.07.1989 NI
Die neugierigen Frauen
Le donne curiose
MU Wolf-Ferrari, Ermanno
OR CU

Harry Kupfer und Waltraud Meier bei Proben zu Tschaikowskys »Jungfrau von Orléans«, 1989

DIR Sander, Alexander
INT Evangelatos, Daphne (Beatrice)
Paßow, Sabine (Rosaura)
Kuhn, Alfred (Ottavio)
RE Patané, Vittorio
BB Patané, Vittorio
KM Strahammer, Silvia

07.10.1989 WA
Der Rosenkavalier
MU Strauss, Richard
DIR Hollreiser, Heinrich
INT Beckmann, Judith (Feldmarschallin)
Rootering, Jan-Hendrik (Baron Ochs auf Lerchenau)
Schmiege, Marilyn (Octavian)
Kilduff, Barbara (Sophie)
RE Schenk, Otto
Fassbaender, Brigitte
BB Rose, Jürgen
KM Rose, Jürgen

04.11.1989 ME
Die Jungfrau von Orléans
Orleanskaja deva
MU Tschaikowsky, Peter Iljitsch
DIR Albrecht, Gerd
INT Meier, Waltraud (Jeanne d'Arc)
Ramirez, Alejandro (Karl VII.)
Rauch, Wolfgang (Lionel)
Adam, Theo (Erzbischof)
RE Kupfer, Harry
BB Schavernoch, Hans
KM Heinrich, Reinhard

29.11.1989 UA
Der letzte Orpheus
MU Ruppert, Anton
OR MA
DIR Ruppert, Anton
INT Zinkler, Jan (Orpheus)
Seiltgen, Annette (Eurydike)
RE Lehberger, Helmut
BB Thor, Harald Bernhard
KM Thor, Harald Bernhard

29.11.1989 ME
Singt, Vögel
MU Stahmer, Klaus Hinrich
OR MA
DIR Ruppert, Anton
INT Cervena, Sona (Hekuba)
Seiltgen, Annette (Andromache)
Wagenführer, Roland (Grieche)
Prager, Adrian (Astyanax)
RE Lehberger, Helmut
BB Thor, Harald Bernhard
KM Thor, Harald Bernhard

23.12.1989 NE
Divertissement
GA Ballett
MU Helsted, Edvard
Paulli, Holger S.
DIR Collins, Michael
CH Bournonville, August

BB Herrmann, Andreas
KM Strahammer, Silvia

1990

21.02.1990 NI
Der Freischütz
MU Weber, Carl Maria von
DIR Suitner, Otmar
INT Ronge, Gabriele Maria (Agathe)
Kaufmann, Julie (Ännchen)
Wlaschiha, Ekkehard (Kaspar)
Raffeiner, Walter (Max)
RE Rudolph, Niels-Peter
BB Münzner, Wolf
KM Münzner, Wolf

24.03.1990 ME
Let's make an opera
MU Britten, Benjamin
OR MA
DIR Epple, Roger
INT Jungwirth, Helena (Miss Bagott)
Lucey, Frances (Rowan)
Engen, Kieth (Black Bob)
Conners, Kevin (Clem)
RE Lehberger, Helmut
BB Franz, Ulrich
KM Prosty, Emilie

02.04.1990 NI
Dantons Tod
MU Einem, Gottfried von
DIR Sawallisch, Wolfgang
INT Bröcheler, John (Danton)
Stumphius, Annegeer (Julie)
Ramirez, Alejandro (Camille)
RE Schaaf, Johannes
BB Toffulutti, Ezio
KM Toffulutti, Ezio

22.04.1990 EC
Bad blood
GA Ballett
MU Anderson, Laurie
INT Lammersen, Kiki
Villadolid, Anna
Machherndl, Robert
CH Dove, Ulysses
BB Gallardo, Jorge
KM Gallardo, Jorge
BE Musik vom Tonband

22.04.1990 EC
Last notice
GA Ballett
MU Anderson, Laurie
INT Campo, Caroline
Teschner, Patrick
CH Wisman, John
BB Schut, Henk
KM Schut, Henk
BE Musik vom Tonband

22.04.1990 EC
Messias
GA Ballett
MU Händel, Georg Friedrich
INT Lammersen, Kiki
Machherndl, Robert

CH	Wubbe, Ed
BB	Homoet, Pamela
KM	Homoet, Pamela
BE	Musik vom Tonband

16.05.1990 UA
Geisterbahn
- MU Heyn, Volker
- OR MA
- DIR Harneit, Johannes
- INT Ascher, Christina (Leslie Miller, Todin)
  Larsen, Marianne (Wurmin)
  Pries, Ronald (Foxtrott Raam)
  Welte, Karsten (Charles Oelberg)
- RE Lehberger, Helmut
- BB Heyn, Volker
  Franz, Ulrich
- KM Heyn, Volker
  Stummeyer, Cordula

23.05.1990 NI
Nabucco
- MU Verdi, Giuseppe
- DIR Steinberg, Pinchas
- INT Tumagian, Eduard (Nabucco)
  Burchuladse, Paata (Zacharias)
  Varady, Julia (Abigail)
- RE Halmen, Pet
- BB Halmen, Pet
- KM Halmen, Pet

18.06.1990 NI
Der Revisor
- MU Egk, Werner
- OR Wolf-Ferrari-Haus Ottobrunn
- DIR Bender, Heinrich
- INT Wagenführer, Roland (Chlestakow)
  Breimann, Ludger (Stadthauptmann)
- RE Thaw, David
- BB Thor, Harald Bernhard
- KM Stummeyer, Cordula

29.06.1990 EC
Niemandsland
- GA Ballett
- MU Bach, Johann Sebastian
  Hummel, Franz
- OR MA
- CH Gilmore, Rosamund
- BB Gilmore, Rosamund
- KM Gilmore, Rosamund
- BE Musik vom Tonband

06.07.1990 NI
Carmina Burana
Trionfi
- MU Orff, Carl
- DIR Sawallisch, Wolfgang
- INT Kaufmann, Julie (Sopran)
  Wilm-Schulte, Eike (Bariton)
  Reß, Ulrich (Tenor)
- RE Neugebauer, Hans
- BB Neugebauer, Hans
- KM Miesler, Martina

06.07.1990 NI
Catulli Carmina
Trionfi
- MU Orff, Carl
- DIR Sawallisch, Wolfgang
- INT Gonzales, Dalmacio (Catull)
  Benza, Georgina von (Lesbia)
- RE Neugebauer, Hans
- CH Horváth, Krisztina
- BB Neugebauer, Hans
- KM Miesler, Martina

06.07.1990 NI
Trionfo di Afrodite
Trionfi
- MU Orff, Carl
- DIR Sawallisch, Wolfgang
- INT Benza, Georgina von (La Sposa)
  Gonzales, Dalmacio (Lo Sposo)
- RE Neugebauer, Hans
- BB Neugebauer, Hans
- KM Miesler, Martina

15.07.1990 ME
Mitridate rè di Ponto
- MU Mozart, Wolfgang Amadeus
- OR CU
- DIR Schreier, Peter
- INT Ramirez, Alejandro (Mitridate)
  Nielsen, Inga (Aspasia)
  Ahlstedt, Douglas (Sifare)
  Rauch, Wolfgang (Farnace)
- RE Everding, August
- BB Villareal, Jorge
- KM Villareal, Jorge

17.10.1990 NC
Cinderella
- GA Ballett
- MU Prokofieff, Sergej
- DIR Presser, André
- CH Duse, Riccardo
- BB Herrmann, Andreas
- KM Herrmann, Andreas

03.12.1990
Semiramide
- MU Rossini, Gioacchino
- DIR Ferro, Gabriele
- INT Gruberova, Edita (Semiramide)
  Kuhlmann, Kathleen (Arsace)
  Ramey, Samuel (Assur)
- BE konzertant

03.12.1990 NI
Der fliegende Holländer
- MU Wagner, Richard
- DIR Sawallisch, Wolfgang
- INT Ryhänen, Jaakko (Daland)
  Varady, Julia (Senta)
  Weikl, Bernd (Holländer)
- RE Gierke, Henning von
- BB Gierke, Henning von
- KM Blumauer, Franz

Richard Salter in M. Trojahns »Enrico«, 1991

1991

07.01.1991 NI
Die Liebe zu den drei Orangen
Ljubov k trem apel'sinam
- MU Prokofieff, Sergej
- DIR Sawallisch, Wolfgang
- INT Korn, Artur (König Treff)
  Ramirez, Alejandro (Prinz)
  Reß, Ulrich (Truffaldino)
  Berger-Tuna, Helmut (Zauberer)
  Hass, Sabine (Zauberin)
  Knobel, Marita (Prinzessin Clarissa)
- RE Ljubimov, Juri
- BB Borovskij, David
- KM Borovskij, David

03.02.1991 EC
Three Pieces
- GA Ballett
- MU Bacewicz, Grazyna
- DIR Presser, André
- CH Manen, Hans van
- BB Wal, Jan van der
- KM Wal, Jan van der

03.02.1991 EC
Sonate a trois
- GA Ballett
- MU Bartók, Béla
- DIR Presser, André
- CH Béjart, Maurice

03.02.1991 EC
Fünf Tangos
- GA Ballett
- MU Piazzolla, Astor
- CH Manen, Hans van
- BB Vroom, Jean Paul
- KM Vroom, Jean Paul
- BE Musik vom Tonband

18.03.1991 NI
L'Italiana in Algeri
- MU Rossini, Gioacchino
- DIR Renzetti, Donato
- INT Alaimo, Simone (Mustafa)
  Lopardo, Frank (Lindoro)
  Baltsa, Agnes (Isabella)
- RE Ponnelle, Jean-Pierre
  Asagaroff, Grischa
- BB Ponnelle, Jean-Pierre
- KM Ponnelle, Jean-Pierre
- BE Übernahme/Neueinstudierung einer Produktion der Wiener Staatsoper

10.04.1991 UA
Enrico
- MU Trojahn, Manfred
- OR Schwetzingen
- DIR Davies, Dennis Russell
- INT Salter, Richard (Enrico)
  Schmidt, Trudeliese (Matilda)
  Nöcker, Hans Günter (Belcredi)
- RE Mussbach, Peter
- BB Mussbach, Peter
- KM Herzog, Joachim
- BE am 26.7.1991 Übernahme ins Cuvilliés-Theater

30.04.1991 ME
Apollo et Hyacinthus
- MU Mozart, Wolfgang Amadeus
- OR CU
- DIR Schneider, Peter
- INT Ahnsjö, Claes H. (Oebalus)
  Petrig, Caroline Maria (Melia)

03.02.1991 EC
BB	Patané, Vittorio
KM	Strahammer, Silvia

30.04.1991 ME
Il sogno di Scipione
- MU Mozart, Wolfgang Amadeus
- OR CU
- DIR Schneider, Peter
- INT Swensen, Robert (Scipione)
  Kaufmann, Julie (Costanza)
  Petrig, Caroline Maria (Fortuna)
- RE Patané, Vittorio
- BB Patané, Vittorio
- KM Strahammer, Silvia

20.05.1991 NI
Boris Godunow
Boris Godunow
- MU Musorgskij, Modest
- DIR Gergiev, Valéry
- INT Burchuladse, Paata (Boris)
  Moll, Kurt (Pimen)
- RE Schaaf, Johannes
- BB Gussmann, Wolfgang
- KM Jaenecke, Gabriele
- BE russisch Erstfassung von 1869 (Ur-Boris)

06.06.1991 UA
Dunkles Haus
- MU Platz, Robert HP
- OR MA
- DIR Platz, Robert HP
- INT Husmann, Maria (Die Frau)
  Busch, Michael (Der Mann)
  Zickwolf, Udo (Das Kind, Vogel, Mann)
- RE Lehberger, Helmut
- BB Szczesny, Stefan
- KM Szczesny, Stefan

14.06.1991 EC
Klavierkonzert Es-Dur
- GA Ballett

Spielgeld zu K. Pendereckis »Ubu Rex«

- INT Kaufmann, Hedwig (Hyacinthus)
  Evangelatos, Daphne (Apollo)
- RE Patané, Vittorio

MU	Mozart, Wolfgang Amadeus
OR	CU
DIR	Presser, André
CH	Scholz, Uwe

BB Rosalie
KM Rosalie

14.06.1991 NC
Les petits riens
GA Ballett
MU Mozart, Wolfgang Amadeus
OR CU
DIR Presser, André
CH Manniegel, Heinz
BB Rosalie
KM Rosalie

06.07.1991 UA
Ubu Rex
MU Penderecki, Krzysztof
DIR Boder, Michael
INT Tear, Robert (Vater Ubu)
    Soffel, Doris (Mutter Ubu)
    Becht, Hermann (Bordure)
RE Everding, August
BB Topor, Roland
KM Topor, Roland

19.10.1991 NI
Lucia di Lammermoor
MU Donizetti, Gaëtano
DIR Plasson, Michel
INT Gruberova, Edita (Lucia)
    Gavanelli Paolo (Ashton)
    Araiza, Francisco (Ravenswood)
RE Carsen, Robert
BB Hudson, Richard
KM Hudson, Richard

20.11.1991 ME
Das Traumfresserchen
MU Hiller, Wilfried
OR MA
DIR Beaumont, Antony
INT Jungwirth, Helena
    Engen, Kieth
RE Lehberger, Helmut
BB Franz, Ulrich
KM Stummeyer, Cordula

01.12.1991 EI
Peter Grimes
MU Britten, Benjamin
DIR Davis, Andrew
INT Kollo, René (Peter Grimes)
    Coburn, Pamela (Ellen Orford)
    McIntyre, Donald (Balstrode)
RE Albery, Tim
BB Bechtler, Hildegard
KM Gillibrand, Nicky
BE ME am 6.6.1963 als Gastspiel der Sadler's Wells Opera, London im Prinzregententheater Übernahme/Neueinstudierung einer Produktion der English National Opera, London

22.12.1991 EC
Don Quijote
GA Ballett
MU Minkus, Ludwig

Die alte hydraulische Anlage auf der Galerie des Nationaltheaters

DIR Presser, André
INT Jolesch, Peter (Don Quijote)
    Kajdanski, Tomasz (Sancho Pansa)
    McDermott, Christina (Dulcinea)
CH Petipa, Marius Barra, Ray
BB Pekny, Thomas
KM Strahammer, Silvia

1992

02.02.1992 NI
Il trovatore
MU Verdi, Giuseppe
DIR Sinopoli, Giuseppe
INT Varady, Julia (Leonora)
    Brendel, Wolfgang (Graf Luna)
    O'Neill, Dennis (Manrico)
RE Ronconi, Luca
BB Palli, Margherita
KM Pescucci, Gabriella

15.02.1992 WA
Don Pasquale
MU Donizetti, Gaëtano
DIR Abbado, Roberto
INT Mei, Eva (Norina)
    Gambill, Robert (Ernesto)

Die neuen hydraulischen Antriebe für Dekorationszüge

    Corbelli, Alessandro (Don Pasquale)
RE Chazalettes, Giulio
    Adler, Ronald H.
BB Santicchi, Ulisse
KM Santicchi, Ulisse

19.03.1992 ME
Dimitrij
MU Dvořák, Antonin
DIR Uljanov, Nicholas
INT Heppner, Ben (Dimitrij)
    Budai, Livia (Marfa, Darstellung)
    Coburn, Pamela (Marfa, Gesang)
    De Vol, Luana (Marina Mnischek)
RE Palmer, Tony
BB Wassberg, Göran
KM Wassberg, Göran

28.04.1992 UA
Augen der Wörter
GA Experimentelles Musiktheater
MU Hespos, Hans-Joachim
OR MA
DIR Harneit, Johannes
INT Nöcker, Hans Günter
    Cordier, Paul
RE Lehberger, Helmut
BB Thor, Harald Bernhard
KM Ekrich

30.04.1992 UA
Le livre de Fauvel
GA Tanzspiel-Oper
MU Bawden, Rupert
OR Gasteig, Carl-Orff-Saal
DIR Bawden, Rupert
INT Husman, Maria (Sopran)
    Ueberschar, Camilla (Mezzosopran)
    Büse, Rainer (Bariton)
CH Duse, Riccardo
BB Deggeler, Marc
KM Deggeler, Marc
BE in Koproduktion mit der Münchner Biennale 1992

16.05.1992 EC
Before nightfall
GA Ballett
MU Martinu, Bohuslav
CH Christe, Nils
BB Dekker, Keso
KM Dekker, Keso

16.05.1992 NC
Svadebka
Les noces
GA Ballett
MU Strawinsky, Igor
DIR Presser, André
INT McDermott, Christina
    Broeckx, Jan
    Kajdanski, Tomasz
    Coburn, Pamela
    Pellekoorne, Anne
    Pries, Ronald
    Götzen, Guido
CH Kylian, Jiri
BB Macfarlane, John
KM Macfarlane, John

06.07.1992 NI
Carmen
MU Bizet, Georges
DIR Sinopoli, Giuseppe
INT Senn, Marta (Carmen)
    Shicoff, Neil (Don José)
RE Wertmüller, Lina
BB Job, Enrico
KM Job, Enrico

24.07.1992 ME NF
Der Prinz von Homburg
MU Henze, Hans Werner
OR CU
DIR Sawallisch, Wolfgang
INT Cochran, William (Kurfürst Friedrich Wilhelm)
    Dernesch, Helga (Kurfürstin)
    Häggander, Marie Anne (Prinzessin Natalie von Oranien)
    Le Roux, François (Prinz Friedrich Artur von Homburg)
RE Lehnhoff, Nikolaus
BB Pilz, Gottfried
KM Pilz, Gottfried

Quellenverzeichnis zur Dokumentation

Angermüller, Rudolph:
  Mozart – die Opern von der Uraufführung bis heute, Frankfurt am Main u.a. 1988

Bayerische Staatstheater [Hrsg.]
  Almanach für das Spieljahr 1921/1922 bis 1927/1928 mit chronologischen Nachträgen 1920/1921 bis 1927/1928, München

Bayerische Staatstheater [Hrsg.]
  Illustrierter Almanach der Bayerischen Staatstheater in München 1929/1930 bis 1931/1932. Mit einem Rückblick auf die Spielzeit 1928/1929, München

Bolongaro-Crevenna, Hubertus
  L'Arpa festante: die Münchner Oper 1651–1825; von den Anfängen bis zum „Freyschützen", München 1963

Brockpähler, Renate
  Handbuch zur Geschichte der Barockoper in Deutschland, Emsdetten 1964

Brunner, Herbert
  Altes Residenztheater in München (Cuvilliés-Theater), München 1984

Busse, Paul
  Geschichte des Gärtnerplatztheaters in München, München 1924

Enciclopedia dello Spettacolo, Bd. 1–11, Rom 1954 bis 1968

Grandaur, Franz
  Chronik des königlichen Hof- und Nationaltheaters in München zur Feier seines hundertjährigen Bestehens, München 1878

Kloiber, Rudolf
  Die dramatischen Ballette von Christian Cannabich, München Diss. 1928

Koegler, Horst
  The concise Oxford dictionary of ballet, London u.a. 1977

Legband, Paul
  Münchner Bühne und Litteratur im achtzehnten Jahrhundert, München 1904

Lepel, Felix von
  Die italienischen Opern und Opernaufführungen am kurfürstlichen Hofe zu München (1654–1787), Berlin 1953

Lipowsky, Felix Joseph
  Baierisches Musik-Lexikon, Nachdruck der Ausgabe München 1811, Hildesheim 1982

Loewenberg, Alfred
  Annals of Opera 1597–1940, London 1978

Malyoth, Ludwig
  Beiträge zur Münchner Theatergeschichte
  (In: Theaterzeitung der Staatlichen Bühnen Münchens 1 [1920]–4 [1923])

Münster, Robert
  Die Musik am Hofe Max Emanuels
  (In: Kurfürst Max Emanuel: Bayern und Europa um 1700, Bd. 1: Zur Geschichte und Kunstgeschichte der Max-Emanuel-Zeit / hrsg. von Hubert Glaser, München 1976)

Münster, Robert
  La finta giardiniera: Mozarts Münchner Aufenthalt 1774/75, Ausstellungskatalog Bayerische Staatsbibliothek, München 1975

Niehaus, Wolfgang
  Der Theatermaler Quaglio, München Diss. 1956

Noessel, Hans-Joachim
  Ein ältest Orchester, München 1980

Pipers Enzyklopädie des Musiktheaters / hrsg. von Carl Dahlhaus u.a., Bd. 1 ff., München 1986 ff.

Programmhefte der Bayerischen Staatsoper 1948/49 bis 1992

Reischel, Friedrich Ludwig
  Dramatischer Briefwechsel, das Münchner Theater betreffend, München 1797–1798

Günther Rennert 1911–1978 / (Red.: Edgar Baitzel. / hrsg. von der Bayerischen Staatsoper), München 1983

Riemann, Hugo
  Opern-Handbuch, Leipzig 1887

Riemann, Hugo
  Musik-Lexikon, Bd. 1–5, Mainz 1959–1975

Rudhart, Franz Michael
  Geschichte der Oper am Hofe zu München: nach archivalischen Quellen bearbeitet / 1. Teil: Die italienische Oper von 1654–1787, Freising 1865

Schultz, Klaus [Hrsg.]
  Münchner Theaterzettel, München u.a. 1982

Seidel, Klaus Jürgen [Hrsg.]
  Das Prinzregenten-Theater in München, Nürnberg 1984

Stieger, Franz
  Opernlexikon, Bd.1,1–4,2 , Tutzing 1975–1983

Theaterzettel 1781–1787

Theaterzettel 1807–1992

Trautmann, Karl
  Deutsche Schauspieler am bayerischen Hofe
  (In: Jahrbuch für Münchner Geschichte 2 [1889])

Ursprung, Otto
  Münchens musikalische Vergangenheit, München 1927

Valentin, Petra Maria
  Die Bayerische Staatsoper im Dritten Reich, München Magister-Arbeit 1985

Wagner, Hans
  200 Jahre Münchner Theaterchronik 1750–1950, München 1958

Weiss, Eduard Josef
  Andrea Bernasconi als Opernkomponist, München Diss. 1923

Wolf, Georg Jacob
  Das kurfürstliche München 1620–1800, München 1930

Zenger, Max
  Geschichte der Münchener Oper / nachgelassenes Werk hrsg. von Theodor Kroyer, München 1923

Der Dank für stete Ermutigung und außergewöhnliche Hilfsbereitschaft bei der Zusammenstellung der Dokumentation gilt Herrn Franz Hajek, Bibliothekar der Bayerischen Staatsoper, ohne dessen Vor- und Mitarbeit das Unternehmen in der gebotenen kurzen Zeitspanne nicht möglich gewesen wäre. Dank gilt auch Herrn Dr. Günter Heischmann, Bibliotheksdirektor an der Universitätsbibliothek München, für geduldige Unterstützung und Hilfe in Fragen der Computer-Technik.

Anhang

Gesamtbibliographie

Adelmann, C.
Donna Elvira (Don Juan) als Kunstideal und ihre Verkörperung auf der Münchener Hofbühne, München 1888

Albrecht, Dieter
Bruno Walter, Kriegsende und Revolution in München und der Plan einer Volksoper
(In: Festschrift für Andreas Kraus zum 60. Geburtstag, München 1982, S. 441–453)

Appia, Adolphe
Saal des Prinzregenten-Theaters
(In: Die Gesellschaft 3 [1902], S. 198–204)

B., E.
Unser Nationaltheater
(In: Der Zwiebelturm 11 [1956], S. 95–96)

Baader
Neue Ideen über die zwei neuesten Löschungsanstalten in großen Schauspielhäusern, nebst einigen Aufklärungen über die am 14. Jänner 1823 erfolgte Einäscherung des neuen königlichen Hoftheaters zu München
(In: Flora 1823, Beiträge zu Heft 32)

Backöfer, Andreas [Hrsg.]
Günther Rennert: Faszination der Regie: eine Ausstellung aus dem Nachlaß; 13. Dezember 1990 bis 31. März 1991, München 1990

Ballett in München
(In: Blätter der Bayerischen Staatsoper 1976/77, 9)

Bauckner, Arthur [Red.]; Preetorius, Emil [Ill.]
Wagner- und Mozartfestspiele, München 1928

Bauer, Heinrich
Das Cuvilliés-Theater zu München im Glanze der königlich italienischen Hofoper (1806–1825), München 1972

Baumgartner, Anton
Beschreibung des Brandes im Königlich bayrischen großen Hof- und Nationaltheater den 14. Jänner 1823: mit einem Situationsplane, München 1823

Baumgartner, Anton
Schilderung bey Gelegenheit der feierlichen Eröffnung des großen neuen Königlich Bayrischen Hoftheaters in München, München 1818

Bayerische Staatsoper [Hrsg.]
Blätter der Bayerischen Staatsoper, München 1 (1948/49) bis (1989/90) 2, November 1989 ab (1989/90) 3, Dezember 1989 u.d.T.: Journal der Bayerischen Staatsoper

Bayerische Staatsoper [Hrsg.]
Dramaturgische Blätter, München I (1939/40) Nr. 1 bis 12, Opernfestspiele 1939, Mozart-Pfitzner-Heft, Richard-Strauss-Heft, Richard-Wagner-Heft II (1940/41) Nr. 1–7, 8/9 (Verdi-Sonderheft), 10–14 III (1941/42) Nr. 1–13 In zwangloser Folge

Bayerische Staatsoper [Hrsg.]; Baitzel, Edgar [Red.]
Günther Rennert: 1911 bis 1978, München 1983

Bayerische Staatsoper [Hrsg.]
Hauszeitung der Bayerischen Staatsoper München, München Oktober 1972 – Opernfestspiele 1975 (15 Hefte) In zwangloser Folge; Erscheinen eingestellt; Forts. u.d.T.: Informationsblatt der Bayerischen Staatsoper

Bayerische Staatsoper [Hrsg.]
Informationen, München 1. 1982 (Oktober) bis 12. 1983 (Juli)

Bayerische Staatsoper [Hrsg.]
Informationsblatt der Bayerischen Staatsoper, München 1977

Bayerische Staatsoper [Hrsg.]
Jahrbuch der Bayerischen Staatsoper, München I. 1977/78 (1978) ff erscheint jährlich

Bayerische Staatsoper [Hrsg.]
Journal der Bayerischen Staatsoper, München (1989/90) 3, Dezember 1989 ff bis (1989/90) 2, November 1989 u.d.T.: Blätter der Bayerischen Staatsoper

Bayerische Staatsoper [Hrsg.]
Nationaltheater München: Festschrift der Bayerischen Staatsoper zur Eröffnung des wiederaufgebauten Hauses, München 1963

Bayerische Staatsoper [Hrsg.]
Technisches Handbuch der Bayerischen Staatsoper München, München 1965

Bayerische Staatstheater [Hrsg.]; Bauckner, Arthur [Red.]
150 Jahre Bayerisches National-Theater, München 1928

Bayerische Staatstheater [Hrsg.]
Almanach für das Spieljahr ... mit chronologischen Nachträgen über das Spieljahr ..., München 1921/1922 (Nachträge 1920/1921) bis 1928/1928 (Nachträge 1927/1928) siehe später u.d.T.: Bayerische Staatstheater [Hrsg.] Illustrierter Almanach der Bayerischen Staatstheater in München ...

Bayerische Staatstheater [Hrsg.]
Illustrierter Almanach der Bayerischen Staatstheater in München ... Mit einem Rückblick auf die Spielzeit ..., München 1929/1930 (Rückblick 1928/1929) bis 1931/1932 (Rückblick 1930/1931)

Bemerkungen über die Bühne zu München
(In: Morgenblatt für gebildete Stände XIII 1819, Bd. 2)

Berufung und Tätigkeit des künstlerischen Beirats für die Planungen des Architekten Professor Graubner zum Wiederaufbau des Bayerischen Nationaltheaters, München 1956

Betrachtungen nach der Einäscherung des großen königlichen Hoftheaters zu München
(In: Flora 1823)

Betram, Walther
Der Wiederaufbau des alten Residenztheaters in München
(In: Deutsche Kunst und Denkmalpflege 1957, S. 12 bis 18)

Betram, Walther
Der Wiederaufbau des alten Residenztheaters in München
(In: Deutsche Kunst und Denkmalpflege 1958, S. 95 bis 100)

Betram, Walther
Wettbewerb zum Wiederaufbau des Nationaltheaters in München
(In: Deutsche Kunst und Denkmalpflege 1955, S. 26 bis 32)

Bierbaum, Otto Julius
25 Jahre Münchner Hoftheater-Geschichte: ein Rückblick auf die 25jährige Amtsführung des Freiherrn Karl von Perfall als Leiter der Münchner Hofbühne, München 1892

Bock, Ernst
Ein bisher unbekannter Brief Hermann Levis an Franz Fischer vom 4. August 1880 über die damaligen Verhältnisse an der Münchener Hofoper
(In: Festschrift für Hans Ludwig Held / hrsg. von Andreas Bauer, München 1950, S. 62–67)

Böttiger, C. A.
Auf Veranlassung des Theaterbrandes zu München, Dresden
(In: Abendzeitung 1823, Bd. I)

Bolongaro-Crevenna, Hubertus
Die italienische Oper in München
(In: Musik in Bayern / hrsg. von Robert Münster ..., Bd. 1: Bayerische Musikgeschichte, Tutzing 1972, S. 179–189)

Bolongaro-Crevenna, Hubertus
L'Arpa Festante: die Münchner Oper 1651–1825; von den Anfängen bis zum »Freyschützen«, München 1963

Boy-Ed, I.
Hofoper
(In: Velhagen und Klasing's Monatshefte [1918] April, S. 390)

Braun, Alex
Das neue Prinz-Regententheater in München
(In: Illustrierte Zeitung [1901], No. 3032)

Braun, Alex
Das Prinzregenten-Theater in München: Zeichnungen nach Motiven aus dem Theater von J. Haseneder, München 1903

Brunner, Herbert
Altes Residenztheater in München (Cuvilliés-Theater), München 1984

Buchenberger, Emil
Die bühnentechnischen Einrichtungen des Nationaltheaters München
(In: Bühnentechnische Rundschau 4/64)

Bücken, Ernst
München als Musikstadt, Leipzig 1923
(In: Die Musik 7/8)

Burmeister, Anke
Das Münchner Turnierhaus
(In: ARX 2/1990)

Burmeister, Enno
Münchens erstes Hofopernhaus
(In: ARX 2/1990)

Cannstatt, Tony
Die Entwicklung Münchens als Musikstadt im I. Viertel des 19. Jahrhunderts
(In: Neue Musikzeitung 38 [1917], S. 269, 283)

Chronik des Königlichen Hof- und Nationaltheaters in München
(In: Blätter der Bayerischen Staatsoper 1981/82, S. 3–8)

Danler, Karl-Robert
450 Jahre Bayerisches Staatsorchester
(In: Musik in Bayern 21 [1980], S. 7–10)

Danler, Karl-Robert
Ein Jahr der Jubiläen: über die Münchner Opernfestspiele 1980
(In: München-Mosaik 6 [1980] 7/8, S. 4–11)

Danler, Karl-Robert
Reichtum des Repertoires: Münchner Opernfestspiele 1981
(In: München-Mosaik 7 [1981] 7/8, S. 6–11)

Das Ballett in München
(In: Grazien 1824)

Das Bühnenwerk von Richard Strauss in den unter Mitwirkung des Komponisten geschaffenen letzten Münchner Inszenierungen, Zürich 1954

Das Hof- und Nationaltheater nach seiner inneren technischen Einrichtung, Wien 1842

Das Nationaltheater: Beilage der Süddeutschen Zeitung zur Wiedereröffnung am 21. November 1963, München 1963

Das neue alte Nationaltheater München
(In: Das Orchester 12 [1964], S. 9–11)

Das neue Theatergebäude zu München, Landshut 1818

Das Prinzregenten-Theater: es soll wieder leben, München ca. 1983

Das Prinzregententheater in München
(In: Bühne und Welt 3 [1900], S. 212–213)

Delamotte
Prüfung der von dem vormaligen Intendanten des Königlichen Hoftheaters, Herrn Stich, verteilten Schrift: Über die Administration des Kgl. Hoftheaterintendanten Stich, zur Beleuchtung der Gründe seiner Dienstentlassung, München 1824

Der Wiederaufbau des Residenztheaters in München: Festgabe zur Eröffnung des Residenztheaters in München von der Bauunternehmung Josef Widmann dargebracht, München 1950

Derksen, Dieter; Horst, Eberhard
Das verkünstelte Operngebäude des Herrn Cuvilliés: aus der Geschichte des Münchener Residenztheaters
(In: Gehört, gelesen 5 [1958], S. 506–519)

Destouches, Ernst von
Gedenkblatt auf die Säcular-Feier des königlichen Hof- und Nationaltheaters zu München, München
(In: Münchener Gemeindezeitung, Festnummer vom 12. October 1878)

Die »idealen Grundsätze« der Münchener Hofbühne, München 1888

Die Bühneneinrichtung des Münchner Hoftheaters
(In: Illustrirte Zeitung 89 [1888], Beil., S. 661)

Die neue Bühnenanlage des Münchner Nationaltheaters
(In: Bühnentechnische Rundschau 2/35)

Die Oper in München
(In: Grazien 1824)

Die Umbauten im Nationaltheater München
(In: Bühnentechnische Rundschau 4/34)

Die Vergangenheit des Herkules-Saales der Münchener Residenz
(In: Allgemeine Zeitung [1923] Nr. 8)

Dingelstedt, Franz
Münchener Bilderbogen, Berlin 1879

Disciplinar-Satzungen für das königliche Hof- und Nationaltheater zu München, München 1842

Drach, M.
Erinnerungen an das Hoftheater in den Jahren 1884–86
(In: Bühne und Welt [1905], S. 592–595)

Dreher, Johannes
Unsere Werkstätten
(In: Blätter der Bayerischen Staatsoper 1970/71, Sondernr.)

Droste, C.
Der Schöpfer und Leiter des Prinzregententheaters
(In: Illustrierte Zeitung [1901], No. 3035)

Ehlers, P.
Das Prinzregenten-Theater in München
(In: Die Musik [1902], 61–64)

Einige freimüthige Worte über die Theater von München, München 1827

Einige kurze Worte über die Schrift des von L. »Einige Freimütige Worte über die Theater von München«, München 1827

Eröffnung des neuen königlichen Hoftheaters zu München am 2. Januar 1825: mit Prolog von Kammerherrn Miltig
(In: Flora 1825)

Erweiterungsbauten des Nationaltheaters
(In: Centralblatt der Bauverwaltung 43 [1923], S. 189)

Everding, August
Rudolf Hartmann zum Geburtstag
(In: Jahrbuch der Bayerischen Staatsoper 4 [1980/81], S. 182–183)

Everding, August
Was soll aus dem Prinzregententheater werden?
(In: Münchner Stadtanzeiger Nord 32, 95 [1976], S. 3, 8–9)

Everding, August [Hrsg.]
Weltstadt der Musik – Leuchtendes München: eine Hommage an die Musik und das Musiktheater, Wien 1990

Fabian, Imre
Das Theaterporträt: Bayerische Staatsoper München: [Gespräche mit August Everding, Wolfgang Sawallisch ...]
(In: Opernwelt 22 [1981] 4, S. 21–38)

Festakt aus Anlaß der Eröffnung des wiederaufgebauten Nationaltheaters in München am Donnerstag den 21. November 1963 um 10.30 Uhr, München 1963

Festschrift des Münchner Merkur: Wiedereröffnung des Nationaltheaters, München 1965

Festschrift zur Eröffnung des Alten Residenztheaters (Cuvilliés-Theater), München 1958

Feuchtwanger, Lion
Hoftheater und Zentrum oder die Schaubühne als unmoralische Anstalt betrachtet
(In: Die Schaubühne vom 18.4.1912)

Fischer, J. L.
München und das Inszenierungsproblem der deutschen Opernbühne
(In: Hellweg 4 [1924], S. 305)

Fischer, Karl
Die künstlerischen Fragen vom Standpunkt des Architekten beim Wiederaufbau des Nationaltheaters (in München)
(In: Der Zwiebelturm 18 [1963], S. 242–244)

Fischer, Karl
Wiederaufbau der Bayerischen Staatsoper, des Nationaltheaters zu München
(In: Deutsche Kunst und Denkmalpflege 1963, S. 1–18)

Fischer, Max Heinrich
Die Münchener Staatsoper in Mailand: 29. und 30. März, 1. und 3. April 1938, München 1938

Fischer, Max Heinrich
Die Münchner Staatsoper seit dem Jahre 1933
(In: Das Theater 1936, S. 182 bis 186)

Förster, Karl
Die neue Drehscheibe im Nationaltheater München
(In: Bühnentechnische Rundschau 3/69, S. 18–19)

Freunde des Nationaltheaters [Hrsg.]
Die Richtfeier zum Wiederaufbau des Nationaltheaters zu München am 20. Oktober 1961, München 1961

Friess, Hermann
300 Jahre Münchner Oper, München 1953

Friess, Hermann
Festspiele der Bayerischen Staatsoper München, München 1958

Friess, Hermann
Münchens Oper in Vergangenheit und Gegenwart
(In: Bayerland 60 [1958], S. 237–243)

Friess, Hermann
Münchner Opernfestspiele im Wandel der Zeiten
(In: Bayerland 56 [1954], S. 403–422)

Friess, Hermann
Zur Münchener Operngeschichte
(In: Neue Zeitschrift für Musik 124 [1963], S. 413–418)

Für den Bierpfennig, München 1954

Geibel, Emanuel
Prolog zur Eröffnungsfeier des königlichen Residenz-Hoftheaters am 28. November 1857, gedichtet von Emanuel Geibel, München 1857

Gleede, Edmund
Zur Situation des Balletts der Bayerischen Staatsoper
(In: Jahrbuch der Bayerischen Staatsoper 4 [1980/81], S. 130–134)

Goerges, Horst [Hrsg.]
Kleine Geschichte der Münchner Oper, München ca. 1975

Grandaur, Franz
Chronik des königlichen Hof- und National-Theaters in München zur Feier seines hundertjährigen Bestehens, München 1878

Grosser, Helmut
Muß Oper so teuer sein?
(In: Jahrbuch der Bayerischen Staatsoper 4 [1980/81], S. 135–142)

Grosser, Helmut
Muß Oper so teuer sein?: eine Art Rechtfertigung am Beispiel München
(In: Bühnentechnische Rundschau 76 [1982] 4, S. 20–22)

Hagen, Anton [Hrsg.]
Almanach der königlichen Hof-Theater zu München für das Jahr ..., München V (1873). – 1874
siehe später u.d.T.: Almanach des königlichen Hof- und Nationaltheaters, des königlichen Residenz-Theaters und des königlichen Theaters am Gärtnerplatz zu München für das Jahr ...

Hagen, Anton [Hrsg.]
Almanach der königlichen Hoftheater in München : Statistischer Rückblick für das Jahr ..., München 1898–1901
siehe später u.d.T.: Almanach der königlichen Hoftheater und des Prinzregenten-Theaters in München: statistischer Rückblick für das Jahr ...

Hagen, Anton [Hrsg.]
Almanach der königlichen Hoftheater und des Prinzregenten-Theaters in München: Statistischer Rückblick für das Jahr ..., München 1902 bis 1905 siehe später u.d.T.: Königlich-Bayerische General-Intendanz der Hoftheater und der Hofmusik: Almanach für das Spieljahr ...

Hagen, Anton [Hrsg.]
Almanach der königlichen Theater und des Volks-Theaters zu München für das Jahr ..., München IV (1872). – 1873
siehe später u.d.T.: Almanach der königlichen Hof-Theater zu München für das Jahr ...

Hagen, Anton [Hrsg.]
Almanach des königlichen Bayerischen Hof- und Nationaltheaters auf das Jahr ..., München I (1869). – 1870 bis III (1871). – (1872)
siehe später u.d.T.: Almanach der königlichen Theater und des Volkstheaters zu München für das Jahr ...

Hagen, Anton [Hrsg.]
Almanach des königlichen Hof- und National-Theaters und des königlichen Residenz-Theaters zu München für das Jahr 1880 mit einem Anhang das Repertoire der Jahre 1878 und 1879 enthaltend, München X (1880). – 1880
siehe später u.d.T.: Almanach des königlichen Hof- und Nationaltheaters und des königlichen Residenz-Theaters zu München für das Jahr ...

Hagen, Anton [Hrsg.]
Almanach des königlichen Hof-Theater zu München und des königlichen Residenz-Theaters für das Jahr ..., München XI (1881). – 1882 bis XXV (1895). – 1896
siehe später u.d.T.: Statistischer Rückblick auf die königlichen Hoftheater in München im Jahre ...

Hagen, Anton [Hrsg.]
Almanach des königlichen Hof- und Nationaltheaters, des königlichen Residenz-Theaters und des königlichen Theaters am Gärtnerplatz zu München für das Jahr ..., München VI (1874). – 1874 bis IX (1877). – 1878
siehe später u.d.T.: Statistischer Rückblick auf die beiden königlichen Hoftheater in München im Jahre 1879

Hagen, Anton [Hrsg.]
Statistischer Rückblick auf die königlichen Hoftheater in München im Jahre 1897 (mit dem Repertoire des Jahres 1896), München 1898
siehe später u.d.T.: Almanach der königlichen Hoftheater in München: statistischer Rückblick für das Jahr ...

Hartmann, Rudolf
Das geliebte Haus: mein Leben mit der Oper, München 1979

Hausegger, S. von
München als Musikstadt
(In: Neue Musikzeitung 44 [1923], S. 129)

Hazzi
Noch etwas über die Brandstätte des neuen Theaters
(In: Flora 1823)

Hederer, Oswald
Das Residenztheater und Nationaltheater in München: Gestalt und Gedanke
(In: Jahrbuch der Akademie der Schönen Künste, München [1957], S. 36–42)

Hefele, H.
Musikstadt München
(In: Die Tat 5 [1913], S. 838)

Henzel, Christoph
»... nach der welschen mainung und manier ...«: höfische Oper – höfisches Fest
(In: Henzel, Christoph: Musikstädte der Welt: München, Laaber 1990, S. 39–60 : Ill.)

Herrmann, Joachim
Der Herkules-Saal der Residenz
(In: Musica 8 [1954], S. 189 bis 193)

Herrmann, Joachim
Glanzvolle Wiederauferstehung des Nationaltheaters München
(In: Musica 18 [1964], S. 14 bis 16)

Herzog, W.
An den Intendanten des Hoftheaters
(In: März 4 [1913] 1, S. 37)

Hessler, Ulrike [Hrsg.]
Das Münchner Nationaltheater: vom königlichen Hoftheater zur Bayerischen Staatsoper, München 1991

Hessler, Ulrike [Hrsg.]; Lehnhoff, Nikolaus [Mitarb.]
Richard Wagner: Der Ring des Nibelungen, München 1987

Höck, Wilhelm
Mit großer Tradition: das Bayerische Nationaltheater
(In: Gehört, gelesen 10 [1963], S. 1321–1331)

Hödel, Otto
Aus der Geschichte der Bayerischen Staatsoper
(In: Bayerische Staatsoper [Hrsg.]: Dramaturgische Blätter I [1939/40] Nr. 3, 4; II [1940/41] Nr. 5; III [1941/42] Nr. 8)

Hölldorfer, Albert [Hrsg.]; Prüller, Franz [Hrsg.]
Jahrbuch des königlichen Hof- und Nationaltheaters, München 1849

Hofmiller, J.
Die jetzige Lage der Hofbühne (In: Südd. Monatshefte [1905] Juli, S. 63–67)

Hollweg, Ludwig
200 Jahre Bayerisches Nationaltheater
(In: Münchner Stadtanzeiger Nord 34, 81 [1978], S. 4, 14)

Hommel, Kurt
Die Separatvorstellungen vor König Ludwig II. von Bayern: Schauspiel, Oper, Ballett, München 1963

Hutchings, I.
Opera notes
(In: Opera news 15 [1950] October–November, S. 11 bis 13)

Ihlau, Fritz
Die Entwicklung der Musikberichterstattung in den Münchener »Neuesten Nachrichten« als Spiegelbild des Münchener Musiklebens von der Gründung der »Neuesten Nachrichten« bis zum Jahre 1860, München 1935

Im Münchener Residenz-Theater
(In: Allgemeine Zeitung [1869], S. 5433)

Interessenverein des Bayerischen Staatsopernpublikums
IBS-aktuell: Zeitschrift des Interessenvereins des Bayerischen Staatsopernpublikums, München 1. 1981 ff. Erscheinungsweise 5mal jährlich

Kaffers, O.
Das Königliche Hof- und National-Theater in München und sein Untergang T. 1.2, München 1882–1883

Keim, Walter
Wie es zum Wiederaufbau des Nationaltheaters (in München) kam
(In: Der Zwiebelturm 18 [1963], S. 237–241)

Keller, Hans
Das Pariser Modell des Bayerischen Nationaltheaters, München 1960

Keyfel, Ferdinand
»Fanget an«: Wagner- und Mozart-Festspiele
(In: Signale für die musikalische Welt 8 [1926] 2/3, S. 1183)

Keyfel, Ferdinand
Kommen und Gehen im Nationaltheater
(In: Signale für die musikalische Welt [1923], S. 1193)

Keyfel, Ferdinand
München am Scheideweg, I. Niedergang der Münchner Oper
(In: Hellweg 4 [1924], S. 561)

Keyfel, Ferdinand
Opernlichtblicke
(In: Hellweg 4 [1924], S. 631)

Keyfel, Ferdinand
Vom Münchner Opernleben
(In: Signale für die musikalische Welt 86 [1928], S. 1210 bis 1212)

Kneuer, Heinrich
Die Pflege deutschen Kulturgutes im Opernspielplan der bayerischen Staatstheater
(In: Allgemeines statistisches Archiv 23 [1933/34], S. 580 bis 586)

Koch von Berneck, M.
Das neue Prinz-Regententheater in München, Leipzig
(In: Illustrierte Zeitung [1901], No. 3024)

Köhler, Stephan
Rudolf Hartmann 80 Jahre
(In: Richard-Strauss-Blätter / Neue Folge 4 [1980], S. 3–4)

Königlich-Bayerische General-Intendanz der Hoftheater und der Hofmusik [Hrsg.]
Almanach für das Spieljahr ..., München 1906/1907 bis 1917/1918
siehe später u.d.T.: Nationaltheater München [Hrsg.]: Almanach für das Spieljahr ...

Königliches Hof- und Nationaltheater zu München
(In: Illustrierte Zeitung 52 [1870], Beil., S. 455–458)

Krellmann, Hanspeter; Sawallisch, Wolfgang
»Tradition ist ein für mich in Ehren zu haltender Begriff«: Wolfgang Sawallisch im Gespräch mit Hanspeter Krellmann
(In: Blätter der Bayerischen Staatsoper 1982/83, 1)

Krieger, August
Die Götterdämmerung des Münchener Hoftheaters: eine kritische Studie über die Lage und Aussichten der Münchener Hofbühne, München 1887

Kroyer, Theodor
Das Prinzregententheater und seine ersten Lebenstage
(In: Signale für die musikalische Welt [1901], No. 48)

Kroyer, Theodor
Die Festspiele
(In: Signale für die musikalische Welt vom 21.9.1904)

Kühn, O.
Die Festspielstadt
(In: Schwäbischer Merkur 22 [1927] Nr. 8)

Langenschwarz, M. L.
Erste Improvisation in München: im königlichen Hoftheater an der Residenz am 19. 7. 1830; stenographisch aufgenommen und herausgegeben von F. X. Gabelsberger, München 1830

Lautenschläger, Carl
Die Dreh-Bühne im königlichen Residenz-Theater: nebst Beschreibung einer vollständig neuen Bühneneinrichtung mit elektrischem Betrieb, München 1896

Legband, Paul
Münchener Bühne und Litteratur im achtzehnten Jahrhundert, München 1904

Lehmann, Hans
»Auf dem höchsten Grade der Vollkommenheit«: von Orlando di Lasso bis Wolfgang Sawallisch; das Bayerische Staatsorchester feiert seinen 450jährigen Geburtstag
(In: Das Orchester 29 [1981], S. 20)

Lehner, H.
Eine Ahnengalerie im bayerischen Nationaltheater
(In: Das Bayerland [1899] 11/12)

Lenz, Angelika [Bearb.]; Huber, Hans [Bearb.]
Die Portrait-Galerie im Nationaltheater, München 1990

Lepel, Felix von
Die italienischen Opern und Opernaufführungen am kurfürstlichen Hofe zu München (1654–1787), Berlin 1953

Lessmann, Otto
Eröffnung des Prinzregenten-Theaters
(In: Allgemeine Musikzeitung [1901], No. 36)

Leythäuser, Max
Die Scheinwelt und ihre Schicksale: eine 127jährige Historie der Münchener königlichen Theater, München 1893

Leythäuser, Max
Die Scheinwelt und ihre Schicksale: volkstümliche Geschichte der Münchener kurfürstlichen und königlichen Hoftheater (1654 bis 1916), Würzburg 1915 (2. Aufl.)

Lingg, Hermann
Prolog bei Wiederaufnahme der Vorstellungen am königlichen Hof- und Nationaltheater zu München, den 15. August 1869, München 1869

Lippl, Alois Johannes [Hrsg.]
Zweihundert Jahre Residenztheater in Wort und Bild: Festschrift zur Eröffnung des Münchner Residenztheaters am 28. Januar 1951, München 1951

Littmann, Max
Das Prinzregenten-Theater in München, München 1901

Locher, K.
Zur Wiedereröffnung des Münchener Hoftheaters am 3. April 1864: Prolog, Augsburg 1864

Löwenfelder, Gertrud
Die Bühnendekoration am Münchner Hoftheater von den Anfängen der Oper bis zur Gründung des Nationaltheaters: 1651–1778, München 1955

Luin, E. J.
Im alten Residenztheater: »Catone in Utica«: (Uraufführung 12. Okt. 1753)
(In: Unser Bayern 7 [1958] Nr. 6)

Maier, Hans
Gruß dem ältesten Orchester
(In: Jahrbuch der Bayerischen Staatsoper 3 [1979/80], S. 59–61)

Malyoth, Ludwig
Beiträge zur Münchner Theatergeschichte
(In: Theaterzeitung der Staatlichen Bühnen Münchens 1 [1920] – 4 [1923]) 146 Folgen

Malyoth, Ludwig
Das Münchner Residenztheater
(In: Die Heimat / Beilage zu: Münchner Neueste Nachrichten 1 [1928], S. 23–24)

Malyoth, Ludwig
Gründung und Aufbau des königlichen Hof- und Nationaltheaters am Max-Joseph-Platz
(In: Das Bayerland 30 [1918], S. 33–42)

Mardersteig, Arnold
Festliches Cuvilliéstheater
(In: Die Kunst und das schöne Heim 57 [1958] H. 3 [Dezember])

Marsop, P.
Vom Prinzregenten-Theater
(In: Süddeutsche Monatshefte [1906] Oktober, S. 424 bis 430)

Meiser, F.
Das königliche neue Hof- und Nationaltheater-Gebäude zu München, seine innere Einrichtung, Maschinerie und die angeordneten Feuer-Sicherheitsmaßregeln, München 1840

Mensi-Klarbach, Alfred von
Alt-Münchner Theater-Erinnerungen: 24 Bildnisse aus der Glanzzeit der Münchner Hofbühnen, München 1923

Mensi-Klarbach, Alfred von
Hofoper
(In: Die Woche [1906] Nr. 39)

Merz, Oskar
Zur Chronik der Münchener Oper. Band 1 und 2: Theaterbriefe und -berichte von Anfang November 1885 bis Ende Oktober 1887, München 1888

Mlakar, Pia; Mlakar, Pino
Notizen über Max Emanuels Beziehung zum Ballett
(In: Kurfürst Max Emanuel: Bayern und Europa um 1700, Bd. I: Zu Geschichte und Kunstgeschichte der Max-Emanuel-Zeit / hrsg. von Hubert Glaser, München 1976, S. 317–320)

Müller, Karl Alexander von
Das königliche Hof- und Nationaltheater in München
(In: Schönere Heimat 44 [1955])

Müller-Ahremberg, Erich [Hrsg.]
National-Theater München: zur Wiedereröffnung herausgegeben vom 8 Uhr-Blatt, München 1963

Münchener Hof- und Nationaltheater
(In: Münchener Lesefrüchte 1840, Bd. 1)

Münster, Robert
Bayern und die Musik
(In: Freistaat Bayern, 1976, S. 132–147)

Münster, Robert
Das kurfürstliche München
(In: Musik in Bayern / hrsg. von Robert Münster ..., Bd. 1: Bayerische Musikgeschichte, Tutzing 1972, S. 191–206)

Münster, Robert
Das Musikleben in der Max-Joseph-Zeit
(In: Wittelsbach und Bayern Bd. III, 1: Krone und Verfassung / hrsg. von Hubert Glaser, München 1980, S. 456 bis 471)

Münster, Robert
Die Musik am Hofe Max Emanuels
(In: Kurfürst Max Emanuel: Bayern und Europa um 1700, Bd. I: Zu Geschichte und Kunstgeschichte der Max-Emanuel-Zeit / hrsg. von Hubert Glaser, München 1976, S. 295–316)

Münster, Robert
Die Musik in München zur Zeit König Max I. Joseph
(In: Münchner Stadtanzeiger 38, 89 [1982], S. 4–6)

Münster, Robert
Hans von Bülows Münchener Opernplan von 1867 und das Opernrepertoire des Hof- und Nationaltheaters von Januar 1868 bis Juni 1869
(In: Gedenkschrift Hermann Beck, Laaber 1982, S. 189 bis 199)

Münster, Robert
Idomeneo-Opern des 18. Jahrhunderts in München nach Mozart
(In: Mozart-Jahrbuch 1978/79 [1979], S. 156–158)

Münster, Robert
Max Emanuel und seine Komponisten
(In: Unser Bayern 25 [1976], S. 27–29)

Münster, Robert
Musik und Musiker am Hofe Max Emanuels, München 1976

Münster, Robert [Hrsg.]
Jugendstil-Musik?: Münchner Musikleben 1890–1918; Ausstellung 19. Mai–31. Juli 1987, Wiesbaden 1987

Nachrichten über das königliche Hoftheater in München
(In: Grazien 1824)

Nachrichten über das Münchener Hoftheater
(In: Abendzeitung, Dresden, 1822)

Nationaltheater München [Hrsg.]
Almanach für das Spieljahr 1920/1921 mit chronologischen Nachträgen über das Spieljahr 1918/1919 und 1919/1920, München
siehe später u.d.T.: Bayerische Staatstheater: Almanach für das Spieljahr ...

Neisser, A.
München als Musikstadt
(In: Jahrbuch der jungen Kunst 42 [1923], S. 2615)

Noch ein Wort über die Sicherung des neu herzustellenden königlichen Hoftheaters in München
(In: Flora 1823, Beilage zu Jg. 1823)

Nölle, Eckehart
Die Wittelsbacher und das Theater
(In: Die Wittelsbacher und ihre Künstler in acht Jahrhunderten / Hans E. Valentin ..., München 1980, S. 189 bis [321])

Nölle, Eckehart
Max I. Joseph und die Reorganisation des Hoftheaters
(In: Wittelsbach und Bayern Bd. III, 2: Krone und Verfassung / hrsg. von Hubert Glaser, München 1980, S. 590 bis 600)

Nösselt, Hans-Joachim
Ein ältest Orchester: 1530–1980; 450 Jahre Bayerisches Hof- und Staatsorchester, München 1980

Nonius
Blick in das neue königliche Hof- und Nationaltheater
(In: Eos 1825)

Obermeier, Siegfried
Münchens goldene Jahre: 1871–1914, München 1979

Oexle, Gabriele
Generalintendant Karl von Perfall: ein Beitrag zur Geschichte des Hof- und Nationaltheaters in München 1867 bis 1892, München 1954

Oper in München und Berlin
(In: Allgemeine Zeitung [1883], S. 1557)

Ott, Alfons
Die Münchner Oper von den Anfängen der Festspiele bis zur Zerstörung des Nationaltheaters
(In: Musik in Bayern / hrsg. von Robert Münster ..., Bd. 1: Bayerische Musikgeschichte, Tutzing 1972, S. 313–326)

Ott, Alfons
Von der frühdeutschen Oper zum deutschen Singspiel
(In: Musik in Bayern / hrsg. von Robert Münster ..., Bd. 1: Bayerische Musikgeschichte, Tutzing 1972, S. 165–177)

Panofsky, Walter
Musiker, Mimen und Merkwürdigkeiten im Hof- und National-Theater: eine Chronik der berühmten Münchner Oper, München 1963

Pauli, Friedrich Wilhelm
Episoden aus der Geschichte der Münchner Oper
(In: Fono-Forum 7 [1962] 2, S. 6–9)

Perfall, Karl von
Ein Beitrag zur Geschichte der königlichen Theater in München: 25. Dezember 1867 bis 25. November 1892, München 1894

Petz, Christoph von
Wie das schönste Theater der Welt erhalten blieb (Cuvilliéstheater)
(In: Schönere Heimat 47 [1958], S. 476–477)

Petzet, Detta; Petzet, Michael
Die Richard-Wagner-Bühne König Ludwig II., München, Bayreuth, München 1970

Pfeuffer, Ludwig
Joseph Maria Babo (als Leiter des königlichen Hof- und Nationaltheaters in München vom 13. März 1799 bis 11. September 1810), München 1913

Philippi, Felix
Die Münchener Oper, München 1884

Phoenix nostri temporis oder poetischer Entwurf des aus denen Aschen weit herrlicher gestiegenen kurfürstlichen Opernhauses nebst einem patriotischen Glückwunsch, München 1783

Pidoll
Zur Krisis am Nationaltheater
(In: Allgemeine Zeitung vom 22.2. 1920, Nr. 7, S. 65 ff)

Possart, Ernst von
Die Separatvorstellungen vor König Ludwig II., München 1901

Possart, Ernst von
Über die Neueinstudierung und Neuinszenierung des Mozartschen Don Giovanni auf dem Königlichen Residenztheater zu München, München 1896

Pousaz, Eric
Opernfest für die Schickeria, Sankt Gallen
(In: Musik & Theater 2 [1981] 6, S. 38–41)

Poyßl
Beleuchtung eines Artikels in Nr. 64 des heurigen Jahrgangs der »Leipziger Theater-Chronik«, betitelt: »Königliches Hof- und National-Theater zu München. Intendant: K. Th. Küstner«, als abgedrungene Erwiderung auf viele in öffentlichen Blättern erschienene Schmähungen der vorigen Führung dieser Königlichen Kunstanstalt, München 1834

Prod'Homm, J. G.
Deux théâtres à Munich [Le Prinzregenten-Theater]
(In: Revue franco-allemande [1901], S. 614–621)

Regnet, K. A.
100jähriges Jubiläum des königlichen Hof- und Nationaltheaters in München
(In: Illustrierte Zeitung 71 [1878], Beil., S. 265)

Reinhardsstöttner, Karl von
Über die Beziehungen der italienischen Litteratur zum bayrischen Hofe und ihre Pflege an demselben
(In: Jahrbuch für Münchener Geschichte 1 [1887], S. [93] bis 172)

Reischel, Friedrich Ludwig
Dramatischer Briefwechsel, das Münchner Theater betreffend, München 1797 bis 1798

Rennert, Günther
Neun Jahre Opernintendant in München (In: Blätter der Bayerischen Staatsoper 1975/76, S. 118 bis 128)

Rennert, Günther
Opernarbeit: Inszenierungen 1963–1973, München 1974

Retzer, Wugg
Theater in Bayern: Nationaltheater München, München 1963

Riezler, W.
Wagnerfestspiele im Prinzregententheater
(In: Freistatt [1904] Nr. 35)

Rubner, Josef Michael; Huster, Theo P.
Chronik der neuen Münchner Theatergeschichte, München 1947

Rudhart, Franz Michael
Das königliche Residenztheater in München (1657 bis 1862)
(In: Bayerische Zeitung, Morgenblatt 1862)

Rudhart, Franz Michael
Geschichte der Oper am Hofe zu München: nach archivalischen Quellen bearbeitet / 1. Theil: Die italiänische Oper von 1654 bis 1787, Freising 1865
2. Teil nicht erschienen

Ruppel, Karl H.
Lebendige Musik
(In: Merian 10 [1957] 12, S. 67–70)

Sandberger, Adolf
Ausgewählte Werke des kurfürstlich-bayerischen Hofkapellmeisters J. K. Kerll, Leipzig 1909 (Denkmäler der deutschen Tonkunst / Folge 2: Denkmäler der Tonkunst in Bayern; 2,1)

Sandberger, Adolf
Die erste Oper des Münchener Residenztheaters
(In: Die Propyläen vom 2. Oktober und 9. Oktober 1930)

Sawallisch, Wolfgang
450 Jahre Bayerisches Hof- und Staatsorchester
(In: Jahrbuch der Bayerischen Staatsoper 3 [1979/80], S. 62–63)

Sawallisch, Wolfgang
Clemens Krauss zum 25. Todestag
(In: Jahrbuch der Bayerischen Staatsoper 2 [1979], S. 106–109)

Sawallisch, Wolfgang
Karl Böhm
(In: Jahrbuch der Bayerischen Staatsoper 5 [1981/82], S. 174–176)

Sawallisch, Wolfgang
Position und Wirken des musikalischen Leiters der Bayerischen Staatsoper
(In: Bayern, Deutschland, Europa, Passau 1975, S. 297 bis 303)

Schaal, Richard
Dokumente zur Münchner Hofmusik 1740–1750
(In: Die Musikforschung 26 [1973], S. 334–341)

Schallweg, Paul [Red.]
Festliche Oper: Geschichte und Wiederaufbau des Nationaltheaters in München, München 1964

Scharrer, E.
Münchener Festspiele
(In: Das Bayerland 45 [1934])

Schaul, Bernd-Peter
Das Prinzregententheater in München und die Reform des Theaterbaus um 1900: Max Littmann als Theaterarchitekt, München 1987

Schaumberg, G.
Das Münchener Hof- und Nationaltheater
(In: Bühne und Welt [1899], S. 433–445)

Schiedermair, Ludwig
Anfänge der Oper

(In: Sammelbände der Internationalen Musikgesellschaft [1904], S. 442–468)

Schiedermair, Ludwig
Die Anfänge der Münchener Oper
(In: Sammelbände der Internationalen Musikgesellschaft 5 [1903–1904], / hrsg. von Max Seiffert, S. 442–468)

Schiedermair, Ludwig F.
Deutsche Oper in München: eine 200jährige Geschichte, München 1992

Schilling, Nikolaus Heinrich
Über die Beleuchtung von Theatern: das königliche Hof- und Nationaltheater in München
(In: Gasjournal 13 [1870])

Schindler, Herbert
Das neue Residenztheater
(In: Der Zwiebelturm 6 [1951], S. 116–118)

Schmidt, Dietmar N.
Bastion guten Geschmacks: Günther Rennert nimmt Abschied
(In: Die deutsche Bühne 47 [1976] 8, S. 13)

Schneegans, Ludwig
Prolog zur Gedächtnis-Feier der am 15. April 1822 auf der Münchener Hofbühne stattgehabten ersten Aufführung des »Freischütz«: gedichtet von L. Schneegans, gesprochen auf dem königlichen Hof- und Nationaltheater am 16. April 1872 vom königlichen Hofschauspieler Herrn Possart, München 1872

Schultz, Klaus [Hrsg.]
Die Bayerische Staatsoper 1977/78–1981/82: ein Rückblick, München 1982

Schultz, Klaus [Hrsg.]
Karl Böhm an der Bayerischen Staatsoper: Erinnerungen, Bilder und ein Verzeichnis der von ihm dirigierten Vorstellungen seit 1921, München 1979 (2. erg. Aufl.)

Schultz, Klaus [Hrsg.]
Münchner Theaterzettel 1807–1982 : Altes Residenztheater, Nationaltheater, Prinzregenten-Theater, Odeon, München u.a. 1982

Schwinger, Wolfram
Oper von A–Z : Günther Rennert zum Fünfundsechzigsten
(In: Musica 30 [1976], S. 329)

See, Max
Die künstlerischen Perspektiven im Neuen Hause: die Bayerische Staatsoper unter Rudolf Hartmann im wiederhergestellten Münchener Nationaltheater
(In: Neue Zeitschrift für Musik 124 [1963], S. 419–434)

See, Max
Operneindrücke aus der Ära Bruno Walter
(In: Jahrbuch der Bayerischen Staatsoper 5 (1981/82), S. 147–159)

Seidel, Klaus Jürgen [Hrsg.]
Das Prinzregenten-Theater in München, Nürnberg 1984

Seidl, Arthur
Das Münchener Prinzregententheater
(In: Neue Zürcher Zeitung vom 31.8.1903)

Seidl, Arthur
Regie im Prinzregententheater
(In: Rheinisch-Westfälische Zeitung vom 6.9.1903)

Severus
Neuorientierung des Münchener Nationaltheaters
(In: Allgemeine Zeitung [1919], S. 43)

Spietschka, Ruth
Im Dickicht eines Privilegs : das Freikarten-Unwesen an Bayerischen Staatstheatern
(In: Applaus 16 [1992] 5, S. 12–15)

Stahl, Ernst Leopold
Die Münchnerin auf der Opernbühne
(In: Bayerische Staatsoper [Hrsg.]: Dramaturgische Blätter 2 [1940/41] Nr. 10)

Stahl, Ernst Leopold
Fünf Jahre Bayerische Staatsoper unter Clemens Krauss
(In: Bayerische Staatsoper [Hrsg.]: Dramaturgische Blätter III [1941/42] Nr. 5, 6)

Statistischer Rückblick auf die beiden königlichen Hoftheater in München im Jahre 1879, München 1880 siehe später u.d.T.: Almanach des königlichen Hof- und Nationaltheaters und des königlichen Residenz-Theaters zu München für das Jahr 1880

Steffen, H.
Das Residenztheater in München
(In: Sammler: Beilage der München-Augsburger Abendzeitung 95 [1928] Nr. 70)

Steffen, H.
Königliches Residenztheater
(In: Österreichische Wochenschrift für den öffentlichen Baudienst 21 [1915] H. 1)

Steinbach, H.
Neue Urkunden zur Geschichte des Wagner-Theaters
(In: Süddeutsche Monatshefte [1905] November, S. 416 bis 437)

Steinmetz, Hildegard; Lachner, Johann
Das Alte Residenztheater zu München: »Cuvilliéstheater«, Starnberg 1960

Stich, Joseph
Über die Administration des königlichen Hoftheater-Intendanten Stich zur Beleuchtung der Gründe seiner Dienstentlassung von ihm selbst verfasst, München 1824

Strauß, Franz Josef
Zum 450jährigen Bestehen des Bayerischen Staatsorchesters
(In: Das Orchester 29 [1981], S. 442–444)

Strobel, Johann Baptist [Hrsg.]
Der dramatische Censor, München 1981 Nachdr. d. Ausg. München 1782

Szenischer Orientierungsplan zu Richard Wagners Opernaufführungen in Kgl. Hof- und National-Theater in München 1893, München 1893

Teibler, H.
Münchener Oper
(In: Die Wahrheit [1903], S. 220–226)

Theater-Bau in München
(In: Flora 1823)

Theater-Zeitung der staatlichen Bühnen Münchens, München 1 (1920) – 4 (1923)

Tochtermann, Erwin
Souverän des modernen Musiktheaters [Günther Rennert]
(In: Das Orchester 26 [1978], S. 740)

Trautmann, Karl
Deutsche Schauspieler am bayrischen Hofe
(In: Jahrbuch für Münchener Geschichte 2 [1889], S. [259] bis 430)

Trautmann, Karl
Französische Schauspieler am Bayerischen Hofe
(In: Jahrbuch für Münchener Geschichte 2 [1888])

Trautmann, Karl
Italienische Schauspieler am bayerischen Hofe
(In: Jahrbuch für Münchener Geschichte 1 [1887], S. [193] bis 312)

Trost, Ludwig
Zur Geschichte der Giebelfeldbilder am Hof- und Nationaltheater in München
(In: Jahrbuch für Münchener Geschichte 1 [1887], S. [357] bis 362)

Über das Verhältniß der teutschen zur italiänischen Oper in München (August 1824)
(In: Grazien 1824)

Über die Sicherstellung des neu zu erbauenden königlichen Hoftheaters in München
(In: Flora 1823)

Um den Wiederaufbau des Münchener Nationaltheaters
(In: Baumeister 52 [1955], S. 228–235)

Unpartheyische Beurtheilung der Münchner Hof- und Nationalbühne bey Gelegenheit der aufgeführten teutschen Operette Das Lustlager zur Rettung der Bühne sowohl als des Publikums, s.l. 1784

Ursprung, Otto
Münchens musikalische Vergangenheit: von der Frühzeit bis zu Richard Wagner, München 1927

Valentin, Petra Maria
Die Bayerische Staatsoper im Dritten Reich, München 1985 Magisterarbeit

Verordnungen und Gesetze des kurfürstlichen Nationaltheaters zu München, München 1793

Wagenhöfer, Carl
20 Jahre Gesellschaft zur Förderung der Münchner Opern-Festspiele
(In: Jahrbuch der Bayerischen Staatsoper 2 [1979], S. 17–20)

Wagenhöfer, Carl
Zur Geschichte der Münchner Opern-Festspiele und ihrer Fördergesellschaft
(In: Jahrbuch der Bayerischen Staatsoper 5 [1981/82], S. 8–12)

Wagenmann, Josef H.
Ernst von Possart, ein Stimmbildner?, Berlin-Steglitz 1908

Wagner, Hans
200 Jahre Münchner Theaterchronik 1750–1950: Theatergründungen, Ur- und Erstaufführungen, berühmte Gastspiele und andere Ereignisse und Kuriosa aus dem Bühnenleben, München 1958

Wankmüller, Ilse
Das Münchner Nationaltheater, München 1957

Warneck, Paul
Ungeschminkte Briefe über das Münchener Hoftheater, München 1882

Würz, Anton
München als Festspielstadt
(In: Zeitschrift für Musik 112 [1951], S. 415–417)

Würz, Anton
Münchner Opern- und Konzertleben im 19. Jahrhundert vor Ludwig II.
(In: Musik in Bayern / hrsg. von Robert Münster u.a., Bd. 1: Bayerische Musikgeschichte, Tutzing 1972, S. 273–284)

Zastrow, Wolfram von [Hrsg.]
Magie der Oper: München 1947–1951, Ulm 1952

Zeh-Leidel, Gerda
Komponist und Intendant zugleich [Clemens von Franckenstein]
(In: Almfried 34 [1982], S. 10)

Zeidler, Ursula
Kinder-Ballett – Der Weg zur Grazie: Kinderballett der Bayerischen Staatsoper München, Augsburg 1978

Zenger, Max; Kroyer, Theodor [Hrsg.]
Geschichte der Münchener Oper, München 1923

Zum Münchner Hoftheater
(In: Allgemeine Zeitung [1868], S. 1687)

Bibliographie zu einzelnen Beiträgen des Aufsatzteils

Außer den Publikationen, die in der Gesamtbibliographie zusammengefaßt sind, haben die Autoren für ihre Beiträge speziellere Literatur herangezogen, die nachfolgend aufgeführt ist.

Zu: Das ist eine Magnifique Musick, Seite 21

Haertz, Daniel
Mozarts »Idomeneo« – Entstehung und erste Aufführungen
(In: Wolfgang Amadeus Mozart. Idomeneo. Texte – Materialien – Kommentare, hrsg. v. Attila Csampai und Dietmar Holland, Reinbek bei Hamburg 1988 [=rororo Opernbuch], S. 160–170)

Münster, Robert
»… Beym Herzoge Clemens …«. Ein Beitrag zum Thema Mozart in München
(In: Mozart-Jahrbuch 1965/66, S. 133–141)

Münster, Robert und Schmid, Hans
Musik in Bayern I: Bayerische Musikgeschichte. Überblick und Einzeldarstellungen, Tutzing 1972.

Münster, Robert
Mozarts Münchener Aufenthalt 1774/75 und die Opera buffa »La finta giardiniera«
(In: Acta Mozartiana 22 (1975), S. 21–37)

Münster, Robert
Die Musik am Hofe Max Emanuels, in: Hubert Glaser [Hrsg.], Kurfürst Max Emanuel. Bayern und Europa um 1700. Bd. I: Zur Geschichte und Kunstgeschichte der Max-Emanuel-Zeit, München 1976, S. 295–316.

Münster, Robert
Mozarts Münchener Aufenthalt 1780/1781 und die Uraufführung des Idomeneo
(In: Wolfgang Amadeus Mozart. Idomeneo 1781–1981. Bayerische Staatsbibliothek. Ausstellungskataloge 24, München 1981, S. 71–105)

Münster, Robert
Neues zum Münchner Idomeneo 1781
(In: Acta Mozartiana 29 [1982], S. 10–20)

Zu: Die Kunst gehört der ganzen civilisirten Welt, Seite 34

Hadamowsky, Franz
Wien. Theatergeschichte. Von den Anfängen bis zum Ende des ersten Weltkrieges. Geschichte der Stadt Wien, Bd. 3, hrsg. v. Felix Czeike, Wien o. J.

Küstner, Karl Theodor von
Vierunddreißig Jahre meiner Theaterleitung in Leipzig, Darmstadt, München und Berlin. Zur Geschichte und Statistik des Theaters, Leipzig 1853.

Valentin, Hans E. (u.a.)
Die Wittelsbacher und ihre Künstler in acht Jahrhunderten, München 1980.

Zu: Barrikadenmann und Zukunftsmusikus, Seite 48

Bauer, Hermann
Wagner, der Mythos und die Schlösser Ludwigs II.
(In: Dieter Borchmeyer [Hrsg.]: Wege des Mythos in der Moderne. Richard Wagner, Der Ring des Nibelungen, München 1987)

Bauer, Oswald Georg
Richard Wagner. Die Bühnenwerke von der Uraufführung bis heute, Frankfurt a. M./Berlin/Wien 1982.

Borchmeyer, Dieter
Das Theater Richard Wagners. Idee – Dichtung – Wirkung, Stuttgart 1982.

Gregor-Dellin, Martin
Richard Wagner. Sein Leben – Sein Werk – Sein Jahrhundert, München/Zürich 1980.

Herre, Franz
Ludwig II. von Bayern. Sein Leben – Sein Land – Seine Zeit, Stuttgart 1986.

Kobell, Louise von
König Ludwig II. und die Kunst, München 1898.

Kolb, Annette
König Ludwig II. von Bayern und Richard Wagner, München 1963 (2. A.).

Röckl, Sebastiana
Ludwig II. und Richard Wagner. Teil I, München 1913 (2. A.). Teil II, München 1920.

Soden, Michael von/Lösch, Andreas
Richard Wagner, Die Feen, Frankfurt a. M. 1983.

Stemplinger, Eduard
Richard Wagner in München 1864–1870. Legende und Wirklichkeit, München 1933.

Zu: Die Münchner Mozart-Renaissance, Seite 74

Koch, Hermann
Ernst Possart als Opern-Regisseur, Phil. Diss. München 1953.

Possart, Ernst von
Erstrebtes und Erlebtes. Erinnerungen aus meiner Bühnentätigkeit, Berlin 1916.

Zu: Die musikalische Dreifaltigkeit, Seite 86

Eckart, Richard Graf Du Moulin
Cosima Wagner, München 1991, Band 2.

Herzog, Wilhelm
Menschen, denen ich begegnete, Bern 1959.

Pander, Oscar von
Clemens Krauss in München, München 1955.

Possart, Ernst von
Erstrebtes und Erlebtes. Erinnerungen aus meiner Bühnentätigkeit, Berlin 1916.

Prieberg, Fred K.
Musik im NS-Staat, Frankfurt 1982.

Wagner, Cosima
Das zweite Leben, hrsg. v. Dietrich Mack, München 1980.

Wilhelm, Kurt
Richard Strauss persönlich, München 1984.

Zu: Dieses Ach! des Körpers, Seite 119

Apologie des Ballets und der Pantomime, verfaßt nach Aufführung der »Elisene«
(In: Johann Vincenz Müller [Hrsg.]: Museum für Kunst, Literatur, Musik, Theater und Mode. 2. Jg. Nr. 5, 18. Januar 1837, München 1837, S. 77 und 78)

Kreowski, Ernst
Das Ballet des königlichen Hoftheaters in München. Ein Erinnerungsblatt zur Feier seines 100jährigen Bestehens
(In: Der Sammler, Nr. 148, 14. Dezember 1892, Augsburg 1892, S. 4 und 5)

Kröller, Heinrich
Das Münchner Staatstheater-Ballett
(In: Generaldirektion der Bayerischen Staatstheater [Hrsg.]: 150 Jahre Bayerisches National-Theater, München 1928, S. 286)

Kurze Beschreibung des Theaterpersonals in München
(In: Annalen der Baierischen Litteratur vom Jahr 1781. Nebst dem Leben des Leonhard von Eck. 2. Bd. Nürnberg 1782, S. 345 und 346)

Küsner, Karl Theodor von
Vierunddreißig Jahre meiner Theaterleitung in Leipzig, Darmstadt, München und Berlin. Zur Geschichte und Statistik des Theaters, Leipzig 1853.

Straub, Eberhard
Repraesentatio Maiestatis oder churbayerische Freudenfeste. Die höfischen Feste in der Münchner Residenz vom 16. bis zum Ende des 18. Jahrhunderts. München 1969 (Miscellanea Bavarica Monacensia. Dissertationen zur Bayerischen Landes- und Münchner Stadtgeschichte, hrsg. von Karl Bosl und Michael Schattenhofer. = Neue Schriftenreihe des Stadtarchivs München. Bd. 31).

Zu: Intendant zu sein ist eine Zumutung, Seite 132

Lange, Wiegand
America in Bavaria. Die Theaterstadt München im Nachkrieg
(In: TheaterZeitSchrift. Beiträge zu Theater, Medien, Kulturpolitik II [1989], S. 5–21)

Seidel, K. J. [Hrsg.]
Die ganze Welt ist eine Bühne – August Everding, München/Zürich 1988.

Schäfer, Walter Erich
Günther Rennert – Regisseur in dieser Zeit, Bremen 1962.

Schäfer, Walter Erich
Der Opernregisseur Günther Rennert
(In: Melos 7/8 [1963], S. 224–229)

Zu: Jede Inszenierung ist ein vorherbestimmbares Wagnis, Seite 156

Sawallisch, Wolfgang
Im Interesse der Deutlichkeit. Mein Leben mit der Musik, Hamburg 1988. Stationen eines Dirigenten. Wolfgang Sawallisch, hrsg. v. Hanspeter Krellmann, München 1983.

Zu: Faszination des Ensemblegeistes, Seite 171

Kutsch, K. J. und Riemens, Leo
Großes Sängerlexikon, 2 Bände, Bern/Stuttgart 1987. Ergänzungsband 1991.

Zu: Meine Herren, wenn's beliebt, fangen wir an, Seite 191

Festschrift zum 150jährigen Jubiläum 1811–1961. Musikalische Akademie; Bayerisches Staatsorchester, München 1961.

Namenregister

A
Abbado, Claudio 323
Abbado, Roberto 337
Abeille, Johann Christian 267
Abert, Johann Joseph 287
Abos, Giuseppe 264
Adam, Adolphe Charles 124, 278, 279, 280, 281, 282, 283, 287, 289, 290, 300, 314, 317, 325
Adam, Theo 321, 322, 327, 334, 335
Adamberger, Valentin 171, 172
Adamonti, Valentino 171
Adler, Ronald H. 241, 329, 333, 334, 337
Adlmüller, W. F. 319
Aghova, Livia 337
Ahlstedt, Douglas 336
Ahna, Pauline de 71, 147, 290
Ahnsjö, Claes H. 325, 326, 327, 328, 329, 333, 334, 335, 336
Ahronovitch, Yuri 327
Aiblinger, Johann Kaspar 276
Aigner, Engelbert 279
Alaimo, Simone 336
Albert, Eugen d' 290, 291, 293, 294, 298, 300, 306, 308
Albery, Tim 337
Albinoni, Tomaso 26, 261, 330
Albrecht III. 21, 259
Albrecht, Gerd 320, 328, 330, 331, 333, 335
Alcaini, Giorgio Giuseppe 22
Aldenhoff, Bernd 184, 310, 311, 312, 313, 314
Alexander, Carlos 316
Alexander, John 332
Algeranowa, Claudie 332, 334
Aliprandi, Bernardo 261, 262
Allen, Thomas 333
Almeida, Micheline von 306
Almo, Magda 297
Althammer, Walter 334
Altmann, Hans 307
Amalie (Prinzessin) 44
Ambrogio, Giovanni 281, 283, 285
Amort, Caspar 259
Anaya, Dulce 317
Anders, Erich 300
Anders, Peter 305, 306
Anderson, Laurie 335, 336
Andersson, Frans 314
André, Johann 266
Anfossi 32
Anfossi, Pasquale 264, 270
Angeli 281, 284
Angiolini, Gasparo 121
Anheißer, Siegfried 28
Anhorn, Carmen 241
Anna Amalie, Herzogin von Sachsen-Weimar-Eisenach 302
Appel, Gudrun 331
Appels, Hendrik 300
Appia, Adolphe 60, 84, 197
Aragall, Giacomo 326

Araiza, Francisco 190, 328, 329, 330, 332, 334, 337
Arent, Benno von 304, 305
Arkandy, Katharina 298
Armstrong, Karan 330
Arnold, Heinz 145, 148, 309, 310, 311, 312, 313, 314, 315, 316, 317, 318, 319, 320, 324
Arnold-Paur, Oscar 145, 312, 315, 319, 327
Asagaroff, Grischa 336
Ascher, Christina 336
Aschoff, Renate von 303, 305
Ashton, Frederick 323, 324
Assmann, Arno 316, 317
Atlantow, Wladimir 332, 333
Atterberg, Kurt 304
Auber, Daniel François Esprit 72, 122, 123, 173, 277, 278, 279, 280, 281, 283, 284, 285, 286, 287, 288, 289, 290, 291, 294, 295, 298, 310, 313, 324
Auden, W.H. 105
Audinot, Nicolas Medard 266
Audran, Edmond 305
Auer, Gerhard 322
Auersperg, Karl 31
Auletta, Pietro 262
Auric, Georges 311
Auvray, Jean-Claude 332

B
Babo, Franz Marius (Mario) von 13, 33, 35, 121, 211; *35, 271*
Bacewicz, Grazyna 336
Bach, Johann Sebastian 180, 182, 191, 193, 197, 321, 328, 329, 330, 336
Bader, Karl Adam 172, 173
Bahr-Mildenburg, Anna 197, 298
Baier, J. 290
Bak, Valerie 311
Baker, Elaine 318
Bakst, Léon 332, 333, 334
Balanchine, George 319, 321, 323, 325, 326, 330, 331, 333
Balfe, Michael William 280, 281
Ballatri, Philippo 24
Balslev, Lisbeth 329; *329*
Baltsa, Agnes 187, 336
Baraguey 211, 212
Barbay, Ferenc 327, 328, 329, 331, 332, 333
Barber, Samuel 202
Barbier, Celi 329
Bardon, Henry 332
Barlog, Boleslav 142, 314, 320
Barra, Ray 331, 332, 337
Barré, Kurt 300, 301, 302, 303, 304, 305
Barth, Irmgard 308, 309, 310, 311, 312
Barth, Ruodi 322, 324, 325
Bartlett, Terry 334
Bartók, Béla 127, 161, 299, 313, 319, 324, 325, 328, 336
Bartoletti, Bruno 330

Bartolini, Lando 334
Bary, Alfred von 296
Basil, Friedrich 292
Bauberger, Alfred 291, 299
Bauckner, Arthur 303
Bauer, Hermann 58
Bauer, Leni 308
Bauer, Oswald Georg 60
Bauer-Ecsy, Leni 143, 308, 309, 321, 322, 323, 325, 326, 331
Bauer-Ott, Wilhelmine 324
Baumann, Jakob *240*
Bäumer, Margarete 304
Baumgartner, Anton 214
Baur, Franz 314
Baur, Hans 148, 311, 312
Bausewein, Kaspar 175
Bavarese, Rosa 171
Bawden, Rupert 337
Bayer, Josef 124, 287, 288, 289, 290, 297, 301, 307, 309
Baylis, Nadine 325
Bayrhammer, Gustl 335
Beaumont, Antony 337
Beauvais, Peter 156, 327, 332
Becht, Hermann 329, 330, 331, 333, 337
Bechtler, Hildegard 337
Becker, Herbert 326
Becker, Rolf 317
Becket, Mike 334
Beckmann, Judith 335
Beduzzi 261
Beecke, Ignaz von 268
Beer-Walbrunn, Anton 293, 295
Beethoven, Ludwig van 34, 36, 44, 95, 160, 173, 191, 192, 276, 283, 287, 291, 297, 298, 299, 304, 306, 307, 311, 318, 325, 327
Behne, Dieter 328
Behrens, Hildegard 153, 187, 327, 330, 334; *188*
Beilke, Irma 307
Béjart, Maurice 331, 336
Bella, Benito di 328
Bellezza, Mauricio 334, 335
Bellini, Vincenzo 47, 72, 173, 179, 278, 279, 284, 288, 295, 333
Benacková, Gabriele 327, 331
Benatzky, Ralph 306
Benda, Georg 266, 268, 270, 287
Bender, Heinrich 157, 316, 317, 319, 320, 321, 323, 329, 330, 331, 333, 334, 336
Bender, Paul 179, 182, 292, 293, 294, 295, 296, 297, 298, 299, 300, 301, 302, 303, 304, 306
Bender-Hann 184
Benedict, Julius 281, 282
Bennett, Richard Rodney 140, 320
Benningsen, Lilian 312, 313, 314, 315, 316, 317, 319, 323, 325
Benois, Alexandre 332, 333, 335

Benois, Nicola 317
Benrath, Martin 331
Benseler, Julius 297
Benz, Ursula 320
Benza, Georgina von 336
Berg, Alban 103, 137, 140, 185, 190, 201, 203, 206, 314, 320, 322, 325, 331, 333
Berg, Natanael 96
Berger, Erna 304
Berger, Günter 322, 327
Berger-Tuna, Helmut 330, 336
Berghaus, Ruth 142, 325; *142, 325*
Berlioz, Hector 86, 197, 288, 289, 292, 293, 319, 320, 331
Bernabei, Ercole 259, 260; *260*
Bernabei, Giuseppe Antonio 11, 260, 261
Bernabei, Vincenzo 260
Bernacchi, Antonio Maria 23, 171, 261
Bernard, Annabelle 324
Bernardelli, Fortunato 273
Bernasconi, Andrea 262, 263, 264, 315
Bernauer, Agnes 21
Bernstein, Leonard *309*
Berrsche, Alexander 180
Berry, Walter 318
Berté, Heinrich 289, 291
Berthold, Charlotte 322
Bertini, Gary 326, 331
Bertinotti, Teresa *271*
Berton, Henri 272
Bertoni, Ferdinando Giuseppe 266
Bertram, Hans 298
Bertram-Meyer 67
Betetto, Julius 302
Betz, Franz 175
Bey, Claudia von der 334, 335
Bialas, Günter 111, 322
Biczycki, Ján 322
Bignens, Max 312, 313, 315, 316, 329, 333
Bini, Carlo 326
Bintley, David 334
Bischoff, Hermann 294
Bittner, Julius 198, 295, 297
Bizet, Georges 287, 289, 293, 294, 301, 306, 308, 312, 316, 318, 322, 326, 327, 332, 337
Bjarnadottir, Audur 329, 330, 331
Bjoner, Ingrid 185, 317, 318, 319, 320, 322, 323, 325, 326; *327*
Blaché, Frédéric Auguste 278
Blaché, Jean-Baptiste 277
Blacher, Boris 310, 317, 329
Blaimhoffer 267
Blaise, Benoit 263
Blangini, Felice 36, 272, 274
Blank, Gustav 320
Blasi, Angela Maria 333, 334
Blech, Leo 292, 295, 301
Blumauer, Franz 336
Blumenröder, Karl 273

Bockelmann, Rudolf 304
Boder, Michael 337
Bogdanic, Dinko 328, 329, 330, 331
Böhm, Anita 302
Böhm, Karl 153, 197, 201, 298, 299, 300, 318, 322, 327, 329
Böhme, Kurt 184, 311, 316, 317, 319, 320, 322, 323; *183*
Bohner, Erich 311
Bohner, Gerhard 323, 325, 329
Boieldieu, François Adrien 273, 274, 275, 277, 278, 282, 283, 284, 286, 288, 289, 291, 302
Boisselot, Xavier 280
Bolender, Todd 314
Bombana, Davide 334, 335
Bonisolli, Franco 333
Bonnefous, Jean-Pierre 329
Bonney, Barbara 331
Bordoni, Faustina 23, 171, 261; *172*
Borgondio 38, 39
Borkh, Inge 185, 311, 316, 318, 319; *311*
Borodin, Alexander 308, 335
Borofsky, Ferdinand 281
Borovskij, David 331, 336
Bosetti, Hermine 178, 180, 291, 292, 293, 294, 295, 296, 297, 298
Boshart, Elise 298
Bosquet, Thierry 321, 327
Boulez, Pierre 102, 206
Bournonville, August 328, 335
Boyagian, Garbis 332
Boysen, Rolf 328, 330
Brady, Eileen 330
Brahms, Johannes 202, 297
Brand, Karl 218
Brandt, Carl 70
Brandt, Friedrich 70
Brandt, Marianne 329
Branzell, Karin 305
Brauel, Henning 328
Braun, Hans 312
Braun, Helena 184, 307, 308, 309, 310, 311
Braun, Victor 321, 324
Braunfels, Walter 83, 96, 199, 200, 294, 298, 299, 302; *199*
Brazda, Jan 139, 325, 326
Brecht, Bertolt 132
Breeker, Ton 323, 324
Breimann, Ludger 336
Breitenfeld, Richard 291
Bremert, Ingeborg 317, 319, 320
Brendel, Wolfgang 190, 241, 324, 325, 326, 327, 328, 329, 331, 333, 337
Brenner, Peter 325, 326
Breuer, Else 291, 292
Breuer, Peter 327, 328, 329, 330, 331, 332, 333, 334
Brezina, Alexander 326, 327, 328, 329, 330, 331
Briansky, Oleg 316

Brinkmann, Bodo 241, 328, 331, 332, 335
Brinkmann, Waldemar 219
Brioschi 287, 288
Britten, Benjamin 102, 137, 311, 313, 315, 323, 326, 330, 332, 335, 337
Brizzi, Antonio 35, 36, 272; *35, 36*
Brochard, Peter 271, 272, 273, 274
Bröcheler, John 335
Brodersen, Friedrich 177, 179, 292, 293, 294, 295, 296, 297, 298, 299, 300
Broeckx, Jan 333, 337
Brokmeier, Willi 320
Brömel, Wilhelm Heinrich 30
Bronsart, Ingeborg von 291
Bruce, Christopher 325
Bruckner, Anton 200
Brückner, Max 289, 292, 293
Brügmann, Walter 303
Brüll, Ignaz 286, 287, 288, 289, 290, 294
Brulliot, Karl 70, 71, 285, 286, 287, 288, 289; *286*
Bruneau, Alfred 291
Brusa, Giovanni Francesco 263
Bruson, Renato 333
Buchanan, Isobel 332
Büchner, Eberhard 335
Buckingham, Pipa 334
Buckwitz, Harry 319
Budai, Livia 337
Bukes, Conrad 327, 329
Bülow, Hans von 62, 65, 66, 70, 72, 191, 194, 195, 206, 283, 284; *193, 285*
Burchuladse, Paata 336
Burghart, Hermann 287, 288, 289
Burgmüller, Friedrich 282, 286
Burk-Berger, Marie 293, 295
Bürkel 58
Bürklein 218
Busch, Michael 337
Buschan, Gudrun 309
Buschbeck, Hermann 292, 293, 294, 295
Büse, Rainer 337
Businger, Toni 325
Busse, Ulrich 329
Busse, Wolf 324, 326, 334, 335
Butler, John 327
Butz, Fritz 319
Buysson, Jean 293, 294, 295

C
Caballé, Montserrat 329
Calábria, Vera Lucia 333
Calderini, Renata 334
Callio, Timo 323
Cambon 281
Camerloher, Joseph Anton 24, 262
Campbell, Trudie 329, 330, 331, 332
Campianu, Eva 330
Campo, Caroline 336
Campra, André 29
Cannabich, Carl August 272

Cannabich, Christian 31, 192, 265, 267, 271
Capecchi, Renato 330
Cappuccilli, Piero 187, 327
Card, June 325, 327
Carestini, Giovanni 171, 261
Carey, Thomas 318
Caridis, Miltiades 327
Carl Theodor 9, 13, 14, 16, 18, 26, 31, 32, 33, 34, 35, 37, 120, 192, 208, 209; *267*
Carlsson, Sonja 319
Carlyle, Joan 319
Carnuth, Walter 304, 305, 310
Carpenter, John Alden 129, 301; *129*
Carsen, Robert 337
Carter, Alan 313, 314, 315, 316
Caruso, Enrico 177, 178, 179; *178*
Cassandre, A. M. 311
Castiglione 259
Catalani, Angelica 37, 179
Catel, Charles-Simon 274
Cavos, Caterino 274
Cella, W. 275
Celli, Filippo 274
Cera, Antonio 38, 39, 40, 41
Cerha, Friedrich 329, 333
Cerny, Florian 334
Cervena, Sona 335
Cesti, Marc Antonio 259, 260
Chabrier, Alexis Emanuel 288
Chabrier, Emmanuel 321
Chagall, Marc 137
Chailley, Jacques 312
Chailly, Riccardo 331, 333
Chalgrin 212
Chappell, William 324
Charlotte Auguste 39
Charpentier, Gustave 291, 313
Charrat, Janine 322
Chazalettes, Giulio 332, 337
Chélard, Hippolyte 277, 278, 280
Cherubini, Luigi 39, 271, 272, 273, 282, 283, 284, 285, 291
Chintzer, Giovanni 262
Chopin, Frédéric 308, 315, 326, 332, 333
Christe, Nils 337
Cikker, Ján 110, 111, 140, 322
Cilea, Francesco 332
Cimadoro, Giambattista 276
Cimarosa, Domenico 32, 33, 36, 37, 41, 271, 272, 274, 281, 285, 320
Cini, Paul 330
Clemens (Herzog) 21, 22, 23
Clerke, Amanda 330
Cluytens, André 314
Coates, Albert 301
Coburn, Pamela 241, 332, 334, 335, 337
Cocchi, Gioacchino 262, 263
Coccia, Carlo 275, 276
Cochran, William 322, 323, 327, 337
Cocteau, Jean 312
Cohen, Friedrich A. 319
Colinelli, Johann 283, 284

Collins, Michael 332, 333, 334, 335
Conklin, John M. 335
Connell, Elizabeth 333
Conners, Kevin 335
Conradi, August 282
Constant, Pierre 30, 120, 265, 266, 267, 272
Conwell, Julia 241, 329
Copland, Aaron 318, 331
Copley, John 332
Coralli, Jean 280, 314, 317, 325
Corbelli, Alessandro 337
Cordes, Marcel 313, 314, 315, 317
Cordier, Paul 337
Cornelius, Maria 305
Cornelius, Peter 51, 161, 175, 287, 288, 290, 291, 292, 295, 299, 304, 332
Corrodi, Annelies 322, 323, 326
Cortolezis, Friedrich 293, 294, 295
Cossuta, Carlo 326, 327, 332
Costa, Günter 329
Cotrubas, Ileana 326
Couperin, François 308
Courvoisier, Walter 297, 298
Cousins, Michael 322
Cox, Jean 317, 320, 321, 322, 326
Cox, John 334
Craft, Marcella 295
Cragun, Richard 334
Cramer, Franz 273, 274, 277, 278
Cranko, John 321, 322, 323, 324, 326, 334, 335
Crass, Franz 146, 320, 322, 323, 324
Cröner, Carl von 24
Cröner, Johann Nepomuk von 28
Crux, Peter 120, 121, 122, 265, 266, 267, 268, 269, 270, 271, 272, 273, 274, 275; *266*
Cuccaro, Costanza 327
Cullberg, Birgit 319
Cunitz, Maud 184, 308, 309, 310, 311, 312, 313, 315, 316, 318; *307*
Cuoco, Joyce 327, 328, 329, 330, 332
Cupido, Alberto 333
Cuvilliés, François 21, 23, 207
Cuvilliés, François d.J. 207, 208, 209, 210, 219, 262

D
D'Amato, Enrico 334
d'Ardespin, Melchior 23, 260
Da Capua, Rinaldo 262, 264
Dahl, Loe 308
Dahmen, Charlotte 296
Dalayrac, Nicolas 33, 269, 270, 271, 272, 273
Dalberg, Friedrich 308
Dall'Agata, Michele 262
Dallapozza, Adolf 321, 322, 335
Dalton, Elisabeth 321
Damann, Anna 148

Danchet, Antoine 29, 31
Daniel, Susan 331
Danner 121
Danninger, Helmut 332
Dantzig, Rudi van 324, 326
Danzi, Franz 32, 266, 268, 269, 270, 271, 272, 276; *277*
Da Ponte, Lorenzo 77
Darchinger, Johann 323, 324
Dart, Beatrix 299
Dauberval, Jean 282
David, Félicien 283, 291
David, Otto 319
Davies, Dennis Russell 336
Davies, Peter Maxwell 331
Davis, Andrew 337
Daydé, Bernard 316, 318, 319, 320
De Simone, Roberto 333
De Vol, Luana 337
Dean, Stafford 138, 324
Debussy, Claude 137, 197, 294, 300, 308, 314, 324, 326, 328, 330, 334; *324*
Decker, Herbert 308
Deggeler, Marc 337
Dekker, Keso 337
Del Monaco, Giancarlo 153, 328, 329, 330, 331, 335
Delamotte, Karl August 38
Delcroix, Konstantin 303
Delerue, Georges 320
Delibes, Léo 124, 286, 287, 289, 300, 311, 330
Della Casa, Lisa 311, 313, 316, 318, 319
Della Maria, Pierre Antoine Dominique 271, 273
Dello Joio, Norman 320
Demitz, Heinz-Jürgen 333
Denic, Miomir 311
Depfer, Hans 298, 299
Dermota, Anton 307
Dernesch, Helga 333, 337
Deschamps 261
Dessau, Paul 323
Destouches, Franz Seraphin von 32, 270
Devechi 39
Dévienne, François 273
Dezède, Nicolas 14, 33, 265, 266, 270, 271
Didelot, Charles 277
Dieterich, Alex Erwin 308
Dietrich, Erna 308
Dietrich, Joachim 207
Diettrich, Inge 316
Diez, Sophie 173, 175, 178
Dimitrova, Ghena 334
Dimler, Franz Anton 32, 120, 267, 268, 269, 270, 271
Dingelstedt, Franz von 48, 50, 71, 72, 125, 209; *281*
Dittersdorf, Carl Ditters von 264, 269, 270, 276, 282, 284, 285, 287, 299, 317
Dittrich, Werner 328, 329
Dobrievich, Ljuba 330
Docherty, Peter 323, 333
Doehler, Erich 304
Dohnányi, Christoph von 146, 318, 319, 320, 321, 322

Dohnányi, Ernst von 304, 321
Döll, Heinrich 50, 60, 65, 67, 70, 281, 282, 283, 284, 285, 286, 287
Domgraf-Faßbaender, Willi 312
Domingo, Plácido 187, 190, 326, 327, 328, 331; *187*
Donath, Helen 327
Dongen, Maria van 320
Donizetti, Gaëtano 47, 72, 173, 180, 279, 280, 282, 283, 284, 285, 286, 288, 289, 290, 293, 294, 296, 303, 304, 306, 314, 316, 319, 320, 321, 329, 332, 337
Donnini, Geronimo 261
Dorn, Dieter 331
Dorra, Bodo 322
Dove, Ulysses 336
Downes, Bob 329
Dransmann, Hansbein 302
Dreher, Johannes 319, 320, 321, 322, 323, 326
Dreißigacker, Thomas 332
Drost, Ferdinand 304, 305
Du Buisson de Chalandray 262
Dubreil, Pierre 260
Duday, Eva–Maria 241
Düfflipp 67, 68
Duncan, Isadora 127
Duni, Egidio Romoaldo 263, 266, 267
Dupont, Gabriel 293
Duport, Louis Antoine 273, 275
Durastanti, Margherita 261
Duse, Riccardo 336, 337
Dutilleux, Henri 327
Duvoisin, Willy 313
Dvořák, Antonin 306, 323, 329, 330, 337
Dvořáková, Ludmilla 319
Dyk, Johann Gottfried 30

E
Ebers, Clara 308
Ebner, Georg 298
Echter, Michael 61, 70
Eck, Friedrich 270
Eck, Pelton 295, 296, 297
Ecker, Heinz Klaus 323
Ecsy, Gabriele 331
Edelmann, Otto 312
Egk, Werner 102, 106, 129, 130, 137, 146, 162, 185, 305, 307, 309, 311, 312, 313, 314, 315, 316, 317, 318, 320, 322, 326, 331, 336; *131*
Eglhofer, Ferdinande 302
Eichhorn, Kurt 308, 309, 310, 311, 312, 313, 315, 316
Einem, Gottfried von 161, 311, 312, 314, 326, 335
Eipperle, Trude 305, 306, 307
Eiselt, Maria 306
Ekrich 337
Elgar, Edward 333
Eliasson, Sven Olof 322, 323, 330
Elmau, Alexander 333

Elmendorff, Karl 299, 300, 301, 302, 303
Elßler, Fanny 125, 280; *121*
Engels, Robert 297
Engen, Kieth 184, 313, 314, 315, 316, 317, 319, 320, 321, 322, 324, 329, 335, 337
Engländer, Babs 316
Englerth, Gabriele 298, 299
Enriquez, Franco 322, 328
Epple, Roger 335
Eratnik, Stefania 308
Erb, Karl 179, 180, 182, 295, 296, 297, 298, 299; *179, 297*
Erdmannsdörfer, Max 290
Erede, Alberto 316
Erhardt, Otto 313, 315
Erismann, Hans 311
Erler, Liselotte 304, 305, 308, 317, 318, 321, 322, 324, 325, 327
Ermler, Mark 335
Ernst IV. 281
Ernst, Hans Bruno 318
Eschenbach, Wolfram von 75
Esser, Heinrich 280
Esser, Hermin 322, 324, 326
Ettinger, Max 299
Eule, Carl 273
Evangelatos, Daphne 241, 335, 336
Evdokimova, Eva 332, 334
Everding, August 114, 136, 142, 148, 149, 150, 151, 152, 153, 156, 166, 240, 319, 321, 328, 329, 330, 332, 333, 334, 336, 337; *149, 150, 152, 328*

F
Fahberg, Antonie 311, 315, 316, 317, 318, 319, 321
Falgarat 267
Falken, Maryla 296
Falla, Manuel de 300, 304, 308, 320
Falusch, Edith 302
Farinelli 23, 171, 261; *265*
Farinelli, Giuseppe 274, 275, 276
Farmer, Peter 325, 327
Fassbaender, Brigitte 146, 187, 241, 317, 318, 319, 320, 321, 322, 323, 324, 325, 326, 327, 328, 329, 332, 333, 334, 335; *328*
Faßbender, Hedwig 330
Faßbender, Zdenka 178, 293, 294, 295; *178*
Fassler, Wolfgang 332
Faust, C. 290
Fay, Maude 293, 294, 295, 296; *198*
Febel, Reinhard 117, 332
Fehenberger, Lorenz 185, 308, 309, 310, 311, 312, 313, 314, 315, 316, 317, 318, 319, 329
Feinhals, Fritz 89, 177, 179, 291, 292, 293, 294, 295, 296, 297, 298; *177, 296*
Fekete, Zoltan 314
Felici, Alessandro 264
Felsenstein, Walter 142

Fenneker, Josef 312
Fenzl, Franz 127, 284, 285, 286, 287, 288; *282*
Fenzl, Johann 279, 280, 281, 282
Fenzl, Sophie 282
Ferdinand III. 11, 21
Ferdinand Maria 11, 12, 21, 22, 207; *10, 259*
Ferrandini, Giovanni 11, 13, 23, 208, 261, 262, 266
Ferrarini, Alida 332
Ferrero, Lorenzo 117, 333; *111*
Ferro, Charlotte 329, 331
Ferro, Gabriele 329, 336
Feuge, Elisabeth 299, 300, 301, 302, 303, 304, 305
Fichtmüller, Hedwig 299, 300, 301, 302, 303
Fidesser, Hans 304
Fine, Wendy 322, 323, 324
Fioravanti, Valentino 36, 273, 276; *36*
Fischer, Adam 304, 330
Fischer, Adolf 301, 302
Fischer, Anton Josef 273, 276
Fischer, Franz 71, 77, 88, 288, 289, 290, 291, 292, 293, 294, 295
Fischer, Fritz 306
Fischer, Karl 144, 222, 303
Fischer, Karl August 304
Fischer, Karl von 210, 211, 212, 213, 214, 215, 216, 221, 222; *209, 210, 211*
Fischer, Res 311
Fischer, Richard 293, 294, 295, 296, 297
Fischer-Dieskau, Dietrich 139, 152, 185, 194, 203, 204, 316, 317, 318, 319, 320, 322, 323, 324, 325, 327, 328, 329, 330, 331; *185, 328*
Fischietti, Domenico 263, 264, 269
Fisher, Rodney 328
Fitzau, Fritz 299, 300, 301
Fladung, Irene von 294, 295, 296
Flemming, Charlotte 316, 317, 318, 319, 320
Flerx, Karl *273*
Flesch, Ella 299, 301
Flindt, Flemming 320
Flotow, Friedrich von 72, 191, 280, 281, 283, 286, 287, 288, 289, 293, 296, 305
Flüggen, Josef 287, 288, 289, 290, 291
Fokine, Michail 315, 332, 333, 335
Fölser, Liselotte 314, 315, 316
Föntz-Zimmermann, Aage 296
Forbach, Moje 304
Förg, Franz 282
Forger, Helma 145
Forray, Gabor 324
Forsythe, William 330
Fortner, Wolfgang 319, 321, 324
Foukas, Monika 322
Fourié, George 322

Fraenzl, Ferdinand 270, 273, 274, 275, 277; *275*
Frahm, Hans 289, 290, 291, 292, 293, 294
Francesca-Cavazza, Maria de 333
Franchetti, Alberto 289
Franci, Carlo 326, 327
Francillo-Kaufmann, Hedwig 291, 292
Franckenstein, Clemens von 83, 94, 95, 96, 198, 299; *94*
Fränkel-Claus, Mathilde 291
Franter, Willi 309
Frantz, Ferdinand 184, 308, 310, 311, 312, 314, 315
Franz I. 17
Franz, Cornel 331
Franz, Ulrich 327, 328, 329, 330, 331, 332, 333, 334, 335, 336, 337
Fratnik, Stefania 307
Freedmann, Gertrud 317, 319, 320
Fremstad, Olive 291
Freni, Mirella 187, 330
Frey, Paul 334, 335
Freyer, Achim 153, 329
Frick, Gottlob 184, 313, 314, 317, 319, 321
Fricsay, Ferenc 201, 202, 203, 206, 314, 315; *202, 314*
Fridzeri, Alessandro 265
Friedrich der Große 313
Friedrich, Götz 136, 153, 326, 327, 330, 333; *107, 112*
Fries, Georg 278, 279, 280, 281, 282
Frigerio, Ezio 328, 334
Frind, Anni 300, 301
Frohn, Adele 305
Froscher, George 319
Frühling, Ute 335
Fuchs, Anton 76, 82, 83, 287, 288, 289, 290, 291, 292, 293, 294, 295, 296, 297, 298
Fuchs, Ernst 328
Fügel, Alfons 307
Funk, Valerian 210
Fürbringer, Ernst Fritz 304
Fürst Hohenlohe 66
Furtwängler, Wilhelm 204; *309*

G
Gabory, Magda 314
Gackstetter, Dieter 322, 323, 324, 326, 327
Gal, Dorin 332, 334
Gallardo, Jorge 336
Gallenberg, Wenzel Robert von 275, 277
Galli-Bibiena, Giuseppe 23
Galuppi, Baldassare 13, 262, 263, 264
Gambill, Robert 335, 337
Garcia, Francisco Xavier 262
Garrison, Kenneth 334
Gärtner (Hofbauintendant) 210
Gaspari, Johann Paul 23, 262, 263, 264, 265; *264*
Gassmann, Florian Leopold 264, 265

Gavanelli, Paolo 337
Gaveaux, Pierre 271
Gayer, Catherine 321, 326, 329
Gazzaniga, Giuseppe 264
Gedda, Nicolai 312
Gehrer, Gisela 293
Geis, Josef 291, 292, 294, 296, 297, 298, 299, 300, 301, 302
Geitlinger, Ernst 310
Geliot, Michael 325
Generali, Pietro 38, 39, 41, 44, 274, 275, 276
Gentili, Alberto 291
Georg Herwegh 48
Georgiadis, Nicholas 326, 328
Gergiev, Valéry 336
Gerlach, Rudolf 303, 304, 305
Gerlach-Rusnak, Rudolf 182, 308
Gershwin, George 331
Gerzer, Anny 302
Gerzer, Lina 299, 300
Gessendorf, Mechthild 332, 334
Giannini, Vittorio 303
Gielen, Michael 321, 322
Gierke, Henning von 336
Gierster, Hans 312, 313, 314, 319, 320
Gießl, Matthäus 207
Gillibrand, Nicky 337
Gillier, Jean-Claude 262
Gillmann, Max 293, 294, 295, 296, 297, 298
Gilmore, Rosamund 336
Gimpler, Josef 297
Giovaninetti, Reynald 323, 324
Gisberti, Domenico 22
Glasunow, Alexander 333
Gleissner, Franz 26, 32, 269, 270, 271
Gleß, Julius 298, 299, 300
Gliese, Rochus 305, 306, 307, 316
Glinka, Michail I. 316
Globerger, August 295
Glonner, Peter 30
Glossop, Peter 327
Gluck, Christoph Willibald 24, 29, 31, 39, 66, 81, 96, 97, 153, 172, 173, 197, 262, 264, 265, 268, 269, 272, 274, 279, 282, 283, 284, 285, 286, 287, 288, 289, 290, 291, 292, 294, 295, 298, 299, 304, 305, 309, 311, 312, 313, 315, 319, 320, 329, 332; *329*
Gluth, Viktor 287, 289, 290, 295
Gmeindl, Walter 297
Gnecco, Francesco 275
Gobbi, Tito 162, 331, 332
Godlewski, Willi 302
Goebbels, Joseph 96
Goerges, Horst 136
Goethe, Johann Wolfgang von 54, 60, 69, 175
Goetz, Hermann 286, 294, 305
Goldmark, Karl 287, 290
Goll, Jutta 318
Goltz, Christel 310
Gomez Martinez, Miguel 326, 332

Gonzales, Dalmacio 336
Gordon, Gavin 314
Görner, Christine 320
Gossec, François Joseph 33, 265
Gotovac, Jakov 307
Gottfried Semper 51
Götzen, Guido 337
Gould, Morton 331
Gounod, Charles 124, 283, 286, 288, 289, 291, 297, 305, 307, 315, 330; *330*
Grabbe, Christian Heinrich 95
Graener, Paul 296, 297, 298, 301, 303
Graf, Emil 302, 306
Graf, Herbert 315
Grahn, Lucile 125, 126, 281, 282, 284, 285; *125, 284*
Grandaur, Franz 41, 120, 121, 284, 285, 286, 287
Granier, Louis 270
Grätz, Josef 271
Graubner, Gerhard 144, 221, 222
Graunke, Kurt 313, 314, 315
Gray, Linda Esther 332
Gregor-Dellins, Martin 51
Greis, Caroline *32*
Grétry, André Ernest Modest 13, 33, 263, 265, 266, 267, 270, 273, 281, 284, 310
Grezer, Anny 302
Gribow, Thomas-Michael 330
Grieg, Edvard 304
Griffin, Hayden 334
Grimm, Dietmar 330
Grimm, Hans 302
Grisar, Albert 281, 285, 288, 294
Grisi, Carlotta 125; *125*
Grist, Reri 322, 323, 325, 327, 329
Grobe, Donald 320, 322, 323, 324, 325, 326, 327, 328
Gromis, Gary 335
Grothenthaler 280
Grua, Franz de Paula 14, 29, 266
Gruber, Ferry 316
Gruber, Franz 296, 297
Gruberova, Edita 187, 328, 329, 333, 336, 337; *329*
Grübler, Ekkehard 143, 148, 318, 319, 320, 322, 326
Grumbach, Raimund 317, 319, 320, 321, 325
Grund, Bert 322
Gsovsky, Tatjana 307, 310, 311, 312
Gsovsky, Victor 310, 311
Guadagni, Gaetano 24, 172, 264
Güden, Hilde 307
Guerra, Antonio 280
Gugel, Fabius 314, 315
Guglielmi, Pietro 13, 38, 41, 264, 267, 274, 275, 276
Gumpp, Johann Anton 260
Gunter, John 332
Günther-Braun, Walter 294, 295

Günzburg, Marie 292
Gura, Eugen 90, 175; *90*
Gussmann, Wolfgang 331, 336
Gyrowetz, Adalbert 273, 277, 278

H
Haas, Joseph 310, 312
Haas, Lore 333
Haase, Karl-Erich 322
Hader, Clementin 260
Häflinger, Ernst 315
Hagen, Otfried 294
Hager, Leopold 320, 321, 322, 324
Hager, Robert 301, 302, 303
Häggander, Marie Anne 337
Haigen, Kevin 329
Hale, Robert 187
Halévy, Jacques Fromental Elias 72, 278, 279, 280, 281, 282, 284, 286, 287, 288, 296
Hallasch, Franz 301, 304
Hallegger, Kurt 311, 312, 317
Hallhuber, Heino 322
Hallstein, Ingeborg 317, 318, 319, 320, 321, 322, 323
Hallström, Ivar 286
Hallwachs, Reinhard 67, 69, 284, 285
Halmen, Pet 325, 326, 328, 331, 332, 333, 334, 336
Hamel, Peter Michael 308, 309, 310, 335
Hammer, Gusta 304
Hampe, Christiane 322
Hampe, Michael 322, 332
Hampel, Karl 274
Hampson, Thomas 190, 335
Hampton, Eric 326
Händel, Georg Friedrich 96, 97, 171, 298, 299, 304, 313, 315, 318, 319, 320, 329, 331, 336
Hann, Georg 182, 301, 303, 304, 305, 306, 307, 308, 309, 310
Hanslick, Eduard 65, 177, 195
Harlacher, Hans-Peter 326
Harlaß, Helene 172; *36*
Harneit, Johannes 336, 337
Harnoncourt, Elisabeth 330
Harris, Joan 314
Harrison, George 323
Hart, James 327, 329
Hartleb, Hans 141, 146, 148, 316, 317, 318, 319, 320, 322, 323, 326
Hartmann, Adolf 316
Hartmann, Carl 304
Hartmann, Dominik 329
Hartmann, Georg 97, 98, 102, 144, 308, 309, 310
Hartmann, Karl Amadeus 310, 316, 318, 327
Hartmann, Rudolf 98, 103, 104, 106, 108, 136, 137, 139, 141, 143, 144, 145, 146, 147, 148, 149, 153, 240, 241, 305, 306, 307, 311, 312, 313, 314, 315, 316, 317, 318, 319, 320, 321, 322, 323; *100, 136, 144, 145, 147, 148*
Hartmann-Frost, Cora 333
Hass, Joseph 202
Hass, Sabine 330, 331, 332, 335, 336
Hasse, Johann Adolf 13, 23, 261, 263
Hassler, Jürgen 332
Haßreiter, Josef 289
Hatheyer, Heidemarie 308, 312
Haubenstock-Ramati, Roman 322
Hauer, Jochen 313
Haug, Hans 312
Haugk, Dietrich 141, 166, 322, 323, 324, 326
Haupt, Walter 110, 114, 117, 136, 322, 323, 324, 325, 326, 327, 329, 333; *108, 323*
Hausegger, Siegmund von 290
Haydn, Joseph 192, 193, 267, 271, 313, 320, 321, 329, 330
Haydn, Michael 311
Heater, Claude 318
Heckroth, Hein 315, 319
Heerrmann, Britta 329
Heger, Robert 298, 299, 303, 309, 310, 311, 312, 313, 314, 315, 320
Heichele, Hildegard 324, 325
Heinrich, Reinhard 319, 326, 327, 335
Heinrich, Rudolf 141, 142, 143, 317, 318, 319, 320, 321, 322, 323, 324, 326, 327, 334
Hellenstein, Klaus 329
Hellmann, Wolfgang Maria 305
Helm, Theodor 71
Helsted, Edvard 328, 335
Hempel, Willy 310
Hendrikx, Louis 323
Henius, Carla 323
Henriette Adelaide 11, 21, 120, 171; *10, 259*
Henze, Hans Werner 104, 105, 106, 162, 311, 315, 317, 318, 322, 323, 325, 334, 337; *325*
Heppner, Ben 337
Herbst, Otto 241
Herforth, Benedikt 332
Herlischka, Bohumil 142, 322, 324, 325
Hermann, Roland *327*
Hérold, Louis Joseph Ferdinand 278, 279, 280, 282, 283, 286, 323
Herre, Franz 55
Herrmann, Andreas 335, 336
Hertel, Peter Ludwig 288, 289, 290
Herwegh, Georg 50, 60, 62, 66, 67
Herz, Joachim 153, 331
Herzog, Joachim 336
Hespos, Hans-Joachim 337
Heß, Otto 94, 199, 296, 297
Hetznecker, Karoline 173, 175
Heufeld, Franz von 30
Heyer, Bernd 308
Heyn, Volker 336
Hill, Lenette 327, 329, 330, 331

Hill, Rainer 318
Hille, Rudolf 308
Hillebrand, Nikolaus 328, 329
Hillebrecht, Hildegard 316, 317, 318, 319, 320, 321, 322, 323, 324
Hiller, Ferdinand 86
Hiller, Johann Adam 13, 32, 265, 267
Hiller, Wilfried 329, 337
Hillerbrand, Otto 307
Himmel, Friedrich Heinrich 272
Hindemith, Paul 98, 102, 103, 104, 146, 148, 162, 170, 202, 300, 309, 314, 316, 319, 330, 333, 335; *84, 148, 309*
Hirschova, Jindriska 327
Hirte, Klaus 326
Hitler, Adolf 96, 97, 201
Hobein, Eduard 283
Hodgson, Brian 325
Hoefgen, Lothar 320, 321, 323
Höfer, Franz 304
Höfermayer, Walter 307, 308
Hoffmann, Baptist 293
Hoffmann, Franz 282, 283
Hofmann, Alois 301, 302, 303, 304, 305, 309
Hofmann, Julius 288
Hofmannsthal, Hugo von 82, 94, 95, 198
Hofmüller, Max 298, 299, 300, 301, 308, 309
Hogarth, William 314
Holenia, Hanns 304
Holi 267
Hölken, Ludwig 279, 280
Hollasch, Franz 301, 302
Hollreiser, Heinrich 307, 313, 317, 318, 320, 321, 322, 324, 326, 335
Hollweg, Werner 322
Holm, Richard 185, 309, 310, 311, 312, 313, 314, 315, 316, 317, 318, 319, 320, 321, 326
Holstein, Franz von 285, 286
Holtzmann, Thomas 329, 333; *329*
Holzapfel, Albert 293
Holzbauer, Ignaz 14, 29, 267
Homoet, Pamela 336
Honegger, Arthur 129, 147, 301, 311, 332; *147*
Höngen, Elisabeth 306
Hopf, Hans 184, 309, 310, 311, 312, 313, 314, 316, 320, 326
Hopfen, Hans Ritter von 90
Hopferwieser, Josef 333
Hoppe, Karl 310, 314, 315, 316, 317
Hornstein, Robert von 285, 286, 290, 291
Hornsteiner, Ludwig 301, 302, 310, 311, 313, 314, 315, 316, 317, 318
Horres, Kurt 153, 166, 327, 331, 333, 335; *115*
Horschelt, Friedrich 122, 123, 127, 276, 277, 278, 279, 280, 283; *280*
Horváth, Krisztina 336

Hotter, Hans 182, 184, 201, 305, 306, 307, 308, 310, 311, 316, 318, 319, 320
Howald, Fred 331
Huber-Anderach, Theodor 304
Hudson, Richard 337
Huhn, Charlotte 292
Humel, Gerald 323
Hummel, Franz 336
Humperdinck, Engelbert 99, 289, 290, 292, 293, 295, 296, 304, 306, 308, 310, 320
Hungermüller 275
Hüni-Mihacsek, Felicie 180, 300, 301, 302, 303, 304, 305, 306, 307; *181, 300, 302*
Husmann, Maria 334, 336, 337
Hynd, Ronald 323, 324, 332, 333

I
Iancu, Gheorghe 334
Ibert, Jacques 311
Iffland 44
Ilosfalvy, Robert 322, 325, 327
Imdahl, Heinz 319
Inasaridse, Ethery 330
Inbal, Eliahu 325
Irabek, Marie 297
Isouard, Niccolò 39, 272, 273, 274, 276, 279, 284, 285
Ivanov, Lev 313, 316, 322, 332
Ives, Charles 331
Ivogün, Maria 180, 296, 297, 298; *180, 297*

J
Jadin, Louis Emanuel 273
Jaenecke, Gabriele 332, 336
Jakameit, Rosemarie 310, 311, 312, 313, 314, 318
Jamison, Judith 329
Janáček, Leoš 137, 139, 301, 308, 312, 316, 322, 326, 327, 328, 333, 334
Jank, Christian 67, 70, 284, 285, 286, 287, 288, 289
Janowitz, Gundula 323, 325, 326
Janowski, Marek 323, 325
Janssen, John 332
Jarc, Mia 311
Jeffes, Simon 334
Jenke, Karl 284, 285
Jerger, Alfred 297, 298
Jerusalem, Siegfried 328, 329
Job, Enrico 337
Jochum, Eugen 310, 311, 312, 313, 314, 332
Jokl, Fritzi 300, 301, 302
Jolesch, Peter 330, 331, 334, 337
Jommelli, Niccolo 262
Jonas, Peter 20
Jonasson, Andrea 332
Jones, Gwyneth 323, 334
Jooss, Kurt 319
Joplin, Scott u.a. 333
Joseph II. 14
Josephine 16
Jungmann, Flora 127, 288, 289, 290, 291, 292, 294, 295, 296

Jungwirth, Helena 332, 334, 335, 337
Jürgens, Helmut 139, 146, 147, 148, 309, 310, 311, 312, 313, 314, 315, 316, 317, 318, 319, 321, 322; *315*

K
Kagel, Maurizio 137, 322, 331
Kainer, Ludwig 313
Kaiser Wilhelm 95
Kaiser, Joachim 132
Kajdanski, Tomasz 331, 332, 333, 334, 337; *332*
Kalda, Linda 331, 332, 334
Kaltenbrunner, Annemarie 303
Kaposi, Stefan 298
Kappel, Gertrude 300, 301
Kapplmüller, Herbert 153, 330
Karafyllis, Symeon 325
Karajan, Herbert von 318
Karen, Jana 332
Karinska, Barbara 323, 325, 331, 333
Karl VII. 23
Karl Albert 23; *261*
Karoline 39
Kaskel, Karl von 292, 295
Kaslik, Václav 141, 142, 321, 323, 325
Kastu, Matti 331
Kaufmann, Hedwig 291, 336
Kaufmann, Julie 332, 334, 335, 336
Käutner, Helmut 321, 324
Kautsky, Johann 287, 293
Kautsky, Robert 305, 306, 307
Keck, Franz 328, 329
Keil, Adolf 308
Keilberth, Joseph 72, 146, 147, 156, 158, 178, 184, 197, 204, 313, 314, 315, 316, 317, 318, 319, 320, 321; *203, 315*
Kelch, Werner 317
Kelemen, Zoltan 322, 323
Kelen, Peter 331
Kempe, Rudolf 203, 311, 312, 313, 315; *312*
Kerl, Vitus 266
Kerll, Johann Kaspar 11, 22, 259; *260*
Kern, Adele 305, 306, 307, 308
Kern, Herbert 146, 312, 313, 314, 315, 316, 319, 320, 321
Kern-Eger, Barbara 308
Kernic, Beatrice 291
Kershaw, Stewart 323, 324, 325
Kesteren, John van 330
Kienlen, Johann Christoph 273
Kienzl, Wilhelm 33, 289, 290, 293, 307
Kilduff, Barbara 335
Killmayer, Wilhelm 317, 318, 319
Kindermann, August 174, 175, 282, 283, 284, 285; *175, 284*
King, James 187, 322, 324, 325, 327, 335
Kinkerlin 289
Kinsky, Josef 277
Kirchner, Volker David 117, 333; *115*

Kirschner, Ludwig 295, 296, 297; *297*
Kirschstein, Leonore 319, 320, 324
Kistler, Cyrill 290
Klarwein, Franz 308, 309, 310, 311, 312
Kleber, Hans 332
Klee, Bernhard 328, 335
Kleiber, Carlos 203, 204, 205, 206, 322, 323, 325, 326, 327; *205, 327*
Kleiber, Eleonore 331, 334
Kleiber, Erich 204, 206, 312
Klein, Julius 292, 293, 294, 295, 296, 297; *294*
Kleist, Heinrich von 106
Klenau, Paul von 296, 297, 300
Klenze, Leo von 216, 221, 222
Klingemann, August 214, 217
Kloner, Peter 266
Klöpfer, Viktor 291, 292
Klose, Friedrich 95, 293, 296, 298
Klotz, Jakob 273, 274, 275
Klotz, Josef 276, 277
Klotz, Simon 214
Kmentt, Waldemar 320, 322, 323, 324
Knab, Ferdinand 286
Knapp, Josef 308, 315
Knappertsbusch, Hans 72, 96, 97, 156, 158, 179, 180, 197, 199, 200, 204, 239, 298, 299, 300, 301, 302, 303, 304, 310, 311, 312, 313, 314; *199, 298*
Knobel, Marita 336
Knör, Walther 310
Knote, Heinrich 89, 177, 197, 291, 292, 293, 295, 296
Kobell, Luise von 51
Koboth, Irma 291, 292, 293
Koburger, Friedrich 303, 308
Koch, Egmont 309
Koch, Hermann 75, 76, 81
Köhler, Siegfried 334
Kohlund, Christian 333
Kohn, Karl Christian 315, 316, 317, 318, 319, 321, 323
Kolar, Zbynek 324
Kolb, Annette 51
Kölling, Rudolf 309, 310
Kollo, René 152, 187, 322, 326, 328, 329, 332, 334, 337; *189*
Kolman, Trude 319, 320
Koltai, Ralph 325
Kondrak, Erich 322
Koniarsky, Helmuth 323, 324
König, Klaus 334, 335
Könnemann, Arthur 290
Koppe, Hans 292
Kord, Kazimierz 332
Korge, Barbara 329
Korn, Artur 331, 336
Korngold, Erich Wolfgang 198, 200, 296, 298, 301, 313, 327
Korte, Hans 327
Kospoth, Otto Karl Erdmann von 270
Koszut, Ursula 328

Köth, Erika 184, 312, 313, 314, 315, 316, 317, 318, 319, 320, 321, 322; *213*
Kotzebues, August von 41, 44, 62
Kotzerke, Werner 322
Kovacs, Rosina 333, 334
Köwer, Karl 330
Kragl 289
Kranz, Gudrun 328
Kraus 270
Krauss, Clemens 20, 97, 143, 144, 156, 158, 182, 184, 199, 200, 201, 239, 304, 305, 306, 307; *200, 305*
Krauß, Fritz 298, 299, 300, 301, 302, 303, 304, 305
Krauße, Maximilian 291
Krempelsetzer, Georg 283, 284
Krenek, Ernst 129, 300, 301, 319; *128*
Kreowski, Ernst 119, 121, 130
Kreppel, Walter 315, 316
Kresnik, Johann 167, 331, 333
Kretschmer, Edmund 286
Kreutzer, Konradin 273, 276, 277, 278, 284, 289, 290, 292, 297
Krisch, Winfried 320
Krohn, Walter 308
Kröller, Heinrich 83, 126, 127, 129, 197, 297, 298, 299, 300, 301; *199*
Krombholc, Jaroslav 327
Kronenberg, Carl 307, 308, 309
Kronprinz Ludwig 50, 63, 212
Krottenthaler, Karl 279
Krüger, Charlotte 297, 302
Krüger, Emmy 180, 296, 297
Kruse, Leone 299
Kruyswyk, Anny van 303, 304, 308
Kubelik, Rafael 322, 323, 326
Kubiak, Teresa 326
Kucharsky, Andrej 320
Kuen, Paul 310, 312, 314, 315, 318
Kugler, Josef 304
Kuhlmann, Kathleen 336
Kuhn, Alfred 334, 335
Kuhn, Gustav 330, 335
Kuhn, Paul 294, 295, 297
Kuhn-Brunner, Charlotte 295
Kühner, Johann Wilhelm 280, 281
Kulka, Janos 315, 325
Kunjappu, Jolly 331
Kuntzsch, Matthias 321, 322, 323, 324
Kupfer, Harry 136, 335; *335*
Kupper, Annelies 184, 308, 309, 310, 311, 312, 313, 314, 315, 316, 318
Küpper, Hannes 310
Kura, Miroslav 327
Kürzinger, Paul 265, 268
Kusche, Benno 146, 184, 308, 309, 310, 311, 312, 317, 318, 320, 321
Küstner, Karl Theodor von 45, 122, 123; *278*
Kylian, Jiri 330, 337

L
Labis, Attilio 319
Laborde, Jean Benjamin de 263
Lachner, Franz 48, 50, 60, 123, 174, 191, 193, 194, 279, 281, 282, 288, 292; *192, 281*
Lachner, Ignaz 280, 281
Laholm, Eyvind 303
Lammersen, Kiki 333, 335, 336
Lampugnani, Giovanni Battista 263
Lancaster, Osbert 323
Lanchbery, John 332
Lander, Harald 318
Landmann, Robert von 91
Langenfass, Rolf 332, 335
Langer, Ferdinand 286, 288, 290
Langer, Guste 303
Lanzrein, Jürg 329
Lapis, Santo 262
Larsen, Marianne 336
Larsen, Thyra 293
Lassen, Eduard 291
Lasser, Johann Baptist 270, 271, 272
Lasso, Orlando di 191, 330
Latilla, Gaetano 262
Laubenthal, Horst 330
Lauchery, Etienne 265, 266, 271
Laudes, Joseph 30
Lautenschläger, Karl 71, 74, 79, 80, 287, 288, 289, 290, 291; *76, 78, 287, 302*
Lavelli, Jorge 331
Lawrence, Ashley 321
Layer, Friedemann 328
Lazaro, Francisco 324, 325
Lazarus, Ingrid 327
Le Roux, François 337
Leander, Margot 297, 298
Lear, Evelyn 318, 320
Lebedjewa, Irina 332, 333
Lebrun, Louis Sébastien 268, 272
Legrand, Claudius 31, 120, 121, 265, 266, 267, 268, 269
Lehberger, Helmut 334, 335, 336, 337
Lehmann, Hans-Peter 184, 322
Lehmann, Lotte 184
Lehner, Max 322
Lehnhoff, Nikolaus 166, 334, 337
Leinert, Michael 329
Leitner, Ferdinand 308, 309, 316, 322, 324, 329, 334
Lenz, Friedrich 315, 317, 320
Lenz, Leopold 279, 280, 281; *279*
Leoncavallo, Ruggiero 75, 289, 302, 309, 319, 328
Leoni 121
Leopold 28
Lespilliez, Carl Albert, von 207
Lester, Louise 327, 328, 329, 330, 331, 332
Levasseur, André 282, 316
Levi, Hermann 33, 66, 70, 72, 77, 81, 82, 88, 158, 194, 195, 198, 286, 287, 289; *79, 288*
Lhotka, Fran 306, 311
Liebermann, Rolf 149, 316

Lieger, Alfred 302, 304
Lietzau, Hans 166, 332
Ligendza, Catarina 328, 330
Ligeti, György 324, 326
Liljefors, Mats 334
Lima, Luis 330
Lindermeier, Elisabeth 185, 308, 309, 310, 311, 312, 313, 314; *310*
Lindpaintner, Peter Josef von 39, 273, 274, 276, 277, 280, 307
Lindroos, Peter 327, 333
Lindtberg, Leopold 142, 324
Linhard, Thea 299
Link 267
Linnebach, Adolf 218, 223, 298, 299, 300, 301, 302, 303, 304, 305
Linz, Reinhard 319, 320, 321, 322
Lipovšek, Marjana 335
Lipowsky, Felix Joseph von 268, 272
Lipp, Wilma 312, 316
Liska, Ivan 329
List, Herbert 145, 241, 306, 307, 312, 313, 314, 315, 320
Liszt, Franz 288, 294, 296, 327
Littmann, Max 72, 88, 219
Ljubimov, Juri 153, 166, 331, 336
Lloyd, Robert 330
Lodi, Giudetta 264
Loeper, Hans 310
Loghi, Janni 308, 309, 310
Logroscino, Nicolà 264
Löhle, Franz Xaver 173
Lohsing, Robert 299
London, George 185, 318
Lopardo, Frank 336
López Cobos, Jesús 324, 326, 327, 329
Lorand, Colette 321, 323, 324, 326
Lorentzen, Bent 329
Loriot 330
Lortzing, Albert 72, 175, 177, 191, 279, 280, 282, 283, 284, 285, 286, 287, 288, 289, 290, 291, 292, 293, 296, 297, 298, 303, 304, 306, 310, 312, 315
Lott, Felicity 335
Louis, Rudolf 96
Lövenskiöld, Hermann Severin 328
Lubovitch, Lar 328
Lucey, Frances 335
Luchetti, Veriano 326, 333
Ludwig I. 31, 44, 54, 55, 62, 66, 126, 208, 210, 218; *261*
Ludwig II. 18, 19, 48, 50, 51, 54, 55, 58, 59, 60, 62, 63, 65, 66, 67, 68, 69, 70, 71, 72, 88, 173, 176, 194, 216, 218; *49, 286*
Ludwig III. *295*
Ludwig XIV. 55, 119
Ludwig, Anton 297
Ludwig, Christa 318
Ludwig, Walther 308
Luipart, Marcel 130, 308, 309
Luitpold 90, 91; *290*

Lully, Jean-Baptist 310, 311
Lütkemeyer 291
Lutry, Michel de 328, 330
Luzzati, Emanuele 322

M
Maag, Peter 318, 328
Maark, Tivadar 324
Maazel, Lorin 334
Macchiatti, Carlo 259
Maccioni, Giovanni Battista 21, 34, 259, 330
Macfarlane, John 337
MacGowan, Peter 334
Machegue, Vincent 267
Machherndl, Robert 335, 336
MacMillan, Kenneth 326
Madeira, Jean 318, 320
Mago 324
Mahler, Gustav 80, 156, 182, 197, 198, 331, 334
Mahnke, Adolf 305, 307
Maillart, Aimé Louis 283, 287, 288
Majewski, Andrej 328
Malaniuk, Ira 311, 313, 318
Malfitano, Catherine 190, 333
Malipiero, Francesco 302
Mallinger, Mathilde 176
Malmborg, Gunilla af 321
Malone, Carol 325
Manen, Hans van 325, 326, 336
Mang, Karl 291
Mann, Thomas 126, 202
Manniegel, Heinz 337
Mannlich, Christian 208
Manservisi, Rosa 28
Manthey, Axel 329
Manzù, Giacomo 333
Marchand, Theobald 33
Marchesi, Luigio Ludovico *265*
Marchetti, Giuseppine *272*
Marcus, Peter 327, 328, 329, 330, 331, 332, 333
Maria Antonia Walburga 263
Mariano, Innocenzo 210
Marie Louise 17
Marinuzzi, Gino 306
Markowsky, August 306
Marschner, Heinrich 95, 177, 191, 278, 279, 280, 282, 284, 285, 286, 287, 288, 290, 292, 297, 303
Martin y Soler, Vicente 14, 269, 270
Martin, Frank 315, 317, 326, 327
Martinu, Bohuslav 337
Marton, Eva 331
Marx, Karl 62
Mascagni, Pietro 124, 288, 289, 302, 309, 319, 328
Massé, Victor 282, 285
Massenet, Jules 286, 292, 295, 327, 333
Mastilovic, Danica 324
Matacic, Lovro von 314, 315, 316, 321
Mathis, Edith 322, 324, 327, 333
Matteis, Maria de 327
Mattern, Trude 316
Matthes, Walter 302, 312

Mauke, Wilhelm 295, 297
Maurer, Franz Anton 272
Maurice, Pierre 298, 302
Mauro, Domenico 260; *25*
Mauro, Gasparo 260
Max (Herzog) 50
Max Emanuel 22, 23, 24
Max II. Emanuel 23; *261*
Max III. Joseph 21, 23, 26, 32, 41, 207
Maximilian II. 50, 90, 208; *283*
Maximilian III. Joseph 12, 13, 18, 171; *15, 263*
Max IV. Joseph/Max I. Joseph 9, 11, 13, 16, 17, 33, 35, 39, 44, 50, 208, 210, 211, 237; *17, 276*
Maximowna, Ita 139, 143, 149, 319, 320, 321, 322, 323, 325, 326, 331, 332
Mayer, Orsola 261
Mayer, Waldemar 307
Mayr, Giovanni Simone 35, 37, 38, 39, 41, 272, 274, 275, 276; *273*
Mayr, Sigismund 310, 311, 312, 313, 314, 315, 316
Mazura, Franz 333
Mazzoni, Antonio 263
McDaniel, Barry 322, 323, 324, 325
McDermott, Christina 337
McIntyre, Donald 327, 333, 337
McIntyre, Joy 327
McMillan, Kenneth 333
Medak, Lotte 302
Méhul, Etienne Nicolas 271, 272, 273, 282, 284, 286, 288, 289, 292, 295
Mei, Eva 337
Meier, Martin 318
Meier, Waltraud 335; *335*
Meisel, Kurt 331
Melander, Stina-Britta 321
Melchert, Helmut 326
Mellara, Carlo 277
Mencia, Marielena 331, 332
Mendelssohn Bartholdy, Felix 86, 284, 285, 319
Menendez, Jolinda 332, 333
Mengoni, Antonia 261
Mennacher, Hubert *240*
Menotti, Gian-Carlo 311, 319, 327
Mentha, Dominik 330
Mercadante, Saverio 276
Mercker, Karl-Ernst 328
Merighi, Antonia 262
Merz, Nelly 297, 298, 300
Meschischwili, Georgi 333
Messager, André 289
Metastasio, Pietro 24, 120
Mettenleitner 290
Metternich, Fürst 215
Metternich, Josef 311, 312, 313, 314, 315, 316, 317
Meusburger, German 306
Meyer, Kerstin 326
Meyer, Ottowerner 322
Meyerbeer, Giacomo 44, 72, 122, 173, 176, 177, 273, 275, 276, 277, 278, 279, 281, 282, 284, 285, 286, 287, 288, 289, 290, 293, 303, 317; *278*
Meyer-Helmund, Erik 295
Meyer-Olbersleben, Max 291
Meyrowitz, Selmar 295
Mezger-Vespermann, Klara 173
Michaelis, Ruth 308, 311
Michal, Robert 309
Michalski, Carl 306
Michaud, Ivan 331
Michels, Maria 320
Michl, Josef 264, 265, 269
Michl, Joseph Willibald 24
Miesler, Martina 336
Mihalovici, Marcel 313
Mikorey, Max 291
Milhaud, Darius 300, 315
Milinkovič, Georgine von 307
Miller, Lajos 326
Milliere 45
Millöcker, Carl 294, 302, 303
Milnes, Sherrill 187, 326
Milon, Louis-Jacques 277
Mingotti, Regina 171, 263
Minkus, Ludwig 315, 337
Minton, Yvonne 330
Miricioiu, Nelly 335
Mittermayr, Georg 41; *41, 277*
Mlakar, Pia 129, 306, 307, 311, 312, 313; *306*
Mlakar, Pino 306, 307, 311, 312, 313; *130, 306*
Mödl, Martha 315, 318, 323, 324, 325, 327, 329, 334, 335; *108*
Molcho, Samy 330
Moldoveanu, Vasile 327
Moll, Kurt 138, 152, 187, 325, 327, 329, 330, 331, 332, 334, 336
Monari, Giacomo 261
Monloup, Hubert 329, 332
Monsieur Auguste 273
Monsigny, Pierre Alexandre 13, 33, 263, 265, 266, 268
Montarsolo, Paolo 332
Monten 279
Monteverdi, Claudio 301, 317, 319, 321, 329
Montez, Lola 62, 65, 126; *126*
Montgelas 210
Montresor, Beni 328
Montulet, Christiane 330
Moon, Lisa 329
Moran, Robert 323
Morena, Berta 180, 182, 291, 292, 296, 297; *295*
Morley, Pamela 334
Morris, James 187, 334
Mösbauer, Helga 322
Mosca, Giuseppe 274
Mosca, Luigi 275
Moscheles, Ignaz 276
Moschini, Carlo 264
Moser, Koloman 295
Moser, Thomas 331
Mottl, Felix 18, 72, 77, 156, 158, 177, 178, 194, 195, 196, 197, 291, 292, 293, 294, 295; *194, 293*
Mottl-Faßbender, Zdenka 295, 296, 297; *294*
Mouret, Jean Joseph 263
Mozart, Leopold 28, 31, 192
Mozart, Namierl 21
Mozart, Wolfgang Amadeus 14, 16, 21, 22, 23, 24, 26, 28, 29, 30, 31, 32, 33, 34, 36, 39, 44, 72, 74, 77, 80, 81, 86, 88, 92, 93, 95, 96, 97, 99, 102, 104, 120, 137, 143, 144, 146, 151, 152, 156, 158, 160, 163, 164, 172, 184, 190, 192, 195, 197, 198, 199, 204, 237, 240, 265, 266, 268, 270, 271, 272, 275, 276, 277, 278, 280, 281, 282, 283, 284, 286, 287, 289, 290, 291, 292, 293, 294, 296, 299, 300, 301, 302, 303, 304, 305, 306, 307, 308, 309, 310, 311, 312, 313, 314, 315, 316, 317, 318, 319, 320, 321, 322, 323, 324, 326, 327, 328, 329, 333, 335, 336, 337; *138, 268, 328, 329*
Mück, August 298, 299
Mühldorfer, Wilhelm 283
Mühldorfer, Wilhelm Karl 287
Müller, Bernd 324, 330
Müller, Bernd-Dieter 333
Müller, Maria 299
Müller, Robert 76, 289, 290, 291, 292
Müller, Wenzel 270, 271, 276, 279, 280, 283
Müller-Brühl, Helmut 330
Münster, Robert 30
Münzner, Wolf 335
Murray, Ann 326, 335
Murray, William 321, 323, 324, 325, 326
Musorgskij, Modest 303, 306, 310, 313, 314, 323, 336
Mussbach, Peter 336
Mussolini 97
Muti, Riccardo 328, 333
Mysliveček, Josef 265

N

Naaff, Dagmar 318, 319, 320
Nachbaur, Franz 176; *176*
Nadler, Max 301
Nafé, Alicia 333
Nannini, Gianna 117; *111*
Napier, Marita 334
Napoleon Bonaparte 13, 16, 36, 213
Nasolini, Sebastiano 273, 274
Naumann, Johann Gottlieb 264
Neher, Caspar 308
Nejtschewa, Liliana 325
Nentwig, Franz Ferdinand 330
Nentwig, Käthe 308, 310, 312
Nessel, Margaret 319
Neßler, Viktor Ernst 287, 288, 290
Neswadba, Josef 283, 287
Neubauer, Friedrich 298
Neugebauer, Hans 336
Neukomm, Sigismund 272
Neumann, Jörg 324
Neumann, Václav 322, 331
Neumann, Wolfgang 331, 335
Neumeier, John 153, 324, 327, 329, 330
Neuner, Karl 271, 272, 273, 274
Nezadal, Maria 301, 302, 303, 308
Niccolini, Giuseppe 275
Nicolai, Claudio 124, 331
Nicolai, Otto 160, 281, 284, 285, 293, 302, 314, 332
Nicolesco, Mariana 333
Nicolini, Giuseppe 37
Nielsen, Inga 336
Nielsen, Palle 319
Niemann, Albert 174
Nießer 13
Nietzsche, Friedrich 66, 114, 117
Nijinski, Vaclav 334
Nikisch, Arthur 204
Nikolov, Nikola 320
Nilsson, Birgit 187, 313, 321
Nimsgern, Siegmund 330
Nissen, Hans Hermann 182, 299, 300, 301, 302, 303, 304, 305, 306, 307, 310, 317
Nitsch, Anita 330
Nobbe, Walter 330
Nöcker, Hans Günter 152, 184, 317, 318, 319, 320, 322, 327, 329, 331, 334, 336, 337
Noelte, Albert 299
Noelte, Rudolf 156, 327
Noetzel, Hermann 297, 299
Nomikos, Andreas 318
Nono, Luigi 102
Nösselt, Hans-Joachim 191
Noverre, Jean-Georges 121

O

O'Neill, Dennis 337
Offenbach, Jacques 282, 283, 292, 301, 302, 308, 310, 317, 324, 331, 332, 333
Offermann, Franz *121*
Offermann, Sabine 302, 303
Ohms, Elisabeth 180, 182, 299, 300, 301
Ohms, Elly 309
Olah, Gustav 314
Oliva, Pepita de 125, 126; *127*
Olszewska, Maria 304
Opfermann, Franz 279, 280
Orff, Carl 102, 104, 106, 108, 137, 140, 146, 162, 202, 306, 307, 308, 309, 310, 312, 314, 315, 316, 317, 318, 321, 322, 324, 326, 329, 333, 336; *299*
Orlandi, Ferdinando 38, 274, 276
Orlandini, Giuseppe 261
Ornelli, Otto 302, 304, 305
Orth, Norbert 329
Ostertag, Karl 305, 306, 307
Ostini, Fritz von 196
Ottani, Bernardino 264, 265
Otto, Teo 143, 149, 317, 318, 319, 320

P

Pacini, Giovanni 275, 276
Paër, Ferdinando 35, 36, 37, 41, 44, 271, 272, 273, 274, 276, 278, 328; *35, 37*
Paganelli, Antonio Giuseppe 262
Paganini, Nicolò 37
Pagano, Mauro 328
Paini, Ferdinando 275
Paisiello, Giovanni 14, 32, 33, 36, 44, 266, 267, 269, 270, 271, 274, 275, 323
Pallavicini, Vincenzo 263
Palli, Margherita 337
Palm, Kurt 305
Palm-Cordes 296
Palmer, Tony 337
Pampuch, Helmut 334
Paneck, Johann Baptist 270
Panerai, Rolando 331
Panzer, Richard 306, 308
Pape, Alfons 302
Parker, Susan 331
Parmeggiani, Frieda 332, 334
Pasetti, Leo 83, 84, 182, 197, 297, 298, 299, 300, 301, 302, 303, 304, 305, 306, 307; *83, 84, 199, 298, 300*
Pasetti, Peter 308
Paskalis, Kostas 324
Paskuda, Georg 184, 316, 317, 318
Paßow, Sabine 335
Patané, Giuseppe 319, 320, 332, 333, 334, 335
Patané, Vittorio 335, 336
Patti, Adelina 179
Patzak, Julius 178, 180, 182, 301, 302, 303, 304, 305, 306, 307
Pauli, Max 293
Paulli, Holger S. 328, 335
Paumgartner, Bernhard 300
Pavarotti, Luciano 187
Pavesi, Stefano 38, 274, 275, 277
Payer, Erich 329
Pazofsky, Hilda 291
Pears, Peter 180
Pearson, William 323
Pecht, Friedrich 69
Pekny, Thomas 337
Peli, Francesco 261
Pellegrini, Giulio 38, 44, 45, 173
Pellekoorne, Anne 337
Penderecki, Krzysztof 99, 118, 321, 329, 337; *18, 336*
Pentenrieder, Franz Xaver 278, 279, 280
Perard-Petzl, Louise 295, 296
Perard-Theisen, Luise 297
Perfall, Karl von 33, 48, 69, 72, 74, 88, 92, 124, 197, 281, 283, 285, 286, 287, 288, 289, 291; *283*
Pergolesi, Giovanni Battista 96, 262, 263, 267, 291, 308, 312, 313, 325, 329
Peri, Jacopo 117, 332
Perra, Frank 329, 330
Perrot, Jules 279, 280, 281, 282, 283, 314, 317, 325

Persuis, Louis Luc Loiseau de 277
Pescucci, Gabriella 337
Peter, Albrecht 185, 308, 309, 310, 311, 312, 314, 315, 318, 319
Peters, Reinhard 319, 326
Petipa, Marius 313, 315, 316, 322, 325, 327, 332, 337
Petri 121
Petrig, Caroline Maria 336
Pfaff, Howard 329
Pfeiffenberger, Heinz 316
Pfistermeister 50, 51, 66
Pfitzner, Hans 83, 92, 93, 95, 96, 97, 162, 177, 179, 180, 197, 198, 199, 200, 292, 293, 295, 296, 297, 299, 302, 303, 304, 305, 306, 309, 316, 317, 329; *297*
Pfordten, Ludwig von der 48, 66
Philidor, François André Danican 13, 33, 263, 264, 265, 266, 267, 268
Phillips, Preston 333
Piazzolla, Astor 336
Piccinni, Niccolò 13, 28, 264, 265, 269
Pichler, Anton 207, 209
Piechler, Arthur 301
Piermarini 212
Pikieris, Yanis 331, 332
Pilotti, Giuseppe 274
Pilz, Gottfried 337
Pirchan, Emil 297
Pistorini 260
Pizzi, Pier Luigi 330, 334
Plank, Josef 301
Plasson, Michel 337
Platen, Graf von 213
Platz, Robert HP 336
Plessen 295
Plötz, J. v. 39
Pocci, Franz Graf 55, 279; *282*
Podbertsky, Theodor 291
Poettgen, Ernst 142, 316, 324
Pohl, Walter 308
Poißl, Johann Nepomuk 37, 39, 272, 273, 274, 275, 277, 278, 280; *277*
Polakoff, Abe 319
Polanski, Roman 156, 327
Pölzer, Julius 182, 302, 303, 304, 305, 306, 307
Ponnelle, Jean-Pierre 142, 147, 149, 153, 166, 239, 311, 315, 316, 320, 323, 324, 325, 328, 330, 331, 332, 333, 334, 335, 336; *109, 116, 155, 325, 332*
Pons, Juan 334
Popp, Ingeborg 306
Popp, Lucia 190, 324, 331, 332
Poppe 293
Porpora, Nicolo Antonio 261
Porta, Giovanni 262
Portugal da Fonseca, Marcos Antonio 275
Posch, Krista 333
Possart, Ernst von 33, 72, 74, 75, 76, 77, 78, 79, 80, 81, 82, 83, 84, 88, 89, 144, 175, 177, 195, 197, 219, 237, 289, 290, 291, 292, 293; *75, 288*
Poulenc, Francis 317, 325
Prager, Adrian 335
Prati, Alessio 29, 267, 268
Prato, Vincenzo dal 31
Preetorius, Emil 149, 298, 301, 303, 304, 305, 306, 309, 310, 311, 312, 313, 314, 315
Presser, André 325, 336, 337
Prestel, Irmingard 304, 306, 307
Prêtre, Georges 326, 330
Preuse-Matzenauer, Margarete 292, 293, 294
Prey, Hermann 146, 147, 185, 315, 316, 318, 319, 320, 322, 325, 329, 332, 335; *144, 186*
Price, Margaret 190, 324, 327, 332, 333
Pries, Ronald 336, 337
Pringsheim, Heinz 202
Pritchard, John 332
Priuli, Ludwig Freiherr von 42
Proebstl, Max 184, 312, 313, 314, 315, 317, 319
Prokofieff, Sergej 119, 162, 311, 316, 321, 324, 333, 336
Prosty, Emilie 335
Protschka, Josef 332
Prowse, Philip 332
Puccini, Giacomo 97, 137, 138, 139, 141, 146, 147, 162, 204, 293, 294, 299, 300, 301, 302, 303, 304, 306, 307, 308, 309, 311, 314, 316, 319, 320, 322, 324, 325, 326, 331, 334; *134, 135, 331*
Puccitta, Vincenzo 274
Pugni, Cesare 281, 282, 283, 284
Purcell, Henry 309, 310, 314, 326
Pusar, Ana 334

Q
Quadflieg, Christian 332
Quadri, Argeo 322
Quaglio, Angelo II 50, 60, 65, 67, 120, 281, 282, 283, 284, 285, 286, 287, 288, 289; *87*
Quaglio, Eugen 288, 289
Quaglio, Joseph 23, 265, 266, 270, 272, 275; *30, 270*
Quaglio, Lorenzo 23, 31, 210, 265, 266, 267, 268, 269, 270; *30*
Quaglio, Simon 50, 66, 275, 276, 277, 278, 279, 280, 281, 282, 283, 284
Quaisain, Adrien 278
Quittmeyer, Susan 335

R
Raaff, Anton 31, 172; *266*
Rachmaninoff, Sergej 327, 328, 332
Raffaelli, Michel 319
Raffeiner, Walter 329, 334, 335
Raimondi, Ruggero 138, 187, 323, 324, 326, 330, 334; *330*
Ralf, Torsten 305
Rall, Albert 301, 302, 303
Rameau, Jean-Philippe 299, 309, 310
Ramey, Samuel 336
Ramirez, Alejandro 334, 335, 336
Ranczak, Hildegarde 182, 301, 302, 303, 304, 305, 306, 307
Raschig, Susanne 327
Ratjen, Hans-Georg 308, 309, 310
Rauch, Wolfgang 334, 335, 336
Rauzzini, Matteo 264
Rauzzini, Venanzio 24, 263, 264
Ravaglia, Emilia 320
Ravel, Maurice 126, 300, 309, 311, 312, 313, 321, 323, 331
Ray, William 318
Redwitz, Oskar von 61
Regner, Otto Friedrich 129
Rehkemper, Heinrich 146, 182, 300, 301, 303, 304, 305, 306, 307
Rehm, Hilde 313
Reich, Cäcilie 303, 304, 305, 306, 309
Reich, Günter 334
Reichenberger, Hugo 292, 297
Reichmann, Theodor 175
Reichmann, Wolfgang 331
Reigbert, Otto 304, 305
Reimann, Aribert 99, 110, 113, 114, 117, 153, 185, 324, 328, 333, 334; *109, 116, 155, 333*
Reinfeld, Nicolai 298, 299
Reinhardt, Andreas 153, 325, 326, 327, 330, 333, 335
Reinhardt, Delia 296, 297, 298
Reinhardt, Petra 334
Reinhardt, Ulrich 312
Reining, Maria 303, 304, 305
Reinking, Wilhelm 143, 311, 312, 322
Reinmar, Hans 308, 309, 310, 313
Reinshagen, Victor 311
Reinthaler, Karl 287
Reisch, Friedrich 297, 298
Reiter, Michael 292
Reiter, Ronny 319, 325
Renner 121
Rennert, Günther 108, 110, 111, 114, 132, 133, 136, 137, 138, 139, 140, 141, 142, 143, 148, 149, 150, 151, 153, 162, 164, 165, 166, 187, 206, 239, 240, 241, 308, 309, 317, 318, 319, 320, 321, 322, 323, 324, 325, 326, 327, 333, 334; *105, 132, 133, 134, 135, 136, 140, 307, 321, 325, 327*
Renzetti, Donato 336
Reppel, Carmen 334
Reß, Ulrich 241, 336
Reubke, Julius 293
Reuß, August 300
Reuter, Theo 304, 306
Reutter, Hermann 305
Revy, Lovis 301, 302, 303, 308
Reznicek, Emil Nikolaus Josef von 294
Rheinberger, Josef 284, 285, 288
Ricciarelli, Katia 326
Richter, Hans 65, 69, 70, 158, 287
Richter, Karl 329
Richter, Tobias 329
Ridderbusch, Karl 324, 326, 328
Riedinger, Gertrud 304, 305
Riegel, Kenneth 334
Rieger, Fritz 315, 317, 318, 319, 320
Ries, Walter 301
Riisager, Knudage 318
Riley, Terry 326
Rimskij-Korsakov, Nicolaj 299, 309
Rinaldi, Alberto 333
Riotte, Philipp Jacob 276, 277, 278, 279
Ritschl, Johann 268, 269
Ritter, Alexander 96, 287, 303
Ritter, Peter 273
Riva, Giulio 259
Roar, Leif 325, 326
Robbins, Jerome 325
Röckel, August 48, 51, 61, 62, 69
Rode, Wilhelm 298, 299, 300, 301
Rodeck, Kurt 303
Röder, Valentin 279
Rodier, Francois 260
Rodier, Jacques 319
Rodrigo, Joaquín 329
Rogner, Eva Maria 316
Röhr, Hugo 197, 290, 291, 292, 293, 294, 295, 296, 297, 298, 300, 301
Roller, Alfred 80, 82, 295, 297, 305, 312; *82*
Roller, Ulrich 306
Roloff, Roger 335
Romberg, Bernhard Heinrich 37
Ronconi, Luca 337
Ronge, Gabriele Maria 335
Rootering, Jan-Hendrik 190, 332, 333, 334, 335
Rose, Jürgen 138, 140, 141, 143, 152, 153, 321, 322, 323, 324, 326, 327, 328, 329, 331, 333, 335
Rosen, Heinz 312, 315, 316, 317, 318, 319, 320
Rosenhek, Leo 295
Rosenthal, Manuel 331
Roser, Franz 276
Rösler, Josef 272
Rossini, Gioacchino 16, 34, 35, 36, 37, 38, 39, 40, 41, 42, 44, 45, 47, 72, 97, 138, 142, 161, 162, 172, 173, 187, 190, 274, 275, 276, 277, 278, 279, 283, 284, 285, 289, 290, 292, 293, 298, 301, 306, 308, 317, 319, 321, 325, 329, 330, 332, 334, 335, 336; *43, 142, 274, 325*
Roth, Günter 333
Röth, Philipp 272, 273, 274, 275, 276, 277, 279
Rothärmel, Alfons 313
Rothenberger, Anneliese 146, 316, 319, 320
Röthlisberger, Max 311, 312, 315, 316
Rottonara, Franz Angelo 293, 296
Rouault, Georges 333
Rousseau, Jean-Jacques 268
Rozier, Jean 277, 278, 279
Rubini, Giovanni Battista 44, 173, 179; *38, 274*
Rubinstein, Anton 286, 288, 292, 298
Rudel, Julius 333
Rudhart, Franz Michael 119
Rüdinger, Gottfried 303
Rudolph, Niels-Peter 335
Rühr, Josef 303, 305
Runge, Woldemar 293
Rünger, Gertrud 305, 306, 307
Ruppel, K. H. 206
Ruppert, Anton 329, 331, 332, 335
Russell, Francia 319
Russo, William 331
Rutini, Giovanni Maria 264
Ruvina, Ingeborg 298
Ryhänen, Jaakko 336
Rysanek, Leonie 313, 314, 316, 328

S
Sabo, Katja 310
Sacantanis, Artemis 329
Sacchini, Antonio 33, 264, 265, 266, 271
Sailer, Sebastian 301
Saint Georges 280, 283
Saint-Julien, Clémenceau de 283
Saint-Léon, Arthur 282, 283, 284
Saint-Pierre 264
Saint-Saëns, Camille 70, 293, 300, 326, 332
Salern, Joseph Ferdinand v. 26
Sales, Pietro Pompeo 263, 264
Salieri, Antonio 14, 29, 33, 36, 266, 268, 269, 270, 271, 279
Salminen, Matti 334
Salter, Richard 331, 336; *336*
Samaritani, Pier Luigi 327
Sampieri, Francesco 274
Sand, Karl Ludwig 62
Sander, Alexander 335
Sanjust, Filippo 166, 327, 329
Santi, Francesco 259
Santi, Nello 320, 322, 324, 328
Santicchi, Ulisse 332, 337
Santurini, Francesco 207, 259
Sarfaty, Regina 317
Sarti, Giuseppe 172, 265, 269
Saunders 211
Savits, Jocza 74, 290, 291
Sawallisch, Wolfgang 20, 72, 97, 99, 111, 114, 139, 149, 156, 157, 158, 160, 161, 162, 163, 164, 166, 167, 168, 170, 204, 206, 240, 313, 314, 322, 323, 324, 325, 326, 327, 328, 329, 330, 331, 332, 333, 334, 335, 336, 337; *105, 323, 325*

Sbarra, Francesco 22
Scaggs, Boz 326
Scarlatti, Alessandro 260
Scarlatti, Domenico 326
Scarlatti, Giuseppe 262, 264
Schaaf, Johannes 166, 335, 336
Schachteli, Werner 313, 315, 316, 320
Schack, Benedikt 270
Schädle, Lotte 314, 317, 320, 321
Schaick, Rudolf 296
Schallweg, Paul *248*
Scharojew, Joakim 333
Schary, Elke 324, 325
Schavernoch, Hans 333, 335
Schayk, Theodor van 324
Schech, Marianne 184, 308, 309, 311, 312, 313, 314; *313*
Schedl, Gerhard 335
Schellenberg, Martha 299, 300, 301, 302, 303, 304; *300*
Schemm 96
Schenk, Johann 277, 283
Schenk, Otto 141, 320, 322, 323, 324, 325, 326, 330, 332, 334, 335; *141*
Schenk, Tom 330
Scherchen, Hermann 191
Schicklgruber 97
Schieckel, Christian 324
Schießel 278
Schikaneder, Emanuel 267
Schiller, Friedrich 45, 69, 74, 175
Schilling, Max 92
Schilling, Otto-Erich 313
Schilling, Tom 334
Schillings, Max von 96, 290, 292, 294, 296
Schinagl, Marx 207
Schindelmeißer, Louis Alexander Balthasar 283
Schinkel, Friedrich 216
Schipper, Emil 297, 298
Schjelderup, Gerhard 289
Schleiermacher, Dieter 310
Schlenck, Hans 302
Schloß, Charlotte 291
Schlösser 201
Schlosser, Anton 175, 297
Schlosser, Max 175
Schlottbauer, Adam 273
Schlubach, Jan 308
Schlüter, Erna 308
Schmeiser, Helmut 320
Schmelzer, Heidrun 322
Schmidt, Franz 331
Schmidt, Gustav 280, 282
Schmidt, Hermann 282
Schmidt, Karl 304, 306, 308
Schmidt, Trudeliese 334, 336
Schmidt-Boelcke, Werner 320
Schmidt–Garré, Helmut 202
Schmidt-Isserstedt, Hans 322
Schmidt-Oehm, Jürgen 323
Schmiege, Marilyn 335
Schmitt, Florent 312
Schmitt-Walter, Karl 305, 306, 310, 311, 312, 313, 316
Schmitz, Paul 300, 301, 302, 303
Schneeberger, Gisela 324
Schneider, Joseph 278
Schneider, Louis 81
Schneider, Peter 334, 336
Schneider-Siemssen, Günther 143, 153, 319, 322, 323, 324, 325, 326, 327, 328, 330, 332, 334
Schneidman, Seth 335
Schneidt, Hanns-Martin 333
Schneitzhöffer, Jean M. 279, 310
Schnitzler, Michael 45, 277, 278, 279, 280, 281
Schnorr von Carolsfeld, Ludwig 63, 66, 173, 174, 175, 177; *112, 283, 330*
Schnorr von Carolsfeld, Malwina 65, 174; *174*
Scholz, Albin 291
Scholz, Bernhard E. 285, 286
Scholz, Maximilian 30
Scholz, Uwe 337
Schön, Otto 297
Schönbach, Dieter 323
Schönberg, Arnold 101, 321, 324, 331
Schöne, Wolfgang 326
Schostakowitsch, Dimitrij 321
Schott 70
Schramm, Friedrich 311
Schramm, Margit 316
Schreier, Peter 327, 329, 331, 336
Schreiner, Emmerich 295
Schreker, Franz 95, 96, 198, 199, 296, 297, 298
Schröck, Sophie 315, 316, 317, 318
Schröder, Arnulf 304, 308, 310
Schröder, Friedrich Wilhelm 30
Schröder-Devrient, Philipp 48
Schröder-Devrient, Wilhelmine 47, 173
Schröter, Gisela 331
Schröter, Walter 300
Schtschedrin, Rodion 327
Schubart, Christian Friedrich Daniel 28
Schubaur, Johann Lukas 32, 266, 267, 268, 269
Schubert, Franz 124, 193, 202, 283, 287, 296, 301, 307, 325
Schuechbaur, Franz Simon 260
Schuh, Oscar Fritz 142, 164, 165, 323
Schultz, Klaus 151
Schultze, Norbert 305
Schumann, Karl 161, 200, 202, 204
Schumann, Robert 86, 285, 298, 308, 331, 332; *332*
Schunk, Robert 332, 334
Schupp, Helge 322
Schürhoff, Else 305
Schuster, Josef 264, 269
Schut, Henk 336
Schütz, Ferdinand 278, 281
Schützendorf, Gustav 296, 297, 298
Schwaiger, Rosl 311
Schwanneke, Viktor 95
Schwanthaler, Ludwig, von 218

Schwarz, Hanna 332
Schwarzmann, Rosa Maria 171
Schweikart, Hans 308
Schweitzer, Anton 13, 14, 26, 29, 265, 270
Schweitzer, Sabine 330
Schwengl, Bruno 333
Scolari, Giuseppe 264
Scott, Michael 330
Scott, Walter 37, 42
Sebastian, Georges 312
Seckendorff, Karl Siegmund von 304
Seeau, Josef Anton Graf von 13, 14, 26, 28, 31, 33, 121, 192; *15, 266*
Seerieder, Philipp Jakob 26, 260
Seewald, Richard 298
Seibel, Marianne 333
Seidel, Christian 284
Seider, August 184, 308, 309, 312
Seidl, Anna 333
Seifert, Walter 305, 307
Seiffert, Peter 332, 333
Seiltgen, Annette 335
Seitz, Franz 50, 67, 282, 283, 284, 285, 286, 287
Sekles, Bernhard 297
Sellner, Gustav Rudolf 142, 324, 326
Semper, Gottfried 69, 72, 88, 218
Senfl, Ludwig 191
Senger-Bettaque, Katharina 292
Senn, Marta 337
Seregi, Laszlo 324, 325
Seydel, Carl 298, 299, 302, 303, 305
Seyfried, Ignaz von 272, 273, 280
Seymour, Lynn 328, 329
Shakespeare, William 74, 124
Shane, Rita 322
Shicoff, Neil 190, 332, 334, 337
Shuraitis, Algis 333
Sieben, Wilhelm 305
Sieden, Cyndia 333, 334
Siegel, Rudolf 297
Sieglitz, Georg 291, 292, 293, 294
Siercke, Alfred 143, 319, 322, 327
Sievert, Ludwig 305, 306, 307, 311
Sigl, Eduard 60, 67, 282, 283, 284, 285, 286, 287
Sigl, Katharina 173
Silja, Anja 320, 322
Sillani 268, 269
Simandy, Josef 314, 315, 316
Sinopoli, Giuseppe 114, 330, 333, 337; *112, 283, 330*
Skalicky, Jan 321, 323
Skeaping, Mary 316
Skroblin, Gislinde 328, 330, 333
Smetana, Bedřich 160, 289, 294, 306, 315, 323, 331
Sobat, Vera 330
Söderström, Conny 310
Soffel, Doris 333, 337

Soleri, Ferruccio 28, 328, 335
Solié, Jean Pierre 272
Soliva, Carlo Evasco 276
Solti, Georg 201, 202, 203, 206, 308, 309, 310, 311, 316; *201, 308*
Sommerschuh, Gerda 308, 309, 311, 312, 314
Sonnenschein, Suzanne 329
Sontag, Henriette 179
Speidel, Albert von 83, 177, 179
Spiess, Ludovico 322, 324
Spindler, Franz Stanislaus 269
Spitzeder 45
Spohr, Louis 276, 277, 278, 280, 281, 284, 285, 288, 294
Spoliansky, Mischa 110, 320
Spontini, Gaspare 39, 44, 123, 173, 273, 274, 281
Spurling, Ian 333
Stade, Frederica von 330
Stadler, Therese 314
Stahmer, Klaus Hinrich 335
Stang-Greß, Anny 301
Stark, Ludwig 281
Starke, Ottomar 294
Starzer, Josef 270
Staudacher, Joseph 173, 278, 279
Stavenhagen, Bernhard 290, 291
Steffani, Agostino 11, 23, 260, 330; *260*
Steffek, Hanny 147, 315, 316, 317, 319, 320
Stefula, Dorothea 313
Stefula, Györgi 313
Stehle, Sophie 176
Steibelt 39
Steidle, Juliana 329
Stein, Peter 150
Steinbeißer, Irene 331
Steinberg, Pinchas 336
Steiner, Anne 333
Stella, Antonietta 320
Stennett, Michael 332
Stenz-Hentze, Alexander 305, 313, 314
Stephanie d.J., Johann Gottlieb 30
Stern, Ernst 295, 297
Stern, Jean 306
Sterneck, Berthold 299, 300, 301, 302, 303, 304
Stevensen, Ben 327
Stewart, Thomas 321
Stich, Josef 288, 289, 290, 291, 292
Stich, Otto 316, 317, 318, 319, 324
Stiebner, Erhardt D. *241*
Stieler, Kurt 300
Stirn, Daniel 318
Stockhausen 102
Stöger 289
Stolze, Gerhard 317, 321, 327
Stolze, Kurt-Heinz 326
Störmer, Barbara 322
Stowell, Kent 324
Strahammer, Silvia 321, 322, 323, 324, 325, 326, 327, 328, 329, 330, 331, 332, 333, 334, 335, 336, 337; *322*

Strangio, Linda 328, 329, 330, 331
Straßburger 213
Stratas, Teresa 185, 319, 328
Straub, Johann Baptist 207
Straus, Oscar 301
Strauß, Anny 310, 312, 313, 315
Strauss, Franz 194
Strauß, Johann 141, 289, 300, 301, 303, 304, 322, 325
Strauss, Richard 32, 33, 34, 71, 77, 81, 82, 93, 95, 96, 97, 99, 101, 105, 114, 124, 127, 137, 140, 141, 143, 144, 146, 147, 151, 156, 158, 160, 161, 162, 163, 164, 170, 182, 184, 192, 195, 196, 197, 198, 199, 200, 201, 202, 204, 206, 227, 240, 289, 290, 293, 294, 295, 296, 297, 298, 299, 300, 301, 302, 303, 304, 305, 306, 307, 308, 309, 310, 311, 312, 313, 314, 315, 316, 317, 318, 319, 320, 321, 322, 323, 324, 327, 329, 330, 331, 333, 334, 335; *84, 100, 128, 200, 293, 321, 323*
Strawinsky, Igor 101, 105, 126, 129, 202, 299, 300, 309, 310, 311, 312, 314, 315, 317, 321, 322, 323, 325, 326, 327, 328, 332, 334, 335, 337
Strebinger, Mathias 283, 284
Strehler, Giorgio 334
Striebeck, Jochen 323
Strohbach, Hans 305, 306
Strube, Herbert 308
Stuber, Francesco 261
Stuber, Nikolaus Gottfried 261, 262
Studer, Cheryl 190, 331, 332, 334
Stummeyer, Cordula 336, 337
Stumpf, Richard 329
Stumphius, Annegeer 334, 335
Stuntz, Joseph Hartmann 192, 276, 277, 278, 279, 280
Stürmer, Bruno 298
Suitner, Otmar 335
Suk, Josef 314
Sukis, Lilian 140, 322, 324, 327, 331; *140*
Sullivan, Arthur Seymour 299
Suppé, Franz von 283, 284, 302, 305
Süßmayr, Franz Xaver 271
Sutermeister, Heinrich 99, 104, 114, 117, 162, 202, 309, 316, 333
Suthaus, Ludwig 315
Sutor, Wilhelm 275
Svéd, Alexander 306
Svetlev, Michail 330
Svoboda, Josef 137, 141, 143, 291, 321, 322, 323, 327, 334
Swensen, Robert 336
Szczesny, Stefan 337

T

Taddei, Giuseppe 320
Tagliavini, Franco 329
Täglichsbeck, Thomas 276
Taglioni, Marie 125; *124, 281*

Namenregister

Taglioni, Philipp 275, 277
Tal, Josef 112, 326; *107*
Talvela, Martti 323, 329
Tants, Robert 302
Tarchy, Angelo 272
Taskova, Slavka 324
Tate, Jeffrey 334
Taubmann, Horst 307
Tchernaev, Mihail 334
Te Kanawa, Kiri 187
Tear, Robert 332, 334, 337
Teibner, Johann Kaspar 259
Tennstedt, Klaus 325
Ter-Arutunian, Rouben 324
Teschner, Patrick 336
Tetley, Glen 324, 325
Thaw, David 316, 319, 336
Theimer, Fritz 302
Thoma, Ludwig 96
Thomas, Ambroise 281, 287, 289, 293, 303
Thomas, Jess 185, 187, 317, 318, 319
Thomaschke, Thomas 326
Thor, Harald Bernhard 335, 336, 337
Thuille, Ludwig 96, 290
Tichatschek, Joseph 66, 67, 173, 174
Tipton, Thomas 320, 321, 322, 324
Tittert, Siegfried 309, 310
Titus, Alan 45, 335
Titus, Antoine 275
Tochtermann, Philipp *275*
Toczyska, Stefania 332
Toeschi, Carlo Giuseppe 268, 269, 271
Toffulutti, Ezio 335
Toman, Josef 102
Tomaschke, Thomas *327*
Tomasi, Henri 101, 102, 103, 104, 314
Tommasi, Carlo 327, 335
Tomowa-Sintow, Anna 328, 331
Topor, Roland 337
Töpper, Herta 184, 311, 312, 313, 314, 315, 316, 318, 319, 320, 322; *313*
Tordek, Ella 291, 292, 293, 294, 295
Tornau, Ilse 301
Torri, Pietro 11, 23, 171, 260, 261, 330
Toscanini, Arturo 182, 202, 203
Tozzi, Antonio 28, 264, 265, 269
Tozzi, Georgio 320
Traeger, Günther 323
Traetta, Tommaso 263
Traffieri 276
Trancart, Antoine 28, 265
Trauttmannsdorf, Graf 215
Traxel, Josef 319
Trekel-Burckhardt, Ute 330, 333
Trento, Vittorio 274, 275
Treptow, Günther 306, 307, 310, 311
Trojahn, Manfred 99, 336; *336*
Trötschel, Elfriede 312

Troyanos, Tatiana 322
Trussel, Jacques 333
Tschaikowsky, Peter Iljitsch 126, 129, 290, 299, 301, 303, 306, 308, 310, 313, 316, 317, 319, 322, 324, 327, 330, 332, 333, 335; *335*
Tsinguirides, Georgette 326
Tudor, Antony 316
Tumagian, Eduard 336
Turos, Judith 331, 332, 333, 334, 335
Tutein, Karl 303, 304, 305, 306

U

Ueberschar, Camilla 337
Uhde, Hermann 310, 311
Uhl, Fritz 63, 184, 315, 316, 318, 319, 320, 326, 329
Uhl, Hermann 191
Uhrmacher, Hildegard 322, 323, 325
Ulbrig, Gisela 293, 294, 295
Uljanov, Nicholas 337
Ulrich, Jochen 325
Underwood, Elaine 331
Unger, Gerhard 289, 326
Urbancic, Elisabeth 316, 319, 320
Ursprung, Otto 34
Ursuleac, Viorica 184, 305, 306, 307
Utescher, Gerd 308

V

Vacik, Jan 335
Valentin, Pierre Jean 329
Valesi, Giovanni 171
Valois, Ninette de 314
Vámos, Youri 327, 328, 329, 330, 331, 332; *324*
Vandenburg, Howard 312, 313, 314
Vaness, Carol 334
Varady, Julia 138, 139, 152, 190, 241, 323, 324, 325, 326, 327, 328, 329, 333, 335, 336, 337; *185, 328*
Varesco, Giambattista 31
Varnay, Astrid 187, 311, 317, 318, 320, 322, 323, 324, 331; *318, 330*
Varviso, Silvio 325, 332
Vecchi 38
Velluti, Giovanni Battista 173
Venna, F.M.A. 277
Verdi, Giuseppe 72, 86, 97, 137, 138, 139, 141, 146, 151, 153, 162, 173, 185, 191, 202, 203, 204, 280, 281, 282, 285, 286, 287, 288, 289, 291, 292, 293, 294, 295, 296, 298, 300, 301, 302, 303, 304, 305, 307, 308, 309, 310, 311, 312, 313, 314, 315, 317, 318, 319, 320, 322, 323, 324, 325, 326, 327, 328, 333, 334, 336, 337; *307, 328*
Veredon, Gray 331
Vernon, Konstanze 327, 328; *324*
Verschaffelt, Maximilian von 209, 210

Vesak, Norbert 332, 334
Vespermann, Klara 173, 175
Vespermann, Wilhelm 173
Viganò, Salvatore 306
Vigouroux, Pascale 334
Villa, Eduardo 334
Villadolid, Anna 335
Villareal, Jorge 324, 326, 336
Vinzenzo, Castigliano 119
Vivaldi, Antonio 261
Vogel, Adolf 303, 304
Vogel, Siegfried 328, 335
Vogl, Adolf 295
Vogl, Heinrich 65, 67, 70, 174, 175, 176, 177, 290; *176*
Vogl, Therese 65, 67, 174, 175; *176, 285*
Vogler, Georg Joseph 29, 32, 266, 269, 272
Völker, Franz 304, 308, 309; *307*
Völker, Wolf 316
Volkert, Franz 274, 275
Vollerthun, Georg 299
Vroom, Jean Paul 325, 326, 336

W

Waas, Annelie 319, 320
Wächter, Eberhard 323, 325
Wagenführer, Roland 335, 336
Wagenhöfer, Carl *241*
Wager 182
Wagner, Cosima 51, 55, 58, 59, 60, 65, 67, 70, 71, 72, 75, 88, 89, 90, 91, 92, 96
Wagner, Erich Benno 322
Wagner, Johanna 179
Wagner, Richard 32, 33, 34, 47, 48, 50, 51, 54, 55, 58, 59, 60, 61, 62, 63, 65, 66, 67, 68, 69, 70, 71, 72, 73, 74, 75, 76, 77, 78, 81, 86, 87, 88, 89, 90, 91, 92, 93, 95, 96, 97, 99, 105, 137, 139, 141, 143, 144, 146, 150, 151, 152, 156, 158, 160, 161, 162, 163, 166, 172, 173, 174, 175, 176, 177, 179, 182, 184, 187, 191, 192, 193, 194, 195, 196, 197, 198, 199, 200, 204, 218, 219, 237, 239, 240, 282, 283, 284, 285, 286, 287, 288, 289, 290, 291, 292, 293, 295, 296, 297, 298, 299, 300, 301, 302, 303, 304, 305, 306, 307, 308, 309, 310, 311, 313, 314, 315, 316, 318, 319, 320, 321, 322, 323, 324, 325, 326, 328, 329, 330, 332, 334, 336; *52, 145, 152, 285, 294, 296, 326, 327*
Wagner, Ruth 304
Wagner, Siegfried 91, 290, 291, 303
Wagner, Wieland 133, 165, 311
Wagner-Régeny, Rudolf 304
Wakasugi, Hiroshi 333
Wal, Jan van der 336
Waldburg-Zeil, Ferdinand Christoph Graf von 26
Wallberg, Heinz 317
Walleck, Oskar 96, 97, 303, 304, 305

Wallerstein, Lothar 32
Walleshauser, Johann 171, 172, 263
Walter, Alfred 179, 197, 198, 199, 306
Walter, Bruno 72, 93, 94, 96, 158, 179, 180, 190, 195, 196, 197, 198, 200, 239, 295, 296, 297, 298; *196, 297*
Walter, Erich 325, 326, 331, 332
Walter, Gustav 178
Walter, Christoph Martin 26
Walter, Raoul 177, 291, 292, 293, 294, 295
Waltershausen, Hermann W. S. von 295, 298, 300
Waltz, Johannes 316
Wartisch, Otto 303
Wassberg, Göran 337
Watson, Claire 185, 316, 317, 318, 319, 320, 321, 322, 323, 324
Weathers, Felicia 318, 319
Weber, Aloysia 172; *269*
Weber, Bernhard Anselm 273
Weber, Carl Maria von 44, 72, 82, 124, 173, 176, 192, 273, 276, 277, 278, 279, 281, 282, 283, 284, 285, 286, 287, 288, 290, 292, 295, 296, 297, 300, 303, 304, 307, 308, 312, 318, 319, 321, 324, 332, 334, 335
Weber, Heinrich 318
Weber, Josef Miroslav 291
Weber, Lothar 296, 297, 298
Weber, Ludwig 303, 304, 305, 306, 307
Webern, Anton 104
Weckerlin, Mathilde 176
Wedekind 95
Weenberg, Siv 325
Wehe, Oliver 334
Weigl, Joseph 93, 272, 273, 276, 284, 285, 297
Weigl, Petr 327
Weikl, Bernd 334, 335, 336
Weill, Kurt 318, 325
Weinberger, Jaromir 301, 302
Weinberger, Veit 26, 260
Weinbrenner, Friedrich 212
Weingartner, Felix 288, 292, 296
Weis, Karel 292, 297
Weisflog, Christian Gottlieb 268
Weismann, Julius 302
Weiss, Peter 150
Weiss, Deborah 333
Weißheimer, Wendelin 285
Weitzel, Gerhard 318, 319, 322
Welitsch, Ljuba 308
Wellesz, Egon 201
Welte, Karsten 336
Wendel, Heinrich 331
Wendler, Ludwig 259
Wendling, Dorothea 172
Wendling, Elisabeth 172, 266; *172*
Wenkel, Ortrun 326
Wenkoff, Spas 330
Wepper 38
Werhahn, Peter 333
Werner, Margot 331

Wernicke, Herbert 153, 329, 330
Wertmüller, Lina 337
Werz, Wilfried 331
Westerdorf, Heilwig 319
Wetzelsberger, Bertil 306, 307, 308
Weyl, Roman 324, 326
Whistler, Rex 314
Wieland Wagner 110
Wieland, Christoph Martin 26
Wieland, Hans Beatus 294
Wiener, Otto 316, 317, 318, 320
Wienert, Jürgen 328, 331, 333
Wienrich, Alex 281
Wiesenthal, Grete 127
Wieter, Georg 306, 307, 308, 310, 312, 315, 317
Wigman, Mary 127
Wilbrink, Hans 319, 321, 322, 329, 332
Wildemann, Klaus von 241
Wildermann, Hans 297
Wildhagen, Erik 299, 300, 301
Wilhelm IV. 191
Wilhelm, Franz 329
Wilhelm, Kurt 335
Willer, Luise 180, 296, 297, 298, 300, 301, 305
Wilm-Schulte, Eike 336
Wimberger, Gerhard 323
Winbergh, Gösta 335
Windau, Alfons 304
Windgassen, Peter 327
Windgassen, Wolfgang 319, 321
Winkler, Gert Alexander 317
Winkler, Hermann 324, 326
Winter, Peter von 14, 30, 32, 39, 152, 173, 192, 265, 266, 267, 268, 269, 270, 271, 272, 273, 274, 275, 276, 280, 328; *32, 275*
Wirk, Willi 82, 83, 292, 293, 294, 295, 296, 297, 298, 299, 300
Wirthensohn, Otto 308, 309, 310
Wise, Patricia 328
Wisman, John 336
Wissmann, Lore 316
Wlaschiha, Ekkehard 334, 335
Wolansky, Raymond 318
Wolf, Hugo 76, 96, 199, 292, 297, 303, 330
Wolf, Otto 294, 295, 296, 297, 298, 299, 300
Wolff, Paul 299
Wolf-Ferrari, Ermanno 32, 76, 177, 292, 293, 294, 295, 296, 300, 301, 303, 305, 306, 307, 331, 335
Wölfl, VA 328
Wolkenstein, Gräfin 92
Wolk-Karaczewski, Waldemar 333, 334
Wolzogen, von, Ernst 87
Wonder, Erich 153, 327, 334
Woodman, Thomas 334
Woolridge, David 314
Wormser, André Alphonse Toussaint 291
Woroschilo, Alexander 333

Woska, Elisabeth 329
Wranitzky, Paul 271, 276
Wright, Peter 325, 327, 332
Wubbe, Ed 336
Wulkopf, Cornelia 332
Wüllner, Franz 48, 70, 88, 284, 285
Wunderlich, Fritz 146, 185, 316, 317, 318, 319, 320; *186*
Wünzer, Rudolf 311
Wustl, Kurt 322

Y
Yahia, Mino 317
Young, Douglas 323, 333
Young, Friedrich 125
Yrsch, Eduard Graf von 45
Yun, Isang 111, 140, 324

Z
Zador, Desider 292
Zallinger, Meinhard von 304, 305, 306, 307, 315, 316, 317, 318, 319
Zallinger, Monika von 146, 320, 321, 326, 334, 335
Zamboni, Luigi *40*
Zambonini, Pietro 21, 259
Zedda, Alberto 331
Zeiß, Karl 83, 95, 96; *95*
Zeithammer, Gottlieb 305
Zeller, Carl 303
Zemlinsky, Alexander 290
Zender, Hans 324, 325
Zenger, Max 34, 41, 45, 283, 284, 287, 289, 291; *289*
Zentner, Wilhelm 302
Zickwolf, Udo 337
Ziegler, Clara 287
Zimmermann, Bernd Alois 111, 141, 321, 323; *321*
Zimmermann, Erich 307
Zimmermann, Hans 311, 312
Zimmermann, Johann Baptist 207, 208
Zimmermann, Jörg 143, 317, 319, 320, 323, 326, 331, 332, 333, 334, 335
Zingarelli, Nicola Antonio 275, 276
Zinkler, Jan 335
Zippel, Dorothee 321, 326
Znamenacek, Wolfgang 309, 310
Zöllner, Heinrich 288, 290
Zonca, Joseph 263
Zschau, Marilyn 332
Zschoppe, Konstantin 288
Zumpe, Herman 77, 89, 177, 194, 195, 196, 197, 291; *196*
Zwipf, Florian 330
Zwißler, Karl Maria 300

Titelregister

Im Titelregister sind ausschließlich musikalische Bühnenwerke verzeichnet. Abweichende Titel und Schreibweisen sowie fremdsprachige Originaltitel sind bewußt nicht vereinheitlicht und demzufolge an unterschiedlichen Stellen des Alphabets zu finden.

A

A kékszakállú Herceg Vára 313, 328
Abbé Lattaignant 276
Abraxas 129, 130, 309; *131*
Abu Hassan 273, 282, 284, 285, 295, 304, 318
Achille 35, 36, 271
Achille in Sciro 264
Achilles 271; *35*
Acis and Galatea 298
Acis und Galatea 96, 298
Adam und Eva 285
Adelaide 261
Adelaide e Comingo 276
Adelaide und Comingo 276
Adelaide, regia principessa di Susa 259
Adelasia e Aleramo 272
Adelina 274
Adolph und Clara 271
Adolph und Mathilde 275
Adolphe et Clara ou Les deux prisonniers 271, 273
Adrian von Ostade 276
Adriana Lecouvreur 227, 229, 332
Adriano in Siria 261, 262
Afrikas Tribut an den triumphierenden Cäsar 262
Agelmondo 263
Agnes Bernauer 26, 270
Agnes Sorel 273
Agnese di Fitz-Henry 274
Agrippina 320
Aida 97, 230, 286, 289, 293, 301, 305, 309, 312, 318, 328
Ajakaboembie 326
Alarico, il Baltha cioè re di Gothi 260
Alasnam und Balsora 278
Albert Herring 323
Alborada 331
Albrecht III. von Bayern 266
Alceste 14, 26, 29, 31, 265, 279, 287, 304
Alcibiades vor seiner Abfahrt nach Asien 277
Alessandro nell'Indie 261, 262
Alessandro severo 262
Alessandro Stradella 280, 288, 296
Alessandro vincitor di se stesso 259
Alexander und Kampaspe 268
Alexis et Justine 271
Alexis ou L'erreur d'un bon père 273
Alexis und Justine 271

Alexis und Natalie 275
Alfonso und Estrella 287
Alfred und Flora 281
Alidia 279
Aline, Königin von Golconda 272
Aline, Reine de Golconde 272
Alkestis 97, 304
Alle fürchten sich 284
Allegri diversi 334
Alles mißglückt ihm 281
Almansor 285
Alvilda in Abo 260
Alzire und Zamor 268
Amadis di Grecia 261
Amelia geht zum Ball 319
Amelia goes to the ball 319
American Carousel 331
Amor tiranno, overo Regnero innamorato 259
Amor tutto vince 275
Amor und Eretria 280
Amor und Psyche 267
Amphion und die Hamadryade 279
An diesem heutigen Tage 329
Anakreontisches Divertissement 277
Andromacca 260
Andromache 266, 271
Angelina 301
Angélique 311
Anna Bolena 320
Anna Boleyn 320
Annette et Lubin 263
Antenore esposto al furore de Baccanti 274
Antigonae 137, 140, 143, 162, 202, 310, 326
Antigono 264
Antigonus 272
Antiopia giustificata 259
Antithese 322
Anton und Antoinette 265
Apollo et Hyacinthus 336
Apollo tra le muse in Parnasso 261
Apollo und Daphne 265, 279
Apollo's Wettgesang 275
Apollon Musagète 325
Applausi festivi 259
Arabella 182, 204, 227, 303, 306, 311, 316, 319, 327; *113*
Arambel 298
Arcades 319
Arcifanfano, rè di matti 264
Ariadne auf Naxos 93, 99, 140, 143, 163, 170, 198, 266, 295, 297, 305, 310, 316, 322, 333
Aristo e Temira 266
Arlequin als Centaur 265
Arlequin und Columbine in der Sklaverei 272
Arlequins Hochzeit 273
Arlequins Traum 273
Arlequins Verwandlungen 281
Arlequins Wanderung 274
Armida 42, 284, 288, 320
Armida abbandonata 29, 268

Armide 172, 284, 288, 320
Artaserse 262, 263
Artemisia 267
Ascanio in Alba 260
Ascanius 260
Aschenbrödel 44, 273, 277, 278, 279
Asmodi's Verwandlungen 281
Asraël 289
Astarto 263
Astianatte 260
Astutuli 106, 137, 324
Asynchron 329
Atalanta 259
Athalia 274
Aubade 317
Aucassin und Nicolette 273
Audacia e Rispetto 260
Augen der Wörter 337
Aureliano in Palmira 47
Aurora 275
Aus einem Totenhaus 137, 143, 326
Axur, König von Ormus 36, 271
Axur, rè d'Ormus 271, 279
Azémia ou Le nouveau Robinson 270
Azur, König von Ormus 279

B

Bacchusfest 297
Bach Suite – 2 329
Bach-Miniaturen 330
Bad blood 335
Bagdad 228
Baiser de la Fée 323
Bajazet 262
Bajazzo 75
Balduino, Duca di Spoleti 275
Ballade 311
Ballet-Divertissement 290
Barsina 262
Bastien und Bastienne 26, 93, 268, 289, 293
Béatrice et Bénédict 292
Beatrice und Benedict 292
Before nightfall 337
Begegnung 314
Begegnung in drei Farben 321, 335
Belisa ossia La fedeltà riconosciuta 271
Belisar 279, 282
Belisario 279, 282
Bellerofon 281
Bellerofoonte 262
Belmont und Constanze 266
Belshazar 117, 333; *115*
Benvenuto Cellini 281, 288, 292
Berenice 261
Bernardon der Insulaner 267
Betrug durch Aberglauben 270
Bettler Namenlos 303, 320
Bezauberndes Fräulein 306
Bianca e Falliero 47
Black Wall 329
Blaise le savetier 264, 268
Blaise le servitier 264

Blaubart 161
Boccaccio 305
Boléro 312, 331
Bonsoir, Monsieur Pantalon 281, 285, 288, 294
Boris Godunoff 310, 313
Boris Godunov 111, 303, 310, 313, 323, 336
Boris Godunow 323, 336
Boulevard Solitude 325
Bound to the rhythm 331
Bräutigam und Liebhaber 281
Buddha 291
Burschenliebe 290

C

Caleidoscope 331
Calypso 272
Camilla 271
Camilla oder das Burgverließ 36
Camilla ossia Il Sotterraneo 271
Canzona 323
Capriccio 101, 104, 143, 146, 182, 184, 201, 307, 314, 322, 335; *100*
Capriccio poetico 259
Caramba 302
Cardillac 162, 170, 300, 319, 333; *83*
Carlo Fioras 273
Carlo Magno 275
Carmen 143, 179, 202, 287, 289, 293, 301, 306, 308, 312, 316, 322, 332, 337
Carmina Burana 137, 162, 307, 312, 313, 315, 318, 322, 336
Carnaval 298, 308
Carnvale 298, 308
Casanova in London 322
Castor e Polluce 29
Castor und Pollux 272, 310
Castore e Polluce 269, 272
Catarina, ou la fille du bandit 281, 283
Catharina Cornaro 123, 279, 282, 288, 292
Catone in Utica 13, 24, 208, 261, 262
Catulli Carmina 312, 315, 318, 336
Cavalleria Rusticana 124, 288, 302, 309, 319, 328
Celanira 275
Cendrillon 273, 279
Chamäleon 329
Changement de pieds 315
Chemin de lumière 311
Chi la dura la vince ossia la Locandiera 274
Chovanščina 314
Cinderella 311, 336
Ciro 261
Ciro in Babilonia 39, 41, 42
Ciro in Babilonia ossia La caduta di Baldassare 274
Claudina in Torino 276
Claudine von Villa Bella 273
Clementine von Aubigni 275
Cleofide 261

Climene 262
Clotilde 275
Cœur-Dame 300
Colloquio pastorale 261
Colmal 273
Columbus 316
Commedietta 314
Componimento drammatico per l'incoronazione di Carlo VII. 262
Concertino 313
Concerto a cinque C-Dur Op. IX, 3 330
Concerto barocco 321
Constantin 277
Coppelia 124, 286, 289, 300, 311, 330
Cora 271
Cora und Alonzo 266
Cordelia 277
Corregidor 76, 96, 199
Così fan tutte 16, 28, 33, 77, 79, 80, 81, 93, 151, 153, 160, 195, 270, 277, 278, 281, 286, 290, 301, 305, 307, 310, 316, 322, 327
Couperin-Suite 311

D

D'auberge en auberge ou Les préventions 272
Dafne 262
Dafni 261
Dalibor 289
Dame Kobold 296
Damiro e Pitia 261
Danae 99
Dance-Panels in seven movements 318
Danina 277, 307; *122, 123*
Dantons Tod 162, 314, 335
Danza 316
Daphne 97, 163, 170, 307, 310, 315, 318, 327, 334
Daphnis und Chloë 309, 321, 331
Das Bauernmädchen am Hofe 265
Das besiegte Vorurteil 265
Das bezauberte Schloß 271
Das Burgverlies 271
Das Christelflein 93, 180, 293, 297, 316
Das Concert am Hofe 277
Das Conterfei 283
Das Donnerwetter 268
Das durch ein Donnerwetter zerstörte Bauernfest 266
Das eherne Pferd 284
Das Fest der Handwerker 281, 284
Das Fest der Winzer 275
Das Fischerstechen 278
Das Gärtnermädchen 270
Das Gasthaus von Terracina 278
Das geheime Königreich 301
Das Geheimnis 272
Das geliebte Haus 98

Das Gespenst auf dem Lande 268
Das Glöckchen des Eremiten 283, 287, 288
Das goldene Kreuz 286, 288, 290, 294
Das goldene Märchenbuch 289
Das Haus ist zu verkaufen 280
Das Hausgesinde 273
Das Heimchen am Herd 290
Das Herz 200, 302, 306
Das Himmelskleid 300
Das Hirtenmädchen 32, 268
Das höllisch Gold 296
Das Junggesellen-Frühstück 273
Das Käthchen von Heilbronn 287
Das Kirchweihfest 277
Das Kleeblatt 273
Das Labyrinth oder der Kampf mit den Elementen 152, 328
Das Lächeln am Fusse der Leiter 327
Das Leben ein Traum 269
Das Liebesverbot 71, 298, 332
Das listige Bauernmädchen 270
Das Lotterie-Los 276
Das lustige Liebeslager 266
Das lustige Elend 267
Das Lustlager 32, 268, 269
Das Mädchen aus dem goldenen Westen 303, 307
Das Mädchen von Elizondo 282
Das Milchmädchen 282
Das Milchmädchen und die beiden Jäger 266
Das Mondenreich 267
Das Nachtlager in Granada 278, 284, 289, 290, 292, 297
Das nächtliche Rendezvous 278
Das neue Aschenbrödel 276
Das neue Sonntagskind 271
Das Ochsenmenuett 280
Das redende Gemälde 265
Das Rheingold 48, 54, 55, 65, 67, 68, 69, 70, 88, 174, 175, 218, 284, 286, 289, 298, 303, 306, 311, 321, 326, 334; 87
Das Rosenfest 274
Das Rosenmädchen von Salency 266
Das rote Käppchen 270, 284
Das Schloss von Montenero 272
Das Singspiel 271
Das Sonnenfest der Braminen 271
Das Spiel des Zufalls 269
Das Spiel von Liebe und Tod 140, 322
Das Spielwerk 96, 199, 298
Das steinerne Gastmahl 268
Das Stelldichein 279
Das Tal von Andorra 281
Das Tanzlegendchen 294, 302
Das Telefon 324
Das Theatergenie im Gedränge 272
Das Traumfresserchen 337

Das Tulipanengeschlecht 270
Das Tyrolerfest 272
Das übelgehütete Mädchen 271, 279, 282, 288
Das unterbrochene Opferfest 14, 32, 271, 280; 32
Das unvermutete Wiedersehen 270
Das Urteil des Midas 269
Das Urteil des Paris 267, 271, 277, 308
Das Vaterunser 292
Das verwunschene Schloß 303
Das verwünschte Schloß 303
Das Waisenhaus 273
Das Waldmädchen 276
Das war ich 292
Das Wirtshaus im Walde 272
Das Wunder der Heliane 301
Das wütende Heer 270
De Gustibus non est disputandum 263
Deidamia 315
Demetrio 262, 264
Demetrio e Polibio 42, 275
Demofoonte 261, 263
Demophoon 273
Den Bergtagna 286
Der 13. Juli 310
Der Aerntekranz 269
Der Alchymist 269, 279
Der alte verliebte Narr 266
Der Alte vom Berge 281, 282
Der Apotheker und der Doktor 269
Der arme Heinrich 295, 304
Der Arzt wider Willen 286
Der Augenarzt 273
Der Bajazzo 289, 302, 309, 319
Der Ball 268
Der Barbier von Bagdad 160, 175, 227, 287, 290, 292, 299, 304, 332
Der Barbier von Sevilla 44, 45, 97, 124, 138, 142, 173, 269, 277, 284, 288, 293, 306, 308, 313, 325; 142
Der Bärenhäuter 290, 303
Der Baron vom festen Turme 269
Der Baum der Diana 270
Der belohnte Schäfer 267
Der Berggeist 279
Der Bergkönig 286
Der Bergsee 295
Der beschämte Gerichtsvogt 268
Der bestrafte Undank 269
Der Besuch der alten Dame 326
Der betrogene Ehemann 267
Der betrogene Kadi 287, 312
Der betrogene Vormund 267
Der Bettelstudent 268, 294, 302
Der Bettler Namenlos 320
Der blinde Gärtner 276
Der blinde Lärm 268
Der Blitz 278, 286
Der Blumen Rache 124, 285, 286, 290
Der Bogen 129, 306
Der Brauer zu Preston 279, 282, 287

Der Brillenschleifer 273
Der Burggeist 281
Der Campiello 305
Der Carneval in Venedig 291
Der Cid 288, 291, 295
Der Corregidor 292, 297, 330
Der Corsar 272
Der dankbare Sohn 272
Der Deserteur 265, 273
Der Dichter und der Tonkünstler 273
Der Diktator 301
Der Dorfadvokat 285
Der Dorfarzt 265
Der Dorfbarbier 267, 277, 283
Der Dorfjahrmarkt 271
Der Dreispitz 304, 308
Der Dusle und das Babeli 291
Der Eichbaum 274
Der eifersüchtige Ehemann 269
Der eifersüchtige Faun 267
Der entlarvte Bösewicht 273
Der Erbe von Morley 286
Der erkannte Achilles 269
Der erste Glückstag 284
Der erste Schiffer 268
Der erste Tod 269
Der Evangelimann 290, 293, 307
Der Fächer 333
Der Fall ist noch weit seltener 270
Der Faßbinder 266, 277
Der faule Hans 287, 303
Der Feen-See 280
Der ferne Klang 198, 296
Der Feuervogel 309, 317
Der Findling 268
Der flatterhafte Zephyr 280
Der fliegende Holländer 50, 60, 61, 65, 76, 92, 150, 164, 197, 283, 292, 301, 305, 310, 319, 330, 336
Der Förster 280
Der französische Deserteur 267
Der französische Lustgarten 266
Der Frauenbund 272
Der Freischütz 82, 95, 172, 173, 184, 199, 200, 276, 288, 292, 300, 304, 307, 308, 312, 319, 335
Der Fremdling 290
Der Freund vom Hause 265
Der Friede 285
Der Gaukler unserer lieben Frau 292
Der Gefangene 271
Der Gefangene der Zarin 295
Der gefoppte Schuhmacher 274
Der gerächte Patroklos 265
Der gerettete Ismaël 266
Der gestrafte Entführer 271
Der glückliche Zufall 269
Der Glückshafen 267
Der Gott und die Bayadere 123, 278, 285
Der Gottgeliebte – Gerüchte um Mozart 333
Der großmütige Corsar 267
Der großmütige Herr 268
Der großmütige Seefahrer 265

Der grüne Heinrich 298
Der grüne Tisch 319
Der Guckkasten 271
Der Guitarre-Spieler 279
Der Günstling 304
Der Gutsherr 270
Der Haideschacht 285
Der Hans ist da 282
Der Haubenkrieg zu Würzburg 291
Der häusliche Krieg 124, 283, 287
Der Herr vom Dorfe 268
Der hochgelehrte Herr Doktor und sein betrogener Vater 269
Der Hochzeits-Ball 280
Der hölzerne Säbel 276
Der holzgeschnitzte Prinz 127, 299, 325
Der Holzhauer 266
Der Hufschmied 265
Der Hulla von Sarmacanda 272
Der Irrwisch 270
Der Jahrmarkt 270
Der Jahrmarkt von Krakau 277
Der Jahrmarkt von Sorotschinski 306
Der junge Wilde 273
Der Kalif von Bagdad 272, 278
Der Kampf mit den Elementen 328
Der Kapellmeister 265, 272
Der Karneval von Venedig 266
Der Kaufmann von Smyrna 266
Der Kinder Weihnachtstraum 124, 289
Der kleine Matrose 271
Der Kobold 282, 286
Der Kobold als Arlequin 279
Der König auf der Jagd 269
Der König hat's gesagt 286
Der König und der Pächter 266
Der König von Lahore 286
Der Konsul 311
Der Kreuzritter in Ägypten 44, 277, 278
Der krumme Teufel 267
Der Kuß 271
Der Landfriede 286
Der Landjunker 274
Der letzte Orpheus 335
Der Liebestrank 47, 279, 284, 293
Der Liebhaber à la Montgolfier 270
Der Liebhaber als Arzt 296
Der liederliche Schäffler 269
Der liederliche Spieler 267
Der Lustgarten 271
Der lustige Schuster 278
Der Magier 281
Der Maibaum 268
Der Maler Teniers 272
Der Mantel 139, 301, 309, 316, 324; 134
Der Markt von Richmond 280, 286, 287, 293
Der Maskenball 278, 287
Der Maurer und der Schlosser 277, 283
Der Mechaniker 272

Der Mikado 299
Der Milzsüchtige 271
Der Mohr von Venedig 317
Der Moloch 92
Der Mond 104, 306, 315
Der Müller 278
Der Musikant 295
Der Nachtwandler 280
Der Narr fürs Geld 270
Der neue Demokrit 270
Der neue Gutsherr 274, 284
Der neue krumme Teufel 267
Der neue Narziß 275
Der Nordstern 282
Der Nußknacker 130, 301, 313, 324
Der Pascha und sein Hof 279
Der Pfeifer von Hardt 290
Der Pfeifertag 292
Der polnische Jude 292, 297
Der Polterabend 282
Der Postillon von Lonjumeau 278, 281, 290, 300
Der prächtige Freigebige 265
Der Prinz von China 313
Der Prinz von Homburg 162, 337
Der Prophet 122, 281, 284, 286, 288
Der Quasimann 270
Der Rattenfänger von Hameln 287
Der Raub der Lukretia 102, 311
Der Raub der Proserpina 272
Der Rauchfangkehrer 269
Der Rekrut 283, 287
Der Revisor 106, 137, 315, 317, 326, 336
Der Ring des Nibelungen 50, 51, 54, 68, 69, 70, 76, 77, 86, 87, 88, 92, 97, 137, 139, 146, 162, 164, 165, 166, 167, 175, 195, 197, 200, 239
Der Ring des Polykrates 296
Der Rosenkavalier 82, 141, 184, 197, 199, 201, 204, 205, 227, 295, 302, 305, 309, 312, 317, 323, 335; 141
Der Rotmantel 284
Der russische Jahrmarkt 274
Der Sänger und der Schneider 275
Der Schatten 321
Der Schatz 285
Der Schatzgräber 272
Der Schauspieldirektor 28, 30, 77, 81, 280, 291, 308
Der Scherenschleifer 268
Der Schiffbruch der Quäker 269
Der Schiffer 266
Der Schmuck der Madonna 295
Der Schnee 277, 279
Der schwarze Domino 279, 283, 284, 285, 288, 289, 294
Der Schweinehirt 335
Der Seeräuber 278
»der siebte ...« 329
Der siegende Amor 274, 275
Der Soldat 267
Der Soldat auf Urlaub 268
Der Spiegel 301

Titelregister

Der Spiegel von Arkadien 271
Der Spieler 324
Der Stellvertreter 90
Der sterbende Schwan 332
Der Student 278
Der Stumme in der Sierra Morena 273
Der Sturm 271
Der Sylphe 266
Der Talisman 270
Der Tänzer unserer Lieben Frau 298
Der Tanzunterricht auf dem Lande 281
Der Tempel der Tugend 271
Der Templer und die Jüdin 278, 282, 285, 286
Der Teufel im Dorf 129, 306; *130*
Der Teufel in allen Ecken 268
Der Tod des Orpheus 268
Der Tod in Venedig 326, 334
Der Tod und das Mädchen 325
Der tolle Eberstein 290
Der Töpfer 266
Der Tor und die Welt 310
Der Traum einer Sommernacht 281
Der Trentajäger 287
Der Tribun 331
Der Triumph der Empfindsamkeit 60
Der Triumph der Treue 267, 270
Der Triumph der Liebe 272
Der Triumph des Lichts 315
Der Trompeter von Säckingen 287, 290
Der Troubadour 282, 304, 309, 324
Der Türke in Italien 321
Der türkische Arzt 272
Der Überfall 290
Der Unsichtbare 273
Der Untersberg 278
Der Vampyr 277, 279, 287, 288, 303
Der vergessene Wachposten 301
Der verkleidete Gutsherr 277
Der verkleidete Liebhaber 265
Der verliebte Bruder 325
Der verliebte Maler 273
Der verliebte Zauberer 269, 273
Der verlorene Sohn 281, 291
Der vermeintliche Deserteur 268
Der verstellte Gärtner 265, 269
Der verwandelte Arlequin 281
Der Vetter auf Besuch 283
Der vierjährige Posten 301
Der Vogelhändler 303
Der von dem Todt zum Leben erweckte Lucidor 260
Der Waffenschmied 124, 177, 280, 283, 288, 292, 304
Der Wasserträger 271, 283, 284, 285, 291
Der Weiberfeind 267
Der weibliche Deserteur 267
Der weiße Pfau 301
Der weite Weg 318

Der Wettkampf der Musen 274
Der Wettkampf zu Olympia 274
Der Widerspenstigen Zähmung 286, 294, 305, 326
Der Wilde 269
Der Wildschütz 177, 280, 286, 288, 293, 298, 306, 312
Der wunderbare Mandarin 313, 324
Der wunderliche Franzos 269
Der Zank auf dem Lande 268
Der Zauberer 266
Der Zauberfisch 280
Der Zaubergeiger 298
Der Zauberpfeil 279
Der Zauberstern 280
Der Zaubertrank 317
Der Zigeunerbaron 301, 304
Der Zitterschläger 273
Der Zögling der Liebe 283
Der Zufall als Ehestifter 288
Der Zweikampf 282
Des Simplicius Simplicissimus Jugend 310
Des Teufels Anteil 280, 285, 287, 290, 295
Deukalion und Pyrrha 271
Deux mots ou Une nuit dans la forêt 272
Diana amante 260
Diana placata 262
Diavolina 283
Dichter Geßner 273
Dido and Aeneas 309
Dido und Aeneas 309
Didone abbandonnata 262
Die Abenteurer 279
Die Abgebrannten 266
Die abgeredete Zauberei 267
Die Abreise 290, 298
Die Afrikanerin 284, 290, 317
Die Ägyptische Helena 151, 164, 301, 307, 314, 331, 334
Die Alpenhütte 276
Die Amazonen-Insel 269
Die Amerikaner 268
Die Amerikaner in Spanien 270
Die amerikanischen Wilden 269
Die Anglicaner und Puritaner 279
Die Ankunft des neuen Gutsherrn 279
Die Apotheke 267
Die Arabesken 273
Die Ausflüge des Herrn Brouček 316
Die Auswechslung der Gefangenen 281
Die Bacchanten 267, 274
Die Bajaderen 274
Die bayerischen Lustbarkeiten 266
Die beglückten Liebhaber 268
Die beiden Blinden von Toledo 273
Die beiden Freier 280
Die beiden Füchse 272, 284
Die beiden Geizigen 265
Die beiden Savoyarden 270
Die beiden Schützen 279, 284, 285, 290

Die beiden Tanten 277
Die beiden Zöglinge 278
Die bekrönte Unschuld 260
Die Belagerung von Corinth 45, 277
Die Belagerung von Paris 265
Die belohnte Tugend 268
Die belohnte Wohltat 268
Die Bernauerin 308, 312, 333
Die Bettleroper 330
Die bewegliche Bildsäule 273
Die Bezauberten 267
Die Bienen 282
Die Bohème 293, 300, 307, 308, 309
Die Brüder als Nebenbuhler 271
Die Capulet's und Montague's 278
Die Capulets und die Montagues 47
Die chinesische Nachtigall 312
Die christliche Judenbraut 270
Die Dame und das Einhorn 312
Die dänischen Fischer 276, 278
Die dankbare Tochter 268
Die diebische Elster 44, 277
Die Dorfdeputierten 32, 267
Die Dorfgala 270
Die Dorfmusikanten 314
Die drei Musketiere 320
Die drei Nebenbuhler 275
Die drei Pächter 266, 271
Die drei Pintos 288
Die drei Wünsche 266
Die drey Jackerl 268
Die durch Liebe belebte Bildsäule 268
Die Eifersucht auf der Probe 270
Die eifersüchtige Frau 269
Die eingebildeten Philosophen 267
Die Einladung der Kobolde zum Gastmahle 274
Die Einschiffung nach Cythere 265
Die Eintagskönigin 279
Die Engelmacherin 90
Die Entführung 267
Die Entführung aus dem Serail 28, 30, 77, 81, 93, 95, 137, 151, 171, 195, 266, 268, 284, 287, 290, 291, 294, 300, 306, 311, 320, 322, 329
Die Entführung der Proserpina 265
Die eroberte Insel 268
Die Eroberung von Mexiko 274
Die Favorite 282
Die Favoritin 288, 294
Die Feen 71, 284, 290, 295, 332
Die feindlichen Feen 278
Die Festung an der Elbe 273
Die Feuer-Nelke 277
Die Fischer 279
Die Fledermaus 141, 204, 205, 289, 301, 304, 322, 325
Die Flüchtlinge 281
Die Folkunger 286
Die Folterungen der Beatrice Cenci 323

Die Foscari 283
Die Frau ohne Schatten 82, 97, 144, 164, 185, 199, 297, 304, 306, 313, 318, 323, 334; *82*
Die Freier der Tänzerin 299
Die Freunde 274
Die Freundschaft auf der Probe 265
Die Fürsten Chowansky 314
Die Gärtnerin aus Liebe 96, 151, 303, 328
Die gekrönte Treu 260
Die geliebte Stimme 302
Die geplagten Ehemänner 270
Die geraubten Waffen 270
Die gerechte Tugend 267
Die Geschichte vom Soldaten 327
Die Geschichte von Aucassin und Nicolette 322
Die Geschöpfe des Prometheus 306
Die Gespenstersonate 302, 334
Die gewünschte Zurückkunft 267
Die Gezeichneten 95, 198, 199, 297
Die glücklich gewordenen Bettler und Bettlerin 266
Die glückliche Zurückkunft 269
Die goldene Märchenwelt 289, 291
Die goldene Rose 283
Die Göttin Diana 291
Die Gouvernante 268
Die Grazien 270
Die Großfürstin 281
Die Harmonie der Welt 98, 103, 148, 314; *148*
Die heilige Fackel 304
Die Heimkehr 313
Die Heimkehr aus der Fremde 284
Die heimliche Ehe 271, 281, 285, 320
Die Heirat durch Gelegenheit 266
Die Heirat wider Willen 293, 304
Die Hermanns-Schlacht 278
Die Hochzeit des Figaro 268, 270, 286, 289, 300, 308, 312, 315, 321
Die Hochzeit des Jobs 312
Die Hochzeit im Gebirge 278
Die Hugenotten 122, 176, 285, 289, 293, 303
Die Insulaner 277
Die Intrige durch die Fenster 272
Die Irrfahrten der Wahrheit 318
Die Israeliten in Ägypten 277
Die Israeliten in Egypten 278
Die Jagd 267, 273
Die Jahreszeiten 289, 333
Die Jahreszeiten der Liebe 296, 307
Die Jüdin 280, 284, 287, 288, 296
Die julianische Redlichkeit 269
Die Jungfrau von Orléans 335

Die Kaiserin von Neufundland 328
Die Kaprizen der Liebe 268
Die Kluge 162, 309, 314, 315, 329
Die Kolonie 266
Die Königin von Leon 280
Die Königin von Saba 287
Die Königskinder 290, 295, 306
Die Korsaren 268
Die Kosaken 270
Die Krähen 298
Die Kreuzfahrer 281, 282
Die Krondiamanten 279, 286
Die Krönung der Poppea 317
Die lächerliche Gouvernante 267
Die lächerliche Haushaltung 267
Die lächerliche und große Bataille 267
Die ländliche Probe 268
Die Lästerschule 300
Die Launen der Liebe 271
Die Legende von der heiligen Elisabeth 288, 294
Die letzte Maske 297
Die Liebe auf dem Lande 32, 267
Die Liebe der Danae 97, 170, 312, 320, 335
Die Liebe des Kortes und der Thelaire 265
Die Liebe Heinrichs des Vierten und der Gabrielle 265
Die Liebe im Narrenhaus 270
Die Liebe zu den drei Orangen 162, 316, 336
Die Liebesprobe 302, 305, 312, 319
Die Liebhaber als Schnell-Läufer 280
Die Luftbälle 270
Die lustige Spazierfahrt aus der Hölle 268
Die lustigen Weiber von Windsor 123, 160, 281, 284, 285, 293, 302, 314, 332
Die Lyranten 267
Die Macht der Frauen 275
Die Macht der Liebe und der Tonkunst 271
Die Macht des Schicksals 227, 300, 309, 325
Die Magd als Herrin 291
Die Maienkönigin 81, 291
Die Makkabäer 286
Die Marmorbraut 278, 283, 286
Die Mediceer 265
Die Meistersinger von Nürnberg 50, 66, 67, 72, 76, 88, 89, 92, 97, 144, 146, 152, 173, 175, 176, 185, 195, 196, 225, 284, 285, 287, 291, 301, 304, 307, 310, 316, 318, 329; *145, 152*
Die militärische Liebe 268
Die Mitternachtsstunde 269
Die modernen Amazonen 269, 271
Die Müller 277
Die Müllerin 271

Die Müllerin oder Die Laune der Liebe 36
Die Musen 270
Die musikalische Tischlerfamilie 280
Die Musketiere der Königin 280, 282, 287
Die Nacht im Walde 272
Die Nacht zu Paluzzi 279
Die Nachtigall 300
Die Nachtwandlerin 47, 279, 284
Die neue Amazone 277
Die neue Mamsell 291
Die neugierigen Frauen 76, 177, 292, 301, 335
Die Nürnberger Puppe 290
Die Nymphe als Schwan 279
Die Nymphe und der Schmetterling 279
Die Opernprobe 272
Die Pagen des Herzogs von Vendome 278
Die Pilgrimme von Mecca 265
Die Polka vor Gericht 281
Die Porträts 276
Die Priesterin der Diana 268
Die Prinzessin von Provence 277
Die Prinzessin von Tragant 301
Die Puppe 305, 323
Die Puppe, eine szenische Aktion für Schauspieler, aufblasbare Sexpuppe und Klavierquartett 110
Die Puppenfee 124, 288, 297, 301, 307, 309
Die Puritaner 47, 279
Die Rantzau 289
Die Rätsel 273
Die Räuber-Königin 281
Die Rauchfangkehrer 279
Die Rauensteiner Hochzeit 298
Die Regimentstochter 47, 304
Die reisende Ballet-Gesellschaft 278
Die Rekrutierung 302, 305, 312
Die Rose vom Liebesgarten 292, 296, 299
Die Rose von Straßburg 288
Die Rosenkönigin 309
Die Rückkehr des Soldaten aus dem Felde 271
Die Ruinen von Athen 299
Die Sache Makropulos 334
Die Sängerin vom Lande 273; 36
Die Sängerinnen auf dem Lande 36
Die Schäfer Stunde 267
Die schalkhafte Witwe 307
Die schlaue Liebe 268
Die schlaue Magd 269
Die schöne Arsene 266, 277
Die schöne Bäurin 268
Die schöne Schusterin 265
Die Schule der Eifersucht 270
Die Schule der Frauen 316
Die schwäbische Schöpfung 301
Die Schweden in Prag 279

Die schweigsame Frau 140, 143, 164, 170, 308, 317, 323, 327, 334
Die Schweizerfamilie 93, 273, 285, 297
Die Schwestern von Prag 276, 279, 283
Die seidenen Schuhe 265
Die Sennerhütte 281
Die sicilianische Vesper 280
Die sieben Raben 284
Die Silberschlange 276
Die Sirene 280
Die sizilianische Vesper 322
Die Sklavin 265
Die Soldaten 111, 321
Die Stimme der Natur 280
Die Stumme von Portici 122, 173, 278, 283, 291, 295
Die stumme Apothekerin 316
Die Sylphide 279
Die Tänzerin auf Reisen 286, 290
Die Tänzerin unter den Räubern 282
Die Tanzwut 282
Die Teufel von Loudun 118
Die Teufelsgeige 282
Die Theaterprobe 276
Die Thomasnacht 270
Die Toilette der Venus 270
Die tote Stadt 200, 298, 313
Die toten Augen 300
Die treuen Köhler 32, 269
Die Trojaner 197, 293
Die Trojaner in Karthago 289
Die Tyroler 283
Die Unbekannte 278
Die unruhige Nachbarschaft 280
Die unruhige Nacht 270
Die unvermutete Zusammenkunft 265
Die unvermutete Zurückkunft 266
Die Verbannten 274
Die verfängliche Wette 277, 278
Die vergebliche Vorsicht 269
Die verkaufte Braut 143, 160, 289, 294, 306, 315, 323, 331
Die verlassene Armida 271
Die verlassene Kalypso 266
Die Verlobte 278
Die Verlobung bei der Laterne 283
Die Verlobung beim Laternenschein 302
Die Verlobung in San Domingo 106, 108, 318
Die Verschworenen 283, 287
Die Versuchung 112, 326; 107
Die verwandelten Bauern 267
Die verwandelten Weiber 267
Die Verwandlungen 273
Die Verwechslung 276
Die Verzweiflung aus Liebe 269
Die Vestalin 44, 273, 281
Die vier Grobiane 293, 303, 306, 331
Die vier Haimonskinder 280
Die vier Temperamente 330
Die Vögel 83, 96, 199, 298; 199

Die von der Ehre gekrönte Menschlichkeit 269
Die Vorbereitung zum Balle (Spiegelbild) 288
Die Waldnymphe 280, 283
Die Walküre 54, 55, 67, 68, 69, 70, 88, 146, 174, 177, 200, 202, 285, 286, 298, 303, 306, 308, 311, 320, 321, 325, 334; 68, 89
Die Wallfahrt nach Ploërmel 282
Die Walpurgisnacht am Blocksberg 281
Die wandernden Komödianten 276
Die Wegelagerer 274
Die Weiber von Weinsberg 282
Die Weiberkur 282
Die Weihe 275
Die Weinlese 268
Die weiße Dame 124, 291, 302
Die weiße Dame von Avenel 277
Die weiße Frau 286, 288, 289
Die weiße Rose 281
Die Werber im Dorfe 270
Die Wette 270, 273
Die Wilden 270
Die Wildschützen 276
Die Wilis 280, 287, 289
Die wüste Insel 267
Die Zauberflöte 16, 28, 33, 77, 81, 93, 95, 137, 146, 151, 160, 195, 270, 275, 281, 283, 284, 286, 290, 296, 299, 305, 308, 314, 319, 320, 322, 328; 138, 150, 151
Die Zaubergeige 305, 313, 320
Die Zauberhöhle des Trophonius 270
Die Zauberkrone 286
Die Zauberrose 281
Die Zauberzither 270
Die Zeit vorher, die Zeit nachher, nach der vorherigen Zeit 328
Die Zerstörung Trojas 289, 292
Die Ziegenhirtin 293
Egilda di Provenza 277
Die Zigeunerin 281
Die Zurückkunft Jupiters in den Olympus 268
Die zween Nebenbuhler 267
Die zwei Prinzen 280
Die zwei Wilden 271
Die zwo Gräfinnen 266
Die zwölf schlafenden Jungfrauen 276
Dies Haus ist zu verkaufen 272
Dimitrij 337
Dinorah 282
Dir und mir 274
Divertimento Nr. 15 323, 333
Divertissement 313, 328, 335
Djamileh 289, 294, 318
Djavo u selu 306
Docteur Faust 265
Doktor Faust 272
Doktor Faustus 126
Doktor Johannes Faust 305
Doktor und Apotheker 269, 276, 282, 287, 299, 317

Dom Sebastian von Portugal 283
Dom Sébastien, roi de Portugal 283
Don Carlos 97, 141, 305, 311, 317, 326
Don Falcone 263
Don Gil von den grünen Hosen 299
Don Giovanni 16, 28, 32, 36, 75, 77, 79, 80, 81, 82, 93, 138, 160, 163, 164, 195, 204, 270, 277, 284, 286, 290, 299, 304, 307, 309, 316, 318, 320, 324, 333; 41
Don Juan 265, 268, 270, 299, 305, 309
Don Juan de Mañara 101, 102, 314
Don Juans letztes Abenteuer 296
Don Pasquale 180, 296, 306, 316, 332, 337
Don Pedros Heimkehr 311
Don Quijote 337
Don Quijote, der sinnreiche Junker von der Mancha 293, 295
Don Quixotte auf Gammachos Hochzeit 271
Don Tabarano 263
Don Trastullo 262
Donna Diana 294
Doppelkonzert 328
Dornröschen 130, 286, 292, 319, 327
Dorothea 270
Dunkel 325
Dunkles Haus 336
Dvořák Variations 322

E

Ebony Concerto 322, 334
Edippo 261
Eduard der Vierte, König von England 266
Eduardo e Cristina 276
Eduardo e Cristine 42
Egilda di Provenza 277
Egloga pastorale 261
Ein allegorisches Fest-Divertissement 277
Ein Ball unter Ludwig XV. 285
Ein chinesisches Ballet 268
Ein ehrlicher Mann 284
Ein Faschingsdonnerstag in Venedig 283
Ein Kalifenstreich 272
Ein Kostümball 124, 292, 298
Ein Maskenball 294, 296, 305, 310, 315, 322, 326
Ein musikalischer Spaß 333
Ein Tag im Lager 282
Ein Tanzfest in Versailles 288
Ein Traum im Orient 124, 282, 286
Ein Traum vor der Vermählung 282
Eine kleine Nachtmusik 310
Eine Nacht in Venedig 303
Eine Stunde Spanien 300

Eine wundersame Liebesgeschichte für Sopran, Tenor, Bariton 329
Ekkehard 287
El amor brujo 300
El Bondocani 272
El Cimarrón 323
El sombrero de tres picos 304, 308, 320
Elegie für junge Liebende 105, 317
Elektra 140, 143, 197, 199, 206, 294, 300, 311, 318, 324, 334
Elfenreigen 298
Elisa e Claudio 276
Elisabeth Tudor 324
Elisabetta regina d'Inghilterra 41, 275
Elise, Gräfin von Hildburg 271
Elisene, Prinzessin von Bulgarien 272, 278
Elite Syncopations 333
Emilie Waldegrau 265
Emma di Resburgo 275
Endlich fand er sie 270
Enea in Italia 260
Engelbrecht 96
Enrico 99, 336
Entrata-Nänie-Dithyrambe 318
Entrée für Bayreuth 313
Epaminonda 261
Epitalamio 261
Epitaph 324
Ernani 280
Ero der Schelm 307
Ero e Leandro 274
Eros und Psyche 291
Erote ed Anterote 260
Erwin und Elmire 302
Esakus und Hesperia 268
Esmeralda 281
Etudes 318
Eugen Onegin 185, 299, 306, 308, 317, 324, 327
Eulogy 327
Eumene 261
Euphrosine ou Le tyran corrigé 271
Euridice 117, 332
Euryanthe 161, 173, 176, 277, 279, 281, 283, 284, 286, 288, 296, 334
Eutymus und Eucharis 266
Evellina 275
Evgenij Onegin 299, 306, 308, 317, 327
Ezio 265

F

Falstaff 138, 139, 143, 146, 162, 185, 204, 289, 296, 298, 307, 312, 320, 325, 334
Familiendialog 331
Fanchon, das Leyermädchen 272
Fanfare für Tänzer 333
Fanfreluche 295
Faniska 272
Fantastische Nacht 331
Farnace 262
Fatinitza 302

Faust 277, 280, 281, 283, 288, 289, 291, 297, 305, 307, 315, 330
Fedra 276
Fedra incoronata 259
Feen 71, 92, 161
Felix 268
Félix ou L'enfant trouvé 268
Feodore 273
Feramors (Lalla Roukh) 288
Ferdinand Cortez 123, 274, 281
Ferdinand Cortez, oder die Eroberung von Mexico 39
Fernand Cortez 39, 281
Fernand Cortez ou La conquête du Mexique 274
Festa di ballo 259
Fête Polonaise 321
Feuersnot 87, 124, 151, 199, 293, 301, 315, 330
Feuilleton 322
Fidelio 47, 95, 153, 160, 172, 173, 199, 200, 202, 276, 283, 287, 291, 298, 304, 307, 311, 318, 325, 327
Fieber 302
Figaros Hochzeit 292, 306
Flammendes Land 304
Flauto Solo 293
Floreska 276
Florine 268
Forbidden Love 331
Fra Diavolo 278, 283, 286, 290, 298, 313
Fra Diavolo ou L'hôtellerie de Terracine 278, 283, 286, 290, 298, 313
Fra due litiganti il terzo gode 269
Fragmente 322
François Villon 299
Französische Suite 322
Frauenlist 297
Friedemann Bach 303
Friedenstag 99, 143, 161, 184, 201, 306, 317, 335
Friedenstags 97
Frühlingstänze 290
Fünf Tangos 336
Fürst Igor 335

Gaîté Parisienne 331
Gala Performance 316
Galante Gesellschaft 302
Galathea 302
Gaudeamus. Szenen aus dem deutschen Studentenleben 99
Geige 306
Geisterbahn 336
Genovefa 26, 260
Genoveva 161, 285, 331
Georg von Asten 271
George III. von England 331
Gesang der Nachtigall 321
Geschichte von Aucassin und Nicolette 111
Gespenstersonate 114
Gianguir 262
Gianni Schicchi 138, 139, 162, 163, 299, 309, 316, 325, 331; 135

Ginevra 272
Ginevra degli Amieri 275
Ginevra di Scozia 35, 272, 275
Giotto's Traum 284
Giralda 282
Giri Gari Kanari Manari Schariwari 265
Gisella 280, 287, 289
Giselle 124, 280, 287, 289, 314, 317, 325
Gismondo 262
Giulietta e Romeo 275, 276
Giulio Cesare in Egitto 299, 313, 318
Giulio Cesare ricrovato 260
Glasbläser und Dogaressa 300
Gli accidenti d'amore 260
Gli Amori di Titone e d'Aurora 260
»Gli amorosi inganni« 330
Gli applausi delle muse 261
Gli astrologi immaginari 267
Gli dei festeggianti 260, 261
Gli oracoli di Pallade e di Nemesi 260
Gli Orazi ed i Curiazi 36, 272
Gli stravaganti 264, 265
Gli tre amanti ridicoli 264
Gli uccellatori 264
Goggolori 106
Golo 286
Gordio 261
Götterdämmerung 70, 174, 195, 286, 298, 303, 307, 311, 321, 326, 334; 64
Graf Ory 45, 279
Grand Pas de deux aus Don Quijote 315
Gringoire 289
Griselda 171, 261, 272
Grosse Fuge 325
Grund zum Tanzen 321
Guglielmo Tell 290
Guido e Ginèvra 279, 284
Guido und Ginevra 279, 284
Guillaume Tell 45, 278, 283, 285, 290, 292, 298
Gulistan 272
Gulistan ou Le hulla de Samarcande 272
Guntram 97, 99, 146, 290, 335
Gustav 287
Gustave ou Le bal masqué 278, 287
Gute Nacht Herr Pantalon 281, 285, 288, 294
Gwendoline 288

Hadrian Barbarossa 274
Hamlet 150, 310
Hannchen und Görge 270
Hannibal 95
Hanneles Himmelfahrt 301
Hanns der Schuhflicker 269
Hans Heiling 95, 199, 280, 284, 287, 290, 292, 297
Hänsel und Gretel 124, 289, 296, 308, 310, 320
Haus der Schatten 313
Haydée 280
Haydée ou Le secret 280

Haydn – Concerto 329
Hectors Tod 265
Heilmar der Narr 289
Heinrich der Vierte zu Givry 276
Heinrich IV. 267
Helena und Paris 266
Helene 273
Hélène 273
Herakles 95
Hernani 280
Herr Dandolo 297
Herr Johann von Paris 273
Herr und Frau Denis 302
Herzlich Willkommen 333
Herzog Blaubarts Burg 313, 328
Herzog Wildfang 291
Hidalan der Harfner 273
Hieronymus Knicker 270, 282, 285
Hilft's nichts, so schadt's nicht 270, 284
Hoffmanns Erzählungen 292, 301, 308, 310, 317, 324
Holnara 272
Horand und Hilde 290

I Baccanti di Roma 274
I Capuleti e i Montecchi 47, 278
I colori geniali 259
I Francesi brillanti 264
I fratelli rivali 271
I fuorusciti di Firenze 274
I gioielli della Madonna 295
I matrimonii in maschera 264
I matti per amore 263
I Pagliacci 289, 302, 309, 319, 328
I portenti dell'indole generosa 259
I portentosi effetti della matre natura 262
I preggi della primavera 260
I pretendenti delusi 275
I Puritani di Scozia 279
I quattro elementi 259
I quattro rusteghi 293, 303, 306, 331
I Rantzau 289
I rivali placati 264
I Trionfi di Baviera 330
I trionfi di Baviera 120, 259
I trionfi di virtuosa bellezza 259
I veri amici 26, 261
I virtuosi ambulanti 276
Ich will, daß es Dir gut geht 328
Idomeneo 14, 24, 28, 29, 30, 31, 77, 120, 160, 172, 192, 266, 280, 282, 287, 302, 314, 326; 30
Idomeneus, König von Kreta 280, 282, 287
Igor-Strawinsky-Ballettabend 314
Igrok 324
Ijob 329
Il Barbiere di Siviglia (Paisiello) 269

Il barbiere di Siviglia (Rossini) 42, 274, 275, 277, 284, 288, 293, 306, 308, 313, 325, 335
Il barone di Dolsheim 275
Il barone di torre forte 264, 269
Il Caican Turco e Liseta Ortolana 262
Il Campiello 305
Il carretto del venditor l'aceto 276
Il castello dei spiriti ossia Violenza e Costanza 276
Il cavaliere per amore 264
Il convito degli spiriti 274
Il Corradino o sia Il trionfo delle belle 275
Il crociato in Egitto 277, 278
Il Democrito corretto 270
Il fanatico per la musica 276
Il faut de la compagnie 272
Il filosofo 277
Il filosofo di campagna 263
Il finto pazzo per amore 264
Il finto sordo 276
Il geloso in cimento 270
Il Kam cinese 264
Il lamano 261
Il litigio del cielo e della terra 260
Il maestro 265
Il marito giocatore e la moglie bacchettona 261
Il matrimonio segreto 41, 271, 274, 281, 285, 320
Il mercato di Malmantile 264
Il mondo alla roversa ossia Le donne che comandano 262
Il monte incantato 259
Il paese della cucagna 264
Il pazzo glorioso 262
Il pirata 278
Il poëta fortunato ossia L'Equivoco del Mantello 275
Il ratto della sposa 264
Il ratto di Proserpina 272
Il rè alla caccia 264
Il re Cervo 318
Il rè pastore 263, 264
Il re Teodoro in Venezia 269, 323
Il sacrificio invalido 261
Il sedicente filosofo 274
Il segreto d'amore 261
Il segreto d'amore in petto del savio 260
Il segreto di Susanna 294, 300
Il servo padrone ossia L'amor perfetto 276
Il signor dottore 263, 269
Il Siroë 263
Il sogno di Scipione 262, 264, 336
Il Tabarro 162, 163, 301, 309, 316, 324, 331
Il talismano 270
Il Tigrane 260
Il trionfi del bel sesso ossia Il tartaro convinto per amore 276
Il trionfo d'amore 261
Il Trionfo d'Imeneo 260
Il trionfo dell'amicizia 274

Il trionfo della costanza 262
Il trionfo della fedeltà 263
Il trionfo della guerra e della pace 259
Il trionfo di Clelia 265
Il trovatore 282, 304, 309, 324, 337
Il Turco in Italia 42, 275, 321
Il vecchio marito 264
Il vecchio marito geloso 264
Il venditore d'aceto 276
Il viaggiatore ridicolo 263
Il viaggio a Reims 47
Il villano geloso 264
Illusion 327
Ilsebill 95
Ilsebill, das Märlein von dem Fischer und seiner Frau 293, 296, 298
Im Morgenlande 288
Im Trüben ist gut fischen 269
In seinem Garten liebt Don Perlimplin Belisa 319
Indian Summer 331
Inez de Castro 266
Ingwelde 290
Intermezzo 200, 300, 305, 316, 335; 144
Intime Briefe 328
Introduzione a balli 260
Introduzione a ballo 330
Introduzione per il balletto 259
Iolanta 290
Ipermestra 261, 262
Iphigenia in Aulide 262
Iphigenia in Aulis 262
Iphigenie auf Tauris 153, 272, 282, 285, 295, 315, 329
Iphigénie en Aulide 274, 282, 284, 285, 286, 290, 292, 298
Iphigénie en Tauride 272, 282, 285, 295, 315, 329
Iphigenie in Aulis 39, 66, 96, 197, 272, 274, 282, 284, 285, 286, 290, 292, 298
Ippolito 171
Irische Legende 314
Isabelle et Gertrude 263
Isara festigiante 261
Isaura, die Pate der Feen 283
Island-Saga 299
Ismene 260
Italienerin in Algier 187

Jakob und seine Söhne in Ägypten 272
Jaogan 278
Jean de Paris 273, 283, 284, 288
Jeanne d'Arc au bûcher 311, 332
Jeannetten's Hochzeit 282, 285
Jedermann 95
Její pastorkyňa 301, 312, 322, 327
Jenufa 137, 301, 312, 322, 327
Jephta's Gelübde 273
Jery und Bätely 291
Jessonda 278, 280, 284, 285, 288, 294
Jeu de Cartes 311, 326

Joan von Zarissa 130, 307, 312, 316
Jocko, der brasilianische Affe 277, 307
Joconde 39, 274, 279
Joconde ou Les coureurs d'aventures 274, 279, 285
Johann von Paris 283, 284, 288
Johanna auf dem Scheiterhaufen 147, 311, 332; *147*
Jolanthe 290
Josef und seine Brüder 295
Joseph 272, 282, 288, 289, 292, 295
Joseph in Aegypten 282, 288, 289, 292
Josephslegende 99, 127, 199, 298, 307, 311, 315, 329; *128*
Joyleen gets up, gets down, goes out 329
Juana 299
Judas Maccabäus 329
Julie 14, 265, 268
Julius Cäsar 299, 313, 318
Jung Heinrich 291
Junker Heinz 288, 289
Jupiter als Leander 280

K

Kain 291
Kain Innocentius 310
Kaiser Hadrian 272
Kallirrhoë 272
Karl V. 319
Kassandra 335
Káta Kabanová 308
Katalyse 321
Katharina die Banditentochter 281, 283
Käthchen von Heilbronn 95
Katja Kabanowa 308
Kaukasische Komödie 303
Klage der Ariadne 319
Klavierkonzert Es-Dur 337
Klein Idas Blumen 297
Knjaz Igor 335
Komödie des Todes 302
Komödie in Fontainebleau 308
König Garibald 276
König Hiarne und das Tyrfingschwert 287
König Theodor in Venedig 269
König Waldemar 276, 278
Königin Mariette 287
Konzertstück 324
Kora und Alonzo 268
Kunihild und der Brautritt auf Kynast 290
Kunstsinn und Liebe 274

L

L'abitatore del bosco 277
L'addio ed il ritorno trionfante d'Ettore 274
L'Africaine 284, 290, 317
L'ajo in imbarazzo 274
L'Alessandro il grande, vincitor di sestesso 259
L'amant déguisé ou Le jardinier supposé 265
L'amante deluso 264
L'ambizione fulminata 260
L'ami de la maison 265
L'amitié à l'épreuve 265
L'amor contadino 263
L'amor contrastato ossia La molinara 271
L'Amor d'amico vince ogni altro amore 261
L'amor della patria 120
L'amor della patria superiore ad ogn'altro 259
L'amor marinaro 276
L'amor prigioniero 266
L'amore artigiano 265
L'amore in musica 264
L'amore medico 296
L'amore senza malizia 264
L'amore soldato 264
L'Après-midi d'un Faune 308, 334
L'arbore di Diana 270
L'Arcadia in Brenta 263
L'Ardelia 259
L'argent fait tout 267
L'arpa festante 21, 34, 259, 330; *21*
L'art de s'embrasser 328
L'éclair 278, 286
L'Elisa 274
L'elisir d'amore 279, 284, 293
L'Endimione 263
L'enfant prodigue 281
L'Eraclio 260
L'Erinto 259
L'Ermione 260
L'eroë cinese 264
L'étoile du nord 282
L'heure espagnole 300, 311
L'histoire du soldat 327
L'huomo 315
L'impresa d'opera ossia Gli amoriteatrali 264
L'impressario abbandonato 262
L'incognita perseguitata 264
L'incoronazione di Poppea 317
L'indifférent 312
L'industria galante 262
L'infedeltà delusa 321
L'inganno felice 38, 39, 41, 274
L'innocenza difesa da numi 23, 260
L'Ippolito 261
L'isle des amazones 262
L'isola d'amore ou La colonia 264, 266
L'Italiana in Algeri 34, 38, 41, 274, 336
L'oiseau de feu 309, 317
L'Olimpiade 263
L'opéra comique 271, 273
L'orazio 262
L'Orfeo 321
L'oro non compra amore 275
L'Oronte 259
L'ozzio fugato della gloria 262
La Basoche 289
La belle Arsène 266
La Bohème 141, 179, 187, 293, 300, 307, 308, 309, 314, 322
La Buffonata 317
La buona figlia 264
La buona figliola 264
La burla fortunata 274
La Cabrera 293
La casa d'acquario 259
La Cenerentola 41, 44, 275, 278, 301, 317, 330; *40*
La chercheuse d'esprit 262
La clemenza di Tito 28, 35, 261, 262, 263, 271, 272, 276, 283, 289, 293, 305, 317, 323, 335
La Clochette 267
La colpa emmendata dal valore 275
La comedia in comedia 262
La conquista del velo d'oro in colco 259
La contadina 263
La contadina in corte 264, 265
La contessa di colle Erboso 274
La contessina 265
La conversazione 264
La cosa rara 269
La costanza in trionfo 261
La costanza trionfante 261
La cuna elettorale 259
La dama soldato 38, 274
La dame blanche 277, 286, 288, 289, 291, 302
La distruzione di Gerusalemme 275
La donna del lago 37, 42, 276
La donna di piu caratteri 275
La dori ovvero La schiava fedele 260
La fabbrica della corona 259
La fanciulla del West 303, 307
La fausse magie 273
La favorite 282, 288, 294
La fedeltà in amore 264
La festa della rosa 275
La festa del chateau 264
La fiancée 278
La fiera di sinigaglia 263
La fiera di Venezia 269
La figlia dell'aria 275
La fille du régiment 279, 285, 289, 304
La fille mal gardée 227, 229, 282, 323
La filleule des fées 283
La finta ammalata 263
La finta giardiniera 22, 26, 28, 31, 32, 265, 303, 317, 328
La finta semplice 26
La forza del destino 300, 309, 325, 333
La Francese brillante 264
La gazza ladra 41, 275, 277
La gianetta 264
La giardiniera brillante 265
La giostra delle Amazoni 259
La gioventù di Enrico V. 276
La gloria festeggiante 260
La grotta di Calipso 272
La grotta di Trofonio 270
La guinguette du nord 267
La Juive 280, 284, 287, 288, 296
La laitière 263
La locanda 264
La Locandiera 274
La mer 326
La Merope 261
La morte di Mitridate 274
La muette de Portici 278, 283, 291, 295
La neige ou Le nouvel Eginhard 277, 279
La ninfa ritrosa 21, 259
La ninfa spergiura, proteta per amore 265
La ninfa spergiura, protetà per amore 28
La Palermitana 285
La Pamela nubile 274
La part du diable 280, 285, 287, 290, 295
La Pescatrice 264
La pietra del Paragone 41, 275, 319
La poupée de Nuremberg 290
La prise de Troie 289, 292
La prova d'una opera seria 275
La publica felicità 261
La pupilla 262, 264
La pupilla e il ciarlone 264
La pupille 263
La rappressaglia 275, 276
La reine d'un jour 279
La rencontre imprévue 265
La ritornata di Londra 263
La rosa rossa e la rosa bianca 274
La Rosière de Salency 266
La scelta dello sposo 274
La scuola dei gelosi 270
La secchia rapita 268
La serva astuta 264, 269
La serva padrona 96, 97, 263, 267, 291, 308, 312
La serva maitresse 263, 267
La servante justifiée 262
La sirène 280
La somnambule ou L'arrivée d'un nouveau Seigneur 279
La sonnambula 279, 284
La sposa fedele 264, 267
La straniera 278
La Sylphide 130, 310, 328; *125*
La Symphonie fantastique 320
La testa maravigliosa 276
La Tragedia di Orfeo 317
La tragédie de Salomé 312
La Traviata 141, 146, 149, 150, 185, 205, 287, 294, 304, 312, 319, 326
La Valse 331
La vedova scaltra 307
La verità nell'inganno 262
La vestale 273, 281
La veste di cielo 300
La virtù al cimento 272
La vivandière 283
Lacrimosa 329
Lalla Roukh 283, 291
Ländliches Fest 300
Lanzelot 323
Lanzelot und Elaine 297
Las Hermanas 326
Laser 110, 323, 324
Last notice 336
Laurette, das zur Dame gewordene Bauernmädchen 266
Le billet de loterie 276
Le brasseur de Preston 279, 282, 287
Le Bûcheron ou Les trois Souhaits 266
Le cadi dupé 263, 287, 312
Le calife de Bagdad 278
Le cantatrici villane 273
Le Carnaval 332
Le chalet 281
Le chant du rossignol 321
Le cheval de bronze 284
Le combat – »Tankred und Clorinda« 320
Le comte Ory 279
Le concert à la cour 277
Le convenienze ed inconvenienze teatrali 321
Le déserteur 265
Le devin du village 268
Le diable à quatre 282
Le diable à quatre ou La double métamorphose 267
Le Dieu et la Bayadère 278, 285
Le domino noir 279, 283, 284, 285, 288, 289, 294
Le donne curiose 292, 301, 335
Le due contesse 266
Le faux Lord 269
Le festin de pierre 265, 268
Le fidèle berger 279
Le finte contesse 270
Le finte gemelli 264
Le généreux espagnol 264
Le grand père ou Les deux Âges 279
Le grazie vendicate 262
Le guitarréro 279
Le jongleur de Notre Dame 292
Le jugement de Paris 264
Le lagrime d'una vedova 274
Le livre de Fauvel 337
Le maçon 277, 283
Le Magnifique 265
Le maître en droit 263
Le maréchal ferrant 263, 265, 267
Le mariage aux lanternes 283, 302
Le médecin turc 272
Le médicin malgré lui 286
Le milicien 263
Le nouveau seigneur de village 274, 284
Le nozze d'Amore e di Norizia 263
Le nozze di Figaro 16, 28, 33, 36, 77, 81, 93, 95, 137, 143, 144, 160, 187, 203, 270, 276, 286, 289, 292, 300, 306, 308, 312, 315, 321
Le papillon 331, 332
Le pardon de Ploërmel 282
Le peintre amoureux de son modèle 263
Le pescatrici 320
Le petit chaperon rouge 275, 282
Le petit matelot ou Le mariage impromptu 271
Le pompe di Cipro 259
Le postillon de Lonjumeau 278, 281, 290, 300

Le pré aux Clercs 282
Le premier jour de bonheur 284
Le pretensioni del sole 259
Le prisonnier 271
Le prophète 281, 284, 286, 288
Le Roi Bérenger 99, 117, 333
Le roi de Lahore 286
Le roi et le fermier 263, 266
Le roi et son fermier 263
Le roi l'a dit 286
Le rossignol 300
Le sacre du printemps 202, 310, 325
Le secret 272
Le siège de Corinthe 277
Le songe d'une nuit d'été 281
Le sorcier 263, 266
Le spectre de la rose 332
Le statue 263
Le table et logement 278
Le tableau parlant 265, 267
Le trésor supposé ou Le danger d'écouter aux portes 272
Le val d'Andorre 281
Le vicende della sorte 264, 269
Le violon du diable 282
Le virtu gareggianti 261
Lear 99, 110, 113, 114, 117, 118, 153, 185, 328; *109, 155*
Léhéman ou La tour de Neustadt 272
Leidenschaft 327
Leocadia 277
Léocadie 277
Leoldo und Elona 260
Leon 272
Léon ou le château de Montenero 272
Leonardo und Blandine 266
Leonora ossia L'amore conjugale 273, 328
Leonore 273
Leonore oder Spaniens Gefängnis bei Sevilla 36
Les amours de Nanterre 262
Les Bayadères 274
Les contes d'Hoffmann 292, 301, 308, 310, 317, 324, 333
Les deux avares 265
Les deux aveugles de Tolède 273
Les deux chasseurs et la laitière 263, 266
Les deux journées 271, 283, 284, 285, 291
Les diamants de la couronne 279, 286
Les doubles 327
Les dragons de villars 283, 287, 288
Les folies d'Espagne 274
Les Huguenots 279, 285, 289, 293, 305
Les Mamelles de Tirésias 325
Les mousquetaires de la reine 280, 282, 287
Les noces 317, 337
Les noces de Jeannette 282, 285
Les paraplures 314
Les petits riens 305, 313, 337
Les quatre fils Aymon 280
Les Rendezvous 324

Les rendez-vous bourgeois 284
Les Souliers mors-dorés ou La Cordonnière Allemande 265
Les Sylphides 308, 315, 332, 333
Les trois fermiers 266
Les Troyens à Carthage 289, 293
Les vêpres Siciliennes 322
Les visitandines 273
Let's make an opera 335
Libussa 276
Liebe hasst allen Zwang 270
Liebesabenteuer eines Mulatten 280
Liebeszauber 300
Lila 269, 304
Linda di Chamounix 280
Linda von Chamounix 280
Lisimen und Calliste 26, 260
Li-Tai-Pe 299
Ljubov k trem apel'sinam 316, 336
Lo frate 'nnamorato 325
Lo speziale 263
Lo sposo burlato 264
Lodoïska 273
Lohengrin 48, 50, 58, 66, 67, 75, 92, 137, 150, 152, 173, 191, 193, 195, 282, 287, 289, 293, 297, 300, 305, 309, 313, 319, 323, 328; *71, 72*
Loreley 280, 285
Lost in the stars 318
Lottchen am Hofe 265
Lottchen vom Hofe 13
Lou Salomé 114, 117, 330; *112*
Louise 291, 313
Lucedia 303
Lucia di Lammermoor 203, 279, 286, 303, 314, 337
Lucia von Lammermoor 279, 286, 303
Lucile 265
Lucio Silla 26
Lucio vero 261
Lucretia Borgia 290
Lucrezia Borgia 280, 285, 290
Ludwig – Fragmente eines Rätsels 333
Lukas und Bärbchen 270
Lulu 103, 320, 333
Lyrische Suite 325

M
Macbeth 141, 277, 280, 303, 311, 320, 333
Macdonald 272
Madama Ciana 262
Madame Butterfly 294, 304, 308, 316, 324
Mahagonny-Songspiel 325
Mahomet 275
Maison à vendre 273
Maja 295
Malawika 288
Malers Traumbild 280; *121*
Mammon 129, 300; *128*
Manon 295, 333
Manon Lescaut 302, 331
Manuel Benegas 303
Maometto II 275

Marcelin 272
Marco Aurelio 260
Margarethe 124, 283, 289, 291, 297, 305, 307, 315
Margherita d'Anjou 276
Maria Rosa 280
Maria Stuarda 329
Marie 280, 282
Marie von Montalban 271
Marie, die Tochter des Regiments 279, 285, 289
Marketenderin und Postillon 283
Marte e la Fortuna, su le sponde dell'Isar 274
Martha oder Der Markt von Richmond 280, 286, 287, 289, 293, 305
Mathis der Maler 103, 162, 202, 309, 316, 335
Matilde di Shabran 47
Matilde Duchessa di Spoleti 274
Max und Moritz 332
Mazet 263
Medea 266, 285, 287, 319
Medea und Jason 269
Medea vendicativa 259
Médée 285
Meister Guido 297, 299
Melide 266
Melissa tradita 262
Melusine 114, 324
Mercurio e Marte discordi 259; *22*
Merope 273
Messias 336
Metamorphosis 334
Michel-Ange 272
Michelangelo 272
Mignon 287, 289, 293, 303
Milton und Elmire 269
Minnefahrten 285
Mister Scrooge 314
Mitridate rè di Ponto (Mozart) 26, 336
Mitridate, rè di Ponto (Aliprandi) 262
Mitternacht 278
Mit Geld richtet man alles 267
Moira 326
Moïse et Pharaon 334
Moloch 294
Mona Lisa 296
Monsieur et Madame Denis 302
Moresche ed altre canzoni 330
Morgiane 285
Mosè 161, 334
Mosè in Egitto 42, 44, 276, 277, 278
Moses 101, 277, 278
Moses oder Die Israeliten in Ägypten 44, 45
Moses und Aron 331
Münchener Bilderbogen 295
Murillo 288

N
Nabucco 190, 281, 317, 336
Nachtigall und Rabe 276, 284
Napoleon kommt 140, 143, 320

Natale 291
Ne touchez pas à la reine 280
Neurosen-Kavalier 110, 117, 329; *108*
Nichts über Mädchenlist 271
Nicomede 261
Niemandsland 336
Night 333; *111*
Nina ossia La pazza per amore 269, 271, 275, 277
Nina, ou la folle par amour 269
Niobe, regina di Thebe 260
Nittetis 275
Norma 47, 173, 278, 284, 288, 295, 333
Norwegische Bauernhochzeit 304
Nuages 330
Numa Pompilio 36, 273; *37*

O
Oberon (Weber) 124, 173, 277, 278, 282, 284, 285, 287, 297, 303, 321
Oberon, König der Elfen (Wranitzky) 271
Oberst Chabert 295, 300
Octavian in Sicilien 277
Ödipus auf Kolonos 271
Oedipe à Colone 271
Oedipus der Tyrann 102, 317
Oedipus Rex 203, 315, 322
Olimpiade 262
Opus 19 332
Orestes 292
Orfée et Euridice 283, 285, 288, 289, 294, 311, 320, 332
Orfeo ed Euridice 24, 172, 264, 265, 313
Orientalisches Divertissement 277
Orlando Paladino 271
Orleanskaja deva 335
Orpheus 202, 272, 301, 310, 314, 319, 322, 329
Orpheus und Eurydice (Winter) 270
Orpheus und Eurydike (Gluck) 283, 285, 288, 289, 294, 311, 320, 332
Otello (Verdi) 153, 205, 227, 228, 229, 288, 291, 295, 296, 302, 308, 314, 319, 327
Otello ossia Il moro di Venezia (Rossini) 41, 44, 45, 47, 275, 276, 278
Othello (Verdi) 203, 288, 291, 295, 296, 302, 308, 314, 319
Othello, der Afrikaner in Venedig (Rossini) 44, 276
Othello, der Mohr in Venedig (Rossini) 278
Ottaviano in Sicilia 273, 277
Ottone in Italia 259

P
Paare 323
Pächter Robert 272, 273
Pagoden 300
Palestrina 83, 92, 162, 177, 179, 180, 198, 297, 299, 305, 309, 317, 329

Palmer und Amalie 272
Pan im Busch 291
Paolo e Virginia 275
Paride e Elena 319
Paris und Helena 319
Parsifal 48, 54, 55, 58, 59, 65, 87, 88, 90, 92, 93, 96, 137, 177, 194, 200, 204, 296, 299, 314, 324
Pas d'action 311
Pas de coeur 311
Pas de deux 285, 310
Pas de quatre 275
Pasiphaé 323
Pasquitta 280
Paul und Virginie 271
Peer Gynt 162, 311, 331
Pelléas et Mélisande 294, 300, 324
Pelléas und Mélisande 137, 197, 294, 300, 324
Pépito 282
Per l'anniversario della nascità de S.A.E. Massim. Emanuele 261
Peri 280
Peter Grimes 337
Peter und Hannchen 267
Peter Prosch 270
Petruschka 129, 299, 335
Petruschka-Fragmente 332
Philint und Cleone 268
Philint und Laura 268
Phylas und Chloe 269
Pièces brillantes 316
Pierrot Lunaire 324
Pierrots Sommernacht 299
Pietro von Abano 288
Pigmalion 273
Pikovaja dama 303, 333
Pimmaglione 276
Pique Dame 228, 303, 333
Piramo e Tisbe 269
Piramus und Thisbe 269
Pirro e Demetrio 261
Poche, ma buone ossia le donne cambiate 278
Pollicino 334
Polowetzer Tänze 308
Polymorphia 321
Pompejo 264
Porsena 261
Présence 323
Présentation 331
Prinz Eugen, der edle Ritter 280
Prinzessin Brambilla 294
Prinzessin Evakatel und Prinz Schnudi 267
Prinzessin Schneewittchen 304
Prinzessin Turandot 312
Prodaná nevěsta 289, 294, 306, 315, 323, 331
Programm 325
Prolog »La Reggia dell'Armomia« 330
Prometheus 137, 150, 321
Psyche 270
Psyche's Toilette 279
Pulcinella 129, 299
Pumping Iron 331
Punkt – Kontrapunkt 329

Purcell-Suite 314
Pygmalion 13, 265, 268
Pyramus und Thisbe 265
Pyrrhus und Polixena 269

Q

Quanti casi in un sol giorno 275
Quatre Images 323
Quinto Fabio 275

R

Raimondin 287
Ramifications 326
Raoul, Sire de Créqui 270
Rashomon 329
Raskolnikoff 202, 309
Räuber 74, 95
Reinhold und Armida 266
Renard 317
Renaud d'Ast 271
Requiem canticles 325
Rhapsodie 328
Ricciardo e Zoraide 276
Richard Cœur-de-lion 270, 281, 284
Richard Löwenherz 270, 281, 284
Richard und Zoraide 42, 276
Rienzi, der letzte der Tribunen 48, 66, 67, 96, 195, 285, 289, 293, 296, 303, 320, 332; *73*
Rigoletto 178, 179, 281, 285, 288, 292, 304, 310, 320, 327
Rilke 327
Rita 319
Ritter Amadis 271
Ritter Pázmán 289
Ritter Roland 271
Ritterlichkeit auf dem Dorfe 288
Robert der Teufel 122, 173, 278, 285, 287, 290
Robert und Kalliste 267
Robert-le-diable 278, 285, 287, 290
Rochus Pumpernickel 273
Rodrigo und Zimene 276
Roger and Victor 267
Roi Bérenger 117, 162
Roméo et Juliette 287
Romeo und Julia 119, 287, 321
Romeo und Julie 268, 275
Romilda e Costanza 276
Röschen und Colas 265
Rose et Colas 263, 265
Rotkäppchen 275, 282
Rübezahl 282
Rudolf von Créqui 270
Rudolph Crequi 273
Rusalka 330
Ruy Blas 284

S

S'Wunder 291
Sakontala 281
Salade 315
Salome 97, 99, 140, 143, 197, 202, 293, 296, 298, 305, 309, 312, 313, 321, 334; *84*
Salomons Urteil 278

Saltarello 282, 284
Samson et Dalila 293, 300
Samson und Dalila 293, 300
Samuel Pepys 301
Sardanapal 288
Sarema 290
Sargines 36, 272
Strafe für Mädchenraub 271
Sargines oder der Triumph der Liebe 36
Sargino ossia L'allievo dell'amore 272, 276
Schabernak über Schabernak 280
Schach dem König 289
Schahrazade 297
Scheherazade 299, 309
Schirin und Gertraude 298
Schwanda der Dudelsackpfeifer 301
Schwanensee 130, 310, 316, 322, 332
Schwanensee (Pas de trois) 313
Schwarzer Peter 305
Schwester Angelica 316
Scipio dormendo 262, 264
Scipione in Cartagena 264
Scipione nelle Spagne 261
Scotch-Sinfonie 319
Semiramide 14, 29, 42, 44, 162, 266, 277, 278, 336
Semiramide riconosciuta 262, 263
Sensus 110, 324, 326
Septett Extra 326
Ser Marcantonio 274
Seraphine 104, 117, 316
Serenade 319, 330
Serpilla e Bacocco 261
Serse 304, 319
Servio Tullio 260
Siegfried 70, 174, 175, 286, 298, 303, 307, 310, 321, 326, 334; *154*
Silent Promises 332
Silvain 265
Sim Tjong 111, 117, 140, 324; *105, 140*
Simon Boccanegra 141, 162, 307, 313, 320, 323
Simplicius Simplicissimus 310, 316, 327
Sinfonie in »D« 330
Sinfonie in C 326
Singt, Vögel 335
Skating Rink 129, 301
Skyscrapers 301
Sly 301, 305
Snippers 326
So machen's alle 286
Soirées d'orchestre 86
Solone 260
Sonate a trois 336
Sonntagsmorgen 289
Sophia Catharina 281
Sophonisba 274
Sophonisbe 36, 274
Sorotschinskaja jarmarka 306
Spanische Stunde 311
Spiel 322
Spiel um Liebe 304

Spiel von Liebe und Tod 110
Spielmechanik 325
Spitzwegmärchen 302
»Still Life« at the Penguin Cafe 334
Stimm-Puls 325
Strauss-Tänze 299
Streichquartett Nr. 1 326
Sulamith 296
Sümtome 110, 322
Sümtome II 324
Suor Angelica 316
Sur Scène 322
Susannens Geheimnis 294, 300
Svadebka 337
Sylvain 265
Sylvia 124
Sylvia, die Nymphe der Diana 287

T

Taler 306
Talestri, regina della Amazoni 263
Tancredi 14, 29, 38, 39, 41, 42, 44, 267, 274, 276
Tango 300
Tanhäuser und Der Sängerkrieg auf der Wartburg 282
Tankred 276
Tannhäuser 48, 50, 58, 66, 67, 76, 92, 137, 173, 191, 193, 195, 202, 282, 284, 285, 289, 298, 302, 304, 306, 310, 316, 322; *58, 59*
Tannkönig 283
Tanz der Stunden 319
Tanzbilder 290
Tänze 297
Tänze aus höfischer Zeit 311
Tanz-Illustrationen 295
Tanzweisen 296
Tapferkeit bedarf der Jahre nicht 269
Tartini 282
Taubenflug 313
Tegernseer im Himmel 303
Telemacco 29, 266
Tell 278, 283, 285
Temistocle 262
Temps de Couperin 313
Teniers 272
Teresa e Claudio 275
Teresa e Wilk 274
Teutsche Chronik 28
Thamos, König in Ägypten 317
The beggar's opera 330
The Bohemian girl 281
The Mikado 299
The Night 117
The prince of the Pagodas 315
The Prodigal Son 333
The rake's progress 101, 312, 314, 317
The still point 314
The turn of the screw 332
Theodor Körner 285
Theophano 297
There was a time 325

Theseus 269
Theuerdank 290
Three Pieces 336
Thürmers Töchterlein 285, 288
Tiefland 97, 294, 306, 308
Tigrane 262
Tito Manlio 261
Titus 93, 271, 283, 289, 293, 305, 317, 323
Tobias Wunderlich 202, 310
Tod und Leben 300
Töffel und Dortchen 269
Töffel und Dortchen's Hochzeit 270
Toinon et Toinette 265
Tom Jones 263, 266
Tony 281
Torneo 260, 261
Torvaldo e Dorliska 42, 275
Tosca 97, 179, 204, 227, 228, 294, 306, 308, 319, 326
Trajano in Dacia 274, 275
Träume 327
Triftanderl und Süßholde 65
Trionfi 162, 167, 312, 315, 316, 318, 336
Trionfo di Afrodite 312, 316, 318, 336
Triplum 321
Triptychon 318
Tristan und Isolde 50, 54, 60, 62, 63, 65, 66, 67, 70, 76, 92, 105, 149, 152, 158, 174, 178, 180, 191, 194, 197, 283, 287, 300, 305, 308, 315, 319, 330; *62, 63*
Troades 99, 117, 333; *116*
Trois Préludes 327
Tschaikowsky 330
Turandot 147, 273, 300, 307, 311, 320, 334

U

Ubu Rex 118, 337; *18*
Ubu Roi 99
Ulenspeegel 304
Un ballo in maschera 287, 294, 296, 305, 310, 315, 322, 326
Un quart d'heure de silence 273
Una cosa rara 269
Undine 282, 283, 286, 287, 289, 293, 296, 303, 315, 334
Undine, die Wassernixe 281
Une folie 272, 284
Untreue lohnt sich nicht 321
Uthal 286, 289

V

Vaticinio di Apollo e Diana 260
Vek Makropulos 334
Venceslao 261
Venere pronuba 260
Venus und Adonis 273
Venus und Endimion 272
Verborgene Liebe 280, 282
Vergänglichkeit 327
Verklärte Nacht 321
Verklungene Feste 307
Versiegelt 295, 301
Vertumnus und Pomona 266

Vespetta e Pimpinone 26, 261
Vielleicht haben wir trotz allem Zeit 329
Vier mal vier 313
Vier szenisch-kinetische Stücke 325
Vietnam–Diskurs 150
Viola 304
Violanta 296
Violetta 287, 294
Viva la Mamma 321
Výlety páne Broućkovy 316

W

Wahnsinn aus Liebe 269, 271, 277
Waldeinsamkeit 287
Walzer 288
Wandlungsmomente 332
Webers Bild 276
Weg zum Licht 311
Weibertreue 278, 281
Weibertreue keineTreue 270
Weihnachten 291
Weiß und Rosenfarb 268
Wendekreise 323
Werther 327
Wie es euch gefällt 124
Wie lernt man Liebe … 110, 320
Wieland – Ein Heldenleben 329
Wieland der Schmied 287, 289
Wiener Walzer 287, 289
Wilhelm Tell 275, 292, 298
Wo nehme ich einen Plan 273
Wolfsklau der Raubritter 281
Wolkenkratzer 129, 301; *129*
Wozzeck 140, 143, 185, 203, 205, 206, 314, 322, 331

X

Xerxes 97, 304, 319

Z

Z mrtvého domu 326
Zaira 274
Zampa 278, 283, 286
Zampa ou La fiancée de marbre 278, 283, 286
Zar und Zimmermann 279, 286, 291, 297, 310, 315
Zayde 280
Zelmira 44, 276
Zémire et Azor 265
Zemire und Azor 265, 276
Zenobia 264
Zephir und Flora 274
Zephyr und die Nymphen 124, 283
Zephyr und die Rose 277
Zephyr und Flora 270, 277
Zilia 277
Zinnober 290
Zlatorog (Der Trentajäger) 295
Zofen 327
Zukunftsmusik 50
Zum treuen Schäfer 279
Zwei Posten 272
Zwei Worte 272
Zwei Zwischenspiele 262

365

366

Bildnachweis

Architektursammlung der Technischen Universität München: S. 209 unten; Archiv des König-Ludwig II.-Museum Herrenchiemsee, Bayerische Verwaltung der staatlichen Schlösser, Gärten und Seen: S. 56, 57, 62, 68, 175, 176 oben, 261 links, 263 rechts, 267 rechts; ARTOTHEK, Peissenberg: S. 49, 261 rechts, 295 rechts; Bayerische Staatsbibliothek München: S. 288 rechts; Bayerische Staatsoper München: S. 75, 78, 82, 94, 100, 105, 107, 108, 122, 123, 128 unten, 129, 149, 150, 151, 160, 161, 163, 164, 165, 166, 167, 168, 169, 170, 177, 181, 183, 185, 186, 187, 188, 189, 194, 199, 202, 218, 219, 220, 221, 222, 251, 252, 253, 280 links, 282 rechts, 285 links, 286 rechts, 294 rechts, 299, 300 links, 302 rechts, 309 links, 313, 321 links und rechts, 322, 323 rechts oben und unten, 324 links und rechts, 325 links, Mitte und rechts, 326, 327 links, 328 links und Mitte, 328 rechts, 329 links und rechts, 330 links und rechts, 331, 332 links und rechts, 333, 335, 336 links und rechts, 337 links und rechts; Bayerische Vereinsbank München: S. 247, 248, 249; Dance Books Ltd. London, mit freundlicher Genehmigung des Verlags: S. 281 rechts oben; Deutsches Theatermuseum München: S. 12, 30, 32, 35 oben und unten, 41, 63, 64, 71, 73, 76, 83, 84, 87, 90 oben, 93, 95, 99, 121, 124, 125 links und rechts, 126, 127, 128 oben, 130, 131, 132, 133, 134, 135, 136, 138, 140, 141, 142, 144, 145, 147, 148, 152, 154, 155, 172 unten, 176 unten, 178 unten, 179, 198, 199 oben, 201, 208, 260 links, 265, 266 Mitte und rechts, 270, 271 links und rechts, 272, 273 links, 275 links und rechts, 277 rechts, 284 links, 308; dpa Frankfurt: S. 327 rechts; Heinz Gebhardt, München: S. 244, 245; Keystone Pressedienst, Hamburg: Titelbild; Anne Kirchbach, Starnberg: Titelbild der Sonderausgabe, S. 109, 111, 112, 113, 115, 116, 158, 239, Nachsatz; Monica Matthias, Lochham: S. 18; Richard Mayer, München: 27, 53; Metropolitan Museum of Art, New York: S. 52; Münchner Stadtmuseum: S. 16, 212, 213, 260 rechts; Österreichischer Bundestheaterverband Wien, Foto Axel Zeininger: S. 205; Plakatsammlung Richard-Wagner-Museum, Luzern Tribschen: S. 92; Staatliche Graphische Sammlung, München: S. 260 Mitte; Theatermuseum Köln: S. 291; Sabine Toepffer, München: S. 159; Wittelsbacher Ausgleichsfonds: S. 58, 89; Christine Woidich, München: S. 224, 228, 231, 233; Andreas Wucke, Bonn: S. 162, 163; alle sonstigen Abbildungen stammen aus dem Bruckmann-Bildarchiv oder aus Privatbesitz.